民法論 Ⅳ

金 載 亨 著

博 英 社

서 문

아침에 내리는 빗줄기를 따라 많은 일들이 스쳐간다. 필자도 최근 법학계에 불어온 변화의 소용돌이에서 비껴나 있을 수 없었다. 법학전문대학원의 출범에 맞추어 새로운 민법 교육을 준비하였다. 그 와중에 2010년 6월에 제정된 「동산·채권 등의 담보에 관한 법률」을 비롯하여 입법안을 마련하는 데 참여할 기회도 많았다. 하나하나 소중한 경험이었다.

이 책은 2007년 「민법론 Ⅲ」을 펴낸 후에 발표한 논문이나 평석을 모은 것이다. 그 기간 동안의 변화에 대한 대응과 모색이 담겨 있다. 대법원에 계류된 사건들에 대하여 의견을 표명한 글이 상당수 있다. 실제 사건을 소재로 평소에 관심이 있는 주제에 관하여 글을 쓰는 것은 즐거운 일이다. 「동산·채권 등의 담보에 관한 법률안」을 마련하면서 법안의 기본구조와 내용을 소개하는 글도 수록하였다. 법률의 내용이나 입법의도를 파악하는 데 조금이나마 도움이 되었으면 한다. 법학전문대학원의 출범에 대비하여 새로운 민법 교육에 관하여 쓴 글도 있다.

과분하게도 필자의 의견이 판례와 입법에 반영되기도 하였다. 그것은 더 없는 기쁨이자 커다란 책임감으로 다가왔다. 이 기회에 그동안 제게 보내주신 격려에 깊은 감사를 드린다.

2011년 7월

김 재 형

목 차

1. 법인격, 그 인정과 부정
―법인격 부인 또는 남용에 관한 판례의 전개를 중심으로―

2. 분만계약에서 태아의 법적 지위

3. 분양광고와 계약
—청약·청약의 유인·손해배상을 중심으로—

대법원 2007. 6. 1. 선고 2005다5812, 5829, 5836 판결

4. 계약의 공정성
—불공정한 법률행위를 중심으로—

5. 황금들녘의 아름다움: 법해석의 한 단면
—임대주택법상의 임차인에 관한 해석 문제—

6. 담보제도의 개혁방안
-동산 및 채권 담보를 중심으로-

7. 『동산·채권 등의 담보에 관한 법률』 제정안의 구성과 내용

8. 담보법의 현재와 미래
—민법 시행 50주년을 맞이하여—

9. 조세채권과 변제자대위

10. 제 3 자에 의한 계약방해
―현재 또는 장래의 계약관계를 방해하는 경우를 포함하여―

11. 새로운 민법 교육의 체계와 방법: 서울대의 경우

12. 2007년 민법 판례 동향

13. 2008년 민법 판례 동향

14. 2009년 민법 판례 동향

1. 법인격, 그 인정과 부정*
－법인격 부인 또는 남용에 관한 판례의 전개를 중심으로－

Ⅰ. 서　론

세상에는 각양각색의 단체가 있다. 법은 이를 정서하기 위하여 하나의 법형식으로서 법인이라는 권리주체를 만들어 냈다. 그러나 여러 단계의 단체 사이에 경계선을 그어 법인을 그 밖의 단체와 구별하고 있기 때문에, 법적 형식과 실질에 간극이 생기는 것은 필연적인 현상이다. 먼저 법인이 아닌데도 권리의무의 주체로 취급되는 단체가 있다. 가령 법인 아닌 사단이나 재단이 다른 권리주체와 계약을 체결하고 물건에 대한 소유권을 취득하는 경우에 그 법적 구성을 어떻게 할 것인지에 관하여 논란이 있지만, 표면적으로는 법인과 유사하게 활동한다. 그 반면에 법인인데도 법인격이 부인되거나 법인격을 남용하였다는 이유로 법인이 아닌 것처럼 취급되는 경우도 있는데, 이를 '법인격 부인' 또는 '법인격 남용'[1]이라고 한다.

---

* 이 글은 2008년 10월 24일 한국민사법학회, 한국상사법학회, 한국비교사법학회가 공동으로 주최한 공동학술대회 "단체법 및 법인관계법의 이슈와 정책"에서 발표한 내용을 수정・보완한 것이다. 사회자와 토론자로서 유익한 의견을 주신 정찬형 교수님과 심인숙 교수님께 감사드린다.

1) 이 두 용어는 다른 의미를 갖는다고 생각할 수 있다. 즉, 법인격 부인은 법인격 자체를 부인한다는 의미이고, 법인격 남용은 법인격이 있지만 이를 남용한다는 의미라고 볼 수 있을 것이다. 그러나 일반적으로는 두 표현을 엄밀하게 구별하여 사용하지 않는다. 이들은 어떤 단체의 법인격이 남용된 경우에 그 단체의

법인격을 인정하는 이유는 무엇인가? 그 반대로 법인격을 부정하는 이유는 무엇인가? 어떠한 경우에 법인격을 인정하고 어떠한 경우에 법인격을 부정하여야 하는가? 특히, 법률이 법인격을 부여하고 있는데도 법인격을 부인하거나 그 남용을 인정하는 것은 어떠한 근거에서 허용되는가?

개인이든 단체든 실체에 맞게 법적 규율을 하는 것이 바람직하다. 현실세계에서 어떤 단체가 하나의 단일체로서 활동하고 있다면 법의 세계에서도 이를 법적 주체로 인정하여야 한다. 이와 같이 단체를 법적 주체로 인정하는 매개체가 법인이다.

어떤 단체에 법인격을 인정하는 것은 매우 유용한 결과를 가져온다. 첫째, 법인과 그 구성원인 사원을 분리하여 별개의 인격체로 취급함으로써, 사람들은 개인인 동시에 단체의 구성원으로서 더욱 다양하고 활발하게 활동을 할 수 있다. 둘째, 법인에서 유한책임의 원칙을 채택할 경우에 그 구성원의 활동반경이 더욱 넓어진다. 가령 법인의 대표적인 형태인 주식회사에서는 유한책임의 원칙을 채택하고 있는데, 주주는 주식회사의 행위나 채무에 대해서 법인의 재산만으로 책임을 진다. 따라서 법인격은 유한책임의 원칙과 결합하여 단체뿐만 아니라 개인에게도 행동의 자유를 실질적으로 보장하는 기능을 갖고 있다. 셋째, 법인격은 거래의 안전과 법적 안정성을 확보하는 데 도움이 된다. 가령 법인등기제도를 통하여 법인이라는 사실을 공시함으로써 외부의 제3자는 그 단체가 법인인지 여부, 누가 얼마나 많은 권리를 갖고 책임을 부담하는지를 쉽게 파악할 수 있다.

그러나 법인이라는 형식을 갖추었으나, 법인이라고 볼 만한 실체가 없는 경우에 법인격 부인 또는 법인격 남용 문제가 발생한다. 법인에 지배력을 행사하고 있는 주주나 사원 등에게 법인의 행위나 채무에 관

법인격을 개별적으로 부인하여 그 단체의 배후자에게 책임을 인정하는 경우를 가리킨다고 볼 수 있다. 용어의 문제에 관해서는 아래 Ⅳ. 2.도 참조.

한 책임을 지우기 위하여 법인격 부인 또는 남용의 법리가 발전되었다. 이 법리는 법인을 그 구성원으로부터 독립적인 주체로 취급하는 법적 형식을 개별적인 경우에 예외적으로 부인하거나 무시하고 법인과 그 구성원 등을 실질상 동일시하는 것에 불과하고, 법인을 아예 법인격이 없는 것으로 취급하는 것은 아니다.

법인격 부인 또는 남용 문제에 관해서는 종래 우리 학계에서 많이 다루어졌다. 상법학계뿐만 아니라 민법학계에서도 이에 관한 글들이 꾸준히 발표되었으며, 법인격 부인이라는 주제는 비교법적 연구의 주요 대상이다.[2] 최근에도 법인격의 남용에 관한 판례가 계속 나오고 있다. 그러나 법인격 남용을 인정한 대법원 판례는 거의 찾아보기 어렵다.

우리 실무에서 법인격 부인 또는 남용을 인정하는 경우는 매우 드물다고 하더라도 이 주제는 법인에 관하여 근본적인 의문을 제기하는 중요한 문제이다. 또한 회사 기타 법인이 회사가 채무초과상태에 있거나 파산절차 등 도산절차가 개시된 경우에 그 배후자에게 책임을 추궁할 수 있는지 여부가 실질적으로 중요한 쟁점으로 등장하는데, 도산절차가 활발하게 이용되면서 점차 이 쟁점이 실제 사건에서도 중요하게 될 것이다.

이 글에서는 우리 판례에 나타난 법인격 부인 또는 남용의 유형에 따라 그 판단기준을 찾아보고, 이 분야에 관한 기존의 연구, 특히 비교법적 연구성과[3]를 참고하여 법원 실무에 대하여 비판적으로 검토한 다음, 이 문제에 관한 앞으로의 규율방향을 제시하고자 한다.

---

2) 이 점에서 *私法學*을 대표하는 위 세 학회가 공동으로 주최하는 학술대회에서 이 문제를 다루는 것이 의미 있는 일이다.

3) 이 분야에 관한 연구는 비교법적 연구에서 출발하였고, 그 후속 연구도 비교법적인 검토를 하고 있다. 이 글은 비교법적인 연구를 하는 데 중점이 있는 것이 아니기 때문에, 이에 관해서는 상세하게 다루지 않고 필요한 한도에서 언급하고자 한다.

Ⅱ. 판례에 나타난 법인격 부인 또는 남용의 유형

우리 판례가 법인격 부인 또는 남용에 관하여 그 유형을 명확하게 구분하고 있는 것은 아니다. 그러나 법인격 부인이나 남용의 법리가 실제로 어떠한 상황에서 문제되고 있는지 파악하기 위하여 법인격 부인 또는 남용에 관한 판례를 유형별로 구분하여 검토할 필요가 있다.[4] 가령 편의치적(便宜置籍)과 같이 법인격 자체를 인정하기 어려운 경우와 법인으로서 실제로 활동하지만 그 배후자의 책임을 추궁할 필요가 있는 경우를 구분하는 것이 논의를 하는 데 편리하다. 법인격 부인 또는 남용에 관한 세세한 논의는 다음 항목에서 하기로 하고 여기에서는 그 전제로서 법인격 부인 또는 남용에 관한 판례법리가 시간의 순서에 따라 어떻게 변화해 왔는지를 개략적으로 파악해 보고자 한다.

1. 법인격 부인 또는 남용론의 도입

(1) 법인격 부인에 관한 최초의 판결: 대판 1977. 9. 13, 74다954[5]

이 사건은 대법원이 법인격 부인에 관해서 판단한 최초의 판결이다. 문제가 된 주식회사가 법인형해론에서 말하는 "형해"에 불과한지 여부가 쟁점이었는데, 원심법원과 대법원의 판단이 다르다.

원심은, 주식회사가 형해(形骸)에 불과한 법인이고 그 배후에 실존하는 기업주는 피고 자신이므로 위 회사의 법인격을 부인하여야 할 것이며, 따라서 회사의 채무는 피고가 단독으로 부담하거나 또는 위 회사와 공동으로 부담하는 것이 타당하다고 판단하였다. 그 이유로 위 회사

---

4) 법인격 부인 또는 남용에 관한 대법원 판결에 대해서는 개별적인 검토가 이루어져 왔는데, 여기에서는 판례를 유형별로 살펴보면서 판례의 흐름을 조망하고자 한다.

5) 집 25-3, 민 1.

가 주식회사의 운영에 관한 법적 절차, 예컨대 주주총회와 이사회의 결의, 감사권의 발동 기타 절차를 거의 무시하고 대표이사인 피고의 단독재산, 단독기업처럼 운영되고 다만 외형상 회사형태를 유지하기 위하여 최소한의 극히 부실한 회사 명목을 유지하였다는 점을 들었다.

그러나 대법원은 원심판결을 파기하였는데, 위 회사가 강학상 이른바 "법인형해론(法人形骸論)"에서 말하는 "형해"에 불과한 것은 아니라고 판단하였다. 즉, 피고가 위 회사의 대표이사로서 위법·부당한 절차에 의하여 회사 운영상 필요로 하는 주주총회 등의 절차를 무시하고 등한히 하였다고 인정하기 어렵고 더구나 1인주주인 소위 1인회사도 해산사유로 보지 않고 존속한다는 것이 당원 판례의 태도이므로, 원심이 위 회사를 "형해"에 불과하다고 인정한 것은 잘못이라고 하였다.

주식회사는 법인(상법 제171조 제1항)의 대표적인 형태로서 권리능력을 갖고 있다. 법인은 권리의무의 주체이기 때문에, 법인의 채무는 법인 자체가 부담한다. 기업주는 법인의 채무에 대해서는 채무를 부담하지 않는다. 그러나 원심법원에서는 주식회사가 형해에 불과한 법인이라는 이유로 법인격을 부인하고, 그 배후에 있는 기업주가 단독으로 회사의 채무를 부담하거나 위 회사와 공동으로 채무를 부담한다고 하였다.

원심판결이 대법원에서 파기되기는 하였지만, 주식회사의 법인격 자체를 부인하였다는 점과 기업주가 회사의 채무를 단독으로 부담할 수도 있다고 한 점에서 매우 과격한 논리를 전개하고 있다. 법률에 정한 요건에 따라 법인으로 등기를 하였는데도 법인이 아니라고 본 것이다. 이는 법인이라는 법적 형식을 걷어내고 그 실질에 따라 기업주에게 채무를 귀속시킨 것이라고 볼 수 있다.

그러나 대법원은 법인격의 부인을 인정하지 않았고, 그 후에도 아래에서 보는 바와 같이 법인격의 남용을 인정한 경우는 있으나, 법인격 자체를 부인한 경우는 없었다.

(2) 편의치적에 관한 사례: 대판 1988. 11. 22, 87다카1671[6]

선박소유자나 기업이 자신의 국가와는 별도의 국가인 파나마, 리베리아 등에 편의를 위하여 형식적으로 개인명의 또는 회사를 설립하여 그 명의로 선박의 적을 두는 경우가 있다. 이를 편의치적이라고 한다. 이 판결은 이와 같은 사례에서 다음과 같이 법인격 남용을 긍정하였다.

> "원고 및 토우체스트 쉽핑 리미티드와 칩스테드 리미티드는 외형상 별개의 회사로 되어 있으나 원고 및 토우체스트 쉽핑 리미티드는 이건 선박의 실제상 소유자인 칩스테드 리미티드가 편의치적을 위하여 설립한 회사들로서 실제로는 사무실과 경영진 등이 동일하므로 이러한 지위에 있는 원고가 법률의 적용을 회피하기 위하여 별개의 법인격을 가지는 회사라는 주장을 내세우는 것은 신의성실의 원칙에 위반하거나 법인격을 남용하는 것으로서 허용되어서는 아니된다."[7]

이 판결은 신의성실의 원칙 위반 또는 법인격 남용을 인정한 것으로, 아래 2항에서 다룰 법인격 남용에 관한 판결이라고 볼 수도 있다. 그러나 이 사건은 편의치적에 관한 사건으로, 문제된 회사가 서류상의 회사(paper company)에 해당하기 때문에, 법인격이 형해화되었다고 볼 수도 있다. 이 점에서 아래 2항에서 다루는 경우와는 다른 측면이 있다. 그러나 편의치적에 관한 사건인데도 법인격 부인이라는 표현을 사용하지 않고 신의성실의 원칙 위반 또는 법인격 남용이라고 판단하고 있다는 점을 주목할 필요가 있다.

2. 법인격 남용론의 전개—법인격 형해화와 남용의 두 유형

대법원에서 편의치적에 관한 위 판결에서 법인격 남용을 인정한

6) 집 36-1, 민 63.
7) 同旨: 대판 1989. 9. 12, 89다카678(공 1989, 1467).

후, 일반 회사에 관한 사건에서도 법인격의 남용이 문제된 판결들이 나왔다.[8] 우리나라에서 법인격 남용의 법리가 확고하게 뿌리를 내린 판결은 2000년대에 나오기 시작하였다.

(1) 회사가 개인기업에 불과한 경우

대판 2001. 1. 19, 97다21604[9]는 법인격의 남용에 관하여 중요한 기준을 제시하고 있다.

> "회사는 그 구성원인 사원과는 별개의 법인격을 가지는 것이고, 이는 이른바 1인회사라 하여도 마찬가지이다.
>
> 그러나 회사가 외형상으로는 법인의 형식을 갖추고 있으나 이는 법인의 형태를 빌리고 있는 것에 지나지 아니하고 그 실질에 있어서는 완전히 그 법인격의 배후에 있는 타인의 개인기업에 불과하거나 그것이 배후자에 대한 법률적용을 회피하기 위한 수단으로 함부로 쓰여지는 경우에는 비록 외견상으로는 회사의 행위라 할지라도 회사와 그 배후자가 별개의 인격체임을 내세워 회사에게만 그로 인한 법적 효과가 귀속됨을 주장하면서 배후자의 책임을 부정하는 것은 신의성실의 원칙에 위반되는 법인격의 남용으로서 심히 정의와 형평에 반하여 허용될 수 없다 할 것이고, 따라서 회사는 물론 그 배후자인 타인에 대하여도 회사의 행위에 관한 책임을 물을 수 있다고 보아야 할 것이다."

---

8) 가령 대판 1995. 5. 12, 93다44531(공 1995, 2090)은 법인격 남용에 관하여 언급하고 있는데, 법인격 남용이 인정되는 경우에도 한 회사에 대한 판결의 기판력과 집행력의 범위가 다른 회사에까지 확장되지 않는다고 하였다. 즉, 피고 회사와 B회사는 기업의 형태·내용이 실질적으로 동일하고, 피고 회사는 B회사의 채무를 면탈할 목적으로 설립된 것으로서 피고 회사가 B회사의 채권자에 대하여 B회사와는 별개의 법인격을 가지는 회사라는 주장을 하는 것이 신의성실의 원칙에 반하거나 법인격을 남용하는 것으로 인정되는 경우에도 권리관계의 공권적인 확정 및 그 신속·확실한 실현을 도모하기 위하여 절차의 명확 안정을 중시하는 소송절차 및 강제집행절차에 있어서는 그 절차의 성격상 B회사에 대한 판결의 기판력 및 집행력의 범위를 피고 회사에까지 확장하는 것은 허용되지 않는다고 판결하였다.

9) 집 49-1, 민 1.

대법원은 나아가 이 사건에서 사실관계[10]를 살펴본 다음 법인격의 남용을 인정하고 있다.

> "이와 같은 피고 A의 피고 회사 주식양수 경위, 피고 A의 피고 회사에 대한 지배의 형태와 정도, 피고 A와 피고 회사의 업무와 재산에 있어서의 혼융 정도, 피고 회사의 업무실태와 지급받은 분양대금의 용도, 피고 회사의 오피스텔 신축 및 분양사업의 규모와 그 자산 및 지급능력에 관한 상황 등 제반 사정에 비추어 보면 피고 회사는 형식상은 주식회사의 형태를 갖추고 있으나 이는 회사의 형식을 빌리고 있는 것에 지나지 아니하고 그 실질은 배후에 있는 피고 A의 개인기업이라 할 것이고 따라서 피고 회사가 분양사업자로 내세워져 수분양자들에게 이 사건 건물을 분양하는 형식을 취하였다 할지라도 이는 외형에 불과할 뿐이고 실질적으로는 위 분양사업이 완전히 피고 A의 개인사업과 마찬가지라고 할 것이다.
>
> 그런데 피고 A는 아무런 자력이 없는 피고 회사가 자기와는 별개의 독립한 법인격을 가지고 있음을 내세워 이 사건 분양사업과 관련한 모든 책임을 피고 회사에게만 돌리고 비교적 자력이 있는 자신의 책임을 부정하고 있음이 기록상 명백한바, 이는 신의성실의 원칙에 위반되는 법인격

10) 이를 요약하면 다음과 같다. ① 피고 A가 종전부터 여러 회사를 사실상 지배하면서 이들 회사를 내세워 그 회사 명의로 또는 자신의 개인 명의로 빌딩 또는 오피스텔 등의 분양사업을 하여 왔고, 이러한 사업의 일환으로 피고 회사의 주식을 양수한 다음 자신이 피고 회사의 대표이사로 취임하였다. ② 실질적으로는 피고 A가 피고 회사의 주식 대부분을 소유하고 있고, 주주총회나 이사회의 결의 역시 외관상 회사로서의 명목을 갖추기 위한 것일 뿐 실질적으로는 이러한 법적 절차가 지켜지지 아니한 채 피고 A 개인의 의사대로 회사 운영에 관한 일체의 결정이 이루어져 왔다. ③ 피고 회사 사무실은 현재 폐쇄되어 그 곳에 근무하는 직원은 없고, 피고 회사의 재산과 피고 A 개인 재산이 제대로 구분되어 있지도 않다. ④ 피고 회사가 시행하는 이 사건 공사는 공사 발주금액만도 166억 원 가량에 이르는 대규모 공사이고 이 사건 건물의 분양대금도 수백억 원에 이르는 데에 반하여 피고 회사의 자본금은 5,000만 원에 불과할 뿐만 아니라 이마저도 명목상의 것에 불과하고 위 분양대금으로 매수한 이 사건 대지는 피고 A 개인 명의로 소유권이전등기가 경료되어 있고 나머지 분양대금 역시 그 용도가 명확히 밝혀지지 아니한 채 모두 사용되어 버려 피고 회사의 실제 자산은 사실상 전혀 없다시피 하다.

의 남용으로서 심히 정의와 형평에 반하여 허용될 수 없다 할 것이고, 따라서 피고 회사로부터 이 사건 오피스텔을 분양받은 원고로서는 피고 회사는 물론 피고 회사의 실질적 지배자로서 그 배후에 있는 피고 A에 대하여도 위 분양계약의 해제로 인한 매매대금의 반환을 구할 수 있다.”

이 판결은 피고 회사로부터 분양을 받은 원고가 피고 회사와 피고 A를 상대로 분양계약의 해제로 인한 매매대금의 반환을 청구한 사안에서, 피고 회사의 법인격 남용을 인정하고 피고 회사는 물론 그 배후자인 피고 A에 대하여도 회사의 행위에 관한 책임을 물을 수 있다고 판단하였다. 신의성실의 원칙이나 법인격 남용은 이미 편의치적에 관한 위 1988년 판결에서 인정되었는데, 이것이 편의치적이 아닌 일반회사에 관한 사건에서도 인정되었다는 점에 선례로서 중요한 의미가 있다. 또한 이와 같은 결론에 도달한 이유의 구성이 매우 흥미롭다. 법적 형식과 실질(또는 실체) 문제는 법인격 부인에 관한 논의에서 매우 중요한 위치를 차지하고 있는데, 이 판결은 형식과 실질을 비교하면서 결론을 도출하고 있기 때문이다. 이 점에 관하여 좀 더 상세히 살펴보자.

첫째, 법인격 남용을 인정하면서 명시적으로 외형(또는 형식)과 실질을 대비하고 있다. 즉, 회사가 외형상으로는 법인의 형식을 갖추고 있으나, 실질적으로는 완전히 법인격의 배후에 있는 타인의 개인기업에 불과하거나 그것이 배후자에 대한 법률적용을 회피하기 위한 수단으로 함부로 쓰이고 있다는 것이다.

둘째, 「형식에 대한 실질의 우위」를 인정하고 있다. 법인이라는 형식을 강조하면, 회사의 행위로 인한 법적 효과는 회사에게만 귀속되고 배후자의 책임은 인정되지 않는다. 그러나 실질을 강조하면, 회사가 완전히 법인격의 배후에 있는 타인의 개인기업에 불과하거나 그것이 배후자에 대한 법률적용을 회피하기 위한 수단으로 함부로 쓰이고 있으므로, 배후자의 책임을 인정할 수 있다. 따라서 이 판결에서 법인격의 남용을 인정하는 것은 형식에 대한 실질의 우위를 인정하는 것으로 볼 수 있다.

셋째, 형식과 실질의 차이를 해소하기 위하여 '신의성실의 원칙에 위반되는 법인격의 남용'을 인정할 뿐만 아니라 '정의'와 '형평'이라는 표현까지 동원하고 있다. 민법 제2조에 규정된 신의성실의 원칙과 권리남용 금지의 원칙은 민사사건뿐만 아니라 상사사건에도 적용되는데, 이 판결은 법인격 남용의 근거를 민법 제2조에서 찾은 것이라고 볼 수 있다. 한편, 법인격 부인의 법리는 영국과 미국의 판례에서 형평법상의 구제수단으로 인정되었는데,[11] 이 판결에서 정의와 형평이라는 표현을 사용한 것은 그 영향을 받은 것으로 볼 수도 있을 것이다.

(2) 채무면탈 목적으로 회사를 설립하는 경우—주관적 목적의 필요성 문제

기존회사가 채무를 면탈하기 위해서 신설회사를 설립하는 경우가 있다. 이와 같은 경우에 위 두 회사를 실질적으로 동일한 회사로 보아야 하는지, 회사의 배후자가 법인격을 남용하고 있는 것인지 문제되었다. 이와 같은 경우에 대법원이 채무면탈 등의 주관적 목적이 필요하다고 보고 있다.

(가) 대판 2004. 11. 12, 2002다66892[12]

이 사건에서는 2개의 회사가 실질적으로 동일한 회사인지, 법인격 남용 또는 회사제도의 남용이 인정되는지 여부가 문제되었다. 원심은 피고 회사가 A회사에 비해 직원 수 등 그 규모는 줄어들었으나 A회사

---

11) *Equinox Enterprises, Inc. v. Associated Media Inc.*, 730 S.W.2d 872 (Tex. App. Dallas 1987); Mark S. Cohen, "Grounds for Disregarding the Corporate Entity and Piercing the Corporate Veil," 45 *American Jurisprudence Proof of Facts* 3d 1 (2008), Ⅰ. A. §6, FN 49.

12) 공 2004, 2013. 평석으로는 김종기, "법인격의 남용," 판례연구(부산판례연구회), 제17집, 2006, 523면 이하. 同旨: 대판 2006. 7. 13, 2004다36130(법고을LX 검색).

와 실질적으로 동일한 회사로서 A회사의 채무를 면탈할 목적으로 A회사와 별개의 새로운 회사를 설립하는 형식만 갖춘 것이라 할 것이어서 피고 회사가 원고들에 대하여 A회사와 별개의 법인격임을 내세워 그 책임을 부정하는 것은 신의성실의 원칙에 반하거나 법인격을 남용하는 것으로서 허용될 수 없으므로, 원고들은 A회사뿐만 아니라 피고 회사에 대하여도 임대차보증금의 지급을 청구할 수 있다고 판단하였다. 이에 대하여 피고가 상고하였으나, 대법원은 A회사가 채무를 면탈할 목적으로 기업의 형태·내용이 실질적으로 동일한 피고 회사를 설립한 것으로 인정하기에 부족함이 없다는 이유로 상고를 기각하였는데, 다음과 같은 법리를 전개하고 있다.

> "기존회사가 채무를 면탈할 목적으로 기업의 형태·내용이 실질적으로 동일한 신설회사를 설립하였다면, 신설회사의 설립은 기존회사의 채무면탈이라는 위법한 목적달성을 위하여 회사제도를 남용한 것이므로, 기존회사의 채권자에 대하여 위 두 회사가 별개의 법인격을 갖고 있음을 주장하는 것은 신의성실의 원칙상 허용될 수 없다 할 것이어서 기존회사의 채권자는 위 두 회사 어느 쪽에 대하여서도 채무의 이행을 청구할 수 있다."[13)]

이 판결은 기존회사가 채무를 면탈할 목적으로 기업의 형태·내용이 실질적으로 동일한 신설회사를 설립한 경우에 "채무면탈이라는 위법한 목적달성을 위하여 회사제도를 남용"한 것이고, 기존회사의 채권자는 위 두 회사에 대하여 채무의 이행을 청구할 수 있다고 판단하였다.[14)] 이 판결에서는 대법원 2001년 판결과는 달리 채무면탈의 목적을

---

13) 이 판결은 참조판결로 대판 1995.5.12, 93다44531; 대판 2001.1.19, 97다21604를 들고 있으나, 이들 판결과는 다른 새로운 표현을 사용하고 있다.

14) 이 판결에서 고려한 사항은 다음과 같다. ① 피고 회사는 A회사와 상호, 상징, 영업목적, 주소, 해외제휴업체 등이 동일하거나 비슷하다. ② A회사와 일부 다른 피고 회사의 주요 이사진이나 주주 대부분이 A회사의 지배주주로서 대표

중시하고 있는데, 이것이 회사제도의 남용을 인정하기 위해서는 주관적 목적이 필요하다는 의미인지 문제된다. 이 판결을 그와 같이 파악할 수도 있으나, 이 판결에서는 기존회사가 채무를 면탈할 목적으로 기업의 형태·내용이 실질적으로 동일한 신설회사를 설립한 경우에 회사제도의 남용을 인정한 것에 불과하다. 여기에서 나아가 이 판결이 채무면탈의 목적 등 주관적 목적이 없으면 회사제도의 남용 또는 법인격 남용을 인정할 수 없다는 의미로 확장해석해서는 안 된다.

(나) 대판 2006. 8. 25, 2004다26119[15)]

이 판결은 위 대법원 2001. 1. 19. 판결[16)]의 법리를 그대로 인용한 다음, 이 사건에서는 법인격 남용이 인정되지 않는 이유를 자세히 밝히고 있는데, 위 (가)에서 본 대법원 2004. 11. 12. 판결과 마찬가지로 법인격 남용을 인정하는 데 주관적 요건이 필요하다고 보고 있다.

> "그러나 ① 이 사건과 같은 친자회사 사이에 있어서는 상호간에 상당 정도의 인적·자본적 결합관계가 존재하는 것이 당연하므로, 자회사의 임·직원이 모회사의 임·직원 신분을 겸유하고 있었다는 사정이나, 모회사가 자회사의 전 주식을 소유하여 그에 따른 주주권의 행사로서 이사 및 임원 선임권을 지닌 결과 자회사에 대해 강한 지배력을 가진 사정, 그 밖에 자회사의 사업 규모가 확장되었으나 자본금의 규모가 그에 상응하여 증가되지 아니한 사정 등만으로는 모회사가 자회사의 독자적인 법인격을 주장하는 것이 자회사의 채권자에 대한 관계에서 법인격의 남

이사였던 B의 친·인척이거나 A회사에서 B의 직원이었던 점, 피고 회사는 대외적으로 영업 등을 하면서 A회사와 동일한 회사인 양 홍보하였으며, B와 피고 회사의 대표이사인 C도 A회사에서의 직책대로 활동하였다. ③ 그에 따라 피고 회사가 외부에서 A회사와 동일한 회사로 인식된 채로 공사 등을 수주하였다. ④ 피고 회사 내부적으로도 여전히 B가 회장으로서 역할을 수행하고 있는 것으로 보인다. ⑤ 이 사건 제1심판결로 피고 회사가 A회사의 채무를 부담하게 되는 상황이 되자 이번에는 B의 아들 등이 D회사를 설립하여 피고 회사와 관련된 공사를 수주하였다.

15) 공 2006, 1600.

16) 위 (1) 판결의 앞 부분.

용에 해당한다고 보기에 부족하고, ② 적어도 자회사가 그 자체의 독자적인 의사 또는 존재를 상실하고 모회사가 자신의 사업의 일부로서 자회사를 운영한다고 할 수 있을 정도로 완전한 지배력을 행사하고 있을 것이 요구되며, 구체적으로는 모회사와 자회사 간의 재산과 업무 및 대외적인 기업거래활동 등이 명확히 구분되어 있지 않고 양자가 서로 혼용되어 있다는 등의 객관적 징표가 있어야 할 것이며, 무엇보다 여기에 더하여 자회사의 법인격이 모회사에 대한 법률 적용을 회피하기 위한 수단으로 함부로 사용되거나 채무면탈이라는 위법한 목적 달성을 위하여 회사제도를 남용하는 등의 주관적 의도 또는 목적이 인정되어야 할 것이다(항목은 필자가 추가한 것임)."

이 사건에서 대법원은 피고와 KTPI가 그 조직, 재산, 회계 및 업무 내용에 있어 확연히 구분되어 있어, 법인격 부인에 요구되는 객관적 징표에 해당하지 않고, 원고와 KTPI 사이의 이 사건 계약에서 피고가 불법 또는 부정한 목적을 위하여 현지법인인 KTPI를 이용한 경우라고 볼 수는 없다고 판단하였다.

이 판결은 표현이 모호한 점이 있기는 하지만 친자회사의 경우에 법인격 남용을 인정하기 위한 요건을 두 가지로 구분하고 있다. 첫째, 모회사가 자회사에 대하여 완전한 지배력을 행사하고 있어야 한다. 구체적으로는 모회사와 자회사 간의 재산과 업무, 대외적인 기업거래활동 등이 명확히 구분되어 있지 않고 양자가 서로 혼용되어 있다는 등의 객관적 징표가 있어야 한다. 이를 객관적 요소라고 할 수 있다. 둘째, 자회사의 법인격이 모회사에 대한 법률 적용을 회피하기 위한 수단으로 함부로 사용되거나 채무면탈이라는 위법한 목적 달성을 위하여 회사제도를 남용하는 등의 주관적 의도가 있어야 한다. 이를 주관적 요소라고 할 수 있다. 모자회사의 경우에 위 두 요소 중 한 가지 요소만으로는 법인격 남용을 인정할 수 없고, 위 두 요소를 모두 갖춘 경우에 회사제도의 남용을 인정할 수 있다는 것이다.

㈐ 대판 2008. 8. 21, 2006다24438[17)]

이 판결은 위 (가)에서 본 대법원 2004. 11. 12. 판결의 법리를 인용하고, 채무면탈의 의도를 판단할 때 고려하는 요소를 제시하고 있다. 즉,

> "기존회사가 채무를 면탈하기 위하여 기업의 형태·내용이 실질적으로 동일한 신설회사를 설립하였다면, 신설회사의 설립은 기존회사의 채무면탈이라는 위법한 목적 달성을 위하여 회사제도를 남용한 것에 해당한다. 이러한 경우에 기존회사의 채권자에 대하여 위 두 회사가 별개의 법인격을 갖고 있음을 주장하는 것은 신의성실의 원칙상 허용될 수 없으므로, 기존회사의 채권자는 위 두 회사 어느 쪽에 대하여서도 채무의 이행을 청구할 수 있다고 할 것인바(대법원 2004. 11. 12. 선고 2002다66892 판결 참조), 여기에서 기존회사의 채무를 면탈할 의도로 신설회사를 설립한 것인지 여부는 기존회사의 폐업 당시 경영상태나 자산상황, 신설회사의 설립시점, 기존회사에서 신설회사로 유용된 자산의 유무와 그 정도, 기존회사에서 신설회사로 이전된 자산이 있는 경우, 그 정당한 대가가 지급되었는지 여부 등 제반 사정을 종합적으로 고려하여 판단하여야 한다."

그러나 대법원은 이 사건에 대한 구체적인 판단에서 다음과 같은 이유를 들어 법인격 남용을 인정하지 않았다. 즉, 피고 회사는 A회사와 기업의 형태·내용이 같고 모두 B에 의하여 지배되고 있는 회사이지만, A회사의 부동산 등에 대한 낙찰대금 10억 4,500만 원 중 837,820,050원이 피고 회사 명의로 대출받거나 차용한 금원으로 지급되었고, 또한 피고 회사가 이 사건 의약품 제조 허가권 등과 관련하여 A회사에 7,500만 원을 대금으로 지급하였다. 따라서 피고 회사가 A회사의 채무를 면탈하기 위하여 신설된 것이라고 인정하려면, 이 사건 의약품 제조 허가권 등에 대한 가액 평가나 대금의 일부 면제가 부당하게

17) 공 2008, 1269.

이루어졌거나, 거래처를 비롯한 영업권이 아무런 대가 없이 이전되었거나, 그 밖에 A회사의 자산이 피고 회사의 설립비용 등의 자금으로 유용되었다는 사실 등 A회사의 채권자에게 불리한 결과를 초래하는 채무면탈에 관한 사정이 인정될 수 있어야 한다.

이 판결에서 일반론으로 '채무를 면탈하기 위하여' 또는 '채무면탈이라는 위법한 목적'이라는 표현을 사용하고 있으나, 회사제도의 남용을 인정하기 위해서 주관적 목적이 반드시 필요하다고 판단하고 있지는 않다. 또한 이 사건에 대한 구체적 판단에서 채무면탈에 관한 객관적 요소에 관한 증거가 없다고 판단하고 있을 뿐이고, 주관적 요소에 관해서는 판단하지 않고 있다. 이는 법인격 남용에서 주관적 요건을 요구해서는 안 된다는 비판[18]을 수용한 것으로 볼 여지도 있다. 기존회사와 신설회사 사이에 재산 또는 자금의 혼용이 없다는 이유로 채무면탈에 관한 사정을 부정하였는데, 이 부분에 대한 입증이 중요한 문제가 될 것이다.

(3) 법인격 형해화와 법인격 남용: 대판 2008. 9. 11, 2007다90982[19]

이 판결은 위 (1)에서 본 대법원 2001. 1. 19. 판결의 법리를 인용한 다음, 법인격 형해화와 남용을 구분하여 다음과 같이 판단하고 있다.

> "여기서 회사가 그 법인격의 배후에 있는 타인의 개인기업에 불과하다고 보려면, 원칙적으로 문제가 되고 있는 법률행위나 사실행위를 한 시점을 기준으로 하여, 회사와 배후자 사이에 재산과 업무가 구분이 어려울 정도로 혼용되었는지 여부, 주주총회나 이사회를 개최하지 않는 등 법률이나 정관에 규정된 의사결정절차를 밟지 않았는지 여부, 회사 자본의 부실 정도, 영업의 규모 및 직원의 수 등에 비추어 볼 때, 회사가 이름뿐이고 실질적으로는 개인 영업에 지나지 않는 상태로 될 정도로 형해화되어야 한다.

18) 아래 Ⅲ. 2. (3) 참조.
19) 공 2008, 1365.

> 또한 위와 같이 법인격이 형해화될 정도에 이르지 않더라도 회사의 배후에 있는 자가 회사의 법인격을 남용한 경우, 회사는 물론 그 배후자인 타인에 대하여도 회사의 행위에 관한 책임을 물을 수 있으나, 이 경우 채무면탈 등의 남용행위를 한 시점을 기준으로 하여, 회사의 배후에 있는 자가 회사를 자기 마음대로 이용할 수 있는 지배적 지위에 있고, 그와 같은 지위를 이용하여 법인 제도를 남용하는 행위를 할 것이 요구되며, 위와 같이 배후자가 법인 제도를 남용하였는지 여부는 앞서 본 법인격 형해화의 정도 및 거래상대방의 인식이나 신뢰 등 제반 사정을 종합적으로 고려하여 개별적으로 판단하여야 한다."

나아가 원심은 문제된 회사가 실질적으로는 피고의 개인기업이라는 이유로 법인격 남용을 인정하고 있으나, 대법원은 법인격이 형해화되었거나 법인격을 남용하고 있다고 볼 수 없다고 판단하였다. 법인격 형해화와 관련해서는 "법인이 형해화되어 그 법인격을 부인할 정도로 회사와 피고 사이에 심각한 재산의 혼용이 이루어졌다고 할 수 없다."고 한다. 또한 법인격의 남용을 인정하려면 "피고가 자신에 대한 법률적용을 회피하기 위한 수단으로 법인 형식을 이용함으로써 그에 대한 법적 효과의 귀속을 부당하게 벗어나려고 하는 법인격 남용행위가 인정되어야 할 것인바, 주식회사의 물적·유한 책임성에 비추어 채권자를 해하는 경우가 아니라면 영업이 부진한 주식회사를 폐업하고 채권·채무를 청산한 다음 신규자본을 투입하여 새로운 회사를 설립하고 운영하는 것 자체를 위법하다고 할 수 없다."고 한다.

대법원 2001년 판결 이래 법인격 남용에 관한 법리가 점차 구체화되었는데, 이 판결은 법인격 남용이 인정되는 경우를 법인격 형해화와 법인격 남용으로 구분하고 각각의 판단시기와 판단기준을 제시하였다. 따라서 문제의 법률행위 등이 법인격의 형해화나 남용이 있다고 볼 수 있는 시점 이전에 이루어진 경우에는 법인격 형해화나 남용을 인정할 수 없다.

Ⅲ. 법인격 부인 또는 남용의 유형과 판단기준

1. 이른바 '유형'에 관한 문제

(1) 필 요 성

법인격 부인론 또는 남용론에서 부인, 남용, 형해화라는 용어가 매우 불명확하게 사용되고 있다. 법인격의 부인이라는 표현은 일반적으로 법인격 자체가 없는 것으로 다룬다는 인상을 준다. 법인격의 형해화라는 표현도 법인격 부인이라는 표현과 유사하게 인식될 수 있다. 한편, 법인격의 남용은 법인격이 형해화되지는 않았지만, 법인격을 남용하였다고 볼 수 있는 경우에 그에 따른 법적 효과를 부여하기 위하여 사용된다. 그러나 법인격의 형해화를 포괄하는 의미로도 사용되고 있다. 이와 같이 법인격 부인, 남용, 형해화라는 용어가 매우 모호하게 사용되고 있기 때문에, 법인격 부인이나 남용이 문제되는 경우를 유형별로 구분하여 검토하는 것은 의미가 있을 것이다.

(2) 유 형 론

법인격 부인 또는 남용에 관하여 그 유형을 구분하는 방법은 여러 가지가 있다. 대표적인 방안을 두 가지만 들어보면 다음과 같다.

㈎ 법인격 부인 또는 남용이 문제되는 경우를 열거하는 방안이다. 즉, 법인격이 부인되거나 남용되는 경우로 법률상 또는 계약상 의무를 회피하기 위한 경우, 채권자를 詐害하기 위한 경우, 탈법행위를 위한 경우, 법인격이 범죄행위 등 불법행위를 엄폐하기 위한 수단으로 사용된 경우 등으로 구분한다.[20] 이 견해는 대체로 미국의 판례 등을 소개

---

20) 가령 鄭東潤, "株式會社의 法形態의 濫用의 規制와 法人格否認理論," 저스티스 제10권 제1호(1972. 12), 99면은 영미의 법인격 부인론을 소개하면서 위와 같은 방식으로 구분하고 있다.

하거나 정리하면서 우리나라에서도 그와 같이 구분하는 것이 바람직하다고 주장한다.

(나) 법인격 형해화와 법인격 남용이라는 두 유형으로 구분하자는 견해가 있다.[21] 먼저 법인격의 형해화는 법인이 이름뿐이고 실질적으로는 사원의 개인영업 또는 친회사의 영업의 일부분에 지나지 않는 경우를 말한다. 법인격의 형해화를 판단하는 경우에 고려하는 요소로는 회사와 사원 사이에 재산이나 업무가 혼융되어 있는지 여부, 장부의 기재나 회계를 구분하고 있는지 여부, 주주총회나 이사회 등을 개최하고 있는지 여부 등을 든다. 법인격의 남용은 법인의 배후에 있는 자가 위법하거나 부당한 목적을 추구하기 위해 회사를 이용하는 경우를 말한다. 법인격 남용의 요건은 두 가지로 구분할 수 있다. 하나는 객관적 요건으로서 회사의 배후에 있는 자가 법인을 지배하고 있어야 하고, 다른 하나는 주관적 요건으로서 법인이 위법하거나 부당한 목적을 위하여 이용되어야 한다. 법인격 남용에서 주관적 요건이 필요한지 여부에 관해서는 논란이 있는데,[22] 이를 긍정하는 견해에 의하면 법인격의 형해화에서는 주관적 요건이 문제되지 않으나, 법인격의 남용에서는 주관적 요건이 필요하다는 점에서 양자를 구분할 중요한 실익이 있을 것이다.

법인격 형해화와 법인격 남용을 구분하는 것은 일본의 판례와 학설에 의하여 영향을 받은 것이다. 일본에서는 1950년부터 미국법상의 법인격 부인론이 소개되었는데, 최고재판소[23]는 1969년에 "무릇 법인격의 부여는 사회적으로 존재하는 단체에 대해서 그 가치를 평가하여 행해지는 입법정책에 의한 것으로 이것을 권리주체로 표현할 만한 가치가 있다고 인정될 때에 법적 기술에 기해서 행하여지는 것이다. 따라서 법인격이 전혀 형해에 불과한 경우 또는 그것이 법률의 적용을 회

21) 車漢成, "法人格否認論," 民事判例研究 제24집, 2002, 578면.
22) 아래 Ⅲ. 2. (3) 참조.
23) 日最判 1969(昭和 44). 2. 27(民集 제23권 2호, 511).

피하기 위하여 남용됨과 같은 경우에는 법인격을 인정하는 것이 법인격이라고 하는 것의 본래의 목적에 비추어 허용되어서는 안 된다."고 하였다. 일본에서는 대체로 이 판결의 태도에 따라 법인격 형해화와 법인격 남용을 구분하고 있다.[24)]

(다) 위 Ⅱ.에서 본 법인격 부인 또는 남용에 관한 대법원 판결들을 유형별로 구분하여 파악할 수 있다. 대법원 판결에서 법인격 부인 또는 남용을 인정한 사례는 크게 편의치적의 경우, 회사가 개인기업적 성격이 큰 경우, 회사가 법률적용을 회피하기 위한 수단으로 이용되는 경우가 있다. 편의치적의 경우와 회사가 개인기업적 성격이 큰 경우를 법인격 형해화로 볼 수 있고, 회사가 법률적용을 회피하기 위한 수단으로 이용되는 경우를 법인격 남용으로 볼 수 있다.

그러나 판례는 이 두 유형을 엄밀하게 구분하고 있지는 않다.[25)] 가령 편의치적의 경우나 회사가 개인기업적 성격이 큰 경우도 법인격 남용의 한 종류로 보고 있다. 위 대법원 2008. 9. 11. 판결은 두 경우를 구분하여 판단요소를 설명하고 있으나, 두 유형에서 판단요소가 대부분 중복되어 있고, 법인격 남용의 경우에는 법인격 형해화의 정도 및 거래상대방의 인식이나 신뢰 등 제반사정을 고려하여 판단하여야 한다고 하였다. 이 표현에 따르면 두 유형 사이의 차이는 '거래상대방의 인식이나 신뢰'를 고려할 것인지 여부라고 할 수 있으나,[26)] 법인격 형해화를 판단할 경우에 이 점이 배제될 것인지는 불분명하다. 또한 이 판결

---

24) 大森忠夫 등 편, 注釋 會社法(1), 1971, 146면(竹內昭夫 집필).

25) 崔基元, 新會社法論, 제12대정판, 박영사, 2005, 57면은, 법인격의 형해화와 법인격의 남용을 구분하고 있으나, 법인격의 형해화도 법인격을 남용하는 결과로 생기는 현상이라고 한다.

26) 한편, 회사의 자본이 불충분한 경우 계약에 기한 책임에서는 불법행위와는 달리 법인과 계약을 체결한 상대방이 자본이 충분하지 않다는 점을 알고 계약을 체결하였는지 여부를 고려하여야 하는지 문제된다. 이에 관해서는 논란이 있으나, 우리나라 판례는 이에 관한 구분을 하지 않고 있다. 鄭燦亨, "法人格否認論," 고려법학 제37권, 2001, 306면.

에서는 두 유형 사이에 가장 큰 차이라고 할 수 있는 주관적 요소를 언급하고 있지 않다. 따라서 이 판결에 따르면 두 유형 사이에 판단요소가 크게 다르지 않다고 볼 수 있다.

(3) 결 어

실제로 법인격 형해화와 법인격 남용을 구분하는 것은 매우 어렵고, 그 차이는 매우 미세한 차이에 불과할 수 있다. 따라서 법인격 형해화와 법인격 남용이라는 두 유형으로 구분하는 것은 의미가 없는 것은 아니지만, 이 두 유형은 법인격이 남용되는 정도에 따른 구분에 불과하고, 오히려 법인격 남용이라는 틀 속에서 이보다 더 많은 유형으로 세분화할 수도 있다. 또한 이 두 유형 사이에 판단기준을 완전히 다르게 보는 것은 그 근거를 찾기 어렵다. 따라서 위 두 유형론이 법인격 부인이나 남용에 관한 판례를 인식하는 데 도움이 될 수 있지만, 그 한계를 분명하게 인식할 필요가 있다.

2. 법인격 남용의 판단기준

(1) 이익형량

법률에서 단체에 법인격을 인정하고 있는데도 법인의 행위나 채무에 대하여 법인의 사원 등 배후자에게 책임을 부과하는 것은 예외적으로만 인정되어야 한다. 그렇다면 어떠한 경우에 법인격을 부인하거나 그 남용을 인정할 수 있는지가 중요한 문제이다. 이 경우에 두 가지 상충하는 이익 또는 가치를 비교 형량하여야 한다. 하나는 회사 등 법인이 자유롭게 활동할 수 있도록 유한책임의 원칙을 유지할 사회적 필요성이다. 다른 하나는 정의와 형평의 관념에 비추어 법인의 배후자에게 책임을 인정하여야 한다는 요청이다.[27] 개개의 사례에서 두 가지 이익 또는

27) 가령 Cohen(주 11), Ⅰ. A. §6; *Belvedere Condominium Unit Owners' Assn. v. R.E. Roark Cos., Inc.*, 617 N.E.2d 1075 (1993).

가치 중에서 어느 쪽의 비중이 큰지를 개별적으로 고려하여야 한다.

(2) 고려요소

법인격을 남용하는 행태가 다양하기 때문에, 다양한 형태에 따라 법인격 남용을 판단하는 요소를 추출하는 것은 쉽지 않다. 개별 사례에서 법인격을 무시하고 그 배후자의 책임을 인정할 것인지 여부는 편의치적의 경우, 친자회사의 경우, 기존회사가 새로운 회사를 설립하는 경우, 개인이 회사를 설립하는 경우 등으로 구분하여 판단할 필요가 있다. 대법원 판결도 어떠한 형태인지에 따라 판단요소를 달리하고 있다. 그러나 법인격 남용을 판단할 경우에 일반적으로 들고 있는 요소는 다음과 같다.

① 회사의 배후에 있는 자가 회사를 자기 마음대로 이용할 수 있는 지배적 지위에 있는지 여부

② 법인과 배후자 사이에 재산과 업무가 구분이 어려울 정도로 혼용되었는지 여부

③ 법인과 배후자 사이에 사무실을 공동으로 사용하거나 임직원이 공통적인지 여부

④ 회사의 규모와 업무의 성질에 비추어 회사의 자본금이 불충분한지 여부

⑤ 주주총회나 이사회를 개최하지 않는 등 법률이나 정관에 규정된 의사결정절차를 밟지 않았는지 여부

⑥ 거래상대방이 법인과 그 배후자를 동일한 존재로 인식하거나 그와 같이 신뢰하였는지 여부

⑦ 법인격을 법률적용을 회피하기 위한 수단으로 함부로 사용하거나 채무면탈이라는 위법한 목적 달성을 위하여 회사제도를 남용하는 등의 주관적 의도가 있는지 여부

나아가 대법원은 기존회사를 폐업하고 회사를 신설한 경우에는 폐업 당시 경영상태나 자산상황, 신설회사의 설립시점, 기존회사에서 신설회사로 유용된 자산의 유무와 그 정도, 기존회사에서 신설회사로 이전된 자산이 있는 경우에는 그 정당한 대가가 지급되었는지 여부를 고려하고 있다.

위에서 들고 있는 사항들은 법인격 부인 또는 남용을 판단하는 데 중요한 고려요소이다. 위 요소 중 어느 하나만을 갖추었다고 해서 법인격 부인 또는 남용을 인정할 수는 없다. 그러나 위 고려요소 모두를 갖추어야 법인격 부인 또는 남용이 인정되는 것은 아니고, 위 사항 중 일부만을 갖추더라도 그 사유만으로 법인격 부인 또는 남용을 인정하기에 충분한 경우도 있을 수 있다. 법인격 부인 또는 남용을 판단하는 경우에 위에서 든 요소들이 상관적으로 작용하고 있다. 어느 한 요소가 강하게 충족된 경우, 가령 법인으로서의 실체가 있다고 보기 어려운 경우에는 다른 요소가 가볍게 충족되더라도 법인격 부인 또는 남용을 인정할 수 있다.

미국에서 법인격 부인에 관한 판례나 이론이 발달하였고, 우리나라의 판례는 미국의 법인격 부인론의 영향을 받았으므로, 미국에서 법인격 부인을 어떻게 판단하는지 살펴볼 필요가 있다. 법인격 부인에 관한 주요한 이론이나 기준으로는 분신이론(alter-ego theory), 도구이론(instrumentality theory), 형평성 또는 사정의 총체성 기준(equity or totality of the circumstances test), 사기를 하기 위한 가장 이론(sham to perpetuate a fraud theory), 공공 정책 위반 기준(violation of public policy test)이 있다.[28] 분신이론이나 도구이론은 법인격이 부인된 상태를 설명하는 데는 적절할 수 있지만, 법원이 판결을 하는 데는 도움이 되지 않는다. 그리하여 법원은 제반사정을 고려하는 형평 원칙에 따라 법인격 부인 여부를 판단하는 경우가 많다.[29]

---

28) Cohen(주 11), I. B.

29) *White v. Winchester Land Development Corp.*, 584 S.W.2d 56 (Ky. Ct. App.

법인격 부인을 판단하는 데 고려하는 요소는 매우 다양하다.30) 이 요소 중 하나만을 들어 법인격을 무시하는 결론을 도출하지는 않고 여러 요소들을 복합적으로 고려하여 개별적으로 판단하고 있다. 이 이론을 적용하는 데 가장 중요한 요소를 두 가지로 분류할 수 있다. 첫 번째 요소는 회사와 주주가 더 이상 독립적인 인격체로 존재한다고 볼 수 없을 정도로 이해관계와 소유가 일체화되었는지 여부이다. 이를 판단하는 구체적인 요인으로 ① 자본의 불충분(undercapitalization), ② 회사 형식의 미비, ③ 배당금의 미지급, ④ 거래 당시 채무자 회사의 지급불능, ⑤ 지배주주에 의한 회사자금의 유용, ⑥ 회사 이사와 임원의 직무 태만, ⑦ 회사 기록의 부재, ⑧ 회사가 회사 지배주주의 활동을 위한 외관에 불과한 사실을 들 수 있다. 두 번째 요소는 그 행위가 단지 회사의 행위로 취급되면 부정의를 초래하거나 형평에 맞지 않게 되는지 여부이다.31) 특히 회사의 법인격을 무시하고 배후자의 책임을 인정하는 중요한 요인으로 자본의 불충분, 지배주주에 의한 자금 유용, 회사의 형식성 미비를 들 수 있다.32)

미국의 판례에서 들고 있는 위와 같은 요소들은 우리나라에서 법

1979)은 "분신이론과 대리이론은 분석을 위해서 유용하기는 하지만, '분신'인지 여부는 명확한 기준이나 실제 사건에 적용되지 않는다. 오히려 법인격 부인의 여부는 각 사안의 형평성을 고려하여 판단하여야 한다."고 판단하였다.

30) 법인격 부인에 관하여 판단하는 기준이나 고려요소가 주마다 다르고, 개별 주 안에서도 구체적 사안에 따라 판단기준이나 고려요소가 달라진다. 가령 모회사와 자회사 사이의 독립성을 판단할 때 고려하는 요소로 31개 항목을 드는 견해도 있다. Cathy S. Krendl/James R. Krendl, "Piercing the Corporate Veil: Focusing the Inquiry," 55 *Denver L.J.* 1 (1978).

31) *Automotriz Del Golfo De California S. A. De C. V. v. Resnick*, 47 Cal.2d 792 (1957); *DeWitt Truck Brokers, Inc. v. W. Ray Flemming Fruit Co.*, 540 F.2d 681 (4th Cir. 1976); *Associated Vendors, Inc. v. Oakland Meat Co.*, 26 Cal.Rptr. 806 (1962); *Evans v. Multicon Const. Corp.*, 574 N.E.2d 395 (1991); *Sonora Diamond Corp. v. Superior Court*, 83 Cal. App. 4th 523 (2000); *Tamko Roofing Products, Inc. v. Smith Engineering Co.*, 450 F.3d 822 (2006); *Nordberg v. Trilegiant Corp.*, 445 F. Supp. 2d 1082 (N.D. Cal. 2006).

32) Cohen(주 11), I. C. §12, §13, §14.

인격 부인 또는 남용을 판단하는 데에도 유용하게 활용될 수 있고, 우리나라의 판례에서 들고 있는 판단요소에 이미 반영되어 있다. 지배주주가 회사의 자금을 유용한 경우에 주주의 책임을 쉽게 인정할 수 있을 것이다. 주주총회나 이사회를 개최하지 않는 등 회사의 형식적 특성을 갖추고 있지 못한 경우, 회사와 개인의 업무와 재산이 혼융되어 있는 경우에도 그 배후자의 책임을 인정하는 중요한 요소로 작용한다. 회사의 규모나 운영에 비추어 자본이 충분하지 않다면, 이는 법인격을 무시하고 배후자의 책임을 인정하는 중요한 근거가 될 수 있다. 이것이 형평에 부합할 것이다. 법인격 부인 또는 남용이 문제되는 사안은 회사가 자금이 불충분한 경우이기 때문에, 자본의 불충분은 법인격 부인 또는 남용을 판단하는 데 고려하여야 할 요소라고 보아야 한다. 장차 한편으로는 법인격 부인 또는 남용에 관한 판단요소를 좀 더 세분화하고, 다른 한편으로는 위와 같은 요소들을 중요성과 관련성에 따라 분류하고, 법인격 부인 또는 남용의 여러 유형에 따라 각각의 유형별로 고려요소를 정돈함으로써[33] 구체적인 판단기준을 도출할 필요가 있다.

(3) 주관적 요소의 필요성 문제

위에서 든 요소는 크게 객관적 요소와 주관적 요소로 구분할 수 있다. 법인격 남용을 판단할 때 주관적 요소를 고려하고 있는데, 2006년 판결은 이 점을 명확히 하였다.[34] 그런데 법인격 남용에서 주관적 요소를 고려하여야 하는지 논란이 있다. 긍정설에서는 법인격 남용이 인정되려면 회사와 주주의 실질적 동일성이 존재하는 것만으로는 부족하고 지배주주가 회사형태를 이용하는 데 위법 또는 부당한 목적을 갖고 있어야 한다고 한다. 부정설은 주관적 목적이 필요하지 않다는 것으

33) 송인방, "유한책임회사(LLC)에서의 법인격부인에 관한 고찰," 상사법연구 제26권 제 4 호(2008), 326-333면은 유한책임회사의 경우에는 법인격 부인에 관한 판단기준이 일반적인 법인과는 다르다고 하고, 그 기준을 제시하고 있다.

34) 황남석, "모자회사간 법인격부인의 요건," 저스티스 제100호(2007. 10), 291면.

로, 주관적인 고의의 존재를 증명하는 것이 무척 어렵고, 배후의 지배자에게 남용의 의도가 없는 경우에도 그에게 개인적 책임을 지우는 것이 구체적 정의에 부합하는 경우가 있다고 한다.[35)]

미국에서 법인격 부인에 관하여 판단하는 데 다양한 요소를 고려하고 있는데, 법인격을 부인하면서 사기(fraud)나 기망하려는 의도(intent) 등 주관적 요소를 고려하는 경우가 있다. 가령 *Lowendahl v. Baltimore & Ohio Railroad Co.*[36)] 판결에서 법인격 부인이 받아들여지기 위해서는 피고가 회사를 완전히 지배하고 있어야 하고(완전한 지배), 피고가 사기나 불법행위를 하거나, 법적 의무를 위반하거나, 부당한 행위를 하기 위하여 그러한 지배를 이용하여야 하며(의무위반), 위와 같은 지배나 의무위반으로 인하여 손해 또는 부당한 손실이 발생하여야 한다(인과관계).[37)] 또한 *May Department Stores Co. v. Union Electric Light & Power Co.*[38)] 판결에서는 회사가 어떠한 목적을 위한 도구로 이용되었는지 여부에 따라 법인격 부인 여부를 결정하여야 한다고 하였다.[39)] 우리나라 판결 중에서 주관적 요소를 고려하는 판결은 이와 같은 미국의 판결들과도 유사하다. 미국에서는 그러나 현재 뉴욕 등 여

35) 鄭東潤(주 20), 132면; 원용수, "법인격부인[남용]의 법리의 성립요건," 商事判例硏究(韓國商事判例學會), 제20집 제 1 권(2007. 3), 45면; 金正皓, "법인격부인론의 적용범위," 고려법학 제41호(2003. 10), 118면.

36) 287 N.Y.S. 62 (1st Dep't 1936). 이 판결은 Frederick J. Powell, *Parent and Subsidiary Corporations: Liability of a Parent Corporations for the Obligations of Its Subsidiary* (1931)를 인용하고 있다. 이 책은 법인격 부인론에 관한 판례에 중요한 영향을 미쳤다. Stephen B. Presser, *Piercing the Corporate Veil*, 2008, § 1:6

37) 이와 유사한 판결들이 많이 있는데, 많이 인용되는 판결로는 *Morris v. New York State Dept. of Taxation and Finance*, 623 N.E.2d 1157 (1993); *Belvedere Condominium Unit Owners' Assn. v. R.E. Roark Cos., Inc.*, 617 N.E.2d 1075 (1993); *American Fuel Corp. v. Utah Energy Development Co., Inc.*, 122 F.3d 130 (1997) 등이 있다. 또한 Presser(주 35) § 2:35 참조.

38) 107 S.W.2d 41, (Mo. 1937).

39) 또한 *U.S. v. Milwaukee Refrigerator Transit Co.*, 142 F. 247 (C.C.E.D. Wis. 1905)도 참조.

러 주에서 사기나 기망의도 등 주관적 요소가 없는 경우에도 형평에 맞는 결과를 도출하기 위해서 필요하다면 회사의 법인격을 무시하고 그 배후자의 책임을 인정하고 있다.40)

독일에서는 법인격 부인의 문제를 회사와 그 社員을 동일체로 파악하는 實體把握理論(Durchgriffslehre)으로 해결하고 있다. 이에 의하면 일정한 요건 하에서, 특히 법인격을 남용한 경우에 법인, 특히 유한회사의 채권자는 그 채권을 사원에 대해서도 주장하고 그의 재산에 대하여 강제집행을 할 수 있다.41) 그런데 독일에서 1955년에 Rolf Serick42)이 법인형태의 이용이 법질서가 예정한 목적을 벗어나 부당한 목적을 위하여 남용된 경우에 법인격이 부인되어야 한다고 주장하였다. 이를 주관적 남용설이라고 한다. 그 후 객관적 남용설이나 규범적용설이 주장되었으며, 현재는 규범적용설이 다수설이다.43) 이 견해에서는 주관적

---

40) *Minifie v. Rowley*, 187 Cal. 481 (1921); *Giblin v. Murphy*, 469 NYS2d 211 (3d Dept. 1983); *Castleberry v. Branscum*, 721 S.W.2d 270 (Tex. 1986); *Orloff v. Allman*, 819 F2d 904 (9th Cir. 1987). 각 주의 사례에 관해서는 William M. Fletcher, *Fletcher Cyclopedia of Law of Corporations*, 2008, § 41.30 참조.

41) BGHZ 22, 226; Karl Larenz/Manfred Wolf, *Allgemeiner Teil des deutschen bürgerlichen Rechts*, 9. Aufl., 2004, S. 152.

42) Rolf Serick, *Rechtsform und Realität juristischer Personen: ein rechtsvergleichender Beitrag zur Frage des Durchgriffs auf die Personen oder Gegenstände hinter der juristischen Person*, 2., unveränd. Aufl., 1980, S. 208ff.

43) 이는 1957년에 나온 Wolfram Müller-Freienfels, "Zur Lehre vom sogenannten „Durchgriff" bei juristischen Personen im Privatrecht," AcP 156, 522ff. 에서 유래된 것으로, 우리나라의 학설에도 영향을 미치고 있다. 상세한 것은 南庄祐, "法人格否認의 法理," 안암법학 제 3 호(1995. 11), 645면 이하; 송호영, "법인격부인론의 요건과 효과," 저스티스 제66호(2002. 4), 251면; 송호영, "독일법상 법인실체파악이론의 운용과 우리 법에의 시사점," 비교사법 제14권 제 3 호(상)(2007. 9), 435면 이하; 유주선, "법인에서 사원의 실체파악책임," 상사법연구 제25권 제 2 호(2006. 8); 유주선, "법인격부인론," 기업법연구 제21권 제 2 호(2008), 173면 이하 참조. 한편, 독일에서 실체파악이론이 적용되는 경우는 여러 유형이 있는데, 그중 '존재를 무력화하는 침해에 따른 책임(Existenzvernichtungshaftung)'에 관해서는 독일 연방대법원이 2007년에 기존의 판례를 변경하였다. 즉, 유한회사의 사원은 제 3 자에 대해서는 책임을 지지 않고 법인에

요건을 요구하지 않고 객관적 요건만으로 충분하다고 한다. 독일의 판례도 주관적 의도를 요구하지 않는다.[44)]

법인격 남용의 경우에 주관적 요건이 반드시 필요한 것은 아니다. 주관적 요건이 없더라도 법인격 남용이 인정될 수 있다. 이는 권리남용의 경우와 마찬가지이다. 오히려 법인격을 인정하여 유한책임의 원칙을 관철할 경우에 형평에 맞지 않는 부당한 결과를 초래하는지 여부를 고려하여야 할 것이다. 따라서 판례에서 들고 있는 주관적 요소는 형평성 기준으로 대체되어야 한다.

(4) 보충성 문제

법인격의 부인이나 남용 법리는 법인에 대한 다른 구제수단을 행사한 다음에 보충적으로 적용되는 것인지 문제된다. 이를 보충성 문제라고 한다.

법인격 부인론은 일반조항적 성격을 띠고 있고, 회사의 유한책임의 원칙은 함부로 부정해서는 안 되므로 다른 법리에 의한 구제수단이 없는 경우에 비로소 보충적으로 적용해야 한다는 견해가 다수설이다.[45)] 법규정이나 법률행위의 해석을 통하여 문제를 해결할 수 있는지를 검토하여야 할 것이고, 법인격 부인 또는 남용을 인정하는 것을 엄격히 할 필요가 있다. 그러나 다른 구제수단을 모두 행사한 경우에 한하여 법인격 부인 또는 남용의 법리를 인정하여야 하는 것은 아니다.[46)] 이

대해서만 책임을 지는데, 그 법적 근거는 고의적인 양속위반으로 인한 불법행위 책임에 관한 독일민법 제826조라고 한다. BGH Urt. v. 16. 7. 2007 - II ZR 3/04.

44) BGHZ NJW 1977, 1449.

45) 鄭東潤(주 20), 151면; 孫珠瓚 편, 註釋 商法[會社(1)], 제 4 판, 한국사법행정학회, 2003, 110면(鄭東潤 집필); 崔基元(주 25), 58면; 송호영, "독일법상 법인실체파악이론의 운용과 우리 법에의 시사점"(주 43), 453면; 유주선, "법인격부인론"(주 43), 183면.

46) 鄭燦亨, 商法講義(上), 박영사, 2007, 420면; 鄭燦亨, "法人格否認論," 現代民商法의 研究(威廷 李在澈博士 華甲記念論文集), 법문사, 1984, 402면.

법리는 민법 제2조에서 정하고 있는 신의성실의 원칙이나 권리남용 금지의 원칙에 의하여 인정되는 것으로 여러 구제수단의 하나로 작용하는 것이기 때문이다.

Ⅳ. 법인격 부인 또는 남용의 법리를 억제할 것인가?

1. 기본태도

우리나라에서 주식회사 등 법인을 설립하여 유한책임제도를 악용하는 경우가 많고 사실상 1인회사도 적지 않다. 따라서 법인격 부인 또는 남용을 인정할 필요성이 크다.[47] 그러나 법인격을 남용하였다는 이유로 회사의 배후자의 책임을 인정한 대법원 판결은 매우 적다. 법인격 부인 또는 남용에 관하여 많은 논문[48]이 나왔는데도, 법인격 남용을 인정한 사례가 거의 없다는 것은 연구주제의 비효율성을 말해 주는 것은 아닐까 하는 생각이 들 정도다. 이와 달리 미국에서는 법인격 무시론이 문제된 1,600건 중 이를 인정한 사건이 40%가 넘는다는 분석결과

---

47) 1인회사도 그 구성원과는 별개의 독립적인 법인격을 갖고 있기 때문에, 그 이유만으로 법인격 부인 또는 남용이 인정되는 것은 아니다. 그러나 1인회사의 경우에 법인격 부인 또는 남용의 법리가 적용될 가능성이 높을 것이다. 법인격 부인 또는 남용이 문제된 사례 중에는 1인회사에 관한 것이 많다. 가령 위에서 본 대법원 1977. 9. 13. 판결(주 5)이나 대법원 2001. 1. 19. 판결(주 9)도 1인회사에 관한 것이다. 이에 관한 미국의 판례로 *Donald E. Nelson v. Adams USA, Inc.*, 529 U.S. 460 (2000); *Gregory v. Helvering*, 293 U.S. 465 (1935)도 참조.

48) 법인격 부인 또는 남용에 관하여 1961년에 논문이 발표된 이래 2008년까지 100개가 넘는 논문이 나왔다. 2008년 10월 대법원 종합법률정보(http://glaw.scourt.go.kr/jbsonw/jbson.do), 국회도서관(http://www.nanet.go.kr), 한국교육학술정보원(http://www.riss4u.net), 한국학술정보(http://kiss.kstudy.com), 로앤비(http://sun.lawnb.com), 누리미디어(http://www.dbpia.co.kr)를 검색한 결과 107편(여기에는 학위논문은 박사학위논문만을 포함시켰고, 그중 12편은 고시잡지에 실린 글이다)을 찾을 수 있었다.

가 있다.[49] 그리하여 법인격 부인이 불가능하다는 생각은 신화에 불과하다고 한다.[50] 우리 실무에서 미국에 비하여 법인격 남용을 지나치게 소극적으로 인정하고 있다고 볼 수 있다. 우리나라에서는 결국 법인격 부인 또는 남용의 법리를 억제하여야 한다는 사고가 지배하고 있다고 생각할 수 있다. 그 이유는 무엇일까? 이는 정당한 태도인가?

2. '법인격 부인'이라는 용어의 문제

법인격 부인론은 법인격 자체를 부인하는 이론이라는 인상을 주고, 이것이 법인격 부인 또는 남용을 쉽게 인정하지 못하게 하는 중요한 요인일 수 있다. 이 법리는 미국에서 발달하였는데, 미국에서는 "disregard of the corporate entity(법인격의 무시)" 또는 "piercing the corporate veil(회사의 베일을 꿰뚫는 것)"이라는 용어를 사용한다.[51] 이는 회사가 법인격이 있더라도 이를 무시하고 그 뒤에 있는 배후자에게 책임을 추궁한다는 의미이다. 따라서 법인격이 부인되더라도 법인이 법인격을 완전히 상실하는 것은 아니다.[52] 법인격 부인 또는 남용의 법리가 적용되면 유한책임의 원칙이 배제되어 회사와 그 배후자는 실질적 동일체로 간주될 뿐이다. 이에 따라 회사의 채권자는 직접 사원, 주주,

---

49) Robert B. Thompson, "Piercing the Corporate Veil: An Empirical Study," 76 *Cornell L. Rev.* 1036 (1991). 이 논문을 소개하고 있는 국내 문헌으로는 김병연, "법인격남용의 새로운 유형과 법인격부인이론의 적용," 상사판례연구 제21집 1권(2008. 3), 115-119면.

50) Cohen(주 11), Ⅰ. A. §5.

51) 미국에서 이와 같은 용어를 언제부터 사용하였는지는 명확하지 않다. 공간된 판결 중에서 'veil'이라는 용어는 *Fairfield County Turnpike Co. v. Thorp*, 13 Conn. 173, 179 (1839)에서 나타나기 시작하였고, 'piercing the veil'이라는 용어는 1912년에 발표된 법학논문의 제목(I. Maurice Wormser, "Piercing the Veil of Corporate Entity," 12 *Colum. L. Rev.* 496)에 처음으로 등장하였다. Cohen(주 11), Ⅰ. A. §6, FN 48.

52) 고평석, "법인격부인론의 부인," 상사법의 현대적 과제(손주찬박사화갑기념논문집), 박영사, 1984, 99면; 송호영, "법인격부인론의 요건과 효과"(주 43), 265면.

배후자에게 책임을 추궁할 수도 있고, 사원 등에 대한 채권자는 회사에게 직접 책임을 추궁할 수 있다. 현재로서는 법인격 부인 또는 남용이라는 용어가 굳어져 있다고 볼 수 있으나, 이 법리의 실제 내용을 반영하는 용어의 사용이 필요할 것이다.[53)]

3. 법인의 본질론

법인의 본질에 관해서는 법인의제설, 법인부인설, 법인실재설이 대립하고, 법인실재설은 다시 유기체설과 조직체설로 나누어진다.[54)] 우리나라에서는 법인의 본질을 법인실재설에서 파악하는 경향이 있고, 법인의제설은 승인될 수 없다[55)]고 한다. 그런데 영미법에서는 법인의 본질에 관하여 법인의제설이 우세하고 이러한 법인의제설은 법인격 부인론에서 그 기능을 제대로 발휘한다는 견해가 있다.[56)] 독일에서도 실체파악이론은 법인의제설과 밀접한 관계에 있다는 견해가 있다.[57)]

그러나 법인의 본질론과 법인격 부인론은 직접적인 관계가 없다. 다만 법인격 부인 또는 남용에 관하여 설명하는 방식만이 달라질 뿐이다. 법인의제설을 따를 경우에는 법인격 부인론을 법인이라는 법적 의제를 무시하고 그 배후에 있는 자에게 책임을 추궁하는 것이라고 설명한다. 이와 달리 법인실재설을 따를 경우에는 법인의 실체를 파악하여 그 배후자에게 책임을 부과하는 방식으로 설명한다. 따라서 법인의제설을 따르지 않더라도 법인격 부인 또는 남용을 인정할 수 있다.

---

53) 독일의 용어를 번역한 실체파악론이 좀 더 나은 것으로 생각된다.
54) 郭潤直, 民法總則, 제 7 판, 박영사, 2002, 119-121면.
55) 郭潤直(주 54), 120면.
56) 郭潤直 편, 民法注解(Ⅰ), 박영사, 449면(李宙興 집필).
57) Werner Flume, *Allgemeiner Teil des bürgerlichen Rechts, Bd. 1. Teil 2. Die juristische Person*, 1983, § 3 Ⅰ(S. 68).

4. 법적 근거의 문제

법인격 부인 또는 남용에 관하여 직접 규율하는 법규정이 없기 때문에, 이를 인정하는 것이 쉽지 않을 수 있다. 미국에서도 법인격 부인에 관한 법규정이 없었지만, 미국은 판례법 국가이기 때문에 우리나라와는 상황이 다르다. 미국에서 법인격 무시이론은 19세기부터 형평법상의 구제수단으로서 판례에 의하여 발전되었다.[58] 우리나라는 성문법 국가이기 때문에 법률에 직접 규율하는 규정이 없는 상태에서 법인격 부인 또는 남용을 쉽게 인정하기 어려웠을 것이다.

그러나 우리 민법은 제2조에서 신의성실의 원칙과 권리남용 금지의 원칙을 규정하고 있다. 이는 법인격 부인 또는 남용에 관한 근거규정으로 작용한다.[59] 법인제도를 남용하는 것은 제도의 남용의 일종으로 파악할 수 있다. 물론 단체법에서 신의성실의 원칙이나 권리남용 금지의 원칙이라는 일반조항이 적용되는 경우는 많지 않다. 그런데도 신의칙 위반이나 권리남용 금지를 끌어들여 사원이나 주주 등의 책임을 인정한다면 법적 불확실성이 커질 위험이 있다. 따라서 신의칙 위반이나 법인격 남용을 이유로 법인의 사원이나 주주 또는 배후자의 책임을 인정하는 것은 극히 예외적으로만 인정해야 한다. 그렇다고 해서 법인격 부인 또는 남용의 법리를 부정해서는 안 된다. 개별적인 경우에 형평에 맞는 결과를 도출하기 위하여 법인격 남용의 법리를 적용하여야 한다.[60]

---

58) 미국에서는 법인격 부인의 법리가 우리나라보다 100여 년 이상 일찍 판례에 의하여 인정되었기 때문에, 이에 관한 법리가 좀 더 확고하게 정착되었다고 볼 수 있다.

59) 車漢成(주 21), 575면. 崔基元(주 25), 57면은 권리남용 금지에서 그 근거를 찾고 있다. 이와 달리 법인격의 개념에 내재하는 한계(상법 제171조)에서 그 근거를 찾는 견해도 있다. 孫珠瓚, 商法(上), 제14정판, 박영사, 2003, 436면; 鄭燦亨, "法人格否認論"(주 46), 403면.

60) 물론 판단기준이 명확하지 못하고, 입증을 하는 것이 쉽지 않다는 문제는 여

5. 유한책임의 원칙

법인은 그 구성원인 사원으로부터 엄격하게 분리되어 있고,[61] 주식회사의 경우에도 회사와 그 주주를 엄격하게 분리하고 있다. 법인은 그 채무와 행위에 대하여 법인의 재산으로써만 책임을 진다는 유한책임의 원칙[62]은 단체법에서 가장 중요한 특성 중의 하나이다. 따라서 분리의 원칙이나 유한책임의 원칙이 흔들리지 않도록 법인격 부인을 좁게 인정하고 있다고 볼 수 있다.

그러나 법인의 사원 등 그 배후자가 법인제도를 이용하여 불법적 행위를 하거나 모험을 하는 경우에 그로 인한 책임을 부담하여야 한다. '법인'이 무조건 배후자의 책임을 부정하는 수단으로 이용되어서는 안 된다. 실질적으로 그 배후자가 책임을 져야 하는 상황이라면 법인이라는 형식을 깨뜨리고 그 실질에 맞게 배후자의 책임을 인정하여야 한다.

Ⅴ. 결 론

법인격은 매우 유용한 기본적인 법개념이다. 법인의 활동으로 인한 이익과 손실의 실질적인 귀속처가 누구인지와는 상관없이 법인은 독립적인 권리의무의 귀속주체이다. 법인격 부인 또는 남용의 법리는 그 예외를 인정하는 것으로 이를 넓게 인정할 경우에 법적 안정성을 해치고 법인제도의 기초가 흔들릴 수 있다. 그러나 현실에서는 새로운 단체가

전히 남아 있으나, 위 Ⅲ에서 도출한 판단요소가 있는지를 심리하여 그 당부를 판단하여야 할 것이다.

61) 민법에서 단체를 사단과 조합으로 구분하는데, 그 구성원으로부터 단체가 독립되어 있는지 여부는 사단과 조합을 구분하는 중요한 특징이다. 상세한 것은 金載亨, "組合에 대한 法的 規律," 民法論 Ⅱ, 박영사, 2004, 149면 이하 참조.

62) 주식회사에 관해서는 상법 제331조.

끊임없이 생성·발전·소멸하고 있고, 이를 하나의 선으로 가를 수 없는 경우가 많다. 법인격 부인 또는 남용의 법리는 '편의치적의 경우에나 인정되는' 이국적인 법리만은 아니다. 이 법리는 법인이라는 형식 뒤에 숨어서 책임을 회피하는 수단으로 법인제도를 이용하는 것을 억제함으로써, 법인제도의 형식적 엄격성을 완화하고 구체적 타당성을 실현하는 중요한 기능을 수행할 수 있다.

그러나 법인이라는 형식이 실체에 부합하지 않을 경우에 법인이라는 형식을 완전히 무시하고 실질에 따라 판단을 해야 한다는 의미는 아니다. 법인이라는 형식은 여전히 존중되어야 한다. 다만 법인의 배후자에게 책임을 부과하여야 하는 경우에 법인이라는 형식을 거둬내고 그 실질에 맞게 책임을 인정해야 할 것이다. 법인격 부인 또는 남용의 법리를 예외적으로 인정해야 하지만, 이 법리를 무조건 배척하려는 태도는 바람직하지 않다. 이 법리를 적용하지 않아야만 법인제도가 공고해지는 것은 아니다. 오히려 이 법리를 적정하게 운용함으로써 법인제도는 더욱 유용하게 활용되고 일반인의 정의관념에 맞게 뿌리를 내릴 것이다.

법원의 실무에서 법인격 부인 또는 남용을 긍정하는 사례가 너무 적었던 이유 중의 하나는 법인격 부인에 관한 여러 논의에도 불구하고 실무가의 입장에서 이를 실제에 적용하기에 적절한 판단기준이 제시되지 않았기 때문이라고 볼 수도 있다. 따라서 실질적으로 중요한 것은 어떠한 경우에 법인격 부인 또는 남용을 인정할 것인지 여부이다. 그 판단은 기본적으로 이익형량을 통하여 해결할 수밖에 없다. 최근 법원의 실무에서 법인격 남용에 관한 판단을 할 경우에 고려하는 요소가 점차 세밀해지고 있다. 법인격 부인 또는 남용에 관하여 개별 유형에 따라 판단요소를 재구성하여 실질적인 기준을 정립하는 것이 중요한 과제이다.

(民事法學 제44호(2009.3), 한국민사법학회, 31-65면 所載)

2. 분만계약에서 태아의 법적 지위

「현실은 상상을 앞서간다.」

Ⅰ. 서　　론

태아의 법적 지위는 인간이라는 존재에 관한 근원적 물음과 연관을 갖고 있는 중차대한 문제이다. 최근 생명공학의 발달에 따라 태아 또는 배아의 법적 지위에 관하여 새롭게 접근할 필요성이 제기되고 있다. 이 주제에 관하여 점차 주목을 하기 시작하였지만, 논의가 활발한 것은 아니다.

산모가 산부인과 병원에 입원하여 아이를 낳았는데, 병원측의 과실로 아이에게 손해가 발생하였다고 하자. 산모는 병원을 상대로 채무불이행 또는 불법행위에 기하여 손해배상을 청구할 수 있다. 이 때 태아에 대해서 불법행위에 기한 손해배상책임이 발생하지만,[1] 채무불이행에 기한 손해배상책임도 발생할 수 있는지 문제된다. 이러한 경우에 불법행위책임을 인정하는 것으로 충분하다고 볼 수도 있다. 그러나 불법행위로 인한 손해배상청구권에 대하여 단기의 소멸시효가 완성된 경우에 채무불이행책임의 성립 여부를 검토할 실익이 있다.[2] 2006년에 나

* 이 논문은 2008년 1월 15일 개최된 대법원 비교법실무연구회 제63회 세미나에서 발표한 것을 수정·보완한 것이다.

1) 민법 제762조는 "胎兒는 損害賠償의 請求權에 관하여는 이미 出生한 것으로 본다."고 규정하고 있다. 이 규정은 불법행위에 관한 장에 있고, 불법행위로 인한 손해배상청구권에 한하여 적용된다고 이해되고 있다.

2) 민법 제766조 제1항은 "不法行爲로 인한 損害賠償의 請求權은 被害者나 그

온 서울고등법원 판결[3]은 이러한 사례에서 태아를 수익자로 하는 '제3자를 위한 계약'의 성립을 인정하고 병원에 대하여 채무불이행책임을 인정하였는데, 이 판결은 이 문제에 관하여 이론적으로 검토하는 것이 의미 있는 일이라는 것을 알려 준다.

이 글의 목적은 위와 같은 사례에서 태아가 출생 후 계약에 기한 책임을 추궁할 수 있는지에 관하여 비교법적으로 검토하여 이 문제에 대한 해결책을 찾는 것이다. 특히 태아의 권리능력을 인정하는 규정이 없는데도 태아가 '제3자를 위한 계약'에서 수익자가 될 수 있는지, 이 문제를 해결하기 위하여 독일의 '제3자 보호효 있는 계약' 이론 등을 도입할 필요가 있는지 또는 이를 도입하는 것이 타당한지에 초점을 둘 것이다. 제3자를 위한 계약 등에 관한 비교법적 검토를 하는 과정에서는 대륙법계에 속하는 독일과 일본, 보통법계에 속하는 미국과 영국, 그리고 유럽계약법원칙에서 이 문제를 어떻게 규율하고 있는지 살펴볼 것이다.[4]

Ⅱ. 태아의 권리능력과 '제3자를 위한 계약'의 수익자

1. 태아의 권리능력

사람은 생존한 동안 권리와 의무의 주체가 된다(민법 제3조). 즉,

法定代理人이 그 損害 및 加害者를 안 날로부터 3年間 이를 行使하지 아니하면 時效로 인하여 消滅한다."고 규정하고 있으므로, 불법행위로 인한 손해배상청구권은 3년의 단기소멸시효가 적용된다. 이에 반하여 채무불이행으로 인한 손해배상청구권은 10년의 소멸시효(민법 제162조 제1항)가 적용된다.

3) 이에 관하여는 아래 Ⅱ. 참조.

4) 병원측의 과실로 아이가 장애를 갖고 태어난 경우에 우리나라뿐만 아니라 미국, 영국, 독일, 일본에서도 아이가 병원을 상대로 불법행위책임을 추궁할 수 있다는 점은 마찬가지이다. 그리하여 불법행위에 기한 손해배상책임 문제는 자세히 다루지 않는다.

사람은 출생시에 비로소 권리능력을 취득한다. 민법에는 출생시기에 관하여 명문의 규정이 없다.[5] 일반적으로는 출생의 완료, 즉 태아가 모체로부터 밖으로 전부 드러난 때부터 권리능력이 있다고 하는데,[6] 이를 전부노출설이라고 한다. 이에 대하여 진통설 또는 분만개시설이 타당하다는 견해가 있다.[7] 전부노출설에 따르면 정상분만을 기대할 수 있었던 '분만중의 태아'가 분만과실로 인하여 死産한 경우 충분한 권리보호를 받지 못한다는 것이다.

한편 태아를 보호하기 위하여 민법에서 태아의 권리능력을 인정하는 개별적인 규정들이 있다. 불법행위에 기한 손해배상청구권(제762조), 상속(제1000조 제3항), 대습상속(제1001조),[8] 유증(제1064조), 사인증여(제562조)[9]가 이에 해당한다.[10] 여기에서 나아가 태아의 인지청구권이나

5) 그러나 형법 제251조에서는 분만중의 영아(嬰兒)에 관한 규정을 두고 있기 때문에, 형법에서는 분만이 개시되거나 진통이 시작된 때부터 사람으로 보고 있다.

6) 高翔龍, 民法總則, 제3판, 법문사, 2003, 72면; 郭潤直, 民法總則, 제7판, 박영사, 2002, 74면; 李英俊, 民法總則, 개정증보판, 박영사, 2007, 846면; 民法注解(Ⅰ), 1992, 246면(梁三承 집필); 註釋 民法[總則(1)], 제3판, 2002, 298면(李載厚 집필).

7) 상세한 것은 金永圭, "분만중 태아가 사망한 경우의 손해배상액산정," 판례월보 제318호(1997. 3), 15면; 金永圭, "分娩契約의 當事者와 태아의 權利能力," 판례월보 제320호(1997. 5), 63면 이하; 신현호, "분만중인 태아의 법적 지위," 의료와 법률(한국의료법학연구소), 제3호(1997. 2), 46면 이하. 또한 金天秀, "태아의 법적 지위," 비교사법 제10권 2호(2003. 6), 36면 이하에서는 태아도 사람에 속하므로, 태아에게 일반적으로 권리능력을 인정하여야 한다고 주장하면서, 이러한 주장을 따르지 않는다면 출생시기를 앞당길 필요가 있고, 따라서 분만개시설을 채택하여야 한다고 한다.

8) 대습상속의 경우에 상속의 순위에 관한 민법 제1000조가 적용되므로, 제1000조 제3항에 의하여 태아는 상속순위에 관하여 출생한 것으로 보게 된다.

9) 死因贈與에는 유증에 관한 규정이 준용되므로(제562조), 유증에 관한 제1064조도 사인증여에 준용된다는 견해가 있다. 가령 金曾漢・金學東, 民法總則, 제9판, 박영사, 1995, 102면. 이에 대하여 사인증여는 계약에 해당하기 때문에, 유증에 관한 위 규정이 준용되지 않는다는 견해도 있다. 가령 李英俊(주 6), 849면.

10) 또한 국민연금법 제3조 등 개별법령에서 태아의 권리능력을 인정하는 규정을 두고 있다.

증여계약에서의 수증능력 등과 관련하여, 태아의 권리능력에 관한 규정을 유추적용할 것인지 논란이 있다.[11] 판례는 증여에 관하여 태아의 수증능력을 인정하지 않았다.[12]

2. 태아가 '제 3 자를 위한 계약'에서 수익자가 될 수 있는지 여부

산모와 의사[13] 사이에 분만계약이 성립된 경우에 의사와 태아 사이에도 계약관계가 존재하는지 문제된다. 일반적으로 태아는 계약의 당사자가 될 수 없다.[14] 그런데 태아를 '제 3 자를 위한 계약'에서 수익자

---

11) 郭潤直(주 6), 76면은 이를 긍정하고 있고, 金曾漢·金學東(주 9), 102면은 증여의 경우에는 유추적용을 부정하나 인지청구권의 경우에는 이를 인정하여야 할 것이라고 한다.

12) 대판 1982.2.9, 81다534(집 30-1, 민 48). 이 사건에서 父가 1941.9.5. 사망하였는데, 그 전에 잉태중인 원고에게 증여한 것이 문제되었다. 이 사건 증여행위가 있은 당시에는 조선민사령에 의한 의용 민법이 적용되는데, 대법원은 증여에 관하여는 태아의 수증능력을 인정하는 근거가 없다고 하였다. 대법원은 나아가 "태아인 동안에는 법정대리인이 있을 수 없고, 따라서 법정대리인에 의한 수증행위도 불가능한 것이어서 증여와 같은 쌍방행위가 아닌 손해배상청구권의 취득이나 상속 또는 유증의 경우를 유추하여 태아의 수증능력을 인정할 수 없는 것"이라고 하였다.

13) 병원이 법인인 경우에는 의사가 아니라 병원이 의료계약의 당사자가 되는 것이 보통이다. 따라서 의료계약의 주체가 의사인 경우도 있고 병원인 경우도 있으나, 여기에서는 의사를 계약의 주체로 한 경우를 상정하여 설명하고자 한다. 물론 그 내용은 계약의 주체가 병원인 경우에도 동일하게 적용된다.

14) 사인증여나 증여의 경우에 태아의 권리능력을 인정하는 견해(위 1. 참조)에서는 이와 같은 경우에 태아가 계약의 당사자가 될 수 있다는 점을 긍정할 것이다. 한편, 대판 1976.9.14, 76다1365(집 24-3, 민 42)는 "특정한 권리에 있어서 태아가 이미 태어난 것으로 본다는 것은 무엇을 말하나 설사 태아가 권리를 취득한다 하더라도 현행법상 이를 대행할 기관이 없으니 태아로 있는 동안은 권리능력을 취득할 수 없으니 살아서 출생한 때에 출생시기가 문제의 사건의 시기까지 소급하여 그 때에 태아가 출생한 것과 같이 법률상 보아준다고 해석"하여야 한다고 하였다. 이는 정지조건설에 따른 것인데, 민법 규정에서 일정한 경우에 태아를 "이미 출생한 것으로 본다"고 규정하고 있기 때문에, 위와 같이 보아야 할 근거는 없다.

로 파악하는 견해가 있다.[15] 산모와 의사가 분만계약의 당사자로서, 태아를 수익자로 하는 제 3 자를 위한 계약을 유효하게 체결할 수 있다고 한다. 이 견해에 의하면, 분만계약이 체결된 경우에 계약상의 권리는 출생시에 아이에게 귀속되므로, 그 아이는 의사를 상대로 채무불이행책임을 추궁할 수 있게 된다.[16]

제 3 자를 위한 계약을 체결할 당시 반드시 수익자인 제 3 자가 현존하거나 특정되어 있어야 하는 것은 아니다. 제 3 자를 위한 계약의 효력이 제 3 자에게 귀속될 때까지 제 3 자가 현존・특정되면 충분하다. 태아나 아직 설립되지 않은 법인도 제 3 자가 될 수 있다.[17] 대법원은 설립중의 법인을 수익자로 하는 제 3 자를 위한 계약을 인정한 바 있고,[18] 장래의 불특정 분양계약상의 입주자를 위하여 제 3 자를 위한 계약을 체결할 수 있다고 하였다.[19] 나아가 제 3 자에게 권리를 취득하게 하는 의사표시는 묵시적으로 행해지기도 한다.[20] 대법원 판결 중에도 계약에서 계약당사자 이외의 제 3 자가 명시되어 있지 않은데도 제 3 자를 위한 계약을 인정한 사례가 있다.[21]

---

15) 金永圭, "分娩契約의 當事者와 태아의 權利能力"(주 7), 58면.

16) 물론 의료과오가 인정되더라도 태아가 출생 전에 질식사 등으로 死産하는 경우에는 제 3 자를 위한 계약에서 수익자로서의 지위를 행사할 수 없다.

17) 權龍雨, 債權各論, 全訂版, 법문사, 1994, 112면; 李銀榮, 債權各論, 제 5 판보정, 박영사, 2007, 198면; 民法注解(XIII), 1997, 140면(宋德洙 집필).

18) 대판 1960. 7. 21, 4292민상773(집 8, 민 110)은 "재단법인의 설립준비중 제 3 자가 그 설립자에 대하여 장차 설립될 동 법인에 설립을 조건으로 하고 동 법인에 무상으로 재산출연할 것을 약정하였다던가 동 법인을 수익자로 하는 제 3 자를 위한 재산출연에 관한 계약을 하였을 경우에는 그 각 재산이 동 법인의 기부행위에 기재되지 아니하였다 할지라도 동 법인은 전자에 있어서는 그 설립과 동시에 당연히 후자에 있어서는 설립 후의 수익의 의사표시에 의하여 동 재산상의 권리를 취득하게 된다."고 판결하였다.

19) 가령 대판 1996. 5. 28, 96다6592, 6608, 6615, 6622, 6639(공 1996, 1988); 대판 1997. 10. 10, 97다7264, 7271, 7288, 7295, 7301(공 1997, 3416) 등 다수.

20) 民法注解(XIII), 1997, 140면(宋德洙 집필).

21) 대판 1993. 8. 27, 92다23339(공 1993, 2613)는 용역경비계약에서 계약당사자 이외의 제 3 자가 명시되어 있지 않은데도 약관의 해석을 통하여 제 3 자를 위한 계약을 인정하였다. 사안은 다음과 같다. 용역경비업체인 피고회사가 A회사와

2006년에 서울고등법원에서 태아의 법적 지위에 관하여 주목할 만한 판결이 나왔다.[22] 그 사안은 다음과 같다. 원고 A는 1995.7.26.(임신 39주 3일) 13:00경 5분 간격으로 진통을 호소하며 피고병원 응급실에 내원하였고, 피고병원 의료진은 14:00경 원고 A를 자연분만의 준비를 위하여 진통실로 옮겼다. 원고 A는 17:15경 분만실로 옮겨져 수차례 복부를 세게 눌러 압박을 가하는 푸싱(pushing) 시도 후에 17:30경 원고 B를 분만하였다. 2004.11.11. C병원에서 원고 B에 대하여 뇌 MRI검사를 실시한 결과, 두개골은 후두부가 평평하고 전후 직경이 감소되어 있으며, 축외 뇌척수액 공간의 확장을 동반한 경미한 뇌실 확장이 있는데, 이는 경미한 위축성 변화로 추정되고, 국소 병변은 관찰되지 않는다는 소견을 보여, 후두부의 평평함을 동반한 경미한 뇌 위축성

사이에 이 사건 건물을 경비대상물로 하여 용역경비계약을 체결하였는데, 이 사건 건물의 소유자는 A회사의 감사인 B로서 그가 가족과 함께 그곳에 거주하여 왔다. 그런데 B의 처인 원고 C가 그곳에 계를 하기 위하여 놀러온 나머지 원고 등 10명의 계원들과 모임을 갖던 중 원고 등이 복면괴한에 의하여 금품을 강취당하였다. 원고들이 피고회사와 A회사 사이의 위 용역경비계약상의 수익자인 제3자로서 피고회사에 대하여 피고회사의 위 용역경비계약상의 불이행을 원인으로 한 손해배상청구권을 직접 행사할 수 있는지 문제되었다. 원심은 위 계약이 곧 피고회사가 A회사의 임원이나 그 가족, 더 나아가 그들을 방문한 자 등 불특정 다수의 위 건물이용자들 모두에 대해 그들의 인명이나 재산을 보호할 계약상의 책임을 지기로 하는 이른바 제3자를 위한 계약이라고 보기 어렵다는 이유로 이를 부정하였다. 그러나 대법원은 원고 C의 상고를 받아들여 원심판결을 파기하고 나머지 원고들의 상고는 기각하였다.

"이 사건 약관에 나타난 이 사건 계약의 목적 및 경비대상물의 정의 규정과 손해배상규정을 살펴보면 A회사가 이 사건 계약의 용역경비의 보호대상이 되는 것이 아닐 뿐 아니라 경비대상물인 재산 및 생명과는 직접적으로 관련되어 있지 아니함을 알 수 있으므로, 최소한 피고회사의 용역경비의무의 불이행으로 인한 손해배상청구에 있어서 위 약관상의 사용자는 A회사 외의 다른 제3자를 의미한다고 봄이 상당하다고 할 것이고, 따라서 이 사건 계약은 최소한 그 범위 내에서 제3자를 위한 계약으로서, 여기서 제3자라 함은 이 사건 계약상 용역경비업무의 성질, 손해배상책임의 대인배상한도액, 용역경비대상물의 소유 및 사용관계, A회사가 이 사건 계약을 체결한 동기 내지 경위 등에 비추어 보면 경비대상물인 이 사건 건물을 일상적으로 사용하는 B 및 그의 처인 원고 C를 포함한 동거가족을 말한다고 봄이 상당하다고 할 것이다."

22) 서울고판 2006.10.26, 2006나14693.

변화, 후와의 낭성 병변 또는 거미막 낭종으로 진단되었다. 현재 원고 B는 발달지연, 경직성 사지마비, 불수의 운동, 인지 및 언어장애 등의 증상을 보이고 휠체어로만 거동이 가능한 상태이다.

원고들은, 피고병원 의료진의 과실로 위와 같은 손해가 발생하였다고 주장하면서 피고를 상대로 진료계약상의 채무불이행으로 인한 손해배상책임을 구하였다. 이에 대하여 피고는, 진료계약의 당사자는 산모인 원고 A에 한정되고 진료계약 당시 태아였던 원고 B에게는 권리능력을 인정할 수 없으므로, 원고 A를 제외하고는 진료계약상의 채무불이행책임을 청구할 수 없다고 주장하였다.[23] 서울고등법원은 산모인 원고 A와 피고병원 사이에 체결된 분만계약에 따라 태아였던 원고 B도 수익자의 지위에서 피고병원에 대하여 분만과실에 따른 채무불이행책임을 추궁할 수 있다고 하였다. 진료계약의 당사자에 관한 판단 부분은 다음과 같다.

> "통상의 의료행위는 환자가 의사에게 진료를 요청하고 의사가 환자의 청약에 대하여 승낙함으로써 성립하는 의료계약에 의하여 의사(또는 병원)와 환자 사이의 1 대 1 계약관계라 할 것이나, 분만계약에 있어서는 그 의료행위의 내용이 새로운 인격체의 출생을 전제로 한다는 점에서 의사와 산모에 대한 계약관계만이 아니라 태아와의 계약관계의 존부가 문제되는데, 통상의 의료계약과 달리 분만계약에서는 분만과정 중 산모의 생명 및 신체에 대한 안전조치만이 아니라 정상적인 분만과정을 통하여 사람이라는 인격체로서의 출산이 그 급부의 내용 중 본질적인 부분이고, 그 급부의 이행 여부는 태아와 직접적인 이해관계를 가지고 있으므로, 비록 채무불이행으로 인한 손해배상청구에 있어서는 불법행위로 인한 손해배상청구(민법 제762조)처럼 태아의 권리능력을 인정하는 명문의 규정이 없다고 할지라도, 제3자를 위한 계약의 법리에 따라 태아가

23) 피고병원에게 과실이 있는지 여부에 관해서는 이 글에서 다루지 않을 것이기 때문에, 당사자들의 주장과 법원의 판단 중에서 피고의 과실과 관련된 부분은 이를 생략한다.

생존하여 출생한 경우 법정대리인의 수익의 의사표시에 의하여 태아 자신이 수익자인 제 3 자의 지위에서 분만계약상 권리를 취득한다고 봄이 타당하며, 이러한 해석이 분만계약에 있어서 직접 당사자인 의사와 산모의 의사에도 합치한다 할 것이다(굵은 글씨는 강조를 위하여 인용자가 부가한 것임)."

이 판결에서 태아가 출생한 경우 병원을 상대로 분만계약의 불이행으로 인한 손해배상책임을 추궁할 수 있다고 판단한 것은 획기적이라고 할 수 있다. 이 판결은 먼저 분만계약에서 급부의 이행 여부에 대하여 태아가 직접적인 이해관계를 가지고 있다는 점을 강조하고, 제 3 자를 위한 계약의 법리를 적용하고 있다. 또한 제 3 자를 위한 계약에서 수익의 의사표시가 있는 때에 제 3 자의 권리가 생기는데,[24] 이 판결에서는 태아가 출생한 경우 법정대리인의 수익의 의사표시에 따라 태아는 제 3 자로서의 권리를 취득한다고 하였다. 이 때 채무불이행으로 인한 손해배상청구에 관하여 태아의 권리능력을 인정하는 명문의 규정이 없다는 점은 문제되지 않는다고 한다.

Ⅲ. 비교법적 고찰

1. 독 일

가. 태아의 권리능력

태아는 독일 민법 제 1 조에서 말하는 권리능력이 없다. 권리능력은

24) 민법 제539조는 계약에서 제 3 자에게 이행할 것을 약정한 경우에 제 3 자가 채무자에게 직접 이행을 청구할 수 있다고 규정하면서도(제 1 항), 제 3 자가 채무자에 대하여 계약의 이익을 받을 의사를 표시한 때에 제 3 자의 권리가 생긴다고 규정하고 있다(제 2 항). 두 규정의 관계에 관해서는 논란이 있다. 이에 관해서는 民法注解(XIII), 1997, 155면 이하(宋德洙 집필).

출생의 완료로써 시작되기 때문이다. 그러나 독일 민법은 여러 개별 규정에서 태아에게 권리를 인정하고 있다. 독일 민법은 태아의 권리능력에 관하여 우리 민법과 마찬가지로 개별주의를 채택하고 있다고 볼 수 있다.

독일 민법 제331조는 아직 태어나지 않은 사람을 위하여 급부의 약속이 유효하게 행해질 수 있다고 인정하고 있다. 그리고 불법행위책임에서 태아는 독일 민법 제823조 제1항의 '타인'으로서 포괄적으로 보호받는다.[25] 불법행위로 인하여 사람이 사망함으로써 사망한 사람에 대한 제3자의 부양청구권이 상실되는 경우에 배상의무자는 그 제3자에게 손해배상을 하여야 하는데, 제3자가 태아인 경우에도 배상의무가 발생한다(독일 민법 제844조 제2항 2문). 또한 상속에 관하여 태아의 권리능력을 인정하는 규정이 있다(독일 민법 제1923조 제2항). 그 밖에 태아의 권리능력을 인정하는 규정들이 있는데,[26] 우리 민법에 비하여 태아의 권리능력을 인정하는 범위가 약간 더 넓다. 이러한 규정들에 비추어 독일에서는 태아에게 제한적 권리능력(begrenzte Rechtsfähigkeit)이 있다고 한다.[27] 나아가 태아의 권리능력을 인정하는 규정이 없는 경우에도 태아의 권리능력에 관한 규정을 유추적용할 수 있는지 여부에 관하여 논란이 있다. 태아의 권리능력에 관한 규정도 유추적용이 될 수 있다는 점에 대해서는 대체로 이를 긍정하고 있다. 태아의 권리능력에 관한 규정이 예외규정이라고 하더라도 이 규정의 유추적용에 의하여 태아의 보호를 확대할 수 있다고 한다.[28]

한편, 독일 민법은 태아의 보좌(Pflegschaft)[29]에 관한 규정을 두고

---

25) BGHZ 8, 243=NJW 1953, 417; BGHZ 58, 48=NJW 1972, 1126; BGH NJW 1985, 1390; MünchKomm/Schmitt (5. Aufl., 2006), § 1 Rn. 39.

26) 가령 독일 민법 제1600b조 제3항, 제1615o조 제1항, 제1712조 이하, 제1777조 제2항, 제1923조 제2항, 제2043조 제1항, 제2108조 제1항, 제2178조.

27) Staudinger/Weick (2004), § 1 Rn. 15.

28) MünchKomm/Schmitt (5. Aufl., 2006), § 1 Rn. 29ff.

29) 통상 Betreuung을 후견으로, Betreuer를 후견인으로 번역한다. 이와 구별하기

있다. 즉, 태아의 장래 권리를 보전하기 위하여 보호가 필요한 한도에서 보좌인(Pfleger)을 두도록 되어 있다.[30] 통상적인 경우에는 부모가 이를 맡는다.[31]

나. 태아의 계약상 청구권의 근거

(1) 진료계약의 성질과 내용

분만계약은 임산부가 분만을 위하여 입원할 때 병원이나 의사와 체결된다. 독일에서는 분만계약이라는 용어를 사용하지 않고, 오히려 분만은 진료계약[32]이나 입원계약[33]의 내용으로 본다.[34] 우리나라에서는 의료계약을 위임으로 파악하는 경우가 많지만, 독일에서는 고용계약(독일 민법 제611조)으로 파악한다.[35] 그 이유는 위임이 무상으로 되어 있기 때문이다.

(2) 제 3 자를 위한 계약과 제 3 자 보호효 있는 계약

독일 민법은 제328조 이하에서 제 3 자를 위한 계약에 관하여 규정하고 있다. 제 3 자에게 급부(Leistung)를 하기로 약정한 경우에 그 제 3 자는 직접 급부를 청구할 권리를 취득한다. 제 3 자는 자연인일 수도 있고 법인일 수도 있다. 아직 태어나지 않은 아이 또는 설립중인 회사도 제 3 자가 될 수 있다.[36] 제 3 자는 제 3 자를 위한 계약에 기한 채권을 직접 취득하므로, 행위능력이 있어야 하는 것도 아니다.[37] 한편 독일에

위하여 Pflegschaft를 보좌로, Pfleger을 보좌인으로 번역한다.

30) 독일 민법 제1912조 제 1 항.

31) 아이가 이미 태어났다면 부모에게 친권(elterliche Sorge)이 있다고 볼 수 있는 경우에는 부모가 보좌를 한다. 독일 민법 제1912조 제 2 항.

32) 가령 OLG Düsseldorf NJW 1986, 2373.

33) 가령 OLG Frankfurt/M. VersR 1994, 942. 상세한 것은 Palandt/Weidenkaff (67. Aufl., 2008), Einf v § 611 Rn. 19.

34) 독일법에 관한 설명에서 분만계약은 분만에 관한 진료계약을 가리킨다.

35) Palandt/Weidenkaff (67. Aufl., 2008), Einf v § 611 Rn. 19.

36) BGHZ 129, 297; Staudinger/Jagmann (2004), § 328 Rn. 12.

37) Staudinger/Jagmann (2004), § 328 Rn. 13.

서는 제3자 보호효 있는 계약(Vertrag mit Schutzwirkung für Dritte) 이론이 발달하였는데, 이것은 일정한 경우에 계약당사자가 아닌 제3자를 계약의 보호범위에 포함시킴으로써 계약의 효력을 제3자에게 미치도록 하는 것이다.[38] 가령 임대인은 임차인에게 건물을 임대한 경우에 계약당사자인 임차인뿐만 아니라 그 가족 등에 대해서도 보호의무를 부담한다. 임대인이 이와 같은 의무를 위반함으로써 임차인의 가족에게 손해가 발생하였다면 그 가족은 임대인을 상대로 채무불이행에 기한 손해배상을 청구할 수 있다는 것이다. 제3자 보호효 있는 계약 이론은 계약의 보호범위를 확대한 것인데, 이 이론은 법규정에 명시적인 근거를 두고 있는 것이 아니라 판례[39]에 의하여 발전된 것이다.[40] 그 법적 근거에 관하여 논란이 있는데, 보충적 계약해석을 드는 경우도 있고, 신의성실의 원칙에 기한 법관의 법형성을 드는 경우도 있다.[41]

(3) 분만계약과 제3자 보호효 있는 계약

부모가 아이를 위하여 의료계약을 체결하는 경우에 제3자를 위한 계약이 될 수 있다. 계약의 당사자들이 제3자를 진료하거나 입원시키는 계약을 체결한 경우, 이러한 계약은 대부분 제3자를 위한 계약으로

38) MünchKomm/Gottwald (5. Aufl., 2007), §328 Rn.106ff.; Palandt/Grüneberg (67. Aufl., 2008), §328 Rn.13ff.

39) 이에 관한 중요한 선례로는 BGH NJW 1959, 1676을 든다. 종전에는 이러한 유형의 사안들을 제3자를 위한 계약으로 해결하였으나, 이 판결을 계기로 명시적으로 제3자 보호효 있는 계약으로 이론구성하였다. 독일의 판례의 전개과정에 관해서는 崔興燮, "獨逸法의 「第3者 保護效力을 가진 契約」과 우리 法에서의 意味," 民事裁判의 諸問題(上)(松泉李時潤博士華甲紀念), 1995, 367면 이하 참조.

40) 한편 2002년 채권법 개정에서 독일 민법 제311조 제3항이 신설되었는데, 이 규정은 채권관계에 기한 의무를 내용으로 하는 채권관계는 계약당사자가 될 것이 아닌 사람에 대하여도 성립할 수 있다고 한다. 이 규정이 제3자 보호효 있는 계약에 관한 근거규정이 되는지에 관하여 논란이 있었으나, 이 규정은 계약체결상의 과실과 관련된 것이고 제3자 보호효 있는 계약의 근거규정은 아니라고 한다. Staudinger/Jagmann (2004), §328 Rn.92.

41) Staudinger/Jagmann (2004), §328 Rn.90ff.

서 제 3 자에게 독립적인 급부청구권을 부여한다. 독일의 판례에서 아이에 관한 치료계약을 제 3 자를 위한 계약으로 인정하고 아이가 의사에 대하여 청구권을 갖는다고 본 경우가 있다.[42)]

한편 분만과정에서 아이가 의료과오로 피해를 입은 경우에 그 아이가 직접 계약에 기하여 책임을 추궁할 수 있다고 하지만, 이러한 결론은 제 3 자를 위한 계약이 아니라 제 3 자 보호효 있는 계약에서 도출한다.[43)] 즉, 분만계약을 태아를 위한 보호효 있는 계약으로 파악한다. 이 경우에는 주된 급부에 대한 청구권은 채권자에게만 귀속하고, 태아는 보호 또는 배려의무에 편입될 뿐이다. 이러한 보호의무를 침해한 경우에 불법행위가 아니라 계약상의 손해배상청구권이 발생하는데,[44)] 이것도 태아의 권리능력에 관한 규정이 유추적용되는 경우에 해당한다.[45)] 그러나 아이를 위한 보호효 있는 계약이 인정되는 경우에 아이 또는 태아가 계약당사자인 것은 아니다.[46)]

제 3 자를 위한 보호효 있는 계약은 4가지 요건을 필요로 한다.[47)] 이 요건에 관하여 논란이 많지만, 여기에서는 분만과정에서의 의료과오와 관련하여 필요한 부분에 관해서만 살펴보고자 한다.

첫째, 제 3 자가 급부와 밀접하여야 한다. 즉, 계약당사자 자신과 마

---

42) BGHZ 89, 263.

43) Bamberger/Roth/Janoschek (2003), § 328 Rn. 62. Larenz/Wolf, *Allgemeiner Teil des Bürgerlichen Rechts*, 9. Aufl., 2004, S. 106. 태아는 제 3 자 보호효 있는 계약에도 편입될 수 있다고 한다.

44) MünchKomm/Gottwald (5. Aufl., 2007), § 328 Rn. 146.

45) MünchKomm/Schmitt (5. Aufl., 2006), § 1 Rn. 36.

46) Laufs/Uhlenbruck, *Handbuch des Arztrechts* (3. Aufl., 2002), § 40 Rn. 24.

47) Palandt/Grüneberg (67. Aufl., 2008), § 328 Rn. 16ff.: Staudinger/Jagmann (2004), § 328 Rn. 96ff. 이에 관한 우리 문헌으로는 民法注解(XIII), 1997, 192면 이하(宋德洙 집필): 林建勉, "第 3 者損害淸算과 第 3 者保護效를 가진 契約," 財産法硏究 제15호, 1998, 121면 이하: 崔興燮(주 39), 359면 이하 등이 있다. 다만 제 3 자 보호효 있는 계약의 요건으로 3가지를 드는 경우도 있고 4가지를 드는 경우도 있는데, 이는 아래 네 번째 사항을 전제로 보느냐 요건으로 보느냐의 차이에서 비롯된 것으로 실제 결론은 동일하다.

찬가지로 제 3 자에 대하여도 보호의무를 침해하여야 한다(급부의 인접). 이 요건은 분만과정에서 의료과오가 있는 경우에 문제 없이 충족된다.

둘째, 편입의 이익이 필요하다. 즉, 채권자가 제 3 자에 대하여 특별한 이해관계를 갖고 있어야 한다. 산모와 아이의 관계에서는 이러한 이익도 쉽게 인정된다. 산모와 아이는 가족이므로,[48] 人法的 법률관계(personenrechtliche Rechtsbeziehung)가 존재하는 경우로서 이 요건도 쉽게 충족된다.

셋째, 채무자는 급부가 제 3 자와 관련되어 있다는 점(급부의 제 3 자 관련성)과 제 3 자가 채권자와 가깝다는 점(제 3 자의 채권자 근접성)을 인식할 수 있어야 한다. 산모의 진료계약 또는 입원계약의 경우에 이 요건도 존재한다.

넷째, 제 3 자를 보호할 필요성이 있어야 한다. 제 3 자가 채무자에 대하여 계약상의 청구권을 갖고 있으면, 이와 같은 필요성이 인정되지 않는다. 태아에게는 권리능력이 없으므로(독일 민법 제 1 조), 태아와 직접 계약이 성립할 수 없다. 따라서 이 요건도 충족된다.

독일에서 분만과정상의 의료과오로 인하여 아이에게 장애가 발생한 경우 제 3 자 보호효 있는 계약으로 보호받을 수 있다는 점은 분명하다. 이 경우에 의사 또는 병원을 상대로 한 태아의 계약상 청구권은 통상 제 3 자 보호효 있는 고용계약의 불완전이행[49] 또는 제 3 자 보호효 있는 고용계약에 기한 보호의무 위반[50]에 근거를 두고 있다고 말할 수 있다.

(4) 제 3 자 손해청산

독일 민법에서 간접적인 피해자는 가해자에 대하여 손해배상청구권을 갖지 못하므로, 가해자는 손해를 입히고도 아무런 책임을 부담하

---

48) 독일 민법 제1589조 1문.
49) 독일 민법 제611조, 제280조 제 1 항, 제328조.
50) 독일 민법 제611조, 제280조 제 1 항, 제241조 제 2 항, 제328조.

지 않게 될 수 있다. 이 문제를 해결하기 위하여 제 3 자 손해청산(Drittschadensliquidation)[51] 이론이 발달되었다.[52] 제 3 자 손해청산과 제 3 자 보호효 있는 계약을 어떻게 구분할 것인지 문제된다. 대체로 제 3 자 손해청산은 소유자와 같은 배상청구권자가 아닌 제 3 자에게 손해가 발생한 경우에 인정되는 것으로 우발적인 손해의 전이를 조정하기 위한 것이다. 따라서 가해자에게 손해가 발생할 위험이 증가되지는 않는다. 이와 달리 제 3 자 보호효 있는 계약에서는 채무자의 위험이 증가하고 배상청구권자에 제 3 자가 포함되므로 배상청구권이 배가된다.[53] 위에서 본 분만계약에서는 제 3 자 손해청산은 문제되지 않는다.

다. 분만계약과 제 3 자 보호효 있는 계약에 관한 판례의 전개

산모가 의사 또는 병원과 분만계약을 체결한 경우에 이 계약이 제 3 자인 태아를 위하여 보호효를 갖는다는 점은 독일의 판례에서 여러 차례 인정되었다.[54] 이에 관해서 좀 더 상세하게 살펴보고자 한다.

(1) 독일 연방대법원 1970년 11월 10일 판결[55]

이 사건에서 원고의 어머니가 피고측 병원에 입원하여 원고를 낳았는데, 분만 직후 병원측의 잘못으로 원고에게 피해가 발생하였다. 법원은 산모와 원고가 간호조건에 대한 청구권을 갖는다고 하고, 그 근거로서 산모에게는 계약, 태아였던 원고에게는 계약의 보호효를 들고 있다. 이 사건은 분만 직후에 가해행위가 있었다는 점에서는 우리나라의 위 하급심판결과는 사안이 다르다고 볼 수 있으나, 분만과정에서 발생

51) 이를 제 3 자 손해정산이라고도 한다.
52) 이에 관하여는 民法注解(XIII), 198면(宋德洙 집필); 林建勉(주 47), 106면 이하.
53) Staudinger/Jagmann(2004), § 328 Rn. 114.
54) BGH NJW 1971, 241; BGH NJW 1992, 2962; BGHZ 86, 240; BGHZ 106, 153; OLG Frankfurt VersR 1994, 942. 학설도 마찬가지이다. Palandt/Grüneberg (67. Aufl., 2008), § 328 Rn. 16; Staudinger/Jagmann (2004), § 328 Rn. 132.
55) BGH NJW 1971, 241.

한 아이의 손해를 계약상의 청구권 문제로 해결하고 있다는 점[56]에서 주의를 기울일 필요가 있다.

(2) **독일 연방대법원 1983년 1월 18일 판결**[57]

독일 연방대법원은 이 판결에서 처음으로 과실로 임신중절을 하지 않아 장애아를 출산한 경우(이른바 'wrongful life') 아이의 손해배상청구권 문제에 관하여 판단하였다. 독일 연방대법원은 진료계약에서 태아의 권리 문제에 관해서도 태도를 밝혔는데, 진료계약이 아이를 위한 보호효를 가질 수 있다는 점을 긍정하였다. 소를 제기한 아이가 책임을 발생시키는 행위시에 아직 권리능력이 없다(독일 민법 제1조)는 점은 위와 같은 판단에 배치되지 않는다. 불법행위법에서 피해자의 출생 전에도 책임을 발생시키는 행위가 있을 수 있다는 점이 긍정되는데,[58] 위와 같은 계약상 채무에 기한 손해배상청구권 역시 태아에게 유리한 것으로서 불법행위의 경우와 동일하게 보아야 한다.

(3) **뒤셀도르프 고등법원 1986년 1월 30일 판결**[59]

이 판결은 분만과정에서 태아에게 가해행위가 이루어진 경우에, 태아가 출산한 후 병원과 의사를 상대로 하여 계약에 기한 손해배상청구를 할 수 있다고 판단하였다. 우리나라의 위 하급심판결과 사안이 유사하기 때문에, 상세하게 살펴보고자 한다.

이 판결의 사안은 다음과 같다. 원고의 어머니가 쌍둥이를 분만하기 위하여 V병원의 산부인과에 입원하였는데, 원고는 1970년 7월 3일 태어났다. 피고 1은 병원의 소유자이다. 피고 2인 산부인과 의사(Oberarzt)의

---

56) 아래에서 보는 뒤셀도르프 고등법원 판결은 가해 행위가 분만이 종료되기 전에 일어났는지, 그 후에 일어났는지는 중요하지 않다고 하면서 분만의 종료 후에 아이에게 가해행위가 있는 사례로 이 판결을 들고 있다.

57) BGHZ 86, 240.

58) BGHZ 8, 243; BGHZ 58, 48.

59) OLG Düsseldorf, NJW 1986, 2373.

감독하에 50mm의 흡입컵을 사용하여 흡입분만이 시행되었다. 출생 후 원고에게 심각한 뼈조각의 탈골을 수반한 오른쪽 두정골 골절이 있음이 확인되었다. 그 골절은 흡입컵을 사용한 자리에 나타났다. 이미 생후 1개월부터 원고에게 왼쪽 운동장애의 징후가 나타났다. 원고는 반신마비가 흡입분만으로 야기된 두개골손상의 결과로 생겼을 것이라고 주장하면서, 피고 1에 대하여 두정골 골절 등의 손상에 대한 손해배상을 청구한다. 수술분만을 위한 침습이 위법이라고 주장하는 이유는 다음과 같다. 즉, “산모는 수술분만의 다양한 방법에 대하여 설명을 듣지 못했기 때문에 흡입분만에 대한 산모의 동의는 유효하지 않다. 쌍둥이를 임신했다는 점에서 출산과 수술분만에 따르는 합병증을 배제하지 않고, 다양한 수술분만의 방법과 그 위험에 관하여 설명을 하였어야 한다.”

1심 법원은 책임을 발생시키는 과오와 설명을 하지 않은 것에 대한 책임을 인정하지 않았다. 그러나 뒤셀도르프 고등법원은 원고의 항소를 받아들였다. 그 이유 중에서 계약위반으로 인한 책임과 관련된 부분은 다음과 같다.

① 이 사건에서 원고에게 피해가 발생한 것은 피고 2가 흡입분만수술을 선택하였기 때문이다. 피고들이 흡입분만수술에 대하여 원고의 어머니로부터 유효한 동의를 받지 않았다. 따라서 위 수술은 출산을 위한 침습으로서 유효한 것이 아니어서, 위법한 행위임과 동시에 계약위반 행위에 해당한다.

② 산부인과 의사는 분만수술의 종류와 그 장점, 특히 그 위험과 합병증에 관하여 설명하여야 한다. 특히 합병증과 위험이 아직 태어나지 않은 아기의 생명과 건강에 관련된 경우에는 더욱 그러하다. 이로써 산모가 자신과 태아에 대하여 자유로운 결정을 내릴 수 있도록 하여야 한다. 만약 이러한 설명이 없다면 의사가 행한 처치는 유효한 동의가 없는 것이므로 위법함과 동시에 분만을 목적으로 하는 계약에 위반하는 것이다. 분만수술 각각의 과정에 수반되는 위험이 그 아이에게 현실화되면, 계약에 기하여 아이 자신의 배상청구권이 발생한다.

③ 아이에게 직접 계약청구권을 인정하는 근거는 임산부가 출산을 위하여 입원함으로써 병원 또는 산부인과 의사와 체결한 진료계약의 목적에 있다. 산모가 치료를 받게 되는 경우에 아직 태어나지 않은 아이의 생명과 건강에 대한 이익도 추구한다. 법적으로 이의가 없고 의학적으로

> 올바른 대처를 할 의무는 태아를 위한 것이기도 하다. 이 경우에 아이 또는 태아를 위한 보호효는 산모에 대한 의무에 달려 있다. 의료관계에서 충분한 동의를 받지 못하고 의료행위를 하게 되고, 그로 인하여 아기(또는 태아)의 건강이 침해된 경우에 계약침해에 관한 원칙(독일 민법 제611조, 제276조, 제278조, 제249조, 제328조)에 따라 아이에게 배상을 하여야 한다. 가해 행위가 분만이 종료되기 전에 일어났는지, 그 후에 일어났는지는 중요하지 않다.

이 판결은 아이가 분만 전의 가해행위에 대하여 계약에 기한 손해배상청구권을 갖는다고 하였다. 판결문상 명확하지는 않지만 아이 또는 태아를 위한 보호효라는 표현을 사용하고 있기 때문에, 이 판결도 제3자를 위한 계약이 아니라 제3자 보호효 있는 계약 이론을 적용한 것이라고 볼 수 있다.

(4) 독일 연방대법원 1988년 12월 6일 판결[60)]

이 판결은 아이에 대한 가해행위가 분만시 발생한 사건에 관한 것이다. 법원은 위 1983. 1. 18. 판결의 원칙을 확인하고, 의사와 산모 사이에서 성립한 치료계약은 아이를 위한 보호효를 갖는다고 하였다. 이 경우에 아이를 위한 보호효는 치료계약의 목적에서 생긴다고 한다. 산모는 태아의 생명과 건강에 대한 이익도 추구하기 때문이다. 따라서 의사는 태아를 위해서도 적절하게 조치를 취해야 할 의무가 있다는 것이다.[61)]

(5) 소　　결

독일의 법원은 그 후의 판결들에서도 이 원칙을 여러 차례 확인하였다. 따라서 아이가 출산시에 피해를 입은 경우에 의료과오가 인정된다면 출생의 완료와 함께 건강침해를 이유로 하는 계약상의 손해배상

60) BGHZ 106, 153.
61) 이 판결은 위 (다) 판결에서 천명한 법리를 따르고 있다.

청구권이 발생한다는 것이 확립된 판례라고 할 수 있다.[62]

2. 일 본

가. 태아의 권리능력[63]이나 제 3 자를 위한 계약[64]에 관하여 일본 민법은 우리 민법과 유사하게 규정하고 있다. 독일에서 제 3 자 보호효 있는 계약으로 해결하고 있는 사안들에 대하여 일본에서 계약책임으로 구성할 것인지, 아니면 불법행위책임으로 구성할 것인지 여부 등에 관하여 논란이 있다.[65]

나. 일본의 판례는 계약 당시에 존재하지 않지만 장래 출현할 것이 예상되는 자를 제 3 자로 하여 '제 3 자를 위한 계약'을 유효하게 체결할 수 있다고 한다.[66] 이 법리를 분만계약에 관한 사례에 적용한 하급심 판결들이 있다. 이 판결들은 분만계약이 체결된 경우에 태아를 제 3 자로 하는 '제 3 자를 위한 계약'이 성립하였다고 볼 수 있다고 한다.

(1) **東京地方裁判所 1979(昭和 54)년 4월 24일 판결**[67]

이 판결은 분만계약을 '제 3 자를 위한 계약'으로 파악하였다. 산모인 원고 A가 입원시에 산부인과 의사와 사이에 診療介助契約[68]을 체

62) BGHZ NJW 2005, 888, 890; BGHZ 144, 296=NJW 2000, 2737; OLG Oldenburg NJW-RR 1993, 155; OLG Stuttgart 1994, 1114; OLG Frankfurt/M. VersR 1994, 942.

63) 이에 관해서는 우선 谷口知平, 石田喜久夫 편, 新版 注釋民法(1), 有斐閣, 1988, 227면 이하(谷口知平 집필) 참조.

64) 이에 관해서는 우선 谷口知平, 五十嵐清 편, 新版 注釋民法(13), 有斐閣, 2006, 695면 이하(中馬義直, 新堂明子 집필) 참조.

65) 이에 관해서는 新堂明子, "契約の對第三者効," 內田貴, 大村敦志 編, 民法の爭點(Jurist 增刊), 有斐閣, 2007, 232면 이하 참조.

66) 日最判 1962(昭和 37).6.26(民集 16권 7호 1397면). 이 판결에 관해서는 谷口知平, 五十嵐清 편, 新版 注釋民法(13), 有斐閣, 2006, 780면(中馬義直, 新堂明子 집필)도 참조.

67) 判例タイムズ 제388호, 147면.

68) 이는 의사의 진료로 출산 등에 관하여 도움을 받는 계약을 가리킨다.

결하였는데, 이는 태아였던 원고 B의 출산을 목적으로 하는 것이다. 의사에 의한 出產介助行爲[69]는 당연히 원고 B의 두부를 손으로 견인하는 등 원고 B의 신체에 직접적으로 물리적 작용을 미치는 것이 예정되어 있었다. 이와 같은 出產介助行爲의 특성에 비추어, 원고 A가 의사와 사이에 診療介助契約을 체결할 때, 아버지 C의 의향에 따라 태아인 원고 B를 위해서도 계약을 체결하려는 의사를 갖고 있었고 의사도 이를 알고 계약을 한 것이라고 해석하는 것이 상당하다고 하였다. 나아가 수익의 의사표시를 다음과 같이 인정하고 있다. 원고 A가 원고 B를 분만할 때에 의사의 도움을 받았기 때문에, 원고 A는 원고 B의 출생시에 원고 B의 친권자인 어머니로서 아버지 C의 허락을 기초로 하여 원고 B를 위하여 묵시적으로 수익의 의사표시를 하였고, 出產介助行爲의 특성으로부터 산부인과 의사가 이를 알고 있었다고 해석하는 것이 상당하다고 하였다. 다만 산부인과 의사에게 주의의무 위반의 과실이 없다고 하여 원고들의 손해배상책임을 인정하지 않았다.

(2) **橫浜地方裁判所 1982(昭和 57)년 4월 30일 판결**[70]

이 판결에서는 원고 A가 피고 병원에 입원한 시점에 피고와 사이에 원고 A를 요약자, 피고를 낙약자, 당시 태아였던 원고 B를 수익자로 하여 제 3 자를 위한 진료계약을 체결한 사실을 인정하였다. 또한 원고 A는, 1974년 12월 28일 위 병원에서 원고 B를 분만함으로써 제 3 자를 위한 진료계약에서 위 원고가 수익의 의사표시를 한 것으로 의제되고, 그렇지 않다고 하더라도 원고 B의 출생시에 피고에게 묵시적으로 위 제 3 자를 위한 진료계약에 대하여 수익의 의사표시를 하였다고 볼 수 있다고 하였다. 이 사건에서도 의사의 과실이 인정되지 않아 결론적으로 원고의 청구가 인정되지 않았다.

---

69) 이는 출산에 관하여 의사 등이 개입하여 도와주는 행위를 의미한다.
70) 判例タイムズ 제471호, 210면.

(3) **名古屋地方裁判所 1989(平成元年)년 2월 17일 판결**[71)]

이 판결에서는 출산에 관한 의료계약을 태아의 출생을 조건으로 하는 '제3자를 위한 계약'으로 파악하고 아이를 수익자라고 보았다. 이 사건에서 원고들은, 의료계약이 제3자인 아이를 위한 계약이고 출생 후에 부모가 아이를 대리해서 수익의 의사표시를 하였다고 주장하였고, 피고도 이러한 점을 인정하였다. 이 판결에서 피고의 진료계약상 의무위반을 이유로 채무불이행책임을 인정하였지만, 출산에 관한 의료계약을 제3자를 위한 계약으로 구성한 점에 관하여 당사자들 사이에 다툼이 없었다.

(4) **長崎地方裁判所 1999(平成 11)년 4월 13일 판결**[72)]

이 판결은 원고의 어머니와 피고병원 사이에 원고의 출생을 조건으로 안전한 분만확보 등을 내용으로 하는 준위임계약(제3자를 위한 계약)이 성립하였다고 판단하였다. 제3자인 원고의 수익의 의사표시는 원고의 출생시점에 동인의 법정대리인으로서 친권자인 부모에 의해 묵시적으로 이루어졌다고 보았다. 이 판결은 위 (다) 판결과 달리 출산계약의 성질에 관하여 당사자 사이에 다툼이 있는 경우에도 병원이 태아에 대하여 계약책임을 진다고 인정한 사례로서 의미가 있다.

다. 소 결

일본에서는 하급심판결이기는 하지만 태아를 보호하기 위하여 분만계약을 '제3자를 위한 계약'으로 포섭하고 있다. 부모가 태아를 제3자로 하는 '제3자를 위한 계약'을 체결하려는 의사를 갖고 있고 병원이나 의사도 이를 알고 있었다는 점에서 그 근거를 찾고 있다.[73)] 또한

71) 判例タイムズ 제703호, 204면.

72) 判例タイムズ 제1023호, 225면. 이 사건에서 불법행위에 기한 손해배상청구권은 소멸시효가 완성되었으므로, 의사에게 분만에 관한 과실이 있다는 이유로 계약책임을 인정할 수 있는지 여부가 문제되었다.

73) 日最判 2006(平成 18).3.28(民集 60권 3호, 875면)은 자가용자동차종합보험계약의 기명피보험자의 자녀가 태아였을 당시에 발생한 교통사고에 의하여 출생

제3자를 위한 계약에서 수익의 의사표시를 필요로 하는데, 아이의 분만시에 법정대리인에 의하여 묵시적으로 수익의 의사표시가 이루어졌다고 한다.

3. 미 국

미국법에서 태아의 법적 지위는 명확하지 않다. 미국 연방대법원의 낙태에 관한 기념비적인 판결인 *Roe v. Wade* 판결[74]은 낙태를 허용하면서 그 근거를 여성의 프라이버시에서 도출하고 있는데, 태아를 "출생하지 않은 인간의 발달과정에 있는 연속적인 단계(sequential stages in the development of an unborn human)"로 파악하고, 태아가 미국연방 수정헌법 제14조에서 말하는 "사람(person)"에 포함되지 않는다고 판단하였다. 다만 이것이 개별 법률이나 판례에서 인정되는 태아의 권리에 영향을 미치지 않으며 연방의회가 법률로써 태아의 보호를 확장하는 것을 금지하지 않는다고 하였다. 그 후 *Douglas v. Hartford* 판결[75]에서는 살아있는 태아는 민권법상의 사람에 해당한다고 하였는데, 이는 위

후에 상해가 발생하여 그 결과 후유장해가 잔존한 경우에 위 계약의 무보험차 상해조항에 기하여 보험금을 청구할 수 있다고 하였다. 이 판결에 대해서는 많은 평석이 있는데, 이 판결을 다음과 같이 설명하는 견해가 있다. 「이 사건 약관에서 "기명피보험자와 동거하는 친족에게 발생한 상해 및 후유장해에 의한 손해"를 보험의 대상으로 규정하고 있는데, 법원은 이를 "기명피보험자와 동거하는 친족에게 발생한 상해 및 후유장해에 의한 손해에 준하는 손해"로서 태아에게 확장하여 유추적용한 것이다. 보험계약의 한쪽 당사자인 보험계약자가 이 보험에 의하여 태아가 입은 손해가 전보될 것이라고 기대하였고, 위와 같은 의사가 일반보험계약자의 통상적인 의사라고 볼 수 있다. 이 판결은 이와 같은 계약당사자, 특히 보험계약자의 합리적 의사해석을 통하여 문제를 해결하고 있다.」 山野嘉朗, "自家用自動車總合保險契約の記名被保險者の子が胎兒であった時に發生した交通事故により出生後に傷害を生じその結果後遺障害が殘存した場合における同契約の無保險車傷害條項に基づく保險金請求の可否," 民商法雜誌 135권 3호(2006), 552면 이하.

74) 410 U.S. 113 (1973).

75) 542 F. Supp. 1267 (1982, DC Conn).

판결과는 다른 입장을 취한 것이라고 볼 수 있다. 미국에는 태아의 권리능력에 관한 획일적인 기준이 없고 사례에 따라 개별적으로 다루어지고 있다.[76] 가령 태아는 불법행위에 기한 손해배상을 청구할 수 있다고 보는 주가 많다.[77]

한편 미국에서는 영국과 달리 19세기부터 제 3 자를 위한 계약을 인정하는 판결이 나왔고,[78] 현재 제 3 자를 위한 계약이 확고하게 인정되고 있다.[79] 수익자인 제 3 자와 관련해서는 '의도된 수익자(intended beneficiary)'와 '우연적 수익자(incidental beneficiary)'를 구분하고 있다. 우연적 수익자는 채무자가 채무를 이행하지 않더라도 손해배상을 청구할 수는 없다. 이와 달리 의도된 수익자는 채무자가 채무를 이행하지 않는 경우에 손해배상을 청구할 수 있다. 채권자가 주로 자신의 이익이 아니라 제 3 자에게 직접 권리를 부여하려고 하는 경우, 그 제 3 자는 의도된 수익자에 해당한다. 그렇다면 태아가 분만과정에서 의사의 과실로 피해를 입고 출생한 경우에 분만계약상의 의도된 수익자로서 의사의 계약 위반을 근거로 소를 제기할 수 있는지 문제된다.

진료계약에서 제 3 자인 아이의 이익을 의도하고 있다면, 그 아이는 계약의 의도된 수익자이다.[80] 제 3 자를 위한 계약에서 요약자는 제 3 자의 권리나 이익이 확정될 때까지 계약을 변경하거나 해제할 수 있다.[81] 그러나 아이는 계약에 동의할 법적 · 사실적 능력이 없으므로, 이

76) 더 자세한 내용은 Kayhan Parsi, "Metaphorical Imagination: The Moral and Legal Status of Fetuses and Embryos," 4 *DePaul J. Health Care L.* 703 (1999) 참조. 다만 루이지애나주의 민법전은 출생시부터 사망시까지 권리능력이 있다는 규정을 두고 있다. La. Civ. Code Ann. Tit. 1, § 25.

77) Kayhan Parsi(주 76), 708; Timothy S. Jost, "Rights of Embryo and Foetus in Private Law," 50 *Am. J. Comp. L.* 633.

78) 이에 관한 선례로 *Lawrence v. Fox*, 20 N.Y. 268 (1859)을 든다.

79) *Corbin on Contracts* §§ 772-781 (2002); *Restatement(Second) of Law of Contracts* (1979) § 302.

80) John A. Robertson, *Involuntary Euthanasia of Defective Newborns: a Legal Analysis*, 27 Stan. L. Rev. 213 (1975).

81) Corbin(주 79), §§ 812-16; Restatement(Second) of Contracts § 142 (Tent.

러한 경우에는 계약이 체결되자마자 그 권리가 확정된다. 태아의 경우에는 출생 전까지 수익자인 태아의 권리가 확정되었다고 볼 수 있는지 문제되는데, 태아의 권리는 출생시에 확정된다고 한다.[82)]

태아가 부모와 의사의 분만계약에서 의도된 수익자라고 보는 판결들이 있다. 예를 들면 *Hegyes v. Unjian Enterprises, Inc.* 판결[83)]에서 의사가 산모에게 건강한 아이의 출산에 관하여 조언과 치료를 하기로 하는 경우에 아이를 계약에서 예상할 수 있는 제3자인 수익자라고 보았다. 의사는 아이에 대한 주의의무(duty of care)를 부담하고, 의사가 이 의무를 게을리하면 불법행위에 기하여 손해배상을 하여야 한다. 아이가 계약관계의 '의도된 수익자'라는 것을 부인하는 것은 산부인과의 실제 현실을 무시하는 것이라고 한다. 산모와 의사는 건강한 아이의 출산을 가장 중요하게 생각한다. 의사가 진단 등을 적절하게 하지 못하면 통상 태아에게만 신체적 피해를 초래할 것이기 때문에, 살아서 태어난 아이에게 소를 제기할 수 있도록 하는 것이 합리적이라고 한다. *Martin v. St. John Hosp. and Medical Center Corp.* 판결[84)]에서도 위 판결과 유사하게 태아가 의료계약의 수익자이고, 이에 기하여 불법행위소송에서 태아에 대한 의무(duty)를 인정할 수 있다고 하였다. 그러나 이러한 판결들에서 출생한 태아를 계약의 의도된 수익자로 인정한 것은 불법행위소송에서 의사측의 주의의무를 인정하기 위한 것이다.

Drafts Nos. 1-7, 1973).

82) John A. Robertson(주 80), 226-227.

83) 234 Cal. App. 3d. 1103 (1991), 1118-1119. 이 판결의 사안은 다음과 같다. 원고의 어머니가 피고회사의 자동차에 의하여 사고를 당하여 피고회사와 화해를 하였다. 그 후 몇 년이 지나 원고의 어머니가 원고를 임신하였는데, 위 자동차 사고로 인한 피해를 치료하기 위하여 원고의 어머니의 몸 안에 넣어둔 요추-복막강 단락(lumbo-peritoneal shunt)에 눌려 원고를 조산하게 되었고 그로 인하여 원고는 피해를 입었다. 원고가 피고회사를 상대로 손해배상을 구하는 소를 제기한 것이다. 항소법원은 피고회사가 원고의 손해를 합리적으로 예측할 수 없다는 이유로 원고의 청구를 받아들이지 않았다.

84) 205 Mich. App. 486 (1994).

출생한 태아, 즉 신생아는 의료계약의 의도된 수익자로서 계약의 당사자(이 경우에는 일반적으로 부모)가 갖는 지위와 권리를 가지며, 따라서 이론적으로 의사를 상대로 의료계약위반을 근거로 소를 제기하거나 불법행위소송에서 계약위반을 주장할 수 있다.[85] 그러나 신생아가 출산의료계약의 의도된 제 3 수익자로서 계약 위반을 근거로 하여 의사를 상대로 소를 제기한 사건을 찾기 힘들다. 미국에서 의료과오의 경우에 계약 위반을 이유로 소를 제기할 경우 그 요건이 엄격하여[86] 법원이 이를 받아들이는 경우가 많지 않고, 그에 따라 원고들이 주로 불법행위에 기하여 소를 제기하기 때문이라고 생각된다.[87]

4. 영 국

영국에서 종전에는 제 3 자를 위한 계약을 인정하지 않았다. 계약법의 원칙에 반한다고 보았기 때문이다. 우선 직접계약관계(privity of contract)[88]의 원칙에 의하면 계약의 직접적인 당사자만이 계약에서 발생하는 권리의무를 갖는다는 것이다. 제 3 자는 계약에 기한 권리를 취득하거나 계약의 이행을 청구할 수 없다. 그리고 약인(consideration)[89] 이론에 따라 제 3 자가 약인을 직접 제공하지 않았기 때문에 약속을 강

---

85) 자세한 것은 13 Williston on Contracts §37:7 (4th ed.) Donee, creditor, intended, and incidental beneficiaries, generally 참조.

86) *Bobrick v. Bravstein*, 116 AD. 2d. 682 (1986); *Rogala v. Silva*, 16 Ill. App. 3d. 63 (1973); *Perin v. Hayne*, 210 NW. 2d. 609 (Iowa 1973). *Castrataro v. Urban*, 155 Ohio App. 3d. 597 (2003) 판결은 환자가 의사를 상대로 의사가 의료 서비스를 제공하기 위한 계약을 부주의하게 이행하였다는 근거로 의료계약위반 소송을 제기할 수 없다고 한다.

87) 의료과오사건에서 계약위반소송과 불법행위소송에 관해서는 우선 Causes of Action First Series-Cause of Action Against Physician for Breach of Contract or Warranty, 22 Causes of Action 779 (2007) 참조.

88) 이를 직접 계약당사자관계라고도 한다.

89) 이는 '대가'에 해당한다고 볼 수 있다.

제실현할(enforce) 수 없다고 하였다.[90] 그러나 판례에서 신탁의 법리 등을 이용하여 이 원칙을 회피하기 위한 시도가 이루어지기도 하였다. 입법으로 제3자를 위한 계약을 도입하려는 노력은 결국 1999년 계약법(제3자의 권리)[91]에서 이루어졌다.

1999년 계약법에 의하면 제3자를 위한 계약을 체결할 수 있는데, 이는 명시적인 경우도 있고 묵시적인 경우도 있다. 먼저 계약에서 명시적으로 제3자가 계약을 강제실현할 수 있도록 정할 수 있다.[92] 또한 계약당사자들이 그들의 의사를 명시적으로 표시하지 않더라도 계약조항에서 제3자에게 이익을 부여하고자 하는 경우 제3자가 이를 강제실현할 수 있다.[93] 제3수익자는 계약에서 명백하게 특정될 수 있어야 한다.[94] 그러나 제3수익자가 계약체결 당시에 존재하고 있을 필요는 없다. 따라서 아직 태어나지 않은 태아, 장래의 배우자, 계약체결시에 아직 설립되지 않은 회사들도 모두 제3수익자로 될 수 있다.[95] 그러나 분만과정에서 의사의 과오로 아이가 장애를 갖고 태어난 경우 산모 또는 아이가 불법행위에 기한 손해배상을 청구하는 사례가 대부분이고,[96] 계약상의 손해배상책임을 청구한 사례를 찾기는 어렵다. 그리고 영국에서는 제3자 보호효 있는 계약의 법리는 인정되

90) Zweigert/Kötz, *Einführung in die Rechtsvergleichung*, 3. Aufl., 1996, 463.
91) Contracts (Rights of Third Parties) Act 1999.
92) 제1조 제1항 (a).
93) 제1조 제1항 (b).
94) 제1조 제3항.
95) Peter Millett ed., *Encyclopaedia of Forms and Precedents* (http://www.opsi.gov.uk/ACTS/acts1999/en/ukpgaen__19990031__en__1); 이호정, 영국계약법, 경문사, 2003, 331면.
96) *Burton v. Islington Health Authority*, [1992] 3 W.L.R. 637(C.A.). 이에 관한 선례로 호주의 판례인 *Watt v. Rama*, [1972] V.R. 353을 들고 있다. Congenital Disabilities(Civil Liability) Act 1976은 장애를 갖고 태어난 아이에게 장애를 초래한 사람을 상대로 소를 제기할 수 있는 권리를 부여하고 있는데(제1조), 이는 born alive rule을 채택한 것으로 볼 수 있다. 이것은 불법행위책임을 인정한 것이고, 계약상의 책임을 인정한 것이 아니다. Roderick Bagshaw, "Children Through Tort," Julia Fionda ed., *Legal Concepts of Childhood*, 2002, 137.

지 않는다.97) 독일에서 제3자 보호효 있는 계약을 적용하는 사례에 대하여, 영국에서는 불법행위책임의 성립 여부로 해결하고 있다고 볼 수 있다.98)

5. 유럽계약법원칙

대륙법계국가에서는 제3자를 위한 계약이 유효하다고 한다.99) 이와 달리 영국에서는 위에서 본 것처럼 제3자를 위한 계약을 인정하지 않다가 최근에 그 유효성을 인정하였다. 유럽의 계약법을 통일하려는 시도가 있는데, 그중 유럽계약법원칙(PECL)에서는 제3자를 위한 계약에 관한 규정을 두고 있다(제6:110조). 이에 따르면 낙약자(promisor)와 요약자(promisee)가 제3자에게 계약상 의무의 이행을 청구할 권리가 있음을 명시적으로 합의하거나 그러한 합의가 계약의 목적 또는 구체적 경우의 제반 사정으로부터 추단되는 경우에는, 제3자는 계약상 의무의 이행을 청구할 수 있다. 이 경우에 그 합의가 행하여질 당시에 제3자가 확정될 것을 요하지 않는다고 한다. 제3자를 위한 약정을 체결할 당시 수익자가 누구인지 알려질 필요도 없다.100)

---

97) Staudinger/Jagmann (2004), Vorbem 20 zu §§ 328ff.

98) 이 점은 이른바 '유언사례'에서 잘 드러난다. 영국 귀족원은 *White v. Jones*, [1995] 3 FCR 51(H.L.)에서 계약당사자가 아닌 제3자를 계약의 의도된 제3수익자(intended third party beneficiary of contract)로 보아 손해배상책임을 인정하였다. 그러나 이 판결은 계약상의 손해배상책임을 인정한 것이 아니라, 불법행위책임을 인정한 것으로 제3자를 의도된 수익자로 본 것은 불법행위의 요건인 주의의무를 인정하기 위한 것이다. 그런데 이와 유사한 사례에 관하여 독일의 판례(BGH NJW 1965, 1955)는 제3자 보호효 있는 계약으로 해결하였다. *White v. Jones* 판결에서는 이 문제에 관한 독일법의 태도도 검토하고 있다. 이에 관한 우리 문헌으로는 김상중, "채권관계의 상대성원칙과 제3자의 재산상 손해," 재산법연구 제20권 1호(2003. 8), 16면 이하 및 그곳에 있는 문헌 참조.

99) Lando/Beale ed., *Principles of European Contract Law*, Part Ⅰ & Ⅱ, 2000, 322.

100) Lando/Beale(주 99), 318.

6. 종 합

분만과정에서 의사의 과오로 신생아가 장애를 갖고 태어난 경우에 그 아이가 의사를 상대로 어떠한 책임을 추궁할 수 있는지에 관하여 다음과 같이 표로 정리할 수 있다.

비교법적으로 보면, 이러한 경우에 불법행위책임을 인정한다는 점에서는 일치되어 있다. 그러나 계약위반으로 인한 책임 또는 채무불이행책임을 인정할 것인지, 인정할 경우에 그 근거가 무엇인지에 관해서는 나라마다 상이한 태도를 취하고 있다. 대륙법계 국가에 속하는 독일, 일본에서는 계약상 책임을 인정하고 있다. 우리나라에서도 계약상 책임을 인정한 하급심판결이 있다. 이와 달리 영국과 미국에서는 불법행위책임으로 해결하고 있다.

독일에서는 위와 같은 경우 신생아에게 계약상의 청구권을 인정하기 위하여 제3자 보호효 있는 계약의 법리로 이론구성하고 있다. 그러나 일본에서는 제3자를 위한 계약으로 해결하고 있다. 한편 미국에서는 일찍부터 제3자를 위한 계약을 인정하였는데, 신생아는 부모와 의사 사이에 체결된 분만계약의 의도된 제3수익자라고 한다. 그러나 이것은 신생아가 의료과오를 이유로 불법행위에 기한 소를 제기하는 경우에 의사의 주의의무를 인정하기 위한 전제로서 기능하고 있다. 영국에서는 최근에야 비로소 제3자를 위한 계약을 인정하였고 태아도 제3수익자가 될 수 있다고 한다. 유럽계약법원칙에서도 태아도 제3자를 위한 계약에서 수익자에 해당할 것으로 판단된다.

[표] 분만계약에서 태아의 법적 지위

	우리나라	독 일	일 본	미 국	영 국	유럽계약법 원칙
불법행위책임	인정	인정	인정	인정	인정	해당 없음
채무불이행책임 (계약위반책임)	하급심판결과 일부 학설에서 인정(제3자를 위한 계약)	인정 (제3자 보호효 있는 계약)	인정 (제3자를 위한 계약)	인정례 없음	인정례 없음	가능
태아가 제3자를 위한 계약의 수익자가 될 수 있는지 여부	이론상 가능	가능	가능	가능	가능	가능

Ⅳ. 결론: 계약상 책임의 인정 여부와 그 근거에 관한 검토

1. 제3자를 위한 계약으로 해결하는 방안

제3자를 위한 계약에서 아직 태어나지 않은 태아도 수익자가 될 수 있다. 아직 권리능력이 없더라도 제3자를 위한 계약의 수익자가 될 수 있다는 점은 여러 입법례에서 인정되고 있다.

그런데 태아에게는 권리능력이 없기 때문에, 제3자를 위한 계약에서 수익자가 될 수 없다는 반론이 있을 수 있다. 이 문제를 해결하기 위하여 사람의 시기에 관하여 전부노출설이 아니라 진통설 또는 분만개시설을 채택하여야 하는지 문제된다. 우리 민법에는 독일 민법과 달리 전부노출설을 채택해야 할 필연적인 이유는 없다. 독일 민법에서는 권리능력에 관한 규정에서 '출생의 완료'라고 명시하고 있지만, 우리 민법에서는 사람이 생존하면 권리능력을 취득한다고 정하고 있기 때문이다. 그러나 분만개시시에 권리능력을 취득한다고 파악하는 것이 법관념에 합치되는지는 의문이다. 태아의 법적 지위는 여성의 프라이버시 또는 자기결정권과 충돌할 수 있는 것으로서 깊이 있는 논의가 필요하지만, 출생시기에 관해서는 전부노출설에 따르되 분만계약과 같은 경우에 한하여 개별적으로 태아에게도 손해배상책임을 인정하는 방안이 합리적인 것으로 생각된다.

대법원은 태아가 증여를 받을 수 없다고 하였으나,[101] 이것이 태아가 제3자를 위한 계약에서 수익자가 될 수 있다는 점에 방해가 되지 않는다. 제3자를 위한 계약에서 수익자는 계약체결시에 의사표시를 하여야 하는 것이 아니므로, 태아도 제3자를 위한 계약에서 수익자가 될 수 있다. 나아가 태아를 제3자로 하는 분만계약에서 의사가 채무를 불이행한 경우에 태아의 권리능력에 관한 민법 제762조의 규정을 채무불이행으로 인한 손해배상청구권에 유추적용하여야 할 것이다. 독일에서 아이가 분만과정에서 의사의 과오로 장애를 갖고 태어난 경우에 제3자 보호효 있는 계약의 법리를 적용하면서 손해배상책임의 인정 여부를 분만 전후에 따라 다르게 보고 있지 않다. 산모가 진통을 하기 시작한 때부터 병원에 입원하여 출산을 하고 퇴원을 하는 과정은 일련의 연속적인 과정인데, 적어도 이와 같은 사안에서 사고의 발생시기가 분만을 완료하기 전인지 아니면 그 후인지에 따라 법률관계를 다르게 하는 것은 바람직하지 않을 것이다.

부모가 아이를 출산하기 위하여 의사와 분만계약을 체결할 때 계약에서 명시적으로 아이를 수익자로 정하지는 않는다. 그러나 분만계약은 통상 산모가 아이를 안전하게 분만하는 것을 가장 중요한 목적으로 하고 있다. 따라서 태아 또는 아이를 제3자를 위한 계약의 수익자로 보는 것이 계약의 목적이나 당사자의 의사에 합치된다. 산모 또는 부모

101) 주 12에서 본 대판 1982. 2. 9, 81다534.

도 태아 또는 신생아를 수익자로 하려는 의도가 있다고 볼 수 있고 이러한 의도를 계약에 표시하자고 요구한다면 병원이나 의사도 이에 동의할 것이다. 따라서 분만계약은 통상 산모와 의사 또는 병원이 계약의 당사자이지만, 이와 함께 태아를 수익자로 하는 '제 3 자를 위한 계약'이 성립하였다고 인정할 수 있다. 이러한 결론은 법률행위의 해석, 즉 계약의 해석을 통하여 인정할 수 있다.[102] 종래 대법원도 계약체결 당시 특정되지 않은 제 3 자를 위한 계약을 인정하였다. 가령 대법원은 용역경비계약에 관한 사건[103]에서 계약당사자 이외의 제 3 자가 명시되어 있지 않은데도 계약 및 약관의 해석을 통하여 제 3 자를 위한 계약을 인정하였다. 이 사건에서 계약의 당사자로 회사가 기재되어 있는데도, 그 회사의 감사와 그 처를 수익자로 하는 제 3 자를 위한 계약을 인정하였다는 점을 주목할 필요가 있다.

제 3 자를 위한 계약에서 제 3 자가 권리를 취득하려면 수익의 의사표시가 필요하다. 수익자가 현존하거나 특정되지 않은 경우에는 수익자가 현존하거나 특정된 후에 수익의 의사표시를 하게 될 것이다. 가령 설립중의 법인을 제 3 자로 한 경우에는 법인이 설립된 후에 수익의 의사표시를 하게 된다. 그런데 태아의 경우에는 이 문제를 어떻게 해결하

---

102) 판례는 "제 3 자를 위한 계약이라 함은 통상의 계약이 그 효력을 당사자 사이에서만 발생시킬 의사로 체결되는 것과는 달리 계약 당사자가 자기들 명의로 체결한 계약에 의하여 제 3 자로 하여금 직접 계약 당사자의 일방에 대하여 권리를 취득하게 하는 것을 목적으로 하는 계약이므로, 어떤 계약이 제 3 자를 위한 계약에 해당하는지 여부는 당사자의 의사가 그 계약에 의하여 제 3 자에게 직접 권리를 취득하게 하려는 것인지에 관한 의사해석의 문제로서 이는 계약체결의 목적, 계약에 있어서의 당사자의 행위의 성질, 계약으로 인하여 당사자 사이 또는 당사자와 제 3 자 사이에 생기는 이해득실, 거래 관행, 제 3 자를 위한 계약제도가 갖는 사회적 기능 등 제반 사정을 종합하여 계약 당사자의 의사를 합리적으로 해석함으로써 판별할 수 있다"고 한다. 대판 1996. 1. 26, 94다54481(공 1996, 726); 대판 1997. 10. 24, 97다28698(공 1997, 3602); 대판 2006. 9. 14, 2004다18804(공 2006, 1717). 또한 제 3 자를 위한 계약의 해석에 관해서는 民法注解(XIII), 1997, 141면 이하(宋德洙 집필)도 참조.

103) 주 21에서 본 대판 1993. 8. 27, 92다23339.

여야 하는지 문제된다. 수익의 의사표시는 명시적으로 할 수도 있지만, 묵시적으로 할 수도 있다.[104] 태아의 경우에는 아이가 태어났을 때 수익의 의사표시가 있는 것으로 의제하는 방안도 생각할 수 있으나, 법정대리인이 묵시적으로 수익의 의사표시를 하였다고 보는 방안이 타당할 것으로 생각된다. 이와 달리 법정대리인이 손해배상청구권을 행사하는 경우에 수익의 의사표시를 하였다고 보는 방안이 있으나, 이는 제 3 자의 권리가 장기간 불확정적이라는 점에서 문제점이 있다. 분만계약을 체결할 당시 부모가 태아에게도 분만계약에 따른 의무가 이행될 것을 의도하였다고 볼 수 있고, 그와 같은 의사에는 수익의 의사표시도 포함되어 있다고 볼 수 있다. 다만 태아가 출생 전에는 권리능력이 없기 때문에, 수익의 의사표시를 할 수 없는 상태에 있었을 뿐이다. 그런데 태아의 출생과 함께 수익의 의사표시를 하는 데 장애가 없어졌으므로, 부모가 법정대리인으로서 태아의 출생과 함께 수익의 의사표시를 묵시적으로 하였다고 볼 수 있을 것이다.

한편 분만계약의 불이행, 특히 불완전이행이 있은 다음에 수익의 의사표시가 가능한 것인지 문제된다. 그러나 수익의 의사표시에 대한 시기적인 제한은 없다. 위에서 본 용역경비계약과 같은 사례에서 제 3 자에게 손해가 발생한 경우에는 채무불이행이 발생한 이후에 수익의 의사표시를 하는 것이 대부분일 것이다. 이는 분만계약의 경우에도 마찬가지이다.

2. 제 3 자 보호효 있는 계약으로 해결하는 방안

우리나라에서도 제 3 자 보호효 있는 계약 이론을 도입하자는 견해

---

104) 대판 2006. 5. 25, 2003다45267(공 2006, 1115); 郭潤直, 債權各論, 제 6 판, 박영사, 2003, 76면. 나아가 수익의 의사표시는 권리만을 얻는 행위이므로 미성년자나 한정치산자가 법정대리인의 동의 없이 단독으로 할 수 있다(민법 제 5 조 제 1 항 단서, 제10조). 民法注解(XIII), 1997, 160면(宋德洙 집필).

가 있다.[105] 이러한 견해에 따른다면 위와 같은 사례에서 태아 또는 신생아를 분만계약의 보호효가 미치는 제 3 자로 볼 수 있을 것이다. 그러나 이를 도입하는 것이 바람직한 것인지는 의문이다.[106] 독일에서 특유하게 발달한 '제 3 자 보호효를 가진 계약' 이론은 독일 불법행위법에 의한 보호의 흠결에 대응하기 위한 것이다.[107] 즉, 독일 민법은 불법행위에 관하여 한정적으로 규정하고 있고(독일 민법 제823조 제 1 항 · 제 2 항, 제826조), 사용자책임의 경우에 면책이 넓게 인정되고 있기 때문에, 피해자를 보호하기 위하여 제 3 자 보호효를 가진 계약 이론이 발달한 것이다. 그러나 우리나라에서는 불법행위에 관한 일반조항을 두고 있으므로(민법 제750조) 계약관계의 제 3 자가 계약법에 의한 보호를 받지 못하더라도 불법행위법에 의하여 폭넓게 구제를 받을 수 있다. 또한 민법 제756조에 기한 사용자책임이 인정되는 범위가 넓고, 민법 제756조 제 1 항 단서에 의한 면책이 인정되는 경우를 찾기 어렵다. 다만 불법행위에 기한 손해배상청구권에 대해서는 단기의 소멸시효기간이 적용되므로, 이러한 경우에 채무불이행책임의 성립이 문제될 수는 있다. 따라서 우리 민법에서는 불법행위법의 포괄적인 특성으로 말미암아 독일의 경우보다 제 3 자 보호효 있는 계약 이론을 인정할 필요성이 훨씬 적다고 볼 수 있다.[108]

105) 民法注解(XIII), 1997, 184면 이하(宋德洙 집필); 金玟中, "계약과 제 3 자," 民法學의 回顧와 展望(민법전시행30주년기념논문집), 한국민사법학회, 1993, 525면; 金玟中, "제 3 자를 위한 保護效가 있는 契約," 私法學의 再照明(朴暎雨敎授華甲紀念), 1996, 323면; 林建勉(주 47), 127면.

106) 金載亨, "韓藥業士의 說明義務," 民法論 II, 박영사, 2004, 396면; 金亨培, "우리 民法과 外國法의 影響," 한국법학의 회고와 전망, 법문사, 1991, 229면; 이재목, "제 3 자 보호효법리에 대한 비판적 검토," 새울법학 제 2 호(1998. 2), 447면 이하; 崔興燮(주 39), 367면 이하.

107) Staudinger/Jagmann(2004), Vorbem 13 zu §§ 328, § 328 Rn. 84.

108) 프랑스에서는 제 3 자 보호효 있는 계약의 법리를 도입하였으나, 불법행위에 관하여 포괄적인 규정(프랑스 민법 제1382조 이하)을 두고 있기 때문에 그 중요성이 적다고 한다. Staudinger/Jagmann (2004), Vorbem 18 zu §§ 328.

한편 독일 민법 제328조는 제 3 자를 위한 계약에서 제 3 자에게 급부를 하여야 한다고 규정하고 있으므로, 제 3 자가 급부청구권을 가진 경우에 한하여 제 3 자를 위한 계약으로 볼 수 있다. 그러나 우리 민법 제539조에서는 "이행할 것을 약정한 때"라고 규정하고 있기 때문에, 제 3 자에게 이행청구권을 부여한 경우에도 제 3 자를 위한 계약에 해당한다고 볼 수 있다. 이 경우에 이행청구권을 급부청구권에 한정하여야 하는지 논란이 있을 수 있는데,[109] 이를 급부청구권에 한정할 필요는 없다. 이 규정은 민법 제390조에서 채무의 내용에 좇은 이행을 하지 않으면 채무불이행책임이 발생한다고 규정한 것과 동일한 맥락에서 이해하여야 한다. 즉, 제390조에서 보호의무 또는 부수적 채무를 이행하지 않은 경우에 손해배상책임이 발생하는 것과 마찬가지로, 제 3 자에게 보호의무 또는 부수적 채무를 부담하는 약정도 제 3 자를 위한 계약이 될 수 있다고 보아야 한다.

제 3 자를 위한 계약이 체결되었는지 명확하지 않은 경우에도 위 1. 에서 본 바와 같이 제 3 자를 위한 계약을 넓게 인정할 필요가 있다. 당사자들이 명시적으로 제 3 자를 위한 계약을 체결하지 않았더라도 계약의 목적이나 당사자의 의사를 고려하여 제 3 자를 위한 계약을 인정할 수 있다. 여기에서 검토한 분만계약과 같은 사례가 이에 해당한다. 이에 대해서는 제 3 자를 위한 계약으로 해결할 수 없는 경우가 많다는 반론이 있을 수 있다. 그러나 독일에서 제 3 자 보호효 있는 계약을 인정하는 무수히 많은 사례들에 대하여 우리나라에서 어떻게 해결할 것인지는 개별적으로 검토해 보아야 한다.[110] 대부분의 경우에는 불법행

---

109) 다수설은 우리 민법에서도 제 3 자를 위한 계약에서 제 3 자에게 급부청구권이 있어야 한다고 한다. 郭潤直, 債權各論(주 104), 72면; 金玟中, "계약과 제 3 자"(주 105), 489면. 이에 반대하는 견해로는 延光錫, "第三者를 위한 契約에 관한 硏究," 서울대학교 법학박사학위논문, 2007, 146면 이하가 있는데, 제 3 자를 위한 계약을 넓게 인정하여야 한다고 주장한다.

110) 김상중(주 98), 28면 이하는 이른바 '유언사례'에서 고객으로부터 유언장의 작성을 의뢰받은 변호사가 유언장의 작성을 게을리하여 제 3 자가 손해를 입은 경

위책임의 성립 여부로 해결하는 것이 정당한 방향이라고 생각한다. 다만 우리나라에서 제3자를 위한 계약에 관하여 크게 주목하지 않았고 그 인정범위를 좁게 본 것에 관해서는 재검토할 필요가 있다. 따라서 불법행위책임의 인정 여부와 함께 제3자를 위한 계약이 성립할 수 있는지 여부를 진지하게 검토하여야 할 것이다.

[後　記]

대법원 2010. 6. 24. 선고 2006다83857 판결(미공간)은 주 20에 소개한 서울고등법원 판결에 대한 상고심 판결인데, 여기에서 다룬 쟁점을 판단하지 않았다. 즉, 원심은 이 사건 뇌성마비의 원인이 저산소증으로 인한 허혈성 뇌손상이라는 전제 아래 피고 병원 의료진의 과실과 위 뇌성마비와 사이에 인과관계가 추정된다고 판결하였으나, 대법원은 이 사건 뇌성마비의 원인이 저산소증으로 인한 허혈성 뇌손상이라고 볼 수 있다는 판단은 그 근거가 심히 부족하고, 피고 병원 측에 이 사건 뇌성마비의 원인이 될 만한 과실이 있다는 근거도 없다는 이유로 원심판결을 파기환송하였다. 이 사건에서 위와 같은 과실이나 인과관계 문제가 논리적으로 먼저 판단되어야 할 문제라고 볼 수도 있지만, 태아가 출생 후 분만계약의 불이행을 이유로 손해배상책임을 청구할 수 있는지 여부에 관하여 판단을 하지 않은 것은 이 문제가 판단하기 어려운 법률문제라는 점을 보여주는 것으로 여겨진다.

(판례실무연구(X), 비교법실무연구회, 2011, 47-74면 所載)

우에 변호사의 제3자에 대한 책임의 근거에 관하여 보충적 계약해석으로 해결하여야 한다고 한다. 다만 그 책임의 발생기초가 제3자를 위한 계약인지, 제3자 보호효 있는 계약인지에 관한 판단은 유보하고 있다(위 논문, 31면). 한편 이 경우에 불법행위책임의 성립을 부정한다(위 논문, 32면). 유언사례에서 제3자를 위한 계약의 성립 여부는 좀 더 검토해 보아야 하겠지만, 우리 민법 제750조는 불법행위의 성립요건을 포괄적으로 규정하고 있기 때문에, 불법행위책임의 성립을 인정할 수 있다고 생각한다.

3. 分讓廣告와 契約*

－청약·청약의 유인·손해배상을 중심으로－

대법원 2007. 6. 1. 선고 2005다5812, 5829, 5836 판결(공 2007, 972)[1)]

[사실관계 및 판결의 요지]

1. 사실관계

(1) 분양형 토지신탁계약

A(주식회사 화신공영)는 1997. 6. 23. 파주시장으로부터 파주시에 있는 이 사건 아파트를 신축·분양하기 위한 주택건설사업계획승인을 받았다. B(대한부동산신탁 주식회사. 2000. 3. 28. '코레트신탁'으로 상호가 변경되었다)는 1997. 6. 27. A와 사이에 파주시에 있는 토지를 신탁받아 그 지상에 이 사건 아파트 및 부대복리시설을 신축한 후 위 각 토지와 건물을 신탁재산으로 하여 그 개발이익을 A에 환원시켜 주기로 하는 내용의 분양형 토지신탁계약을 체결하고, 1997. 12. 6. 파주시로부터 이 사건

* 이 글은 2008년 5월 19일 개최된 민사판례연구회 세미나에서 발표한 내용을 수정·보완한 것이다.

1) 대판 2007. 6. 1, 2005다5843(미공간)은 이 사건과 관련된 가압류이의 사건에 대한 판결로, 이 판결과 동일한 내용이다. 이 글에서 미공간이라고 표시한 판결은 대법원 법률종합정보(http://glaw.scourt.go.kr/jbsonw/jbson.do)에서 검색한 것이다.

아파트의 건설사업주체를 A에서 B로 변경하는 주택건설사업계획변경 승인을 받았다.

(2) 분양광고

B는 1998. 1. 21. 이 사건 아파트에 관한 입주자모집공고 승인을 받은 후 1998. 2.경부터 이 사건 아파트의 입주자를 모집하기 위하여 고양시와 파주시에 모델하우스(견본 주택) 2동을 설치하였고, 분양안내책자 및 광고 전단지를 배포하거나 신문에 분양광고를 게재하는 등 이 사건 아파트의 분양을 위한 홍보를 하였다. 그 광고에는 다음과 같은 내용이 포함되어 있다. ① 이 사건 아파트 단지 내에 게르마늄 성분을 포함한 온천이 개발된다. ② 위 아파트의 거실바닥재를 단풍나무 원목 바닥재로 시공한다. ③ 아파트 단지 내에 풍성한 유실수를 식재한다. ④ 테마공원을 설치하여 쾌적한 생활환경을 조성한다. ⑤ 일산에서 금촌을 연결하는 4차선 도로가 2001년까지 8차선으로 확장된다. ⑥ 이 사건 아파트에 인접하여 서울대학교가 이전할 예정이다. ⑦ B가 전국 유명 콘도 및 휴양시설과 제휴하여 입주자들이 누구나 콘도 회원으로서 이를 이용할 수 있다. ⑧ 문산↔용산을 연결하는 경의선 전철의 복선화로 편리한 교통환경이 조성된다.

(3) 분양계약서

원고들(총 649명)은 B와 사이에 각각 아파트의 동, 호수, 총분양가, 대금지급시기를 정하여 분양계약을 체결하였는데, 분양계약서에 의하면, 분양계약에 따른 계약금은 계약시에 지불하고, 중도금은 6회에 걸쳐 분할 납부하며, 잔금은 입주예정일을 2001. 2.로 하여 입주시에 지급하기로 하였다.

원고들과 B 사이에 체결된 이 사건 분양계약서에는 다음과 같은 규정이 있다. ① 분양의 목적물은 건물과 대지의 면적 및 그 동과 호수를 표시한 아파트 1동과 이에 따른 전기, 도로, 상수도시설 기타 부대시설(공용)로 한다. ② 기타사항(제17조)으로 견본주택 내에 시공된 제품은 특별한 사정 없이 타사 제품으로 변경될 수 없다. ③ 견본주택 및 각종 인쇄물과 모형도상의 구획선 및 시설물의 위치, 설계도면 등의 표시가 계약체결일 이후 사업계획 변경승인 및 신고 등에 따라 일부 변경된 경우에는 B가 수분양자들에게 이를 통보한다. 그러나 이 사건 분양계약서에는 원고들이 주장하는 온천, 바닥재(원목마루), 유실수단지, 테마공원, 서울대학교의 이전, 일산과 금촌을 연결하는 도로의 확장, 콘도이용권의 제공, 전철복선화와 관련하여 아무런 내용이나 조건이 기재되어 있지 않다.

(4) 토지신탁사업 양수도계약

B가 2001.2.경 사실상 부도상태에 빠질 정도로 경영이 악화되자, B의 주채권기관인 C은행을 비롯한 채권금융기관들은 2001.2.28.경 신탁회사를 신설하여 B가 운영하던 사업장 중 일부를 그 신설회사로 이전하고 사업가치가 낮은 사업장은 B에 그대로 두어 매각·정리하는 것을 주요 내용으로 하는 기업개선계획안을 의결하였고, 위 기업개선계획에 따라 2001.3.20. 피고(한국자산신탁 주식회사)가 설립되었다. 피고는 2001.4.9. B와 사이에 이 사건 아파트 및 그 부지에 관한 토지신탁사업 양수도계약을 체결하였다.[2] 한편, 당시 B의 대표이사이던 D는 2001.3.20. 피고가 설립된 이후부터 2001.6.13.까지 피고의 대표이사로 재직하였으며, B의 직원들 대부분도 2001.3.20.부터 피고의 직원으로 그대로 근무하였다.

---

2) 위 토지신탁사업 양수도계약서에 다음과 같은 규정이 있다. **제4조(수탁자의 지위와 권리·의무 승계)** 을(피고)은 신수탁자로서 갑(B)이 수탁자로서 신탁사업과 관련하여 기체결한 (분양형, 임대형)토지신탁계약서, 토지신탁사업약정서 등 제계약서상의 지위와 권리·의무를 포괄적으로 승계한다. **제5조(기타 부수 계약 승계)** 갑(B)이 신탁사업과 관련하여 사업주체(건축주)로서 체결한 공사도급계약, 설계·감리계약 등 제계약은 을(피고)이 포괄적으로 승계하기로 하되, 승계에 동의하지 않는 계약 상대에 대해서는 갑(B)의 책임과 부담으로 처리한다.

(5) 피고의 약속 이행 광고

피고는 2001. 8. 8. "끝까지 약속을 지키겠습니다"라는 제목의 신문광고를 게재하였는데, 위 신문광고에는 세부항목으로 피고는 이 사건 아파트를 완공하여 수분양자들의 피해를 최소화하고, B가 약속한 부대시설에 관한 약속을 성실히 이행하고 있으며, 따뜻한 물의 용출에 대하여 온천법에 대한 지식의 부족으로 '온천'이라는 문구를 사용한 것을 B 대신 사과하고, 최근에 불미스런 사태가 있기는 하나 B가 분양 당시 약속한 조건사항을 성실히 이행하고 있으니 믿고 따르라는 내용이 있으며, 위 제목 및 세부항목 외에 "끝까지 약속을 지키겠습니다," "안심하고 피고를 믿어주면 반드시 약속을 지키겠습니다"라는 표현이 실렸다.

(6) 공사의 진행과 그 후의 경과

이 사건 아파트의 신축공사는 2000. 10. 준공예정으로 공사가 진행되었으나 시공회사의 부도 및 아파트 진입도로의 미개설로 인하여 공사가 늦어졌고, 피고는 2001. 5. 25.에 이르러 파주시장으로부터 이 사건 아파트에 대한 임시사용승인을 받았으며, 원고들은 2001. 5. 26.부터 이 사건 아파트에 입주하기 시작하였다. 피고는 이 사건 아파트에 관하여 피고 명의로 소유권보존등기를 경료하였다가 원고들 앞으로 소유권이전등기를 마쳤다. 한편, 이 사건 아파트 부근에는 공동묘지가 있었는데, 피고가 이를 수분양자들에게 알리지 않았다.

2. 원심판결[3)]

원고들은 피고가 위 광고내용대로 아파트를 시공하지 않았고, 아파트 부근에 있는 공동묘지의 존재사실을 알리지 않았다는 이유로 피고를 상대로 채무불이행 또는 불법행위를 이유로 손해배상을 청구하였다.

3) 서울고판 2004. 12. 7, 2004나22577, 22584, 22591.

이에 대하여 원심은 다음과 같이 판단하였다.

(1) 채무불이행으로 인한 손해배상청구

비록 B가 이 사건 아파트 분양광고에서 위와 같은 내용을 광고하고, 분양계약 체결시 원고들에게 이러한 광고내용을 설명하였더라도 위와 같은 광고내용은 분양목적물의 특정이나 구체적인 거래조건의 제시가 수반되지 않은 것이므로 이를 청약이라고 할 수 없고, 다른 사람으로 하여금 청약을 하게 유도하려는 이른바 청약의 유인에 불과하다고 할 것이어서 광고내용이 바로 분양계약의 내용으로 되는 것은 아니고, 다만 당사자가 그 후 청약 및 승낙의 과정을 통하여 그 광고내용을 계약의 목적으로 하기로 하는 의사의 합치를 이루는 경우에 비로소 분양계약의 내용이 된다.

위 분양계약은 분양계약서에 표시된 아파트 1동과 이에 따른 전기, 상수도 등 통상적인 부대시설을 목적물로 하고 있고, 비록 목적물의 구조, 재질, 성상 등이 견본주택 및 각종 인쇄물과 모형도에 의하여 구체화될 것을 전제로 하고 있기는 하나, 원고들이 주장하는 위와 같은 광고에 부합하는 아파트만을 공급하기로 한다는 의사의 합치에 관한 부분을 찾아볼 수 없어서 위 광고내용을 곧바로 이 사건 아파트에 관한 각 분양계약의 내용으로 편입시키고 있다고는 볼 수 없다.

(2) 불법행위로 인한 손해배상청구

(가) 불법행위책임의 성립

1) '온천'광고에 관한 부분(긍정)

이 사건 아파트 단지 내에는 온천이 있다고 할 수 없고, 따라서 온천이 존재한다는 B의 광고는 허위이다. B의 이러한 허위사실의 고지는 일반 상거래의 관행과 신의칙에 비추어 시인되기 어려운 기망행위에 해당한다.

2) '공동묘지'의 존재에 관한 부분(부정)

위 공동묘지는 그 규모와 위치에 비추어 현장을 방문하여 확인하거나 인근 주민들에게 탐문하는 방법으로 쉽게 그 존재를 알 수 있고 또 실제 현장을 방문한 원고들 중 상당수는 공동묘지의 존재를 알았을 것으로 추측되므로 B가 원고들의 착오를 이용하여 분양계약을 체결하였다고 보기 어려울 뿐만 아니라, 위 공동묘지의 존재는 이로 인하여 장차 분양계약의 효력이나 이에 따른 채무의 이행에 장애를 가져와 수분양자가 분양목적물에 대한 권리를 확보하지 못할 위험이 생길 사정에 해당하지도 아니하므로 B는 위 공동묘지의 존재를 원고들에게 고지할 의무를 부담한다고 할 수 없고, 따라서 B가 이를 원고들에게 고지하지 아니하고 분양계약을 체결한 것이 부작위에 의한 기망행위에 해당한다고 할 수 없다.

3) '바닥재' 시공에 관한 부분(일부 원고에 대하여 긍정)

B가 아파트 중 일부 평형의 거실바닥을 합판 위에 0.4 내지 0.6mm 두께의 원목판을 덧붙인 목재후로링(합판마루)으로 시공하면서 이를 원목 바닥재라고 광고한 것[4]은 허위 내지 이에 준하는 정도의 지나친 과장이다. 이는 일반 상거래의 관행과 신의칙에 비추어 시인되기 어려운 기망행위에 해당한다.

4) '테마공원 및 유실수'에 관한 부분(유실수 광고 인정, 테마공원 광고 부정)

유실수 광고부분은 허위 또는 이에 준하는 정도의 과장이라고 할 것이고, 이는 일반 상거래의 관행과 신의칙에 비추어 시인되기 어려운 기망행위에 해당한다. 그러나 테마공원 등의 광고는 허위성이 없거나 다소의 과장에 그쳐 일반 상거래의 관행과 신의칙에 비추어 시인되기

4) 이 사건 아파트 중 19평형과 22평형에 대해서는 그와 같은 광고를 하지 않았으므로, 이러한 평형을 분양받은 원고들에 대해서는 이 부분 청구를 받아들이지 않았다.

어려운 정도에 이르지는 않는다.

5) '일산-금촌 간 도로 확장', '서울대이전'에 관한 부분(긍정)

이 부분은 일반 상거래의 관행과 신의칙에 비추어 시인되기 어려운 기망행위에 해당한다.

6) '콘도 회원권' 및 '전철 복선화'에 관한 부분(부정)

콘도미니엄 이용에 관한 광고내용이 입주자들 모두에게 1인 1회원권을 제공하겠다는 내용이라고는 보기 어렵고, 원고들이 입주함과 동시에 피고가 콘도미니엄 이용혜택을 제공하여야 하는 것이라고 보기도 어려우므로, 피고가 콘도회원권 30구좌를 구입하여 이를 입주자대표회의에 인계함으로써 콘도 이용혜택에 관한 광고내용을 이행하였다고 봄이 상당하여 콘도 이용혜택과 관련하여 B가 원고들을 기망하였다고는 볼 수 없고, B의 광고내용과 달리 2001년까지 용산↔문산을 연결하는 경의선 전철 복선화가 완료되지 못하였다 하더라도, 위 경의선 전철 복선화 계획은 철도청 및 파주시에 의해 계획이 수립되어 공사가 진행되고 있으므로, 이와 관련하여 B가 원고들을 기망하였다고 볼 수 없다.

(나) 배상채무와 승계

B는 이 사건 아파트에 대한 분양광고를 하면서 위와 같은 허위 과장광고를 게재하여 원고들을 기망하였으므로, B는 이로 인해 원고들이 입은 모든 손해를 배상할 의무가 있다. 피고는 2001. 4. 9. B와 사이에 이 사건 아파트 및 그 부지에 관한 토지신탁사업 양수도 계약을 체결하여 이 사건 아파트에 관한 B의 영업을 양수하였고, 이에 따라 B로부터 이 사건 아파트의 분양계약과 관련한 B의 지위를 포괄적으로 승계하였다. 한편 피고는 2001. 8. 8.자 신문광고로써 원고들을 비롯한 수분양자들에게 이 사건 아파트에 관한 영업으로 인한 채무 전부를 인수할 것을 광고하였고, 영업으로 인하여 발생한 채무란 영업상의 활동에 관하여 발생한 모든 채무를 말하는 것으로서 불법행위로 인한 손해배상채무도 이에 포함된다. 따라서 피고는 원고들이 B의 분양광고에 관한

기망행위로 입은 모든 손해를 배상할 의무가 있다.

㈐ 손해배상의 범위

원고들이 B의 위법한 기망행위로 인하여 입은 재산상 손해는 ① 원고들이 실제 지급한 분양대금액과 ② 기망행위에 의하여 분양계약을 체결하던 당시를 기준으로 한 이 사건 아파트의 시가(즉, 수분양권의 시가나 원고들이 주장하는 적정 분양대금의 가액) 사이의 차액이나, 이 사건 아파트의 분양계약 당시 시가 내지 적정 분양대금(위 ②)을 정할 수 없다.

그러나 원고들은 B의 허위 과장 광고를 신뢰하여 이 사건 아파트의 분양계약을 체결하였다가 이 사건 아파트가 B의 광고내용과 같은 부대시설, 마감재, 교통환경 및 교육환경을 갖추지 못함을 알게 되어 정신적 고통을 받았음을 인정할 수 있으므로, B는 이를 금전적으로나마 위자할 의무가 있다고 보아 위자료를 인정하였다.

3. 상고이유

원고들과 피고가 각각 상고하였다.

(1) 원고들의 상고이유

첫째, 원고들이 B가 한 분양광고의 내용을 전제로 청약을 하고 B가 승낙하였으므로, 분양광고의 내용이 분양계약에 포함된다.

둘째, 불법행위로 인한 재산적 손해를 입증할 수 있는 증거로 감정결과가 있는데도 이에 대하여 아무런 판단을 하지 않았다.

셋째, 불법행위가 인정된다면, 원고들의 손해액에 관한 입증이 불충분하다 하더라도 법원은 그 이유만으로 손해배상청구를 배척할 것이 아니라 그 손해액에 관하여 적극적으로 석명권을 행사하고 입증을 촉구하여 이를 밝혀야 한다.

넷째, 공동묘지의 존재에 관한 고지의무가 있는지 여부는 매수인인 원고들이 그와 같은 사정을 고지받았더라면 매매계약을 체결하지 아니하거나 매매대금을 지급하지 아니하였을 것임이 경험칙상 명백한 경우인지 여부에 따라 판단하여야 한다.

(2) 피고의 상고이유

첫째, 원심은 피고의 불법행위책임을 인정하였으나, 피고는 아파트 분양사업의 수탁자였던 B의 손해배상책임을 승계하지 않았다.

둘째, 바닥재 시공, 유실수, 서울대 이전 광고는 허위·과장광고가 아니다.

셋째, B가 1998.2.15. 온천광고를 시작하였는데, 원고들 중 일부는 그 전에 분양계약을 체결하였으므로, 이들은 온천광고로 말미암아 손해를 입었다고 볼 수 없고, 적어도 온천광고를 보고 계약을 체결한 경우와는 정신적 고통의 정도에 차이가 있다. 또한 B가 1999.3. 이후 중도금 대납 및 무이자대출 등의 조건을 제시하면서 분양계약이 많이 체결되었는데, 이 시기에 분양을 받은 원고들은 정신적 손해가 미미하다.

4. 대법원 판결요지

대법원은 다음과 같은 이유로 원심판결을 파기환송하였다.

(1) 분양계약의 내용

"청약은 이에 대응하는 상대방의 승낙과 결합하여 일정한 내용의 계약을 성립시킬 것을 목적으로 하는 확정적인 의사표시인 반면 청약의 유인은 이와 달리 합의를 구성하는 의사표시가 되지 못하므로 피유인자가 그에 대응하여 의사표시를 하더라도 계약은 성립하지 않고 다시 유인한 자가 승낙의 의사표시를 함으로써 비로소 계약이 성립하는 것으로서 서로 구분되는 것이다. 그리고 위와 같은 구분기준에 따르자면, 상가나 아파트의 분양광고의 내용은 청약의 유인으로서의 성질을 갖는

데 불과한 것이 일반적이라 할 수 있다. 그런데 선분양·후시공의 방식으로 분양되는 대규모 아파트단지의 거래사례에 있어서 분양계약서에는 동·호수·평형·입주예정일·대금지급방법과 시기 정도만이 기재되어 있고 분양계약의 목적물인 아파트 및 그 부대시설(이하 아파트 및 그 부대시설을 포괄하여 '아파트'라고만 한다)의 외형·재질·구조 및 실내장식 등(이하 위 사항들을 포괄하여 '외형·재질 등'이라고만 한다)에 대하여 구체적인 내용이 기재되어 있지 아니한 경우가 있으나, 분양계약의 목적물인 아파트에 관한 외형·재질 등이 제대로 특정되지 아니한 상태에서 체결된 분양계약은 그 자체로서 완결된 것이라고 보기 어렵다 할 것이므로, 비록 분양광고의 내용, 모델하우스의 조건 또는 그 무렵 분양회사가 수분양자에게 행한 설명 등이 비록 청약의 유인에 불과하다 할지라도 그러한 **광고 내용이나 조건 또는 설명 중 구체적 거래조건, 즉 아파트의 외형·재질 등에 관한 것으로서 사회통념에 비추어 수분양자가 분양자에게 계약 내용으로서 이행을 청구할 수 있다고 보여지는 사항에 관한** 한 수분양자들은 이를 신뢰하고 분양계약을 체결하는 것이고 분양자들도 이를 알고 있었다고 보아야 할 것이므로, 분양계약시에 달리 이의를 유보하였다는 등의 특단의 사정이 없는 한, **분양자와 수분양자 사이에 이를 분양계약의 내용으로 하기로 하는 묵시적 합의가 있었다고 봄이 상당하다.**"(고딕체는 필자가 가한 것임. 이하 같다)

"이 사건 분양계약서에는 … 아파트의 외형·재질에 대하여 별다른 내용이 없어 위 분양계약서는 그 자체로서 완결된 것으로 보기 어려우므로, 이 사건 분양계약은 목적물의 외형·재질 등이 견본주택(모델하우스) 및 각종 인쇄물에 의하여 구체화될 것을 전제로 하는 것으로 보아야 할 것이다. 나아가 구체적으로 살펴보면, 이 사건 광고 내용 중 **도로확장 및 서울대 이전 광고, 전철복선화에 관한 광고**는 이 사건 아파트의 외형·재질과 관계가 없을 뿐만 아니라 사회통념에 비추어 보더라도 수분양자들 입장에서 분양자인 소외 회사[B를 가리킴: 인용자 주]가 그 광고 내용을 이행한다고 기대할 수 없는 것들이므로 허위·과장 광고라는 점에서 그 광고로 인하여 불법행위가 성립됨은 별론으로 하고 그 광고 내용이 그대로 분양계약의 내용을 이룬다고 보기는 어렵겠지만, 이와 달리 **온천 광고, 바닥재(원목마루) 광고, 유실수단지 광고 및 테마공원 광고**는 이 사건 아파트의 외형·재질 등에 관한 것으로서, 그리고 콘도회원권 광고는 아파트에 관한 것은 아니지만 부대시설에 준하는 것이고 또한 이행 가능하다는 점에서, 각 분양계약의 내용이 된다고 할 수 있을 것이다."

(2) 기망행위의 존재 여부

(가) 공동묘지 존재사실에 대한 고지의무 위반 여부

"부동산 거래에 있어 거래 상대방이 일정한 사정에 관한 고지를 받았더라면 그 거래를 하지 않았을 것임이 경험칙상 명백한 경우에는 신의성실의 원칙상 사전에 상대방에게 그와 같은 사정을 고지할 의무가 있으며, 그와 같은 고지의무의 대상이 되는 것은 직접적인 법령의 규정뿐 아니라 널리 계약상, 관습상 또는 조리상의 일반원칙에 의하여도 인정될 수 있고(대법원 2006. 10. 12. 선고 2004다48515 판결 등 참조), 일단 고지의무의 대상이 되는 사실이라고 판단되는 경우 이미 알고 있는 자에 대하여는 고지할 의무가 별도로 인정될 여지가 없지만, 상대방에게 스스로 확인할 의무가 인정되거나 거래관행상 상대방이 당연히 알고 있을 것으로 예상되는 예외적인 경우가 아닌 한, 실제 그 대상이 되는 사실을 알지 못하였던 상대방에 대하여는 비록 알 수 있었음에도 알지 못한 과실이 있다 하더라도 그 점을 들어 추후 책임을 일부 제한할 여지가 있음은 별론으로 하고 고지할 의무 자체를 면하게 된다고 할 수는 없다."

"… 이처럼 일차적으로 수분양자들의 오해를 유발한 사정과 함께 아직까지의 우리 사회의 통념상으로는 공동묘지가 주거환경과 친한 시설이 아니어서 분양계약의 체결 여부 및 가격에 상당한 영향을 미치는 요인일 뿐만 아니라 대규모 공동묘지를 가까이에서 조망할 수 있는 곳에 아파트단지가 들어선다는 것은 통상 예상하기 어렵다는 점까지를 감안할 때 위 공동묘지의 존재사실을 잘 알고 있었던 소외 회사로서는 이미 그 사실을 알고 있었던 수분양자들을 제외한 나머지 수분양자들에게 위와 같은 공동묘지의 존재사실을 고지할 신의칙상의 의무가 있다고 할 것이다."

(나) 바닥재(원목마루), 유실수단지, 서울대 이전 광고 및 온천 광고

원심이 서울대학교가 이전 예정이라고 할 근거가 없음에도 '서울대 이전(예정)'이라고 광고한 점을 들어 이 부분 광고행위들이 일반적인 상거래 관행과 신의칙에 비추어 시인되기 어려운 기망행위에 해당한다고 판단한 것은 정당하다.

다만, 바닥재(원목마루) 광고, 유실수단지 광고 및 온천 광고의 경우 앞서 본 바와 같이 그 광고 내용들이 모두 분양계약의 내용이 되는 것이어서 계약책임이 인정된다고 보는 이상, 그 광고 내용들이 분양계약의 내용이 되지 아니함을 전제로 기망행위로 인한 불법행위책임이 인정될 여지는 없다.[5)]

(3) 손해액 산정방식

"법원은 위자료액을 산정함에 있어서 피해자측과 가해자측의 제반 사정을 참작하여 그 금액을 정하여야 하므로 피해자가 가해자로부터 당해 사고로 입은 재산상 손해에 대하여 배상을 받을 수 있는지의 여부 및 그 배상액의 다과 등과 같은 사유도 위자료액 산정의 참작 사유가 되는 것은 물론이며, 특히 재산상 손해의 발생이 인정되는데도 입증

---

5) 대법원은 '영업양도에 기한 불법행위로 인한 손해배상채무의 승계'에 관하여 상법상 영업양도의 법리에 따라 B의 불법행위책임이 피고에게 승계된다고 할 여지는 없고, 다만, 신수탁자인 피고는 신탁법 제48조 제3항이 정하는 바에 따라 신탁재산의 한도 내에서 전수탁자인 B의 불법행위로 인한 손해배상채무를 이행할 책임이 있다고 볼 여지가 있을 뿐이라고 판단하고 있다. 이 부분에 관해서도 상세한 판결이유가 있으나, 여기서는 이를 생략한다.

곤란 등의 이유로 그 손해액의 확정이 불가능하여 그 배상을 받을 수 없는 경우에 이러한 사정을 위자료의 증액사유로 참작할 수 있다고 할 것이다(대법원 1984. 11. 13. 선고 84다카722 판결 등 참조)."

이 사건 광고 중 기망행위로 인한 불법행위책임이 성립하는 부분과 관련하여 차감항목인 이 사건 아파트의 분양계약 당시 시가 내지 적정 분양대금(위 2. (2) ㈐②)을 객관적으로 산정할 만한 방법이 없다고 한 원심의 판단은 정당한 것으로 수긍이 가고, 또한 이처럼 재산상 손해액의 산정이 불가능하다고 보는 입장에서라면 원심이 판시하는 바와 같이 그러한 사정을 정신적 손해의 산정에 참작하여 배상할 손해액을 산정하는 방법도 가능하다.[6) 7)]

---

6) 반면, 기망행위로 인한 불법행위책임이 아니라 계약책임을 인정함이 상당한 온천광고, 바닥재(원목마루) 광고 등과 관련하여서는 불법행위로 인한 손해액 산정 문제에 대하여 나아가 살펴볼 필요가 없으나, 계약책임에 의한 손해배상액을 산정하는 것과 관련해서도 부가적인 판단을 하고 있다. ① 온천 광고일인 1998. 2. 15. 이전에 이미 청약한 자들이 있으나 그 분양계약 체결일은 모두 위 온천 광고일 이후이므로 그들에 대하여 위자료를 인정할 수 있다. ② 피고의 주장과 같이 분양대금 납입상의 혜택을 제공한 이후 분양계약 체결건수가 급증한 사실이 통계상 확인된다 하더라도 그 동안 온천광고가 계속되었고 그것이 시장에서 아파트 가치를 결정하는 중요한 요소의 하나라고 여겨지는 이상 온천광고는 원고들의 분양계약 체결에 영향을 미쳤다고 보아야 할 것이고 분양계약 체결 시점이 위와 같은 혜택이 제공된 시점 이전인지 아니면 이후인지에 따라 수분양자들의 정신적 고통의 정도가 달라진다고 보기도 어려우므로, 분양계약 체결 시점을 변수로 하여 위자료의 수액이 달라져야 하는 것도 아니다. ③ 온천광고 또는 공동묘지 존재사실의 불고지와 관련한 손해와 달리 바닥재(원목마루) 광고와 관련한 손해에 있어서는, 이 사건 감정 결과상의 손해액이 거래 사례를 비교하여 특정 시점의 아파트 시가를 산정하고 다시 그 시가를 기초로 다른 시점의 아파트 시가를 산정하는 방식으로 계산된 것이 아니라 광고 내용에 따라 시공하는 경우와 실제 시공된 것과의 시공원가의 차이를 계산하여 평당 손해액(평당 135,000원)을 산정하는 방식으로 이루어졌고, 반면 달리 그 시공원가의 산정이 잘못되었다는 반증도 없는 이상, 이 부분 손해에 관하여는 재산상 손해액을 그와 같은 방식으로 확정할 수 있다.

7) 환송 후 서울고등법원은 '조정에 갈음하는 결정'을 하여 확정되었는데, 원고 649명의 총 손해배상액(채무불이행으로 인한 재산적 손해액과 위자료, 불법행위로 인한 위자료)은 약 19억 원인데, 이는 분양대금의 약 2%이다. 서울고결 2008. 2. 4, 2007나52944, 52951, 52968.

[研　　究]

Ⅰ. 문제의 제기

현대사회에서 광고는 매우 중요한 위치를 차지하고 있다. 이에 따라 광고에 관한 판결이나 입법[8]도 증가하고 있다. 그러나 민법학에서는 광고를 청약과 관련하여 매우 간략하게 다루는 경우가 대부분이었고, 최근에야 비로소 그 중요성을 인식하기 시작하였다.

연구대상판결(이하 '대상판결'이라 한다)은 광고, 특히 분양광고가 계약의 내용이 되는지 여부에 관하여 상세하게 판단을 하고 있다. 대상판결이 전개하고 있는 **일반론**을 정리해 보면 다음과 같다. ① 상가나 아파트의 분양광고의 내용은 일반적으로 청약의 유인이라는 성질을 갖는다. ② 선분양·후시공의 방식으로 분양되는 대규모 아파트단지의 거래사례에서 분양광고의 내용이나 조건 또는 설명 중 구체적 거래조건은 계약의 내용이 될 수 있다. ③ 분양광고의 내용이 계약의 내용이 되는지 여부에 관한 판단기준으로 분양광고의 내용이 구체적 거래조건, 즉 아파트의 외형·재질 등에 관한 것인지 여부와 사회통념에 비추어 수분양자가 분양자에게 계약 내용으로서 이행을 청구할 수 있다고 보이는 사항에 관한 것인지 여부를 들 수 있다. ④ 위와 같은 분양광고의 내용을 계약의 내용으로 보는 법적 근거는 분양자와 수분양자의 '묵시적 합의'이다.

대상판결은 위 기준(특히 위 ③)을 적용하여 분양광고의 내용을 2분하여 이 사건에 관한 **구체적 판단**을 하고 있다. ⑤ 도로확장 및 서울대 이전 광고, 전철복선화에 관한 광고는 분양계약의 내용을 이룬다고

---

8) 「표시·광고의 공정화에 관한 법률」(1999년 제정)은 상품 또는 용역에 관한 표시·광고에 관하여 포괄적으로 규정하고 있는데, 제10조 제1항은 이 법률의 적용을 받는 사업자 등이 부당한 표시·광고행위를 함으로써 피해를 입은 자에 대하여 손해배상책임이 있다고 규정하고, 제2항은 사업자 등에게 고의, 과실이 없는 경우에도 손해배상책임을 진다고 규정하고 있다.

보기 어렵다. ⑥ 이와 달리 온천 광고, 바닥재(원목마루) 광고, 유실수단지 광고, 테마공원 광고, 콘도회원권 광고는 분양계약의 내용이 된다. 광고내용 중 분양계약이 된 부분에 관해서는 그 불이행에 대하여 채무불이행책임이 성립하지만, 그렇지 않은 부분에 관해서는 불법행위책임만이 성립할 수 있다. 이 사건에서 채무불이행책임이 성립하는지, 아니면 불법행위가 성립하는지는 매우 중요한 문제이다. 왜냐하면 피고는 B의 채무불이행에 기한 손해배상채무에 관해서는 그대로 승계하나, 불법행위에 기한 손해배상채무에 관해서는 신탁재산의 한도에서 이를 이행할 의무가 있기 때문이다.[9]

한편, 대상판결은 분양자의 기망행위로 인한 불법행위책임에 관하여 판단하고 있다. ⑦ 분양자가 수분양자에게 공동묘지의 존재사실을 고지할 신의칙상의 의무가 있으나, 이를 이행하지 않았다. 그러나 이와 같은 고지의무가 불법행위의 전제로서 인정되는지 여부에 관해서는 직접 언급하고 있지는 않다. 원심은 불법행위책임의 성립 여부에 관한 판단에서 공동묘지의 존재사실을 고지할 의무가 없고, 따라서 분양자의 행위가 부작위에 의한 기망행위에 해당하지 않는다고 판단하였다. 또한 대상판결은 공동묘지 존재사실에 대한 고지의무 위반 여부를 분양광고가 계약의 내용이 되는지 여부에 관한 판단과 다른 항목에서 판단하고 있다. 따라서 대상판결은 위와 같은 고지의무를 위반한 경우에 불법행위가 성립한다는 것을 전제로 한 것으로 볼 수 있다. 그러나 대상판결은 이 점에 관하여 명시적인 판단을 하지는 않았다고 볼 수도 있다. ⑧ 분양광고 중에서 계약의 내용이 되지 않는 부분은 허위 · 과장 광고에 해당하여 불법행위가 성립할 수 있는데, 그중에서 서울대 이전 광고가 일반적인 상거래 관행과 신의칙에 비추어 시인되기 어려운 기망행위에 해당한다. ⑨ 대법원이 인신사고에 관한 판결에서 위자료의 보완적 기능을 선언한 적이 있는데, 대상판결은 허위 · 과장 광고로 인한 불법행

9) 이 점에 관해서는 여기에서 다루지 않는다.

위책임에서 위자료의 보완적 기능을 인정하고 있다. 이 사건에서 허위·과장 광고로 인한 불법행위책임이 문제되었는데, 대상판결은 재산상 손해액의 산정이 곤란하지만, 이러한 사정을 참작하여 위자료를 산정할 수 있다고 한다.

여기에서는 광고와 관련하여 청약과 청약의 유인을 구분하는 기준을 검토하고, 이 사건 분양광고의 내용을 계약의 내용으로 볼 수 있는지 여부, 이에 관하여 대상판결이 제시하고 있는 일반법리가 구체적 사안에 관한 판단과 합치하는지 여부에 관하여 세밀하게 검토하고자 한다. 나아가 아파트 분양에 관하여 허위·과장 광고를 하거나 고지의무를 위반한 경우에 그 구제수단이 무엇인지, 특히 채무불이행책임과 불법행위책임의 경계를 어떻게 획정할 것인지, 이 사건에서 손해배상액을 산정하기 위하여 위자료의 보완적 기능으로 해결하는 것이 타당한지에 관해서도 간략하게 언급하고자 한다.

Ⅱ. 청약과 청약의 유인

1. 청약과 승낙 모델

계약은 원칙적으로 청약과 승낙으로 성립한다. 이것이 계약체결의 일반적인 방식인 '청약과 승낙' 모델이다.[10] 청약 이전에 청약의 유인이 있을 수 있다. 따라서 이 모델에 따른 계약의 성립은 「(청약의 유인) - 청약 - 승낙」이라는 순서로 진행된다. 우리 민법에는 이에 관한 명시적 규정이 없으나, 민법 제527조 이하의 규정[11]은 이를 전제로 한

10) Ole Lando and Hugh Beale (ed.), *Principles of European Contract Law*, Parts Ⅰ and Ⅱ, 2000, 159.

11) 제527조, 제533조는 청약에 관하여, 제528조에서 제532조, 제534조까지는 승낙에 관하여 각각 규정하고 있다.

것이라고 볼 수 있다.

그러나 현실 세계에서는 청약의 유인, 청약, 승낙이 명확하게 구분되지 않는 경우가 많다. 두 당사자와 그들을 매개하는 사람들의 의사, 발언, 표현, 서류나 자료가 오고가다가 계약을 체결하는 경우도 있고, 협상을 진행하다가 합의에 도달하여 계약서를 작성하는 경우도 있다. 이와 같은 경우에 무엇이 청약이고 무엇이 승낙인지 구별하기 어렵다. 대상판결에서는 대규모 아파트를 분양하는 계약이 문제되고 있는데, 「분양공고-(분양광고)-분양신청-입주자 선정 및 동·호수 결정-분양계약서 작성」이라는 계약체결과정에서 청약과 승낙을 정확히 확정하는 것이 쉽지 않다.

2. 청약의 유인과 청약의 구별기준

(1) 청약의 유인과 청약을 어떻게 구분할 것인지 문제된다. 청약은 계약을 체결하자는 제안으로서, 그에 상응하는 승낙이 있으면 계약이 바로 성립하는 구체적·확정적 의사표시이다.[12] 따라서 청약자가 이에 구속되려는 의도가 있고, 계약을 성립시킬 수 있을 만큼 명확한 내용이 있어야 한다.[13] 청약자가 실제로는 자신이 한 청약에 구속되려는 의사

12) 대판 1993.10.22, 93다32507(공 1993, 3157)은 "피고 공사의 원고에 대한 이주자택지 계약체결통보는 계약의 요소가 되는 내용을 명시하고 있어 구체적이기는 하나 원고의 승낙에 의하여 계약이 바로 성립되는 확정적인 것이라고 볼 수 없다 할 것이므로 이를 계약상 청약이 아니라고 본 원심의 판단은 정당"하다고 판결하였다.

13) 郭潤直, 債權各論, 제 6 판, 박영사, 2003, 37면. 이 점은 여러 나라에서 학설이나 판례에 의하여 인정되고 있는데, 오스트리아 민법에는 이에 관한 명문 규정을 두고 있다(제869조). 또한 2005년부터 우리나라에서 시행되고 있는 국제물품매매계약에 관한 국제연합협약(CISG) 제14조 제 1 항은 "1인 또는 그 이상의 특정인에 대한 계약체결의 제안은 충분히 확정적이고, 승낙시 그에 구속된다는 청약자의 의사가 표시되어 있는 경우에 청약이 된다. 제안이 물품을 표시하고, 명시적 또는 묵시적으로 수량과 대금을 지정하거나 그 결정을 위한 조항을 두고 있는 경우에, 그 제안은 충분히 확정적인 것으로 한다."고 규정하고 있다. 또한

가 없었다고 하더라도 제반사정에 비추어 합리적인 인간이라면 청약자의 의사표시를 청약이라고 볼 수 있는 경우에는 청약이라고 보아야 할 것이다.[14] 청약에서 계약의 내용을 정확히 특정하지 않아도 되지만, 이를 특정할 수 있는 사항이 포함되어야 한다.[15] 이와 달리 청약의 유인은 상대방으로 하여금 청약을 하도록 유인하는 것으로서, '타인을 꾀어내서 자기에게 청약을 하게 하려는 행위'[16]를 말한다. 당사자의 제안에 대하여 상대방이 받아들이더라도 당사자가 계약의 체결이나 상대방을 선택할 여지를 유보하고 있는 경우에는 청약의 유인에 불과하다.

청약이라는 용어를 사용하지 않은 경우에도 청약이 될 수 있고, 청약이라는 용어를 사용한 경우에도 청약이 아닐 수 있다. 그러나 청약이라는 용어를 사용하는 경우에는 청약으로 볼 가능성이 클 것이다. 청약이라는 용어를 사용한 사람이든 그 상대방이든 이를 구속력이 있는 청약으로 이해하거나 청약이라고 신뢰하였을 것이라고 볼 수 있기 때문이다. 따라서 당사자가 사용하는 용어도 청약과 청약의 유인을 구별하는 데 영향을 미칠 수 있다고 보아야 한다.[17]

유럽계약법원칙(PECL) 제2:201조 제1항도 참조.

14) 계약을 해석하는 방법에는 여러 가지가 있는데, 당사자의 의도를 중시할 것인지 여부에 따라 주관적 해석과 객관적 해석으로 구분할 수 있다. 주관적 해석은 당사자들 사이에 합치하는 의도에 따라서 계약을 해석하는 방법이다. 전형적인 예로 "잘못된 표시는 해가 되지 않는다(*falsa demonstratio non nocet*)"는 원칙이 이에 해당한다. 대판 1993. 10. 26, 93다2629, 2636(공 1993, 3165). 객관적 해석은 합리성이나 신의성실의 원칙 등 객관적 기준을 고려하여 계약을 해석하는 방법으로, 이는 합리적인 사람이라면 계약에 어떠한 의미를 부여하였을 것인지에 따라 계약을 해석하는 것이다. 대판 1996. 7. 30, 95다29130(집 44-2, 민 76) 등 다수. 판례는 두 방법을 결합하여 사용하고 있다고 볼 수 있는데, 이는 무엇이 청약인지를 판단할 때에도 동일하게 볼 수 있을 것이다.

15) 대판 2003. 4. 11, 2001다53059(공 2003, 1151). 이는 법률행위 내용의 특정 문제에서도 마찬가지이다. 대판 1993. 6. 8, 92다49447(공 1993, 1999). 이에 관하여 상세한 것은 金載亨, "法律行爲 內容의 確定과 그 基準," 民法論 I, 박영사, 2004, 1면 이하.

16) 郭潤直(주 13), 36면.

17) 이에 관한 흥미 있는 분석으로는 Peter Meijes Tiersma, "The Language of Offer and Acceptance: Speech Acts and the Question of Intent," 74 *Cal. L.*

불특정 다수인을 상대로 청약을 할 수 있다.[18] 그 예로 자동판매기의 설치, 버스정류소에서 버스가 정차하는 것을 든다.[19] 그러나 자동판매기의 설치는 청약이라고 할 수 있지만, 상품진열이나 버스정차는 청약의 유인이라고 보고 계산대에서 계산을 하거나 버스에 승차할 때 청약과 승낙이 있다고 보아야 할 것이다.[20]

대상판결은 위에서 본 일반적인 견해에 따라 청약과 청약의 유인을 다음과 같이 구별하고 있다.

> "청약은 이에 대응하는 상대방의 승낙과 결합하여 일정한 내용의 계약을 성립시킬 것을 목적으로 하는 확정적인 의사표시인 반면, 청약의 유인은 이와 달리 합의를 구성하는 의사표시가 되지 못하므로 피유인자가 그에 대응하여 의사표시를 하더라도 계약은 성립하지 않고 다시 유인한 자가 승낙의 의사표시를 함으로써 비로소 계약이 성립한다."

(2) 대상판결에서는 광고가 청약인지, 아니면 청약의 유인인지 문제되고 있다. 대상판결은 위와 같은 구별기준에 따르면 일반적으로 분양광고의 내용이 청약의 유인으로서의 성질을 갖는 데 불과하다고 한다.[21]

Rev. 189 (1986).

18) 국제물품 매매계약에 관한 국제연합협약(CISG) 제14조 제2항은 "불특정 다수인에 대한 제안은 제안자가 반대 의사를 명확히 표시하지 아니하는 한, 단지 청약의 유인으로 본다."고 규정하고 있다. 따라서 위 협약이 적용되는 거래에서 불특정 다수인에 대한 제안은 원칙적으로 청약의 유인에 해당한다.

19) 郭潤直(주 13), 36면.

20) 대판 1960. 2. 18, 4291민상906('전차승차권 사건')은 "정류소에서 발차준비를 마치고 승객의 승차를 기다리는 전차는 피고회사가 전차이용자(공중)에 대하여 운송계약의 신입[청약을 가리킴: 인용자 주]을 유인하는 것"이라고 하고, 승차권 소지자가 승무원의 승차거절을 당하지 않고 승차할 때에 승객의 운송계약의 신입과 피고회사의 이에 대한 승낙으로써 운송계약이 성립된다고 보았다.

21) 대판 1996. 1. 26, 94다30690(집 44-1, 민 39)은 이 사건 오피스텔의 분양을 위임받은 자가 광고를 내거나 그 직원 또는 주변의 부동산중개인을 동원하여 분양사실을 널리 알리고, 분양사무실을 찾아온 사람들에게 오피스텔의 분양가격, 교통 등 입지조건, 오피스텔의 용도, 관리방법 등 분양에 필요한 제반사항을 설명하고 청약을 유인함으로써 분양계약을 성사시키는 것이라고 판결하였다.

전통적으로 광고는 청약의 유인이라고 보고 있다. 가령 구인광고, 상품 목록의 배부, 기차·선박 등의 시간표의 게시는 청약의 유인이라고 한다.[22] 물품판매광고, 정찰부 상품진열에 대해서는 논란이 있으나,[23] 일반적으로 청약의 유인이라고 보고 있다. 대법원 판결 중에 입찰안내공고,[24] 분양광고[25]를 청약의 유인이라고 본 사례가 있다. 그러나 광고를 일률적으로 청약의 유인이라고 볼 수는 없고, 광고의 종류나 내용에 따라서는 청약이 될 수도 있다고 보아야 한다. 그 기준은 당사자가 광고를 통하여 일정한 제안을 하면서 법적으로 구속되려는 의도를 표시하였는지, 그 내용이 명확한지 여부이다.

(3) 비교법적으로 볼 때 광고는 일반적으로 청약의 유인에 해당하지만, 예외적으로 청약으로 보는 경우가 있음을 알 수 있다.[26]

독일에서는 우리나라와 마찬가지로 광고를 원칙적으로 청약의 유인으로 보고 있다.[27] 청약이 있는지 또는 청약의 유인이 있는지는 해

22) 郭潤直(주 13), 36면; 金亨培, 債權各論[契約法], 신정판, 박영사, 2001, 99면.
23) 우선 民法注解(XII), 178면(池元林 집필) 및 그곳에 있는 문헌 참조.
24) 대판 1977. 2. 22, 74다402(집 25-1, 민 85). 이 사건 입찰계약은 일반적인 입찰매매와는 달리 입찰과 낙찰로서 계약이 성립하는 것이 아니라 입찰과 낙찰행위가 있은 다음에 본 계약을 따로 체결하는 것이므로, 이 경우 입찰과 낙찰은 계약의 예약이라고 볼 수 있고, 공고안내는 청약의 유인에 지나지 않는다고 하였다. 따라서 입찰과 낙찰에 의하여 계약이 성립하는 일반적인 입찰매매에서는 입찰공고가 청약이 될 수 있을 것이다. 한편 대판 2006. 6. 29, 2005다41603(공 2006, 1407)은 "「국가를 당사자로 하는 계약에 관한 법률」에 따른 입찰절차에서의 낙찰자의 결정으로는 예약이 성립한 단계에 머물고 아직 본계약이 성립한 것은 아니라고 하더라도, 그 계약의 목적물, 계약금액, 이행기 등 계약의 주요한 내용과 조건은 지방자치단체의 입찰공고와 최고가(또는 최저가) 입찰자의 입찰에 의하여 당사자의 의사가 합치됨으로써 지방자치단체가 낙찰자를 결정할 때에 이미 확정되었다고 할 것이므로, 지방자치단체가 계약의 세부사항을 조정하는 정도를 넘어서서 계약의 주요한 내용 내지 조건을 입찰공고와 달리 변경하거나 새로운 조건을 추가하는 것은 이미 성립된 예약에 대한 승낙의무에 반하는 것으로서 특별한 사정이 없는 한 허용될 수 없다."고 판결하였다.
25) 대판 2001. 5. 29, 99다55601, 55618(공 2007, 1449).
26) 독일 등 유럽 각국의 법상황은 Lando/Beale(주 10), 161-162에 간략하게 정리되어 있다.
27) MünchKomm/Kramer (4. Aufl., 2001), § 145 Rn. 10.

석에 의하여 밝혀야 하는데, 이 경우에 의사표시자의 내심적 의사가 아니라 그의 표현이 수령자의 관점에서 어떻게 이해될 수 있는지가 중요하다고 한다. 이때 객관적 관찰자의 시각에서 이해할 수 있는 모든 사정을 고려하여야 한다. 불특정다수인에게 광고를 하는 사람은 계약을 체결하기 전에 자신이나 상대방의 급부능력을 확인하는 것을 유보해야 한다는 것을 고려해야 한다.[28] 특히 상대방도 광고주가 무제한으로 급부할 능력이 없다는 것을 알고, 따라서 계약의 체결 전에 급부능력을 확인하여야 하기 때문에, 광고를 청약의 유인으로 볼 수 있다고 한다.[29]

영국에서는 계약을 체결하기 위한 광고를 일반적으로 청약의 유인으로 보고 있다. 그 이유로 광고자가 계약에 구속되기 전에 상대방이 계약에 기한 의무를 이행할 수 있는지 확인하고자 한다는 점,[30] 광고를 청약으로 보게 되면 상인이 승낙을 한 모든 사람에게 책임을 져야 한다는 점[31] 등을 든다. 그러나 예외적으로 광고자가 상대방이 승낙하면 즉시 계약에 구속되고자 하는 의사가 충분히 명백한 경우에는 광고를 청약으로 본다.[32] 한편 편무계약에서는 광고를 통상 청약으로 보고 있는데, 이에 관한 주요한 선례로 *Carlill v. Carbolic Smoke Ball Co. Ltd.*[33]를 든다. 이 사건에서 피고는 피고가 개발한 Carbolic Smoke Ball이라는 신약을 특정 사용법에 따라 사용하였으나 인플루엔자에 걸린 사람에게 100파운드를 지급하겠다고 약속하는 광고를 하였다. 영국 항소법원은 피고가 "이에 대한 우리의 진지함을 보여주기 위해" 1000

---

28) Staudinger/Bork (2003), § 145 Rn. 4.
29) Staudinger/Bork (2003), § 145 Rn. 5.
30) *Chitty on Contracts*, Vol I. General Principles, 27th ed., 1994, 97; G. H. Treitel, *The Law of Contract*, 9th ed., 1995, 13 (*Partridge v. Crittenden* [1968] 1 W.L.R. 1204 판결을 인용하고 있음).
31) Chitty(주 30), 96 (*Grainger & Son v. Gough* [1896] A.C. 325 판결을 인용하고 있음).
32) Treitel(주 30), 13; Chitty(주 30), 97.
33) [1893] 1 Q.B. 256.

파운드를 은행에 예치하였다는 문구가 피고가 구속되려는 의사를 특별히 명백하게 표현하고 있다고 보아 이 광고를 청약이라고 판단하였다.

미국에서도 영국과 마찬가지로 광고를 원칙적으로 청약의 유인으로 보고 있다. 그 근거로 광고는 대체로 수량이나 그 밖에 계약조건에 관하여 명확히 하지 않고 있고, 판매자가 거래상대방을 선택해야 하며, 승낙을 하는 사람이 많아 광고자가 갖고 있는 상품으로 이행을 할 수 없게 되는 과잉승낙(overacceptance)의 문제를 발생시킬 수 있다는 점을 든다.[34] 그러나 예외적으로 광고가 청약이 될 수 있는데, 가령 광고의 내용이 명확하고 확정적이며 명백할 뿐만 아니라, 광고의 내용에 따라 거래를 하려는 의사를 나타내는 경우 등이 이에 해당한다.[35] 이에 관한 중요한 선례인 *Lefkowitz v Great Minneapolis Surplus Store, Inc.*[36]에서는 신문 광고에 일정 수량의 물품을 선착순으로 판매한다고 광고한 사안에서 위 광고가 명확하고 특정되었다는 이유로 청약이라고 판단하였다.[37]

유럽계약법원칙(PECL)에서는 청약은 청약자가 이에 구속되려는 의도가 있어야 하고, 계약을 성립시킬 수 있을 만큼 내용이 명확하여야 한다.[38] 이 때 당사자가 계약에 구속되고자 하는 의사가 있는지 여부는 객관적으로 결정하여야 한다. 즉, 당사자가 내심으로는 법적으로 구속되고자 하는 의도가 없더라도 당사자가 표시한 것을 상대방의 입장에서 합리적으로 이해할 경우에 당사자에게 구속되고자 하는 의사가

34) E. Allen Farnsworth, *Farnsworth on Contracts* Ⅰ, 3rd ed., 2004, 260-261; John E. Murray, Jr., *Murray on Contracts*, 4th ed., 2001, 80; *Ford Motor Credit Co. v. Russell*, 519 N.W.2d 460 (Minn. App. 1994).

35) Murray(주 34), 77; Joseph M. Perillo ed., *Corbin on Contracts*, Vol. 1, Rev. Ed., 1993, 120.

36) 251 Minn. 188 (1957).

37) 또한 *Foremost Pro Color, Inc. v. Eastman Kodak Co.*, 703 F.2d 634 (9th Cir. 1983) 참조.

38) 유럽계약법원칙 제2:201조 제1항.

있다고 볼 만한 이유가 있으면 당사자가 구속되려는 의사를 긍정할 수 있다.[39] 나아가 유럽계약법원칙은 광고 등에 의한 청약에 관하여 별도로 규정하고 있다. 즉, 직업적 공급자가 광고, 카탈로그 또는 물품 진열의 방법으로 가격을 명시하여 물품이나 용역을 제공한다는 제안을 하는 경우에 이는 물품 재고나 공급자의 용역제공 능력이 없어질 때까지 그 가격으로 매도하거나 공급하겠다는 청약으로 추정된다.[40] 이 규정에 따른 청약도 충분히 명확하여야 하고, 이에 대하여 누구든지 승낙할 수 있어야 한다. 또한 광고 등에서 일정한 가격으로 물품이나 용역을 제공한다고 제안하고 있어야 한다.[41]

대륙법계와 보통법계의 여러 나라에서 광고를 청약의 유인으로 보는 경우가 많지만,[42] 유럽계약법원칙은 광고 등에 의한 제안을 청약으로 추정하고 있다. 그 실질적인 차이는 입증책임에 있다. 광고를 청약의 유인이라고 보는 대부분의 국가에서는 광고가 청약이라고 주장하는 사람이 그 점에 관한 입증책임을 부담하나, 유럽계약법원칙에 의하면 위와 같은 광고를 한 사람이 광고 등에서 한 제안이 청약이 아니라는 점을 입증하여야 한다.[43]

---

39) 유럽계약법원칙 제2:102조; Lando/Beale(주 10), 144.

40) 유럽계약법원칙 제2:201조 제 3 항.

41) Lando/Beale(주 10), 159-161.

42) Lando/Beale(주 10), 161-162. 물론 어떠한 경우에 광고를 청약으로 보는지는 나라마다 다르다. Peter Klik, "Mass Media and Offers to the Public: An Economic Analysis of Dutch Civil Law and American Common Law," 36 *Am. J. Comp. L.* 236 (1988)은 불특정 다수인에 대한 제안에 대하여 미국에서는 청약이 아니라고 보는 경우가 많고, 네덜란드에서는 청약으로 보는 경우가 많지만, 두 모델 모두 예외를 인정하고 있다고 한다(위 논문, 237면 이하). 이 글은 두 모델을 비교하면서, 불특정 다수인에 대한 제안을 무조건 청약이 아니라고 보면 위와 같은 제안을 신뢰한 상대방에게 손실이 발생할 것이고, 이와 달리 위와 같은 제안을 무조건 청약이라고 보면 정보를 공개하는 것을 억제하는 결과가 발생하기 때문에, 순수하게 어느 한쪽을 채택하는 것은 경제적으로 최적의 결과에 도달할 수 없다고 한다(위 논문, 246면 이하).

43) Geo Quinot, "Offer, Acceptance and the Moment of Contract Formation," Hector L. MacQueen, Reinhard Zimmermann (ed.), *European Contract Law,*

(4) 광고는 일반적으로 청약의 유인에 불과하나, 그 내용이 명확하고 광고주가 계약에 구속되려는 의사가 명백하다면 청약으로 보아야 할 것이다. 거래를 하려는 제안이 광고라는 형태를 띠고 있는지에 따라 청약인지, 아니면 청약의 유인인지가 결정적으로 구별되는 것은 아니다. 다만 상품의 선전이나 광고에서는 어느 정도 생략이나 과장 등 수사적 표현이 허용되기 때문에, 청약의 유인에 해당할 가능성이 높다고 볼 수 있다. 그러나 광고 이후의 거래과정에서 상대방이 광고의 내용을 전제로 청약을 한 경우에는 광고의 내용이 청약에 포함될 것이다.

대상판결은 이 사건 광고가 청약의 유인에 해당하더라도 광고의 내용이 계약의 내용이 될 수 있다고 한다. 이러한 태도는 다음 항에서 보는 대법원 판결[44]뿐만 아니라, 외국의 판례에서도 찾아볼 수 있다. 미국에서 간행물, 배포자료, 전자매체, 라디오 등을 통한 제품광고는 청약의 유인이지만, 제품의 품질에 관한 설명 문구는 광고의 결과로 매수인과 사이에 성립한 매매계약의 일부가 되는 품질보증(warranties)으로 본 판결들이 많다.[45] 가령 일정한 상황에서 특정 제품이 안전하다는 광고 문구,[46] 특정 제품의 사용으로 바람직하지 않은 결과를 피할 수 있다는 광고 문구[47] 등을 들 수 있다. 최근에는 광고를 청약의 유인으로 보는 전통적 견해를 비판하면서 오히려 청약으로 추정해야 한다는 견해도 등장하고 있다.[48]

2006, 77.

44) 대판 1996. 12. 10, 94다56098(집 44-2, 민 355).

45) *Turner v. Central Hardware Co.*, 353 Mo. 1182 (1945); *Rinkmasters v. Utica,* 75 Misc.2d 941 (Civ.Ct.1973); *Baxter v. Ford Motor Co.*, 168 Wash. 456 (1932).

46) 가령 *Hansen v. Firestone Tire & Rubber Co.*, 276 F2d 254 (6th Cir. 1960)에서는 타이어 제조업자가 타이어가 안전하다는 점을 상세하게 설명하는 광고가 문제되었는데, 이 광고가 계약의 일부로 품질보증의 내용이 된다고 판단하였다.

47) 가령 주 45의 *Baxter v Ford Motor Co.*, 168 Wash 456 (자동차의 전면 유리가 아무리 강한 충격에도 부서지지 않을 것이라는 광고).

48) Jay M. Feinman and Stephen R. Brill, "Is an Advertisement an Offer? Why It Is, and Why It Matters," 58 *Hastings L. J.* 61 (2006).

대상판결은 이 사건 광고가 청약의 유인인지, 청약인지 여부에 대해서는 직접적인 판단을 하지 않고 있다. 따라서 분양광고의 내용이 청약이 될 수 있는지 여부는 여전히 열려 있는 문제라고 할 수 있다.

아파트 등의 분양광고는 그 자체로는 청약의 유인에 해당한다. 상대방이 광고에 따라 승낙을 했다고 하더라도 그것에 구속되려는 의사가 없고, 분양광고의 내용이 계약의 내용으로서 특정되었다고 볼 수 없기 때문이다. 원심판결이 분양광고에서 분양목적물을 특정하거나 구체적인 거래조건을 제시하지 않았기 때문에, 분양광고를 청약의 유인이라고 판단한 것은 정당하다. 그러나 분양업자측에서 분양광고를 한 이후에 수분양자가 분양을 신청하고 입주자를 선정하여 분양계약을 체결하는 과정에서 광고의 내용에 따라 청약과 승낙을 하였다고 볼 수도 있다. 분양광고 중 내용이 구체적이고 명확한 부분은 분양광고를 한 이후에 수분양자가 광고내용에 따라 청약을 하였다고 볼 수도 있다. 따라서 분양광고가 분양광고 당시에 청약의 유인에 불과하였다고 하더라도 그 후의 사정을 고려하여 광고의 내용이 계약의 내용으로 될 수 있을 것이다.

Ⅲ. 분양광고의 내용과 분양계약의 내용

1. 개　　설

계약의 내용은 원칙적으로 당사자들이 체결한 계약에 따라 정해진다. 당사자들이 계약에서 명시적으로 정한 내용이 있으면 그에 따라야 한다. 그러나 당사자들이 명시적으로 계약의 내용을 정하지 않았더라도 묵시적으로 계약의 내용을 정했다고 볼 수 있는 경우도 있다. 계약의 내용이 불분명한 경우에 법률행위, 특히 계약의 해석에 관한 법리는 계약의 내용이 무엇인지 확정하는 과정에서 매우 중요하다.

청약과 승낙으로 계약이 성립하는 경우에 일반적으로는 청약의 내용이 계약의 내용이 된다. 그러나 청약과 승낙이 완전히 합치되지 않는 경우에는 청약의 내용과 계약의 내용이 달라질 수 있다. 가령 계약의 체결과정에서 표시된 내용도 계약의 해석을 통하여 계약의 내용을 결정하는 데 영향을 미칠 수 있기 때문이다.[49]

이 점은 광고에서도 마찬가지이다. 예컨대 매매목적물의 품질에 관한 광고를 하였으나, 매매계약에는 이에 관한 내용을 포함하지 않은 경우에 반대약정이 없다면 광고의 내용을 계약의 내용으로 하기로 하는 약정이 있다는 점을 쉽게 인정할 수 있다. 그런데 광고의 내용이 계약의 내용이 되는지 모호한 경우가 많다. 먼저 분양광고에 관한 종래의 판결들을 살펴보고, 대상판결에 관하여 상세히 검토하고자 한다.

2. 종래의 판례

아파트나 상가의 분양계약에서 광고의 내용이 계약의 내용으로 되는지 여부에 관하여 판단한 사례를 살펴보자.

(1) **입주자모집공고: 대판 1996. 12. 10, 94다56098**[50]

이 사건에서 피고는 구 주택건설촉진법상 주택건설사업주체로서 주택건설 사업계획을 수립한 상태에서 일간신문에 입주자모집공고를 하였는데, 위 분양공고에 분양대상 아파트의 평형별 건물면적(전용면적, 공용면적), 평형별 공유대지면적(공유지분), 분양가격과 입주금 납부시기 및 방법, 입주자의 신청범위와 신청일시 및 방법, 입주자 선정 방법, 입주예정일 등의 사항을 기재하였다. 원고들 중 일부가 피고의 위 분양공고를 보고 공급신청을 하여 추첨 결과 분양당첨자로 선정되자, 피

49) 대판 1996. 4. 9, 96다1320(집 44-1, 민 313) 등 다수. 尹眞秀, "契約의 解釋의 方法에 관한 國際的 動向과 韓國法," 民法論攷 Ⅰ, 박영사, 2007, 250면.

50) 집 44-2, 민 355.

고와 사이에 공고된 분양가격으로 아파트 분양계약을 체결하였다. 위 분양계약 체결 당시 작성된 분양계약서에는 분양아파트의 동호수와 건물면적(전용면적, 공용면적) 및 분양가격 등은 기재되어 있었으나 다만 공유대지면적 표기란은 공란으로 되어 있었다. 위 분양공고상의 공유대지면적이 원고들과 피고 사이의 약정 분양면적이 되는지 문제되었다. 법원은 이를 긍정하였는데, 원심판결에서 들고 있는 이유는 다음과 같다.[51)]

> "주택건설사업주체의 입주자모집공고는 주택공급계약의 청약 그 자체라고는 할 수 없다 할 것이지만, 위 분양공고는 대량의 주택공급거래에서 불특정 다수의 수요자에게 주택공급계약의 내용을 일률적으로 미리 알리고 그 내용에 따른 주택공급청약을 하게 한 후 추첨을 거쳐 당첨자와 사이에 정형화된 주택공급계약을 체결하기 위한 절차로서, 사업주체로서는 당첨자와의 분양계약 체결시에 특단의 사정이 없는 한 입주자모집공고와 같은 내용의 계약을 체결하게 되고, 한편 위 주택공급에 관한 규칙은 사업주체가 작성하는 주택공급계약서에는 분양가격과 납부시기·공급되는 주택면적(전용면적 및 공용면적)과 대지면적 등을 반드시 포함시키도록 규정하고 있으며, 이 사건 아파트 분양계약서상 공유대지의 증가나 감소가 있을 경우 그에 대한 대금청구를 할 수 없다는 조항을 두고 있는데 이는 계약상의 일정한 공유대지면적을 전제하지 아니하고는 성립될 수 없는 조항이므로, 비록 공유대지 표기란이 공란이었다 하더라도 분양계약자들과 피고는 이 사건 아파트에 대한 분양계약을 체결함에 있어서 공유대지면적에 관하여는 위 분양공고의 내용을 계약내용의 일부로 흡수시키기로 하는 묵시적인 합의가 있었다."[52)]

이 사건에서 주택건설사업주체인 피고가 일간신문에 입주자모집공고를 하였기 때문에 분양광고를 한 대상판결의 경우와는 사안이 다르

51) 대법원도 원심의 판단을 지지하였다.

52) 同旨: 대판 2002.11.8, 99다58136(공 2003.1).

다고 볼 수 있다. 그러나 법원이 입주자모집공고를 주택공급계약의 청약 그 자체라고는 할 수 없지만, 주택건설사업주체와 분양계약자들 사이에 위 분양공고상의 평형별 공유대지면적을 계약상의 분양면적으로 하기로 하는 묵시적 합의가 있었다는 논리는 대상판결과 유사하다. 입주자모집공고가 청약의 유인인지, 청약인지는 논란의 여지가 있다. 입주자모집공고가 법령에 따른 절차로서 일반적으로 공고내용에 있는 사항을 전제로 분양계약을 체결하기 때문에, 분양광고와 동일하게 볼 수 없다.[53] 따라서 위 분양공고상의 평형별 공유대지면적을 전제로 분양계약을 체결하였다는 점을 쉽게 인정할 수 있을 것이다. 다만 위 사건과 같이 분양계약서에서 공유대지면적을 공란으로 하고 있고 공부정리결과 공유대지의 증가나 감소가 있더라도 그에 대한 대금청구를 할 수 없다는 조항을 두는 경우가 많다. 그러나 이것은 사업의 진행과정에서 불가피하게 공유대지면적이 증감하는 경우에 서로 책임을 추궁할 수 없다는 것이지, 분양사업자가 입주자모집공고에 구속되지 않고 자의적으로 공유대지면적을 제공하는 것으로 충분하다고 볼 수는 없을 것이다.[54]

(2) **분양광고: 대판** 2001. 5. 29, 99다55601, 55618[55]

이 사건에서는 분양광고 중 두 부분이 계약의 내용이 되는지 문제되었다.

첫째, 피고 A회사는 분양광고시 이 사건 상가의 개장 시기를 1997년 5월경으로 광고하였다('상가의 개장 시기 광고'). 그러나 원고들과 피고 A회사 사이에 체결된 분양계약서에는 이러한 내용이 기재된 바 없고, 오히려 이 사건 상가의 잔금기일을 입주지정일로부터 10일 이내로

53) 安正鎬, "아파트 分讓公告보다 共有垈地面積이 減少된 경우의 法律關係," 民事判例硏究(XXI), 1999, 228면.
54) 安正鎬(주 53), 229-230면도 이와 유사한 취지이다.
55) 공 2001, 1449.

정하고, 피고 A회사가 입주지정일을 별도로 통보하기로 약정하였다. 원심은 위와 같은 광고만으로 피고 A회사가 1997년 5월경 이 사건 상가를 개장하여야 할 분양계약상의 의무를 부담한다고 할 수 없다고 판단하였고, 대법원도 이를 지지하였다.

분양계약서에 있는 위 조항은 '상가의 개장 시기 광고' 부분과는 다른 내용이라고 볼 수 있다. 그렇기 때문에 '상가의 개장 시기 광고' 부분은 분양계약의 내용이 아니라고 쉽게 결론내릴 수 있다. 분양계약을 체결하기 전에 광고를 하거나 설명을 하였다고 하더라도 분양계약을 체결할 당시 이를 배제하였다고 볼 수 있기 때문이다.

둘째, 피고 A회사가 분양광고시 이 사건 상가에 첨단 오락타운을 조성·운영하고 전문경영인에 의한 위탁경영을 통하여 분양계약자들에게 월 금 100만 원 이상의 수익을 보장한다는 광고를 하고, 분양계약 체결시 이러한 광고내용을 원고들에게 설명하였다('오락타운 조성 및 수익보장 광고'). 원심은 다음과 같은 이유로 피고 A회사가 이러한 광고내용에 따른 의무를 부담하지 않는다고 판단하였다. 즉, 원고들과 피고 A회사 사이에 체결된 분양계약서에는 이러한 내용이 기재되지 않은 점, 그 후 이 사건 상가의 임대운영경위 등에 비추어 볼 때, 위와 같은 광고 및 분양계약 체결시의 설명은 청약의 유인에 불과할 뿐 원고들과 피고 A회사 사이의 이 사건 상가 분양계약의 내용으로 되었다고 볼 수 없다. 따라서 피고 A회사가 원고들에 대하여 이 사건 상가를 첨단 오락타운으로 조성·운영하거나 일정한 수익을 보장할 의무를 부담한다고 할 수 없다는 것이다. 대법원도 원심판결을 지지하였다.

'오락타운 조성 및 수익보장 광고' 부분에 관해서는 '상가의 개장 시기 광고' 부분과는 달리 분양계약서에 아무런 기재가 없다. 이 부분이 계약의 내용으로 되지 않는다고 판단하면서, 그 이유로 이 사건 상가의 임대운영경위 등을 들고, 위와 같은 광고는 청약의 유인에 불과하다고 하고 있을 뿐이다. 이는 분양광고가 청약의 유인에 해당하면 계약의 내용에 포함되지 않는다는 것을 전제로 한 것이다. 수익보장광고는 계약의 내용이 되지 않는다는 결론에 쉽게 찬성할 수 있으나,[56] 오락타운 조성 광고가 계약의 내용이 될 수 있는지 여부에 관해서는 대상판결과 비교하여 검토할 필요가 있다. 오락타운 조성 광고가 수익보장광고와 연결되어 있기는 하나 구체적인 내용이 정해져 있다고 볼 수 있고 분양자가 이행할 수 있는 부분이기 때문에, 계약의 내용이라고 볼 여지도 있다. 오락타운 조성 광고가 계약의 내용이 되지 않는다는 결론이 옳다면, 대상판결에서 유실수단지 광고 및 테마공원 광고, 콘도회원권 광고도 계약의 내용이 되지 않는다고 보는 것이 일관성이 있었을 것이다. 다만 "상가와 같이 그 용도가 특정된 특수시설을 분양받을 경우 그 운영을 어떻게 하고, 그 수익은 얼마나 될 것인지와 같은 사항은 투자자들의 책임과 판단하에 결정될 성질의 것"이라는 점에서는 오락타운 조성 광고가 아파트 분양계약의 경우와는 사정이 다르다고 볼 수 있다.

3. 대상판결에 대한 분석 및 평가

(1) 판결내용

이 사건에서 원고들은 피고로부터 아파트를 분양받았는데, 분양계약서에는 동·호수·평형·입주예정일·대금지급방법과 시기 정도만이 기재되어 있고 분양계약의 목적물인 아파트 및 그 부대시설(이하 아파트 및 그 부대시설을 포괄하여 '아파트'라고만 한다)의 외형·재질·구조 및 실내장식 등(이하 위 사항들을 포괄하여 '외형·재질 등'이라고만 한다)에 관해서는 구체적인 내용이 기재되어 있지 않다. 그러나 분양광고의 내용,

56) 다만 분양사업자나 분양대행자가 일정한 임대수익률을 선전하면서 실제 수익이 이에 미치지 못한다면 그 차액에 대한 지급을 보장한다고 광고한 경우에는 확정적 구속의사를 인정할 수 있다고 한다. 김상중, "상품의 표시·광고와 계약의 내용," 서강법학연구 제8권(2006.10), 8면.

모델하우스의 조건 또는 분양회사가 수분양자에게 행한 설명에서는 분양계약서와 다른 내용이 포함되어 있었다. 원심은 분양광고의 내용을 구분하지 않고 광고내용과 같은 아파트를 공급하기로 하는 합의가 존재하지 않는다고 판단하였다. 그러나 대법원은 원심판결을 파기하였는데, 이 사건 광고 내용을 두 부분으로 구분하여 결론을 내리고 있다. ① 온천 광고, 바닥재(원목마루) 광고, 유실수단지 광고 및 테마공원 광고는 이 사건 아파트의 외형·재질 등에 관한 것으로서, 그리고 콘도회원권 광고는 아파트에 관한 것은 아니지만 부대시설에 준하는 것이고 또한 이행 가능하다는 점에서, 각 분양계약의 내용이 된다.[57] ② 도로확장 및 서울대 이전 광고, 전철복선화에 관한 광고는 이 사건 아파트의 외형·재질과 관계가 없을 뿐만 아니라 사회통념에 비추어 보더라도 수분양자들 입장에서 분양자인 B가 그 광고 내용을 이행한다고 기대할 수 없는 것들이므로 그 광고 내용이 그대로 분양계약의 내용을 이룬다고 보기는 어렵다.

대상판결은 위 2001년 판결과는 달리 분양광고의 내용 중 일부가 계약의 내용이 된다고 보았다. 위 2.(2) 둘째 부분에서 본 바와 같이 위 ① 부분, 즉 온천 광고, 바닥재(원목마루) 광고, 유실수단지 광고 및 테마공원 광고, 콘도회원권 광고가 분양계약의 내용이 된다고 한 부분은 위 2001년 판결에서 오락타운 조성 광고가 계약의 내용이 되지 않는다고 한 부분과 모순된다고 볼 수도 있다.

(2) 불완전계약 문제

대상판결은 위와 같은 결론을 도출하기 위하여 이 사건 아파트의 분양이 "선분양·후시공의 방식으로 분양되는 대규모 아파트단지의

57) 바닥재(원목마루) 광고, 유실수단지 광고 및 온천 광고의 내용은 모두 분양계약의 내용이 되는 것이어서 계약책임이 인정된다고 보는 이상, 그 광고 내용들이 분양계약의 내용이 되지 아니함을 전제로 기망행위로 인한 불법행위책임이 인정될 여지가 없다고 한다.

거래사례"라는 점을 강조하고 있다. 분양계약의 목적물인 아파트에 관한 외형·재질 등이 제대로 특정되지 아니한 상태에서 분양계약을 체결하였다면, 이 계약은 그 자체로서 완결된 것이라고 보기 어렵다고 한다.

이러한 표현은 이른바 불완전계약(incomplete contract)[58]을 연상시킨다. 계약이 불완전한 경우에 불완전한 부분을 보충할 필요가 있는데, 대상판결은 묵시적 합의로 해결한다. 광고 내용이나 조건 또는 설명 중 구체적 거래조건, 즉 아파트의 외형·재질 등에 관한 것으로서 사회통념에 비추어 수분양자가 분양자에게 계약 내용으로서 이행을 청구할 수 있다고 보이는 사항에 관한 한 수분양자들은 이를 신뢰하고 분양계약을 체결하는 것이고 분양자들도 이를 알고 있었다고 보아야 할 것이라고 한다. 따라서 분양자와 수분양자 사이에 이를 분양계약의 내용으로 하기로 하는 묵시적 합의가 있었다고 보아야 한다는 것이다.

대상판결은 묵시적 합의를 배제하는 사유로 분양계약시에 달리 이의를 유보하였다는 등의 특별한 사정을 들고 있다. 가령 위 2001년 판결에서 분양계약서에 '상가의 개장 시기 광고' 부분과 다른 내용이라고 볼 수 있는 조항이 있었기 때문에, 이를 계약의 내용으로 하기로 하는 묵시적 약정이 부정된다고 볼 수 있다. 또한 분양계약서에 있는 내용만을 계약의 내용으로 한다는 완결조항(merger clause)[59]이 있는 경우에도 원칙적으로 광고의 내용을 계약내용으로 하기로 하는 묵시적 약정이 배제될 것이다.

---

58) 이에 관해서는 우선 Ian Ayres and Robert Gertner, "Filling Gaps in Incomplete Contracts: An Economic Theory of Default Rules," 99 *Yale Law Journal* 87 (1989).

59) 유럽계약법원칙 제2:105조는 이에 관한 명문의 규정을 두고 있다. Lando/Beale(주 10), 152.

(3) 묵시적 약정과 그 판단기준[60)]

분양광고가 청약의 유인에 불과하더라도 그 후 분양업체와 수분양자가 광고의 내용을 전제로 청약과 승낙을 하여 분양계약을 체결하는 것이 가능하다. 분양광고를 명시적으로 계약의 내용으로 하지 않더라도 묵시적으로 이를 계약의 내용으로 할 수도 있다. 그러나 일반적으로 광고의 내용 전체가 계약의 내용이 되지는 않는다. 광고의 내용 중에는 서로 모순되는 내용도 있고, 과장되었다는 것을 서로 알고 있는 내용[61)]도 있을 수 있다. 따라서 광고의 내용 중에 어떠한 내용이 계약의 내용으로 되고, 어떠한 내용이 계약의 내용으로 되지 않는지를 구별하는 기준이 중요하다.[62)]

대상판결은 광고의 내용이 계약의 내용이 되는지를 판단하는 기준으로 두 가지를 들고 있다.[63)] 하나는 아파트의 외형·재질 등에 관한 것이거나 부대시설에 관한 것인지 여부(편의상 '아파트의 외형·재질 등에 관한 것인지 여부'라고만 표현한다)이고, 다른 하나는 광고내용의 이행이 가능한지 여부 또는 이행을 기대할 수 있는지 여부(편의상 '이행의 가능 여부 등'이라고만 한다)이다. 아파트의 부대시설에 준하는 내용은 이행이 가능하여야 하지만, 아파트의 외형·재질 등에 관한 광고 내용도 이행

60) 논리적으로 명시적 약정의 존부에 관하여 먼저 검토해야 하지만, 대상판결에서 분양광고와 관련하여 묵시적 약정에 관해서만 판단하고 있으므로 먼저 묵시적 약정에 관한 부분을 검토하고, 명시적 약정에 관해서는 아래 (4)항에서 살펴보고자 한다.

61) 가령 분양건물의 이미지를 묘사하는 광고는 과장될 수 있다는 것을 알 수 있다.

62) 김상중(주 56), 10면 이하에서는 이 문제에 관한 하급심판결이나 대법원판결을 분석한 다음, 광고사항이 계약내용을 구성하는지에 관한 해석표지로 '광고사항의 구체성과 계약내용에 대한 영향, 광고사항이 분양업자의 관리·지배영역에 해당하는지 여부, 광고사항의 실현 가능성'을 제시하고 있다. 尹眞秀, "2007년도 주요 民法 관련 판례 회고," 서울대학교 법학 제49권 1호(2008. 3), 365면은 광고의 내용이 계약의 내용이 되는지에 관하여 대상판결이 제시한 기준을 소개하고 그 외에도 광고의 문언, 예컨대 그 내용이 얼마나 구체적인가, 단순한 예측인가, 유보를 달았는가 하는 점을 고려하여야 한다고 한다.

63) 위 (1)에서 본 대상판결의 ①, ② 부분.

이 가능한 것이어야 하는지 여부는 문장구조만으로는 불분명하다. 그러나 아파트의 외형·재질 등에 관한 광고 내용도 이행이 가능하여야 한다는 점을 전제로 한 것으로 보인다.

(가) 아파트의 외형·재질 등에 관한 것인지 여부

위에서 본 바와 같이 당사자가 광고에서 일정한 제안을 하면서 법적으로 구속되려는 의도를 표시하였고 그 내용이 명확하다면 청약이 된다. 이 사건 분양광고 중 아파트의 외형·재질 등에 관한 광고는 그 내용이 명확하고 당사자가 이에 구속되려는 의사를 표시하였다고 볼 수 있다. 분양광고를 할 당시에는 청약의 유인에 불과하더라도 분양계약을 체결할 당시에는 분양광고 중에서 아파트의 외형·재질에 관한 부분은 청약이 되었다고 볼 수 있다. 비교법적으로도 계약목적물의 품질이나 용법에 관한 광고를 계약의 내용으로 보고 있는 예가 많다.[64) 따라서 아파트의 외형·재질 등에 관한 광고는 계약의 내용으로 하기로 하였다는 점을 인정할 수 있을 것이다.[65) 이 점에 관해서는 묵시적 약정이 아니라, 명시적 약정이 있다고 볼 여지가 있다.

(나) 이행의 가능 여부 등

이행이 가능한지 여부가 계약의 성립 자체에 영향을 미치지 않는

64) 유럽계약법원칙 제6:101조 제2항에서는 계약의 체결 전에 일방 당사자가 직업적 공급자로서 광고 등을 통하여 용역이나 물품 기타 재산의 품질이나 용법에 관한 정보를 제공하는 경우에, 상대방이 그 진술이 부정확하다는 것을 알았거나 몰랐을 리가 없었다고 보이는 경우가 아닌 한, 그 진술은 계약상 의무를 발생시킨다고 규정하고 있다. 이 규정에 따른 계약상 의무는 그 다음 조항인 제6:102조에 있는 묵시적 약정에 기한 것이라기보다는 명시적 약정이라고 할 수 있다.

65) 2004년 10월 22일 제정된 「건축물의 분양에 관한 법률」 제6조 제2항은 분양사업자의 분양광고에 건축물의 위치·용도·규모 등 대통령령이 정하는 사항을 포함하여야 한다고 규정하고, 건축물의 분양에 관한 법률 시행령 제8조에서 그 세부적인 사항을 정하고 있다. 대상판결의 사안에 대해서는 이 법률이 적용되지 않는다. 이 법률이 적용되는 사안에서는 분양광고에서 이 법률과 그 시행령에서 정한 사항을 광고한 경우에 이것이 통상 분양계약의 내용이 된다고 볼 수도 있을 것이다.

것이 원칙이다. 계약의 성립요건과 효력요건을 구분하는 경우에 이행의 가능 여부는 계약의 효력요건의 문제이다. 또한 후발적 불능이나 주관적 불능의 경우에도 계약은 유효하게 성립한다. 다만 원시적·객관적 불능의 경우에는 민법 제535조에 따라 계약체결상의 과실책임이 발생한다. 따라서 이행의 가능 여부가 광고내용이 계약내용이 되는지 여부를 판단하는 결정적인 기준이 될 수는 없다.[66] 그러나 광고의 내용이 특정되었는지, 광고의 내용에 구속되려는 의사가 있는지 여부를 판단할 때 그 이행의 가능 여부를 고려할 수 있을 것이다. 광고의 내용을 이행할 수 없는 경우라면 상대방이 광고의 내용이 청약이 아니라는 것을 알 수 있었다고 볼 가능성이 높기 때문이다. 따라서 광고가 계약의 내용이 되는지를 판단하는 요소로는 광고의 내용이 객관적으로 이행가능한지 여부보다는 상대방의 관점에서 그 이행을 기대할 수 있는지 여부를 고려하는 것이 좀 더 정확하다고 생각된다.

한편, 분양광고의 내용이 계약의 내용이 되는지 여부를 판단할 때 이행가능한지 여부를 고려하여야 한다는 논리를 관철할 경우에 대상판결에서 온천광고에 관한 부분을 계약의 내용이라고 본 부분은 논란의 여지가 있다.

이 사건에서 B는 일간신문 광고, 견본주택에 있는 대형스크린, 광

66) 원시적·객관적 불능에 해당하는 사항을 광고한 경우에는 그 광고내용에 따라 계약이 유효하게 성립할 수 있는지 문제될 수 있다. 대판 2002.11.8, 99다58136(공 2003,1)에서는 위 대법원 1996.12.10. 판결(주 50)과 마찬가지로 아파트 분양업체가 분양한 아파트의 공유대지면적이 분양공고에 있는 내용보다 부족하여 손해배상책임이 인정되는지 문제되었는데, 원심은 "위에서 본 부족원인 [공유대지면적이 부족한 원인을 가리킴: 인용자 註] 중 과다공고 및 계획변경에 의한 부족분은 이 사건 분양계약이 체결되기 전에 이미 확정되어 원시적 이행불능으로 보이므로, 원고들은 그 부분에 관한 한 피고에 대하여 채무불이행책임을 물을 수는 없다."고 판단하였고, 대법원도 이를 지지하였다. 그러나 이러한 판단이 타당한지는 검토가 필요하다. 계약 전체가 원시적·객관적 불능인 경우에는 민법 제535조의 취지에 비추어 계약이 무효라고 볼 수 있지만, 계약의 일부분만 원시적·객관적 불능인 경우에는 매도인의 담보책임에 관한 규정이나 채무불이행책임으로 해결할 수 있다.

고전단 및 분양안내책자, 안내문 등을 통하여 이 사건 아파트 단지 내에서 게르마늄 온천을 개발하였고, 수분양자들이 이를 이용할 수 있다고 광고하였다.[67] 그러나 B는 파주시로부터 이 사건 아파트 단지 내에서 게르마늄 온천이 개발된다는 광고와 관련하여 민원이 제기되었다는 통보를 받았고, 공정거래위원회로부터 사실과 다르게 이 사건 아파트 단지에 게르마늄 성분이 탁월한 온천이 나오는 것처럼 소비자를 오인시킬 우려가 있는 부당한 광고행위를 하여 공정거래법을 위반하였다는 이유로 시정명령을 받았다. B는 파주시로부터 지하수법 제7조, 지하수법시행령 제8조에 의해 이 사건 아파트 단지의 지하수개발·이용에 관한 허가만을 받았을 뿐, 이 사건 아파트에 대한 주택개발계획승인 당시 및 그 이후에도 이 사건 아파트 단지 내에서의 온천개발에 관한 허가를 받은 사실은 없다. 이 사건 아파트 상가에 있는 목욕탕 및 간이 샤워시설은 상수도 물을 이용하여 운영되고 있다.

온천에 관해서는 온천법(2010. 2. 4. 개정)에서 규정하고 있는데, 온천이라 함은 지하로부터 용출되는 섭씨 25도 이상의 온수로서 그 성분이 대통령령으로 정하는 기준에 적합한 것을 말한다(제2조 제1호). 온천수를 용출시킬 목적으로 토지를 굴착하고자 하는 자는 대통령령이 정하는 바에 의하여 시장·군수의 허가를 받아야 한다(제12조 제1항). 온천을 이용하려는 자는 대통령령이 정하는 바에 의하여 시장·군수의 허가를 받아야 한다. 이 경우 이용을 허가할 수 있는 온천수의 수량은 적정한 양수량을 초과할 수 없다(제16조 제1항). 제16조 제1항의 규정에 의한 온천이용허가를 받지 아니한 자는 대통령령으로 정하는 바에 따라 온천이용허가를 받은 것으로 오인할 우려가 있는 행위를 할 수 없

67) 가령 당시의 신문광고에 아파트 단지 내에 2곳을 표시하여 온천 마크(♨)와 함께 "게르마늄 온천 용출 지점"이라고 기재하였고, 온천욕을 하고 있는 여인의 사진을 게재하면서 "온천사우나 단지 내에 유황·게르마늄 온천을 개발하여 사우나시설을 갖추고 있습니다," "국내 최초, 단지 내에 게르마늄 온천이 펑펑"이라고 기재하였다.

고 온천과 관련된 거짓 또는 과장의 표시·광고행위를 할 수 없으며, 행정안전부령으로 정하는 온천표시를 사용할 수 없다(제 4 항).

원심판결은 이 사건 온천광고가 불법행위에 해당하는지 여부를 판단하면서 "이 사건 아파트 단지 내에 온천이 있다고 하기 위하여서는 법령상의 요건을 충족시키는 온천이 있거나, 또는 사회통념상 적어도 이러한 온천에 준하여 용출수의 성분과 수온이 통상의 지하수와는 확연하게 구별되는 정도에 이르고 기대되는 용법에 적합한 정도의 수량을 가진 수원이 개발되어 존재하여야 할 것"이라고 하고, "이 사건 아파트 단지 내에는 온천이 있다고 할 수 없고, 따라서 온천이 존재한다는 B의 광고는 허위이다."라고 하였다. 그 이유로 다음과 같은 점을 들고 있다. ① B는 이 사건 아파트 분양광고를 시작한 1998. 2.경까지 이 사건 아파트 단지 내에서 용출되는 용출수의 수온, 성분 및 1일 적정양수량 등이 온천법이 규정하는 온천으로서의 요건을 갖추고 있는지 여부 및 용출수에 인체에 유익한 게르마늄 성분이 다량 함유되어 있는지 여부 등에 관하여 구체적인 성분분석 과정이나 온천법이 규정하고 있는 온천개발절차를 거치지 아니한 채 이 사건 아파트 단지 내에서 게르마늄 성분이 탁월한 온천수가 용출된다는 광고를 게재하였다. ② 실제로 이 사건 아파트 단지에서 용출되는 용출수는 그 수온, 성분 및 1일 적정양수량이 법령상 온천으로서의 요건(수온은 25°C 이상이며, 1일 적정양수량은 300톤 이상일 것)을 갖추고 있지 못하다. ③ 용출수에 포함된 게르마늄 성분 또한 일반적인 지하수의 게르마늄 성분 함유량에 비해 탁월하다고 볼 근거가 없다.

이 사건에서 B가 온천에 관하여 광고를 한 부분은 이행이 가능하다고 볼 수 없다. 아파트 단지 내에 광고에서 묘사한 온천이 있다고 볼 수도 없고, 허가 등을 받지도 않았기 때문이다. 대상판결에서 광고내용이 계약내용이 되는지를 이행의 가능 여부를 고려하여 판단하여야 한다고 하였으나, 이 기준에 따르면 온천 광고부분을 이행할 수 없기 때문에, 이 부분은 계약의 내용이 된다고 볼 수 없다. 따라서 대상판결 중 이 부분에 관한 판단은 모순에 빠져 있다고 볼 수 있다.

(4) 명시적 약정 문제

대상판결은 광고내용이 계약의 내용으로 되는지를 판단하면서 곧바로 묵시적 약정을 인정하고, 명시적 약정 문제는 검토하지 않고 있다. 그러나 명시적 약정이 없는 경우에 묵시적 약정이 있는지 여부를 판단하여야 하는데, 이 사건에서는 분양계약서의 내용을 엄밀하게 해석하는 방식으로 이 사건 광고 문제를 해결할 여지가 있기 때문에, 이에 관하여 검토할 필요가 있다.

이 사건 분양계약서 제17조는 "견본주택 내에 시공된 제품은 특별한 사정 없이 타사 제품으로 변경될 수 없고 견본주택 및 각종 인쇄물과 모형도상의 구획선 및 시설물의 위치, 설계도면 등의 표시가 계약체결일 이후 사업계획 변경승인 및 신고 등에 따라 일부 변경된 경우에는 B가 수분양자들에게 이를 통보하기로 한다."고 규정하고 있다. 따라서 견본주택 내에 시공된 제품(가령 단풍나무 원목)이 무엇인지는 명확하지 않지만, 견본주택에 있는 제품이 분양계약서에 기재되어 있지 않더라도 위 조항에서 이 사건 아파트의 외형·재질을 견본주택 내에 시공된 제품과 동일한 것으로 하기로 약정하였다고 볼 수 있다. 이 점에 관해서는 묵시적 약정이 아니라 명시적 약정이 있다고 보아야 할 것이다.[68] 또한 분양계약의 당사자들이 견본주택 및 각종 인쇄물과 모형도상의 구획선 및 시설물의 위치, 설계도면 등의 표시에 따르기로 약정하였다고 볼 수 있다. 대상판결이 이러한 부분에 대해서도 묵시적 약정으로 해결할 필요가 있었는지는 의문이다. 분양광고 중 위 조항으로 포섭

68) 물론 견본주택 내에 시공된 제품은 아니지만 광고에 표시된 부분에 관해서는 이를 계약의 내용으로 하였다는 묵시적 약정을 인정할 수도 있다. 그러나 분양업체가 견본주택 내에 있는 제품대로 시공할 의무가 있다는 점을 인정한다면 위 (2)와 관련하여 오히려 분양계약이 그 자체로 완결되었다고 볼 여지도 있다.

할 수 있는 부분은 명시적으로 계약의 내용으로 편입되었다고 보아야 할 것이다.

만일 견본주택 내에 시공된 제품의 외형·재질 등이 신문 등에 의한 광고에 기재된 내용과 다르다면, 일반적으로 분양회사는 견본주택 내에 시공된 제품의 외형·재질 등에 따라 시공을 하여야 하고, 광고내용대로 시공하여야 할 의무는 없을 것이다. 각종 인쇄물과 모형도상의 구획선 및 시설물의 위치, 설계도면 등의 표시도 마찬가지이다. 각종 인쇄물 등에 기재한 내용도 이 사건 분양계약서 제17조 후단에서 분양계약의 내용으로 하겠다는 표시를 한 것으로 볼 수 있기 때문이다.

Ⅳ. 고지의무 위반 또는 허위·과장 광고로 인한 손해배상책임

1. 공동묘지 존재사실에 대한 고지의무 위반

(1) 부동산거래와 고지의무

부동산거래에서 고지의무의 인정 여부와 그 범위가 문제된다. 대법원[69]은 매도인이 목적물의 시가를 사실대로 고지하여야 할 의무는 없다고 하면서, 그 이유를 다음과 같이 설명하였다. 일반적으로 매도인은 목적물을 고가로 평가하고, 매수인은 목적물을 염가로 평가하여, 보다 유리한 조건으로 계약을 체결하기를 희망하는 이해상반의 지위에 있고, 각자가 자신의 지식과 경험을 이용하여 최대한으로 자신의 이익을 도모할 것이 예상된다. 따라서 매도인이 목적물의 시가를 묵비하여 상대방에게 고지하지 않거나, 혹은 허위로 시가보다 높은 가액을 시가라고

69) 대판 1959.1.29, 4291민상139(집 7, 민 19); 대판 2001.7.13, 99다38583(공 2001, 1839).

고지하였다 하더라도 기망에 해당하지도 않고 불법행위가 성립하지도 않는다.

그러나 부동산거래에서도 신의성실의 원칙상 고지의무가 인정된다. 매도인이 매수인에게 매매와 관련된 어떤 구체적인 사정을 고지하지 아니함으로써, 장차 매매의 효력이나 매매에 따른 채무의 이행에 장애를 가져와 매수인이 매매목적물에 대한 권리를 확보하지 못할 위험이 생길 수 있음을 알면서도, 매수인에게 그와 같은 사정을 고지하지 아니한 채 매매계약을 체결하고 매매대금을 교부받는 한편 매수인은 그와 같은 사정을 고지받았더라면 매매계약을 체결하지 아니하거나 매매대금을 지급하지 아니하였을 것임이 경험칙상 명백한 경우에는, 신의성실의 원칙상 매수인에게 미리 그와 같은 사정을 고지할 의무가 매도인에게 인정된다. 매도인이 매수인에게 그와 같은 사정을 고지하지 아니하고 매수인의 착오를 이용하여야 불법행위인 기망행위에 해당한다.[70]

대판 2006.10.12, 2004다48515[71]은 대상판결과 유사한 사안에 대한 것으로, 그 내용을 정리하면 다음과 같다. 첫째, 부동산 거래에서 거래 상대방이 일정한 사정에 관한 고지를 받았더라면 그 거래를 하지 않았을 것임이 경험칙상 명백한 경우에는 신의성실의 원칙상 사전에 상대방에게 그와 같은 사정을 고지할 의무가 있다. 둘째, 그와 같은 고지의무의 대상이 되는 것은 직접적인 법령의 규정뿐 아니라 널리 계약상, 관습상 또는 조리상의 일반원칙에 의하여도 인정될 수 있다. 셋째, 아파트 분양계약의 경우에 아파트 단지 인근에 쓰레기 매립장이 건설 예정인 사실은 신의칙상 분양업자가 분양계약자들에게 고지하여야 할 대상이다. 이 사건 쓰레기 매립장이 분양계약을 체결할 당시에는 폐기물처리시설 설치승인처분을 받은 단계에 있었다고 할지라도 그러한 사

70) 고지의무 위반에 관한 판결은 주로 형법상의 사기죄에 관한 것이 많다. 대판 1991.12.24, 91도2698(공 1992, 727) 등 다수. 대상판결은 민사판결인 대판 2004.7.8, 2004다20890(미공간)을 인용하고 있다.

71) 미공간. 이 판결은 중요한 의미가 있는데도 판례공보에 수록되어 있지 않다.

실이 이 사건 분양계약의 체결에 영향을 미칠 수 있는 사실임을 인정할 수 있는 이상 이는 고지의무의 대상이 된다. 넷째, 고지의무 위반은 부작위에 의한 기망행위에 해당하므로 원고들로서는 기망을 이유로 분양계약을 취소하고 분양대금의 반환을 구할 수도 있고 분양계약의 취소를 원하지 않을 경우 그로 인한 손해배상만을 청구할 수도 있다.

아파트 인근에 쓰레기 매립장이 건설되면 아파트의 가격이 떨어진다. 분양업자는 신의칙상 분양계약자들에게 쓰레기 매립장 건설 예정이라는 사실을 알려야 한다.[72] 한편 고지의무를 위반한 경우에 대체로 불법행위책임의 문제로 해결하고 있으나,[73] 채무불이행책임을 부정하고 있다고 볼 수는 없다. 부작위에 의한 기망행위가 형법상 사기죄에 해당하기 때문에, 그 평행선상에서 불법행위책임을 인정한 것으로 생각된다. 그러나 위 대법원 판결은 고지의무의 대상이 계약에서도 도출될 수 있다고 하는데, 계약을 체결한 당사자 사이에서는 고지의무를 위반한 경우에 채무불이행책임을 인정할 수 있을 것이다.

(2) 대상판결에 대한 검토

대상판결에서 아파트단지 바로 옆에 초등학교가 있고 초등학교의 바로 뒤편 야산에는 대규모의 공동묘지가 조성되어 있다. B가 제작·배포한 이 사건 아파트에 대한 광고전단뿐만 아니라 분양안내책자 및 조감도 등에는 신설될 위 초등학교 부지만 표시되어 있고 위 공동묘지가 조성되어 있는 곳은 수목이 식재된 야산으로만 나타나 있을 뿐이고 공동묘지는 표시되어 있지 않았다. 원심은 원고들 모두에 대한 관계에서 이 사건 공동묘지에 대한 고지의무의 존재를 부정함으로써 부작위에 의한 기망행위에 해당하지 않는다고 판단하였다. 그러나 대법원은

72) 상세한 것은 김하늘, "가. 아파트 단지 인근에 쓰레기 매립장 건설계획 …," 대법원판례해설 제63호(2006년 하), 법원도서관, 31면 참조.

73) 대판 2004.7.8, 2004다20890; 대판 2004.8.30, 2004다14017. 김하늘(주 72), 38면은 부동산거래에서 고지의무를 위반한 경우에 불법행위책임이 인정된다고 한다. 그러나 채무불이행책임의 성립 여부에 관해서는 다루고 있지 않다.

위 공동묘지의 존재사실을 잘 알고 있었던 B로서는 이미 그 사실을 알고 있었던 수분양자들을 제외한 나머지 수분양자들에게 위와 같은 공동묘지의 존재사실을 고지할 신의칙상의 의무가 있다고 판단하였다.

> "아직까지 우리 사회의 통념상으로는 공동묘지가 주거환경과 친한 시설이 아니어서 분양계약의 체결 여부 및 가격에 상당한 영향을 미치는 요인일 뿐만 아니라 대규모 공동묘지를 가까이에서 조망할 수 있는 곳에 아파트단지가 들어선다는 것은 통상 예상하기 어렵다."

아파트 거래에서 아파트 주변에 공동묘지가 있는지 여부는 매우 중요한 사항이다. 위 (1)에서 본 대법원 2006. 10. 12. 판결에서는 아파트 분양계약의 경우에 분양자는 수분양자에게 아파트 단지 인근에 쓰레기 매립장이 건설예정인 사실을 알려야 한다고 하였는데, 이와 마찬가지로 공동묘지의 존재사실도 고지의무의 대상이라고 보아야 한다. 서구에서는 주택가에 공동묘지가 있는 경우도 많지만, 우리나라의 주거문화나 정서에는 맞지 않는다. 따라서 우리나라에서는 서구에서보다 더욱 아파트 분양자가 아파트 인근에 있는 공동묘지의 존재사실을 수분양자에게 알릴 의무가 있다고 볼 수 있다.

주택가에 공동묘지가 들어서면 주택의 가격이 떨어진다는 점을 쉽게 예상할 수 있다. 분양자가 공동묘지의 존재사실을 알고 있었는데도 그 사실을 모르고 있는 수분양자들에게 이를 알려 주지 않았다면 고지의무 위반에 해당한다. 대상판결이 부작위에 의한 기망행위를 인정한 것은 타당하다. 특히 이 사건에서는 광고전단, 분양안내책자와 조감도에 위 공동묘지가 없는 것처럼 되어 있었다. 따라서 분양자가 공동묘지가 없는 것처럼 적극적으로 기망하였다고 보아 작위에 의한 기망행위를 인정할 여지도 있다.

분양자가 이와 같은 고지의무를 위반한 경우에 불법행위책임이 성립하는지, 아니면 채무불이행책임이 성립하는지 문제된다. 대법원은 이 점을 명확히 한 것은 아니지만, 불법행위책임을 긍정한 원심판결을 전제로 판단을 하고 있다고 볼 수 있다.

2. 허위 또는 과장 광고

대상판결에서 도로확장 및 서울대 이전 광고, 전철복선화에 관한 광고는 이 사건 아파트의 외형·재질과 관계가 없을 뿐만 아니라 사회통념에 비추어 보더라도 수분양자들 입장에서 분양자인 B가 그 광고 내용을 이행한다고 기대할 수 없다는 점에서 분양계약의 내용이 되지 않는다고 보았다. 다만 서울대학교가 이전할 예정임을 인정할 근거가 없는데도 '서울대 이전(예정)'이라고 광고한 점과 관련하여, 이 부분 광고행위들은 일반적인 상거래 관행과 신의칙에 비추어 시인되기 어려운 기망행위로서 불법행위책임이 있다고 판단하고 있다. 당시 서울대 제2캠퍼스 부지의 하나로 이 사건 아파트가 있던 파주시가 검토되고 있다는 언론보도가 있었는데, 이를 기화로 '서울대 이전(예정)'이라고 광고한 것은 사회적으로 용인될 수 있는 한도를 넘은 것으로 본 것이다.

상품의 선전 광고에서 거래의 중요한 사항에 관하여 구체적 사실을 신의성실의 의무에 비추어 비난받을 정도의 방법으로 허위로 고지한 경우에는 기망행위에 해당한다.[74] 그러나 그 선전 광고에 다소의 과장·허위가 수반되는 것은 그것이 일반 상거래의 관행과 신의칙에 비추어 시인될 수 있는 한 기망성이 인정되지 않는다.[75] 연립주택을 분양하면서 평형의 수치를 과장하여 광고하였으나 공급면적을 평으로 환산하여 쉽게 확인할 수 있는 경우에 기망행위에 해당하지 않는다고

74) 대판 1993.8.13, 92다52665(집 41-2, 민 297).
75) 대판 1995.9.29, 95다7031(공 1995, 3613).

본 사례,[76] 아파트 분양광고에서 '최적의 전원요지'라고 표현한 경우에 사회적으로 용인될 수 있는 것으로서 과장광고에 해당하지 않는다고 본 사례가 있다.[77] 대상판결에서 서울대 이전(예정) 광고를 허위 또는 과장광고로 보아야 할 것인지에 관해서는 논란의 여지가 있다. 당시 실제로 서울대 제2캠퍼스 계획이 추진되고 있었고 언론에서 그 예정지역의 하나로 파주가 거론되고 있었기 때문에, 원고들이 그 정도 내용을 알 수 있었다고 볼 수도 있기 때문이다. 그러나 서울대 이전 예정이라는 사항은 아파트의 가격에 영향을 미치는 것으로서 거래의 중요한 사항에 해당하고 구체적인 사실이라고 할 수 있다. 이와 같은 허위·과장광고를 제한할 필요가 있다는 점에서 손해배상책임을 인정한 결론을 받아들일 수 있다.

3. 정보제공의무 문제

(1) 최근 정보제공의무에 관하여 논의되고 있는데, 위에서 본 고지의무 위반이나 허위·과장 광고의 문제는 일종의 정보제공의무의 문제로 파악할 수 있다. 정보제공의무는 당사자들 사이에 정보의 편차가 있는 계약이나 거래에서 폭넓게 인정될 수 있는데, 우선 종래 설명의무나 고지의무로 논의되는 사항이 정보제공의무에 포섭될 수 있다.

대법원은 매매계약에서 설명의무를 인정한 사례가 있다. 대판

76) 대판 1995.7.28, 95다19522(공 1995, 2982); 대판 1991.6.11, 91도788(공 1991, 1965).

77) 대판 2003.9.26, 2001두11229에서는 원고가 남양주 청학 주공아파트의 분양광고를 위하여 제작·배포한 카탈로그의 내용 중 "… 주거환경평가에서 최적의 전원요지로 평가를 받을 만큼 삶의 공간을 열어주고 있는 청학지구 - "라고 한 부분이 구 「독점규제 및 공정거래에 관한 법률」이 규율하는 허위 또는 과장의 광고에 의한 불공정거래행위에 해당하는지 문제되었는데, 위 광고 중 "최적의 전원요지"라는 표현이 다소 과장되었다고 하더라도 이는 사회적으로 용인될 수 있는 정도여서 허위광고에 해당하지 않는다고 판결하였다.

1995.3.28, 93다62645(공 1995, 1735)는, 대추나무 재배농민들이 종래 농약판매업자인 피고와 상의하여 사과나 배 등의 일반과수에 고시된 농약을 선택하여 대추나무에 혼용 살포하여 왔다면, 농약판매상인 피고로서는 농민인 원고들에게 이 사건 농약을 판매할 때에 그 농약의 성능, 사용방법 등에 관하여 정확한 설명을 하여 줄 주의의무가 있다고 판결하였다. 그리고 의사의 설명의무는 환자의 자기결정권을 보장하기 위한 전제로서 발달하기 시작하였으나, 이에 한정되는 것은 아니다. 의사는 필요한 경우에 환자가 쉽게 건강을 회복할 수 있도록 요양방법 등을 설명할 의무가 있다.[78] 또한 대법원은 약사가 의약품을 조제하여 판매하는 경우 부작용의 발생가능성을 설명하여야 한다고 판결하였고,[79] 한약업사가 인체에 치명적인 결과를 초래할 수도 있는 한약재를 일반인에게 판매하는 경우에 신의칙상 매수인에게 그 효능 내지 위험성과 안전한 용법 등을 상세히 알려 줌으로써 매수인 등으로 하여금 그 복용 여부나 복용방법에 관하여 스스로 선택, 결정할 기회를 가지도록 할 의무가 있다고 하였다.[80] 위에서 문제되고 있는 설명의무는 전문적인 지식을 갖고 있는 사람이 상대방에게 필요한 정보를 제공하여야 한다는 점에서 나오기 때문에, 일종의 정보제공의무에 해당한다.[81]

대상판결에서 서울대 이전 예정이라고 허위·과장 광고를 한 것은 '없는 사실을 있는' 것처럼 포장한 것이고, 공동묘지의 존재사실에 대한 고지의무 위반은 '있는 사실을 없는' 것처럼 숨긴 것이다. 허위·과장 광고와 고지의무 위반은 작위와 부작위로서 정반대의 모습을 띠고 있지만, 모두 기망행위로서 계약을 체결하기 전에 정보제공의무를 위반하였다는 점에서 마찬가지이다. 이들이 기망행위에 속하는지 여부에 관한 판단이유도 거의 동일하다.

---

78) 대판 1997.7.22, 95다49608(공 1997, 2608).

79) 대판 2002.1.11, 2001다27449(공 2002, 457).

80) 대판 2002.12.10, 2001다56904(공 2003, 327).

81) 金載亨, "韓藥業士의 說明義務," 民法論 Ⅱ, 박영사, 2004, 387면.

(2) 분양자가 고지의무를 위반하거나 허위·과장 광고를 한 경우에 불법행위책임을 인정하여야 할 것인지, 채무불이행책임을 인정하여야 할 것인지 문제된다. 계약체결상의 과실책임을 폭넓게 인정하자는 견해에서는 이 문제도 계약체결상의 과실로 파악할 것이다. 그러나 우리나라에서는 원시적·객관적 불능인 경우(민법 제535조)를 제외하고는 계약체결상의 과실 문제를 채무불이행책임 또는 불법행위책임으로 해결하여야 할 것이다.[82] 판례도 계약이 체결되지 않은 사안에서 계약체결상의 과실을 불법행위로 파악하고 있다.[83] 계약을 체결한 당사자가 계약체결 당시 또는 그 이행과정에서 정보제공의무를 이행하지 않은 사례[84]에서 대법원은 불법행위책임으로 해결하고 있거나, 아니면 채무불이행책임인지, 불법행위책임인지에 관하여 판단을 하지 않고 있다. 그러나 이와 함께 계약당사자 사이에서는 채무불이행책임도 인정될 수 있다.[85]

대상판결은 논란의 여지가 있을 수 있으나, 대체로 고지의무 위반이나 허위·과장 광고를 기망에 의한 불법행위로 파악하고 있다.[86] 이 사건에서는 분양계약을 체결하기 전에 분양자가 정보제공의무를 위반한 것이 문제되고 있는데, 이 점에서 계약을 체결할 당시 또는 그 이후

82) 梁彰洙, "契約締結上의 過失," 民法硏究 제 1 권, 박영사, 1991, 387면 이하.

83) 대판 2001.6.15, 99다40418(집 49-1, 민 483); 대판 2003.4.11, 2001다53059(공 2003, 1151).

84) 위 (1)에서 든 판결들이 이에 해당한다.

85) 계약이 체결된 경우에 설명의무 위반을 채무불이행의 한 유형인 부수의무위반으로 파악할 수 있다. 民法注解(Ⅸ), 390면(梁彰洙 집필); 金載亨(주 81), 393면. 또한 김상중, "매매계약 교섭 당사자의 잘못된 정보제공에 관한 상대방의 보호," 民事法學 제29호(2005.9), 158면은 위 대법원 1995.3.28. 판결과 관련하여 매도인인 농약판매업자의 의무위반을 계약체결상의 과실책임으로 구성할 수도 있으나, 매도인이 매수인에 대한 계약상의 급부의무를 다하지 않은 것으로 구성할 수도 있다고 한다. 그리고 위 논문, 168면은 위 (1)에서 본 대판 2006.10.12, 2004다48515의 원심판결에 관하여 설명하면서 채무불이행책임이 성립할 수도 있다고 한다.

86) 대판 1993.8.13, 92다52665(집 41-2, 민 297).

에 정보제공의무를 위반한 사례들과는 차이가 있다. 분양자가 정보제공의무를 제대로 이행하였더라면 수분양자가 분양계약을 체결하지 않았을 수도 있고, 분양계약을 체결하되 그 대금이 낮아지는 등 수분양자에게 유리한 조건으로 계약이 체결되었을 수도 있고, 그대로 분양계약이 체결되었을 수도 있었을 것이다. 이와 같은 정보제공의무는 당사자의 결정의 자유를 보호하려는 목적이 있다는 점에서 특색이 있다.[87] 이러한 정보제공의무를 위반한 경우에 수분양자는 착오나 기망을 이유로 분양계약을 취소할 수도 있으나, 그렇지 않고 분양계약의 효력을 유지한 채 분양자에게 정보제공의무 위반을 이유로 손해배상책임을 추궁할 수도 있다. 이 경우에 손해배상책임의 근거를 불법행위로 보는 경향이 있으나, 채무불이행책임도 성립할 수 있다고 보아야 한다.[88] 계약을 체결한 당사자들 사이에서 그 전에 정보제공의무를 위반하였다면 이는 부수적 채무불이행으로 파악할 수 있을 것이다. 이와 달리 정보제공의무를 계약체결 전후로 구분하여 이를 달리 취급하게 되면 문제가 지나치게 복잡해질 것이다.

대상판결은 분양광고의 내용이 분양계약의 내용이 되는지 여부를 엄밀하게 구분하여, 광고의 내용이 계약의 내용으로 되면 채무불이행책임으로 해결하고, 그렇지 않으면 불법행위책임으로 해결하고자 한다. 그 판단기준으로 분양광고가 아파트의 외형·재질 등에 관한 것인지 여부와 그 이행이 가능한지 여부를 제시하고 있다. 그러나 위와 같은

87) 朴仁煥, "獨逸法上 情報提供義務違反을 이유로 하는 契約解消請求權," 民事法學 제27호(2005. 3), 136면.

88) 독일 민법 제434조는 매도인 등이 물건의 성상에 관한 광고나 표시 등을 한 경우에 이에 기한 매수인이 기대할 수 있는 성질도 하자 판단의 기준이 되는 물건의 성상에 포함된다고 규정하고 있다. 2002년 독일 채권법 개정 전에 독일 연방대법원이 위와 같은 취지의 판결을 한 적이 있는데(BGHZ 132, 55; 136, 94), 독일 채권법 개정 당시 광고에 대하여 매도인의 하자담보책임이 성립한다는 점을 명문화하였다. Claus-Wilhelm Canaris (金載亨 역), "獨逸의 債權法 改正: 새로운 賣買法," 서울대학교 법학 제43권 4호(2002. 12), 352면.

기준으로 분양광고의 내용을 구분하여 채무불이행책임과 불법행위책임의 경계를 기계적으로 획정하는 것이 타당한지는 의문이다. 분양광고의 내용이 계약의 내용으로 편입되었다면 이를 이행하지 않은 것에 대하여 채무불이행책임이 성립한다. 그렇지 않고 아파트 분양업자가 허위·과장 광고를 한 것으로 인정되는 경우에는 일반적으로 정보제공의무를 불이행한 것으로 보아 채무불이행책임을 인정하고, 경우에 따라서는 불법행위책임도 인정하는 것이 바람직할 것으로 생각한다.

Ⅴ. 손해액의 산정방법 ―위자료의 보완적 기능의 한계와 그 대안

1. 위자료의 보완적 기능

판례는 계약상 채무불이행으로 인하여 재산적 손해가 발생한 경우, 그로 인하여 계약 당사자가 정신적인 고통을 받았다고 하더라도 그 배상을 인정하지 않는 것이 일반적이다.[89] 그러나 대법원은 인신사고에 관한 사례에서 위자료의 보완적 기능을 인정한 바 있다.[90] 즉, 법원은 위자료액을 산정함에 있어서 피해자측과 가해자측의 제반 사정을 참작하여 그 금액을 정하여야 하므로 피해자가 가해자로부터 당해 사고로

89) 판례는 채무불이행으로 재산적 손해가 발생한 경우에 재산적 손해에 대한 배상이 이루어지면 정신적 손해가 회복된다고 보아야 할 것이므로, 재산적 손해의 배상만으로는 회복될 수 없는 정신적 고통을 입었다는 특별한 사정이 있고, 상대방이 이와 같은 사정을 알았거나 알 수 있었을 경우에 한하여 정신적 고통에 대한 위자료를 인정할 수 있다고 한다. 대판 1994.12.13, 93다59779(공 1995, 472); 대판 1996.12.10, 96다36289(공 1997, 319); 대판 2004.11.12, 2002다53865(공 2005,1) 등 다수. 이와 같은 판례법리의 문제점에 관해서는 金載亨, "프로스포츠選手契約의 不履行으로 인한 損害賠償責任," 民法論 Ⅲ, 박영사, 2007, 366-388면 참조.

90) 대판 1984.11.13, 84다카722(공 1985, 23).

입은 재산상 손해에 대하여 배상을 받을 수 있는지 여부 및 그 배상액의 다과 등과 같은 사유도 위자료액 산정의 참작 사유가 되는 것은 물론이며, 특히 재산상 손해의 발생이 인정되는데도 입증 곤란 등의 이유로 그 손해액의 확정이 불가능하여 그 배상을 받을 수 없는 경우에 이러한 사정을 위자료의 증액사유로 참작할 수 있다. 다만 위자료의 보완적 기능을 인정하더라도 "함부로 그 보완적 기능을 확장하여 그 재산상 손해액의 확정이 가능함에도 불구하고 편의한 방법으로 위자료의 명목 아래 사실상 재산상 손해의 전보를 꾀하는 것과 같은 일은 허용되어서는 안 될 것이다."라고 하여 그 남용을 경계하고 있다.[91)]

2. 재산적 손해를 산정하기 곤란한 경우 손해배상액의 산정방법

채무불이행이나 불법행위에 기한 손해배상책임이 성립한다는 것이 밝혀졌으면, 원고의 손해액에 관한 입증이 불충분하다 하더라도 그 이유만으로 원고의 배상청구를 배척해서는 안 된다. 법원은 그 손해액에 관하여 적극적으로 석명권을 행사하고 입증을 촉구하여 이를 밝혀야 한다.[92)] 나아가 대판 2004. 6. 24, 2002다6951, 6968[93)]은 재산적 손해가 발생한 사실이 인정되나, 그 손해액을 산정할 수 없는 경우에 변론 전

91) 대판 2004. 11. 12, 2002다53865(공 2005, 1)는 위 대법원 1984. 11. 13. 판결과 동일한 취지인데, "재산적 손해액의 주장·입증 및 분류·확정이 가능한 계약상 채무불이행으로 인한 손해를 심리·확정함에 있어서까지" 함부로 위자료의 보완적 기능을 확장하여 편의한 방법으로 위자료의 명목 아래 다수의 계약 당사자들에 대하여 획일적으로 일정 금액의 지급을 명함으로써 사실상 재산적 손해의 전보를 꾀하는 것과 같은 일은 허용될 수 없다고 하였다. 同旨: 대판 2007. 12. 13, 2007다18959(미공간).

92) 불법행위에 관한 판결로는 대판 1961. 12. 7, 4293민상853(집 9, 102); 대판 1967. 9. 26, 67다1024(집 15-3, 민 135) 등 다수의 판결이 있고, 채무불이행에 관한 것으로는 대판 1992. 4. 28, 91다29972(공 1992, 1698) 등의 판결이 있다.

93) 공 2004, 1201. 이 판결에 대한 평석인 金載亨(주 89), 367면 이하도 참조.

체의 취지나 증거조사의 결과를 토대로 재산상 손해액을 정할 수 있다고 하였다. 그 사건의 원심법원은 위자료 또는 위자료의 보완적 기능을 빌어 위자료로 손해배상액을 정하였으나, 대법원은 인신사고로 인한 손해배상청구가 아닌 사건에서 그와 같이 해결해서는 안 된다는 점을 지적하고 있다. 그 후에도 동일한 취지의 판결이 계속 나오고 있다.[94]

3. 대상판결에 대한 검토

대상판결은 인신사고에 관한 사례가 아니라 기망행위로 인한 불법행위책임에서 위자료의 보완적 기능을 인정하고 있다. 원심은 이 사건 광고 중 기망행위로 인한 불법행위책임이 성립하는 부분과 관련하여, 원고들이 B의 위법한 기망행위로 인하여 입은 재산상 손해액을 ① 원고들이 실제 지급한 분양대금액에서 ② 기망행위에 의하여 분양계약을 체결하던 당시를 기준으로 한 이 사건 아파트의 시가(즉, 원고들이 주장하는 적정 분양대금의 가액)를 차감한 액수로 산정하는 입장에서 볼 때 차감항목인 ②의 가액을 객관적으로 산정할 만한 방법이 없다고 판단하였는데, 대법원도 이를 지지하였다. 또한 이처럼 재산상 손해액의 산정이 불가능하다고 보는 입장에서라면 그러한 사정을 정신적 손해의 산정에 참작하여 배상할 손해액을 산정하는 방법도 가능하다고 하였다.

그러나 대상판결이 인신사고로 인한 손해배상청구사건이 아닌데도 위자료의 보완적 기능으로 해결한 것은 위에서 본 대법원 판결들과 모순된다. 이 사건에서 위 ② "기망행위에 의하여 분양계약을 체결하던 당시를 기준으로 한 이 사건 아파트의 시가(즉, 원고들이 주장하는 적정 분양대금의 가액)"를 산정할 만한 방법이 없는지도 의문이다. 위에서 본

94) 대판 2005. 11. 24, 2004다48508(미공간); 대판 2006. 9. 8, 2006다21880(공 2006, 1662). 대상판결 이후에 나온 판결로는 대판 2007. 12. 13, 2007다18959(미공간)가 있다.

대판 2006.10.12, 2004다48515는 원심이 원고들의 손해액을 쓰레기 매립장의 건설을 고려한 이 사건 아파트의 가치하락액 상당으로 보고 판시와 같은 감정 결과에 따라 손해액을 산정한 조치는 수긍이 간다고 하였다. 대상판결의 사안에서는 이 경우보다는 어렵겠지만, 손해액을 엄밀하게 산정할 수 없다고 하더라도 그 근사치를 찾아 손해액을 산정하여야 할 것이다. 대상판결에서 위자료의 보완적 기능으로 해결할 것이 아니라, 오히려 재산적 손해액의 입증이 곤란하다고 보고 변론 전체의 취지와 증거조사의 결과를 참작하여 손해액을 산정하여야 했을 것이다.

대상판결에서 재산적 손해 산정으로 해결하는 것과 위자료로 해결하는 것은 실제로 어떠한 차이가 있는가? 재산적 손해배상액을 산정하는 것도 어느 정도 법원의 재량에 의하여 좌우될 수 있지만, 감정내용과 그 결과를 심리하는 과정에서 손해배상액의 산정에 관한 객관성과 투명성을 어느 정도 확보할 수 있다. 이와 달리 위자료 산정은 사실심의 전권사항으로서 대법원의 통제를 받지 않고 있다. 재산적 손해의 발생이 인정되는데도 손해액의 산정이 어렵다는 이유로 위자료로 해결한다면 손해배상액의 산정은 더욱 예측가능성이 없어진다.

손해배상액의 산정은 손해배상사건의 최종 결론이다. 손해액을 산정하기 위한 객관적인 기준을 마련하고 손해액에 관한 감정방법이나 감정결과가 적절한지 여부를 판단하는 것은 법원에 맡겨진 중요한 역할이다. 만일 법원이 위자료의 보완적 기능에 쉽게 의존한다면, 이는 손해배상액의 산정이라는 중요한 역할을 포기하는 방패막이로 될 수 있다. 따라서 위자료의 보완적 기능은 인신사고 등 극히 예외적인 경우에 한하여 제한적으로 인정하여야 한다.

Ⅵ. 결　　론

허위·과장 광고에 대해서는 여러 가지 구제수단을 생각해 볼 수 있다. 착오나 기망을 이유로 계약을 취소할 수도 있고, 채무불이행책임, 매도인의 담보책임 또는 불법행위책임을 추궁할 수도 있다. 이러한 책임은 그 요건을 충족하는 한 중첩적으로 성립할 수 있는데, 그 요건의 충족 여부를 판단하는 것은 쉬운 일이 아니다.

대상판결에서는 분양광고로 인한 손해배상책임이 채무불이행에 기한 것인지, 불법행위에 기한 것인지가 문제되었는데, 분양광고의 내용을 외형·재질에 관한 것인지 여부와 이행가능 여부를 기준으로 분류하고 이에 따라 광고의 내용에 따라 채무불이행책임 또는 불법행위책임을 인정하였다. 그 밖에도 고지의무 위반에 대하여 불법행위책임을 부과하였다. 허위·과장 광고로 인한 폐해가 증가하고 있는 상황에서 대상판결이 허위·과장 광고에 대하여 채무불이행책임이나 불법행위책임을 넓게 인정하였다는 점에서 시의성이 있는 판결이라고 할 수 있다. 또한 광고가 계약의 내용이 되는지 여부 등에 관하여 상세한 법리를 제시하고 있어서 이 분야에 관하여 세밀한 논의를 할 계기를 제공하고 있다.

여기에서는 대상판결이 제시한 법리가 이 사건에서 적절한지, 이 사건에 대한 구체적 판단이 타당한지에 관해서 의문을 제기하고 검토를 하였는데, 그 결론을 간략하게 요약하면 다음과 같다.

첫째, 광고가 청약의 유인인지, 청약인지는 개별적인 제반사정을 종합하여 당사자의 의사를 상대방의 시각에서 객관적으로 결정하여야 한다. 실제로는 광고자의 의도가 무엇인지, 광고의 문언이 어떠한 의미를 갖고 있는지, 광고에서 제시한 내용이 특정되었다고 볼 수 있는지를 탐구하는 것이 중요하다.

둘째, 분양광고 자체는 청약의 유인에 불과하다. 그 후에 체결된 계약에 따라 당사자들의 권리의무가 정해진다. 그러나 수분양자가 분양광고의 내용에 따라 청약을 한 경우에는 분양광고의 내용이 청약이 된다. 따라서 "광고는 청약의 유인에 불과하다"는 언명은 제한적인 의미를 갖는다.

셋째, 분양광고의 내용이 계약의 내용이 되는지에 관해서는 계약의 해석에 관한 법리가 적용된다. 계약에서 명시적으로 광고를 계약으로 받아들이고 있는 경우에는 이에 따르면 된다. 그러나 명시적인 약정이 없으면 묵시적 약정이 있다고 볼 수 있는지 판단하여야 한다.

넷째, 분양광고의 내용이 계약의 내용으로 되는지를 판단하는 기준은 광고가 청약인지, 아니면 청약의 유인인지를 판단하는 것과 실질적인 차이가 없다. 대상판결은 그 기준으로 아파트의 외형·재질 등에 관한 것인지 여부와 이행이 가능한지 여부를 제시하였다. 광고내용이 이에 해당하는 경우에는 원칙적으로 계약의 내용이라고 할 수 있지만, 이에 해당하지 않더라도 계약의 내용으로 될 수 있다. 따라서 그 기준은 이들을 포괄하는 방식으로 제시하여야 할 것이나, 이 점은 추후의 과제로 미룬다.

다섯째, 아파트를 분양하는 경우에 분양업자는 주변환경 등 중요한 사항에 관하여 정보를 제공할 의무가 있다. 이를 위반한 경우에 불법행위책임이 성립할 수도 있으나, 채무불이행책임으로 해결할 수도 있다.

여섯째, 재산적 손해가 발생한 사실이 인정되는 경우에 손해배상액의 산정이 어렵다는 이유로 위자료의 보완적 기능으로 해결하는 것은 극히 예외적인 경우에 한정하여야 한다. 재산적 손해의 입증이 곤란한 경우에는 법원은 변론 전체의 취지와 증거조사의 결과를 참작하여 손해액을 산정하여야 한다. 이를 통하여 좀 더 손해배상액 산정의 투명성과 예측가능성을 확보하는 발판을 마련할 수 있다.

(民事判例硏究(XXXI), 2009, 395-449면 所載)

4. 契約의 公正性*
－不公正한 法律行爲를 중심으로－

Ⅰ. 서　　론

계약은 공정하여야 하는가? 우리나라에서 이 문제는 오랫동안 거의 주목을 받지 못하고 있다. 사적 자치의 원칙이나 계약자유의 원칙을 설명하면서 그 원칙을 수정하는 원리로서 계약의 공정성 문제를 간략하게 다루었을 뿐이다. 그러나 계약의 공정성이 구체적으로 어떠한 의미를 갖는지에 관한 논의는 매우 적었다.

우리 민법은 제104조[1])에서 불공정한 법률행위에 관한 규정을 두어 계약의 공정성 문제에 간접적으로 답변을 하고 있다. 이 규정은 법률행위를 무조건 무효로 한 것이 아니라, "당사자의 궁박, 경솔 또는 무경험으로 인하여 현저하게 공정을 잃은" 경우에 한하여 법률행위를 무효로 하고 있다. 따라서 불공정한 계약이라고 하더라도 이 요건을 충족하는 경우에 한하여 계약이 무효로 된다. 그러나 불공정한 계약이 민법 제104조의 요건을 충족하지 못하는 경우에도 제103조 위반을 이유로 무효로 될 수 있으므로, 계약의 공정성 문제를 포괄적으로 다룰 필요가 있다.

불공정한 법률행위는 일정한 행위를 사회정의에 반하는 것으로 보

* 이 글은 2009년 11월 5일 서울대 법대에서 개최된 "東亞細亞 契約法 原則과 韓國 契約法의 改正"이라는 국제학술회의에서 발표한 것을 수정·보완한 것이다.

1) 이하 법명의 표시를 하지 않은 조문은 민법의 그것을 가리킨다.

아 계약자유의 원칙을 수정하면서 사회적·경제적 약자를 보호하고자 하는 법정책적 표현이라고 한다.[2] 폭리행위를 물건폭리행위와 금전폭리행위로 구분할 수 있는데, 제104조는 이 두 가지를 포괄하여 불공정한 법률행위로 무효로 하고 있다. 그 밖에 流質契約의 금지에 관한 규정(제339조), 대물변제의 예약에 관한 규정(제607조, 제608조)도 불공정한 법률행위로 손해를 입게 되는 당사자를 보호하기 위한 것으로, 금전폭리행위에 관한 규정이다.

또한 특별법에서 불공정한 법률행위를 규제하는 경우도 많다. 첫째, 이자제한법은 금전폭리행위를 규제하기 위한 것으로 이자에 관한 불공정한 법률행위를 구체화한 것이다. 둘째, 「약관의 규제에 관한 법률」(이하 '약관규제법'이라 한다) 제 6 조 제 1 항은 "신의성실의 원칙에 반하여 공정을 잃은 약관조항은 무효이다."라고 규정하고 있고, 제 2 항은 공정을 잃은 것으로 추정되는 약관조항을 열거하고 있다. 셋째, 「할부거래에 관한 법률」, 소비자보호법 등 소비자 관련법에서 불공정한 법률행위를 규제하고 있다. 넷째, 「독점규제 및 공정거래에 관한 법률」(이하 '독점규제법'이라 한다)은 불공정거래행위를 규제하고 있는데, 독점규제법에 위반되는 행위가 사법상 무효일 수 있다.

계약의 공정성 문제를 파악하려면, 민법뿐만 아니라, 이자제한법, 약관규제법과 독점규제법 등에 관해서도 살펴보아야 한다. 여기에서는 제104조의 불공정 법률행위를 중심으로 민법에서 공정성 문제를 어떻게 다루고 있는지에 관하여 검토해 보고자 한다.

---

2) 高翔龍, 民法總則, 제 3 판, 법문사, 2003, 348면; 民法注解(Ⅱ), 242면(閔日榮 집필).

Ⅱ. 불공정한 법률행위

1. 의　　의

제104조는 불공정한 법률행위에 관하여 "當事者의 窮迫, 輕率 또는 無經驗으로 인하여 顯著하게 公正을 잃은 法律行爲는 無效로 한다."고 정하고 있다.[3] 이 규정은 불공정한 법률행위를 무효라고 정하였는데, 그 요건을 매우 제한적으로 규정하고 있다.

법률행위의 공정성은 두 가지 측면에서 접근할 수 있다. 하나는 법률행위의 내용이 공정한지 여부이다. 이를 내용상의 공정성이라고 할 수 있다. 다른 하나는 법률행위가 절차적으로 공정하게 성립하였는지 여부이다. 이를 절차상의 공정성이라고 할 수 있다. 따라서 법률행위가 공정하다고 하려면 법률행위가 내용과 절차에서 공정하여야 한다고 말할 수 있다.

사적 자치의 원칙은 절차상의 정당성만을 문제삼고 내용상의 정당성은 문제삼지 않는다.[4] 당사자들이 자유로운 의사에 기하여 계약을 체결하였다면 그 내용과 상관없이 계약은 유효하다. 다만 우리 민법은 그 예외로서 선량한 풍속 기타 사회질서에 반하는 법률행위(제103조)와 불공정 법률행위(제104조)를 정하고 있다. 그중에서 제104조는 법률행위의 내용과 절차 두 측면에서 불공정한 경우에 한하여 불공정 법률행위로 무효화한 것으로, 내용에 관해서는 현저한 불균형을 요구하고, 절차에 관해서는 궁박, 경솔 또는 무경험을 요구하고 있다.

한편, 불공정한 법률행위는 반사회적 법률행위의 일종으로 볼 수

3) 제104조의 요건을 갖추지 못하고 있더라도 제103조 위반이 될 수 있다고 한다. 郭潤直, 民法總則, 제 7 판, 박영사, 2002, 220면; 張庚鶴, 民法總則, 제 3 판, 1998, 법문사, 454면.

4) 金曾漢 · 金學東, 民法總則, 제 9 판, 박영사, 1995, 318면.

있다.[5] 그렇지만 우리 민법은 반사회적 법률행위에 관한 제103조와는 별도로, 그러나 바로 이 조문 다음에, 불공정한 법률행위에 관하여 규율하고 있다. 따라서 제104조가 제103조와 어떠한 관계에 있는지, 불공정한 법률행위가 제104조의 요건을 충족하지 못하는 경우에 제103조에 의하여 포섭될 수 있는지 문제된다.

불공정한 법률행위에 해당하기 위한 요건으로 통상 다음 세 가지를 들고 있다. (i) 급부와 반대급부 사이에 현저한 불균형이 있을 것, (ii) 법률행위 당사자의 일방이 궁박, 경솔 또는 무경험의 상태에 있을 것, (iii) 상대방이 위 사정을 인식하고 이를 이용할 것. 이 요건을 모두 갖추어야 불공정한 법률행위로서 무효이지만, 이 요건들은 상관적으로 작용한다.[6] 즉, 급부간의 불균형이 심각한 경우에는 궁박 등의 요건이 쉽게 충족될 수 있고, 그렇지 않은 경우에는 궁박 등에 관하여 좀 더 엄격한 요건을 요구한다.

2. 급부와 반대급부 사이의 현저한 불균형

(1) 종래에는 급부와 반대급부 사이에 현저한 불균형이 있어야 한다고 하였다.[7] 이와 같은 급부와 반대급부의 현저한 불균형이 불공정한 법률행위의 핵심적인 징표로 인식되고 있다. 그리하여 불공정 법률행위를 자기의 급부에 비하여 현저하게 균형을 잃은 반대급부를 하게 하여 부당한 재산적 이익을 얻는 행위라고 한다.

불균형이 있는지 여부는 급부와 반대급부의 거래상의 객관적 가

---

5) 郭潤直(주 3), 221면; 대판 1964. 5. 19, 63다821은 구민법 제90조를 신민법 제103조와 제104조에 정한 법률행위를 포함한 것이라고 한다.

6) 궁박 등을 판단하는 경우에 급부와 반대급부의 불균형이 아울러 고려될 수 있고 거꾸로 불균형을 판단하는 경우에 궁박 등을 고려하므로, 양자는 상호보완관계에 있다고 할 수 있다. 民法注解(Ⅱ), 250면(閔日榮 집필); 梁明朝, "不公正한 法律行爲," 民事判例硏究(Ⅷ), 1986, 14면.

7) 郭潤直(주 3), 221면.

치를 기준으로 판단하여야 하고, 당사자의 주관적 가치를 기준으로 판단해서는 안 된다.[8] 대판 1996. 4. 26, 94다34432는 국제상사의 주식을 1주당 1원으로 정한 주식 매매계약에 관하여 불균형을 인정하지 않았다. 이 경우에는 국제상사의 자산과 부채를 실사한 결과 국제상사 주식 1주의 객관적 가치가 부(負)에 해당한다는 점이 중요하게 고려되었다.[9]

어느 정도 불균형이 있어야 하는지는 매우 어려운 문제로서, 구체적 사정에 따라 개별적으로 판단하여야 한다.[10] 급부와 반대급부 사이의 객관적 가치에 현저한 차이가 있는지 여부는 산술적으로 계산할 수 있는 것은 아니다. 판례[11]에서 현저한 불균형을 인정한 예를 보면, 급부와 반대급부 사이에 몇 배씩 차이가 있는 경우가 많은데, 사안에 특수한 점이 있기는 하지만 급부와 반대급부의 비율이 2분의 1인 경우에 불균형을 인정한 예[12]도 있다. 한편 급부와 반대급부의 불균형이 크더라도 궁박 등 주관적 요건을 충족하지 못하면 제104조가 적용되지 않는다. 급부와 반대급부가 10배 이상 차이가 나는 경우에도 제104조를

8) 郭潤直(주 3), 221면.

9) 이 부분에 대한 판결이유를 정리하면 다음과 같다. ① 이 사건 주식매매 당시 원고를 대리한 제일은행이 피고와 더불어 국제상사의 자산과 부채를 실사한 결과 결손액이 금 3,616억원이나 되어 국제상사 주식 1주의 객관적 가치는 부(負)에 해당하였다. 게다가 피고는 위 주식 매수로 인하여 1주당 금 4,161원의 부채까지 부담하게 되었다. 그러므로 주식 1주당 가격을 1원으로 정하여 매매계약을 체결하였다고 하여 대가의 현저한 불균형이 있다고 할 수 없다. ② 제3자들 사이의 소규모 주식거래에서 거래가격이 주식 자체의 객관적 가치 이상으로 형성되었는데, 이는 국제상사의 정상화로 인한 기대이익이 반영된 것이다. 그러나 이 사건과 같이 국제상사의 경영권을 지배하는 절대다수의 주식에 대한 매매계약에서는 매수인이 스스로 그 정상화를 위한 투자의 부담을 안게 되는 것이기 때문에, 위와 같은 장래에 대한 기대치는 가격 결정에 고려될 수 없고 주식의 객관적 가치만으로 그 가격이 결정되어야 한다.

10) 民法注解(Ⅱ), 250면(閔日榮 집필).

11) 이와 같은 판례에 관해서는 閔日榮, "不公正한 法律行爲의 要件으로서의 給付의 不均衡에 관한 一考," 私法硏究 제2집, 1994, 300-306면; 李英俊, 民法總則, 개정증보판, 박영사, 2007, 271면 참조.

12) 대판 1998. 3. 13, 97다51506.

적용하지 않은 사례가 있다.[13)]

(2) 급부와 반대급부 사이의 현저한 불균형은 유상계약 또는 쌍무계약에서 생길 수 있다. 예를 들면 매매계약이나 대물변제계약의 경우에는 급부와 반대급부가 명확하다. 화해계약, 가령 신체사고에 의한 손해배상청구에서 손해배상으로 받을 수 있는 금액보다 현저하게 낮은 금액을 손해배상액으로 합의한 경우에도 제104조가 적용된다.[14)] 그리고 계속적 공급계약 등 계속적 계약에서 급부와 반대급부 사이에 현저한 불균형이 있으면 불공정한 법률행위가 될 수 있다. 가령 임대차에서 임대목적물의 이용가치에 비하여 차임이 지나치게 높거나 낮은 경우, 전기·가스·수도 등의 공급계약에서 요금이 지나치게 높거나 낮은 경우를 들 수 있다. 또한 단체적 의사결정, 가령 총회의 결의로 현저하게 불공정한 결과가 나타나는 경우에도 제104조가 적용된다.[15)]

그런데 증여와 같은 편무계약에 제104조가 적용되는지 여부에 관하여 논란이 있다. 이러한 계약에서는 일방적인 급부만이 존재하고 반대급부를 상정할 수 없기 때문에, 제104조가 적용될 여지가 없다는 인식이 퍼져 있었다.[16)] 판례[17)]도 '대가' 또는 '대가적 의미의 재산관계의 출연'이 있는 경우에 한하여 이 규정이 적용될 수 있다고 한다. 따라서 증여나 기부행위와 같이 아무런 대가관계 없이 당사자 일방이 상대방

---

13) 대판 1970. 11. 24, 70다2065.

14) 대판 1999. 5. 28, 98다58825.

15) 대판 1997. 10. 28, 97다27619는 어촌계의 총회에서 어업권 소멸로 인한 손실보상금의 분배에 관한 결의가 현저하게 불공정한 경우에 제104조가 적용된다고 한다. 이 경우에 각 계원의 손실에 비하여 보상액이 현저하게 적은 경우에 현저한 불균형이 있다고 보아야 한다. 대판 2003. 6. 27, 2002다68034.

16) 郭潤直(주 3), 220면. 金相容, 民法總則, 전정판, 1999, 417면은 제104조가 유상행위(부담보 유증이나 채권의 포기도 유상행위로 본다)에 적용되지만, 소유권의 포기와 같은 무상행위에는 적용되지 않는다고 한다.

17) 대판 1976. 4. 13, 75다704; 대판 1993. 3. 23, 92다52238; 대판 1997. 3. 11, 96다49650; 대판 2000. 2. 11, 99다56833; 대판 1993. 7. 16, 92다41528; 대판 1993. 10. 26, 93다6409.

에게 일방적인 급부를 하는 법률행위는 그 공정성 여부를 논의할 수 있는 성질의 법률행위가 아니라는 것이다. 신체적 궁박으로 소유권을 포기한 경우에는 부담 없는 증여로 보고 급부와 반대급부 사이의 균형을 상정할 수 없다고 한다.[18] 이에 반하여 부담부 증여와 같은 무상행위에도 부담이 과도한 때에는 이 규정이 적용되고, 경솔 또는 궁박으로 소유권을 포기하는 경우에도 이 규정이 적용된다는 견해가 있다.[19] 이 규정에서 급부와 반대급부의 현저한 불균형을 요구하지 않고 있다는 것이다.

현행 민법 제정 당시에 독일 민법, 스위스 채무법, 중국 민법을 참조한 것으로 나와 있는데, 위 입법례에서는 모두 급부와 반대급부 사이에 현저한 불균형[20]이 있을 것을 요구하고 있었고, 입법자도 분명 이와 같은 의도가 있었을 것으로 추측된다.

그러나 제104조의 문언은 단순히 '현저하게 공정을 잃은 법률행위'를 무효로 정하고 있을 뿐이고, '대가' 또는 '대가적 의미의 재산관계의 출연'이 있어야 한다고 볼 근거가 없다. 그런데도 급부와 반대급부의 현저한 불균형이 필요하다고 본 이유 중 하나는 독일 민법 등의 영향이라고 설명할 수 있다. 즉, 독일 민법 제138조 제 2 항[21]에서 폭리행위

18) 대판 2003. 6. 27, 2002다68034.

19) 金曾漢 · 金學東(주 4), 320면; 李英俊(주 11), 270면; 李銀榮, 民法總則, 제 4 판, 박영사, 2005, 410면; 金天秀, "暴利行爲의 無效要件," 二十一世紀 韓國民事法學의 課題와 展望(송상현교수화갑기념논문집), 2002, 29면; 裵成鎬, "不公正한 法律行爲의 再檢討 小考," 인권과 정의 제324호(2003. 8), 34면. 이 견해에서는 '급부의 현저한 불균형'이 아니라 '공정성의 현저한 결여'를 불공정 법률행위의 요건으로 파악한다.

20) 民法案審議錄, 上卷, 71면에서는 당시 입법례를 소개하면서 '不權衡을 발생한', '權衡을 잃은', '공평을 잃은'이라는 표현을 사용하고 있고, 민법 초안에 있는 '공정'이라는 용어를 '權衡'이라고 수정하자는 의견이 있었으나, 원안에 합의하였다고 한다.

21) 이 규정은 "특히 타인의 궁박, 무경험, 판단능력의 결여 또는 현저한 의지 박약을 이용하여 어떠한 급부의 대가로 자기 또는 제 3 자에게 그 급부와 현저히 불균형한 재산적 이익을 약속하게 하거나 제공하게 하는 법률행위는 무효이다."라고 정하고 있다. 종전에는 '경솔(Leichtsinn)'이라는 표현을 사용하였으나,

에 관하여 규정하고 있는데, "어떤 급부의 대가로 자기 또는 제 3 자에게 재산적 이익을 약속하게 하거나 제공하게 하는 법률행위"가 "그 재산적 이익이 급부에 비하여 현저하게 불균형할 정도로 급부의 가치를 초과하는 때"에 무효라고 정하고 있다. 따라서 독일 민법에서는 급부와 반대급부가 현저하게 불균형한 법률행위가 폭리행위로서 무효가 된다는 것이 분명하다. 이 점은 스위스 채무법이나 중국 민법도 마찬가지이다. 이것이 우리 민법의 해석에 영향을 미쳤던 것으로 보인다.

우리 민법 제104조에서는 위와 같은 입법례와 달리 대가관계를 도출할 법문상의 근거가 없다. 실제로 대가관계가 없는 경우에도 '현저하게 공정을 잃'을 수 있다. 따라서 이 부분은 입법자의 의도와 법률의 문언이 상충하는 경우로 파악할 수 있다. 입법자가 그 의도를 제대로 표현하지 못한 경우에 법규정을 어떻게 해석하여야 하는지에 관해서는 논란이 많지만, 문언을 배제하고 입법자의 의도를 관철할 수는 없을 것이다. 한편, 민법 제정 이후에 제정된 약관규제법에서 신의성실의 원칙에 반하여 공정을 잃은 법률행위에 관하여 규정하고 있는데(제 6 조), 이 규정은 유상계약이나 쌍무계약이 아닌 경우에도 적용된다. 이 점은 독점규제법의 불공정거래행위에 관한 규정도 마찬가지이다. 법체계의 통일성을 위하여 민법상의 불공정한 법률행위를 약관규제법 등과 통일적으로 파악할 필요가 있을 것이다. 그러므로 쌍무계약이나 유상계약에 한하여 제104조가 적용된다는 견해는 재고할 필요가 있다.

3. 궁박 · 경솔 · 무경험

(1) 당사자에게 궁박 · 경솔 · 무경험이 있어야 한다.[22] 불공정한 법

1976년 민법 개정 당시 이를 삭제하고 '판단능력의 결여 또는 현저한 의지 박약(Mangel an Urteilsvermögen oder die erhebliche Willensschwäche)'으로 대체하였다.

22) 이를 주관적 요건으로 분류하기도 하고[高翔龍(주 2), 361면], 객관적 요건으

률행위가 성립하기 위한 요건인 궁박, 경솔, 무경험은 모두 구비되어야 하는 요건이 아니라 그중 일부만 갖추어져도 충분하다.[23)]

(2) 여기에서 '궁박'이라 함은 '급박한 곤궁'을 의미하는 것으로서 경제적 원인에 기인할 수도 있고 정신적 또는 심리적 원인에 기인할 수도 있다.[24)] 대법원 판결에 나타난 사안들을 살펴보자. 일반인이 불법 구금된 상태에서 구속을 면하고자 하는 상황에 처해 있는 경우에 궁박을 인정한 사례가 있다.[25)] 고소를 당하여 경찰로부터 소환을 받게 된 상태를 정신적 궁박으로 본 사례도 있다.[26)] 억울하게 고소를 당한 경우에 궁박을 인정하기 쉽지만, 그렇지 않은 경우에도 궁박을 인정할 수 있을 것이다. 그리고 건물의 매도인이 건물철거소송의 패소확정에 의하여 건물을 철거당함으로써 생업을 중단하게 될 상태를 궁박으로 본 사례가 있다.[27)] 또한 원고가 부동산을 공장으로 사용하기 위하여 취득하였고 많은 비용을 들였으므로 만약 전기공급을 받지 못하여 공장을 운영할 수 없게 된다면 커다란 손해를 입게 될 형편이어서 할 수 없이 한국전력공사의 요구대로 전수용가의 체납전기요금을 지급하기로 약정

로 분류하기도 하는데[李英俊(주 11), 273면], 이는 보는 관점에 따라 다른 것으로, 이와 같은 분류가 큰 의미는 없다.

23) 대판 1993. 10. 12, 93다19924; 대판 2008. 3. 14, 2007다11996.

24) 대판 1974. 2. 26, 73다673; 대판 1981. 12. 22, 80다2012; 대판 1998. 3. 13, 97다51506; 대판 1999. 5. 28, 98다58825; 대판 2008. 3. 14, 2007다11996; 박철, "불공정한 법률행위의 요건 및 판단기준," 대법원판례해설 제32호, 1999, 11면 이하.

25) 대판 1996. 6. 14, 94다46374.

26) 대판 1992. 4. 14, 91다23660. 이 판결은 계와 관련되어 사문서변조죄로 고소되어 수사를 받다가 15일 간 삼청교육대의 교육을 받고 퇴소한 후 다시 계 관계로 고소되어 경찰서로부터 조사를 위한 소환을 받게 되었다면 또다시 삼청교육대에 갈지 모른다는 급박한 정신적 압박을 받고 있었을 것이고 따라서 이러한 궁박 상태 아래에서 고소를 취하시켜서 삼청교육대에 가는 것을 회피할 생각으로 경솔하게 청산합의에 응하였을 것으로 보지 못할 바 아니며, 또 상대방에게 금 1,300만 원 이상의 채권이 있었음에도 현금 45만 원을 받고 부채 216만 원을 인수시키고 그 나머지 금 1,000만 원 이상의 채권을 포기하는 약정을 맺은 것은 일방적으로 불리한 것이어서 현저히 불공정한 법률행위에 해당된다고 하였다.

27) 대판 1973. 5. 22, 73다231.

한 경우 이는 원고의 궁박을 이용하여서 한 현저하게 공정을 잃은 법률행위로서 무효라고 하였다.[28)]

독일 민법에서 폭리행위에 관한 요건이 점차 완화되는 경향이 있다. 판례에 의하면 궁박[29)]은 자연인 또는 법인의 경제적 존재 자체가 위기에 처해 있을 때만 인정되는 것이 아니고, 폭리행위의 상대방이 심각한 곤경에 빠져 있어 폭리행위가 그보다 '덜 한 불행'[30)]이라고 판단한 것으로 충분하다. 궁박은 긴급상황은 아니지만, 상대방에게 중대한 경제적 불이익이 예견될 경우,[31)] 명예훼손의 위협이 있는 경우,[32)] 수도관의 불통으로 합리적인 경제적 처분에 영향을 끼칠 경우[33)]에도 인정된다. 일시적인 자금문제,[34)] 건강상의 위압감[35)]이나 심리적 강제도[36)] 궁박에 해당할 수 있다. 우리 민법에서도 이와 마찬가지로 볼 수 있다.

(3) '경솔'은 신중하지 못한 것을 말한다. 이것은 매우 넓게 파악될 수 있다. 그리하여 경솔의 개념을 다양하게 파악한다. 다수설은 경솔의 개념을 넓게 파악하는데, 의사를 결정할 때 그 행위의 결과나 장래에 관하여 보통인이 베푸는 고려를 하지 않는 심리상태라고 한다.[37)] 이에 대하여 경솔의 개념을 좁게 보아 선천적 경솔이나 주위사정으로부터 피할 수 없었던 고려의 부족이라는 견해가 있다.[38)]

---

28) 대판 1987. 2. 10, 86다카2094.

29) 이에 해당하는 용어로 Zwangslage라는 용어를 사용하는데, 강제상황이라고 번역할 수도 있다.

30) Larenz/Wolf, *Allgemeiner Teil des Bürgerlichen Rechts*, 9. Aufl., 2004, § 41 Rn. 60.

31) BGH NJW 1994, 1275.

32) BGHSt 12, 390, 39.

33) LG Nürnberg BB 1973, 777.

34) BGH NJW 1982, 2767.

35) BGH WM 1981, 1050.

36) BGHZ 154, 47.

37) 郭潤直(주 3), 221면. 李銀榮(주 19), 414면은 경솔을 문제되는 법률행위의 성립 및 내용에 관하여 평균인이 하는 정도의 사고를 하지 않은 상태라고 한다.

38) 李英俊(주 11), 235면; 高翔龍(주 2), 354면.

원고 소속 공무원들이 사유재산심의회의 결의에 의하여 사정확정된 토지의 평당 단가 금 2,100원을 그 10배인 21,000원으로 오기한 것은 경솔로 인한 것이고 매매계약체결 당사자도 계약을 체결함에 있어서 사정가격을 오기한 것을 발견치 못하고 그냥 오기내용대로 사정가격으로 하여 결국 시가의 4배 이상의 가액으로 매매계약을 체결하였음은 원고의 경솔로 인한 불공정한 법률행위로 볼 수 있다고 한 판결이 있다.[39] 이 판결은 지방자치단체인 원고측의 경솔을 인정한 것으로, 민법 제104조의 규정이 지방자치단체에도 적용된다는 것을 전제로 한 판결이다.[40]

독일 등 대륙법계의 여러 나라에서 폭리행위의 요건으로 '경솔'을 들고 있었다.[41] 그런데 독일 민법 제138조 제 2 항에서는 '경솔'이라는 용어를 사용하였으나, 1976년 민법을 개정하여 '판단능력의 결여 또는 현저한 의지 박약'이라는 표현으로 대체하였다. '현저한 의지 박약'에는 정신장애, 마약중독, 알코올중독, 도박벽으로 현저하게 의지가 박약하게 된 경우를 포함한다.[42] 우리나라의 2004년 민법개정안[43]에서는 제104조의 '경솔'을 '판단력의 부족'으로 수정하자고 하였다. 경솔은 스스로 주의를 하지 않는 것인데, 이러한 경우를 법적으로 보호할 필요가 없고,

39) 대판 1977. 5. 10, 76다2953.

40) 독일에서 공법상 계약에 폭리행위에 관한 독일 민법 제138조 제 2 항이 적용되는지에 관한 논의가 있다. MünchKomm/Mayer-Maly/Armbrüster, § 134 Rn. 27. 한편, 독일 행정절차법(Verwaltungs verfahrensgesetz; VwVfG)에서 독일 민법상 계약의 무효에 관한 규정이 공법상 계약에 적용된다고 정하고 있다(제59조 제 1 항). 또한 공법상 계약에서 합의된 반대급부가 부적절하거나, 행정기관의 급부와 실질적인 견련성이 결여된 경우에 계약은 무효에 해당한다(독일 행정절차법 제56조, 제59조 제 2 항 제 4 호). 우리나라에서도 공법상 계약에 민법 제103조, 제104조의 적용을 배제할 이유가 없을 것이다.

41) 스위스 채무법 제21조, 오스트리아 민법 제879조 제 2 항 제 4 호, 대만 민법 제74조에서는 '경솔'이라는 표현을 사용하고 있다.

42) Saudinger/Sack, § 138 Rn. 210.

43) 이 법안은 17대 국회에 제출되었으나, 회기만료로 폐기되었다. 2009년에 출범한 법무부 민법개정위원회에서 불공정 법률행위에 관한 규정의 개정 문제가 다루어지고 있으나, 아직 개정안이 정해지지는 않았다.

판단력이 부족한 경우만을 보호하는 것으로 충분하다는 것이다.[44] 이는 불공정 법률행위의 요건을 엄격하게 하고자 한 것으로 볼 수 있다.

(4) '무경험'은 일반적인 생활체험의 부족을 의미하는 것으로서 어느 특정영역에서의 경험부족이 아니라 거래일반에 대한 경험부족을 뜻한다.[45] 무경험에 관한 사례로는 농촌에서 농사만 짓고 처음 사고를 당한 사람,[46] 질병을 앓고 있는 무학문맹의 노인,[47] 사회적 경험이 부족한 가정부인[48]을 무경험자로 본 경우가 있다. 즉, 고령, 무학 또는 문맹을 무경험으로 보고 있다. 이와 달리 대학을 졸업하고 직장생활이나 거래를 한 경험이 있으며 소송을 수행한 적이 있는 사람에 대해서는 무경험의 상태에 있다고 보기 어렵다고 하였다.[49] 판례에서 무경험을 인정한 사례는 예외적인 경우라고 할 수 있고 실제 사건에서 많지 않을 것으로 보인다. 독일에서도 무경험(Unerfahrenheit)은 일반적인 생활경험 또는 거래관계에 관한 경험의 결여를 의미한다고 하였다.[50] 그러나 독일 민법 제138조의 문언상 일반적으로 거래에 관한 경험이 없을 것을 요구하지는 않고, 특정 생활 또는 경제영역에서 경험이 없는 경우도 포함된다는 견해가 있다.[51]

(5) 당사자가 궁박 또는 무경험의 상태에 있었는지 여부는 그의 나이와 직업, 교육 및 사회경험의 정도, 재산 상태 및 그가 처한 상황의 절박성의 정도 등 제반 사정을 종합하여 구체적으로 판단하여야 한다.[52] 불공정한 법률행위의 법리가 적용되려면 이를 주장하는 측에서

---

44) 法務部, 民法(財產編) 改正 資料集, 135면 이하.
45) 대판 2008. 3. 14, 2007다11996.
46) 대판 1979. 4. 10, 78다2457.
47) 대판 1979. 4. 10, 79다275.
48) 대판 1975. 5. 13, 75다92.
49) 대판 1983. 4. 26, 81다289.
50) BGH DB 1958, 1241, Larenz/Wolf(주 30), §41 Rn. 62.
51) Staudinger/Sack, §138 Rn. 208.
52) 대판 1996. 6. 14, 94다46374; 대판 2008. 3. 14, 2007다11996.

궁박, 경솔 또는 무경험으로 인하여 법률행위를 하였음을 증명하여야 하며, 법률행위가 현저하게 공정을 잃었다 하여 곧 그것이 궁박, 경솔 또는 무경험으로 이루어진 것이라고 추정되는 것이 아니다.[53]

한편, 대리에 의한 법률행위에서는 본인과 대리인 중에서 누구를 기준으로 불공정한 법률행위를 판단하여야 하는지 문제된다. 대리인에 의하여 계약을 체결한 경우에 궁박은 본인을 기준으로 판단하여야 한다. 그러나 경솔이나 무경험은 대리인을 기준으로 판단하여야 한다. 가령 매도인의 대리인이 매매계약을 체결한 경우에 그 매매가 불공정한 법률행위인가를 판단함에는 매도인의 경솔, 무경험은 그 대리인을 기준으로 하여 판단하여야 하고 궁박 상태에 있었는지의 여부는 매도인 본인의 입장에서 판단하여야 한다.[54] 부재자의 재산관리인이 매매를 하는 경우에도 마찬가지이다.[55]

4. 폭리행위의 악의 또는 이용의도

(1) 판례는 위에서 본 요건 이외에 상대방의 인식 또는 이용 의도가 필요하다고 한다.[56] 초기에는 궁박, 경솔, 무경험을 인식할 것을 요구하였으나,[57] 최근에는 이용의도가 있어야 한다는 판결이 늘고 있다. 즉, 불공정한 법률행위는 객관적으로 급부와 반대급부 사이에 현저히 불균형이 존재하고 주관적으로 위와 같은 균형을 잃은 거래가 피해당사자의 궁박, 경솔 또는 무경험을 이용하여 이루어진 경우에 한하여 성

53) 대판 1976. 4. 13, 75다704.
54) 대판 1972. 4. 25, 71다2255.
55) 대판 1969. 1. 21, 68다1889.
56) 이 요건은 불공정 법률행위의 적용을 거부하기 위한 요건으로 작용하고 있다. 즉, 급부간의 불균형이나 궁박 등을 판단하기 어려운 경우가 많기 때문에, 이용의도가 없다는 이유로 불공정 법률행위의 요건을 충족하지 못한다고 판단하는 경우가 많다.
57) 가령 대판 1964. 8. 31, 63다681; 대판 1970. 11. 24, 70다2065.

립한다고 한다. 따라서 약자적 지위에 있는 자의 궁박, 경솔 또는 무경험을 이용한 폭리행위를 규제하려는 데에 그 목적이 있으므로, 피해당사자가 궁박, 경솔 또는 무경험의 상태에 있었다고 하더라도 그 상대방 당사자에게 위와 같은 피해당사자측의 사정을 알면서 이를 이용하려는 의사, 즉 폭리행위의 악의가 없었다면 불공정한 법률행위는 성립되지 않는다고 한다.[58] 다수설도 판례를 지지하고 있다.[59]

이에 대하여 상대방의 궁박 등을 인식하였을 것은 필요하지만 이용의도까지는 필요하지 않다는 견해도 있고,[60] 상대방이 피해자에게 궁박과 같은 사정이 있었음을 알아야 한다는 요건도 필요 없다는 견해[61]도 있다.

(2) 이 문제는 법률의 문언, 입법자의 의사, 법률의 목적이라는 세 가지 관점에서 검토할 필요가 있다.

(가) 법률의 문언을 보자. 제104조에서는 궁박 등으로 '인하여' 법률행위를 하였을 것을 요구한다. 따라서 폭리자의 악의나 이용의도를 요구하는 것은 법률의 문언에 합치되지 않는다.

(나) 입법자의 의사는 폭리자의 악의나 이용의도가 필요하다고 보았다. 현행 민법 제정 당시 독일 민법 등을 참고하였는데, 모두 폭리자의 이용을 요구하고 있다. 독일 민법 제138조 제 2 항은 폭리행위의 요건으로 '타인의 궁박 등을 이용하여' 급부를 한 법률행위를 무효로 하고 있다. 이 규정의 문언상 폭리자가 상대방의 궁박 등을 이용한 경우에 한

58) 대판 1992. 10. 23, 92다29337. 그 후 동일한 내용의 판결로는 대판 2002. 9. 4, 2000다54406, 54413; 대판 2002. 10. 22, 2002다38927; 대판 2008. 3. 14, 2007다11996; 대판 2009. 3. 16, 2008다1842.

59) 郭潤直(주 3), 221면; 金相容(주 17), 420면; 白泰昇, 民法總則, 법문사, 2000, 361면; 張庚鶴(주 3), 456면.

60) 高翔龍(주 2), 355면; 權五乘, 民法特講, 홍문사, 1994, 104면; 李英俊(주 11), 276면.

61) 金曾漢 · 金學東(주 4), 322면; 李銀榮(주 19), 415면; 裵成鎬(주 19), 31면, 40면; 李相旭, "不公正한 法律行爲," 영남법학 제 5 권 제1 · 2호(1992. 2), 384면.

하여 폭리행위로서 무효이다. 이것은 폭리자가 상대방의 궁박 등의 상황을 악의적으로 이용하는 것을 의미하는데, 이 요건을 충족할 경우에 그 자체로 법률행위는 반사회성을 띠게 되고 제138조 제1항을 적용하기 위한 보충적 요건은 불필요하게 된다. 스위스 채무법 제21조 제1항은 당사자의 일방이 상대방의 궁박, 무경험 또는 경솔에 의하여 계약을 체결하고, 이를 위한 급부와 반대 급부간의 명백한 불균형이 발생한 때에는 피해자는 1년의 기간 내에 그 계약을 이행하지 아니할 의사를 선언하여 이미 급부한 것의 반환을 청구할 수 있다고 규정하고 있다.[62] 1929년의 중국 민법 제74조는 "법률행위가 타인의 급박, 경솔 또는 무경험을 타서 그 사람으로 하여금 재산상의 급부를 하게 하고 또는 급부의 약정을 하게 한 것으로서 당시의 사정에 의하여 현저히 공평을 잃은 것인 때에는 법원은 이해관계인의 신청에 의하여 그 법률행위를 취소하고 또는 그 급부를 경감할 수 있다."고 정하고 있는데,[63] 스위스 채무법의 위 규정과 매우 유사하였다. 우리나라에 의용되었던 일본 민법에서는 폭리행위를 제90조의 공서양속 위반의 한 내용으로 파악하였는데,[64] 여기에서 위와 같은 주관적 요건을 요구하였다.[65] 일본 민법에서는 폭리행위에 관한 직접적인 규정이 없기 때문에, 공서양속 위반 규정에서 위와 같이 판단기준을 좀 더 자유롭게 설정할 수 있을 것이다. 우리 민법의 제정자는 폭리자의 이용이라는 요건을 명시하지는 않았지만, 당시의 입법례나 일본 민법하의 판례를 따랐다고 보아야 할 것이다.

(다) 법규정의 입법취지 또는 목적에 관해서는 상반되는 입장이 가능하다. 먼저 폭리자의 이용의도라는 요건이 필요하지 않다는 견해에서

62) 金天秀(주 19), 16면 이하.

63) 民法案審議錄, 上卷, 71면.

64) 日大判 1934(昭和 9).5.1(民集 13, 875).

65) 우리 민법 제정 당시에 이를 고려하였다. 民事法硏究會, 民法案意見書, 일조각, 1957, 49면(李丙浩).

는 제104조의 입법취지로 사회적 형평의 이념 또는 급부의 균형 법리를 든다. 폭리자의 이용의도를 요구하면 약자인 피해자의 구제를 어렵게 하기 때문에, 폭리자의 이용의도를 요구해서는 안 된다고 한다.[66] 이와 달리 폭리자의 이용이 필요하다는 견해에서는 제104조가 법률행위를 하는 자의 궁박, 경솔, 무경험을 보호하기 위한 것이 아니라 폭리자의 비난가능성을 제재하기 위한 규정이라고 파악한다.[67] 이 견해 대립의 배경에는 사적 자치의 원칙에 대한 입장 차이가 내포되어 있다고 볼 수 있다. 그러나 사적 자치의 원칙과 사회적 형평의 이념에 관한 원리론만으로 이 문제를 해결하는 것은 바람직하지 않고, 이 규정 자체에서 입법취지나 법규정의 목적을 도출하여야 할 것이다. 우리 민법의 규정에서는 폭리자의 이용이라는 요건을 두고 있지 않아 폭리자의 비난가능성에 대한 제재가 법규정의 목적이라고 보기 어렵다. 그런데도 입법과정이나 입법자의 의사를 들어 법규정의 목적이 폭리자의 비난가능성에 대한 제재라고 하는 것이 바람직할까.

(라) 사적 자치의 원칙 또는 계약자유의 원칙이 민법의 대원칙이지만, 사회적 형평의 이념에 의하여 이 원칙이 제약될 수 있다. 그 경계선을 어느 곳에 어떻게 그을지 문제되는데, 제104조는 민법이 정한 경계선이라고 할 수 있다. 의용민법 시대의 판례 법리가 현행 민법 제정 후에 불공정한 법률행위에 관한 해석론에 영향을 미치고 있다. 그러나 우리 민법에서는 독일 민법이나 스위스 채무법과는 달리 폭리자의 이용 의도를 요구하고 있지 않고, 우리 민법은 일본 민법과는 달리 불공정한 법률행위에 관하여 명문의 규정을 두고 있기 때문에, 이 규정의 해석에서 벗어날 수 없다. 한편, 판례에서 불공정한 법률행위의 주관적 요건으로서 이용 의도를 요구하고 있지만, 이것이 실제 사건에서 관철되고 있는지는 의문이다. 대판 1997. 10. 28, 97다27619는 어업권 소멸로

66) 裵成鎬(주 19), 31면.
67) 金天秀(주 19), 27면.

인한 손실보상금의 분배에 관한 어촌계 총회의 결의가 현저하게 불공정하여 무효인지 여부를 판단하면서 이용 의도를 고려하지 않고 있다.[68] 또한 아래 Ⅲ.에서 보는 바와 같이 폭리자의 이용의도가 없는 경우에 제104조가 적용되지 않는다고 보더라도 제103조가 적용될 수 있다. 그렇다면 굳이 104조의 요건에서 법규정에 없는 이용의도를 부가하여 제104조의 적용범위를 좁히고, 다시 제103조를 적용하는 것보다는 제104조를 법규정의 문언대로 이용의도를 요구하지 않는다고 해석하는 것이 바람직할 것이다.

5. 판단의 기준시점

불공정한 법률행위에 해당하는 여부를 결정하는 기준시점이 언제인지 문제된다. 특히 불균형의 기준시점이 문제된다.

불공정 법률행위는 그 행위시를 기준으로 판단해야 한다.[69] 제607조가 대물변제의 예약에 관하여 그 예약 당시를 기준으로 차용물의 가액이 차용액과 그 이자의 합산액을 초과하는지 여부를 판단하고 있다. 제607조는 제104조와 유사한 사항을 대물변제의 예약에 관하여 구체화

---

68) 판결 내용은 다음과 같다. (1) 어업권의 소멸로 인한 손실보상금은 어촌계의 잉여금과는 그 성질이 달라서 그 어업권의 소멸로 손실을 입게 된 어촌계원에게 공평하고 적정하게 분배되어야 할 것이므로, 어업권의 소멸로 인한 손실보상금의 분배에 관한 어촌계 총회의 결의 내용이 각 계원의 어업권 행사 내용, 어업 의존도, 계원이 보유하고 있는 어업 장비나 멸실된 어업 시설 등의 제반 사정을 참작한 손실의 정도에 비추어 볼 때 현저하게 불공정한 경우에는 그 결의는 무효이다. (2) 어업권의 소멸로 인한 손실보상금을 어업권 행사자에게만 분배하고 어업권 비행사자에게는 전혀 분배하지 않기로 하는 결의가 있을 경우 그 결의가 현저하게 불공정하여 무효인지의 여부를 판단함에 있어서는, 그 어촌계 내부의 어업권 행사의 관행과 실태가 가장 중요한 기준이 된다고 할 것이고, 그 밖에 어업권 행사자가 되기 위한 경쟁의 정도, 어촌계원 중에서 어업권 행사자들이 차지하는 비율, 어업권 비행사자들이 어업권 행사자가 되지 못한 이유, 보상 결의에 대한 비행사자들의 태도, 그 어촌계에서의 과거의 보상금 분배의 선례 등도 판단 자료로서 참작되어야 할 것이다.

69) 金曾漢·金學東(주 4), 320면.

한 것이기 때문에, 제104조를 해석하는 데도 참고가 될 수 있다.[70]

대판 1965. 6. 15, 65다610은 대물변제예약이 불공정한 법률행위가 되는 요건의 하나인 대차의 목적물가격과 대물변제의 목적물가격에 불균형이 있느냐 여부를 결정할 시점은 대물변제의 효력이 발생할 변제기 당시를 표준으로 하여야 할 것이라고 하였다. 이는 변제기를 기준으로 불균형을 판단하고 있다. 이 판결을 들어 판례가 이행기를 기준으로 불균형을 판단하고 있다는 견해가 있다.[71] 그러나 이 판결의 사안은 대물변제에 관한 것으로, 이 판결을 일반화하여 불공정 법률행위에서 불균형의 판단시기를 이행기로 보아서는 안 될 것이다.[72] 그 후에 나온 대법원 판결들은 급부와 반대급부의 불균형을 법률행위시를 기준으로 판단하고 있다.[73]

Ⅲ. 제103조와 제104조의 관계

제103조와 제104조의 관계를 어떻게 볼 것인지 문제된다. 이 문제는 독일과 일본의 논의에 의하여 영향을 받았다.

독일 민법 제138조는 제 1 항에서 공서양속에 관하여 규정하고, 제 2 항에서 그 유형의 하나로 폭리행위에 관한 규정을 두고 있다.[74] 독일 민법 제138조 제 1 항은 제 2 항과 관련하여 보충적 구성요건으로서의

70) 金曾漢 · 金學東(주 4), 320면.

71) 郭潤直(주 3), 221면.

72) 이 판결은 이행기를 기준으로 급부와 반대급부의 현저한 불균형 여부를 판단한다는 법리를 내세우고 있으나, 구체적인 사안을 보면 그 전제인 피담보채권액의 산정을 이행기를 기준으로 판단한 것에 불과하다는 견해가 있다. 閔日榮(주 11), 310-312면; 民法注解(Ⅱ), 251면(閔日榮 집필).

73) 대판 1984. 4. 10, 81다239. 대판 1996. 4. 26, 94다34432는 이 문제를 직접 판단한 것은 아니지만, 불공정 법률행위를 판단하는 시점을 법률행위시로 판단한 원심판결을 정당하다고 하였다.

74) 제138조 제 2 항에서 "특히(insbesondere)"라는 표현을 사용한다.

성격을 갖고 있다. 즉, 독일 민법 제138조 제2항의 폭리행위에 관한 요건이 일부 충족되지 않은 경우에 제1항이 적용될 수 있다. 이를 '폭리유사행위(wucherähnliches Geschäft)'라고 한다.[75] 폭리유사행위로서 무효가 되려면, 추가적으로 반사회성의 요건이 충족되어야만 한다.[76] 급부와 반대급부 사이의 모든 불균형 또는 용인할 수 없을 정도로 여겨지는 불균형이 있다고 해서 선량한 양속위반에 해당하는 것은 아니다.[77] 선량한 양속위반의 요건을 충족하기 위해서는 급부의 불균형이 현저해야 한다. 급부의 현저한 불균형 그 자체로 법률행위가 선량한 양속을 위반하는지 문제된다. 이에 관하여 견해가 대립하고 있으나, 판례와 다수설은 이를 부정하고 있다.[78] 급부의 현저한 불균형이 있는 경우에 제138조 제2항의 폭리행위 요건을 충족하거나 아니면 폭리유사행위로서 제138조 제1항의 반사회성이라는 요건[79]을 충족하여야 한다. 다만 급부간의 불균형이 문제가 될 경우 실무에서는 이를 폭리유사행위로 보는 경우가 많다.[80] 급부간의 불균형이 현저할 경우에 주관적 요건이 사실상 추정되기 때문이다.[81] 또한 전기공급업자가 독점적 지위를 이용하여 전기요금을 과도하게 인상한 경우에도 양속위반에 해당할 수 있다.[82]

---

75) MünchKomm/Mayer-Maly/Armbrüster, § 138 Rn. 116.
76) BGH NJW, 1951, 397.
77) BGHZ 87, 309.
78) BGHZ 80, 153; MünchKomm/Mayer-Maly/Armbrüster, § 138 Fn. 567.
79) 폭리유사행위의 경우에 주관적 요건이 필요하다는 것이 다수설이나(BGH BGHZ 160, 8; BGH NJW 2002, 3165), 이에 반대하는 견해도 있다. MünchKomm/Mayer-Maly/Armbrüster, § 138 Rn. 117.
80) MünchKomm/Mayer-Maly/Armbrüster, § 138 Rn. 112.
81) BGH NJW 1979, 758; NJW 2002, 429; NJW 2002, 3165.
82) Palandt/Heinrichs, Bürgerliches Gesetzbuch, § 138 Rn. 92; BGH NJW 76, 711(가격이 과도한지 여부는 제반사정을 고려하여 판단하여야 한다. 이 때 비교할 수 있는 상황이 주어져 있다면 다른 가격과 비교할 수 있다. 문제되는 사건에서 가격이 현저하게 높다면 공급자측이나 수요자측에 가격인상을 정당화할 만한 객관적 사유가 있는지를 검토하여야 한다).

일본 민법 제90조는 “공공의 질서 또는 선량한 풍속에 반하는 사항을 목적으로 하는 법률행위는 무효로 한다.”고 규정하고 있고, 이와 별도로 폭리행위에 관한 규정이 없다. 일본의 학설과 판례[83]는 폭리행위를 공서양속 규정의 한 유형으로 파악하고 있다.

우리나라의 판례와 다수설도 제104조를 제103조의 예시 규정으로 파악하고 있다. 불공정한 법률행위는 반사회적 법률행위의 하나라는 것이다.[84] 이에 대해서는 제104조는 제103조와 별개의 규정으로 보는 소수설이 있다. 첫째, 제103조와 제104조는 독일 민법 제138조 제 1 항 · 제 2 항의 규정 형식과는 달리, 별개의 독립된 규정으로 되어 있다. 제104조는 사회적 형평의 이념 또는 ‘급부의 균형’ 법리에 기초한 것인데, 이것은 계약이 유효하게 성립하는 데는 당사자간의 합의가 필요하지만, 그 밖에 급부간의 균형도 필요하다는 것이다.[85] 둘째, 제104조는 제103조와 달리 주관적 요건이 요구되고, 그 효과도 다르다고 한다.[86]

제103조와 제104조가 별개의 규정으로 되어 있다고 해서 두 조문이 별개의 독자적인 규정인 것은 아니다. 규정의 위치, 입법 연혁, 규정의 내용에 비추어 불공정 법률행위에 관한 제104조는 제103조의 한 유형으로 볼 수 있다. 제103조는 선량한 풍속 기타 사회질서에 반하는 법률행위에 관한 것으로 매우 포괄적인 요건을 정하고 있기 때문에 불공정 법률행위에 관한 제104조를 포괄할 수 있다고 보아야 한다. 위 소수설이 들고 있는 논거의 당부를 논하기에 앞서 제104조가 급부의 균형 법리를 표현하고 있다거나 그 요건에 세세한 차이가 있다고 하더라도 제104조를 제103조의 한 유형으로 파악하는 데 장애가 되지 않는다.

---

83) 日大判 1934(昭和 9).5.1(民集 13, 875).
84) 대판 1964.5.19, 63다821; 郭潤直(주 3), 221면; 民法注解(Ⅱ), 243면(閔日榮 집필).
85) 高翔龍(주 2), 349면; 裵成鎬(주 19), 36면.
86) 高翔龍(주 2), 349면.

대판 1996. 4. 26, 94다34432는 주식매매에 관한 사례에서 "당사자의 일방이 그의 독점적 지위 내지 우월한 지위를 악용하여 자기는 부당한 이득을 얻고 상대방에게는 과도한 반대급부 또는 기타의 부당한 부담을 과하는 법률행위"를 법률행위의 목적이 불법인 경우에 해당한다고 보고, 이는 반사회적인 것으로서 무효라고 하였다. 이것은 폭리행위가 제104조의 요건 중 일부를 갖추지 못한 경우에 제103조에 따라 반사회적 법률행위로서 무효라고 본 것이다.

최근 대판(전) 2007. 2. 15, 2004다50426은 이 문제에 관하여 좀 더 분명한 입장을 보여주고 있다. 즉,

> "금전 소비대차계약과 함께 이자의 약정을 하는 경우, 양쪽 당사자 사이의 경제력의 차이로 인하여 그 이율이 당시의 경제적·사회적 여건에 비추어 사회통념상 허용되는 한도를 초과하여 현저하게 고율로 정하여졌다면, 그와 같이 허용할 수 있는 한도를 초과하는 부분의 이자 약정은 대주가 그의 우월한 지위를 이용하여 부당한 이득을 얻고 차주에게는 과도한 반대급부 또는 기타의 부당한 부담을 지우는 것이므로 선량한 풍속 기타 사회질서에 위반한 사항을 내용으로 하는 법률행위로서 무효라 할 것이다."

이러한 판단은 이자제한법[87]이 없는 상태에서 이자약정이 사회통념상의 허용한도를 초과한 경우에 그 초과부분에 관하여 무효라고 선언한 것이다. 민법 제104조는 불공정한 법률행위에 관하여 규정하고 있는데, 고율의 이자 약정은 급부와 반대급부 사이에 현저한 불균형이 있는 경우에 해당한다. 그러나 민법 제104조의 불공정한 법률행위에 해당하려면 궁박, 경솔, 무경험이라는 요건을 충족하여야 한다. 그런데 이 판결은 이러한 요건을 충족하지 못한 경우라도 고율의 이자약정이 민

87) 이자제한법은 1998. 1. 13. 폐지되었다가, 이 판결 선고 이후인 2007. 3. 29. 새로이 제정되었다. 현행 이자제한법 제 2 조 제 3 항에서는 계약상의 이자가 이자의 최고이자율을 초과하는 경우에 그 초과부분을 무효로 하고 있다.

법 제103조의 사회질서 위반에 포섭될 수 있다고 본 것이다.[88] 그리하여 대법원은 양쪽 당사자 사이에 '경제력의 차이'가 있고, 이로 인하여 그 이율이 '사회통념상 허용되는 한도'를 초과하여 현저하게 고율로 정해진 경우에 초과이자 부분을 무효라고 하였다. 이와 같은 경우에 대주가 그의 우월한 지위를 이용하여 부당한 이득을 얻고 차주에게는 과도한 반대급부 또는 기타의 부당한 부담을 지우는 것이라고 한다. 결국 이 판결은 '경제력의 차이'와 '사회통념상의 허용한도 초과'라는 두 요소를 고율의 이자약정의 효력을 판단하는 기준으로 설정한 것으로 볼 수 있다. 당사자들 사이에 경제력의 차이가 있어서 고율의 이자약정을 하였으면 대주가 우월적 지위를 이용하였다고 보았는데, 이는 고율의 이자약정을 한 경우에 사회질서 위반을 비교적 쉽게 인정하기 위한 것이다.[89]

Ⅳ. 결　　론

불공정한 법률행위 문제는 더 이상 교과서적인 문제에 불과한 것이 아니다. 민법 제정시와는 달리 불공정 법률행위는 점차 중요한 지위를 차지해 가고 있다. 민법 제정 이후에 제정된 약관규제법 등에서도 이에 관한 규정을 두고 있는데, 이들을 포괄하여 통일적인 시각에서 불

88) 徐敏錫, "선량한 풍속 기타 사회질서에 반하여 현저하게 고율로 정해진 이자약정의 효력 및 이미 지급된 초과이자의 반환청구권," 民事裁判의 諸問題 제16권, 2007, 165면. 이 판결에 대해서는 梁彰洙, "公序良俗에 反하는 利子約定에서 任意로 支給된 過剩利子의 返還請求," 民法硏究 제 9 권, 박영사, 2007도 참조.

89) 한편 양쪽 당사자 사이에 경제력의 차이가 있는 경우에 한하여 고율의 이자약정을 무효로 할 것인지 문제된다. 대주와 차주의 경제력이 비슷하거나, 아니면 차주가 대주보다 경제력이 나은 경우에도 고율의 이자약정을 무효로 할 필요가 있다. 金載亨, "2007년도 민사법 분야 주요 판례 해설," 2007년도 주요판례 해설, 대한변호사협회 변호사연수원, 2008, 215면.

공정 법률행위 문제를 검토할 필요가 있다.

한편, 이 문제는 주로 우리 민법의 제정에 중대한 영향을 미친 독일 등 대륙법계의 관련 규정이나 법리를 참고하여 논의가 진행되는 경우가 많았다. 그런데 미국 등 영미법계에서 활발하게 논의되고 있는 비양심성(Unconscionability) 법리[90]가 우리 민법의 불공정 법률행위와 밀접한 관련이 있다. 비양심성 법리는 절차적 비양심성과 실체적 비양심성으로 구분할 수 있는데, 절차적 비양심성은 교섭 과정에 결함이 있는 경우를 말하고, 실체적 비양심성은 계약의 실체적 내용이 가혹한 경우(가령 계약의 내용이 당사자 일방에게 지나치게 불리한 경우)를 말한다.[91] 법원은 절차적으로도 실체적으로도 비양심적인 계약의 효력을 부인하지만, 그렇지 않고 실체적 비양심성 또는 절차적 비양심성 중 하나만으로도 예외적인 상황에서는 계약이나 그 내용의 효력을 부인하기도 한다.[92] 이 법리는 대륙법계의 입법례와 달리 계약의 공정성 문제에 관하여 훨씬 유연하게 처리하고 있다는 점에서 시사하는 바가 있다.

우리 민법에서 사적 자치의 원칙이나 계약자유의 원칙을 어떻게 볼 것인지, 그 한계를 어떻게 설정할 것인지, 계약의 공정성을 어느 정도 확보하여야 하는지, 법률의 문언과 입법자의 의사를 어떻게 볼 것인지에 관한 태도 결정에 따라 불공정 법률행위에 관한 문제에 접근하는 시각이 달라질 것이다. 불공정 법률행위의 요건과 관련하여 증여 등 편무계약에도 제104조를 적용할 것인지, 주관적 이용 의도를 요구할 것인

---

90) 통일상법전(UCC) 제2-302조 제1항은 계약이나 그 내용이 그 체결 당시에 비양심적인(unconscionable) 경우에 법원은 그 계약의 강제를 거절하거나 또는 비양심적 조항을 제외한 계약의 나머지 부분을 강제하거나, 비양심적인 결과를 방지하기 위하여 비양심적인 조항의 적용을 제한할 수 있다고 정하고 있다. 이 법리에 관해서는 梁明朝(주 6), 8면 이하도 참조.

91) *Farnsworth on Contracts*, Ⅰ, 3rd ed., 2004, § 4.28.

92) *Gillman v. Chase Manhattan Bank. N.A.*, 534 N.E.2D 824, 829 (N.Y. 1988); American Law Institute, *Restatement (Second) of the Law of Contracts*, 1981, § 208 cmt c.

지에 관한 견해 대립도 이러한 관점에서 이해하여야 한다. 불공정 법률행위에 관한 제104조를 지나치게 좁게 이해하고, 그 대신 제103조에 계약의 공정성 문제의 해결을 미루는 태도는 바람직하지 않다. 이 문제에 관한 해석론이나 입법론을 전개하면서 다양한 시각에서 깊이 있게 검토를 하여야 할 것이다.

(亞細亞民商法學 제 3 호(2009. 12), 한중일민상법통일연구소, 247-270면 所載)

5. 황금들녘의 아름다움: 법해석의 한 단면
—임대주택법상의 임차인에 관한 해석 문제—

여기 가을 들녘의 황금물결을 노래하는 —그 모습을 깨뜨리고 싶지 않은— 아름다운 판결문이 있다.

> "가을 들녘에는 황금물결이 일고, 집집마다 감나무엔 빨간 감이 익어 간다. 가을걷이에 나선 농부의 입가엔 노랫가락이 흘러나오고, 바라보는 아낙의 얼굴엔 웃음꽃이 폈다. 홀로 사는 칠십 노인을 집에서 쫓아내 달라고 요구하는 원고의 소장에서는 찬바람이 일고, 엄동설한에 길가에 나앉을 노인을 상상하는 이들의 눈가엔 물기가 맺힌다.
>
> 우리 모두는 차가운 머리만을 가진 사회보다 차가운 머리와 따뜻한 가슴을 함께 가진 사회에서 살기 원하기 때문에 법의 해석과 집행도 차가운 머리만이 아니라 따뜻한 가슴도 함께 갖고 하여야 한다고 믿는다. 이 사건에서 따뜻한 가슴만이 피고들의 편에 서 있는 것이 아니라 차가운 머리도 그들의 편에 함께 서 있다는 것이 우리의 견해이다."[1)]

많은 이의 심금을 울렸던 화제의 이 판결은 법해석에 관한 중요한 문제를 제기하고 있다. 여기에서는 이 판결을 소개하고 이 판결에서 제기되는 법해석의 몇 가지 문제에 관하여 검토하고자 한다. 美文의 판결을 글쓰기의 대상으로 삼는 위험을 감수하고 판결에 경의를 표하면서 이 판결에서 제기한 문제를 논의의 장으로 끌어내어 법적 논증의 대상으로 삼아보고자 한다.

---

1) 이는 아래 연구대상판결문의 일부이다.

Ⅰ. 연구대상판결: 대전고등법원 2006.11.1. 선고 2006나1846 판결

1. 사실관계

원고(대한주택공사)는 임대주택사업으로 1999.2.19. 피고 A와 임대주택 한 채(24평형)에 관하여 임대차기간을 5년으로 정하여 임대차계약을 체결하였다. 피고 B는 피고 A의 아버지로서 1999.6.1. 위 임대주택에 입주하여 지금까지 홀로 살고 있다. 피고 A는 피고 B의 둘째 딸로서 1988.9.16. 혼인한 후 따로 살고 있다. 당시 시행되던 임대주택법[2] 상의 임대의무기간이 경과하자 원고는 위 임대주택 전부를 분양전환하기로 결정하였다. 임대주택법 제15조 제1항, 동 시행령 제13조 제2항 제1호[3]는 우선분양권리자로 "입주일 이후부터 분양전환 당시까지 당해 임대주택에 거주한 무주택자인 임차인"으로 규정하고 있는데, 위 임대주택의 임차인인 피고 A 부부는 다른 주택을 소유하고 있기 때문에 그 임대주택을 분양받을 수 없었다. 피고 B는 원고에게 임대차계약의 명의자는 형식상 딸로 되어 있을 뿐이고 실제로는 자신의 거주를 위하여 임차한 것이며 자신이 혼자서 계속하여 그 임대주택에 거주하였으므로 자신 명의로 분양해 줄 것을 요청하였다. 그러나 원고는 피고 B의 요청을 거절하고 피고들에 대하여 임대주택의 명도를 요구하였다.

2) 2005.7.13. 법률 제7598호로 개정되기 전의 것. 이하 '임대주택법'이라고 한다.
3) 이 판결에는 '임대주택법 제15조 제1항 제1호'라고 기재하고 있으나, 이는 2005.7.13.자로 개정된 법에 신설된 조항으로서 이 사건에 적용되지 않는다(이 점은 맨 뒤의 追記에 기재한 상고심 판결에 지적되어 있다). 위 개정 이전의 임대주택법 제15조 제1항에는 임대사업자가 "대통령령이 정하는 무주택세대주인 임차인"에게 우선분양전환하여야 한다고 정하고 있을 뿐이고, 이 규정에 따른 임차인에 관하여 동 시행령 제13조 제2항 제1호에서 "입주일 이후부터 분양전환 당시까지 당해 임대주택에 거주한 무주택자인 임차인"이라고 정하고 있다.

2. 고등법원 판결의 내용

이 사건의 쟁점은, 피고 B가 임대주택법 제15조에서 정한 임차인으로서 임대주택을 우선분양받을 권리가 있는지 여부이다. 1심은 이를 부정하여 원고의 청구를 인용하였으나, 항소심은 이와 달리 1심 판결을 취소하고 원고의 청구를 기각하였다. 임대주택법 제15조 제1항의 "임차인"의 의미를 해석함에 있어서 **이 사건 사안과 같은 특별하고도 예외적인 사정을 참작하는 실질적 의미의 임차인**으로 해석하여야 하고, 피고 B는 그 실질적 의미의 임차인 요건을 갖추었으며, 피고 B는 이 사건 임대주택에 관하여 우선분양을 받을 권리를 가진다고 하였다. 그 이유는 다음과 같다.

> (1) 입법부가 임대주택법을 제정하여 임대주택사업을 지원하는 한편 일정한 규제를 가하고 있는 것은, 임대주택 건설을 촉진하고 국민주거생활의 안정을 도모하기 위한 것이다(법 제1조). 우리 사회에는 개인의 다양한 사정에 의하여 주택을 임차하려는 상당한 수요가 있는 반면에 투자금액 회수에 오랜 시간이 걸리는 등의 사정으로 임대주택의 공급은 항상 부족한 문제점이 있다. 또한 경제적, 관행적 이유에서 보증금(전세금)이 비싸기 때문에 목돈이 없는 사람들은 주택을 임차하기 어렵고 장기임대주택을 구하기도 어려운 것이 실정이다. 그래서 입법부는 임대주택법을 통하여 장기주택임대를 영업으로 하는 주택임대업자를 지원하여 임대주택의 공급을 늘리는 한편 부족한 임대주택이 실수요자에게 제공되도록 하기 위한 여러 제도적 장치를 마련하였다. 그러므로 **이 법률을 해석하고 적용함에 있어서 이 법률이 달성하고자 하는 위와 같은 공익적 목적을 충분히 참작하여야 마땅하다.** 게다가 우리 사회에서 임대주택의 건설과 임대사업 영위에 가장 큰 몫을 차지하고 있는 원고 공사의 존재이유가 바로 국민생활의 안정과 공공복리의 증진이라는 공익적 이유에 있음(대한주택공사법 제1조)도 간과할 수 없다.
>
> (2) 임대주택법은 주택임대업자가 임대의무기간 후 임대주택을 분양

전환하여 투자자금을 일시에 회수할 수 있는 길을 열어주면서도 일정한 요건을 갖춘 자에게 우선분양의 권리를 보장함으로써 주거와 생활의 안정을 도모하고 있다. 같은 법 제15조 제1항, 동 시행령 제13조 제2항 제1호[법조항은 주 3에 기재한 이유로 필자가 수정한 것임]는 우선분양권의 발생요건으로 "입주일 이후부터 분양전환 당시까지 당해 임대주택에 거주한 무주택자인 임차인"으로 규정하고 있는데, 여기서 무주택자를 요건으로 하고 있는 것은 임대주택이라는 한정된 자원의 분양에 있어서 아직 주택을 소유하고 있지 못한 서민을 배려하기 위한 것이고, 실제 거주한 임차인을 요건으로 하고 있는 것은 한정된 자원의 분양에 있어서 실수요자를 우선 배려하기 위한 목적일 것이다. 따라서 위 규정에서 말하는 "임차인"의 의미를 밝히고, 이 사건에서 피고 B가 그에 해당하는지를 판단함에 있어서 위 규정의 목적을 충분히 고려하여야 한다.

(3) 이 사건의 구체적 사안을 보면, 이 사건 아파트의 임차 목적은 분명히 피고 B의 주거공간을 구하는 것이었지 피고 A의 주거공간을 구하는 것이 아니었다. 이 사건 아파트를 임차하여 그곳에 거주하겠다는 결정을 한 자는 피고 B이었고 보증금으로 지급된 자금 역시 그의 것이었다. 다만, 피고 B가 처의 병수발로 자리를 뜰 수 없었던 절박한 사정이 있었기 때문에 직접 원고 사무실을 찾아가 자신의 명의로 계약을 체결하지 못하고 둘째 딸인 피고 A에게 계약체결을 부탁하였다. 이 사건에서 피고 A가 자신의 명의로 아버지의 주거에 관한 임대차계약을 체결하면서 법적으로 허용되지 않는 어떠한 이익을 얻거나 법적 규제를 회피하려 하였던 것은 아니다. 이러한 사정에 비추어 볼 때 피고 A가 아버지의 이름이 아닌 자신의 이름으로 원고와 임대차계약을 체결한 것은 법적 권리에 관하여 정확한 지식과 정보를 갖지 못하였기 때문에 저지른 실수였던 것으로 보인다.

만일 위와 같은 실수가 개입되지 않았더라면 피고 B가 임대주택을 우선분양받을 권리를 갖게 되었을 것이라는 점에 대해서는 의문의 여지가 없다. 피고 B는 현재 75세의 고령에 홀로 살고 있는 노인이다. 경제적 활동을 할 능력을 잃었고 넉넉한 재정능력도 갖고 있지 못하다. 이런 사정에 놓여 있는 피고 B에 대하여 임대차계약 체결과정에서 있었던 작은 실수 때문에 이제 와 그 주거공간에서 계속 거주할 권리를 갖지 못한다고 하기에는, 원인이 된 피고들 측의 잘못과 그 결과 사이에 균형을 잃었다는 느낌을 지울 수 없다.

(4) 법률용어로서의 "임차인"이라는 단어가 임대차계약의 양 당사자 중 부동산을 빌리는 측 당사자를 의미한다는 사실은 굳이 법률가가 아니더라도 잘 알고 있다. 그러나 법률 문언의 올바른 의미를 밝히기 위해서는 법률용어로서의 의미만이 아니라 그 법률이 달성하고자 한 정책목표와 우리 사회가 법체제 전체를 통하여 달성하고자 하는 가치를 아울러 고려하여야 한다. 위 법률의 문언만이 아니라 위 법률이 달성하고자 한 정책적 목표와 위 법률이 의도한 계획의 관점에서 보면, 피고 B의 주거안정은 당초부터 위 정책목표와 계획상의 보호범위 내에 있었던 것이지 그 바깥에 있었다고 생각되지 않는다. 정책적 목적과 계획을 분명하게 하기 위하여 사용된 언어가 그 정책적 목적과 계획의 실행을 제한하고 억제하는 방향으로 해석되고 집행되는 것은 옳은 일이 아니다.

이러한 법해석학의 관점에서 볼 때, 이 사건에서 피고 B가 무주택자이고 이 사건 아파트에 대한 실수요자였음에도 불구하고 위에서 본 특별한 사정 때문에 임대차계약상의 임차명의인이 아니라고 하여 그의 권리를 부정하는 것이 이 법의 공익적 목적과 계획에 부합한다고 생각되지 않는다. 오히려 이 법상의 임차인의 요건을 그렇게까지 문언적, 법형식적으로 해석할 것이 아니라 이 사건과 같은 특별한 사정이 있는 예외적 사안에서 임대차계약의 목적과 재정적 부담과 실제 거주자라는 실질적 측면에서 사회적 통념상 임차인으로 충분히 관념될 수 있는 피고 B가 위 법상의 임차인 요건을 갖추었다고 보는 것이 위 법의 공익적 목적과 계획에 부합하는 해석이다.

(5) 가장 세심하고 사려 깊은 사람도 세상사 모두를 예상하고 대비할 수는 없는 법이다. 가장 사려 깊고 조심스럽게 만들어진 법도 세상사 모든 사안에서 명확한 정의의 지침을 제공하기는 어려운 법이다. 법은 장래 발생 가능한 다양한 사안을 예상하고 미리 만들어두는 일종의 기성복 같은 것이어서 아무리 다양한 치수의 옷을 만들어 두어도 예상을 넘어 팔이 더 길거나 짧은 사람이 나오게 된다. 미리 만들어 둔 옷 치수에 맞지 않다고 하여 당신의 팔이 너무 길거나 짧은 것은 당신의 잘못이니 당신에게 줄 옷은 없다고 말할 것인가? 아니면 다소 번거롭더라도 옷의 길이를 조금 늘이거나 줄여 수선해 줄 것인가? 우리는 입법부가 만든 법률을 최종적으로 해석하고 집행하는 법원이 어느 정도 수선의 의무와 권

한을 갖고 있다고 생각한다. 이는 의회가 만든 법률을 법원이 제멋대로 수정하는 것이 아니라 그 법률이 의도된 본래의 의미를 갖도록 보완하는 것이고 대한민국헌법이 예정하고 있는 우리 헌법체제의 일부라고 생각한다.

Ⅱ. 이 사건의 쟁점

이 사건 임대차에 적용되었던 임대주택법과 그 시행령은 우선분양을 받을 수 있는 권리자로 "입주일 이후부터 분양전환 당시까지 당해 임대주택에 거주한 무주택자인 임차인"이라고 규정하고 있었다. 이 사건 건물의 임대차계약서에는 피고 A가 임차인으로 기재되어 있으나, 위 주택에 거주하지도 않고 무주택자도 아니기 때문에 위 규정에 따라 우선분양을 받을 수 없다. 위 건물에 실제로 거주하고 있는 사람은 피고 B로서 피고 A의 아버지이며 무주택자이다. 이와 같은 경우 피고 B가 위 규정에 따라 임대주택을 우선분양받을 수 있는지 문제되고 있다. 1심은 임대차계약상의 명의인인 피고 A를 임차인으로 보았다. 2심은 이와 달리 위 규정에서 말하는 임차인을 "이 사건 사안과 같은 특별하고도 예외적인 사정을 참작하는 실질적 의미의 임차인"(이하 '실질적 의미의 임차인'이라고 한다)이라고 하고, 이 사건에서 피고 A의 아버지로서 실제 거주자인 피고 B가 '실질적 의미의 임차인'[4]이라고 판단하였다.

이 사건에서 쟁점은 두 가지로 나누어 볼 수 있다. 첫째, 임대차계약의 당사자에 관한 문제로서, 임대차계약서상의 명의자가 아닌 실제 거주자를 임차인으로 볼 수 있는지 여부이다. 둘째, 임대주택법상의 임차인을 이른바 '실질적 의미의 임차인'이라고 볼 수 있는지 여부이다.

4) 이 판결은 "사회적 통념상 임차인으로 충분히 관념될 수 있는 피고 B가 위 법상의 임차인 요건을 갖추었다"라고 표현하기도 한다. 이는 피고 B를 임차인으로 본 것이라고 생각할 수도 있으나, 그보다는 '실질적 의미의 임차인'과 유사한 의미로 사용한 것으로 볼 수도 있다.

이 두 문제는 밀접한 관계가 있으나, 첫 번째 문제는 계약의 해석에 관한 문제이고, 두 번째 문제는 법률의 해석에 관한 문제이다.[5]

Ⅲ. 임대차계약에서 임차인이 누구인지 여부: 계약의 당사자 확정 문제

이 사건 임대차계약에서 임차인이 임대차계약을 체결한 딸인지, 아니면 실제로 거주하는 아버지인지 문제되고 있다. 계약에서 명의자와 행위자가 다른 경우,[6] 특히 행위자가 다른 사람의 이름으로 계약을 체결하는 경우에 계약 당사자의 확정 문제로 다루어지고 있다. 이 경우 계약의 당사자를 확정하는 문제는 계약의 해석 문제이다. 따라서 계약의 해석에 관한 방법이나 기준이 여기에도 그대로 적용된다.

1. 계약의 해석

법률행위 또는 계약의 해석[7]에는 다양한 방법이 있다. 종래 계약해석의 방법을 대체로 자연적 해석, 규범적 해석, 보충적 해석으로 구분하였다.[8] 자연적 해석은 표현의 문자적·언어적 의미에 구속되지 않고 표의자의 실제의 의사, 즉 내심적 효과의사에 따라 계약을 해석하는

5) 필자는 재판연구관으로부터 처음에 첫 번째 쟁점에 관하여 검토할 것을 요청받았으나(아래 追記 참조), 두 번째 쟁점도 포함시키기로 하였다.

6) 대리도 이에 속한다고 볼 수 있는데, 이 경우에는 대리행위의 효과가 본인에게 귀속하기 때문에(민법 제114조), 계약의 당사자는 본인과 상대방이다.

7) 여기에서는 계약이 문제되고 있기 때문에, 법률행위의 해석 중에서 계약의 해석에 관해서 다룬다.

8) 李英俊, 民法總則, 개정증보판, 박영사, 2007, 286면 이하; 白泰昇, 民法總則, 개정판, 법문사, 2004, 371면 이하; 郭潤直 편, 民法注解(Ⅱ), 1992, 181면 이하(宋德洙 집필).

것을 말한다. 규범적 해석은 내심적 효과의사와 표시행위가 일치하지 않는 경우에 상대방의 시각(Empfängerhorizont)에서 표시행위의 객관적 의미에 따라 계약을 해석하는 것으로, 의사표시의 상대방이 적절한 주의를 기울이면 이해되었어야 하는 내용이 해석의 기준이 된다. 보충적 해석은 계약에 흠결이나 공백이 있는 경우에 이른바 가정적인 당사자 의사(hypothetischer Parteiwille)에 의하여 계약을 보충하는 것이다. 여기에서 가정적인 당사자 의사라 함은 당사자들이 만일 계약에 흠결이 있는 사항을 알았더라면 규정하였을 것이라고 추측되는 것을 말한다.

최근에는 이와 같이 계약의 해석 방법을 세 가지로 나누어 설명하는 방법이 계약 해석의 실제를 반영하지 못한다는 이유로 문언 해석, 객관적 해석, 주관적 해석, 규범적 해석, 보충적 해석으로 구분하는 견해가 있다.[9] 이는 분류 방식의 문제로서 이와 같은 분류 방식에 따라 실제 결론이 달라지는 것은 아니지만, 이 견해가 계약 해석의 실제 모습을 좀 더 구체적으로 보여주고 있다는 점에서 의미가 있다.

여기에서는 당사자의 의도를 중시할 것인지 여부에 따라 계약의 해석을 크게 주관적 해석[10]과 객관적 해석[11]으로 구분해 보고자 한다.[12] 주관적 해석은 당사자들의 공통된 의도에 따라 계약을 해석하는

9) 尹眞洙, "契約 解釋의 方法에 관한 國際的 動向과 韓國法," 民法論攷 Ⅰ, 박영사, 2007, 244면 이하. 이 견해는 객관적 해석과 규범적 해석을 구분하고 있는데, 객관적 해석을 합리적인 당사자가 계약을 이해하는 방식대로 해석하는 것이라고 하고, 규범적 해석에는 유효해석의 원칙, 엄격해석의 원칙, 작성자 불이익의 원칙이 있다고 설명한다(위 논문, 269면 이하.). 한편, 문언 해석은 문언의 의미를 밝히는 것으로 객관적 해석의 일종으로 생각할 수 있으나, 주관적 해석에서도 문언에 따라 당사자의 실제 의도를 밝히는 것이기 때문에, 주관적 해석과도 관련된다.

10) 이는 다수설에서 말하는 '자연적 해석'에 상응하는 것이다.

11) 이는 다수설에서 말하는 '규범적 해석'에 상응하는 것이다.

12) 법률행위의 해석이 의사표시의 본질과 관련이 있는지 문제된다. 자연적 해석이나 주관적 해석은 의사주의 이론과 관련이 있고, 규범적 해석이나 객관적 해석은 표시주의 이론과 관련이 있다. 이 사건에서는 보충적 해석이 문제되지 않기 때문에 이에 관해서는 다루지 않고자 하는데, 보충적 해석을 계약의 해석으로 볼 것인지, 아니면 법의 적용이라고 볼 것인지는 논란이 있다. 계약의 해석

것이다. 가령 당사자들의 공통된 의도가 계약서에 기재된 문언과 다른 경우에 당사자의 의도가 우선한다. 중요한 예로 "잘못된 표시는 해가 되지 않는다(*falsa demonstratio non nocet*)"는 원칙[13]을 들 수 있는데, 이는 어떤 표시를 하면서 당사자들이 통상적인 의미와 다르게 이해한 경우에 당사자들이 공통적으로 의도한 대로 효력을 인정하는 것이다. 이와 달리 객관적 해석은 합리성이나 신의성실의 원칙 등 객관적 기준을 고려하여 해석하는 것으로, 합리적인 사람이라면 계약에 어떠한 의미를 부여하였을지에 따라 계약을 해석하는 것이다. 현재는 주관적 해석과 객관적 해석 중에서 어느 하나만을 채택하는 경우는 거의 없고 이 두 방법을 결합하여 사용하고 있다.[14]

대법원 판결도 하나의 해석 방법을 고수하는 것이 아니고 여러 가지 해석 방법을 이용하여 개별 사안에 따라 적정한 결론을 도출하고 있다. 주관적 해석에 속하는 판결로는 가령 대판 1993.10.26, 93다2629, 2636(공 1993, 3165)을 들 수 있다. 이 판결은 계약의 해석에서 "형식적

으로 보는 견해로는 李英俊(주 8), 307면 이하; 民法注解(Ⅱ), 206면(宋德洙 집필)이 있고, 법의 적용이라고 보는 견해로는 嚴東燮, "法律行爲의 補充的 解釋," 韓國民法理論의 發展, 박영사, 1999, 82면 이하; 尹眞秀(주 9), 257면; 김진우, "契約의 空白補充," 比較私法 제 8 권 2호(2001.12), 420면이 있다. 보충적 해석은 엄밀하게 말하면 계약의 공백이나 흠결을 보충하는 것으로서, 계약의 해석이라고 할 수 없을 것이다.

13) 이를 '오표시 무해의 원칙'이라고도 한다.

14) 유럽계약법원칙 제5:101조는 해석의 일반원칙에 관하여 규정하고 있는데, 당사자들의 공통된 의도(common intention)가 문언의 문자적 의미와 다른 경우에도 그와 같은 의도에 따라 계약을 해석하여야 하고(제 1 항 · 제 2 항), 당사자의 의도를 증명할 수 없는 경우에는 당사자들과 동일한 유형의 합리적 인간들이 동일한 상황에서 계약에 부여하였을 의미에 따라 계약을 해석하여야 한다(제 3 항)고 정하고 있다. 제5:102조는 계약을 해석할 때에 고려해야 할 사정으로 계약 체결 경위, 당사자의 행태, 계약의 성질 및 목적, 거래관례, 거래계의 해석, 관행, 신의성실 및 공정거래 등을 들고 있다. 당사자의 의도를 중시하는 것을 주관적 방법(subjective method)이라고 하고, 객관적 기준을 중시하는 것을 객관적 방법(objective method)이라고 하는데, 위와 같은 고려요소는 위 두 경우 모두에 적용된다. Ole Lando & Hugh Beale ed., *Principles of European Contract Law*, Part Ⅰ & Ⅱ, 2000, p.288.

인 문구에만 얽매여서는 아니 되고 쌍방 당사자의 진정한 의사가 무엇인가를 탐구하여야 하는 것"이라고 한 다음, 부동산 매매계약에서 당사자들이 계약서에 기재한 목적물이 아니라 당사자들이 실제로 매도하기로 의도한 목적물에 관한 매매계약이 성립하였다고 판단하였다.[15] 이는 "잘못된 표시는 해가 되지 않는다"는 원칙에 해당한다. 이와 달리 객관적 해석 또는 규범적 해석을 채택하였다고 볼 수 있는 판결들이 있다. 가령 대판 1996.7.30, 95다29130(집 44-2, 민 76)은 당사자가 표시한 문언에 의하여 그 객관적인 의미가 명확하게 드러나지 않는 경우에는 그 문언의 내용과 그 법률행위가 이루어진 동기 및 경위, 당사자가 그 법률행위에 의하여 달성하려고 하는 목적과 진정한 의사, 거래의 관행 등을 종합적으로 고찰하여 사회정의와 형평의 이념에 맞도록 논리와 경험의 법칙, 그리고 사회 일반의 상식과 거래의 통념에 따라 합리적으로 해석하여야 한다고 판결하였다.[16] 이 판결은 법률행위의 해석에서 당사자의 진정한 의사도 고려하고 있지만, 거래의 관행 등 객관적 요소들을 고려하여 법률행위를 합리적으로 해석하여야 한다고 하였다. 이 유형에 속하는 판결들은 내심적 의사보다는 표시행위에 의하여 추단된 의사를 강조한다. 당사자의 내심적 의사의 여하에 관계없이 당사

15) 즉, 일반적으로 계약의 해석에 있어서는 형식적인 문구에만 얽매여서는 아니 되고 쌍방 당사자의 진정한 의사가 무엇인가를 탐구하여야 하는 것이므로, 부동산의 매매계약에 있어 쌍방 당사자가 모두 특정의 甲 토지를 계약의 목적물로 삼았으나 그 목적물의 지번 등에 관하여 착오를 일으켜 계약을 체결함에 있어서는 계약서상 그 목적물을 甲 토지와는 별개인 乙 토지로 표시하였다 하여도 위 甲 토지에 관하여 이를 매매의 목적물로 한다는 쌍방당사자의 의사합치가 있은 이상 위 매매계약은 甲 토지에 관하여 성립한 것으로 보아야 할 것이고 乙 토지에 관하여 매매계약이 체결된 것으로 보아서는 안 될 것이며, 만일 乙 토지에 관하여 위 매매계약을 원인으로 하여 매수인 명의로 소유권이전등기를 마쳤다면 이는 원인이 없이 경료된 것으로써 무효라고 하지 않을 수 없다고 하였다.

16) 처분문서에 속하는 계약서를 작성한 경우에는 계약서의 문언을 중시하지만, 이 경우에도 계약의 해석에 관한 법리가 적용된다. 金載亨, 根抵當權硏究, 박영사, 2000, 123면 이하.

자 사이의 계약의 내용을 합리적으로 해석하여야 한다는 판결,[17] 계약의 해석은 당사자가 그 표시행위에 부여한 객관적인 의미를 확정하는 것이라는 판결,[18] 당사자의 내심의 의사보다는 외부로 표시된 행위에 의하여 추단된 의사를 가지고 의사표시를 해석하여야 한다는 판결[19] 등이 이에 속한다.[20]

위와 같은 대법원 판결들을 보면 당사자의 진정한 의사를 중시하는 듯한 판결도 있고, 계약서의 문언을 중시하는 듯한 판결도 있다. 판결의 표현만을 보면, 서로 모순되는 것처럼 보인다. 그러나 앞의 판결은 주관적 해석이 문제되는 사례에 관한 것이고, 뒤의 판결은 객관적 해석이 문제되는 사례에 관한 것이다. 따라서 대법원 판결들은 구체적인 사례에서 사안의 특성을 고려하여 강조점을 달리한 것이라고 이해할 수 있다.

결국 당사자들 사이에 서로 합치하는 공통된 의도가 있는 경우에는 그 의도에 따라 계약을 해석하여야 한다. 그렇지 않은 경우에는 계

17) 대판 1993.10.26, 93다3103(공 1993, 3167); 대판 1999.11.26, 99다43486(공 2000, 47) 등.

18) 대판 1994.3.25, 93다32668(공 1994, 1320); 대판 1995.5.23, 95다6465(공 1995, 2239); 대판 1996.7.30, 95다29130(집 44-2, 민 76); 대판 1996.10.25, 96다16049(공 1996, 3422); 대판 1998.3.13, 97다45259(공1998, 1023); 대판 2000.11.10, 98다31493(공 2001, 1).

19) 대판 1993.5.27, 93다4908, 4915, 4922(공 1993, 1877); 대판 1993.8.24, 92다47236(공 1993, 2585); 대판 1994.10.11, 93다55456(공 1994, 2954); 대판 1995.2.10, 94다16601(공 1995, 1290); 대판 1996.4.9, 96다1320(집 44-1, 민 313); 대판 2002.2.26, 2000다48265(공 2002, 785); 대판 2002.6.28, 2002다23482(공 2002, 1816) 등 다수.

20) 한편 대판 2006.11.23, 2005다13288(공 2007, 24)은 "계약당사자 쌍방이 계약의 전제나 기초가 되는 사항에 관하여 같은 내용으로 착오를 하고 이로 인하여 그에 관한 구체적 약정을 하지 아니 하였다면, 당사자가 그러한 착오가 없을 때에 약정하였을 것으로 보이는 내용으로 당사자의 의사를 보충하여 계약을 해석할 수도 있으나, 여기에서 보충되는 당사자의 의사란 당사자의 실제 의사 내지 주관적 의사가 아니라 계약의 목적, 거래관행, 적용법규, 신의칙 등에 비추어 객관적으로 추인되는 정당한 이익조정 의사를 말한다고 할 것이다."라고 판결하였다. 이는 보충적 해석을 인정한 것으로 볼 수 있다.

약의 문언이 해석의 출발점이다. 문맥에 따라 동일한 문언이 다른 의미를 가질 수 있음은 물론이다. 그러나 계약의 문언이나 그 맥락만으로 계약의 의미를 확정할 수 없는 경우가 적지 않다. 이러한 경우에는 의사표시를 하는 당사자의 의도와 목적이 무엇인지, 상대방이 의사표시를 어떻게 이해하였는지, 계약체결의 경위와 거래 관행이 어떠하였는지 등 제반사정을 고려하여 계약을 해석하여야 한다. 이와 같이 계약의 해석에서 고려해야 할 사항은 대체로 계약당사자의 사정과 거래 관행 등 객관적 사정으로 구분할 수 있다. 대법원 판결에서 논리와 경험의 법칙, 그리고 사회 일반의 상식과 거래의 통념을 고려하여야 한다고 하는 것도 그 정당성을 인정할 수 있다. 그 이유로 계약당사자는 그와 같은 사정을 고려하여 계약을 체결한다고 볼 수 있다는 점을 들 수 있다. 다만 대법원 판결에서 계약을 해석하는 단계에서 들고 있는 '사회정의와 형평의 이념'은 계약 해석의 단계에서 고려할 사항을 벗어난 것으로, 계약에 대한 내용통제의 단계에서 고려할 수 있는 문제라고 생각한다.

2. 타인 명의로 계약을 체결한 경우 계약당사자의 확정 문제: 판례의 태도를 중심으로

가. 타인의 명의를 冒用한 경우

타인 명의로 계약을 체결한 경우 계약당사자의 확정 문제에 관해서 대판 1995. 9. 29, 94다4912(공 1995, 3584)에서 그 판단기준을 포괄적으로 제시하고 있다. 사실관계 중 계약의 당사자에 관련된 부분은 다음과 같다. A는 자신의 명의로 사업자등록을 할 수 없는 사정이 있어서 평소 친분이 있던 B 몰래 그의 명의로 케논판매본부라는 상호로 문구류 판매업을 시작하였다. A와 피고는 1989. 12. 2. 대리점계약을 체결하였는데, 피고가 A에게 사무기기 및 용품을 공급하고 A가 이를 실수요자에게 판매하기로 한 것이다. A는 위 대리점계약상의 영업보증금의 지급담보를 위하여 B의 승낙도 없이 마치 자신이 B인 것처럼 임의로 B의 명의를 사용하여 원고와의 사이에 피보험자를 피고로 하고 보험가입 금액을 금 1천만원, 보험기간을 1989. 12. 2.부터 1990. 12. 1.까지로 하는 지급계약 보증보험계약(이하 이 사건 보험계약이라 한다)을 체결하였다.

이 사건 보험계약의 당사자가 A와 B 중에서 누구인지 문제되었다. 원심은 이 사건 보험계약의 당사자가 A라고 판단하였다. 그러나 대법원은 원심 판결을 파기환송하였는데, 다음과 같은 기준을 제시하였다.

> "타인의 이름을 임의로 사용하여 계약을 체결한 경우에는 누가 그 계약의 당사자인가를 먼저 확정하여야 할 것으로서, 행위자 또는 명의인 가운데 누구를 당사자로 할 것인지에 관하여 행위자와 상대방의 의사가 일치한 경우에는 그 일치하는 의사대로 행위자의 행위 또는 명의인의 행위로서 확정하여야 할 것이지만, 그러한 일치하는 의사를 확정할 수 없을 경우에는 계약의 성질, 내용, 목적, 체결경위 및 계약체결을 전후한 구체적인 제반사정을 토대로 상대방이 합리적인 인간이라면 행위자와 명의자 중 누구를 계약당사자로 이해할 것인가에 의하여 당사자를 결정하고, 이에 터잡아 계약의 성립 여부와 효력을 판단함이 상당할 것이다."

대법원은 이 사건에 대한 구체적인 판단에서 원고와 이 사건 보험계약을 체결한 당사자가 A라고 판단한 것은 타당하지 않다고 하였다. 그 이유는 두 부분으로 나누어 볼 수 있다. ① 이 사건에서 A가 마치 자신이 B인 것처럼 행세하여 원고와 계약을 체결하였고, 원고는 A가 B인 줄로만 알고 이 사건 보험계약을 체결한 것이다. 따라서 원고와 A 사이에 A를 이 사건 보험계약의 당사자로 하기로 하는 의사의 일치가 없었던 것으로 보인다. ② 이 사건 보험계약은 보험계약자가 피고에 대하여 계속적 거래관계에서 부담하게 될 물품대금 채무의 이행을 담보하기 위한 영업보증금의 지급을 보증하는 계약이다. 채무자인 보험계약자의 신용상태가 그 계약체결의 여부 및 조건을 결정하는 데 중요한 요소로 작용하였다고 볼 수 있다. A는 자신의 명의로 사업자등록조차 할 수 없는 처지였음에도 불구하고 이러한 사정을 숨긴 채 보험가입에 아무런 지장이 없는 B인 것처럼 행세하여 그의 명의로 이 사건 보험계약을 청약하였고 이에 원고는 실제로 계약을 체결한 A가 서류상에 보험청약자로 되어 있는 B인 줄로만 알고 그 계약이 아무런 하자 없는 당사자에 대한 것이라는 판단 하에 이 사건 보험계약을 체결하였다고 여겨진다(원고는 이 사건 문제가 생긴 뒤에 비로소 A에 대한 전산조회를 하여 보고 그가 증권교부 부적격자임을 알았다는 것이므로 이 사건 계약체결 당시 A를 당사자로 생각하였더라면 원고는 계약을 체결하지 아니하였을 것으로 보인다). 이에 비추어 보면 객관적으로 볼 때 원고는 A가 제출한 청약서상에 보험계약자로 되어 있는 B를 보험계약의 상대 당사자인 주채무자로 인식하여 그와 이 사건 계약을 체결하는 것으로 알았으리라고 인정된다. ③ 원고와 이 사건 보험계약을 체결한 당사자는 A가 아니라 B라고 보아야 할 것인데, 실제는 A가 B로부터 아무런 권한도 부여받음이 없이 임의로 B의 이름을 사용하여 계약을 체결한 것이므로 이 사건 보험계약은 특별한 사정이 없는 한 그 계약 내용대로 효력을 발생할 수는 없다.

이 사건에서 구체적인 판단 부분은 계약당사자의 확정에 관한 위 법리를 적용한 것이다. 먼저 원고와 A가 A를 이 사건 보험계약의 당사자로 하기로 하는 의사의 일치가 없었다고 판단하고 있다(위 ① 부분). 즉, A를 계약의 당사자로 하는 것에 관하여 주관적 의사의 합치가 없다는 것이다. 그 다음에 객관적으로 볼 때 원고는 A가 제출한 청약서상에 보험계약자로 되어 있는 B를 보험계약의 상대 당사자인 주채무자로 인식하여 그와 이 사건 계약을 체결하는 것으로 알았을 것이라고 판단된다고 하였다(위 ② 부분). 이는 상대방이 명의자와 행위자 중 누구를 계약의 당사자로 인식하였다고 볼 수 있는지를 판단한 것이다.[21]

---

21) 그 후 이 판결의 태도를 따르고 있는 판결들이 많이 나왔다. 대판 1995.10.

이와 같은 경우에 계약의 당사자가 계약상의 명의자인 B라고 볼 여지가 있으나, 이 사건은 A가 B의 명의를 冒用하여 계약을 체결하는 경우로서 계약의 효력이 발생하지 않을 것이다(위 ③ 부분). B에게는 계약을 체결하려는 의사가 전혀 없고, B가 A에게 계약을 체결할 권한을 수여하지도 않았기 때문이다.

나. 타인의 명의를 借用한 경우

타인의 명의를 차용하여 계약을 체결하는 경우, 즉 타인의 명의를 사용하여 계약을 체결하는 것에 관하여 그 타인의 승낙을 받은 경우에는 어떠한가? 대판 1998. 3. 13, 97다22089(공 1998, 1011)는 이러한 사례에 관한 것이다. A가 차량지입계약에 따라 피고의 승낙 하에 피고 명의로 B 자동차 회사로부터 이 사건 차량을 할부로 매수하고, 그 할부대금의 지급보증을 위하여 C 보증보험회사와 사이에 역시 피고 명의로 할부판매보증보험계약(이하 '이 사건 보증보험계약'이라 한다)을 체결하였다. 대법원은 위 대법원 1995. 9. 29. 판결의 법리를 인용한 다음, 이 사건 보증보험계약의 당사자는 피고라고 하였다. 그 이유로 A가 이 사건 차량 할부구입계약 및 보증보험계약을 체결함에 있어서, 그 할부대금을 완전히 자신이 부담하기로, 즉 자기의 계산으로 하려고 한 것이었으므로, 내심의 의사는 자신이 계약당사자가 될 의사였을지 모르지만, 상대방인 자동차회사 및 보험회사에 대하여는 피고 명의를 사용하였을 뿐만 아니라, 상대방 회사로서도 피고 회사와 A 사이의 지입관계를 알면서 이 사건 보증보험계약을 체결하였다고 볼 만한 아무런 사정이 없고,

---

13, 94다55385(집 43-2, 민 290); 대판 1996. 7. 30, 95다1019(공 1996, 2618); 대판 1998. 3. 13, 97다22089(공 1998, 1011); 대판 1999. 6. 25, 99다7183(공 1999, 1500); 대판 2001. 5. 29, 2000다3897(공 2001, 1455). 이에 관하여 상세한 것은 宋德洙, "他人의 名義를 빌려 체결한 土地分讓契約의 效力," 民事判例硏究(XIV), 1992, 95면 이하; 宋德洙, "이른바 契約名義信託의 效力과 求償權의 制限," 判例實務硏究(Ⅱ), 1998, 337면 참조.

피고도 A에게 자신의 명의를 사용하여 계약을 체결할 것을 승낙하였다는 점을 들고 있다.

다. 예금계약의 경우

금융거래, 특히 예금계약에서 당사자를 결정하는 기준에 관해서는 판례가 금융실명제 실시를 전후로 바뀌었다. 금융실명제 실시 전에는 '예금을 실질적으로 지배하고 있는 자'를 예금주로 보고, 그 명의자가 누구인지 또는 금융기관이 누구를 예금주라고 믿었는지는 상관없다고 하였다.[22] 그러나 금융실명제 실시 이후에 원칙적으로 예금명의자를 예금주로 보고, 예외적으로 금융자산의 출연자와 금융기관 사이에 거래명의인이 아닌 출연자에게 금융자산채권을 귀속시키기로 하는 명시적 또는 묵시적 약정이 있는 경우에는 그 출연자를 예금주로 보았다.[23] 다수의 대법원 판결에서는 명의인을 계약의 당사자로 보는 원칙을 「금융실명거래 및 비밀보장에 관한 법률」(이하 '금융실명법'이라 한다) 제3조 제1항의 규정에서 곧바로 도출하고 있다. 이 규정은 금융기관이 거래자의 실지 명의에 의하여 금융거래를 하여야 한다고 규정하고 있을 뿐이고, 명의인을 예금계약의 당사자로 보아야 한다고 규정한 것은 아니다. 그러나 금융실명제의 실시 이후에는 금융기관에게 명의인과 거래를 하려는 의사가 있다고 보아야 한다.[24] 따라서 종래의 판례가 위와

---

22) 대판 1987.10.28, 87다카946(집 35-3, 민 183); 대판 1988.12.27, 88누10060(공 1989, 250); 대판 1995.8.22, 94다59042(공 1995, 3239) 등 다수.

23) 대판 1998.11.13, 97다53359(공 1998, 2855) 등 다수. 이러한 판례에 찬성하는 견해로는 尹眞秀, "契約當事者의 確定에 관한 考察 -특히 預金契約을 중심으로 -," 判例實務硏究(Ⅱ), 1998, 387면 이하가 있고, 이에 대하여 비판적인 견해로는 宋德洙, "金融實名制下에 있어서 預金契約의 當事者 내지 預金債權者의 決定," 判例實務硏究(Ⅱ), 1998, 354면; 田慶根, "預金契約에 관한 硏究," 서울대 법학박사학위논문, 1999, 177면 등이 있다. 위와 같은 판례와 학설에 대한 필자의 견해는 金載亨, "金融去來의 當事者에 관한 判斷基準," 民法論 Ⅲ, 박영사, 2007, 69면 이하.

24) 대판 1996.4.23, 95다55986(공 1996, 1575) 등 다수..

같이 원칙적으로 명의인을 계약의 당사자로 본 것은 타당하지만, 이와 다른 약정을 쉽게 인정하여 출연자를 예금자로 보는 예외를 넓게 인정한 것은 문제가 있다고 생각한다.[25]

라. 소 결

행위자와 상대방의 의사가 일치한 경우에는 그 일치한 의사에 따라 계약의 당사자를 확정하여야 한다. 타인의 명의로 계약이 체결되었으나, 당사자 사이에 그 계약 명의에도 불구하고 행위자를 계약당사자로 하기로 의사가 일치된 경우에 행위자를 계약의 당사자로 보아야 한다.[26] 이는 계약의 해석에서 자연적 해석 또는 주관적 해석에 따른 것이다. 그러나 당사자의 의사가 합치되지 않은 경우에는 의사표시의 상대방의 관점에서 합리적인 인간이라면 누구를 계약의 당사자로 이해하였을 것인지를 기준으로 판단하여야 한다. 이 경우에 계약의 성질, 내용, 목적, 체결경위 및 계약체결을 전후한 구체적인 제반 사정을 고려하여야 한다. 행위자와 명의자가 다른 경우에 의사가 불분명하다면 실제로는 명의자가 계약의 당사자가 되는 경우가 많을 것이다.[27] 왜냐하

25) 상세한 것은 金載亨(주 23), 69면 이하 참조. 그 후의 판례 변경에 관해서는 아래 追記 참조.

26) 대판 1999. 6. 25, 99다7183(집 47-1, 민 308)은 원심이 이와 같은 경우에 행위자를 계약의 실질적인 당사자라고 판단한 조치가 수긍이 간다고 판결하였다. 여기에서 '계약의 실질적인 당사자'라는 표현은 명의자가 아닌데도 계약의 당사자로 인정되는 자를 가리키는 것으로 볼 수도 있으나, 그와 같은 표현을 사용할 필요 없이 계약의 당사자라고 하는 것이 나을 것이다. 또한 대판 2003. 12. 12, 2003다44059는 일방 당사자가 대리인을 통하여 계약을 체결하는 경우에 계약의 상대방이 대리인을 통하여 본인과 사이에 계약을 체결하려는 데 의사가 일치하였다면 대리인의 대리권 존부 문제와는 무관하게 상대방과 본인이 그 계약의 당사자라고 판단하였다.

27) 대판 2001. 5. 29, 2000다3897(공 2001, 1455)은 이 사건 공급계약에서 원고가 A를 계약의 상대방으로 알고 있었고, B 또한 계약에 따른 경제적 효과는 자신에게 귀속시킬지라도 법률상의 효과는 A에게 귀속시키려는 의사를 가지고 있었으며, A 역시 계약의 전면에 직접 나서지는 않았으나 이 사건 공급계약에 따라 공급자로서의 책임을 지겠다는 의사를 가지고 있었다는 이유로 명의자인 A를

면 상대방은 명의자를 계약의 당사자로 인식하는 경우가 통상적이기 때문이다.

한편 타인 명의로 예금거래를 하는 경우에 명의자와 출연자 중 누가 예금계약의 당사자인지 문제된다. 이 경우에도 위에서 말한 법리가 적용될 수 있다. 그러나 금융실명법에서 실명거래를 하도록 하였기 때문에, 원칙적으로 명의자를 예금주로 보아야 하는데, 실명으로 금융거래를 하도록 한 금융실명제에 관한 규정이 당사자의 의사에 영향을 미치고 있다고 볼 수 있다.

3. 이 사건 임대차계약에서 임차인은 누구인가?

(1) 이 판결은 임대주택법 제15조 제1항의 '임차인'의 의미를 이 사건 사안과 같은 특별하고도 예외적인 사정을 참작하는 실질적 의미의 임차인이라고 보고 있다.[28] 여기에서 말하는 실질적 의미의 임차인은 무엇을 의미하는가? '실질적'이라는 말은 '형식적'이라는 말과 대비되는 것이기 때문에, 형식적 의미의 임차인은 아니지만 실질적 의미의 임차인이라고 생각할 수 있다. 이와 같이 본다면, 피고 A는 형식적 의미의 임차인이고, 피고 B는 실질적 의미의 임차인이 될 것이다.

그렇다면, 여기에서 말하는 실질적 의미의 임차인이 법적으로 임차인인지, 그렇지 않더라도 법적으로 임차인과 동일하게 취급하여야 하는 것인지 문제된다. 피고 B를 실질적 의미의 임차인으로서 법적으로 임차인으로 취급하여야 한다면 피고 A는 임차인의 지위에서 벗어나는 것인가? 임차인으로서의 권리의무는 모두 피고 B에게 귀속되는가? 이 판결에서 이 문제를 직접 다루고 있지는 않지만, 문제를 명확히 하기

계약의 당사자라고 판단하였다. 명의자를 계약의 당사자로 본 최근의 판결로는 대판 2007. 9. 6, 2007다31990(공 2007, 1540).

28) 판결들에서 '실질적'이라는 표현을 사용하는 경우가 많은데, 실제로 무의미하거나 오해를 불러일으키는 경우가 적지 않다.

위해서 누가 임대차계약상의 임차인인지 검토해 볼 필요가 있다.

(2) 이 판결에서 피고 B를 '실질적 의미의 임차인'이라고 판단한 이유를 찾아보면 다음과 같다. "이 사건 아파트의 임차 목적이 피고 B의 주거공간을 구하는 것이었다. 이 사건 아파트를 임차하여 그곳에 거주하겠다는 결정을 한 자는 피고 B이었고 보증금으로 지급된 자금 역시 그의 것이었다. 피고 B가 원고와 계약을 체결할 수 없어 둘째 딸인 피고 A에게 계약체결을 부탁하였고, 피고 A가 자신의 명의로 아버지의 주거에 관한 임대차계약을 체결하면서 법적으로 허용되지 않는 어떠한 이익을 얻거나 법적 규제를 회피하려 하였던 것은 아니다. 이러한 사정에 비추어 볼 때 피고 A가 아버지의 이름이 아닌 자신의 이름으로 원고와 임대차계약을 체결한 것은 법적 권리에 관하여 정확한 지식과 정보를 갖지 못하였기 때문에 저지른 실수였던 것으로 보인다. 피고 B에 대하여 임대차계약 체결과정에서 있었던 작은 실수 때문에 이제 와 그 주거공간에서 계속 거주할 권리를 갖지 못한다고 하기에는, 원인이 된 피고들 측의 잘못과 그 결과 사이에 균형을 잃었다는 느낌을 지울 수 없다."

그러나 위 판단은 불확실한 추정 또는 추측(이 판결에서는 '보인다' 또는 '느낌을 지울 수 없다'는 표현을 사용하고 있다)에 근거하고 있을 뿐만 아니라 이를 받아들인다고 하더라도 피고 B를 실질적 의미의 임차인으로 보는 이유로는 불충분하다. 먼저 임대차계약에서 자금의 출처는 계약의 당사자를 결정하는 데 중요한 요소가 아니다. 즉, 누가 보증금으로 지급할 자금을 제공하였는지에 따라 임차인이 달라지지 않는다. 다음으로 임차건물에 실제로 거주한 사람을 임차인으로 볼 수도 없다. 임차인이 자신의 이름으로 임대차계약을 체결하고 다른 사람에게 임차건물에 거주하게 할 수도 있다. 임대차계약에서 임차인이 누구인지는 계약 체결 당시에 결정되는 것이고 그 후의 사정을 고려하여서는 안 된다. 따라서 실제 거주자이자 자금 제공자라는 점은 임대차계약에서 임차인을 결정하는 요소는 아니다.

이 판결의 이유에 따르면, 피고 B가 피고 A 이름으로 임대차계약을 체결하였다고 볼 여지도 있다. 계약의 당사자를 판단할 때 계약의 상대방(이 사건에서는 임대인인 원고)의 인식 또는 이해가 중요하다. 만일 임대인인 원고가 피고 B를 임차인으로 알고 계약을 체결하였다면, 피고 B를 임차인으로 볼 수도 있다. 그러나 이와 같이 보기는 어렵다. 이 사건 임대차는 개별 주택의 임대차가 아니라, 원고가 집단적으로 체결한 임대차계약이다. 이와 같은 대량거래에서는 계약의 당사자를 통일적·획일적으로 확정할 필요성이 크다. 따라서 원고가 임대차계약의 문언에 따라 계약서상의 임차인을 실제 임차인으로 알고 계약을 체결하였다고 보아야 할 것이다.

특히, 이 사건은 임대주택법에 의한 임대차이기 때문에, 당시 시행되고 있던 규정을 살펴볼 필요가 있다. 이 법은 임대주택의 건설·공급 및 관리와 주택임대사업에 필요한 사항을 정함으로써 임대주택의 건설을 촉진하고 국민주거생활의 안정을 도모함을 목적으로 하고 있다(제1조). 임대사업자는 임대의무기간이 경과된 후 대통령령이 정하는 건설임대주택을 분양전환하는 경우에는 대통령령이 정하는 무주택세대주인 임차인에게 우선분양전환하여야 한다(제15조 제1항). 건설임대주택을 우선분양전환하는 경우 분양전환의 방법·절차 및 가격 등에 관하여 필요한 사항은 대통령령으로 정하도록 하고 있다(제15조 제2항).[29] 임대주택법시행령 제13조 제2항은 우선분양전환을 받을 수 있는 무주택자인 임차인을 5가지로 나누어 규정하고 있었다.[30] 또한 임대주택에 대한

29) 현재는 임대주택법이 개정되어 제21조에서 규정하고 있다.

30) 임대주택법 시행령(2005.9.16. 대통령령 제19051호로 개정되기 전의 것) 제13조 제2항: 법 제15조의 규정에 의하여 임대의무기간이 경과한 후 제1항의 규정에 의한 건설임대주택을 분양·전환하는 경우에는 다음 각호의 1에 해당하는 자에게 우선적으로 분양전환하여야 한다.

1. 입주일 이후부터 분양전환 당시까지 당해 임대주택에 거주한 무주택자인 임차인
2. 제1항의 규정에 의한 건설임대주택에 입주한 후 상속·판결 또는 혼인으로

임대차계약을 체결하고자 하는 자는 건설교통부령(현재는 국토해양부령)이 정하는 표준임대차계약서를 사용하여야 한다(제18조 제1항). 임대사업자와 임차인은 제1항의 규정에 의한 표준임대차계약서를 사용하여 체결된 임대차계약을 준수하여야 한다(제18조 제3항).[31]

임대주택법의 위와 같은 규정은 금융실명제의 경우[32]와는 다르지만, 이는 위 법률에 따라 임대차계약을 체결한 경우에 임차인이 누구인지를 결정하는 데에도 영향을 미칠 수 있다. 임대주택법에서 임차인이 우선분양을 받을 수 있도록 하고 있고, 표준임대차계약서를 사용하도록 하였기 때문에, 임대주택법에 의한 임대차에서는 임대차계약서에 기재된 임차인을 임차인으로 보아야 할 필요성이 매우 크다. 그렇지 않으면 임차인으로서 우선분양을 받을 수 있는 사람을 확정하는 일이 곤란해질 것이다. 그리고 표준임대차계약서와 달리 임대차계약을 체결하는 것은 법률과 그 시행령을 위반한 것이고, 이와 같은 계약은 그 내용대로 효력이 생기지 않을 수 있다.[33] 임대차계약서에 임차인을 실제와 다르게 기재한다면 이는 표준임대차계약서에 따라 임대차계약을 체결한 것으로 볼 수 없다. 임대인의 입장에서 표준임대차계약서와 달리 임대차계약을 체결하는 것을 기대할 수 없다. 따라서 임대인은 위 법률에 따라 임대차계약서에 기재된 임차인을 임차인으로 보고 계약을 체결하려는 의사가 있다고 보아야 한다. 또한 임차인도 임대차계약서상의 임차

인하여 다른 주택을 소유하게 된 경우 분양전환 당시까지 당해 주택을 처분하여 무주택자로 된 임차인

3. 제10조의 규정에 의하여 임차권을 양도받은 경우에는 양도일 이후부터 분양전환 당시까지 무주택자인 임차인
4. 주택공급에 관한 규칙 제10조 제6항의 규정에 의한 선착순의 방법으로 입주자로 선정된 경우에는 분양전환 당시까지 무주택자인 임차인
5. 분양전환 당시 당해 임대주택의 임차인인 국가기관 또는 법인

31) 현재는 임대주택법 시행령 제32조.

32) 금융실명법 제3조 제1항에서는 실지명의로 금융거래를 하여야 한다고 명시적으로 규정하고 있다.

33) 이 규정이 강행규정인지에 해당하는지 여부는 논란이 될 수 있다.

인 명의를 다른 사람으로 기재해서는 안 된다는 것을 알았을 것이라고 보아야 하고, 임차인이 이를 알지 못했다고 하더라도 이와 같은 임차인의 인식이나 기대는 법의 보호범위를 벗어난 것이다.

피고들은, 원고의 직원이 "이 사건 임대차계약의 임차인 명의를 누구로 하든지 상관없이 피고들이 이 사건 아파트를 우선 분양받을 수 있다."고 약속하였다고 주장하고 있다. 그러나 이와 같은 주장을 받아들이기는 쉽지 않다. 이 주장이 사실이라고 하더라도 원고가 임차인을 피고 B로 인정한 것이라고 볼 수는 없다. 이를 위해서는 위 직원이 원고를 대리할 권한이 있는 사람인지 여부, 위 직원이 위와 같은 약속을 할 권한이 있는지 등을 입증하여야 할 것이다.

(3) 이와 관련하여 '관계인을 위한 행위'[34] 이론이 적용될 수 있는지 생각해 볼 수 있다. 독일 민법(제164조)에서 우리 민법(제114조)과 마찬가지로 대리의 경우에 현명주의에 따라 대리임을 표시하여야 한다. 그러나 일상생활상의 거래나 부부간의 일상가사대리의 경우에는 이 이론에 따라 현명이 필요하지 않다고 한다. 상대방은 누구와 계약을 체결하는지에 관하여 이해관계가 없기 때문이다. 독일의 판례와 다수설은 이를 설명하기 위하여 '관계인을 위한 행위' 이론을 채택하고 있는데,[35] 이는 법률행위의 성질상 누구와 법률행위를 하는가가 무의미하고 당해 법률행위가 자기를 위한 것이 아니라 타인을 위하는 것임이 주위사정에 비추어 명백한 경우에는 그 법률효과가 직접 타인에게 발생한다는 것이다.[36] 우리나라에서 이를 인정할 것인지에 관하여는 논

34) Geschäft für den, den es angeht. 이영준(주 8), 581면은 그 번역어로 '귀속행위'라는 용어를 사용한다.

35) Karl Larenz/Manfred Wolf, *Allgemeiner Teil des deutschen bürgerlichen Rechts*, 9. Aufl., 2004, S. 838ff.

36) 은행계좌에 대해서는 이 이론이 적용되지 않는다고 한다. Hans-Peter Schwintowski & Frank A. *Schäfer, Bankrecht*, 2. Aufl., 2004, §6, Rn. 45. 다만 Werner Flume, *Allgemeiner Teil des Bürgerlichen Rechts, Bd. 2. Das Rechtsgeschäft*, 4. Aufl., 1992, S. 767은 저축예금의 경우에 예입은 관계인을 위한 행위에 해당한다고 한

란이 있다.[37)]

이 이론을 채택한다고 하더라도 이 사건에서 피고 A의 임대차계약 체결행위가 아버지인 피고 B를 위한 행위로서 그 효과가 피고 B에게 귀속하여야 한다고 볼 수 없다. 왜냐하면 이 사건 임대차계약 체결 당시 임차인이 누구인지는 매우 중요한 사항으로서 임대인도 임차인이 누구인지에 관하여 이해관계가 있다고 볼 수 있고, 피고 A의 행위가 피고 B를 위한 것임이 명백하다고 볼 수도 없기 때문이다.

(4) 이 사건에서 원고는 피고 A와 사이에 임차인 이름을 피고 A로 정하여 임대차계약을 체결하였다. 따라서 임대차계약의 명의인과 행위자가 모두 피고 A이다. 따라서 당사자들이 피고 A의 아버지인 피고 B를 계약의 당사자로 하기로 하는 약정을 하지 않았다면 피고 A를 임차인으로 보아야 한다. 만일 피고 B를 계약의 당사자로 하기로 하였다면, 이는 임대주택법과 그 시행령에 위반하는 것으로서 그 효력이 문제될 것이다. 이 판결도 피고 B를 임차인으로 단정하지 않고, 실질적 의미의 임차인이라는 표현을 사용하였는데, 이는 피고 B를 임차인으로 보는 데 문제가 있다고 보았기 때문이라고 생각된다. 결국 실질적 의미의 임차인이라는 표현은 피고 B가 임차인이 아니지만 분양을 받을 수 있는 자격이 있다는 결론을 도출하는 매개 개념으로 사용된 것으로 볼 수 있다.

Ⅳ. 임대주택법상의 임차인에는 이른바 '실질적 의미의 임차인'도 포함되는지 여부: 법률의 해석 문제

임대주택법은 주택을 분양전환받을 수 있는 사람을 임차인으로

다. 이에 관해서는 金載亨(주 23), 49면 이하 참조.

37) 찬성하는 견해로는 李英俊(주 8), 583면 이하 등이 있고, 반대하는 견해로는 郭潤直, 民法總則, 제 7 판, 박영사, 2002, 270면 등이 있다.

규정하고 있다. 위 Ⅲ.에서 본 바와 같이 피고 B는 임차인이라고 볼 수 없다. 그런데도 2심 법원은 피고 B를 '실질적 의미의 임차인'으로 보아 법의 보호 범위로 끌어들이고 있다. 이는 법률의 문언과는 다른 해석으로, 법률에 규정된 문언의 의미를 그보다 넓게 해석한 것으로 볼 수 있다.

이 판결은 법률의 해석에서 "그 법률이 달성하고자 하는 정책목표와 우리 사회가 법체제 전체를 통하여 달성하고자 하는 가치"를 고려하여야 한다고 하였다. 이 사건에서 "위 법률이 달성하고자 한 정책적 목표와 위 법률이 의도한 계획의 관점"에서 피고 B의 주거안정을 보호하는 방향으로 법률을 해석하여야 한다고 보았다.

위와 같이 임대주택법에 임차인이라고 규정하고 있는데, 이를 실질적 의미의 임차인으로 볼 수 있는가? 이는 정당화될 수 있는가?

1. 법률의 해석

(1) 법률의 해석은 법학의 고전적인 주제이자 끊임없이 새롭게 다루어지고 있는 주제이다. 법률을 해석하는 기준이나 방법에 관해서도 논란이 계속되었다. 그 분류 방식은 다양하지만, 전통적으로 문언해석, 논리적·체계적 해석, 역사적 해석, 목적론적 해석으로 구분해 왔다.[38] 문리해석은 법률 문언의 의미를 탐구하는 해석이고, 체계적 해석은 법규정의 체계와 문맥에 따라 해석하는 것이다. 역사적 해석은 입법자의 의도에 따라 법률을 해석하는 것으로, 주관적 해석에 속한다. 이에 반하여 목적론적 해석은 법률의 목적을 중시하는 해석으로 객관적 해석에 속한다.[39] 여기에서 나아가 최근에는 헌법합치적 해

38) 상세한 것은 沈憲燮, "合理的 法學方法論," 분석과 비판의 법철학, 법문사, 2001, 214면 이하. 민법교과서에서도 이와 같이 설명하고 있다. 郭潤直(주 37), 40면 이하; 李英俊(주 8), 31면 이하;

39) 이는 사비니가 법률의 해석원칙에 관하여 문법적 요소, 논리적 요소, 역사적

석[40]이 주목을 받기도 하고, 법원리를 고려하여 법률을 해석하거나,[41] 법에 대한 경제적 분석을 토대로 법해석론을 전개하기도 한다.[42]

법률의 해석에서 법률의 문언에 따라 해석하는 것이 원칙이다.[43]

요소, 체계적 요소라는 4가지 요소로 구분하여 설명한 것(Friedrich Carl von Savigny, *System des heutigen römischen Rechts*, Bd. 1, 1840, S. 199ff.)에서 유래한다. 입법자의 의사를 중시하는 사비니의 주관주의적 태도가 받아들여지고 있지는 않지만, 법해석에 관한 그의 설명방식은 그 후 여러 나라에서 많은 영향을 끼쳤다. 현재 독일에서도 이와 유사한 방법으로 법률의 해석을 설명하고 있다. Larenz/Wolf(주 35), S. 81ff.; Karl Larenz, *Methodenlehre der Rechtswissenschaft*, 1960, S. 16, 320ff.; 라렌츠 · 카나리스, 許一泰 역, *法學方法論*, 세종출판사, 2000, 183면 이하; 라인홀트 치펠리우스, 金亨培 역, *法學方法論*, 제 3 판, 삼영사, 1995, 73면 이하 참조.

40) 대결(전) 2006. 6. 22, 2004스42(집 54-1, 가 290)는 성전환자의 호적정정을 허용하였는데, 다수의견에 대한 보충의견에서 김지형 대법관은 "이러한 헌법합치적 법률해석은 국가의 최고규범인 헌법을 법률해석의 기준으로 삼아 법질서의 통일을 기하여야 한다는 법원리에 그 기초를 두고 있는 것"이라고 하고, "… 이러한 한계를 벗어나지 않는 이상, 합헌적 법률해석은 민주적 정당성을 가진 입법자가 제정한 법률을 헌법에 합치되도록 해석함으로써 법률의 효력을 유지하려는 것이므로 입법권을 최대한 존중하는 것이고 국민주권의 원리에도 부합한다."라고 한다.

41) Larenz/Wolf(주 35), S. 84f.

42) 朴世逸, *法經濟學*, 개정판, 박영사, 2000, 757면 이하.

43) 우리 판례도 이러한 입장에 입각하고 있다. 민법에 관한 판결로는 대판 1994. 8. 12, 93다52808(공 1994, 2291) 등이 있다. 흥미롭게도 대법원 전원합의체 판결이나 결정에서 반대의견이 다수의견을 비판하면서 문언해석의 원칙을 중요한 논거로 들고 있는 경우들이 있다. 대판(전) 1998. 4. 23, 95다36466(집 46-1, 민 227)에서 반대의견은 "이 사건의 경우와 같이 법규가 있고 그 의미 내용 역시 명확하여 달리 해석할 여지가 없는 경우에는 다른 것을 다르게 취급하여야 한다는 정의의 요청(이른바 목적론적 축소해석의 경우) 또는 합헌적인 해석의 요청(이른바 헌법합치적 해석의 경우)에 의하여, 그 법규의 적용 범위를 예외적으로 제한하여 해석할 필요가 있는 등의 특별한 사정이 없는 한, 설사 다수의견이 보는 바와 같이, 명문의 규정이 거래의 관행과 조화되지 아니하는 점이 있다고 하더라도, 법원으로서는 모름지기 국회의 입법 작용에 의한 개정을 기다려야 할 것이지 명문의 효력규정의 적용 범위를 무리하게 벗어나거나 제한하는 해석을 하여서는 아니 될 것이다."라고 하였다. 대결(전) 2006. 6. 22, 2004스42(집 54-1, 가 290)에서 반대의견은 "다수의견의 견해는 호적법 제120조에 대한 문리해석이나 입법 취지 등과는 관계없이, 객관적으로 명백한 호적법 제120조의 규정내용에 일부 내용을 추가 · 제거 또는 변경하는 것과 동일한 효과를 가져오는 것으로서 정당한 유추해석의 한계를 벗어나는 것"이라고 하였다. 한편, 대결(전)

따라서 이른바 '문언의 가능한 의미(möglicher Wortsinn)'가 무엇인지, 문맥상 문언이 어떠한 의미를 갖는지를 탐색하는 것이 중요하다. 그러나 문언의 해석으로 해결할 수 없는 경우에는 입법자의 의도나 법률의 목적을 추가적으로 고려하여 법률을 해석하여야 한다.[44] 실제로 여러 판결들에서 법률의 문언과 입법취지, 법률의 목적 등을 고려하여 법률을 해석하고 있다.[45] 대판 2006. 11. 16, 2006도4549(집 54-2, 형 600)는 형사사건에 대한 판결인데, 반대의견은 다음과 같이 설명하고 있다.

> "형벌법규의 해석 역시 그 규범적 의미를 명확히 하여 이를 구체적 사실에 적용할 수 있도록 하는 작업으로서, 죄형법정주의의 요청상 위와 같은 제한이 있기는 하나, 다른 법률과 마찬가지로 우선 법문상 어구나 문장의 가능한 언어적 의미내용을 명확하게 하고(문리해석), 동시에 다른 법률과의 관련성 등을 고려하여 논리적 정합성을 갖도록 해석하여야 하는 것이며(논리해석), 형벌법규의 문언이나 논리에 따르는 것만으로는 그 규정의 법규범으로서 의미를 충분히 파악할 수 없는 경우에는 법질서 전체의 이념, 그 형벌법규의 기능, 입법 연혁, 입법 취지 및 목적, 그 형벌법규의 보호법익과 보호의 목적, 행위의 형태 등 여러 요소를 종합적으로 고려하여, 형벌법규의 통상적인 의미범위 내에서 그 의미를 구체화할 수 있는 것이다(목적론적 해석)."

1994. 12. 20, 94모32(집 42-2, 형 529)는 형법 제170조 제2항에 정한 '자기의 소유에 속하는 제166조 또는 제167조에 기재한 물건'의 해석이 문제되었는데, 반대의견은 "형벌법규의 해석은 문언해석으로부터 출발하여야 하고, 문언상 해석 가능한 의미의 범위를 넘어서는 것은 법창조 내지 새로운 입법행위"라고 하였다. 이 판결을 둘러싸고 형법의 해석에 관하여 흥미 있는 논쟁이 있었다. 신동운·김영환·이상돈·김대휘·최봉철, 법률해석의 한계, 법문사, 2000. 또한 대판 1997. 10. 24, 97다21444(공 1997, 3587)는 세법의 해석에 관하여 문리해석에 따라야 한다고 하면서 그 이유로 "과세 요건과 면세 요건의 명확성을 요구하는 조세법률주의의 원칙"을 들고 있다.

44) 이 경우 입법자의 의도는 입법경위 등에서 드러나는 것을 가리킨다. 법률의 해석에서는 법률행위의 해석과는 달리 입법자의 주관적 의도는 중요하지 않기 때문이다. 라렌츠/카나리스(주 39), 218면.

45) 대판 1997. 4. 22, 96다54195(공 1997, 1540) 등 다수.

(2) 그런데 법률의 문언과 입법의도나 목적이 충돌하는 경우에 법률의 문언을 우선할 것인지, 아니면 입법자의 의도나 법률의 목적을 우선하여야 할 것인지 문제된다. 통상 법률의 문언, 입법자의 의도, 법률의 목적의 순으로 고려하여야 한다는 견해가 있다.[46] 법률의 문언은 법률해석의 출발점이다.[47] 그러나 입법자의 의도를 우선해야 할 것인지, 아니면 법률의 목적을 우선해야 할 것인지는 쉽게 판단하기 어렵다. 법률은 문장으로 나타난다. 입법자의 입법의도는 법률의 문언에 표현되어 있어야 하는 것이고, 입법자가 마음속에 품은 생각이 모두 입법자의 입법의도인 것은 아니다. 물론 언어 표현의 한계로 말미암아 입법자의 의도를 알지 못하고서는 법률 문언의 의미를 알 수 없는 경우가 있다. 이와 같은 경우에는 법률 문언의 의미를 밝히는 데 입법자의 의도를 고려할 수밖에 없다. 그렇다고 하더라도 일반 국민에게 법률의 문언에 나타나지 않은 입법자의 주관적 의사 또는 주관적 의도를 탐구하여 그에 따라 행동하라고 할 수는 없다. 또한 법률의 목적은 법률의 해석에서 매우 중요한 위치를 차지한다. 법률의 목적을 고려하지 않고 법률을 해석하는 것이 불가능한 경우가 적지 않다. 실제로 법률의 목적을 고려하여 법률을 해석하는 경우를 쉽게 찾을 수 있다. 판결에서 입법취지라는 표현을 사용하고 있는 경우에도 그것이 실제로 입법자의 주관적 의도라기보다는 법률의 객관적인 목적을 가리키는 경우가 많다. 따라서 법률의 해석은 문언에서 출발하여야 하지만, 예외적으로 입법자의 의도나 법률의 목적이 우선하는 경우도 있음을 인정하여야 할 것이다.

---

46) 沈憲燮(주 38), 217면.

47) 가령 "문언은 해석의 알파이자 오메가"(Mary Ann Glendon, "Comment," *A Matter of Interpretation*, 1998, p. 106)라는 표현처럼, 법해석을 포함한 모든 해석에서 문언의 비중과 중요성을 강조하는 표현이 많다.

2. 법률의 문언과 다른 해석의 허용 여부

(1) 입법자의 의도나 법률의 목적이 법률의 문언과 다른 경우에 그 문언과 달리 해석할 수 있는가? 이는 법해석의 한계를 넘는다고 볼 수도 있지만, 일반적으로는 법해석에 포함시켜 논의를 하였다. 예외적인 경우이기는 하지만, 법률의 문언과 달리 법규정을 해석하는 것을 부정할 수는 없다.[48] 중요한 것은 어떠한 경우에 법규정의 문언과 달리 해석할 수 있는지 여부이다.

(2) 어떠한 경우에 법률문언을 넘은 해석과 법률문언에 반하는 해석이 가능한지를 판단하는 기준을 찾기는 쉽지 않다. 이에 관해서는 여러 입장이 있다. 이른바 文言主義(textualism)는 법관이 법률의 문언에 충실할 것을 요구하기 때문에, 문언과 달리 해석하는 예외를 매우 좁게 인정한다. 대표적으로 미국 연방대법원의 스칼리아(Scalia) 대법관의 견해를 들면, 입법자의 의사를 확인할 수 없으므로 문언에 따라 법률을 해석하여야 한다고 한다.[49] 이와 달리 입법자의 의도나 법률의 목적에

48) 가장 명백한 경우가 이른바 '편집상의 오류'에 해당하는 경우이다. 대판(전) 1978. 4. 25, 78도246(집 26-1, 형 86)은 형법 제55조 제1항 제6호의 벌금을 감경할 때의 「다액」의 2분의 1이라는 문구는 「금액」의 2분의 1이라고 해석하여 그 상한과 함께 하한도 2분의 1로 내려가는 것으로 해석하여야 한다고 판단하였는데, 그 근거 중 하나로 입법과정에서 표현을 잘못하였다는 점을 들고 있다. 특히 대판 2006. 2. 23, 2005다60949(공 2006, 491)는 "위와 같은 구 신협법[신용협동조합법을 가리킨다. 인용자 주]과 현행 신협법 관련 규정들의 전체적인 체계 및 법률 제6957호의 개정 목적과 경위 등에 비추어 보면, 법률 개정과정에서 현행 신협법 제89조 제5항이 신설되고 종전의 제5항이 제6항으로 항이 바뀌었으므로 제7항에서 인용하는 제5항도 '제6항'으로 변경하였어야 할 것인데 이를 변경하지 않고 그대로 둔 것은 법률개정과정상의 실수에서 비롯된 것임이 분명하므로, 현행 신협법 제89조 제7항이 인용하고 있는 '제5항'을 '제6항'으로 바로잡아 적용한다고 하더라도 이것이 법규정의 가능한 의미를 벗어나 법형성이나 법창조행위에 이른 것이라고는 할 수 없다."고 판결하였다. 이에 관해서는 崔俸京, "편집상의 오류," 서울대학교 *法學* 제48권 1호(2007. 3), 338면 이하; 崔英憲, "법률개정 과정에서 오류가 있었음이 명백한 경우 문언과 달리 해석할 수 있는지 여부," 대법원판례해설 통권 제60호(2006. 12), 341면 이하.

49) Antonin Scalia, "Common-Law Courts in a Civil-Law System: The Role

따라 법률을 해석하여야 한다는 견해[50]에서는 문언을 넘는 해석이나 문언에 반하는 해석을 인정할 수 있다. 드워킨(Dworkin)은 판단을 하기 어려운 사건(이른바 hard case)에서 법의 원리(principle)에 따라 재판을 하여야 한다고 주장하였다.[51] 나아가 해석의 방법으로 구성적 해석(constructive interpretation)을 주장하는데,[52] 이는 법률을 해석하는 시점에서 법의 원리를 고려하여 그 법률이 최선의 상태가 되도록 해석하는 것을 허용하기 때문에, 법률의 문언에 반하는 해석을 허용하게 될 것이다.

(3) 한편 법률의 문언을 넘는 해석(praeter legem)과 법률의 문언에 반하는 해석(contra legem)을 구분할 필요가 있다. 법률의 문언을 넘는 해석은 법률에 공백 또는 흠결이 있는 경우에 이를 보충하는 해석이다. 이에 해당하는 예로는 유추 또는 유추해석을 들 수 있다. 법률의 문언에 반하는 해석은 문언의 의미와는 달리 해석하는 것을 가리킨다. 법률의 문언을 넘는 해석은 매우 빈번하게 행해지는 데 반하여, 법률의 문언에 반하는 해석은 극히 예외적인 경우에 한하여 인정된다.

이 판결을 맡았던 재판장은 법률의 해석에 관한 논문을 발표한 적이 있는데,[53] 그 논문에서 다음과 같은 경우에 법률문언을 넘은 해석과 법률문언에 반하는 해석이 가능하다고 하였다. "① 법률에 흠결이

---

of United States Federal Courts in Interpreting the Constitution and Laws," *A Matter of Interpretation*, 1998, pp. 23-25.

50) 미국에서는 입법자의 의도를 중시하는 견해를 意圖主義(intentionalism), 입법목적을 중시하는 견해를 目的主義(purposivism)라고 한다. 이에 관해서는 남기윤, "미국의 法思考와 제정법 해석방법론," 광운대학교 법과대학 비교법연구소, 2008, 68면 이하; 최봉철, "문언중심적 법해석론 비판," 법률해석의 한계, 법문사, 2000, 149면 이하 참조.

51) Ronald Dworkin, *Taking Rights Seriously*, 1977, p. 84.

52) Ronald Dworkin, *Law's Empire*, 1986, p. 55(로널드 드워킨, 장영민 역, 법의 제국, 아카넷, 2004, 83면. 또한 Andrei Marmor, *Interpretation and Legal Theory*, 1992, p. 36도 참조.

53) 법관이 법률의 해석에 관한 법리를 구체적인 재판과정에서 어떻게 적용하고 있는지 살펴보는 것도 의미 있는 일일 것이다.

있는 경우, ② 법률의 내용이 상호 모순적이거나 충돌하는 경우, ③ 법률에 명백한 실수가 있는 경우, ④ 법률의 내용이 심하게 비합리적이거나 반도덕적인 경우, ⑤ 사회변화로 규범상황이 변한 경우 등."[54] 나아가 법률의 문언과 달리 해석한 결과가 정당한 것인지는 합리성과 도덕성에 근거하여 논증이 정당한 것인지에 따라 판단하여야 한다고 설명하기도 하였다.[55] 이는 위 ④에서 말하는 "법률의 내용이 심하게 비합리적이거나 반도덕적인 경우"와 관련된 것으로 볼 수 있다.

대판 1994.8.12, 93다52808(공 1994, 2291)은 "민사법의 실정법 조항의 문리해석 또는 논리해석만으로는 현실적인 법률적 분쟁을 해결할 수 없거나 사회적 정의관념에 현저히 반하게 되는 결과가 초래되는 경우에 있어서는 법원이 실정법의 입법정신을 살려 법률적 분쟁을 합리적으로 해결하고 정의관념에 적합한 결과를 도출할 수 있도록 유추해석이나 확장해석을 할 수 있다"고 한다.[56] 문리해석에 따를 경우 매우 불합리한 결과를 초래하는 경우에도 법률의 문언과 다른 결과를 인정한 판결도 있다.[57] 나아가 대판(전) 1998.4.23, 95다36466(집 46-1, 민

54) 박철, "법률의 문언을 넘은 해석과 법률의 문언에 반하는 해석," 법철학연구 제 6 권 제 1 호(2003), 232면.

55) 박철(주 54), 232면은 "어떤 법률문제에 대하여 법률의 문언을 넘은 해석이나 법률의 문언에 반하는 해석에 의하여 답을 찾았다면 그 해석의 정당성은 합리성과 도덕성에 근거하여 얼마나 설득력 있게 논증되었는가에 의하여 결정될 것이다."라고 한다.

56) 이 판결에서는 민법 제496조가 고의의 불법행위로 인한 손해배상채권에 대한 상계를 금지하고 있는데, 중과실의 불법행위로 인한 손해배상채권에 대한 상계도 금지되는지 여부가 문제되었다. 대법원은 "민법 제496조의 경우에 있어서는 위에서 본 그 입법취지나 적용결과에 비추어 볼 때 고의의 불법행위에 인한 손해배상채권에 대한 상계금지를 중과실의 불법행위에 인한 손해배상채권에까지 유추 또는 확장 적용하여야 할 필요성이 있다고 할 수 없다."고 판단함으로써 이를 부정하였다.

57) 대판 1999.12.10, 98다9038(공 2000, 154). 약관의 규제에 관한 법률은 제15조에서 "국제적으로 통용되는 약관 기타 특별한 사정이 있는 약관으로서 대통령령이 정하는 경우에는 제 7 조 내지 제14조의 규정의 적용을 조항별, 업종별로 제한할 수 있다."고 정하고 있고, 그에 따른 대통령령 제 3 조에서는 국제적으로 통용되는 운송업을 그 해당 업종의 하나로 정하고 있다. 이 판결은 "위 제15조

227)은 어음면상 발행지의 기재가 없으나 어음면의 기재 자체로 보아 국내어음으로 인정되는 경우, 그 어음의 효력을 인정하였는데, 다수의견에 대한 보충의견은 "일반적으로 모든 법은 법규정의 본질을 바꾸는 정도의 것이 아닌 한도에서 이를 합리적으로 해석함으로써 뒤처진 법률을 앞서가는 사회현상에 적응시키는 일방 입법기관에 대하여 법률의 개정 등을 촉구하는 것은 법원의 임무에 속하는 일이라 할 것이고, 그 뒤처진 법규정의 재래적 해석·적용이 부당한 결과를 초래한다는 것을 알면서도 법률 개정이라는 입법기관의 조치가 있을 때까지는 이를 그대로 따를 수밖에 없다고 체념해 버리는 것은 온당치 않은 태도"[58]라고 하였다.

법률의 문언이 법률의 목적이나 법질서 전체의 목적이나 원칙에 맞지 않을 때에는 그 문언과 달리 해석해야 하지만, 그 경우는 매우 예외적인 경우로 한정해야 할 것이다.

3. 임대주택법상 임차인의 의미

임대주택법상의 임차인은 임대차계약상의 임차인을 가리킨다는 것은 법률의 문언상 명백하다. 이러한 입장이라면, 이 판결에서 임대주택법상의 임차인을 '실질적 의미의 임차인'으로 해석하는 것은 법률의 문언에 반하는 해석으로 보아야 할 것이다.[59] 따라서 위와 같은 해석은

의 문리해석상으로는 위 법률 제6조의 적용은 배제되지 않는다고 볼 수 있으나, 약관이 구체적으로 무효가 되는 경우들을 규정한 위 법률 제7조 내지 제14조에 대하여 약관이 일반적으로 무효가 되는 경우를 포괄적으로 규정하고 있는 제6조가 적용되게 되면 구체적 무효조항들의 적용을 배제하는 제15조의 규정 취지가 거의 완전히 몰각되는 불합리한 결과를 가져오게 되므로 제6조 역시 대통령령으로 정하는 특정 업종들의 약관에는 적용이 없다."고 판단하였다.

58) 이는 형사판결인 대판(전) 1978.4.25, 78도246(집 26-1, 형 86)에서 다수의견에 나와 있는 표현이다.

59) 물론 이것이 법률의 문언을 넘는 해석에 해당한다고 볼 수도 있다.

매우 엄격한 경우에만 허용될 수 있다.

그러나, 분양전환을 청구할 수 있는 자를 임차인으로 한정한 것이 심히 비합리적이어서 법률의 문언과 다르게 해석해야 할 사유에 해당한다고 볼 수 없다. 위 법규정에 흠결이 있다고 볼 수 없고, 법규정의 내용이 서로 모순되거나 충돌하지도 않는다. 법률에 명백한 실수도 없고 그 내용이 비합리적이거나 반도덕적이지도 않다. 위 규정을 제정할 당시에 예상하지 못한 사회변화로 규범상황이 변하였다고 볼 수도 없다.

법률의 문언에 따른 해석이 헌법에 배치되는 결과가 되는 경우에는 헌법합치적 법률해석을 통하여 법률의 문언과 달리 해석하는 것이 가능하다. 여기에서 나아가 법의 기본원리 또는 법원칙에 기하여 법률의 문언과 달리 해석할 수도 있다. 그러나 합리성과 도덕성을 이유로 법률의 문언과 달리 해석하는 것을 넓게 인정한다면 법률의 의미를 찾기 어렵게 될 수 있다. 법률에서 합리성이나 도덕성을 고려할 것인지 여부, 이를 고려한다면 무엇이 합리적이고 무엇이 도덕적인 것인지에 대하여 입법자가 판단을 하고 있다고 볼 수 있다. 그런데도 합리성과 도덕성을 기준으로 법률의 문언과 다른 해석을 허용한다면, 이는 입법자의 결단에 반하는 것이기 때문이다.[60] 따라서 합리성이나 도덕성에 기한 논증을 토대로 법률의 문언과 다른 해석을 정당화하는 것은 극히 예외적인 경우에만 허용된다고 보아야 한다.

이 사건에서 다른 사람 이름으로 임대차계약을 체결한 사람에게 우선분양전환권을 부여하는 것이 합리성과 도덕성 기준에 부합하는지는 의문이다. 다른 사람 이름으로 임대차계약을 체결하였다면, 이는 임대주택법을 위반한 것이다. 임대주택법에 따라 임대차계약을 체결하려면, 표준임대차계약서에 따라 임대차계약을 체결하여야 하는데, 다른 사람 이름으로 계약을 체결하는 것은 이를 위반한 것으로 볼 수 있기

60) 이것이 법률문언의 의미를 입법자의 의도에 따라 해석하여야 한다는 의미는 아니다.

때문이다. 자금제공자이자 실제 거주자라는 이유로, 집 없는 노인으로서 계약 명의자의 아버지라는 이유로 보호를 하는 것이 합리성과 도덕성에 부합하는가? 이 사건에서 피고 B를 '실질적 측면에서 사회적 통념상 임차인으로 볼 수 있는 사람'이 아니라면, 위 질문에도 긍정적인 답변을 하는 것이 쉽지만은 않을 것이다. 피고 B가 법률에 위반한다는 사실을 몰랐다고 하더라도 이를 보호하는 방향으로 법률을 해석하기는 어렵지 않을까.

4. 임대주택법의 목적에 관한 이해

이 판결에서 법률의 목적이나 계획을 고려하여 법률의 규정에 벗어나는 해석을 한 것으로 볼 수 있다. 임대주택법의 목적이나 계획에 비추어 실질적 의미의 임차인을 보호범위에 포함시킬 수 있는지 검토해 보자.

임대주택법은 제 1 조에서 그 목적을 밝히고 있다. 첫째, 임대주택의 건설을 촉진하는 것이다. 이 판결은 장기주택임대를 영업으로 하는 주택임대업자를 지원하여 임대주택의 공급을 늘리는 것이라고 설명하고 있다. 둘째, 국민주거생활의 안정을 도모하는 것이다. 임대주택을 실수요자에게 제공하는 것이 이에 속할 것이다.

이와 같은 목적에서 다른 사람 이름으로 임대차계약을 체결한 사람을 보호해야 한다는 결론을 도출할 수 있을 것인가? 그러나 이와 같은 목적은 매우 추상적인 것으로서 구체적인 결론을 도출하는 데 실질적인 도움이 되지 않는다.[61] 위와 같은 목적은 이 판결의 결론과 다르게 판단할 것을 요청할 수도 있다. 즉, 임대주택을 대량으로 공급하는 원고가 주택공급을 늘릴 수 있도록 원고를 지원하려면, 임차인이 다른

61) 원고 공사의 존재이유는 국민생활의 안정과 공공복리의 증진이라는 공익적 이유에 있다고 하는데(대한주택공사법 제 1 조), 이것도 마찬가지이다.

사람 이름으로 임대차계약을 체결하는 것을 막아야 하기 때문이다. 그렇지 않으면 실수요자가 누구인지 확인하는 절차를 거쳐야 하고, 이는 더 많은 시간과 비용을 사용해야 하는 결과를 초래한다.

임대주택법은 우선분양권의 발생요건으로 "입주일 이후부터 분양전환 당시까지 당해 임대주택에 거주한 무주택자인 임차인"에 해당할 것을 요구하고 있다. 여기서 무주택자를 요건으로 하고 있는 것은 임대주택이라는 한정된 자원을 분배하는 데 아직 주택을 소유하고 있지 못한 서민을 배려하기 위한 것이고, 실제 거주한 임차인을 요건으로 하고 있는 것은 실수요자를 우선 배려하기 위한 목적이라고 볼 수 있다. 그러나 이 규정은 당해 임대주택에 거주하는 무주택자 중에서 임차인만을 보호하고 있다. 위 주택에 거주하는 사람이 여러 명이더라도 임차인만이 위 주택에 대한 우선분양권이 있다.

이 규정에서 임차인의 범위에 무주택자로서 다른 사람 이름으로 임차를 한 사람도 포함시킬 수 있는가? 세 가지 견해를 상정할 수 있다. 첫째, 자신의 이름으로 임대차계약을 체결할 수 없는 사람을 넓게 보호할 필요가 있다는 견해이다. 이 사건에서 피고 B가 임대차보증금을 지급하였고, 임차건물에 실제로 거주하고 있기 때문에,[62] 이와 같은 실질적 의미의 임차인을 보호하는 것이 법률의 보호목적에 합치한다는 것이다. 둘째, 다른 사람 이름으로 건물을 임차하였다고 하더라도 무주택자로서 계약의 해석상 임차인에 해당하면 이 규정에 따라 보호하여야 한다는 견해이다. 위 규정에서 임차인이라고 규정하였기 때문에, 임차인에 해당하면 충분하다고 볼 수 있다. 셋째, 이 규정에 의하여 보호를 받으려면 무주택자로서 임차인에 해당하여야 하고, 또한 임대차계약서에 임차인으로 기재되어야 한다는 견해이다. 자신의 자금으로 주택을 임차하였다고 하더라도 다른 사람으로 임대차계약을 체결하는 경우에

62) 판결문상으로도 피고 B가 거주하고 있는 것에 관해서는 입증이 충분하다고 볼 수 있으나, 피고 B의 자금으로 임대차보증금을 지급한 것인지는 불분명하다.

는 법률에 위반한 것으로 우선분양권자에서 배제하여야 한다는 것이다.

임대차계약에서 그 이용목적이나 자금의 출처는 계약의 당사자를 결정하는 데 중요한 요소는 아니다. 누가 목적물을 사용할 것인지, 누가 보증금으로 지급할 자금을 제공하였는지에 따라 임차인이 달라지지 않는다. 임차건물에 실제로 거주한 사람을 임차인으로 볼 수도 없다. 임차인이 자신의 이름으로 임대차계약을 체결하고 다른 사람에게 임차건물에 거주하게 할 수도 있다. 이 판결은 피고 B를 보호범위에 포함시키면서 임대목적, 자금 제공자, 실제 거주자를 고려하고 있으나, 이와 같은 요소들은 임대차계약에서 임차인을 결정하는 요소는 아니다. 또한 임대주택법에 따라 임대를 하는 것은 대량거래에 속하고, 법률에 규정한 대로 표준임대차계약서에 따라 임대차계약을 체결하여야 한다. 이 경우에 표준임대차계약서와 달리 임대차계약을 체결하는 것은 법률을 위반한 것이 될 뿐만 아니라, 임차인이 누구인지 확정할 수가 없거나 불명확하게 되어 우선분양권자를 정하는 업무가 혼란에 빠질 수 있다. 따라서 임대인인 원고 입장에서는 임대목적, 자금제공자, 실제 거주자와는 무관하게 임대차계약서에 임차인으로 기재된 사람을 임차인으로 인식하였다고 보아야 한다. 나아가 피고 A 명의로 아버지인 피고 B의 주거에 관한 임대차계약을 체결한 것이 탈법행위를 하려고 한 것인지 문제될 수 있다. 이 판결은 위와 같이 임대차계약을 체결한 것이 법적으로 허용되지 않는 어떠한 이익을 얻거나 법적 규제를 회피하려 하였던 것은 아니라고 한다. 그러나 정말 그러한 것인지는 쉽사리 알 수 없는 일이다.

5. 소　　결

민법은 제618조에서 임대차에 관한 정의규정을 두고 있다. 이 규정에 따르면 임대차계약을 체결하여 목적물의 사용수익권을 갖고 차임을 지급할 의무를 부담하는 사람을 임차인이라고 보아야 한다. 임대주택법에 임차인에 관한 규정이 없으므로, 임대주택법상의 임차인도 결국 일반 규정인 민법 규정에 따라 정할 수밖에 없다. 이 판결은 이른바 '실질적 의미의 임차인'이라는 개념을 도입하여 임차인의 개념을 넓히고 있으나, 이는 법률에서 예정한 것이 아니다. 임대차계약상의 임차인 이외에 목적물을 실제로 사용·수익하거나 보증금·차임 등을 실제 출연하는 사람이 따로 있더라도 그를 이른바 '실질적 의미의 임차인'으로서 보호하는 것이 입법자의 의도나 입법목적에 부합한다고 볼 수도 없다.

V. 결 론

계약의 당사자가 누구인지 명확하지 않은 경우에 계약의 해석, 즉 법률행위의 해석을 통하여 계약의 당사자를 확정하여야 한다. 다른 사람 이름으로 계약을 체결한 경우에 계약의 당사자에 관하여 당사자의 의사가 일치하였다면 그 일치한 의사에 따라 계약의 당사자를 확정하여야 한다. 이는 계약의 해석에서 자연적 해석 또는 주관적 해석에 따른 것이다. 그러나 당사자의 의사가 합치되지 않은 경우에는 의사표시의 상대방의 관점에서 합리적인 인간이라면 누구를 계약의 당사자로 이해하였을 것인지를 기준으로 판단하여야 한다. 계약체결행위를 한 사람이 명의자가 아닌 경우에 당사자의 의사가 불분명하다면 일반적으로 명의자를 계약의 당사자로 보아야 할 것이다. 왜냐하면 상대방은 명의자를 계약의 당사자로 인식하는 경우가 통상적이기 때문이다.

법률의 해석은 해석의 일종이라는 점에서 계약의 해석과 유사한 면이 많다. 가령 법률의 문언이 해석의 기초가 된다는 점에서 계약의 해석과 마찬가지이다. 법률의 해석에서 문리해석이 원칙이지만, 추가적으로 입법취지나 법률의 목적 등을 고려하여 법률을 해석하여야 한다.

이 경우 법률의 문언과 입법의도나 목적을 서로 대척적인 것으로 보아야 하는 것은 아니다. 왜냐하면 법률의 문언은 입법취지나 법률의 목적을 실현하기 위한 것이기 때문이다. 그런데 계약의 해석에서는 당사자의 주관적 의도가 매우 중요한 데 비하여 법률의 해석에서는 입법자의 주관적 의도가 아니라, 객관적인 자료에 드러난 입법취지나 법률의 목적이 중요한 의미를 갖는다.

법률의 문언과 입법의 의도 또는 목적이 상충하는 경우에도 법률의 문언에 따라 법률을 해석하는 것이 원칙이다. 그러나 법률의 문언에 따를 경우에 현저히 부당한 결과를 초래하는 경우에는 입법의도나 법률의 목적을 고려하여 법률을 합리적인 의미를 갖도록 해석하여야 할 것이다. 이와 같은 예외적인 경우에 한하여 법률의 문언과 달리 법률을 해석하는 것을 허용하여야 한다.

이 판결은 추운 겨울에 임대주택에 살고 있는 노인을 쫓아내려는 원고의 청구를 배척하여 '따뜻한 가슴'을 느끼게 하는 '아름다운 판결'로 언론에 보도되었다. 또한 이 판결은 법해석에 관한 성찰의 계기를 제공한다는 의미에서 단순한 화제의 판결로만 남겨둘 수 없는 판결이다. 그러나 아쉽게도 이 판결의 결론에 찬성하지 않는다. 이 사건에서 임차인은 임대차계약서에 있는 대로 딸이라고 보아야 한다. 임대인으로서는 아버지를 임차인으로 생각할 수 없었다고 보아야 할 것이다. 이러한 상태에서 무주택자로서 임차건물에 거주하고 있는 아버지를 보호하기 위하여 임차인 개념을 넓히려는 시도는 그 반대쪽에 있는 가치를 침해할 것이다. 만일 법률이 모든 국민에게 똑같이 공정하게 적용되어야 하고 법적 안정성을 유지하며 임대주택법의 목적을 달성하기 위하여 원고의 청구를 받아들이지 않는다고 판결한다면, 그 판결은 아름답지 않은 것일까? 그렇다고 말할 가능성이 높다. 그러나 반대의 결론에 아름다움이라는 표현을 사용할 수 없을지 몰라도, 그것이 감정적·정서적 호소력이 떨어진다고 하더라도, 잘못이라고 말할 수는 없을 것이다.

정(正)과 미(美)가 항상 같이 가는 것은 아니고, 가끔은 그 간극을 받아들여야 한다. 어쩌면 그 간극에서 새로운 사고가 돋아나기 시작하는 것이 아닐까.

[追 記]

필자는 이 판결에 대한 상고사건이 대법원에 계류되어 있던 2008년에 당시 재판연구관인 문광섭 판사로부터 이 판결에 관하여 검토할 것을 요청받고 이 글의 초고를 작성하였다. 2008년 11월 25일 글의 제목을 "임대주택법상의 임차인에 관한 해석 문제"로 바꾸어 상고사건의 주심인 차한성 대법관께 제출하였는데, 이번에 글의 제목을 처음 생각대로 바꾸고 법률의 해석에 관한 부분의 문헌을 보충하고 표현을 가다듬는 등 대폭 수정하였다.[63] 평소에 관심이 있던 주제에 관하여 글을 쓸 기회를 갖게 된 것에 감사한다.

이 판결의 상고심 판결인 대판 2009. 4. 23, 2006다81035(공 2009, 724)는 원심 판결을 파기환송하였는데, 법률의 해석에 관한 대법원의 견해를 종합적으로 정리하여 제시하고 있다는 점에서 주목하여야 할 판결이다. 대법원의 판결이유는 다음과 같다.

> (1) "법은 원칙적으로 불특정다수인에 대하여 동일한 구속력을 갖는 사회의 보편타당한 규범이므로 이를 해석함에 있어서는 법의 표준적 의미를 밝혀 객관적 타당성이 있도록 하여야 하고, 가급적 모든 사람이 수긍할 수 있는 일관성을 유지함으로써 법적 안정성이 손상되지 않도록 하여야 한다. 그리고 실정법이란 보편적이고 전형적인 사안을 염두에 두고 규정되기 마련이므로 사회현실에서 일어나는 다양한 사안에서 그 법을 적용함에 있어서는 구체적 사안에 맞는 가장 타당한 해결이 될 수 있도

63) 대법원 판결을 포함하여 새롭게 글을 쓸까도 생각했으나, 원심 판결을 검토한 이 글도 대법원 판결의 배경을 이해하는 데 의미가 없지 않다고 생각되어 이 글을 공간하고자 한다.

록, 즉 구체적 타당성을 가지도록 해석할 것도 또한 요구된다. 요컨대, 법해석의 목표는 어디까지나 법적 안정성을 저해하지 않는 범위 내에서 구체적 타당성을 찾는 데에 두어야 할 것이다. 그리고 그 과정에서 가능한 한 법률에 사용된 문언의 통상적인 의미에 충실하게 해석하는 것을 원칙으로 하고, 나아가 법률의 입법 취지와 목적, 그 제·개정 연혁, 법질서 전체와의 조화, 다른 법령과의 관계 등을 고려하는 체계적·논리적 해석방법을 추가적으로 동원함으로써, 앞서 본 법해석의 요청에 부응하는 타당한 해석이 되도록 하여야 할 것이다.

한편, 법률의 문언 자체가 비교적 명확한 개념으로 구성되어 있다면 원칙적으로 더 이상 다른 해석방법은 활용할 필요가 없거나 제한될 수밖에 없고, 어떠한 법률의 규정에서 사용된 용어에 관하여 그 법률 및 규정의 입법 취지와 목적을 중시하여 문언의 통상적 의미와 다르게 해석하려 하더라도 당해 법률 내의 다른 규정들 및 다른 법률과의 체계적 관련성 내지 전체 법체계와의 조화를 무시할 수 없으므로, 거기에는 일정한 한계가 있을 수밖에 없다."

(2) "결론적으로, 임대주택법 제15조 제1항에서 규정하는 '임차인'이란 어디까지나 위 법률이 정한 요건과 절차에 따라 임대주택에 관하여 임대사업자와 임대차계약을 체결한 당사자 본인으로서의 임차인을 의미한다고 할 수밖에 없고, 이와 달리 당사자 일방의 계약목적, 경제적 부담이나 실제 거주사실 등을 고려한 '실질적 의미의 임차인'까지 포함한다고 변경, 확장 해석하는 것은 앞서 본 법률 해석의 원칙과 기준에 어긋나는 것으로서 받아들일 수 없다."

(3) "이 사건 임대차계약의 당사자 본인으로서의 임차인은 계약체결행위를 실제로 하였고 또한 계약서상으로도 임차인으로 표시되어 있는 피고 A라고 볼 수밖에 없다."

원심 판결에서 법해석에 관하여 상세한 이유를 제시하고 있었기 때문에 대법원도 그에 상응하여 법해석에 관한 입장을 천명할 수밖에 없었을 것이다. 대법원은 법해석의 방법과 기준을 제시하기 위하여 법적 안정성과 구체적 타당성이라는 법의 이념 또는 목적에서 출발하고 있다. 즉, 법해석에서 법적 안정성과 구체적 타당성이 충돌하는 경우가 있는데, 대법원은 법해석에서 법적 안정성을 깨뜨려서는 안 된다고 한다. 즉, "법해석의 목표는 어디까지나 법적 안정성을 저해하지 않는 범위 내에서 구체적 타당성을 찾는 데에 두어야 할 것"이라고 한다. 나아가 법해석의 방법은 문언해석이 원칙이고 추가적으로 입법취지나 목적 등 여러 요소를 고려하여야 한다고 하고 있다. 이것은 일반적인 경우에 법해석에 관한 판단기준으로 받아들여질 수 있을 것이다. 그러나 예외적으로 구체적 타당성을 위해서 법적 안정성을 깨뜨리는 법해석을 해야 하는 경우도 있을 것이다.

이 사건에서 원심 법원은 이른바 '실질적 의미의 임차인'이라는 개념을 도입하여 임차인의 개념을 넓히고 있으나, 대법원은 이와 같은 개념을 인정하지 않고 민법상 임차인과 동일한 것으로 보고 있다. 또한, 대법원은 원심 판결의 이유와 기록에 있는 사실을 토대로 피고 A가 이 사건 임대차계약을 체결하였고 임대차계약서에도 피고 A가 임차인으로 기재되어 있으므로, 임차인을 피고 A로 보아야 한다고 하였다. 이에 관한 판단은 원심과는 다른 사실관계를 토대로 하고 있지만, 자기 명의로 임대차계약을 체결한 사람을 임차인으로 인정한 것이다.

한편, 위 대법원 판결에 앞서 대판(전) 2009.3.19, 2008다45828(공 2009, 456)은 금융실명제 하에서 예금주의 결정기준에 관한 종전의 판례를 변경하였다. 즉, "본인인 예금명의자의 의사에 따라 예금명의자의 실명확인 절차가 이루어지고 예금명의자를 예금주로 하여 예금계약서를 작성하였음에도 불구하고, 위에서 본 바와 달리 예금명의자가 아닌 출연자 등을 예금계약의 당사자라고 볼 수 있으려면, 금융기관과 출연자 등과 사이에서 실명확인 절차를 거쳐 서면으로 이루어진 예금명의자와의 예금계약을 부정하여 예금명의자의 예금반환청구권을 배제하고, 출연자 등과 예금계약을 체결하여 출연자 등에게 예금반환청구권을 귀속시키겠다는 명확한 의사의 합치가 있는 극히 예외적인 경우로 제한되어야 할 것이고, 이러한 의사의 합치는 금융실명법에 따라 실명확인

절차를 거쳐 작성된 예금계약서 등의 증명력을 번복하기에 충분할 정도의 명확한 증명력을 가진 구체적이고 객관적인 증거에 의하여 매우 엄격하게 인정하여야 한다."고 하였다. 그리하여 "그에 이르지 아니한 명시적 또는 묵시적 약정에 의하여서도 예금명의자가 아닌 출연자 등에게 예금반환청구권이 귀속될 수 있다."고 한 종래의 판례, 즉 대판 2000. 3. 10, 99다67031(공 2000, 248) 등을 변경하였다. 이 글의 본문에서 들었던 종래의 판례가 변경 또는 폐기되었다. 위 두 판례를 통하여 대법원은 다른 사람 이름으로 계약을 체결한 경우에 원칙적으로 명의인을 계약의 당사자로 보아야 한다는 태도를 강화하고 있다고 말할 수 있을 것이다.[64)]

(법학평론 제 1 호(2010. 9), 서울대학교 출판문화원, 200-243면 所載)

64) 위 두 판결에 관해서는 김재형, "2009년 분야별 중요판례분석 (3) 민법(상)," 법률신문 제3826호(2010. 3. 18), 12면도 참조.

6. 담보제도의 개혁방안
—동산 및 채권 담보를 중심으로*—

Ⅰ. 서론—논의의 배경과 전개

1. '담보 없이 금융 없다'고 말할 수 있을 만큼 금융거래는 담보법과 뗄 수 없는 관계에 있다. 담보법은 민법의 한 귀퉁이를 차지하고 있는 데 불과한 것으로 여겨지기도 하였으나, 1997년 금융위기 이후 담보법의 개혁이 중요한 과제로 떠오르고 있다. 우리 사회에서 금융거래가 원활하게 이루어지기 위해서는 이를 뒷받침하는 담보법이 제대로 작동하고 있어야 하기 때문이다.

모든 제도가 그러하듯이 담보제도에는 긍정적인 요소와 부정적인 요소가 있다. 채무자인 개인이나 기업은 담보를 이용하여 낮은 비용으로 더 많은 신용을 얻을 수 있다. 채권자인 은행 등 금융기관은 담보를 확보함으로써 채무불이행이나 파산으로 인한 위험을 방지하거나 줄일 수 있다. 이와 같이 담보제도는 저비용으로 더 많은 부를 창출하게 하는 도구로서 사회 전체적으로 이익을 증대시키는 효과가 있다.[1] 그러나 채무자가 신용을 얻기 위하여 과도한 담보를 제공하는 경우에는 담보가 채무자의 재산이나 활동을 제약하는 부정적 작용을 한다. 채무자

* 이 글은 2008년 8월 26일 「한국법률가대회」에서 발표한 내용을 수정·보완한 것으로, 원고 말미에 지정토론자의 질의에 대한 답변을 덧붙였다.

1) 담보거래법의 이점에 관해서는 A/CN.9/WG.Ⅵ/WP.22/Add.1. paras. 1-8; 金載亨, "UNCITRAL 「擔保去來에 관한 立法指針 草案」 논의," 民法論 Ⅲ, 박영사, 2007, 303면.

가 자신의 재산을 담보로 제공하여 과도한 대출을 받은 후 이를 갚지 못하고 파산할 수도 있는데, 채권자는 담보에서 채권을 제대로 회수하지 못하는 경우도 있다. 따라서 담보의 설정부터 그 실행까지 합리적이고도 공정한 담보제도를 창출함으로써 위와 같은 긍정적 요소를 확대하고 부정적 요소를 억제할 필요가 있다.

2. 담보제도의 개혁방안은 현행 담보제도의 문제점을 파악하는 데서 시작된다.[2] 담보제도에 대한 비판은 담보법이 담보거래에 대한 수요를 충족시키지 못하고 있다는 점에 그 중점이 있다.

먼저 종래 많이 이용되어 온 부동산담보에 관하여 살펴보자. 민법에는 저당권이 부동산담보의 전형으로 규정되어 있지만, 이는 거의 이용되지 않고 있다. 현실거래에서 부동산담보의 대종을 차지하고 있는 근저당권에 관해서는 민법에 1개 조문만이 있다.[3] 이는 법이 거래현실을 따라가지 못하고 있는 경우라고 할 수 있다. 자산유동화에 관한 일련의 법률[4]은 저당권 등의 유통성을 확보하는 데도 중요한 기여를 하였으나,[5] 투자저당권의 도입[6]이나 저당권의 유동화라는 고전적 과제는 달성되지 못하고 있다. 한편 본래 담보와는 무관한 제도가 담보를 위하여 이용되는 경우도 있다. 가령 신탁제도는 위탁자가 특정 재산권을 수탁자에게 처분하고 수탁자로 하여금 일정한 자의 이익 또는 특정의 목적을 위하여 관리·처분하게 하는 제도인데, 이를 담보의 목적으로 이

2) 이것은 현행 담보제도가 문제점만 있다는 의미는 아니다. 우리나라의 담보법은 입법이나 판례를 통하여 계속 발전하여 왔다. 이 글은 담보제도의 개혁방안을 다루는 것이기 때문에, 담보법의 발전에 관해서는 여기에서 다루지 않는다.

3) 민법 제357조. 정부가 2004년 제17대 국회에 제출했던 민법개정안에서 근저당권에 관한 신설조항이 11개로서 가장 많았다. 이 개정안이 국회의원의 임기만료로 폐기되었는데, 근저당권에 관하여 상당수의 조항을 추가하는 방식으로 민법을 개정하여야 할 것이다.

4) 1998년에 「자산유동화에 관한 법률」(이하 '자산유동화법'이라 한다)이 제정되었고, 1999년 주택저당채권유동화회사법, 2003년 한국주택금융공사법이 제정되었다.

5) 근저당권부 채권의 유동화가 이에 해당한다.

6) 郭潤直, 物權法, 제 7 판, 박영사, 2002, 326면.

용하는 이른바 담보신탁이 각광을 받고 있다.[7] 이에 따라 담보신탁을 어떻게 규율할 것인지도 중요한 문제가 되고 있다.

다음으로 동산담보와 채권담보에 관하여 살펴보자. 첫째, 민법은 질권을 동산담보의 전형적인 형태로 규정하고 있으나,[8] 동산질권을 설정하려면 질권 설정자가 질권자에게 점유를 이전하여야 하므로(민법 제332조), 질권 설정자가 점유·이용해야 하는 물건이나 수시로 판매해야 하는 상품에는 질권을 설정할 수 없다. 판례에 의하여 승인된 동산양도담보[9]도 공시방법으로 이용되는 점유개정(민법 제189조)이 공시를 하는 효과가 거의 없다. 동산의 소유자가 동산을 이중으로 양도담보로 제공하거나 양도담보로 제공한 동산을 제 3 자에게 다시 처분할 수도 있기 때문에, 양도담보권자의 지위가 매우 불확실하다. 둘째, 채권을 담보로 제공하려면 민법상의 권리질권제도를 이용할 수 있다. 그러나 지명채권에 질권을 설정한 경우에 제 3 자에게 대항하려면 '확정일자 있는 문서에 의한 통지 또는 승낙'이 필요하다(민법 제349조). 그리하여 대량의 채권을 한꺼번에 담보로 제공하는 데는 많은 비용이 따른다. 최근에는 집합채권양도담보가 이용되고 있고, 이에 관한 대법원판결들이 계속 나오고 있으나,[10] 담보 목적으로 채권을 양도하는 경우에도 양도인에 의한

7) 대판 2001.7.3, 2001다9267(공 2001, 1854); 대판 2002.2.26, 2002다49484(공 2003, 478); 대판 2003.5.30, 2003다18685(공 2003, 1452).

8) 다만 자동차, 항공기, 선박, 건설기계는 동산에 해당하지만, 그 가치가 높고 특정이 가능하기 때문에 등록 또는 등기제도를 두고 있고, 저당권도 설정할 수 있다. 이들 동산에 관해서는 자동차저당법, 항공기저당법, 선박등기법, 건설기계관리법 등에서 저당권을 설정할 수 있다고 규정하고 있었는데, 2009.3.25. 전면 개정된 「자동차 등 특정동산 저당법」에서 건설기계, 소형선박, 자동차, 항공기에 저당권을 설정할 수 있고, 질권을 설정할 수 없다고 규정하였다(제 3 조, 제 9 조). 이와 같은 담보에 관해서도 재검토할 필요가 있으나, 여기에서 다루지는 않는다.

9) 대판 1988.10.25, 85누941(공 1988, 1484); 대판 2004.6.25, 2004도1751(공 2004, 1283); 대판 2004.10.28, 2003다30463(공 2004, 1942); 대판 2004.12.24, 2004다45943(공 2005, 194); 대판 2005.2.18, 2004다37430(공 2005, 470) 등.

10) 대판 2002.7.9, 2001다46761(공 2002, 1910); 대판 2003.9.5, 2002다40456(공 2003, 2015); 대판 2004.2.12, 2003다53497(공 2004, 448).

통지 또는 채무자의 승낙이 필요하기 때문에 활발하게 이용되지는 않고 있다. 결국 동산이나 채권을 담보로 활용하는 데는 법제도상으로 위와 같은 여러 제약이 있다고 볼 수 있다.

물론 개별 동산의 가치나 채권의 가액이 너무 적어 담보로 활용하기 힘든 경우가 있다. 그러나 동산이나 채권이 재화에서 차지하는 비중이 커지고 있는데도 부동산만을 담보로 활용해야 할 이유가 없다. 기업이 보유하고 있는 동산과 채권을 담보로 활용할 수 있다면 금융거래로 인한 위험이 줄어들고 기업은 더 많은 이윤을 창출할 수 있다. 따라서 동산이나 채권을 용이하게 담보로 제공할 수 있는 방안은 한정된 재화를 충분히 활용하여 경제를 발전시키는 데 기여할 것이다.

3. 동산·채권 담보제도의 개선은 1997년 금융위기 직후부터 법학자들이 주장하기 시작하였다.[11] 그 주장은 미국 통일상법전(Uniform Commercial Code: UCC) 제 9 장[12]에 있는 담보거래(secured transaction) 제도 등 외국의 입법례에 대한 비교법적 연구성과[13]가 축적되면서 점

11) 金載亨, "擔保法에서의 擔保目的物의 擴張問題—工場抵當과 集合物讓渡擔保를 중심으로," 民法論 Ⅰ, 박영사, 2004, 405면(원래는 法曹 1998년 3월호에 발표한 것임): 南潤三, "우리나라 動產擔保制度의 改善方向(下)," 司法行政 40권 3호(1999. 3), 34면: 高烡碩, "美國 人的財產擔保權의 完成," 比較私法 제 7 권 1호(2000. 6), 317면: 金載亨, "動產擔保制度의 改善方案—登錄制度의 導入에 관한 試論—," 民法論 Ⅲ, 박영사, 2007, 264면: 金載亨, "UNCITRAL 「擔保去來에 관한 立法指針 草案」 논의"(주 1), 336면.

12) 통일상법전은 통일 주법 위원 전국회의(National Conference of Commissioners on Uniform State Laws: NCCUSL)가 주법의 통일을 위하여 작성한 것이다. 제 9 장은 1940년대에 초안을 작성하기 시작하여 1962년에 완성되었고, 1972년과 1999년에 대폭 개정되었는데, 통일상법전 중에서 가장 혁신적인 것으로 매우 높은 평가를 받고 있다. 이에 관해서는 White/Summers, *Uniform Commercial Code*, 5. ed., 2000, pp. 1-7: Honnold/Harris/Mooney, Jr., *Security Interests in Personal Property*, 3rd ed., 2001, pp. 4-7.

13) 위 註 11에 든 문헌 이외에도 高烡碩, "美國 人的財產擔保權의 發生," 比較私法 제 6 권 2호(1999. 12), 415면 이하: 高烡碩, "美國 人的財產擔保權의 實行," 民事法學 제18호(2000. 5), 501면 이하: 高烡碩, "美國 浮動擔保權," 民事法學 제21호(2002. 3), 509면 이하: 高烡碩, "美國 統一商法典 제 9 편 擔保權行爲法의 適用範圍," 企業法硏究 제12집(2003. 3), 403면 이하: 高烡碩, "美國 人的財產擔

차 구체화되었고, 2005년 이후에는 법원행정처, 법무부, 재정경제부에서 동산·채권 담보제도를 개선하겠다고 발표하였으며, 현정부에서도 동산·채권 담보에 관한 입법을 추진하고 있다. 특히 2007년 11월에는 대법원 특수등기연구반에서 "동산 및 채권의 양도등기에 관한 특례법(안)"이 나왔고,[14] 2008년 3월에는 법무부에서 "동산 및 채권의 담보에 관한 특례법 제정 특별분과위원회"를 구성하여 법안을 작성하고 있다.[15]

현재의 담보거래는 부동산담보에 편중되어 있다는 점에서 중대한 문제가 있다. 동산이나 채권을 용이하게 담보화하는 방안을 마련한다면, 담보목적물이 실질적으로 부동산에서 동산이나 채권으로 확장된다는 점에서 담보제도의 전환점이 될 것이다. 현재의 작업이 동산·채권

保權의 目的財產," 比較法學 제3집(2003. 3), 전주대학교 비교법학연구소, 105면 이하; 高燦碩, "人的財產擔保權의 登錄에 관한 法理," 民事法學 제39-1호(2007. 12), 247면 이하; 김인유, "집합동산양도의 새로운 공시제도 도입에 관한 연구 ―일본의 동산양도 등기제도를 중심으로」," 民事法學 제31호(2006. 3), 359면 이하; 南潤三, "담보제도의 개선: 동산담보제도의 도입 및 개선을 위한 비교법적 고찰," New Millennium 法―法環境의 變化와 그 對應策(제 2 회 한국법률가대회논문집)(2000. 11), 206면 이하; 法務部 편, 各國의 動產擔保制度, 法務資料 제228집, 1999; 서경석, "미국 UCC Article 9상의 동산담보제도(1)-(5)," 경영법무 제78호(2000. 9), 54면 이하, 제79호(2000. 10), 50면 이하, 제80호(2000. 11), 40면 이하, 81호(2000. 12), 44면 이하, 82호(2001. 1), 43면 이하; 梁彰洙, "獨逸의 動產擔保改革論議," 서울대 法學 제44권 2호(2003. 6), 1면 이하; 梁彰洙, "日本의 動產擔保改革論議," 서울대 法學 제46권 3호(2005. 9), 1면 이하; 윤부찬, "동산양도등록제도의 도입필요성," 比較私法 제12권 3호(2005. 9), 427면 이하.

14) 대법원 특수등기연구반, 동산 및 채권의 양도등기제도 도입을 위한 입법자료, 법원행정처, 2007. 11; 윤성근(대표집필), "한국에서의 동산 및 채권 담보법 입법방안," 國際去來法硏究 제16집 2호(2007. 12), 213면 이하. 또한 김인유, "동산양도등기에 관한 연구," 民事法學 제41호(2008. 6), 71면 이하에서는 법안의 내용을 간략하게 소개하고 이에 관한 의견을 밝히고 있다.

15) 필자는 동산담보와 채권담보를 개선하여야 한다고 주장하였고, 대법원 특수등기연구반의 활동 초기에 옵저버(Observer)로 2차례 발표를 한 적이 있는데, 구체적인 법안의 작성에는 전혀 관여하지 않았고 그에 대한 의견조회에 의견을 제출하지 못했다. 현재는 법무부의 위 위원회에서 위원으로 법안을 작성하는 작업을 하고 있는데, 아직 위원회의 법안이 확정되지 않은 상태이기 때문에 법안을 소개할 수 있는 상황은 아니지만, 이 글에는 위 위원회에서 논의한 내용이 반영된 부분이 있다.

담보에 한정된 것이기는 하지만, 우리나라의 담보제도, 나아가 법제도와 법적 사고에 미칠 영향을 감안하면 담보제도의 개혁이 태동하고 있다고 볼 수 있을 것이다.

이 글에서는 동산·채권담보제도에 관한 그동안의 비교법적 연구를 토대로 동산·채권담보에 관한 개혁방안을 제시하고자 한다. 특히 동산·채권에 관한 공시제도를 도입하는 방안과 그 세부적인 내용을 검토함으로써 이 문제를 공론의 장으로 끌어내고자 한다.

Ⅱ. 동산 및 채권에 관한 새로운 담보의 법적 구성

1. 우리 민법상의 동산질권이나 권리질권은 담보권에 속한다. 이와 달리 양도담보의 법적 성질에 관해서는 담보권설[16]과 신탁적 소유권이전설[17]이 대립하고 있는데, 판례는 부동산양도담보에 관해서는 명확하지 않은 면이 있지만, 동산양도담보에 관해서는 신탁적 소유권이전설을 채택하고 있다.[18] 소유권유보부 매매의 경우에는 매도인이 소유권을 유보하는 것으로 보고 있다.[19] 다만 도산절차에서는 양도담보를 담보권으로 취급하는 법규정이 있고,[20] 금융리스나 소유권유보부 매매에 관해서는 명문의 규정이 없지만 도산실무상 담보권으로 취급되고 있다.[21]

---

16) 郭潤直(주 6), 407면; 金曾漢·金學東, 物權法, 박영사, 1997, 598면.

17) 李英俊, 韓國民法論[物權編], 新訂2版, 박영사, 2004, 913면 이하; 梁彰洙, "民法典 施行 후 擔保法의 展開와 課題," 民法硏究 제6권, 박영사, 2001, 266면 이하.

18) 대판 1986. 8. 19, 86다카315(공 1986, 1218); 대판 1994. 8. 26, 93다44739(공 1994, 2514); 대판 1995. 7. 28, 93다61338(공 1995, 2958). 집합동산양도담보에 관해서도 마찬가지이다. 대판 2004. 10. 28, 2003다30463(공 2004, 1942).

19) 판례는 매매대금의 완불을 정지조건으로 소유권이 매수인에게 이전되므로, 매도인은 대금이 완불될 때까지 유보된 목적물의 소유권을 주장할 수 있다고 한다. 대판 1996. 6. 28, 96다14807(공 1996, 2358).

20) 「채무자 회생 및 파산에 관한 법률」 제141조, 제579조 제1호 가목.

21) 金載亨, "倒産節次에서 擔保權者의 地位," 民法論 Ⅲ, 박영사, 2007, 219면.

그러나 미국 통일상법전 제 9 장에서는 담보거래에 관하여 포괄적으로 규정하면서 동산담보와 채권담보를 함께 규율할 뿐만 아니라, 통일적인 담보권 개념을 도입하여 종전에 이용되던 점유질, 동산저당, 조건부매매 등 다양한 담보제도를 통일적으로 구성하고 있다. 금융리스나 구입대금담보권(purchase money security interests) 등 담보의 실질을 갖고 있는 경우에는 그 형식과 상관없이 담보권으로 다루고 있다.[22] 이는 유럽부흥개발은행(European Bank for Reconstruction and Development; EBRD)의 모범담보거래법(Model Law on Secured Transactions)[23]이나 캐나다의 인적 재산 담보법(Personal Property Security Act) 등 여러 국가의 담보제도에서도 마찬가지이다. 이와 달리 일본에서는 동산양도나 채권양도에 관한 등기제도를 받아들였으나, 동산이나 채권에 관한 종전의 담보제도, 즉 질권이나 양도담보 등을 그대로 유지하고 있다.[24]

최근에 유엔국제거래법위원회(UNCITRAL)[25]의 제 6 작업그룹(Work-

22) 이를 "실질이 형식을 지배한다"라고 표현한다. White/Summers(주 12), p. 713; 金載亨, "動產擔保制度의 改善方案"(주 11), 270면.

23) 이는 동유럽의 여러 국가가 담보거래법을 도입하는 데 결정적인 영향을 미쳤는데, 담보권 개념을 도입하고 있다(가령 제1.1조). 상세한 것은 EBRD, *Model Law on Secured Transactions*, 1994; Dahan/Simpson, "The European Bank for Reconstruction and Developement's Secured Transactions Project," Kieninger ed., *Security Rights in Movable Property in European Private Law*, 2004, p. 102.

24) 일본에서는 1998. 6. 12. 「채권양도의 대항요건에 관한 민법의 특례 등에 관한 법률」을 제정하여 채권양도등기제도를 도입하였고, 2004. 12. 1. 「채권양도의 대항요건에 관한 민법의 특례 등에 관한 법률의 일부를 개정하는 법률」에 의하여 동산양도등기제도를 도입하였는데, 법률의 명칭도 「동산 및 채권양도에 관한 민법의 특례 등에 관한 법률」(이하 '동산·채권양도법'이라 한다)로 변경되었다. 이 법에서 동산양도나 채권양도의 대항요건과 병렬적으로 새로운 등기제도를 도입하였다. 그 입법경위와 내용에 관해서는 法務省民事局參事官室, "動產·債權讓渡に係る公示制度の整備に關する要綱中間試案補足說明," 金融法務事情 제1701호(2004. 3. 15), 27면 이하; 植垣勝裕(法務省民事局參事官) 외 3인, "債權讓渡の對抗要件に關する民法の特例等に關する法律の一部を改正する法律の概要(上)(中)(下)," 金融法務事情 제1729호(2005. 2. 5), 37면 이하, 제1730호(2005. 2. 15), 55면 이하, 제1731호(2005. 2. 25), 46면 이하; 梁彰洙, "日本의 動產擔保改革論議"(주 13), 163면.

25) 유엔국제거래법위원회는 1966년 유엔총회에 의해 설립된 이래 국제거래에 관

ing Group VI)에서 동산담보와 채권담보제도를 포괄하는 담보거래제도를 현대화하기 위한 입법지침을 작성하였는데,[26] 등기 또는 등록제도를 채택할 것[27]을 전제로 작업을 하였다. 이 지침에서는 개별국가가 담보권에 관한 통일적인 접근방법과 비통일적인 접근방법 중에서 선택할 수 있도록 하고 있다. 통일적 접근방법은 하나의 통일적인 담보권이라는 단일 개념을 창설하는 것이고, 비통일적 접근방법은 통일적인 담보권 개념을 받아들이지 않고 소유권유보부 매매 등 담보적 기능을 가진 권리들을 담보권에서 배제하지만, 이들을 담보권과 유사한 방식으로 규율하는 것이다.[28]

2. 우리나라에서도 동산이나 채권에 관한 담보권을 통일적으로 구성할 것인지 문제된다. 동산이나 채권에 관한 담보제도, 가령 양도담보 등을 폐지하거나 억제하고 하나의 통일적인 담보제도를 도입하여야 한다는 주장이 있을 수 있다. 독일에서는 이와 같은 주장이 있었으나,[29] 아직 등기제도조차 채택하지 않고 있다. 일본에서 동산이나 채권의 양도에 관한 등기제도를 도입하면서도 이와 같은 주장을 받아들이지는 않았다.[30] 대법원 특수등기연구반의 법안은 일본과 거의 동일한 방식을 채택하고 있다.

통일적인 담보권을 창설하는 것이 타당한 것인지는 세밀한 검토가 필요하다. 기존의 담보제도를 없애고 새로운 담보권으로 통일하는 것

한 협약, 모델법, 입법지침 등을 작성하고 있다. 위원회는 총회에서 선출된 60개 회원국으로 구성되어 있는데, 우리나라도 회원국으로서 참여하고 있다.

26) 유엔국제거래법위원회의 결정에 따라 제 6 작업그룹은 제 1 차 회의를 2002년 5월 20일부터 24일까지 미국 뉴욕에서 개최한 이래 매년 2회 뉴욕과 오스트리아 빈에서 번갈아가며 회의를 개최하였는데, 2007년에 입법지침을 완성하였다. 그곳에서 논의되는 회의자료는 http://www.uncitral.org/uncitral/en/commission/working__groups/6Security__Interests.html에서 검색할 수 있다.

27) A/CN.9/WG.Ⅵ/WP.29, para. 33.

28) 金載亨, "UNCITRAL「擔保去來에 관한 立法指針 草案」논의"(주 1), 312면.

29) 梁彰洙, "獨逸의 動產擔保改革論議"(주 13), 171면 이하.

30) 일본의 동산·채권양도법은 동산 및 채권의 양도의 대항요건에 관한 민법 규정에 추가하여 등기제도를 도입한 것이다. 植垣勝裕 외 3인(주 24)(上), 41면.

(통일적 접근방법)은 담보법제에 지나치게 급작스러운 변화를 초래한다. 질권, 양도담보, 금융리스, 소유권유보부 매매 등을 하나의 담보권 개념으로 포괄하여 통일적으로 규율하는 것이기 때문이다. 그와 같은 전환으로 인한 혼란이나 비용이 어느 정도일지 예측하고 그 대응책을 마련하는 것은 쉽지 않다. 또한 기존의 담보제도를 담보권 개념에 포함시키지 않더라도 담보권과 유사하게 규율하는 방법(비통일적 접근방법)도 마찬가지이다. 양도담보, 금융리스, 소유권유보부 매매 등에 관해서 그 특성에 맞게 규율할 필요가 있다. 그러나 그 규율방향에 관하여 충분한 논의가 이루어졌다고 볼 수 없으므로, 기존의 담보제도의 존폐 문제는 장래의 과제로 남겨두는 것이 좋을 것이다. 따라서 현재로서는 동산 및 채권에 관한 새로운 담보제도를 도입하더라도 기존의 담보제도, 예컨대 민법상의 질권뿐만 아니라 판례에 의하여 인정되는 양도담보, 금융리스, 소유권유보부 매매 등이 병존하는 것으로 입법을 하여야 할 것이다.

이와 같이 동산·채권에 관한 기존의 담보제도와 새로운 담보제도를 병존시킬 경우에 동산이나 채권에 관한 양도담보를 계속 이용할 것이고 새로운 담보등기제도를 이용할 이점이 없을 것이라는 우려가 있다. 왜냐하면 양도담보는 점유개정이나 채권양도에 의하여 쉽게 설정할 수 있고 계약에서 그 실행 등에 관해서도 편리하게 정할 수 있는 반면에, 새로운 담보는 법적 제약이 많기 때문이다. 그러나 새로운 담보제도는 동산이나 채권에 관하여 공적 장부에 공시하는 방안을 마련함으로써 더 많은 동산이나 채권을 편리하게 담보로 제공할 수 있는 장치를 마련하는 것이므로 이 제도는 적지 않게 이용될 것이다. 가령 현재의 질권제도나 양도담보에서는 후순위로 담보를 설정하는 것이 허용되지 않지만, 담보등기제도를 도입할 경우에 동일한 동산이나 채권에 후순위담보를 설정할 수 있다. 여러 목적물에 공동담보를 설정하는 것도 쉽게 공시할 수 있다. 또한 현재에는 다수의 집합적인 동산을 담보로 제공한 다음, 제3자에게 처분하고 현실의 인도를 한 경우에 제3자의 선의취득이 인정될 수 있으나, 새로운 공시제도가 도입될 경우에 이와 같은 선의취득이 인정되는 경우가 대폭 줄어들 것이다. 그 밖에 담보권의 실행 등에 관해서도 좀 더 효율적인 규정을 둘 수 있을 것이다. 따라서 새로운 담보제도를 도입하는 제도적 장점은 충분히 있기 때문에, 기존의 양도담보 등을 폐지할 것인지 여부는 추후에 점진적으로 추진하는 것이 혼란을 줄이는 방법이다.

3. 동산이나 채권에 관한 새로운 담보제도를 도입할 경우에 그 법적 성질을 담보권으로 구성할 것인지, 아니면 양도담보나 소유권유보부 매매와 유사하게 소유권적으로 구성할 것인지 문제된다. 동산·채권에 관한 새로운 담보는 원칙적으로 물권의 일종인 담보권으로 구성하여야 한다.[31] 양도담보 등 소유권이전형 담보에서는 당사자들이 담보를 설정할 목적으로 소유권이전이라는 법형식을 선택하였다고 볼 수 있다. 이 경우에 당사자들의 실질적인 목적을 중시할 것인지, 아니면 당사자들이 선택한 법형식을 중시할 것인지에 따라 그 법적 성질에 대한 이해가 달라진다. 그러나 담보를 설정할 목적으로 소유권을 이전하는 것은 너무 많은 권리를 이전하는 것이다. 법률로써 동산 및 채권에 관하여 새로운 담보제도를 도입한다면, 당사자들이 담보권을 설정한 것으로 보는 것이 당사자들의 실제 의도나 이해관계를 가장 잘 반영할 것이다. 또한 등기부에도 동산 및 채권에 관한 담보라는 사실을 공시하는 것이 바람직하다. 동산이나 채권을 담보로 제공하였는데도 소유권을 이전한 것처럼 공시하는 것은 실제보다 많은 권리를 이전하는 것처럼 공시하는 것이기 때문이다. 담보권에는 그에 특유한 성질이나 권리로서 우선변제권, 불가분성, 물상대위 등이 인정되는데, 이 점에서 소유권적 구성을 하는 경우와 큰 차이가 있다.

특별법에서 새로운 담보를 담보권으로 구성할 경우에 민법상의 담

31) 위 1.에서 본 바와 같이 미국 통일상법전 등 대부분의 입법례가 취하고 있는 방식이다. 다만 일본은 새로운 담보권 개념을 받아들이지 않았다.

보권과 구분하기 위해서 새로운 담보권의 명칭을 어떻게 정할 것인지 문제된다. 동산 및 채권에 관한 새로운 담보는 등기를 한다는 점에서 기존의 동산 및 채권 담보와는 결정적으로 구별되기 때문에, 등기담보권이라는 용어를 사용할 수 있다.[32]

4. 동산이나 채권에 관한 등기담보권을 인정하는 것이 양도담보나 소유권유보부 매매에 관한 판례를 변경하는 것인지 문제된다. 이 문제는 등기담보권의 인정범위와 관련된 문제이다. 위 2.에서 본 바와 같이 현재 이용되고 있는 양도담보나 소유권유보부 매매를 허용한다면, 등기담보권의 도입이 양도담보나 소유권유보부 매매에 관한 판례에는 직접적인 영향을 미치지 않는다. 그러나 앞으로 이에 관한 논의가 새로운 국면으로 접어들 수 있을 것이다.

5. 동산 및 채권담보를 새롭게 규율하는 방법에는 민법 규정을 개정하는 방안과 특별법을 제정하는 방안이 있다. 민법 규정을 개정하는 방안이 근본적인 해결책이지만, 이 방안을 추진하는 데는 법기술적인 문제를 포함하여 많은 어려움이 있다. 따라서 특별법을 제정하는 방법이 현실적이다.

특별법을 제정하는 방법에는 양도등기제도를 채택하는 방식과 담보등기제도를 채택하는 방식이 있다.[33] 담보등기제도를 채택하는 경우에도 동산담보에 관한 법률을 제정하는 방안, 채권담보에 관한 법률을 제정하는 방안, 동산 및 채권담보에 관한 법률을 제정하는 방안, 여기에서 나아가 지적재산권 등을 포괄적으로 규율하는 방안 등이 있다.[34] 이 방안들은 모두 현재의 제도보다 진전된 것이기 때문에, 그중에서 어떠한 방식을 선택할 것인지는 입법을 위한 준비가 어느 정도 되어 있는지에 달려 있다. 가령 동산담보에 관한 법률을 먼저 제정한 다음, 순

32) 이와 같은 명칭을 법률에 규정할 수도 있지만, 법률에는 규정하지 않고 강학상의 용어로 사용할 수도 있다.

33) 아래 Ⅲ.2. 참조.

34) 법률의 명칭은 법률의 적용범위와 대상에 따라 달라질 것이다.

차적으로 그 범위를 넓혀갈 수도 있고, 동산담보와 채권담보 등을 포괄하여 특별법을 제정하는 방안을 추진할 수도 있다. 법무부의 위 위원회에서는 동산담보와 채권담보 등을 포괄하여 특별법을 제정하는 방안을 마련하고 있다.

Ⅲ. 동산·채권담보에 관한 새로운 공시제도의 도입

1. 등기 또는 등록제도

동산·채권담보제도의 개혁은 동산·채권담보에 관한 새로운 공시제도를 도입한다는 점에 그 핵심이 있다. 동산질권에 관한 공시방법은 인도이고(민법 제330조), 채권질이나 채권양도에 관한 공시방법은 채무자[35]에 대한 통지 또는 채무자의 승낙이다(민법 제346조, 제450조). 그러나 이와 같은 공시방법에서 벗어나 동산·채권담보에 관하여 등기 또는 등록[36]이라는 공시제도를 창설해야 한다.

동산·채권담보에 관하여 등기라는 새로운 공시제도를 도입한다는 것은 혁명적인 개혁방안이라고 할 수 있다. 그 동인은 무엇인가? 종래 동산양도담보에서 점유개정이라는 공시방법이 불완전하기 때문에, 동산담보에 관한 공시방법을 도입하여야 한다는 주장이 있었다.[37] 따라서

35) 지명채권에 대한 질권의 경우에는 제3채무자를 가리킨다(민법 제349조).

36) 등록이라는 용어를 사용할 것인지, 등기라는 용어를 사용할 것인지 문제된다. 부동산등기와 구별하기 위하여 등록이라는 용어를 사용할 수 있다. 부동산등기와는 목적물이 다를 뿐만 아니라 등재하는 내용이나 방식이 다르기 때문이다. 그러나 이는 용어선택의 문제이다. 부동산등기와 마찬가지로 공시수단이라는 점을 강조하기 위하여 등기라는 용어를 사용할 수도 있을 것이다. 이 글에서는 종전과는 달리 등기제도라는 용어를 사용하고자 하나, 종전의 글을 인용하는 경우나 미국의 제도를 설명할 경우에는 등록(filing)이라는 용어를 사용한다.

37) 주 11에 있는 문헌 참조.

동산이나 채권담보에 관한 등기제도를 도입하여야 한다는 주장은 우리나라의 법상황에 관한 문제의식에서 출발한 것이라고 볼 수 있다. 그러나 좀 더 결정적인 것은 미국 등 여러 나라에서 도입한 동산·채권 등의 담보에 관한 등록 또는 등기제도에 관한 비교법적 연구를 토대로 한 것이다.

미국 통일상법전 제 9 장에서는 담보거래에 관하여 등록제도(filing system)를 채택하였다. 동산을 담보로 제공하는 경우든 채권을 담보로 제공하는 경우든 일반적으로 금융명세서(financial statement)를 등록할 수 있다.[38] 유럽부흥개발은행의 모범담보거래법에서도 동산이나 채권담보에 관한 등기제도를 채택하고 있다.[39] 또한 캐나다, 뉴질랜드 등 보통법 국가에서도 미국의 통일상법전과 유사한 제도를 도입하였다.[40] 한편, 일본에서는 동산양도나 채권양도에 관한 등기제도를 도입하였다.[41] 유엔국제거래법위원회(UNCITRAL)의 제 6 작업그룹(Working Group VI)에서 작성한 입법지침에서도 등기제도에 관하여 규정하고 있다.[42]

필자는 "동산담보제도의 개선방안"이라는 글에서 동산담보등록제도를 채택하여야 한다고 주장하고, 그 이유를 다음과 같이 설명한 바 있다.[43]

> "동산담보를 설정하기 위한 공시수단인 점유는 매우 불완전하다. 질권의 경우에는 점유개정에 의한 인도가 허용되지 않기 때문에, 채무자가 계속 사용하여야 하는 동산에 대해서는 질권을 설정할 수 없다. 판례에 의하여 발달된 동산양도담보의 경우에는 점유개정에 의한 공시수단을 채

38) 미국 통일상법전 제9-310조 (a)항. 이에 관해서는 우선 金載亨, "動産擔保制度의 改善方案"(주 11), 278면.

39) EBRD의 모범담보거래법 제33조, 제34조.

40) 담보거래법에 관한 개별국가의 입법례에 관해서는 金載亨, "UNCITRAL「擔保去來에 관한 立法指針 草案」논의"(주 1), 307면 이하 참조.

41) 주 24.

42) 주 27.

43) 金載亨, "動産擔保制度의 改善方案"(주 11), 289면.

택하고 있으나, 외부의 제3자로서는 양도담보가 설정되었는지 알 수 없다. 또한 파산절차나 회사정리(회생)절차에서 동산담보나 채권담보의 경우에 공시가 불완전하기 때문에, 더욱 심각한 문제를 낳을 수 있다. 채무자가 부도 위험이 있다는 것을 알고 친인척 등 가까운 제3자에게 포괄적으로 담보권을 설정해 두면 파산절차 등에서 일반채권자가 채무자의 재산에 관하여 권리를 행사할 수 없는 사태가 발생한다. 부도 직전에 점유개정약정서를 소급하여 작성함으로써 허위의 양도담보를 만들 수도 있다."

또한 "채권을 담보로 제공하는 경우에도 동산담보의 경우와 마찬가지로 등록제도를 채택하여야 할 것"이라고 주장하였다.[44] 채권양도나 질권설정의 통지가 실질적인 공시기능을 발휘하지 못하고, 채권을 대량으로 양도하는 경우에는 채권양도의 통지를 하는 데 시간과 비용이 많이 들기 때문이다.

부동산담보에서 저당권이나 근저당권이 대표적인 담보제도로 규정된 이유는 부동산등기제도에 있다. 부동산등기부에 저당권을 등기함으로써 저당권자가 담보목적물을 점유하지 않고 담보목적물의 교환가치를 확보할 수 있기 때문이다. 이와 마찬가지로 동산담보를 등기 또는 등록할 수 있다면 담보권자는 담보목적물을 점유하지 않고도 그 교환가치를 확보할 수 있다. 따라서 동산담보에 관한 등기제도는 동산을 쉽게 담보로 제공할 수 있도록 할 것이다. 채권을 담보로 제공하는 경우에도 등기는 통지 또는 승낙보다 공시효과가 우월할 뿐만 아니라 시간과 비용도 적게 든다. 채무자가 동산이나 채권을 이중으로 양도담보로 제공하는 사례도 막을 수 있다.

2. 담보등기제도와 양도등기제도

동산이나 채권에 담보를 설정할 수 있도록 등기제도를 도입하는

44) 金載亨, "UNCITRAL「擔保去來에 관한 立法指針 草案」논의"(주 1), 336면.

방안에는 두 가지가 있다. 첫째, 동산담보나 채권담보를 등기하는 방안이다. 이를 편의상 '담보등기제도'라고 할 수 있다. 미국의 통일상법전, EBRD의 모범담보법, UNCITRAL의 입법지침은 이 방식을 채택하고 있다. 다만 미국이나 UNCITRAL의 입법지침에서는 채권양도의 경우에도 등기제도를 이용할 수 있도록 하였다.[45] 둘째, 동산이나 채권에 관한 양도등기를 하는 방안이다. 이를 편의상 '양도등기제도'라고 할 수 있다. 일본에서는 동산양도나 채권양도의 대항요건에 대한 특례로 등기제도를 도입하면서 동산이나 채권의 양도목적에 제한을 두지 않고 있다.[46] 즉, 담보를 설정하려는 목적으로 양도를 하는 경우뿐만 아니라, 통상적인 양도의 경우에도 등기를 할 수 있도록 하였다. 종래에는 동산양도담보의 경우에 인도의 한 종류인 점유개정을 공시방법으로 이용하였는데, 점유개정 대신 등기를 이용할 수 있게 된 것이다. 이 방안은 양도담보에 관한 현재의 법리를 그대로 유지하면서 공시방법을 개선하는 효과가 있다. 대법원 특수담보등기반의 법안도 이 방식을 따르고 있다.[47]

양도등기제도의 장점을 정리하면 다음과 같다. 첫째, 실무상의 편의이다. 실제 거래에서 담보목적의 양도인지, 아니면 통상적인 양도인지를 구별하기 어려운 경우가 있다. 형식적 심사권을 가진 등기관으로서는 양도의 목적이 무엇인지를 실질적으로 조사하여 판단할 권한이 없다. 그런데도 양도의 목적에 따라 등기의 유무효가 달라진다면 실무상 혼란이 발생할 것이다. 따라서 동산이나 채권을 양도하는 경우에 담보목적인지 여부와 상관없이 등기제도를 이용할 수 있어야 실무상 편리하다는 것이다. 둘째, 양도등기제도를 채택하면 자산유동화를 위해서도 이 제도를 이용할 수 있다. 자산유동화법에 따라 진정양도의 경우에

45) A/CN.9/WG.VI/WP.31/Add.1, para 19 (a).

46) 植垣勝裕 외 3인(주 24)(中), 56면.

47) 이는 법률의 제목이나 조항에 반영되어 있다. 가령 법안 제1조, 제3조, 제6조 참조.

금융위원회에 등록할 수 있는 제도를 마련하고 있으나(제6조), 자산유동화법이 적용되지 않는 경우에도 등기제도를 이용할 수 있도록 하여야 한다는 것이다.

그러나 양도등기제도보다는 담보등기제도를 채택하는 것이 바람직하다고 생각한다. 그 이유는 다음과 같다. 첫째, 입법의 필요성이라는 측면이다. 입법은 필요가 있어야 한다. 아무런 수요나 요청이 없는데도 입법을 하는 것은 과잉입법이다. 현재의 논의는 동산이나 채권에 관한 담보의 공시문제를 해결하기 위하여 시작되었다. 이 문제에 대한 해결 방안은 동산이나 채권에 관한 담보등기제도를 도입하는 것으로 충분하다. 민법은 동산양도의 효력발생요건으로 인도를 규정하고 있다(제188조 내지 제190조). 여기에서 나아가 동산양도의 효력발생요건으로 등기제도를 일반적으로 도입할 필요가 없다. 담보와 관계없는 일반적인 양도의 경우에도 일반적으로 등기제도를 도입하는 것은 입법적 낭비가 될 수 있다.

둘째, 체계적 정합성이라는 측면이다. 민사특별법을 제정하는 경우에 민법체계와 정합성을 갖추도록 하여야 한다. 그렇지 않으면 민법체계와 맞지 않아 혼란이 발생한다. 먼저 동산에 관하여 살펴보자. 민법은 부동산물권변동에 관하여 등기주의를 채택하고, 동산물권변동에 관하여 인도주의를 채택하고 있다. 이를 깨뜨리고 동산물권변동에 관해서도 등기를 점유와 병렬적으로 공시방법으로 채택하는 것은 오히려 혼란을 초래할 것이다. 공시방법은 명확해야 한다. 그렇지 않고 복수의 공시방법이 존재한다면 거래당사자들이 공시방법을 모두 확인하여야 하기 때문에 정보비용이나 거래비용이 증가한다. 동산의 양수인이 인도를 받은 경우에도 그 동산에 관하여 등기를 설정받은 사람이 있다면 누가 소유권을 취득하는지가 불분명해질 수 있다. 이러한 경우에 대비하여 인도와 등기 사이의 우선순위를 정하여야 하는 번거로움이 있다. 그러나 이와 같은 동산양도등기제도를 일반적으로 도입함으로써 얻는 효용은 담보목적으로 등기를 이용하는 경우를 제외하고는 크지 않다. 다음으로 채권양도에 관하여 살펴보자. 민법상 채권양도를 채무자 이외의 제3자에게 대항하려면 확정일자 있는 통지 또는 승낙이 있어야 한다(제450조 제2항). 그러나 대량의 채권을 양도하는 경우에는 위와 같은 대항요건을 갖추기 어렵고, 이를 갖추더라도 권리관계가 불분명한 경우가 발생한다. 그 대안으로 채권양도등기제도를 도입할 필요성이 있다. 실제로 자산유동화법에서 그 적용범위가 자산유동화에 한정된 것이기는 하지만 채권양도에 관한 등록제도를 도입하였다(제7조 제2항). 그러나 민법상의 채권양도의 대항요건으로 '확정일자 있는 통지 또는 승낙'을 그대로 유지하면서 채권양도등기제도를 도입할 경우에 양자의 관계를 어떻게 설정할 것인지 문제된다. 이 문제를 해결하여야만 채권양도의 대항요건으로 등기제도를 도입하자는 주장이 설득력을 얻을 것이다.

셋째, 공시의 명확성이라는 측면이다. 동산이나 채권에 양도등기가 되어 있는 경우에 제3자는 등기부만으로는 담보목적의 양도인지, 진정양도인지 알 수 없다. 담보등기를 설정하였다는 점이 공시될 경우에 법률관계도 명확해질 수 있다.

넷째, 법의 통일성이라는 측면이다. 특별법에서 채권양도의 등기에 관하여 규정한다면, 채권양도에 관한 규정이 크게는 민법, 자산유동화법, 특별법이라는 세 가지 종류의 법에 분산됨으로써 그 통일적 파악이 곤란하게 될 것이다. 민법이나 자산유동화 관련 법률상의 채권양도에 관한 규정을 그대로 두고 다시 특별법에서 채권양도에 관한 등기제도를 마련하는 것[48]은 지나치게 편의주의적인 발상이라고 할 수 있다. 따라서 채권양도에 관한 등기제도를 도입하는 문제는 민법과 자산유동

---

48) 동산이나 채권에 관한 담보등기제도를 도입하면 대량의 채권양도를 위하여 등기제도를 이용할 수 없다. 특히 담보등기제도는 자산유동화를 위한 채권양도를 포괄할 수 없다는 문제점이 있다. 그러나 이 문제를 해결하고자 한다면 민법 또는 자산유동화 관련 법률들을 개정하여야 할 것이다.

화 관련 법률의 개정과 함께 검토해야 할 것이다.[49] 더군다나 채권양도등기에 관해서는 우리나라에서 논의가 충분히 성숙되어 있다고 볼 수 없기 때문에, 그 도입 여부나 방법에 관해서는 장래의 과제로 남겨 충분한 논의와 검토를 한 다음에 입법을 추진하여야 한다. 충분한 준비 없이 실무적인 필요에 따라 입법을 한다면 법적 통일성이 크게 훼손될 것이다.

3. 인적 편성주의

부동산등기의 경우 물적 편성주의를 채택하고 있다. 즉, 부동산등기부에는 1필의 토지 또는 1동의 건물에 대하여 1용지를 사용한다(부동산등기법 제15조 제1항). 이 방식은 부동산에 관한 권리관계를 명확하게 공시하는 효과가 뛰어나다는 점에서 우리 부동산등기법의 장점이다. 자동차관리법상의 자동차, 항공법상의 항공기, 선박등기법상의 선박, 건설기계관리법상의 건설기계의 경우에도 마찬가지이다.[50] 그러나 동산은

49) 새로운 등기제도를 도입할 경우에 자산유동화법과 어떠한 관계에 있는지 문제된다. 자산유동화법 제7조는 채권양도의 대항요건에 대하여 특례를 두고 있다. 즉, 자산유동화계획에 따른 채권양도에서 금융위원회에 양도사실을 등록함으로써 제3자에 대하여 대항할 수 있다. 채권양도등기제도를 도입한다면 채무자가 특정되지 않은 장래채권의 양도사실을 등기함으로써 제3자에 대한 대항요건을 어렵지 않게 갖출 수 있으므로, 자산유동화의 경우에도 제3자에 대한 대항요건의 취득은 채권양도등기제도로 단일화하여야 하고 자산유동화법 제7조 제2항을 삭제하여야 할 것이다. 위와 같은 채권양도등기제도와 자산유동화법상 등록제도가 병존한다면 오히려 자산유동화의 등록과 채권양도등기를 이중으로 하게 됨으로써 사회 전체적인 비효율을 초래할 수 있기 때문이다(대법원 특수등기연구반(주 14), 95면). 그러나 담보등기제도를 채택할 경우에는 이 법안과 자산유동화법은 그 목적, 내용, 적용범위와 그 대상이 달라서 병존하게 될 것이고, 자산유동화를 위한 채권양도와 담보를 위한 채권양도로 구분되므로, 원칙적으로 중복의 문제가 발생하지 않는다. 즉, 자산유동화를 위한 채권양도는 자산유동화법의 적용을 받고, 담보를 위한 채권양도는 동산·채권담보등기법의 적용을 받게 된다. 따라서 담보등기법안을 따를 경우에 자산유동화법 제7조의 규정에는 아무런 영향을 미치지 않을 것이다.

50) 주 8.

똑같은 물건이 많기 때문에 개별적으로 공시할 수 없는 경우도 많고, 그 형태, 품질, 가격 등이 천차만별이다. 채권은 그 발생원인이나 변제기 등이 각양각색이다. 따라서 개별 동산이나 채권의 경우에는 동산이나 채권별로 등기부를 만드는 것이 거의 불가능하고, 이와 같이 동산이나 채권별로 등기부를 만든다면 너무 많은 비용이 든다.

그리하여 동산이나 채권에 관한 등기제도를 채택하고 있는 나라들에서는 인적 편성주의를 채택하고 있다. 담보등기제도를 채택할 경우에는 담보설정자별로 담보등기를 하고, 양도등기제도를 채택할 경우에는 양도인별로 양도등기를 하는 것이다.51) 이와 같은 등기부를 보면, 동산의 소유자나 채권의 보유자가 동산이나 채권에 담보를 설정해 주었는지 여부를 알 수 있다. 인적 편성주의를 채택하더라도 담보권자나 양수인을 기준으로 등기하는 것을 생각할 수 있으나, 이는 동산의 소유자가 동산에 담보를 설정하였는지, 채권자가 채권에 담보를 설정하거나 이를 양도하였는지를 알려주는 효과가 없기 때문에 바람직하지 않다.

인적 편성주의를 채택할 경우에, 물적 편성주의와는 달리, 제 3 자는 담보에 관한 확실한 정보를 얻을 수는 없다. 그러나 제 3 자는 담보설정자의 동산이나 채권에 대하여 담보권이 설정되어 있다는 점을 알 수 있기 때문에, 점유개정 등의 방법으로 공시하는 것보다 월등하게 우월한 공시 효과가 있다. 나아가 제 3 자는 담보권을 가진 채권자의 이름과 주소를 알 수 있으므로 채권자에게 확인함으로써 담보권의 내용을

51) 담보등기의 기재방법도 중요한 문제이다. 부동산등기에서는 등기신청인이 제출한 신청서와 서류를 토대로 등기공무원이 등기부에 권리관계 등을 기재함으로써 등기를 한다. 동산담보의 경우에도 동산담보등기신청을 받아 관공서에서 담보권 등을 기재함으로써 등기를 하는 방안을 생각할 수 있다. 그러나 동산이나 채권에 관한 담보를 등기할 경우에는 등기의 방식도 간편하게 할 필요가 있다. 미국에서는 채무자와 채권자를 기재하고 담보약정을 기재한 서면을 제출하면 이를 그대로 편철하는 방식으로 등록을 하고 있다. 이를 통지등록이라고 한다. 우리나라에서 담보등기를 할 경우에도 등기의 기재방법을 간편하게 하는 것이 필요하다. 金載亨, "動產擔保制度의 改善方案"(주 11), 292면.

구체적으로 파악할 기회를 갖게 된다. 따라서 이중담보로 인한 폐해를 상당 부분 막을 수 있다. 특히 전산처리조직이나 인터넷을 통하여 채무자를 쉽게 검색할 수 있는 장치를 둠으로써 공시효과를 높일 수 있다. 다만, 위와 같은 공시로 인하여 개인의 프라이버시 등 개인정보가 침해될 우려가 있기 때문에, 공시의 내용을 제한하는 등 개인정보침해에 대한 대비책을 마련할 필요가 있다.

Ⅳ. 동산 및 채권 담보에 관한 법률안의 기본구조와 내용

1. 기본구조

특별법에는 적용범위, 담보등기의 효력, 담보권의 내용, 담보권의 실행방법, 등기의 내용과 절차 등에 관하여 규정하여야 한다. 그 내용은 담보권의 성립이나 효력 등 실체법에 관한 사항, 등기절차에 관한 사항, 담보권의 실행에 관한 사항으로 구분할 수 있다. 이는 민법, 부동산등기법, 민사집행법 등 여러 법률에 분산되어 있는 내용을 포함하고 있기 때문에, 특별법의 내용이나 표현을 민법 등의 규정과 합치되도록 규정함으로써 법규간의 충돌이나 모순으로 인한 혼란을 없애는 것이 바람직하다.

특별법에서 민사실체법에 관한 규정이나 담보권의 실행에 관한 규정을 어느 정도로 규정해야 할 것인지 문제된다. 장래채권의 양도, 채권양도 금지특약, 물상대위에 관한 규정이나 판례가 동산·채권 담보에 장애가 되고 있다는 주장이 있는데,[52] 특별법에서 이러한 사항에 관하여 민법 규정이나 판례를 배제하는 명시적인 규정을 둘 것인지 문제된다. 민법 규정이 동산담보나 채권담보에 대한 수요를 충족시키지 못한

52) 아래 3.(2)(나), (다)와 6. 참조.

다는 점에서 특별법에 관련 규정을 둘 필요성이 있다. 그러나 위와 같은 규정을 둘 경우에 민법 규정과 합치되지 않을 수 있고, 이 법률이 적용되는 경우와 그렇지 않은 경우에 법적 규율이 달라지는 법분열 현상이 발생할 수 있다. 특별법에서 동산·채권 담보에 대한 수요를 충족시키기 위하여 적극적인 방안을 마련하여야 한다는 요청과 민법 등 관련 규정과 정합성을 갖추어야 한다는 요청을 조화시키는 것이 중요한 문제이다.

2. 인적 적용범위

현재 활용되고 있는 양도담보 등을 그대로 둔 상태에서 동산담보와 채권담보에 관하여 등기제도를 도입하는 경우에 혼란이 발생할 수 있다. 이러한 혼란을 최소화하기 위하여 담보등기제도의 적용범위를 한정하는 방법이 제안되고 있다. 그 방법으로는 담보제공자 또는 양도인을 법인(또는 사업자)에 한정하는 방법, 등기에 의한 담보거래를 대량거래에 한정하는 방법, 담보목적물을 영업용 동산이나 영업과 관련하여 취득한 채권에 한정하는 방법 등을 생각할 수 있다.[53]

일본에서는 동산이나 채권의 양도인을 법인으로 제한하고 있다.[54] 대법원 특수등기연구반도 이 방안을 제시하고 있다. 여기에서 말하는 법인에는 모든 법인이 포함되고, 영리목적이 있는 법인인지 여부, 공법인인지 아니면 사법인인지를 불문한다. 이와 같이 인적 적용범위를 법인에 제한하는 이유를 정리하면 다음과 같다.[55] 첫째, 대규모의 채권양

53) 한편 담보권자 또는 양수인을 제한하여야 한다는 주장을 찾기 어렵다. 또한 채권담보의 목적물에 신용카드대금 채권이나 통신요금 채권과 같이 제3채무자가 특정되지 않은 채권도 포함될 것이므로, 제3채무자를 제한해서도 안 될 것이다.

54) 일본의 동산·채권양도법 제3조, 제4조. 植垣勝裕(주 24)(中), 55면.

55) 法務省民事局參事官室(주 24), 29면; 대법원 특수등기연구반(주 14), 40면 이하.

도를 통한 채권의 유동화 또는 증권화, 그리고 동산의 양도를 통한 자금의 조달은 대부분 법인 기업에 필요하다. 둘째, 등기실무상 동산·채권양도등기부를 양도인을 기준으로 편성하는데(인적 편성주의), 법인은 그 명칭, 소재지가 변경되더라도 전산화된 법인등기부를 통하여 변경 후의 내용을 쉽게 파악할 수 있고, 일반인들이 법인등기부의 열람을 통하여 그 정보에 쉽게 접근할 수 있으므로, 공시의 효율을 극대화할 수 있다. 셋째, 개인은 프라이버시 보호 문제와 관련하여 주민등록지를 제3자에게 공개할 수 없으므로 인적 편성주의에 의한 효율적인 공시방법을 강구하기 어렵고, 나아가, 양도인의 자격을 법인으로 한정하지 않을 경우, 비법인사단, 조합 등 공시방법이 명확하지 아니한 권리주체도 적용범위에 포함되어, 인적 편성주의와 부합하지 않는다. 넷째, 개인을 양도인으로 한 동산양도등기를 허용하는 경우 개인사업자가 사업용 자산 이외에 생활에 필요한 동산에 대하여도 담보 제공을 강요받는 부작용이 발생할 가능성이 있다.

그러나 담보설정자나 양도인을 법인에 한정하는 것에 반대한다.[56] 첫째, 담보설정자나 양도인이 법인이 아닌 경우에도 동산이나 채권에 관한 등기제도를 이용할 필요가 있다. 법인 아닌 사단이나 재단뿐만 아니라, 자연인도 이 제도를 이용할 수 있어야 한다. 자연인이나 비법인 단체도 부동산등기제도를 이용할 수 있는데, 동산 및 채권담보에 관한 등기를 할 수 없도록 하는 것은 부당하다. 둘째, 입법에서 합리적인 이유 없이 차별적 취급을 하는 것은 헌법상의 평등원칙에 반한다. 법이 그 이용범위를 한정할 경우에 그 제도를 이용할 수 있는 사람에게는 이익을 주고 그렇지 못한 사람에게는 손실을 가져온다.[57] 셋째, 법인이

56) 또한 金載亨,. "動産擔保制度의 改善方案"(주 11), 293면도 참조.

57) 자산유동화법이 자산보유자의 범위를 지나치게 한정적으로 규정하였는데, 이는 이 제도를 이용할 수 있는 단체에 특혜를 부여함으로써 재화분배의 왜곡을 초래할 수 있다. 金載亨, "「資産流動化에 관한 法律」의 現況과 問題點," 民法論 Ⅰ, 박영사, 2004, 420면.

아닌 단체나 개인을 차별적으로 취급하여 동산·채권양도담보등기를 이용하는 것을 원천적으로 막는 것은 불합리한 과잉규제이다. 법인을 설립하기 전에 동산이나 채권 등을 담보로 제공하고 자금을 조달한 다음에 법인을 설립할 필요가 있는데, 이와 같은 경우에 법인 설립 이후에야 비로소 동산이나 채권을 담보로 제공하여야 한다면 이는 비용과 시간을 소모하는 결과가 된다. 넷째, 담보설정자나 양도인을 법인에 한정하는 것과 인적 편성주의는 관계가 없다. 동산 등에 관한 담보에 관하여 인적 편성주의를 채택하고 있는 여러 나라에서도 인적 범위를 제한하고 있지 않다는 점에서도 이는 분명하다. 개인의 경우에도 인적 편성주의에 따라 공시하는 데 아무런 문제가 없다. 다섯째, 담보등기부를 법인등기부와 연계시킴으로써 공시의 효과를 극대화시킨다고 하나, 법인등기부에 동산이나 채권을 담보로 제공한 사실을 공시하는 것이 기업에 호의적인 것인지는 의문이다. 동산 등을 담보로 제공한 사실까지 법인등기부에 공시하는 것은 재정적으로 문제 있는 기업이라는 인상을 줄 수도 있기 때문이다. 여섯째, 개인이 담보등기를 하는 데 아무런 장애가 없다.[58] 가령 주민등록, 부동산등기, 가족관계등록의 경우에도 개인을 특정하는 문제가 발생하지 않음을 알 수 있다. 일곱째, 개인정보 또는 프라이버시를 침해할 우려가 있다고 해서 이 제도의 이용을 봉쇄해서는 안 된다. 등기의 내용을 간략하게 하고 담보제공사실이나 그에 관한 자료는 개인의 프라이버시를 침해하지 않는 한도에서 공개하는 방식으로 문제를 해결해야 할 것이다. 일곱째, 개인사업자가 생활에 필요한 동산에 대하여도 담보 제공을 강요받는 부작용이 발생할 수 있다고 하나, 이것이 등기제도의 이용을 막을 이유가 될 수는 없다. 이 문제도 생활에 필요한 재산을 확보할 수 있는 별도의 보호장치를 강구함

58) 담보설정자를 법인으로 한정하더라도 담보권자를 법인으로 한정하지 않기 때문에, 담보권자가 등기담보권을 설정받은 다음 이를 양도하거나 담보로 제공하고 이를 등기하는 것은 허용된다.

으로써 해결할 필요가 있다. 여덟째, 이와 같은 규제는 국제적인 기준에 부합하지 않는다. 미국 통일상법전 제 9 장, EBRD의 모범담보거래법이나 UNCITRAL의 "국제거래에서의 채권양도에 관한 협약"과 담보거래에 관한 입법지침에서도 인적 범위를 제한하는 규정이 없다.

이와 동일한 이유에서 담보설정자나 양도인을 사업자에 한정하는 것도 반대한다. 사업자에 한정하는 방안은 법인에 한정하는 방안보다는 이용자를 넓히는 장점이 있다. 그러나 사업자를 한정하는 방식[59]은 법기술적으로 어색하고, 법인등기부와 연계하는 장점이 없어진다는 점에서 문제가 있다. 사업자등록을 하는 것이 어려운 일이 아니라고 하지만, 담보등기제도를 이용하기 위하여 사업자등록을 하여야 한다면 이는 불필요한 절차나 규제를 추가하는 것이다. 또한 사업자등록부와 연계하기 위하여 국세청이나 세무서에서 등기를 관장한다면, 이는 개인이든 기업이든 이 제도를 회피하는 원인이 될 수도 있다.

3. 담보목적물과 그 범위

(1) 동 산

개별 동산이든 집합적 동산이든 모든 동산이 담보목적물이 될 수 있다. 고가의 개별 동산을 담보목적물로 하는 경우에도 점유개정을 이용하는 것보다 등기를 하는 것이 공시기능이 뛰어나다. 따라서 담보등기제도의 적용범위를 집합적 동산에 한정할 이유가 없다. 또한 동물도 담보목적물이 될 수 있다. 실제로 대법원 판결에 등장하는 집합동산 양도담보는 소, 돼지, 양식어류 등을 담보목적물로 하는 경우가 많았다.[60]

---

59) 상가건물임대차보호법은 적용범위인 상가건물을 사업자등록의 대상이 되는 건물인지 여부를 기준으로 판단하고 있다(제 2 조, 제 3 조 제 1 항).

60) 대판 1990. 12. 26, 88다카20224(공 1991, 601); 대판 1996. 9. 10, 96다25463(공 1996, 3012); 대판 2004. 10. 28, 2003다30463(공 2004, 1942); 대판 2004. 11. 12, 2004다22858(공 2004, 2029); 대판 2005. 2. 18, 2004다37430(공 2005,

미국에서는 담보목적물을 재고, 농산물, 소비재, 설비기구와 부동산 정착물로 구분하고 담보약정이나 금융명세서에도 이와 같이 구분하여 기재하고 있지만,[61] 법률에서 이와 같이 구분하지 않고 포괄적으로 담보목적물에 동산이 포함된다고 규정할 수도 있다.

한편, 자동차, 선박, 항공기 등과 같이 특별법에서 등기 또는 등록제도를 마련하고 있는 경우에는 담보등기의 대상에서 제외하여야 하는지 문제된다. 위와 같은 법률에서 등기 또는 등록된 물건에 대해서는 그 법률에서 정한 방식대로 담보를 설정하여야 한다고 규정하고 있다.[62] 따라서 위와 같이 특별법에 의하여 등기 또는 등록된 경우에는 담보등기의 대상에서 배제하여야 한다. 그렇지 않으면 공시의 충돌로 인한 문제가 발생할 것이다. 그러나 특별법에 의하여 등기 또는 등록이 될 수 있는 동산이라고 하더라도 아직 등기 또는 등록이 되지 않은 경우에 담보등기의 대상으로 할 것인지에 관해서는 논란의 여지가 있다.[63] 이에 관하여 법률에서 어떻게 규정할 것인지 문제되는데, 적어도 위와 같은 동산들을 일괄적으로 담보목적물로 하는 것은 허용하여야 할 것이다.

(2) 채　　권

㈎ 금전채권에 한정할 것인지 여부

채권담보는 채권을 담보로 제공하는 것으로, 채권질권이나 채권양도담보의 형태로 이용되고 있다. 채권담보에 관하여 등기제도를 도입하면서 담보목적물을 '금전의 지급을 목적으로 하는 지명채권,' 즉 금전채권에 한정하여야 한다는 견해가 있다.[64] 기업이 채권양도로 자금조달

---

470).

61) 미국 통일상법전 제9-102조 (a)항.

62) 주 8 참조.

63) 대법원 특수등기연구반의 법안에서는 다른 법률에서 등기 또는 등록된 동산을 적용범위에서 배제하고 있다(제 3 조 단서 제 1 호). 위와 같이 다른 법률에서 등기 또는 등록된 동산을 제외하는 것이 그 적용범위를 명확히 할 수 있다는 장점이 있고, 다른 법률의 규율방식과 합치된다.

64) 대법원 특수등기연구반(주 14), 56면.

을 도모하는 경우에 신용카드대금 채권, 소액의 물품채권, 리스료 채권 등 금전채권이 대부분인 점, 물건의 인도청구권이나 채무자의 행위를 청구하는 청구권 등 비금전채권은 채권의 내용이 각양각색이어서 대량의 양도에 적합하지 아니한 점을 그 이유로 든다.

그러나 금전채권에 한정할 필요가 없고, 물건의 인도청구권 등 비금전채권도 포함시키는 방안이 바람직할 것이다. 비금전채권도 그 가액을 산정할 수 있으면, 담보목적물로 하는 데 아무런 문제가 없다. 민법에서도 금전채권인지 여부에 따라 담보제공 여부를 구분하고 있지 않고, 권리질권에 관한 규정에서 지명채권을 질권의 목적으로 하는 경우(제349조)와 지시채권, 무기명채권을 질권의 목적으로 하는 경우(제350조, 제351조)로 구분하여 규율하고 있다. 따라서 지명채권은 금전채권인지, 비금전채권인지를 묻지 않고 담보등기의 대상에 포함시키는 것이 민법 규정에 조응한다. 또한 비금전채권도 채무불이행의 경우에는 손해배상채권으로 전환되는데, 담보목적물을 금전채권에 한정하더라도 손해배상은 금전배상이 원칙이므로, 이와 같은 손해배상청구권을 담보목적물로 삼을 수 있을 것이다. 현재 정부에서는 지적소유권을 담보목적물에 포함하려고 하고 있는데, 지적소유권 등을 포함시키면서 비금전채권을 담보목적물에서 배제시키는 것은 본말이 전도된 것이다. 권리의 발달과정을 보면, 물권이나 채권이 확고하게 승인된 이후에 비로소 지적소유권이 태동한 것인데, 담보목적물에서 비금전채권을 배제하고 지적소유권을 포함한다면 이와 같은 권리의 발달과정에 맞지 않는다. 또한 비금전채권을 담보목적물에 포함시키는 것은 지적소유권을 담보목적물에 포함시키는 경우와 달리 입법기술상 아무런 어려움이 없다.

(나) 장래채권의 담보

장래에 취득할 신용카드대금채권 등 장래채권을 담보로 제공할 필요가 있는데, 이와 같은 장래의 채권을 담보로 제공하는 것이 허용되는지 문제된다. 대법원 판결은 장래채권의 양도에 관하여 그 기준으로 특정가능성과 발생가능성을 제시하고 있다.[65] 즉, 장래의 채권은 양도 당시 기본적 채권관계가 어느 정도 확정되어 있어 그 권리의 특정이 가능하고 가까운 장래에 발생할 것임이 상당 정도 기대되는 경우에는 이를 양도할 수 있다는 것이다. 그러나 판례의 위 기준에 따르면 장래채권을 양도할 수 있는 범위가 지나치게 제한될 우려가 있고, 장래채권의 양도에 관한 거래계의 수요를 충족시킬 수 없다.[66] 그리하여 법률에서 장래채권을 담보로 제공할 수 있다는 점을 명시적으로 규정하는 방안이 논의되고 있다. 대법원 판결에서 장래채권이 발생가능성을 갖추지 못하였다는 이유로 장래채권의 양도를 부정한 사례는 없다. 대법원이 발생가능성을 요구하고 있지만 발생가능성이 없다는 이유로 장래채권의 양도나 담보를 부정할 것인지는 의문이다. 바람직한 것은 대법원이 장래채권의 양도에 관한 기준을 바꾸어 그 인정범위를 넓히거나 아니면 민법을 개정하여 장래채권의 양도에 관한 기준을 명확하게 하는 것이다.[67] 이와 달리 특별법에서 장래채권의 양도에 관하여 규정하는 것은 체계상 바람직하지 않지만, 채권담보등기제도를 도입할 경우에 장래채권을 담보로 제공하는 경우가 많을 것이기 때문에, 이 점에 관하여 명시적인 규정을 둘 수 있을 것이다.

---

65) 대판 1991.6.25, 88다카6358(공 1991, 1993); 대판 1996.7.30, 95다7932(공 1996, 2621); 대판 1997.7.25, 95다21624(공 1997, 2653); 대판 2005.5.12, 2004다18439. 이와 같은 판례는 원래 일본의 판례에 의하여 영향을 받은 것이다. 그러나 日最判 1999(平成 11).1.29(民集 53-1, 151)는 종래의 판결을 변경하여 발생가능성이 적더라도 장래의 채권을 양도할 수 있다고 판단하였다.

66) 장래채권양도를 넓게 인정해야 한다는 견해로는 김용호, "資産流動化 實務上의 몇 가지 問題," 南孝淳·金載亨 編, 金融去來法講義 II, 법문사, 2001, 381면; 金載亨, "「資産流動化에 관한 法律」의 現況과 問題點"(주 57), 417-8면; 金載亨, "根抵當權附債權의 流動化에 관한 法的 問題," 民法論 I, 박영사, 2004, 472-473면; 梁彰洙, "將來債權의 讓渡," 民法硏究 제7권, 박영사, 2003, 264면.

67) 金載亨, "유엔債權讓渡協約의 國內法的 受容問題," 民法論 III, 박영사, 2007, 344면.

(다) 채권양도금지특약

채권양도금지특약이 있는 경우에도 채권을 담보로 제공할 수 있도록 할 것인지 문제된다. 채권양도금지특약은 이중양도에 따른 채무자의 위험을 피하기 위한 것으로 채무자의 이익을 보호하기 위한 것이다. 그러나 채권양도금지특약의 효력을 배제하여야 한다는 주장이 제기되고 있다.[68] 양수인이 채권양도금지특약이 있는지 여부를 알기 어렵고, 이를 조사하는 데 시간과 비용이 소요된다. 따라서 채권양도금지약정은 채권의 양도성을 제약하고 거래비용을 증가시킨다.[69] UNCITRAL의 "국제거래에서의 채권양도에 관한 협약" 제9조도 채권양도금지특약의 효력을 배제하고 있다.[70] 이 문제도 장래채권 담보와 마찬가지로 민법과 체계상 합치하지 않게 될 수 있다는 문제가 있다. 이에 관한 명문의 규정을 두어 채권양도금지특약이 있는 채권을 담보로 제공하는 것을 허용한다면, 채무자를 보호하는 방안을 마련할 필요가 있다.

(3) 지적소유권 등

담보목적물의 범위를 동산이나 채권에 한정할 것이 아니라 지적소유권 등 다른 권리에도 확장하여야 한다는 주장이 있다. 지적소유권에 관해서는 특허법 등 개별 법률에 등록제도가 있다. 따라서 개별 법률의 개정을 통하여 지적소유권에 관한 담보제도를 개선할 수 있을 것이다.[71] 다만 개별 법률의 개정으로는 복수의 지적소유권을 공동으로 담

---

68) 대법원 특수등기연구반의 법안 제6조 제1항 2문.

69) 金載亨, "유엔債權讓渡協約의 國內法的 受容問題"(주 67), 349면; 대법원 특수등기연구반(주 14), 57면.

70) 법무부, 국제채권양도협약연구, 2002, 86면(石光現 집필); 金載亨, "유엔債權讓渡協約의 國內法的 受容問題"(주 67), 345면.

71) 박훤일, "은행의 지재권 담보대출 활성화방안," 지적재산권 담보제도 활성화 방안 토론회, 국회 이종걸 의원실·(사)한국지적재산권법제연구원(2006. 11. 17), 35면은 "기업이 보유하는 지재권은 당해 지재권에 관한 법률에 따라 담보로 제공하도록 하되, 환가처분을 용이하게 하기 위하여 정부가 협력하여야" 한다고 제안하고 있다.

보로 제공하기 어렵기 때문에, 특별법에서 지적소유권에 관한 규정을 둘 필요성이 인정된다. 다만, 이와 같은 특별법이 특허권, 저작권 등 지적소유권에 관한 개별 법률과 합치하도록 법안을 마련하는 것은 쉽지 않다. 특별법에서는 개별 법률에 따라 지적소유권이 등기·등록된 경우를 제외하고 지적소유권의 담보에 관한 규정을 두는 방안을 검토하는 것이 현실적이다.

4. 담보약정

담보등기를 하기 위한 담보약정은 담보를 제공하기로 하는 약정이 있으면 충분하다. 이 경우에 동산이나 채권에 관한 질권설정계약, 양도담보계약, 소유권유보부 매매나 금융리스에 관한 약정을 한 경우에도 담보등기를 할 수 있는지 문제된다. 양도등기제도를 도입한다면 위와 같은 약정을 한 경우에 양도등기를 하는 것이 곤란할 수도 있다. 동산질권설정계약은 질권자에게 목적물을 인도하여야 그 효력이 발생하고(민법 제330조), 질권설정자가 질권자를 대신하여 질물을 점유할 수 없다(민법 제332조). 그러므로 동산질권설정의 효력은 목적물의 점유 여부에 좌우되므로, 굳이 동산양도등기의 대상으로 할 필요가 없을 것이다. 또한 소유권유보부 매매나 리스거래는 동산을 인도하더라도 소유권이 이전되지 않으므로, '양도'를 전제로 한 등기제도와 친숙하지 않기 때문에 동산양도등기의 대상에서 제외하고 있다.[72] 그러나 질권, 양도담보, 소유권유보부 매매, 금융리스의 경우에도 당사자들이 담보등기를 하고자 한다면 이를 막을 이유가 없다. 당사자들이 가령 질권설정계약을 체결하면서 담보등기를 하기로 약정한 경우뿐만 아니라 담보등기에 관하여 명시적인 약정을 하지 않은 경우에도 동산이나 채권을 담보로

72) 양도등기제도를 채택할 것을 전제로 한 설명에 관해서는, 대법원 특수등기연구반(주 14), 41면 참조.

제공하기로 하는 약정은 있기 때문에 담보등기를 할 수 있다고 보아야 한다.[73)]

5. 동산 · 채권담보등기의 효력

(1) 성립요건과 대항요건

㈎ 동산담보등기: 성립요건인 인도의 특례

동산담보등기를 동산담보의 성립요건으로 할 것인지, 아니면 대항요건으로 할 것인지 문제된다. 미국에서는 담보약정을 하면 담보권으로서의 효력이 발생하고, 등록은 제 3 자에 대한 대항력을 취득하기 위한 요건이다.[74)] 그러나 우리나라에서 담보등기를 대항요건으로 하는 방식을 채택하는 것은 곤란하다. 민법은 동산물권변동에 관하여 인도를 성립요건으로 정하고 있고(민법 제188조),[75)] 동산담보는 물권의 일종이다. 따라서 체계상의 혼란을 피하기 위하여 동산담보등기를 동산담보의 성립요건으로 정해야 할 것이다.[76)]

동산양도등기에 대하여 '민법 제188조에 의한 인도'로서의 효력을 인정하는 방안이 제시되었다.[77)] 그런데 민법 제188조에 의한 인도는 현실의 인도를 의미하는데, 동산양도등기를 현실의 인도와 같이 보는 것은 부당한 결과를 초래할 수 있다. 판례[78)]에 의하면 점유개정에 의

---

73) 질권 등을 설정하면서 담보등기를 한 경우에 그 효력을 어떻게 볼 것인지 문제된다. 담보등기를 한 경우에는 그 효력도 원칙적으로 특별법에서 정한 내용에 따라 정해질 것이다.

74) White/Summers(주 12), p. 748; 金載亨, "動產擔保制度의 改善方案"(주 11), 272면 이하.

75) 자동차등록을 한 경우에 그 등록도 물권변동의 효력요건이다(자동차관리법 제 6 조).

76) 金載亨, "動產擔保制度의 改善方案"(주 11), 293-294면.

77) 대법원 특수등기연구반의 법안 제 4 조 제 1 항.

78) 대판 1964. 5. 5, 63다775(집 12-1, 민 61); 대판 1978. 1. 17, 77다1872(공 1978, 10607); 대판 2004. 10. 28, 2003다30463(공 2004, 1942).

해서는 선의취득이 인정되지 않지만, 현실의 인도가 있으면 선의취득을 할 수 있다. 따라서 동산양도등기를 한 경우에 현실의 인도를 한 것으로 의제하면, 동산양도등기에 의하여 선의취득을 할 수 있기 때문에 동산양도등기가 점유개정에 의한 양도담보에 대하여 우위를 차지할 것이다. 따라서 동산등기에 대하여 현실의 인도와 동일한 효력을 부여하는 것은 바람직하지 않고, 부동산등기의 경우와 마찬가지로 동산등기를 물권변동의 효력발생요건으로 규정하는 것이 바람직하다. 그 규정방식으로 가령 "약정에 의한 동산담보(권)의 득실변경은 등기하여야 그 효력이 발생한다."라는 방안을 고려할 수 있다.

㈏ 채권담보등기: 대항요건인 통지 · 승낙의 특례

채권에 담보를 설정하기로 약정하고 담보등기를 마친 경우에 그 등기를 성립요건으로 할 것인지, 아니면 제 3 자에 대한 대항요건으로 할 것인지 문제된다. 미국 통일상법전이나 UNCITRAL 입법지침에서는 등록 또는 등기를 제 3 자에 대한 대항력 발생 요건으로 정하고 있다.[79] 우리나라에서는 지명채권에 관한 권리질이나 채권양도에서 '확정일자 있는 증서에 의한 통지 또는 승낙'을 제 3 자에 대한 대항요건으로 규정[80]하고 있기 때문에, 이와 마찬가지로 등기를 제 3 자에 대한 대항요건으로 정해야 할 것이다.[81] 동산담보의 경우와 채권담보의 경우에 등기의 효력이 달라지는 문제가 있으나, 이는 민법과의 조화를 위하여 감수하여야 한다.

채권양도등기 또는 채권담보등기를 한 경우에 민법 제450조 제 2 항에 의한 '확정일자 있는 통지 또는 승낙'이 있는 것으로 간주하는 방안을 채택할 경우에는 문언이 불분명하고 항변의 절단시기와 관련하여

79) 金載亨, "動産擔保制度의 改善方案"(주 11), 278면; 金載亨, "UNCITRAL「擔保去來에 관한 立法指針 草案」논의"(주 1), 318, 328면.
80) 민법 제349조 제 1 항, 제450조 제 2 항.
81) 김재형, 채권양도등기제도의 도입방안에 관한 연구, 서울대학교, 2006, 191면. 윤성근(주 14), 223면도 참조.

보완규정이 필요하다.[82] 따라서 채권담보등기를 한 경우에 제3자에 대하여 효력이 있다는 방식으로 규정하는 것이 바람직하다.

한편 채무자(채권담보등기의 경우에는 '제3채무자'에 해당한다)에 대한 대항요건을 어떻게 정할 것인지 문제된다. 민법상 채무자에 대한 대항요건은 이중변제의 위험으로부터 채무자를 보호하기 위한 것이다. 따라서 채무자에 대한 대항요건으로 통지 또는 승낙을 요구하는 것이 필요하다. 이와 달리 채권담보등기를 한 경우에는 채무자에 대한 통지 또는 채무자의 승낙이 없더라도 채무자에 대항할 수 있도록 하는 방안을 생각해 볼 수 있다. 다량의 채권을 담보로 제공하거나 채무자가 특정되지 않은 상태에서 채권을 담보로 제공하는 경우에 통지나 승낙에 드는 시간이나 비용을 없애기 위한 것이다. 그러나 통지 또는 승낙이 없이도 채무자에게 대항할 수 있다고 하면, 채무자는 이중변제의 위험이 있다. 따라서 채무자에 대한 대항요건으로 통지 또는 승낙을 인정할 수밖에 없다. 이와 달리 규정하려면 또 다른 채무자 보호장치를 두어야 한다.

자산유동화법에서는 '신문공고'에 의한 통지제도를 도입하였는데(제7조 제1항 단서), 이와 같은 방식을 담보등기의 경우에도 인정할 것인지 문제된다. 그러나 신문공고는 공시기능이 거의 없고, 비용만을 허비하는 경우가 많다. 담보등기가 신문공고보다 공시기능이 뛰어나다. 따라서 신문공고에 의하여 승낙이나 통지를 대체하는 것보다는 공시송달에 의하여 공고를 하는 방안이 민법상 의사표시의 송달방법[83]과 합치된다는 점에서 바람직하다. 다만 다량의 채권을 담보로 제공하는 경우에는 개별적으로 공시송달의 요건을 갖추기 어렵고 비용이 많이 들기 때문에, 공시송달의 요건을 완화하는 방안을 검토할 필요가 있다. 또한 공시송달을 하는 경우에도 인터넷이나 홈페이지를 통하여 공고하는 방식

82) 대법원 특수등기연구반의 법안 제7조 제1항.

83) 민법 제113조는 "표의자가 과실없이 상대방을 알지 못하거나 상대방의 소재를 알지 못하는 경우에는 의사표시는 민사소송법 공시송달의 규정에 의하여 송달할 수 있다."고 규정한다.

을 도입하면 비용을 줄이고 공시효과를 높일 수 있을 것이다.

민법은 채권양도통지의 주체를 양도인으로 한정하고 있다(제450조). 이에 대해서는 민법을 개정하여 양수인도 채권양도의 통지권자에 포함시켜야 한다는 견해가 많다.[84] 담보등기를 하는 경우에 채무자가 채권담보등기를 한 내용을 쉽게 확인할 수 있고, 따라서 허위 내용을 통지할 가능성이 낮다. 채권을 담보로 제공한 사실을 통지하는 이익은 주로 담보설정자보다는 담보권자나 그 양수인에게 있으므로, 담보권자나 그 양수인도 이를 통지할 수 있다고 하는 것이 바람직하다.

(2) 등기담보권의 순위

동산이나 채권에 관한 담보권은 물권이기 때문에, 시간적으로 앞선 권리가 우선한다는 원칙이 적용된다. 따라서 등기담보권의 순위는 등기의 순서에 따라 정해야 한다. 이는 담보등기가 성립요건인지, 대항요건인지와 무관한 것으로, 동산담보와 채권담보에 공통적인 것이다. 이와 같이 등기담보권의 순위를 정함으로써 담보설정자는 담보목적물의 가치를 최대한 활용할 수 있다. 동산질권을 설정하는 경우에 인도를 하여야 하므로, 1순위와 2순위로 질권을 설정할 수 없다. 동산에 관한 양도담보를 이중으로 제공한 경우에 나중에 설정된 양도담보는 효력이 없다.[85] 그러나 동산이나 채권을 담보로 제공하면서 순위를 정할 수 있다면, 동산이나 채권을 1순위 담보로 제공하고 자금을 융통한 다음, 다른 사람에게 2순위 담보를 제공하고 자금을 융통할 수 있게 된다.

하나의 동산에 양도담보를 설정한 다음에, 등기담보권을 설정할 수 있는지 문제된다. 이를 부정할 것인지는 입법적 선택문제이나, 담보가치를 최대한으로 이용하기 위해서는 양도담보와 등기담보의 순위를 정

84) 徐 敏, 債權讓渡에 관한 研究, 경문사, 1985, 118면 이하; 郭潤直 편, 民法注解(Ⅹ), 1995, 581면; 金載亨, "유엔債權讓渡協約의 國內法的 受容問題"(주 67), 358면.

85) 대판 1988.12.27, 87누1043(공 1989, 244); 대판 2000.6.23, 99다65066(공 2000, 1743); 대판 2004.6.25, 2004도1751(공 2004, 1283) 등 다수.

하여 담보로 제공할 수 있도록 하는 것이 바람직하다. 이는 양도담보에 관한 신탁적 양도설과 모순된다는 난점이 있으나, 입법을 통하여 양도담보를 설정한 이후에도 후순위로 등기담보를 설정할 수 있도록 규정할 수 있다.

(3) 담보등기 또는 양도등기에 우선적 효력을 부여할 것인지 여부

동산이나 채권에 관한 현재의 공시방법과 새로운 공시방법인 등기의 효력을 어떻게 설정할 것인지 문제된다. 이 문제는 양도담보 등 기존의 담보제도와 새로운 담보제도의 관계를 정립하는 문제이다. 가령 하나의 동산이 점유개정에 의한 양도담보의 목적물이면서 등기담보권의 목적물이 될 수 있는데,[86] 이들을 동등하게 취급할 것인지, 아니면 어느 한쪽을 우위에 둘 것인지 문제될 수 있다. 점유개정 등의 공시방법은 공시기능이 미약하기 때문에, 종래의 공시제도를 등기라는 새로운 공시제도로 전환시키기 위하여 담보등기에 우선적 효력을 부여하자는 견해[87]가 있다.[88]

이 문제를 판단하기 전에 기존의 공시제도를 억제할 필요가 있는지에 관하여 현상황을 검토해 보아야 한다. 민법에서 동산물권변동에 관한 공시로서 인도를 요구하고, 그 인도의 방법으로 현실의 인도, 간

86) 자산유동화법에서 민법상의 공시방법 이외에 금융위원회 등록이라는 별도의 공시방법을 인정하였기 때문에, 하나의 물건에 관하여 두 개의 공시가 병존할 수 있다. 이로 인하여 이중양도로 인한 폐해가 발생할 수도 있다. 예컨대 저당권이나 질권에 의하여 담보된 채권을 유동화전문회사에 양도하고 이를 자산유동화법에 따른 등록을 하였는데도, 다시 이 채권을 제3자에게 이중으로 양도할 수 있기 때문이다. 金載亨, "「資産流動化에 관한 法律」의 現況과 問題點"(주 57), 448면 이하.

87) 이 방안을 따른다면 종래의 동산·채권의 공시방법에 대하여는 부칙으로 일정기간에 한하여 보호하는 경과규정을 두고 그 이후는 동산·채권의 담보등기 또는 양도등기에 우선적 효력을 부여하게 될 것이다.

88) 이 견해를 주장하는 문헌을 찾기는 어렵다. 대법원 특수등기연구반(주 14), 46면은 전국은행연합회를 제외한 나머지 기관은 이 견해에 반대한다고 설명하고 있다. 대법원 특수등기연구반의 법안 제4조 제1항, 제7조 제1항도 양도등기에 우선적 효력을 인정하지 않고 있다.

이인도, 반환청구권의 양도, 점유개정을 규정하고 있는 것[89]은 합리성을 갖고 있다. 이와 같은 인도의 방법 자체에 문제가 있다고 보기는 어렵다. 다만 동산담보를 설정하는 경우에 이를 등기함으로써 공시할 필요가 있다는 것이다. 한편 채권양도의 경우에 대항요건으로 통지 또는 승낙을 규정한 것에 대해서는 논란이 있을 수 있고 다른 방식의 규율을 선택할 수도 있지만,[90] 간편한 규정방식으로 당사자들의 이해관계를 조정하고 있다는 점에서 합리적인 요소를 갖고 있다. 채권양도에 관하여 등기제도를 도입할 필요가 있으나, 이를 전면적으로 없애고 다른 방식으로 전환하여야 한다는 주장은 찾아보기 힘들다.

현실의 인도를 이용한 질권설정이나 점유개정을 이용한 동산양도담보를 인정한다면, 이보다 늦게 행해진 담보등기에 우선적 효력을 부여하는 것은 현행의 공시제도와 부합하지 않고 오히려 거래의 안전을 위협하는 등 매우 불합리한 결과를 초래한다. 예컨대 동산소유자가 동산에 양도담보를 설정해 주고 금전을 차용한 다음, 이러한 사정을 알고 있는 다른 사람에게 위 동산에 담보등기를 경료해 주었다고 하자. 이러한 경우에 담보등기에 우선적 효력을 부여한다면, 점유개정에 의한 양도담보는 아무런 의미를 갖지 못한다. 이와 같이 해결하려면 동산질권이나 점유개정에 의한 양도담보를 폐지 또는 금지해야 할 것이다. 따라서 담보등기에 우선적 효력을 인정하지 않고, 새로운 등기제도를 기존의 공시제도와 동등하게 취급하는 것이 바람직하다.[91] 결국 담보등기에 대하여 동산담보의 경우에는 '인도'에, 채권담보의 경우에는 '확정일

89) 민법 제188조, 제189조, 제190조.

90) 金載亨, "유엔債權讓渡協約의 國內法的 受容問題"(주 67), 355면.

91) 일본의 동산·채권양도법 제3조 제1항은 "동산양도등기가 된 때에는 당해 동산에 대해서 일본민법 제178조의 인도가 있었던 것으로 본다."고 규정함으로써, 등기에 우선적 효력을 인정하지 않았다. 그 이유로 등기우선원칙은 일본민법의 대항요건이론과 정합성이 없고, 이 원칙이 채용되면 이 제도가 남용될 우려가 있으며, 이 원칙을 채택할 경우에 예상하지 못한 새로운 문제를 발생시킬 수 있다는 점을 들고 있다. 植垣勝裕 외 3인(주 24)(中), 57면.

자 있는 통지 또는 승낙'에 상응하는 효력만을 인정하여야 할 것이다.

6. 담보권의 내용

담보권의 내용을 어떻게 정할 것인지 문제된다. 이를 완전히 새롭게 구성할 수도 있으나, 기존의 담보제도와 균형을 맞추는 것이 필요하다.[92] 이러한 시각에서는 다음 두 가지 방식을 고려할 수 있다. 하나는 동산 및 채권담보가 그 목적물이 동산과 채권으로서 질권과 동일하기 때문에, 질권과 유사하게 정하되, 비점유담보권이라는 특성에 따라 이를 수정하는 방안이다. 다른 하나는 동산 및 채권담보가 비점유담보권으로서 저당권과 동일하기 때문에 저당권과 유사하게 정하되 그 목적물이 동산이나 채권이라는 점을 고려하여 이를 수정하는 방안이다. 위 두 방안은 접근방법에 차이가 있으나, 실질적으로 차이가 없을 수 있다. 이에 관해서 개별적으로 살펴보자.

첫째, 질권과 저당권에 공통적인 것이나 서로 모순되지 않는 조항은 원칙적으로 등기담보권에도 동일하게 규정하는 것이 바람직하다. 우선변제권[93]이나 불가분성[94]에 관한 규정 등이 이에 속한다. 이와 같은 규정 중에서 핵심적인 내용에 관해서는 특별법에 규정을 두어야 할 것이지만, 그렇지 않은 경우에는 민법을 준용하는 방식으로 해결할 수 있다. 물론 등기담보권에 맞지 않는 규정을 둘 수는 없고, 그 특성에 맞게 수정하여야 한다. 가령 동산담보의 우선변제권에 관하여 "동산담보권자는 채무자 또는 제 3 자가 채무의 담보로 제공한 동산에 대하여 다른 채권자보다 자기채권의 우선변제를 받을 권리가 있다."고 규정할 수

---

92) 물론 등기담보권은 기존의 담보권과 다르기 때문에, 등기담보권에 특유한 규정이 있을 수 있다. 그러나 기존의 담보권에 관한 내용을 수정하여 등기담보권의 내용을 정할 수 있다.

93) 민법 제329조, 제356조.

94) 민법 제321조, 제343조, 제355조, 제370조.

있을 것이다. 또한 담보권의 양도[95]나 전담보[96]에 관한 규정도 질권이나 저당권에 있는 규정을 참고하여 규정을 마련할 수 있을 것이다.

둘째, 질권에 관한 규정과 저당권에 관한 규정에서 서로 다르게 규정하고 있는 경우에 어느 한쪽을 선택하여야 한다. 이 경우에 합리적이라고 판단되는 규정이 무엇인지에 따라 결정하여야 한다. 가령 저당권의 피담보채권의 범위에 관한 규정[97]을 들 수 있다. 이 규정은 질권의 경우[98]와는 달리 지연손해금을 1년으로 한정하고 있다. 그러나 이 기간이 너무 짧아 저당권을 이용하지 않는 주요한 이유가 되고 있고, 입법론적으로 불합리한 규정이다.[99] 따라서 새로운 등기담보권에서는 피담보채권의 범위를 정하면서 지연손해금을 1년으로 한정하는 규정을 두지 않는 것이 바람직하다.

셋째, 민법 규정과 다르게 규정할 필요가 있는 경우에는 체계적 정합성 문제를 검토하여야 한다. 물상대위의 경우에 민법 규정[100]과는 달리 목적물을 처분하거나 임대한 경우[101]에도 그 대금이나 임대료에 물상대위를 인정하여야 한다는 견해가 있다.[102] 등기담보권의 목적물을 처분하거나 임대한 경우에도 물상대위를 인정하는 것이 바람직한지 여부에 관하여 판단하여야 하고, 이에 대한 긍정적인 판단을 하는 경우에도 물상대위에 관한 민법 규정과 정합성을 잃지 않기 위해서는 민법 규정도 동시에 개정하는 것이 바람직하다.

넷째, 민법 규정을 등기담보권에 맞게 수정할 필요가 있는 경우가

95) 민법 제361조, 제357조 제 1 항.
96) 민법 제336조, 제337조.
97) 민법 제360조 단서.
98) 민법 제334조.
99) 金載亨, 根抵當權硏究, 2000, 박영사, 93면.
100) 민법 제342조.
101) 일본민법은 담보목적물의 매각, 임대의 경우에도 물상대위를 인정하고 있다(제304조). 현행 민법 제정 당시 민법제정자들은 이러한 태도를 명시적으로 배척하였다.
102) 대법원 특수등기연구반의 법안 제 5 조.

있다. 가령 공동담보에 관한 규정이 이에 속한다. 민법은 저당권에 관한 부분에서 공동저당에 관하여 규정하고 있는데,[103] 이를 동산담보에 그대로 적용 또는 준용할 경우에 많은 문제가 발생한다. 저당권을 실행할 경우에는 담보목적물인 부동산의 가액을 개별적으로 산정할 수 있지만, 동산의 경우에는 개별 동산의 가액을 산정하는 것이 불가능한 경우도 있고, 이를 산정하려면 현저하게 많은 비용이 드는 경우가 많다. 이 경우에 공동저당의 경우와 같이 배당을 하도록 하면 막대한 비용이 소요되고 이는 동산담보를 이용할 유인을 감소시킬 것이다. 따라서 이러한 경우에 대비한 규정이 필요하다.

7. 담보목적물의 양수인의 보호

담보등기제도를 도입하는 경우, 담보목적물의 양수인은 등기담보권의 부담을 안은 채로 소유권을 취득하는지, 아니면 등기담보권의 부담을 안지 않고 온전한 소유권을 취득하는지 문제된다.

미국 통일상법전에서는 담보권자가 처분할 권한을 부여하는 것을 명시적으로 허용하고 있을 뿐만 아니라,[104] 매도인이 통상의 거래과정(the ordinary course of business)에 따라 동산을 매도한 경우에 그 매수인을 보호하는 규정을 두고 있다.[105] 소비자가 물품을 판매하는 점포에서 물품을 구입하는 경우에는 그 물품에 대한 소유권을 취득할 수 있다. 이와 달리 다수의 동산을 한꺼번에 매수하거나 담보로 제공받는 경우에는 통상의 영업과정에서 매수하였는지 여부에 따라 매수인이 그 소유권을 취득할 수 있는지 여부가 달라진다.[106] 위와 같은 규정이 없는 우리나라에서도 양도담보설정계약의 해석을 통하여 유사한 결론을

103) 민법 제368조.
104) 통일상법전 제9-315조 (a)항 (1)호.
105) 통일상법전 제9-320조 (a)항.
106) 金載亨, "動產擔保制度의 改善方案"(주 11), 285면.

도출할 여지가 있다. 가령 집합동산에 관한 양도담보설정계약에서 양도담보권자가 양도담보설정자에게 개별 동산을 매도하고 이를 보충할 권한을 부여하였다고 볼 수 있다. 따라서 집합동산에 관한 양도담보 설정 후에도 양도담보설정자가 개별 동산을 제3자에게 매도하는 것은 허용된다고 보아야 한다. 이러한 경우에 개별 동산에 대한 처분권한이 통상 양도담보설정자에게 유보되어 있다고 이론구성할 수 있고, 따라서 선의취득의 성립 여부를 검토할 필요가 없이 제3자가 개별 동산에 관한 소유권을 취득할 수 있다고 보아야 할 것이다. 그러나 양도담보설정계약에서 명시적으로 담보설정자에게 동산을 처분할 권한을 배제한 경우에는 위와 같은 논리가 적용되지 않고, 선의취득의 성립 여부가 문제된다.

담보등기제도를 채택할 경우에 민법의 선의취득에 관한 규정(제249조)이 적용될 수 있다. 그러나 민법상 선의취득에는 선의·무과실이 필요한데, 담보등기제도는 취득자의 선의·무과실에 영향을 미치기 때문에, 선의취득이 인정되지 않을 수 있다. 가령 담보목적물의 양수인이 담보등기의 존재를 조사하지 않은 경우에 과실이 인정된다고 본다면 선의취득이 인정되지 않을 것이다. 이와 달리 거래당사자가 담보등기를 확인할 가능성이 낮다면 담보목적물의 양수인이 선의취득을 하는 데 담보등기가 장애가 되지 않을 것이다. 그리하여 어떠한 경우에 제3자가 선의취득을 할 수 있는지 문제된다.

담보등기제도를 활성화하고 등기담보권의 효력을 강화하여야 한다는 측면에서 담보등기를 마친 목적물에 대해서는 선의취득을 배제하는 규정을 둘 수 있다.[107] 그러나 담보등기제도가 정착하지 않은 상태에서 선의취득을 배제한다면 담보등기제도는 거래의 안전에 중대한 장애요소가 될 것이다. 제3자가 동산을 양수하면서 담보등기를 마친 것인지 여부를 조사하여야 한다면 거래비용이 크게 증가할 것이다. 우리나라에서는 등기제도를 이용할 수 있는 인적 범위를 법인이나 사업자로

107) 이러한 입법례로는 캐나다를 들 수 있다.

제한하자는 주장이 있을 정도로 이 제도의 전면적 도입에 불안감을 표시하는 경우가 있다. 이와 같이 동산에 관한 등기제도의 전면적 도입 자체에 관해서도 확고한 공감대가 형성되지 못한 상태에서는 선불리 선의취득을 전면적으로 배제하는 규정을 둘 수 없다.

담보등기를 마친 동산에 관하여 통상적인 거래가 이루어진 경우에는 매수인이 담보의 제한이 없는 소유권을 취득할 수 있어야 한다. 이를 선의취득에 관한 규정으로 해결할 것인지, 아니면 통상적인 거래과정에서 담보목적물을 취득한 매수인을 보호하는 규정을 둘 것인지 문제된다. 선의취득에 관한 규정에 따라 이 문제를 해결하는 것이 우리 민법의 규정에 부합하지만, 해결하기 힘든 문제가 발생할 수도 있을 것이다. 이에 관해서는 다양한 유형의 동산거래에 대한 분석을 토대로 합리적인 방안을 강구할 필요가 있을 것이다.

8. 담보권의 실행

담보권의 실행은 원칙적으로 민사집행법에 따라야 할 것이다. 그러나 동산질권의 경우에는 경매(제338조 제1항)와 간이변제충당(제338조 제2항)을 인정하고 있고, 채권질권의 경우에는 질권의 목적이 된 채권을 직접 청구하거나(제353조) 민사집행법에 따라 질권을 실행할 수 있다(제354조). 또한 「가등기담보 등에 관한 법률」(이하 '가등기담보법'이라 한다)에서 취득정산을 인정하고 이에 관하여 상세히 규정하고 있다(제3 내지 9조). 따라서 등기담보권에도 민사집행법에 따른 경매 이외에 다른 방식으로 담보권을 실행하는 것을 인정할 것인지 문제된다.

동산질권에서 규정하고 있는 간이변제충당은 가등기담보법상의 취득정산과 유사하다. 그런데 간이변제충당에 관한 규정은 지나치게 간략하고, 가등기담보법상의 청산절차는 부동산담보에 관한 것이라서 동산담보에 맞지 않는 경우가 있다. 따라서 동산담보권에 관하여 취득정산을 인정하고, 가등기담보법을 참고하여 그 절차를 마련하되, 그보다는 절차를 간략하게 마련하여야 한다.108)

여기에서 나아가 사적 실행, 특히 처분정산을 폭넓게 인정할 것인지 문제된다. 사적 실행은 공적 실행에 대한 불만에서 나온 것이다. 이에 관해서는 민사집행법을 개정하여 처분정산에 관한 규정을 마련하는 것이 바람직할 것이다. 그러나 동산을 민사집행법에 따라 경매를 하는 것이 불가능하거나 현저한 비용이 드는 경우에는 담보권자가 담보목적물을 직접 처분하는 것을 허용해야 할 것이다.

9. 등기의 방식과 절차

위에서 본 바와 같이 담보등기제도를 채택하는 경우에도 등기의 방식과 절차에 관한 규정이 필요하다. 이에 관해서는 부동산등기법을 준용하는 방식으로 상당부분 해결할 수 있다. 그러나 등기의 방식과 절차에 관해서도 담보등기에 특유한 규정을 두어야 한다. 가령 인적 편성주의에 관한 사항이라든지, 동산이나 채권담보에 특유한 등기사항이 이에 속한다. 단독신청주의를 채택할 것인지, 아니면 공동신청주의를 채택할 것인지 여부에 따라 그 규정내용이 달라질 것이다.

한편, 담보등기제도를 채택할 경우에 공시업무, 즉 등록업무를 담당할 기관이 문제된다. 이러한 공시업무는 부동산등기와 마찬가지로 법원등기소에서 관장하도록 하는 것이 바람직할 것이다.

108) 민법 제339조는 유질계약을 금지하고 있으나, 새로운 담보제도에서는 유담보계약을 금지할 필요는 없을 것이다. 오히려 유담보약정을 명시적으로 허용함으로써 담보권의 실행에 관해서도 당사자의 자치를 넓게 인정하고, 이로 인하여 발생하는 문제를 줄이는 방안을 마련하는 것이 바람직하다.

Ⅴ. 결 론

동산·채권 담보제도에 관한 개혁논의는 ―모든 개혁논의와 마찬가지로― 두 가지 측면에서 살펴볼 수 있다. 하나는 현재의 담보제도에 관한 법률이나 판례가 담보에 대한 수요를 충족시키지도 못하고 당사자들의 이해관계를 합리적으로 해결하지 못하기 때문에, 입법으로 현재의 법상황을 개선하여야 한다는 내재적 동인이다. 다른 하나는 미국을 비롯한 서구의 담보제도를 소개하고 비교법적으로 검토하는 과정에서 서구의 발달된 담보제도를 도입하여야 한다는 외재적 동인이다. 위 두 측면은 동전의 양면과 같은 것이지만, 동산 및 채권담보에 한정하면 내재적 동인에 따른 법리의 발전보다는 외재적 동인이 우위에 있다고 볼 수 있다.

대륙법계에 속하는 우리나라에서 미국의 법제도를 받아들여야 하는가라는 의문이 제기될 수 있다. 그러나 법체계가 다르다는 것이 법의 수용을 어렵게 하는 요소이기는 하나, 그것만으로 법의 수용을 거부할 이유가 되지는 못한다. 미국 통일상법전에 있는 담보거래제도는 당대의 법학자 또는 법률가들이 기존의 담보제도를 개선하기 위하여 20여 년이라는 오랜 연구 끝에 내놓은 것으로 담보거래를 규율하는 합리적인 제도로 평가할 수 있다. 이것이 구속력이 있는 법률이 아닌데도 미국의 거의 모든 주에서 위 제도를 입법으로 수용하였을 뿐만 아니라, 여러 국제기구나 개별국가에서 이를 수용하거나 그 수용 여부를 논의하고 있다. 따라서 이는 미국법 중 가장 성공적인 제도의 하나라고 할 수 있다. 미국의 담보거래제도가 보통법 국가에서뿐만 아니라 대륙법계 국가에서도 주목을 받는 중요한 이유 중의 하나는 그 합리성에 있다고 볼 수 있다. 이 제도가 동산이나 채권 등의 권리를 담보로 이용하는 담보거래를 촉진하면서도 당사자들의 이해관계를 적정하게 조정하고 있다는 것이다. 합리성 경쟁에서 살아남지 못한 법제도가 합리적 논의를 토대로 한 자발적 계수과정에서 우위를 점하는 것은 거의 불가능하다. 다만 외국의 어떤 제도를 합리적이라고 해서 이를 무비판적으로 수용하는 것은 위험한 일이다. 그것이 우리의 법체계나 법환경에서 정착할 수 있는지, 더 나은 대안은 없는지에 관하여 세밀하게 검토하고, 그 수용여부와 방법을 결정하여야 한다. 또한 현재 준비하고 있는 법안은 국회에서 통과되더라도 발전가능성이 큰 만큼 계속적인 개정을 할 필요가 있고, 따라서 논의가 충분히 성숙되지 않은 부분은 서둘러 입법을 할 것이 아니라 장래의 과제로 남겨두는 것이 좋을 것이다.

우리나라에서 동산이나 채권에 관한 담보등기제도가 어떠한 방식으로 입법화될 것인지를 예측하기는 아직 이르다. 그러나 이것이 민법의 영역에서 미국법계수의 중요한 사례가 될 것임은 분명하다. 우리나라에서 일어나고 있는 미국법의 계수라는 현상[109]에 직면하여 좋은 제도라면 면밀한 검토를 거쳐 수용하고 나쁜 제도라면 거부할 줄 아는 현명한 지혜가—그리고 그 어느 것에도 집착하지 않는 품성과 함께—필요하다.

[후 기]

세 분의 지정토론자가 초고를 읽고 좋은 의견을 주셔서 원고를 보완하는 데 도움이 되었습니다. 발표 당시 토론시간이 매우 짧아 지정토론문에 있는 내용 중 극히 일부분에 대해서만 토론이 이루어졌기 때문에, 여기에서는 지정토론문에 나와 있는 질문에 관해서 간략하게나마 답변을 하고자 합니다.

(1) 김관기 변호사의 지정토론에 대하여

첫째, 토론자는 동산 및 채권 담보에 관한 특별법이 제정되면 어떠

109) 金載亨, "動産擔保制度의 改善方案"(주 11), 295면.

한 경우에 효용이 있을 것인지 질문하였습니다. 동산이나 채권 등에 관하여 제한을 하지 않고 담보를 제공하고 이를 등기할 수 있도록 한다면, 예외적인 경우를 제외하고는 동산이나 채권 등을 자유롭게 담보로 제공할 수 있는 폭이 넓어질 것입니다. 재고자산과 매출채권을 담보로 제공하는 경우에 담보등기제도가 많이 이용되겠지만, 담보등기제도의 효용은 이와 같은 경우에 한정되지 않을 것입니다. 공장의 기계설비에 관해서는 공장저당법(2009. 3. 25. 공장 및 광업재단 저당법으로 개정되었다)의 적용을 받기 때문에 필요성이 크지 않다고 하지만, 공장의 기계설비도 공장과는 별도로 특별법에 따라 담보로 제공하고 등기를 할 수 있기 때문에, 이와 같은 경우에도 담보등기제도의 효용이 나타날 수 있습니다.

토론자는 등기제도를 이용하지 않는 양도담보, 소유권유보부 매매, 금융리스에 현재와 같은 효력을 인정한 것인지, 아니면 이와 같은 경우에 대해서도 등기를 요구하는 것이 타당한지에 관해서 보충설명을 해달라고 하였습니다. 발표문에서 이 부분을 보완하였습니다만, 현재로서는 양도담보 등 현재의 담보제도를 부정하거나 일률적으로 등기를 요구하는 것은 무리라고 생각합니다.

둘째, 토론자는 인적 적용범위를 법인에 한정하지 말자는 견해에 동의하나, 상거래를 하지 않는 소비자에게까지 적용범위를 넓힐 필요는 없다고 합니다. 그러나 '상인' 개념도 모호한 측면이 있고, 이는 사업자로 한정하는 것과 큰 차이는 없을 것으로 생각합니다. 인적 적용범위를 제한할 경우에 발생하는 문제점은 발표문에서 자세히 다루었기 때문에 여기에서는 언급하지 않겠습니다만, 법인으로 한정하는 것이 인적 편성주의와도 상관이 없고, 담보등기를 상업등기와 연계할 필요성도 없다고 생각합니다.

셋째, 토론자는 통상의 거래와 선의취득에 관하여 질문하고 있습니다. 장래의 재고자산이나 매출채권을 담보로 제공한 경우에 담보제공자가 담보목적물을 적법하게 처분할 수 있습니다. 따라서 이 경우에는 선의취득이 문제되지 않을 것입니다. 그러나 통상의 거래가 아닌 경우, 가령 대량의 담보제공의 경우에는 선의취득이 인정되지 않을 것입니다. 다만 이와 같은 이유로 선의취득이 아예 문제가 되지 않는다고 볼 수는 없을 것입니다. 어떠한 경우에 담보로 제공된 목적물을 매수한 사람을 보호할 것인지, 그와 같은 매수인을 보호할 필요성이 있는 경우에 어떠한 방식으로 보호할 것인지는 쉽지 않은 문제입니다.

넷째, 파산 또는 회생제도와 관련된 질문을 하였습니다. 이 문제는 집합동산양도담보 또는 집합채권양도담보에 관한 현행 판례 하에서도 제기될 수 있는 문제입니다. 이에 관해서는 해석론으로 해결할 수도 있겠으나, 「채무자 회생 및 파산에 관한 법률」을 개정하여 미국 연방파산법과 같은 규정을 두는 것도 고려할 수 있을 것입니다. 다만 담보의 효력이 미치는 범위를 한정하는 방식으로 해결할 것인지, 아니면 부인권이 미치는 범위를 넓히는 방식으로 해결할 것인지 문제될 것입니다.

(2) 윤성근 부장판사의 지정토론에 대하여

첫째, 토론자는 담보등기와 양도등기에 관해서 질문하였습니다. 담보등기와 양도등기의 문제는 학술적인 것에 그치는 것은 아니고 실제로 입법의 내용에도 중요한 영향을 미칩니다. 양도등기제도를 채택할 경우에 법안에서 담보에 특유한 사항을 규정할 수 없게 됩니다. 하나의 예로 물상대위를 들 수 있습니다. 양도등기제도를 채택할 경우에는 물상대위에 관한 규정을 두는 것이 곤란할 것입니다. 그러나 담보등기제도를 채택할 경우에는 그 채택 여부는 별론으로 하고 물상대위에 관한 규정을 둘 수도 있습니다.

담보등기제도는 자산유동화를 위한 채권양도의 경우에 이용될 수 없습니다만, 채권양도의 경우에 등기제도를 도입할 것인지 여부는 우리 민법학계에서 충분한 논의가 이루어지지 않은데다가 양도등기제도를 채택한 나라도 거의 없다는 점에서 좀 더 신중한 검토와 논의가 필요하다고 생각합니다.

둘째, 토론자는 동산담보등기를 하는 경우에 이를 '현실의 인도'와 같게 볼 것인지에 관하여 질문하였습니다. 동산담보등기를 현실의 인도와 같게 본다면, 현재의 양도담보를 배제, 적어도 제약하는 효과가 있을 것입니다. 그러나 새로운 담보제도와 현재의 양도담보의 병존을 인정하면서 새로운 담보제도에 우월한 효력을 부여하는 것은 부당합니다. 따라서 동산담보등기를 '인도'와 동일한 효력을 갖는 것으로 규정하는 것이 바람직할 것입니다.

셋째, 토론자는 제3자 보호와 선의취득에 관해서 질문하였습니다. 토론자의 지적대로 담보등기제도가 거래계에 널리 알려질 시점에는 담보등기부를 확인하지 않는 것이 과실로 인정될 수도 있을 것입니다. 다만 재고자산이 담보로 제공된 후 소비자가 그 사실을 알고 위 재고자산에 속하는 물건을 취득한 경우에 소비자가 위 물건을 통상적인 거래과정에서 취득한 것이라면 소비자가 위 물건의 소유권을 취득한다고 보아야 할 것입니다. 담보권자는 담보목적물인 재고자산의 통상적인 처분을 허용했다고 볼 수 있기 때문입니다.

넷째, 토론자는 물상대위를 인정할 필요성이 크다고 하고 있습니다. 아마 담보목적물을 매도하거나 임대한 경우에 물상대위를 인정할 것인지에 관해서 질문한 것으로 생각됩니다. 민법 제정 당시 담보목적물을 매도 또는 임대한 경우에 물상대위를 부정하였습니다. 그런데 민법 규정을 그대로 둔 채 특별법에서 물상대위를 넓게 허용하는 것은 문제가 있습니다. 이는 물상대위에 관한 민법 규정을 개정할 것인지 여부와 함께 논의하는 것이 바람직하다고 생각합니다.

(3) 이지원 검사의 지정토론에 대하여

첫째, 토론자는 담보등기제도에 관해서 실무계의 요청이 있다고 하고 있습니다. 제 발표문에서는 외부적 동인이 좀 더 우위에 있다고 하였습니다만, 담보등기제도의 도입에 관하여 내부적 동인이 있다는 점을 인정하고 이를 끌어내는 것은 중요한 일이라고 생각합니다.

둘째, 토론자는 양도담보가 설정되어 있는 물건에 대하여 양도담보설정자가 후순위 등기담보를 설정할 수 있도록 허용할 것인지 여부에 관하여 질문하고 있습니다. 이를 긍정하여야 한다고 생각합니다. 양도담보를 설정한 이후에는 양도담보설정자가 등기담보를 설정할 권한이 없다고 볼 여지도 있으나, 법률로써 이를 허용하는 것은 가능합니다. 이와 같이 하나의 동산 위에 양도담보와 등기담보가 병존하는 경우에 혼란스러울 수 있으나, 물권의 순위를 정하는 원칙에 따라 해결할 수 있습니다.

토론자는 소유권을 취득할 수 있는 양도담보와 비교하여 등기담보의 이점이 무엇인지 질문하였습니다. 등기담보의 가장 큰 장점은 등기부에 공시가 된다는 점입니다. 이에는 여러 부수적인 효과가 따라옵니다. 순위를 정하여 담보를 설정할 수 있기 때문에, 담보가치를 최대한으로 활용할 수 있습니다. 담보권을 양도하거나 담보로 제공하는 것도 공시를 할 수 있기 때문에, 담보권의 유통성도 높아질 것입니다. 공동으로 담보를 제공하고 이를 공시하는 것도 가능합니다. 담보설정자가 비통상적인 방법으로 담보목적물을 처분하는 경우에 선의취득이 인정되지 않을 것입니다. 담보권의 실행단계에서도 효율적이면서도 당사자들의 이해관계를 적절하게 조정하는 방법을 마련할 수 있습니다.

셋째, 토론자는 인적 적용범위를 제한하지 않는 경우에 나타나는 문제점에 관하여 질문하였습니다. 인적 적용범위를 제한하는 것은 인적 편성주의와는 아무런 관계가 없음은 이미 밝힌 바 있습니다. 일반 국민에게 이 제도에 대한 수요가 많지 않다고 하는 것도 인적 적용범위를 제한할 이유가 될 수 없습니다. 금융거래를 하는 사람이라면 일반 국민도 이 제도를 이용할 필요가 있고, 이 제도를 도입한 다른 나라에서도 개인들이 이 제도를 이용하고 있습니다. 동산 거래에서 매수인을 어떻게 보호할지는 해결해야 할 어려운 문제로서 이 문제는 인적 적용범위를 제한하는 것으로 해결할 수는 없습니다.

넷째, 토론자는 지적재산권 등을 담보로 제공하는 문제에 관하여 질문하였습니다. 지적재산권에 관하여 담보등기를 할 필요성은 인정될 수 있습니다. 다만 어느 범위에서 지적재산권을 담보등기의 대상으로 할 것인지, 어떠한 방식으로 이에 관하여 규율할 것인지가 어려운 문제입니다. 그러나 전자유가증권을 담보로 제공하고 이를 담보등기의 대상으로 하는 것은 현재 논의되고 있는 내용으로 포섭하는 것이 쉽지 않습니다.

토론의 취지를 잘못 이해하고 답변한 부분이 있을까 걱정됩니다만, 논의를 하는 데 조금이라도 도움이 되었으면 합니다. 한꺼번에 모든 것을 해결하려다가 아무 것도 얻지 못하는 우를 범해서는 안 될 것입니다. 합리적 논의를 토대로 좀 더 나은 법안을 준비할 수 있기를 소망합니다. 감사합니다.

(저스티스 특집호(제106호), 한국법학원, 655-684면 所載)

7. 『동산 · 채권 등의 담보에 관한 법률』 제정안의 구성과 내용*

Ⅰ. 서　　론

1997년 금융위기 이후 동산담보나 채권담보에 관한 관심이 점증하였다. 부동산 이외의 재산을 쉽게 담보로 제공할 수 있는 제도적 장치를 마련하여야 한다는 인식이 확산되었다. 학계에서 이에 관한 논의가 활발하게 이루어졌는데, 특히 2005년부터는 법무부 등 행정부처와 법원행정처에서 동산·채권 담보제도를 개선하겠다고 발표하였다.[1] 이와 같은 노력에 이어 법무부는 2008년 3월 5일 「동산 및 채권의 담보에 관한 특례법 제정 특별분과위원회」(이하 '위원회'라고 한다)를 구성하였고, 위원회에서 약 1년 동안 법안을 작성하여 2009년 3월 18일 법무부에 위원회안을 제출하였으며, 법률안의 명칭을 「동산·채

---

* 이 논문은 2009년 7월 17일 법무부가 주최한 「동산·채권 등의 담보에 관한 법률 제정안」 공청회에서 발표한 글을 수정·보완한 것이다. 공청회 이후 법무부는 법원행정처 등에서 보내준 의견들을 반영하여 법안의 표현 등을 수정하였고, 2009년 8월 18일부터 10월 23일까지 법제처에서 법안심사를 받았다. 이 논문을 발표한 직후인 2009년 11월 3일 이 법안이 정부안으로 국회에 제출되어 결국 2010년 6월 10일 법률이 제정되었다. 「동산 및 채권의 담보에 관한 특례법 제정 특별분과위원회」의 여러 위원님(아래 주 3), 공청회에서 사회자나 지정토론자 등으로 유익한 의견을 주신 분들, 법안의 작성 또는 수정과정에서 다양한 의견을 제시해 주신 분들께 감사드린다.

1) 법원행정처에서는 구체적인 법안을 작성하기도 하였다. 대법원 특수등기연구반, 동산 및 채권의 양도등기제도 도입을 위한 입법자료(법원행정처, 2007.11)에는 대법원 특수등기연구반에서 작성한 "동산 및 채권의 양도등기에 관한 특례법(안)"이 수록되어 있다.

권 등의 담보에 관한 법률」로 확정하였다.[2)] 그 후 법무부에서 법원행정처 등과 협의를 하여 법안을 수정한 다음 2009년 7월 3일 입법예고를 하였다.[3)]

담보를 구분하는 방법은 여러 가지이지만, 담보로 제공하는 재화를 기준으로 한다면 부동산담보, 동산담보, 권리담보로 구분할 수 있다. 그런데 동산담보나 채권 등 권리담보는 부동산담보에 비하여 그 이용도

2) 법률의 명칭으로 여러 방안을 검토하였는데, 법률의 명칭에 담보목적물로 동산과 채권 등이 포함된다는 점과 담보에 관한 법률이라는 점을 명시하는 방식으로 명칭을 정한 것이다. 그 밖에 검토한 명칭 중에서 「동산담보 등에 관한 법률」은 명사 뒤에 사용되는 '등'이 그 밖에도 같은 종류의 것이 더 있음을 나타내는 것이지만, 채권담보나 지적재산권담보가 포함되는지 여부가 법률의 명칭에서 드러나지 않는다. 지식경제부에서는 제명에 '지적재산권'을 표시하는 것이 바람직하다고 하였으나, 법안에서 지적재산권에 관해서는 매우 간략하게 몇 개의 특례만을 정하고 있고, 이를 포함할 경우에 법률의 명칭이 길어져 위와 같이 법률의 명칭을 정하였다. 또한 법률의 명칭에 '등기' 또는 '등록'이라는 표현을 사용할 것을 검토하였으나, 이를 포함할 경우에도 명칭이 길어지는 문제가 있어서 이러한 표현을 포함시키지 않았다. 한편, 위원회를 구성할 당시 '특례법'이라는 표현을 사용하였으나, 민법 등 개별 법률에 대한 특례를 정한 것이라기보다는 동산·채권 등의 담보에 관하여 포괄적으로 정한 법률이기 때문에, 명칭에서 특례라는 표현을 삭제하였다.

3) 법안을 작성한 경위를 간략하게 보면 다음과 같다. 2008년 3월 5일 법무부장관으로부터 처음에 위촉장을 받을 당시에는 위원장 하경효 교수와 위원 박훤일, 석광현, 지원림, 제철웅, 박동진 교수, 필자(이상 학계), 최병호 변호사와 장호현 기획재정부 정책조정총괄과장 총 9명이었다. 나중에 제7차 회의(6월 13일)부터 한민 변호사, 제9차 회의(7월 21일)부터 이재형 변호사가 위원회에 참여하였고, 그 밖에도 행정부처의 관련 공무원 등이 위원회에 참석하기도 하였다. 위원회는 2008년 3월 5일부터 8월 13일까지 10차례에 걸쳐 회의를 개최하였고(8월 22일에는 필자 등 위원 일부가 금융기관 실무종사자들의 의견을 수렴하는 회의를 하였다), 2008년 12월 16일에 11차 회의, 2009년 1월 7일 마지막 회의인 12차 회의를 개최하였다. 12차 회의에서는 석광현, 지원림 교수와 필자 3인으로 소위원회를 구성하여 최종적인 법안을 가다듬기로 하였고, 이에 따라 소위원회에서 법안을 정리하여 위원들의 의견을 수렴하였으며, 2009년 3월 18일 위원회의 법률안을 최종적으로 확정하여 법무부 법무심의관실에 송부하였다. 그 후 법무심의관실, 법원행정처 등에서 순차로 검토하였고 이를 토대로 법무심의관실과 법원행정처 등이 협의하여 최종안을 작성하여, 2009년 7월 3일 입법예고를 하였다. 필자는 위원회안을 제출한 이후에도 최종안을 작성하는 회의에 여러 차례 참석하였고, 수정안에 관한 의견을 밝히거나 새로운 수정안을 제시하기도 하였는데, 위와 같은 협의과정에서 위원회의 안과 달라진 부분도 상당수 있다.

[표 1] 금융기관 담보별 여신현황[4]

	담보	부동산	동산	유가증권	예수금	기타	보증	신용	합계
일반은행	3,149,322	2,918,363	1,759	41,218	147,992	39,990	285,141	2,393,738	5,828,201
특수은행	952,852	859,764	457	20,721	34,267	37,643	180,012	1,089,009	2,221,873
계	3,149,322	2,918,363	1,759	41,218	147,992	39,990	285,141	2,393,738	5,828,201

(단위: 억 원)

가 높지 않다. [표 1]에 있는 '금융기관 담보별 여신현황'을 보면, 담보거래에서 부동산담보가 압도적으로 많이 이용된다. 즉, 전체 담보 약 410조 2,174억 원 중 부동산담보가 약 377조 8,127억 원으로 90%가 넘는 데 반하여, 동산담보는 약 2,216억 원으로 1%도 안 되고, 유가증권 · 예수금 · 기타 담보는 약 32조 원이다.

그러나 현실세계에는 동산이나 채권 등의 권리가 부동산보다 더 많다. 실제로 제조업 등에 종사하고 있는 중소기업의 경우 동산 · 채권 등의 유동자산이 부동산자산(건물, 토지 등)보다 많은 비중을 차지하고 있다. 즉, 중소기업중앙회의 통계자료에 의하면 2007년 제조업과 컴퓨터 분야 중소기업의 부동산이 약 86조 원이지만, 동산 · 채권 등은 약 336조 원으로서 부동산의 4배에 가깝다.[5] 동산담보나 채권담보가 이용되지 않는 가장 중요한 이유로 공시제도의 불완전성을 들 수 있다. 동산이나 채권의 공시방법은 부동산등기에 비하여 공시기능이 현저히 떨어지기 때문에, 금융제공자가 동산담보나 채권담보를 꺼리는 경향이 있

4) 금융감독원 2008년 은행경영통계. 이 통계는 2007년말을 기준으로 작성된 것이나, 그 후에도 큰 변동이 있는 것은 아니다. 2009년 6월말 전체 담보는 약 457조 원이고 그중 부동산 담보는 약 421조 원으로 여전히 90%가 넘는다. 금융감독원의 금융통계정보시스템에 있는 금융회사 경영정보(http://fisis.fss.or.kr) 참조.

5) [표 2] 중소기업(제조업, 컴퓨터) 주요 자산 현황

다. 또한 동산의 경우에는 부동산과 달리 시간의 경과에 따라 재화의 가치가 떨어지는 경우가 많다. 그리하여 부동산이 부족한 중소기업이나 자영업자 등은 자금을 조달하는 것이 쉽지 않다. 만일 동산이나 채권 등을 쉽게 담보로 활용하고 그 공시를 명확하게 하는 등 제도적 보완을 한다면, 담보신용이 대폭 증가할 것이다.

이 법안은 동산 및 채권 담보를 활성화하기 위하여 동산·채권에 관한 담보등기제도를 도입하고, 담보권의 내용이나 실행 등에 관하여 포괄적인 규정을 두었다. 또한 지적재산권에 관해서도 공동담보를 설정할 수 있도록 하는 등 특례 규정을 두었다.

이 글에서는 법안의 기본적인 구성과 내용을 소개하고 법안을 작성한 경위나 이유를 설명하고자 한다. 이를 통하여 법안의 문제점을 찾아내고 좀 더 나은 법안을 마련한다면 법률이 통과된 이후에 발생할 시행착오를 줄일 수 있을 것이다. 필자는 위원회의 구성원으로서 이 법안을 작성할 당시인 2008년 8월 26일 한국법률가대회에서 그 때까지의 논의상황이나 법안에 관한 기본적인 사항을 발표하였기 때문에,[6] 여기

	제조업	컴퓨터 등
유동자산	159,550,012	2,178,244
매출채권	65,740,976	713,725
재고자산	39,825,410	557,552
제품 반제품	20,018,087	236,432
원재료	15,415,108	299,308
기타 재고자산	1,727,401	9,271
기계장치	31,973,014	276,775
산업재산권	443,527	20,638
기타 무형자산	1,499,561	74,984
소 계	336,193,096	4,366,929
토지	43,265,840	320,374
건물, 구축물	43,182,160	428,062
소 계	86,448,000	748,436

(단위: 백만 원, 중소기업중앙회 2007년 대차대조표)

6) 金載亨, "담보제도의 개혁방안 —동산 및 채권 담보를 중심으로—," 저스티스 제106호, 한국법학원(2008. 9), 655-684면.

에서는 가급적 그 내용을 반복하지 않고 그 후 확정된 법안의 내용을 중심으로 살펴보고자 한다.

Ⅱ. 법안의 기본 구성과 체제

1. 법안의 구성

법안은 7장으로 구성되어 있고, 총 64개 조문과 부칙 4개 조항이다. 각 장의 제목은 다음과 같다.

제 1 장 총칙(제1, 2조)

제 2 장 동산담보권(제3-33조)

제 3 장 채권담보권(제34-37조)

제 4 장 담보등기(제38-57조)

제 5 장 지적재산권에 대한 특례(제58-61조)

제 6 장 보칙(제62-63조)

제 7 장 벌칙(제64조)

부칙(제1-4조)

2. 동산 및 채권에 관한 담보권의 법적 구성

가. 동산 및 채권에 관한 담보권의 창설

우리 민법에서는 동산이나 채권 등 권리에 담보권을 설정하는 경우에 질권을 이용하도록 하고 있다. 그러나 질권은 많이 이용되지 않고 양도담보, 소유권유보부 매매, 금융리스 등이 주로 이용되고 있다. 동산이나 채권에 관한 새로운 담보제도를 도입하면서 그 법적 성질을 담보권으로 구성할 것인지, 아니면 양도담보나 소유권유보부 매매와 유사하게 소유권적으로 구성할 것인지 문제되었다. 특히 당사자들의 선택에 따라 양도담보 등 소유권이전형 담보를 설정하고 이 법에 따라 등기를 허용할 것인지 문제되었다.

위원회의 논의 결과 동산과 채권에 관한 새로운 담보권을 창설하기로 하였다.[7] 이와 같은 담보권적 구성이 소유권적 구성보다 당사자들의 실제 의도나 합리적인 이해를 더 잘 반영한다. 이와 달리 소유권적 구성은 담보를 설정할 목적으로 소유권을 이전하는 형식을 띠기 때문에, 담보목적에 비하여 너무 많은 권리를 이전하게 되고, 결국 실질과 형식의 괴리를 초래한다. 담보권적 구성을 채택한 것은 소유권적 구성에 따른 문제점을 없애기 위한 것이다. 또한 등기부에도 동산 및 채권에 관한 담보권이라는 사실을 공시하는 것이 당사자들의 실제 목적에 부합한다. 동산이나 채권을 담보로 제공하였는데도 소유권을 이전한 것처럼 공시하는 것은 실제보다 많은 권리를 이전하는 것처럼 공시하는 것이다.[8] 그리하여 이 법에 따른 담보를 새로운 담보권으로 구성하였다.

양도담보 등 그 명칭을 불문하고 담보약정을 한 경우에는 이 법에 따른 등기를 할 수 있다. 양도담보뿐만 아니라 소유권유보부 매매나 금융리스 등의 경우에도 이 법에 따른 등기를 할 수 있을 것이다.[9] 이와 같은 담보약정에 기하여 이 법에 따라 담보등기를 하면 원칙적으로 그 약정내용과 무관하게 이 법에 따른 담보권으로 취급된다.

법안에서 새로운 담보를 담보권으로 구성할 경우에 민법상의 담보

---

7) 종래 양도담보는 판례에 의하여 승인되었으나, 물권법정주의(민법 제185조)와 관련하여 논란이 있었다. 법안에서 동산담보권과 채권담보권에 관하여 규정하고 있는데, 이는 법률에 근거를 두고 있는 담보물권을 창설한 것이다.

8) 金載亨(주 6),, 661면.

9) 소유권유보부 매매나 금융리스에 관해서는 장차 세밀한 규정을 두는 것이 바람직하나, 이에 관하여 어떠한 방식으로 규정할 것인지는 쉽지 않은 문제이다. 그리하여 이 문제는 현행의 법상태에 따라야 할 것이지만, 당사자들이 명확한 공시를 위하여 이 법에 따른 등기를 한다면, 이 법에 따른 규율을 받게 될 것이다.

권과 구분하기 위해서 새로운 담보권의 명칭을 어떻게 정할 것인지 문제되었다. 동산 및 채권에 관한 새로운 담보는 등기를 한다는 점에서 기존의 동산 및 채권 담보와는 결정적으로 구별되기 때문에, 등기담보권(登記擔保權)이라고 할 수 있다. 위원회안에서는 동산질권이나 양도담보 등과 구분하기 위하여 법안에서 등기담보권이라는 용어를 사용하기로 하였으나, 법무부와 법원행정처가 협의하는 과정에서 등기담보권이라는 용어를 사용하지 않기로 하고, 동산담보권과 채권담보권이라는 용어를 사용하기로 하였다. 그 이유는 저당권 등도 등기를 하고 있으므로, 등기담보권이라는 용어가 적절치 않다는 것이다. 그럼에도 불구하고 이 법에 의한 동산담보권과 채권담보권을 포괄하기 위하여 강학상 등기담보권이라는 용어를 사용할 수 있을 것이다.

한편, 동산과 채권을 한꺼번에 담보로 제공하고 이에 대하여 하나의 등기만을 하는 것을 허용할 것인지 문제되었으나, 최종안에서는 이를 허용하지 않기로 하였다. 즉, '담보등기부'는 동산담보등기부와 채권담보등기부로 구분하기로 하였다.[10] 동산담보권과 채권담보권은 그 효력이나 실행방법이 다르기 때문에, 이를 하나의 등기부에 등기할 필요성이 크지 않고 하나의 등기부에 공시할 경우에는 오히려 혼란이 발생할 우려가 있다는 것이다. 따라서 복수의 동산 또는 복수의 채권을 담보로 제공할 수 있으나, 동산과 채권을 섞어서 한꺼번에 담보로 제공하고 하나의 등기만을 하는 것은 허용되지 않고, 동산담보권은 동산담보등기부에, 채권담보권은 채권담보등기부에 개별적으로 등기하여야 한다. 이와 같은 담보등기부를 하나로 묶고 이를 통하여 담보등기의 효율성을 높이면서도 법적 혼란을 없애는 것은 앞으로 중요한 과제라고 할 수 있다.

---

10) 제2조 제8호 후단.

나. 기존 담보제도와의 병존

동산이나 채권에 관한 기존의 담보제도, 가령 질권이나 양도담보 등을 폐지하고 하나의 통일적인 담보권 개념을 도입할 것인지 문제된다. 이것이 실현가능성이 없는 가상적인 이념형인 것은 아니다. 미국 통일상법전(Uniform Commercial Code; UCC) 제 9 장에서 담보거래(Secured Transactions)에 관하여 규정하고 있는데, 동산 · 채권 등에 관한 기존의 담보제도를 없애고 새로운 통일적인 담보권 제도를 채택하였고,[11] 이는 세계 여러 나라에서 담보법 개혁에서 중요한 모델이 되고 있다. 유엔 국제거래법위원회(UNCITRAL)에서 마련한 담보거래에 관한 입법지침[12]에서는 이를 '통일적 접근방법'이라고 한다.[13] 그러나 이 방법은 우리 담보법제에 지나치게 급작스러운 변화를 초래한다. 그와 같은 전환으로 인한 혼란이나 비용이 어느 정도일지 예측하고 그 대응책을 세밀하게 마련하는 것은 쉽지 않다. 그리하여 동산 및 채권에 관한 새로운 담보제도를 도입하면서도 기존의 담보제도, 예컨대 민법상의 질권뿐만 아니라 판례에 의하여 인정되는 양도담보, 금융리스, 소유권유보부매매 등이 병존하는 것으로 법안을 작성하였고, 어느 한 쪽에 우선적 지위를 부여하지 않았다.

이와 같이 동산 · 채권에 관한 기존의 담보제도와 새로운 담보제도를 병존시킬 경우에 동산이나 채권에 관한 양도담보를 계속 이용할 것

---

11) Honnold/Harris/Mooney, Jr., *Security Interests in Personal Property*, 3rd ed., 2001, pp. 4-7. White/Summers, *Uniform Commercial Code*, 5. ed., 2000, p. 713; 金載亨, "動産擔保制度의 改善方案 -登錄制度의 導入에 관한 試論-," 民法論 Ⅲ, 박영사, 2007, 269면 이하.

12) 제 6 작업그룹은 2002년 5월 제 1 차 회의를 개최한 이래 2008년 10월 제14차 회의를 개최하였다. 그곳에서 논의되는 회의자료는 http://www.uncitral.org/uncitral/en/commission/working_groups/6Security_Interests.html에서 검색할 수 있다.

13) A/CN.9/WG.29, para. 172; 金載亨, "UNCITRAL 「擔保去來에 관한 立法指針 草案」 논의," 民法論 Ⅲ, 박영사, 2007, 313면.

이고 새로운 담보등기제도를 이용할 이점이 없을 것이라는 우려가 있다. 왜냐하면 양도담보는 점유개정이나 채권양도에 의하여 쉽게 설정할 수 있고 계약에서 그 실행 등에 관해서도 편리하게 정할 수 있는 반면에, 새로운 담보는 법적 제약이 많기 때문이다. 그러나 새로운 담보제도는 동산이나 채권에 관하여 공적 장부에 공시하는 방안을 마련함으로써 더 많은 동산이나 채권을 편리하게 담보로 제공할 수 있는 장치를 마련하는 것이므로 이 제도는 적지 않게 이용될 것이다. 가령 담보등기를 이용하여 동일한 동산이나 채권에 순위를 정하여 여러 담보권을 설정할 수 있고, 여러 목적물에 공동담보를 설정할 수 있다. 또한 다수의 집합적인 동산을 담보로 제공한 다음, 이를 다시 제3자에게 처분하고 현실의 인도를 한 경우에 제3자의 선의취득이 인정되는 경우가 대폭 줄어들 것이다. 이와 같이 새로운 담보제도를 도입하는 제도적 장점은 충분히 있기 때문에, 기존의 양도담보 등을 폐지할 것인지, 질권 등 점유이전형 담보를 어떠한 방식으로 포섭할 것인지 여부는 추후에 점진적으로 추진하는 것이 바람직하다.[14)]

한편, 이 법은 담보등기제도의 시스템을 구축하는 것을 고려하여 공포 후 2년 후에 시행하도록 하였는데(부칙 제1조), 이 법의 시행으로 인한 혼란을 피하기 위하여 부칙 제2조에서 경과규정을 두어 이 법 시행 이후에 체결된 담보약정에 대해서만 이 법이 적용되고, 그 이전에 체결된 담보약정에 대해서는 이 법을 적용하지 않도록 하였다. 이 법이 시행되기 전에는 동산이나 채권에 관한 담보약정을 하더라도 이 법에 따른 등기를 하지 않기로 하였다고 볼 수도 있으나, 이를 명확하게 하기 위해서 명문 규정을 둔 것이다.

다. 지적재산권에 대한 특례

법안에 지적재산권담보도 규정할 것인지 논란이 많았고, 이에 관한

---

14) 金載亨(주 6), 660면.

규정을 두는 것이 실익이 크지 않다는 주장도 많았다. 지적재산권에 관해서는 개별 법률에서 이미 개별 지적재산권을 담보로 제공하고 이를 등록할 수 있는 제도가 마련되어 있기 때문이다. 다만 개별 법률에서는 복수의 지적재산권을 공동담보로 제공하거나 지적재산권을 동산이나 채권과 함께 공동담보로 제공하는 것을 인정하지 않고 있는데, 이 점을 해결할 필요성은 있다고 볼 수 있다. 그리하여 위원회안에서는 복수의 지적재산권 등을 공동담보로 제공할 수 있도록 하였다.

그러나 부처 협의과정에서 지적재산권담보를 동산담보나 채권담보와 평행하게 규정하는 것을 포기하고 지적재산권에 대해서는 특례만을 정하기로 하였다. 지적재산권에 관한 등기 또는 등록의 관장 문제나 지적재산권에 관한 담보등기의 효력 문제를 해결하는 것이 쉽지 않았기 때문이다. 결국 특허청 등이 등록원부를 관장하고 있으므로, 지적재산권에 대한 담보권은 해당 등록원부에 등록을 하도록 하였고, 다만 복수의 지적재산권을 공동담보로 제공할 수 있도록 특례를 규정하였다. 따라서 지적재산권을 동산이나 채권과 함께 담보로 제공하고 하나의 통일된 등기부에 등기 또는 등록하는 것은 허용되지 않는다. 지적재산권담보의 효력에 관해서도 아래에서 보듯이 개별 법률에서 취급하는 방식에 따르도록 하였다.

3. 새로운 공시제도: 담보등기

가. 담보등기제도

동산·채권담보제도의 개혁은 동산·채권담보에 관한 새로운 공시제도를 도입한다는 점에 그 핵심이 있다. 동산질권에 관한 공시방법은 인도이고(민법 제330조), 채권질권이나 채권양도에 관한 공시방법은 채무자[15]에 대한 통지 또는 채무자의 승낙이다(민법 제346조, 제450조). 이 법

15) 지명채권에 대한 질권의 경우에는 제3채무자를 가리킨다(민법 제349조).

안에서는 동산·채권담보에 관하여 등기제도를 도입하였다. 다만 지적재산권에 관해서는 개별 지적재산권의 등록을 관장하는 기관에서 담보권에 관한 등록을 하도록 하였다.[16]

공시제도를 도입하면서 담보등기제도를 채택할 것인지, 아니면 양도등기제도를 채택할 것인지 논란이 있었다. 담보등기제도는 미국의 통일상법전, 유럽부흥개발은행(EBRD)의 모범담보법, 유엔국제거래법위원회(UNCITRAL)의 담보거래에 관한 입법지침에서 채택하고 있다. 이와 달리 양도등기제도는 일본에서 채택하고 있는 제도로, 동산양도나 채권양도의 대항요건에 대한 특례로 등기제도를 도입하여, 동산이나 채권을 담보로 제공한 것인지 여부와 상관없이 양도등기를 할 수 있도록 하였다.[17] 대법원 특수담보등기반의 법안도 이 방식을 따르고 있다.[18]

위원회에서 초기에 담보등기제도를 채택할 것인지, 양도등기제도를 채택할 것인지 논란이 있었다. 동산이나 채권 등에 담보권을 설정한 경우에 담보등기를 하는 것이 실체에 맞게 공시하는 것이다. 이와 달리 실제로는 담보권을 설정하였는데도 양도등기를 하도록 한다면 실체와 등기의 불일치가 발생한다. 이와 같이 담보등기제도를 채택하는 것이 장래의 발전가능성이라는 측면에서도 바람직하다. 양도등기제도를 채택할 경우에는 담보권의 내용이나 실행 등에 관하여 규정을 두는 것이

16) 등기나 등록은 동일한 의미를 갖고 있다. 하나의 법률에서 가급적 동일한 용어를 사용하는 것이 좋을 것이지만, 관장기관의 업무의 동일성을 유지하기 위해서 위와 같이 등기와 등록이라는 용어를 사용하게 된 것이다.

17) 일본에서는 1998년 「채권양도의 대항요건에 관한 민법의 특례 등에 관한 법률」을 제정하여 채권양도등기제도를 도입하였고, 2004년 「채권양도의 대항요건에 관한 민법의 특례 등에 관한 법률의 일부를 개정하는 법률」에 의하여 동산양도등기제도를 도입하였는데, 당시 법률의 명칭을 「동산 및 채권양도에 관한 민법의 특례 등에 관한 법률」(이하 '동산·채권양도법'이라 한다)로 변경하였다. 梁彰洙, "日本의 動産擔保改革論議," 民法硏究 제9권, 박영사, 2007, 161면 이하. 이에 관한 일본의 최근 문헌으로는 佐藤歲二·山野目章夫·山本和彦, 新擔保·執行法講座 第4卷, 民事法硏究會, 2009 참조.

18) 이는 법률의 제목이나 조항에 반영되어 있다. 가령 제1조, 제3조, 제6조 참조.

부적절하고, 따라서 장래 소유권유보부 매매 등 여러 담보를 포괄적으로 규율하기 어렵기 때문이다. 그리하여 위원회에서 담보등기제도를 채택하기로 확정하였고, 이를 전제로 제도를 설계하였다.

동산의 경우에는 양도등기제도를 도입할 필요성이 거의 없으나, 채권양도의 경우에는 양도등기제도를 도입할 필요성이 있다. 그리하여 담보등기제도를 채택하되, 채권양도의 경우에 한하여 등기를 할 수 있도록 하자는 의견이 있었다. 즉, 민법에서 채권양도의 제3자에 대한 대항요건으로 확정일자 있는 통지 또는 승낙(제450조 제2항)을 요구하고 있는데, 이에 대한 특례로서 채권양도등기제도를 도입하자는 것이다. 이것은 「자산유동화에 관한 법률」(이하 '자산유동화법'이라 한다)에 있는 채권양도등록제도(제7조 제2항)의 적용범위를 실질적으로 확대하는 것으로 볼 수 있다.

그러나 법안에서 담보를 목적으로 하지 않는 순수한 채권양도의 경우에는 이 법에 따른 담보등기를 이용할 수 없도록 하였다. 민법상의 채권양도의 대항요건으로 '확정일자 있는 통지 또는 승낙'을 그대로 유지하면서 채권양도등기제도를 도입하는 것은 체계상 문제가 있다. 채권양도등기제도를 도입하려면 민법상 채권양도의 대항요건제도를 폐지 또는 수정할 것인지, 병존시킬 경우에 두 제도의 관계를 어떻게 설정할 것인지를 포함하여 좀 더 근본적인 논의가 필요하다. 민법의 규정을 그대로 둔 채 특별법으로 예외를 인정하는 것은 가급적 자제하여야 할 것이다. 채권양도의 대항요건에 관한 민법 규정을 입법적으로 개선할 것인지, 특히 채권양도에 관한 공시방법으로 등기제도를 도입할 것인지 여부에 관하여 학계나 실무계의 논의는 현재 시작 단계[19]에 불과하고

19) 필자는 채권양도등기제도를 도입할 것을 주장하면서 그 도입방안을 제시한 바 있다. 金載亨, 채권양도등기제도의 도입방안에 관한 연구, 서울대학교, 2006, 176-194면. 또한 유엔채권양도협약의 채권양도등록에 대한 입장에 관해서는 법무부, 국제채권양도협약연구, 2002, 190면 이하(석광현 집필); 金載亨, "유엔 債權讓渡協約의 國內法的 受容問題," 民法論 Ⅲ, 박영사, 2007, 355면 참조.

아직 충분히 성숙하지 않았다. 이러한 상태에서 채권양도에 관한 등기제도를 도입할 경우에 학계 등의 반발이나 거부감이 생길 수 있고, 이는 담보등기제도의 정착과 발전에 부정적 영향을 미칠 우려가 있다. 2009년 2월부터 법무부 민법개정위원회에서 민법 개정안을 작성하고 있는데, 채권양도의 대항요건제도에 관한 검토를 하여야 할 것이다. 이때 채권양도에 관한 등기제도를 채택할 것인지 논의하는 것이 바람직하다. 결국 채권양도에 관한 등기제도는 민법 개정작업 또는 이 법안에 대한 추후의 개정논의에 미루었다.

나. 인적 편성주의

동산이나 채권에 관한 담보등기부는 인적 편성주의를 채택하여 담보권설정자별로 편제하기로 하였다. 즉, '담보등기부'를 전산정보처리조직에 의하여 입력·처리된 등기사항에 관한 전산정보자료를 담보권설정자별로 저장한 보조기억장치(자기디스크, 자기테이프, 그 밖에 이와 유사한 방법으로 일정한 등기사항을 기록·보존할 수 있는 전자적 정보저장매체를 포함한다)라고 용어정의를 하였다.[20] 부동산은 지번으로 특정이 되기 때문에 부동산등기법에서 물적 편성주의를 채택하고 있지만,[21] 동산이나 채권은 물적 편성주의를 채택하는 것이 불가능하다. 똑같은 물건이나 동일한 내용의 채권이 수도 없이 많기 때문이다.

인적 편성주의를 채택하면, 물적 편성주의와는 달리, 제3자가 등기만으로는 어떠한 재화에 어떠한 내용의 담보권이 설정 또는 소멸되었는지를 정확히 알 수 없는 경우가 발생한다. 그렇다고 하더라도 등기의 공시기능이 없어지는 것은 아니다. 제3자는 등기를 통하여 담보권설정자의 동산이나 채권에 대하여 담보권이 설정되어 있다는 점을 알

20) 제2조 제8호 1문.

21) 부동산등기법 제15조 제1항은 부동산등기부에는 1필의 토지 또는 1동의 건물에 대하여 1용지를 사용한다고 정함으로써, 물적 편성주의를 채택하고 있다.

수 있고, 이를 토대로 담보권설정자와 담보권자에게 추가적인 확인을 통하여 담보권의 내용을 구체적으로 파악할 수 있다. 특히 전산정보처리조직이나 인터넷을 통하여 채무자를 쉽게 검색할 수 있는 장치를 둠으로써 공시효과를 높일 수 있다. 또한 담보등기제도의 공시효과를 보강하고 담보등기를 신뢰한 담보권자를 보호하기 위하여 담보권설정자에게 담보목적물에 대한 명시의무를 부여하였다. 즉, 담보권을 설정하려는 자는 담보약정을 할 때 담보목적물의 소유 여부와 담보목적물에 관한 다른 권리의 존재 유무를 담보권을 설정받으려는 자에게 명시하여야 한다(제6조). 이는 담보목적물이 명확하게 공시되지 않는 문제점을 보완하기 위한 것이다.

다. 담보등기의 관장기관

담보등기업무를 어디에서 관장할 것인지에 관해서 논란이 있었다. 위원회에서는 법원등기소에서 관장하는 방안, 법무부 또는 국세청에서 관장하는 방안, 시·군·구에서 관장하는 방안에 관하여 검토하였다. 위원회는 대부분의 사항에 관하여 단일안을 확정하여 법무부에 보냈으나, 관장기관에 관해서는 뚜렷한 다수의견이 형성되지 않아 제1안은 법원에서 관장하는 것으로 하고, 제2안은 법무부 또는 국세청에서 관장하는 것으로 하였다.[22] 그 후 법무부와 법원행정처가 협의하여 다행스럽게도 위원회의 제1안과 같이 법원을 관장기관으로 하기로 하였다.

부동산등기를 포함하여 여러 형태의 등기 또는 등록이 있고 그 관장기관이 서로 달라 등기 또는 등록업무가 효율적으로 처리되지 못하는 경우가 적지 않다. 이로 인한 비효율을 없애고 국민들이 편리하게 등기나 등록을 할 수 있도록 등기나 등록업무를 통합하거나 서로 연계하는 것이 필요하다. 그러나 이는 장기적인 과제로 연구·검토할 사항

---

22) 그 밖에 위원회에서 제1안과 제2안을 낸 사항으로는 물상대위에 관한 규정이 있었다. 아래 Ⅲ.5. 참조.

이다. 현재 동산이나 채권에 관한 등기제도를 마련하면서 담보등기의 관장기관을 정하는 것은 위와 같은 장기과제와는 구분하여 결정하는 것이 바람직하다.

종래부터 법원이 부동산등기업무를 관장하고 있다. 동산이나 채권에 관한 담보등기도 부동산등기와 등기방법이나 절차가 유사하기 때문에, 이에 대해서도 법원에서 관장하는 것이 바람직할 것이다. 법원등기소가 등기업무를 하면서 등기실무에 관한 노하우를 쌓아왔고 일반 국민도 등기소의 업무처리에 대하여 신뢰를 하고 있기 때문에, 법원이 담보등기를 관장하는 것이 이 제도가 안정적으로 정착하는 데 도움이 될 것이고, 새로운 관장기관을 설치하는 비용도 줄일 수 있을 것이다. 다만 지적재산권에 관해서는 개별 법률에 따라 특허청 등 관련기관에서 등록업무를 수행하고 있기 때문에, 이 법에 따른 지적재산권담보권에 관한 등록업무도 관장하도록 하였다.

4. 인적 적용범위

새로운 담보제도를 도입하면서 인적 적용범위를 제한할 것인지, 제한한다면 적용범위를 어떻게 정할 것인지 논란이 계속되었다.

일본에서는 동산이나 채권의 양도인을 법인으로 제한하고 있다.[23] 대법원 특수등기연구반도 이 방안을 제시하고 있다. 이에 대하여 필자는 이 제도를 이용하는 인적 적용범위를 제한하는 것에 반대하였다.[24] 민법상 질권이든 저당권이든 인적 적용범위를 제한하지 않는다. 특별법상의 담보권의 경우에도 마찬가지이다.[25] 자산유동화법이 예외적으로 자산보유자의 범위를 지나치게 한정적으로 규정하였는데, 이와 같은 규

23) 일본의 동산·채권양도법 제 3 조, 제 4 조.
24) 또한 金載亨(주 11), 293면도 참조.
25) 「가등기담보 등에 관한 법률」(이하 '가등기담보법'이라고 한다) 등.

정이 바람직하지 못함은 물론이다.[26] 담보권을 창설하면서 그 이용범위를 제한하는 것은 헌법상의 평등원칙에 반하고 불합리한 과잉규제라고 할 수 있다.[27] 법인 등이 아니라고 해서 새로운 담보제도를 아예 이용할 수 없도록 한다면, 개인이 담보제도를 이용하지 못함으로써 고율의 이자 등을 부담해야 하는 등의 부작용을 초래할 수 있다.

위원회에서는 법인으로 한정하는 것은 문제가 있기 때문에, 법인 이외에도 사업자등록을 한 사업자가 새로운 담보제도를 이용할 수 있도록 하자는 의견이 제시되었다. 법률의 인적 적용 대상을 법인에 한정하게 되면 이용자의 범위가 지나치게 좁아지고, 그렇다고 제한을 하지 않으면 혼란이 발생할 수 있기 때문에, 사업자로 한정하는 방안은 두 주장의 타협안이라고 할 수 있다. 또한 이 방안은 등기 또는 등록업무의 관장기관을 국세청으로 하자는 주장에 상응하는 것이다. 결국 위원회에서 사업자로 한정할 것인지, 아니면 아무런 제한을 하지 않을지 논란이 있었는데, 다수의견으로 사업자로 한정하는 방안이 채택되었다.

그러나 법무부와 법원행정처가 협의하는 과정에서 인적 적용범위가 다시 수정되어 '법인 또는 상호등기를 한 자'로 바뀌었다. 즉, 동산담보권이나 채권담보권을 설정할 수 있는 사람을 법인(상사법인, 민법법인, 특별법에 따라 설립된 법인 및 외국법인을 말한다) 또는 상업등기법에 따라 상호등기를 한 자에 한정하였다.[28] 담보등기업무를 관장하는 기관이 대법원으로 확정되었는데, 사업자등록에 관한 자료를 이용하여 담보등기를 하는 것이 쉽지 않기 때문에, 사업자등록을 한 자로 한정하는 방안은 적절치 않다는 것이다. 그 대신 상호등기를 한 자를 포함시킨

26) 金載亨, "「資產流動化에 관한 法律」의 現況과 問題點," 民法論 Ⅰ, 박영사, 2004, 420면.

27) 좀 더 상세한 이유는 金載亨(주 6), 667-668면.

28) 제 2 조 제 5 호, 제 3 조 제 1 항, 제34조 제 1 항. 상호등기가 말소된 경우에 대비하기 위하여 담보권설정자의 상호등기가 말소된 경우에도 이미 담보등기한 동산담보권의 효력에는 영향을 미치지 않는다는 규정을 두었다(제 4 조).

것인데, 사업자라고 하더라도 상호등기를 하지 않은 경우에는 담보등기제도를 이용할 수 없다. 현재 법인등기나 상호등기는 약 81만개에 불과[29]하여 담보등기제도의 이용에 중대한 제약이 될 것이다.

새로운 담보제도의 인적 적용범위를 제한한 것은 급작스러운 제도변화로 인한 문제를 쉽게 해결하기 위한 과도기적 조치이다. 그 방안도 법안 작성과정에서 여러 차례 수정되었다. 관계부처 사이의 협의과정에서도 장기적으로는 인적 적용범위에 대한 제한을 없애는 것이 바람직하다는 의견도 적지 않았지만, 이러한 의견은 이 법률로 인한 부작용[30]을 막을 장치를 마련하여야 한다고 하였다. 필자의 주장과 같이 인적 적용범위를 제한하지 않는 방안을 채택한다면 그로 인한 부작용을 막기 위하여 담보목적물을 영업용재산에 한정하거나, 소비재 등 일정한 물품에 대해서는 담보를 설정할 수 없도록 하는 방안을 채택할 수 있을 것이다.

Ⅲ. 동산담보권

1. 의　　의

'동산담보권'은 담보약정에 따라 동산(여러 개의 동산 또는 장래에 취

29) 2008년에 법인설립등기는 57,349건, 상호신설등기는 245건이 있었는데, 이 둘을 합하면 57,594건이다. 2008년 12월 31일 유효한 등기는 상법법인 707,698개, 민법법인 및 특수법인 85,450개, 외국법인 4,464개, 상호등기 10,060개이다. 따라서 상호등기가 활발하게 이용되고 있다고 볼 수 없다. 또한 상호등기를 할 수 없는 경우도 상당수 있다. 판례에 의하면 변호사나 법무사는 상인이 아니라는 이유로 상호등기가 허용되지 않는다. 대결 2007. 7. 26, 2006마334(공 2007, 1339); 대결 2008. 6. 26, 2007마996(공 2008, 1068). 이에 따르면 의사 등 여러 전문직종의 경우에도 상호등기를 할 수 없을 것으로 생각되는데, 이것이 이 법률의 이용을 제약하는 요인이 될 수 있을 것이다.

30) 가령 채권자, 특히 사채업자의 압력으로 개인이 가지고 있는 동산이나 채권을 담보로 제공한다면 개인에게 가혹한 결과를 초래할 것이라는 우려가 있다.

득할 동산을 포함한다)을 목적으로 등기한 담보권을 말한다.[31] 동산담보권이 성립하려면 담보권설정자가 소유하는 동산을 담보로 제공하기로 약정하고 이 법에 따라 담보등기를 하여야 한다.

2. 담보목적물

다수의 동산(장래에 취득할 동산을 포함한다)도 목적물의 종류·보관장소·수량을 정하거나 그 밖에 이와 유사한 방법으로 특정할 수 있는 경우에는 동산담보권을 설정할 수 있는데, 이는 동산양도담보에 관한 판례법리[32]를 수용한 것이다. 따라서 개별 동산이든 집합동산이든 동산담보권의 목적물이 될 수 있다.

그러나 「선박등기법」에 따라 등기된 선박, 「자동차 등 특정동산 저당법」에 따라 등록된 건설기계·자동차·항공기·소형선박, 「공장 및 광업재단 저당법」에 따라 등기된 기업재산 그 밖에 다른 법률에 따라 등기·등록된 동산은 이 법에 따른 담보등기를 할 수 없다. 또한 화물상환증, 선하증권, 창고증권이 작성된 동산과 무기명채권증서 등 대통령령으로 정하는 증권도 담보등기를 할 수 없다.[33]

3. 피담보채권과 근담보권

피담보채권에는 제한이 없다. 통상 금전채권인 경우가 대부분이지만, 금전채권이 아니라도 피담보채권이 될 수 있다.

한편, 법안에서 근저당권과 유사하게 근담보권에 관한 규정을 두었다. 즉, 피담보채무의 최고액만을 정하고 채무의 확정을 장래에 보류하여 근담보권을 설정할 수 있도록 하였다. 이 경우에 피담보채무가 확정

31) 제2조 제2호.
32) 대판 1988.10.25, 85누941(공 1988, 1484) 등 다수.
33) 제3조 제3항.

될 때까지 채무의 소멸 또는 이전은 담보등기한 동산담보권에 영향을 미치지 않고, 채무의 이자는 최고액 중에 산입한 것으로 본다.[34]

위원회안에서는 근담보권의 양도에 관한 규정을 두었다.[35] 그러나 법무부와 법원행정처가 협의하는 과정에서 이 규정을 삭제하기로 하였다. 민법의 근저당권에 관한 개정작업이 진행되고 있기 때문에, 민법에서 근저당권에 관한 규정이 개정되면 이를 준용하거나 이와 유사하게 규정하기로 한 것이다.[36]

4. 담보등기의 효력

가. 성립요건

제 7 조 제 1 항은 "약정에 따른 동산담보권의 득실변경은 담보등기부에 등기를 하여야 그 효력이 생긴다."고 정함으로써, 동산담보권의 경우에 담보등기를 동산담보권의 성립요건으로 정하였다. 위원회에서 미국[37]과 같이 담보등기를 대항요건으로 할 것인지 논란이 있었으나, 동산양도의 경우 인도를 성립요건으로 정한 민법 제188조[38]와 균형을

34) 제 5 조.

35) 피담보채권의 확정에 관해서도 규정을 둘 것인지 문제되었으나, 이는 근저당권에 관한 민법 규정이 개정된 다음에 다루기로 하였다.

36) 현재 법무부 민법개정위원회의 제 5 분과인 담보제도분과위원회에서 근저당권에 관한 개정안을 마련하고 있는데, 다수의견인 제 1 안은 근저당권의 피담보채권이 확정되기 전에 근저당권설정자의 동의를 얻어 근저당권을 양도할 수 있도록 하기로 하였다. 이에 반하여 제 2 안은 근저당권양도에 관한 규정을 신설하지 않는 것인데, 이는 현재 실무에서 행하여지고 있는 방식으로 근저당권 양도를 하는 것으로 충분하다는 것이다. 위 다수의견에 따라 민법이 개정되면, 이 법에서도 근담보권의 양도에 관하여 근저당권 양도에 관한 민법 규정을 준용하는 규정을 두어야 할 것이다. 그러나 아쉽게도 민법개정위원회 전체회의에서 제 2 안에 따라 근저당권 양도에 관한 규정을 두지 않기로 하였다.

37) 미국에서는 담보약정을 하면 담보권으로서의 효력이 발생하고, 등록은 제 3 자에 대한 대항력을 취득하기 위한 요건이다.

38) 자동차등록을 한 경우에 그 등록도 물권변동의 효력요건이다(자동차관리법 제 6 조).

맞추기 위하여 담보등기를 동산담보권의 성립요건으로 정한 것이다.[39]

나. 담보권의 순위

동산담보권은 물권으로서 시간적으로 앞선 권리가 우선한다는 원칙이 적용된다. 그리하여 "동일한 동산에 설정된 담보권의 순위는 등기의 순서에 따른다."고 규정을 두었다(제7조 제2항). 동산담보권을 설정하면서 그 순위를 등기할 수 있기 때문에, 담보목적물을 효율적으로 이용할 수 있을 것이다. 동산양도담보의 경우에는 이중으로 양도담보로 제공한 경우에 나중에 설정된 양도담보는 효력이 없다는 점[40]과 비교할 때 중요한 진전이라고 할 수 있다.

한편, 위에서 본 바와 같이 이 법에 의한 등기담보를 도입하면서 기존 담보제도를 없애지 않고 병존하는 것으로 설계하였기 때문에, 동일한 동산에 대하여 이 법에 의한 등기담보와 기존의 동산담보가 함께 설정될 수 있다. 따라서 하나의 동산에 대하여 민법상의 인도와 이 법에 따른 담보등기가 있는 경우에 그 순위를 정하여야 하는데, 법안에서는 인도와 등기의 선후에 따라 그 순위를 정하도록 하였다. 즉, 동일한 동산에 관하여 담보등기부의 등기와 인도(민법에 규정된 간이인도, 점유개정, 목적물반환청구권의 양도를 포함한다)가 행하여진 경우에 그 권리의 순위는 법률에 다른 규정이 없으면 그 선후에 따르도록 하였다(제7조 제3항).

5. 동산담보권의 내용과 효력

동산담보권의 내용과 효력을 정하는 것은 중요한 문제이다. 민법상

39) 金載亨(주 11), 293-294면.

40) 대판 1988.12.27, 87누1043(공 1989, 244); 대판 2000.6.23, 99다65066(공 2000, 1743); 대판 2004.6.25, 2004도1751(공 2004, 1283) 등 다수.

의 질권과 저당권은 그 내용이나 효력에 공통점도 있지만 차이점도 있다. 또한 판례에 의하여 인정되는 동산양도담보는 그 내용이나 효력이 질권이나 저당권과 다르다. 동산담보권을 창설하면서 그 내용이나 효력을 질권 등 기존의 담보권과 유사하게 정할 것인지, 아니면 새롭게 구성할 것인지 문제된다. 또한 기존의 담보권과 유사하게 정할 경우에도 어떠한 담보권과 유사하게 정할 것인지, 이 경우에 민법 규정을 준용하는 방식으로 할 것인지, 아니면 새로 규정을 둘 것인지도 문제이다.

동산담보권은 동산에 관한 담보이므로 동산질권과 유사하게 취급하여야 한다고 생각할 수도 있고, 등기를 한다는 점에서 저당권과 유사하게 취급하여야 한다고 생각할 수도 있다. 법안에서는 동산질권과 저당권에 관한 규정 중에서 동산담보권에 맞는 내용을 추려내고 용어나 표현을 동산담보권에 맞게 수정하거나 새로운 내용을 추가하는 방식으로 동산담보권의 내용과 효력에 관한 규정을 마련하였다.

법안에서 동산담보권의 내용과 효력에 관하여 상세한 규정을 두었다.[41] 먼저 제8조에서 "담보권자는 채무자 또는 제3자가 제공한 담보목적물에 대하여 다른 채권자보다 자기채권을 우선변제받을 권리가 있다."고 정함으로써, 담보권자의 우선변제권을 인정하였다. 그 밖에 동산담보권의 불가분성(제9조), 동산담보권 효력의 범위(제10조), 과실에 대한 효력(제11조), 피담보채권의 범위(제12조), 동산담보권의 양도(제13조), 물상대위(제14조), 담보목적물이 아닌 재산으로부터의 변제(제15조), 물상보증인의 구상권(제16조), 담보목적물의 보충(제17조),[42] 제3취득자의 비용상환청구권(제18조), 담보목적물 반환청구권(제19조), 담보목적물의 방해제거·방해예방청구권(제20조)에 관한 규정이 있다.

41) 그러나 민법 규정을 준용하는 방식으로 규정하더라도 문제가 없다고 판단되는 사항에 관해서는 준용규정을 두었다(제33조).

42) 이 규정은 다음 조항과 순서를 바꾸어 담보권에 대한 방해 문제를 제18조부터 제20조까지 모아서 규정하고, '원상회복'이라는 표현 대신 '보충'이라는 표현을 사용하는 것이 바람직할 것이다.

이들 규정은 질권이나 저당권에 있는 규정들과 유사하나,[43] 동산담보권에 맞게 수정한 경우들이 있다. 첫째, 피담보채권의 범위에 관하여 “동산담보권은 원본(元本), 이자, 위약금, 담보권실행의 비용, 담보목적물의 보존비용 및 채무불이행 또는 담보목적물의 흠으로 인한 손해배상의 채권을 담보한다. 다만, 설정행위에 다른 약정이 있는 경우에는 그 약정에 따른다.”라고 정하였는데(제12조), 이는 질권에 관한 민법 제334조와 동일한 취지이다. 저당권의 경우에는 지연배상에 대해서는 1년분에 한하여 저당권을 행사할 수 있지만(민법 제360조 단서), 이와 같은 제한을 두지 않았다. 민법 제360조 단서가 입법론상 문제가 있기 때문에, 이와 같은 규정을 두지 않기로 하였다.

둘째, 동산담보권은 피담보채권과 분리하여 양도할 수 없다고 정하였기 때문에, 피담보채권과 함께 양도하는 것은 허용된다(제13조). 이 경우에 물상보증인의 동의는 필요하지 않다. 저당권의 경우에는 피담보채권과 함께 저당권을 양도하거나 다른 채권의 담보로 할 수 있으나(민법 제361조), 동산담보권의 경우에는 이를 다시 담보로 제공하는 것에 관해서는 아무런 규정을 두지 않았다. 동산담보권의 전담보를 허용할 경우에는 전저당의 경우보다 복잡한 문제가 발생하기 때문에, 이를 허용하지 않기로 한 것이다.

셋째, 물상대위에 관한 규정은 민법 규정과 상이하게 규정된 대표적인 경우이다. 즉, 제14조는 “동산담보권은 담보목적물의 매각, 임대, 멸실, 훼손 또는 공용징수 등으로 인하여 담보권설정자가 받을 금전이나 그 밖의 물건에 대하여도 행사할 수 있다. 이 경우 그 지급 또는 인도 전에 압류하여야 한다.”고 정함으로써, 매각, 임대의 경우에도 그 대

43) 이 규정들 중에는 질권에 있는 규정을 변형한 것도 있고 저당권에 있는 규정을 변형한 것도 있다. 또한 부분적으로 민법 규정을 수정한 경우도 있다. 그리하여 민법을 준용하는 규정으로 해결하는 것이 쉽지 않고, 준용규정을 둘 경우에 찾아보기 어렵기 때문에, 준용규정으로 해결하지 않고, 상당수의 조항을 법안에서 다시 풀어쓰기로 하였다.

가 등에 대하여 물상대위를 허용한 것이다. 이와 같이 담보목적물의 매각, 임대의 경우에 물상대위를 허용하는 것에 대해서는 위원회에서 논란이 많았기 때문에, 담보목적물의 매각, 임대의 경우에 물상대위를 허용하는 것을 제1안으로 하고, 이를 부정하는 것을 제2안으로 하였다. 입법예고된 안에서는 위원회의 제1안에 따른 것이다. 민법 제342조는 물상대위에 관하여 "질권은 질물의 멸실, 훼손 또는 공용징수로 인하여 질권설정자가 받을 금전 기타 물건에 대하여도 이를 행사할 수 있다. 이 경우에는 그 지급 또는 인도 전에 압류하여야 한다."고 정하고 있고, 이를 저당권에 준용하고 있으므로(제370조), 질물이나 저당물의 매각, 임대의 경우에 일본 민법과는 달리 물상대위를 부정하고 있다. 따라서 이 문제는 민법 개정작업에 맡겨두어야 한다는 의견도 많았다. 그러나 저작권법 등에서는 저작권 등의 양도 등의 경우에도 물상대위를 허용하고 있기 때문에,[44] 동산담보권의 매각, 임대의 경우에 물상대위를 인정하더라도 법체계상 큰 문제는 없고, 동산담보권자의 지위를 강화할 필요가 있다는 시각에서 위와 같이 결정한 것이다.

넷째, 동산담보권에 기한 담보물반환청구권과 방해배제청구권에 관하여 세밀하게 규정하였다. 담보권자는 담보목적물을 점유한 자에 대하여 담보권설정자에게 반환할 것을 청구할 수 있다고 정하였는데(제19조 제1항), 이는 담보권자가 직접 담보목적물을 점유할 권원이 없기 때문에, 담보권자는 원칙적으로 담보권설정자에게 반환하라는 청구를 할 수 있도록 한 것이다. 다만 담보권자가 담보목적물을 점유할 권원이 있거나 담보권설정자가 담보목적물을 반환받을 수 없는 사정이 있는 경우

44) 저작권법 제47조 제1항은 "저작재산권을 목적으로 하는 질권은 그 저작재산권의 양도 또는 그 저작물의 이용에 따라 저작재산권자가 받을 금전 그 밖의 물건(출판권 및 프로그램 배타적 발행권 설정의 대가를 포함한다)에 대하여도 행사할 수 있다. 다만, 이들의 지급 또는 인도 전에 이를 압류하여야 한다."고 정한다. 이와 유사한 규정으로는 특허법 제123조, 디자인보호법 제57조, 상표법 제63조, 「반도체집적회로의 배치설계에 관한 법률」 제16조 등이 있다.

에 담보권자는 담보목적물을 점유한 자에 대하여 자신에게 담보목적물을 반환할 것을 청구할 수 있다(제19조 제2항). 위 두 경우에 점유자가 그 물건을 점유할 권리가 있는 때에는 반환을 거부할 수 있다(제19조 제3항). 저당권의 경우에는 저당권자가 점유하지 않고 있기 때문에, 소유물반환청구권에 관한 민법 제213조를 준용하지 않고 있다.[45] 그러나 이 법에 따른 동산담보권의 경우에는 담보권자가 점유를 하고 있을 수도 있고, 그렇지 않은 경우에도 무단점유자를 상대로 반환청구를 할 필요가 있기 때문에, 담보물반환청구권에 관한 규정을 두었다. 다만 점유권원이 있는지 여부에 따라 위와 같이 구분하여 정하였다. 또한 담보목적물의 방해제거·방해예방청구권에 관해서도 저당권에 관한 규정에서 소유권에 관한 규정을 준용한 것(민법 제370조, 제214조)과 달리 명확하게 규정하였다(제20조).

6. 동산담보권의 실행

가. 실행방법

동산담보권의 실행에 관하여 상세한 규정을 두고 있다. 담보권의 실행방법으로 경매를 원칙으로 하되(제21조 제1항), 정당한 이유가 있는 경우에는 사적 실행을 허용하였다(제21조 제2항). 사적 실행의 방법으로 담보권자가 담보목적물을 직접 변제에 충당하는 귀속정산과 이를 매각하여 그 대금을 변제에 충당하는 처분정산을 정하고 있다. 질권이나 가등기담보권의 경우에는 경매 이외에도 귀속정산을 인정하고 있을 뿐이

45) 대판 1996.3.22, 95다55184(공 1996, 1353)는 공장저당권의 목적 동산을 무단 반출한 경우에 저당권자는 원칙적으로 저당목적물을 원래의 설치 장소에 원상회복할 것을 청구할 수 있다고 하였다. 이는 공장저당권에 관한 사안이지만, 일반적인 저당권의 경우에도 유사하게 보아야 한다. 즉, 저당권의 효력이 미치는 종물을 무단 반출한 경우에 위와 같은 종물에도 저당권의 효력이 미치므로(민법 제358조), 저당권자는 무단점유자를 상대로 종물을 저당권설정자에게 반환할 것을 청구할 수 있다.

고 처분정산을 허용하고 있지는 않다. 그러나 이 법에서는 동산담보권의 실행으로 처분정산까지 인정한 것이다. 이와 같이 사적 실행을 인정하고 이에 관한 상세한 규정을 두었다는 점에서 중대한 의미가 있다.

다만 귀속정산과 처분정산을 하려면 정당한 이유가 있어야 하는데,[46] 가령 목적물의 가치가 적어 많은 비용을 들여 경매하는 것이 불합리한 경우, 경매를 하면 정당한 가격을 받기 어려운 사정이 있는 경우, 공정시세가 있어 경매에 의하지 않더라도 공정한 값을 산출할 수 있는 경우에 정당한 이유가 있다고 볼 수 있다.[47] 또한 선순위담보권자가 있는 경우에는 후순위담보권자가 처분정산이나 귀속정산을 함으로써 선순위담보권자의 이익이 침해될 수 있기 때문에, 그의 동의를 받은 때에 한하여 사적 실행이 허용된다.

나아가 동산담보권 실행에 관하여 당사자들이 사전에 약정을 하는 것을 허용한다. 즉, 제31조 제 1 항 본문은 "담보권자와 담보권설정자는 이 법에서 정한 실행절차와 다른 내용의 약정을 할 수 있다."고 정하고 있다. 민법 제339조는 질권설정자가 채무의 변제기 전에 질권자에게 변제에 갈음하여 질물의 소유권을 취득하게 하거나 법률에 정하지 않은 방법으로 질물을 처분하도록 하는 약정을 하는 流質契約을 금지하고 있다.[48] 이는 강행규정으로서 궁박한 사정에 있는 채무자를 질권자의

46) 민법 제338조는 경매, 간이변제충당에 관하여 제 1 항에서 "질권자는 채권의 변제를 받기 위하여 질물을 경매할 수 있다."고 정하고, 제 2 항에서 "정당한 이유 있는 때에는 질권자는 감정인의 평가에 의하여 질물로 직접 변제에 충당할 것을 법원에 청구할 수 있다. 이 경우에는 질권자는 미리 채무자 및 질권설정자에게 통지하여야 한다."고 정하고 있는데, 이를 다소 변형하여 규정을 마련하였다.

47) 질권에 관해서는 郭潤直 편, 民法注解(Ⅵ), 391면(梁承泰 집필) 참조.

48) 이 규정은 "질권설정자는 채무변제기전의 계약으로 질권자에게 변제에 갈음하여 질물의 소유권을 취득하게 하거나 법률에 정한 방법에 의하지 아니하고 질물을 처분할 것을 약정하지 못한다."고 정하고 있다. 그러나 상행위로 인한 채권을 담보하기 위하여 설정된 질권에는 이 규정이 적용되지 않는다(상법 제59조).

부당한 착취로부터 보호하기 위한 것이다. 만일 위와 같은 유질계약을 허용한다면, 일시적인 금융이 필요한 채무자가 고가품을 적은 채무를 담보하려고 入質하고 그 불이행시에 채무자가 고가품의 소유권을 상실하게 될 수 있기 때문이다.[49] 그러나 이에 대해서는 비판적인 견해가 많다.[50] 유질계약을 체결하는 것이 채무자나 질권설정자에게 유리한 경우도 있고, 폭리 또는 부당성 문제는 민법 제103조, 제104조에 의하여 개별적으로 심사할 수 있다. 유질계약을 금지하는 것이 채무자가 질권을 설정하여 금융을 얻는 수단을 봉쇄하는 것이 될 수 있다. 따라서 유질계약을 원칙적으로 허용하되, 일정한 한계를 설정하거나 절차적인 규정을 두는 방안이 바람직하다. 담보의 종류, 목적물, 거래상황 등이 다종다양하기 때문에, 담보권의 실행방법을 법률에서 일률적으로 정할 경우에 부적절하거나 비효율적인 경우가 발생할 수밖에 없다. 따라서 담보권의 실행에 관해서도 당사자의 자치를 허용할 필요가 있다.[51] 법안에서는 동산담보권자의 경우에 이 법에서 정하는 담보권실행방법 이외의 방법으로도 담보권실행을 할 수 있도록 규정하였다. 다만, 사적 실행의 경우에 법에 정해진 담보권 실행 통지 없이 담보권자가 담보목적물을 처분하거나 직접 변제에 충당하기로 하는 약정은 무효라고 규정하였다(제31조 제 1 항 단서). 이는 流擔保契約을 허용하되, 사적 실행을 위한 최소한의 절차로서 담보권 실행의 통지절차를 밟도록 한 것이다.

나. 실행절차

담보권 실행을 위한 경매절차는 민사집행법상 유체동산에 대한 경매절차에 관한 규정(민사집행법 제264조, 제271조 및 제272조)을 준용하도록

---

49) 郭潤直, 物權法, 제 7 판, 박영사, 2002, 307면.

50) 金曾漢·金學東, 物權法, 제 9 판, 박영사, 1997, 487면; 高翔龍, 物權法, 법문사, 2001, 584면; 李英俊, 韓國民法論[物權編], 신정 2 판, 박영사, 2004, 760면. 郭潤直 편, 民法注解(Ⅵ), 393면(梁承泰 집필)도 참조.

51) 金載亨(주 6), 678면.

하였다.[52)]

귀속정산과 처분정산에 관해서는 상세한 규정을 두었다. 그 절차는 대체로 피담보채권의 변제기가 도래하고, 담보권실행의 방법을 채무자 등과 담보권자가 알고 있는 이해관계인에게 통지한 다음 그 도달일로부터 1개월의 기간이 경과하여야 한다(제23조 제1항). 이와 같은 절차를 둔 것은 무엇보다도 담보권설정자와 이해관계인을 보호하기 위한 것이다. 가등기담보법에서는 청산기간을 '2개월'로 정하고 있으나, 동산은 부동산과 달리 변질되거나 가치가 훼손되기 쉬운 점을 고려하여, 청산기간을 '1개월'로 단축하였다. 다만, 멸실 또는 훼손의 우려 등이 있는 경우에는 위와 같은 통지절차를 밟거나 청산기간이 경과하지 않는 경우라도 사적 실행이 가능하도록 규정하였다(제23조 제1항 단서). 그 밖에도 구체적인 절차에 관해서는 가등기담보법(특히 제3조, 제4조, 제14조)을 참고하여 필요한 수정을 하는 방식으로 마련하였다. 가등기담보법에서 귀속정산에 관하여 규정을 두고 있을 뿐만 아니라, 청산절차나 이해관계인의 권리행사절차를 두고 있는 점은 합리적이라고 판단하였기 때문이다. 그러나 가등기담보법에 있는 규정 중에서 동산담보권의 실행에 부적합한 조항은 수정하였다.

사적 실행의 경우에는 담보권자나 매수인이 담보목적물의 소유권을 취득한 경우에 담보권자의 권리와 담보권자의 권리에 대항할 수 없는 권리는 소멸한다고 정하였다(제24조). 따라서 담보권자의 권리보다 선순위자의 권리는 소멸하지 않는다고 볼 수 있는데, 이는 경매의 경우에 소멸주의를 채택하고 있는 것[53)]과는 다른 점이다. 사적 실행의 경우에도 선순위자의 권리를 무조건 소멸하는 것으로 정하면 선순위자의 보호에 불만족스러운 결과를 초래할 수 있기 때문에, 이와 같이 규정한

52) 민사집행법 제270조에서 자동차 등의 경매절차에 관하여 이와 유사한 규정을 두고 있다.

53) 경매의 경우에 담보목적물 위의 모든 저당권 등이 매각으로 소멸된다(민사집행법 제91조 제2, 3항 등).

것이다.

담보목적물의 점유 문제에 관해서는 담보권자가 담보권 실행 전부터 점유하는 경우와 그렇지 않은 경우로 구분하여 규정하였다. 그리하여 담보권자가 담보목적물을 점유하고 있는 경우에는 피담보채권 전부를 변제받을 때까지 留置할 수 있고(제25조 제1항), 담보권자가 담보목적물을 점유하지 않는 경우에는 담보권의 실행을 위하여 '채무자 등'에게 목적물인도를 청구할 수 있다(제25조 제2항). 이 경우 담보권자는 선량한 관리자의 주의의무로 담보목적물을 관리하고, 과실을 수취하여 다른 채권자보다 먼저 피담보채권의 변제에 충당할 수 있다.

후순위권리자가 청산기간에 권리를 행사하는 절차에 관하여 가등기담보법 제5조, 제12조와 유사한 규정을 두었다(제26조). 후순위권리자는 청산금이 채무자 등에게 지급되기 전에 담보권자에게 채권에 기한 청산금의 지급을 요구할 수 있고, 후순위권리자의 경매청구권을 인정하였다. 후순위권리자가 선순위 동산담보권자의 사적 실행에 대하여 동의하지 않는 경우 경매를 청구하여 담보권의 실행을 저지할 수 있다. 후순위권리자의 경매청구 등으로 강제경매 등의 개시결정이 있는 경우 동산담보권자는 사적 실행 절차를 중지하여야 한다(제23조 제5항).

담보권자가 사적 실행 후 매각대금 등에 대한 분쟁발생이 예상되는 경우 매각대금 등을 공탁하여 청산금 지급의무를 벗어날 수 있도록 규정하였다(제27조). 담보권자는 가등기담보법과 마찬가지로 '청산금'을 공탁할 수 있지만, 이해관계인과의 분쟁을 피하기 위하여 매각대금 전부를 공탁할 수 있다. 동산담보권에 관해서는 가등기담보의 경우보다 권리관계가 복잡할 수 있기 때문에, 이와 같은 규정을 둔 것이다. 따라서 매각대금 전부를 공탁할 경우에 발생하는 문제를 처리하기 위하여 공탁실무를 수정하거나 이에 관한 절차규정을 두어야 할 것이다. 한편, 매각대금 등을 공탁할 때 담보권자에게 이해관계인 등에 대한 통지의무를 부과하였는데, 담보권자가 이해관계인의 존재를 정확하게 파악하기 어렵기 때문에, 통지대상의 이해관계인을 '담보권자가 알고 있는' 이해관계인으로 한정하였다.

담보권실행이 종료되기 전에 채무자 등은 피담보채무를 변제하고 담보목적물의 처분을 막을 수 있도록 규정하였다(제28조). 담보권실행을 위한 경매의 경우에는 민사집행법에 따라 경매절차가 정지될 수 있으므로, 위 규정은 사적 실행의 중단에 대하여만 정한 것이다.

다. 담보권 실행에 대한 이의신청

담보권자의 위법한 실행에 대해서는 이해관계인이 이의신청을 할 수 있다는 규정을 두었다(제30조). 따라서 후순위권리자는 제26조 제2항에 따라 경매를 청구하거나 제30조에 따라 이의신청을 할 수 있다.[54] 동산의 가치가 훼손되기 쉽기 때문에, 이해관계인의 이의신청이 있더라도 법원의 집행정지결정 이전에는 실행이 중단되지 않는다.

7. 공동담보

법안에서 공동담보에 관한 규정을 두었다. 따라서 한 곳에 있는 다수의 동산을 집합동산담보의 형태로 담보로 제공할 수 있음은 물론, 별도의 장소에 있는 다수의 목적물(가령 서울에 있는 창고 안에 있는 물건 일체와 인천에 있는 창고 안에 있는 물건 일체)을 공동담보로 제공할 수도 있다.

공동저당에 관한 민법 제368조의 규정과 마찬가지로 공동담보의 실행시 각 담보목적물의 매각대금에 비례하여 채권의 분담액을 결정하도록 하였다(제29조 제1항). 다만, 집합동산을 구성하는 개개의 물건의 경우에는 각 담보목적물의 매각대금을 정하는 것이 현저히 곤란한 경우가 있기 때문에, 이러한 경우에 대해서는 예외 규정을 두었다(제29조 제1

54) 또한 담보권실행을 위한 경매에서는 민사집행법(제16조)에서 이의신청에 관해 규정하고 있다.

항 단서). 위원회안에서는 이와 같은 예외적인 경우에 법원에서 제반사정을 고려하여 그 분담액을 정할 수 있도록 하였으나, 나중에 이와 같은 명시적인 규정을 두지 않고 실무 운용이나 해석에 맡기기로 하였다.

또한 공동담보의 목적물 중 일부에 대하여만 먼저 배당하는 경우(이른바 異時配當) 그 대가에서 채권의 전부를 변제받을 수 있고, 이 경우 후순위권리자는 선순위담보권자의 다른 담보목적물에 대한 권리를 대위하여 담보권을 행사할 수 있다(제29조 제2항). 나아가 담보권자의 사적 실행의 경우에도 위 규정을 준용하도록 하였다(제29조 제3항).

8. 선의취득

제32조는 담보목적물의 선의취득에 관하여 정하고 있다. 즉, 민법 제249조부터 제251조의 규정은 이 법에 의하여 등기된 담보목적물의 소유권이나 질권을 취득하는 경우에도 준용한다. 따라서 동산 담보권이 설정된 경우에도 제3자가 현행 민법상의 선의취득 규정에 따라 담보목적물을 취득할 수 있다.

이와 같이 선의취득을 인정함으로써 담보등기의 실효성이 약화될 것이라는 우려가 있다. 논의과정에서 금융기관이 이 제도를 많이 이용할 수 있도록 담보등기가 있는 경우에 담보목적물의 선의취득을 인정하지 말자는 주장도 있었다. 그러나 이 주장은 채택되지 않았다. 현재 민법상 동산거래에 선의취득을 인정하고 있기 때문에, 담보등기가 되어 있다고 하더라도 선의취득을 부정할 수는 없을 것이다. 법안에서는 동산에 관한 담보등기가 있는 경우에도 담보목적물에 관한 선의취득을 인정하는 방안을 채택하였다. 즉, 동산담보권이 설정되어 있는 동산을 선의로 취득한 경우에 그 양수인은 담보권의 제한이 없이 동산의 소유권을 취득할 수 있도록 한 것이다. 다만 동산에 관한 담보등기가 되어 있기 때문에, 다수의 집합적 동산에 관하여 이 법에 따라 동산담보권을 설정한 후 제3자에게 한꺼번에 위 동산을 처분하거나 담보로 제공한 경우에는 제3자에게 악의 또는 과실이 있다고 볼 수 있어서 선의취득이 인정되는 경우가 매우 드물 것이다.

물론 집합적 동산에 담보권을 설정한 후에도 담보권설정자가 개별동산을 통상적인 방법으로 처분하는 것은 허용되고 이를 양수한 제3자가 그 소유권을 취득한다. 이 경우에 제3자가 개별동산에 대하여 소유권을 취득하는 근거를 선의취득의 법리에서 찾아야 하는 것은 아니다. 오히려 집합동산에 대한 담보설정계약에서 개별동산의 통상적인 처분을 예정하고 있다고 볼 수 있고, 따라서 담보설정자에게 개별동산에 대한 통상적인 처분권한이 있다는 점에서 제3자가 개별동산에 대하여 소유권을 취득하는 근거를 찾을 수 있다. 이에 관해서 통상적인 거래과정에서 담보목적물을 취득한 경우에 매수인은 담보의 부담 없이 목적물의 소유권을 취득한다는 방식으로 명시적인 규정을 두는 방안도 있다. 그러나 이와 같은 규정방식이 우리 민법 체계에서는 낯선 방식으로 관련 제도와의 관계를 면밀하게 검토할 필요가 있고, 이와 같은 규정이 없더라도 집합동산에 관하여 담보로 제공하는 계약에서 이 점을 명시하고 이를 등기하는 방식으로 해결할 수 있기 때문에, 이에 관한 명시적인 규정을 두지 않았다. 장래에 이에 관한 해석론과 실무운용이 축적된다면 그 표현을 가다듬어 명문의 규정을 둘 수 있을 것이다.[55)]

한편, 이 법에 따라 담보등기를 하는 경우에 담보권의 선의취득을 인정할 것인지 문제되었다. 동산담보권의 선의취득 문제는 두 경우로 나누어 볼 수 있다. 하나는 동산에 관한 담보약정에 따라 담보등기를 하였는데, 담보설정자가 그 동산에 관한 소유권 등 처분권이 없거나 다른 사람에게 양도담보를 설정한 경우이다. 다른 하나는 동산담보권자로 등기가 되어 있는 사람으로부터 담보권을 양도받기로 하는 계약을 체결하고 담보권이전등기를 하였으나, 원래의 담보등기에 원인 무효 등의

55) 金載亨(주 11), 294-295면; 金載亨(주 6), 676-677면도 참조.

사유가 있는 경우이다. 위 두 경우에 민법과는 달리 점유의 이전 없이 동산담보권의 선의취득을 인정할 수 있는지 여부가 문제되었다. 민법상 동산의 선의취득의 경우에는 인도가 있어야 하지만, 동산담보권의 경우에는 인도 없이 등기만으로 선의취득을 인정하자는 주장이 있었으나, 위원회에서 이 주장을 채택하지 않았다. 동산담보등기가 무효인데도 그 등기를 유효한 것으로 믿고 동산담보권자로 등기되어 있는 사람으로부터 담보권을 양수하기로 한 사람이 담보권을 선의취득할 수 있다고 하는 것이 논리적으로 불가능한 것은 아니다. 그러나 이를 허용하는 것은 담보등기에 공신력을 인정하는 것과 같은 결과가 된다. 부동산등기에 대하여 공신력을 인정하지 않는 상태에서 담보등기에 공신력을 인정할 수는 없을 것이다. 또한 위와 같은 규정을 둘 경우에 질권이나 양도담보 등 기존의 동산담보제도를 이용하지 않을 것이기 때문에, 이는 이 법에 의한 동산담보권과 기존의 동산담보제도를 병존하도록 한 취지에 부합하지 않는다.

Ⅳ. 채권담보권

1. 의 의

채권담보권은 채권을 담보의 목적으로 한 담보권이라고 할 수 있다. 그러나 법안에서 이를 좀 더 한정적으로 정의하고 있다. 즉, '채권담보권'은 담보약정에 따라 금전의 지급을 목적으로 하는 지명채권(다수의 채권 또는 장래에 발생하는 채권을 포함한다)을 담보의 목적으로 등기한 담보권을 말한다(제2조 제3호).

채권담보권에 관하여는 동산담보권에 관한 여러 규정을 준용하되, 채권담보권에 특유한 규정을 두었다.

2. 담보의 목적

가. 금전채권

이 법에 따라 담보로 제공할 수 있는 채권을 금전채권에 한정하였다. 금전채권의 내용은 비개성적이고, 금전 이외의 채권의 경우에는 가치를 환산하기 곤란할 수 있으며, 기업 등이 사업자금을 조달하기 위하여 담보로 제공하려는 경우 대상이 되는 채권은 사실상 금전채권에 한정될 가능성이 높다는 것을 그 이유로 들 수 있다. 그러나 민법에서 이미 금전채권 이외의 채권도 질권의 대상으로 되어 있기 때문에, 이와 같이 금전채권에 한정할 이유가 있는지는 논란이 될 수 있다. 그리하여 이와 같이 금전채권에 한정하는 것이 필요한 것인지 논란이 있었으나, 위원회에서 금전채권에 한정하기로 결정하였다.

나. 장래 채권

다수의 채권뿐만 아니라 장래 채권도 담보목적물로 명시하고 있다. 채무자가 특정되었는지 여부를 묻지 않는다. 다만 채권의 종류·발생원인·발생연월일을 정하거나 그 밖에 이와 유사한 방법으로 특정할 수 있어야 한다. 대법원은 장래 채권의 양도가 유효하려면 특정가능성과 발생가능성이 있어야 한다고 하나,[56] 이 법에 따라 채권담보권을 설정하는 데는 발생가능성을 요구하지 않고 있다. 이와 같이 장래의 채권을 담보로 제공할 수 있는 범위를 넓혔기 때문에, 장래 채권을 좀 더 안정적으로 담보로 제공할 수 있을 것이다.

---

56) 대판 1991.6.25, 88다카6358(공 1991, 1993) 등. 이에 대한 비판으로는 金載亨, "根抵當權附債權의 流動化에 관한 法的 問題," 民法論 Ⅰ, 박영사, 2004, 473면; 梁彰洙, "將來債權의 讓渡," 民法研究 제7권, 박영사, 2003, 264면.

다. 양도금지특약이 있는 채권

채권양도금지특약에 관한 민법 제449조 제 2 항의 적용을 배제할 것인지 논란이 있었으나, 이를 배제하지 않기로 하였다. 담보등기제도를 안정적으로 운영하기 위해서는 위 규정을 배제하여야 한다는 주장이 있었으나, 민법 규정과 합치되지 않는 것을 가급적 억제하기 위해서 위 규정을 배제하는 특례를 두지 않은 것이다. 따라서 양도금지특약이 있는 채권에 대해서는 이 법에 의한 담보등기제도를 이용할 수 없다. 그러나 민법 제449조 제 2 항 단서에서 채권양도금지특약이 있더라도 선의의 제 3 자에게 대항하지 못한다고 정하고 있기 때문에,[57] 양도금지특약이 있는 채권을 담보로 제공하고 담보등기를 한 경우에 담보권자가 선의라면 유효한 담보로 취급된다.

3. 채권담보등기의 효력

가. 제 3 자에 대한 대항요건

제35조 제 1 항은 "약정에 따른 채권담보권의 득실변경은 담보등기한 때에 지명채권의 채무자(이하 '제 3 채무자'라 한다) 외의 제 3 자에게 대항할 수 있다."고 정함으로써, 채권담보등기를 대항요건으로 하였다. 미국 통일상법전이나 UNCITRAL 입법지침에서는 동산이든 채권이든 구별 없이 등록 또는 등기를 제 3 자에 대한 대항력 발생 요건으로 정하고 있다.[58]

57) 대판 1996. 6. 28, 96다18281(집 44-1, 민 665)은 제 3 자가 양도금지특약의 존재를 알지 못하고 채권을 양수한 경우에 알지 못한 데 중대한 과실이 있는 때에는 악의의 양수인과 같이 그 채권을 취득할 수 없다고 하였다. 그러나 판례의 태도가 타당한지는 의문이다. 중과실은 미필적으로 결과발생을 의욕하고 있지 않는 것으로 고의 또는 악의와 구별되고{대판 1994. 8. 12, 93다52808(공 1994, 2291)}, 당사자 사이에 채권양도금지특약이 있는 경우에 제 3 자를 보호할 필요성이 크기 때문이다. 金載亨(주 19), 346-349면.

58) 金載亨(주 11), 278면; 金載亨(주 13), 318, 328면.

우리나라에서는 지명채권에 관한 권리질권이나 채권양도에서 '확정일자 있는 증서에 의한 통지 또는 승낙'을 제 3 자에 대한 대항요건으로 규정[59)]하고 있기 때문에, 채권담보권의 경우에는 이와 마찬가지로 등기를 제 3 자에 대한 대항요건으로 정한 것이다.[60)] 동산담보의 경우와 채권담보의 경우에 등기의 효력이 달라지는 문제가 있으나, 이는 민법과의 조화를 위하여 감수하여야 한다.

나. 제 3 채무자에 대한 대항요건

제 3 채무자에 대한 대항요건을 민법과 같이 정할 것인지, 아니면 제 3 자에 대한 대항요건인 담보등기로 이를 대체할 것인지 논란이 있을 수 있다. 제 3 채무자에 대한 대항요건은 제 3 채무자에게 변제를 하여야 하는 상대 등을 확실하게 알려 주어 이중변제의 위험을 방지하는 기능을 갖는 것으로, 제 3 자에 대한 대항요건과는 구별된다. 그리하여 민법과 마찬가지로 제 3 채무자에 대한 대항요건과 제 3 자에 대한 대항요건을 구별하였다. 즉, 제 3 채무자에 대한 대항요건으로는 민법(제349조, 제450조)과 마찬가지로 제 3 채무자에 대한 통지나 제 3 채무자의 승낙을 요건으로 정하였다. 즉, 채권담보등기를 마친 경우, 담보권자 또는 담보권설정자(담보권 양도의 경우에는 그 양도인 또는 양수인)는 제 3 채무자에게 제52조의 등기사항증명서를 건네주는 방법으로 그 사실을 통지하거나 제 3 채무자가 이를 승낙하지 아니하면 제 3 채무자에게 대항하지 못한다(제35조 제 2 항 1문).[61)] 그러나 담보권자 또는 담보권설정자(담보권 양도의 경우에는 그 양도인 또는 양수인)도 통지를 할 수 있도록 정함으로써 민법의 경우보다 통지권자의 범위를 확대하였다. 채권질권과 달

59) 민법 제349조 제 1 항, 제450조 제 2 항.

60) 金載亨(주 19), 191면. 윤성근(대표집필), "한국에서의 동산 및 채권 담보법 입법방안," 국제거래법연구 제16집 2호, 국제거래법학회(2007. 12), 223면도 참조.

61) 법안을 처음에 작성할 당시에는 통지방법을 제한하지 않았으나, 정부안에서 이 경우 제52조의 등기사항증명서를 건네주는 방법으로 통지하도록 수정하였다.

리 채권담보권은 담보권설정자와 담보권자가 공동으로 담보등록을 하므로, 제3채무자가 담보등기의 내용을 쉽게 확인할 수 있고, 허위 내용을 통지할 가능성이 낮다. 또한 채권을 담보로 제공한 사실을 통지하는 이익은 주로 담보권설정자보다는 담보권자나 그 양수인에게 있으므로, 담보권자나 그 양수인도 이를 통지할 수 있도록 규정한 것이다.

제3채무자가 특정되지 않은 장래의 채권에 대하여 담보등기를 한 경우에 제3채무자에 대한 대항요건을 어떻게 구비할 것인지 문제된다. 채권에 대한 담보등기 후 담보목적물인 채권이 발생하여 제3채무자가 특정된 이후에 제3채무자에 대하여 담보권자 또는 담보권설정자가 담보등기 사실을 통지함으로써 대항력을 취득할 수 있을 것이다.

한편, 집합채권을 담보목적으로 제공하는 경우 제3채무자에 대한 통지방법을 간소하게 할 수 있는 방법[62]을 도입할 것인지 논란이 있었다. 민법 제113조에 의하여 '의사표시의 공시송달'이 가능하므로, 집합채권을 담보목적으로 하는 경우 각 채권의 제3채무자 주소를 알지 못하는 경우에는 민사소송법에 의한 '공시송달'에 따라 통지를 할 수 있을 것이다. 여기에서 나아가 인터넷이나 법원 홈페이지 등에 담보등기를 공시하는 방법을 강구하였으나, 기술적인 문제 등으로 유보하였다. 앞으로 이에 관해서 전향적으로 검토할 필요가 있다.

다. 담보등기와 민법상 통지 등의 순위

동일한 채권에 관하여 담보등기부의 등기와 확정일자 있는 통지 또는 승낙(민법 제349조 또는 제450조 제2항)이 있는 경우에 담보권자 또는 담보의 목적인 채권의 양수인은 법률에 다른 규정이 없으면 제3채무자 외의 제3자에게 등기와 그 통지의 도달 또는 승낙의 선후에 따라 그 권리를 주장할 수 있다(제35조 제3항). 채권이 이중으로 담보로 제공

---

62) 가령 자산유동화법 제7조에서 정하고 있는 신문공고에 의한 통지 등을 들 수 있다.

되어 이중의 담보등기를 한 경우에는 등기의 시간적 순서에 따라 우열 관계가 결정된다. 또한 채권담보등기와 민법 제450조 제2항에 따른 확정일자 있는 통지 또는 승낙이 경합하는 경우에도 등기와 통지 또는 승낙의 시간적 순서에 따라 우열이 결정된다. 만일 채권담보등기와 확정일자 있는 채권양도통지의 도달이 동시에 이루어졌다면, 담보권자와 양수인의 순위는 동등하게 되고, 이러한 경우에는 원칙적으로 안분비례로 배당하여야 할 것이다.

4. 채권담보권의 실행

채권담보권 실행의 방법으로 담보권자가 피담보채권의 범위에서 제3채무자에게 직접 지급청구를 할 수 있다(제36조 제1항). 담보권자의 채권보다 채권담보권의 목적이 된 채권의 변제기가 먼저 도래한 경우에는 제3채무자에게 공탁할 것을 청구할 수 있다(제36조 제2항).

그 밖에 민사집행법에서 정한 방법으로 채권담보권을 실행할 수 있다(제36조 제3항).

5. 준용 규정

채권담보권에 대해서는 동산담보권에 대한 규정과 민법 제348조, 제352조를 준용하도록 하였다. 동산담보권에 관한 규정 중에서 준용되는 규정으로는 담보권의 우선변제권(제8조), 불가분성(제9조), 담보권의 효력이 미치는 범위(제10조), 과실에 대한 효력(제11조), 피담보채권의 범위(제12조), 담보권의 양도(제13조), 물상대위(제14조), 담보목적물 이외의 재산으로부터의 변제(제15조), 물상보증인의 구상권(제16조), 담보목적물의 보충(제17조) 등에 관한 규정을 들 수 있다. 그러나 채권의 성질상 준용되지 않는 규정들이 있다. 가령 점유를 전제로 하는 목적물 반환청구권

(제19조), 목적물의 점유(제25조) 등에 관한 규정이 이에 해당한다. 또한 채권의 경우에는 점유를 전제로 하는 선의취득을 인정할 수 없을 것이므로, 담보목적물의 선의취득에 관한 규정(제32조)은 준용되지 않을 것이다.

Ⅴ. 담보등기

1. 관장기관과 관할

담보등기제도를 도입하였기 때문에, 제 4 장에서 이에 관하여 상세한 규정을 두었다. 제38조에서 동산담보권이나 채권담보권의 설정, 이전, 변경, 말소 또는 연장에 대한 등기를 할 수 있다고 규정하고, 제39조에서 위와 같은 등기사무를 법원에서 관장하도록 하였다.

담보등기의 관할에 관하여 담보권설정자의 법인등기 또는 상호등기를 관할하는 지방법원, 그 지원 또는 등기소가 등기사무를 취급하도록 하였다(제39조 제 1 항). 그리하여 법인등기와 상호등기의 변경사항을 담보등기부에 쉽게 반영할 수 있도록 하였다.

2. 등기의 방식

등기관은 접수번호의 순서에 따라 전산정보처리조직에 의하여 담보등기부에 등기사항을 기록하는 방식으로 등기사무를 처리하여야 한다. 미국과는 달리 등기신청서류를 편철하는 방식으로 등기 또는 등록을 하는 이른바 통지등기(notice filing)제도를 채택하지는 않았다. 담보등기제도를 현행 부동산등기와 유사하게 운영하는 것이 안정성이 높고 부동산등기제도를 운용한 경험과 노하우를 쉽게 이용할 수 있다는 점, 새로운 제도를 도입할 경우 혼란을 초래할 수 있다는 점, 인터넷을 이용한 등기시스템을 운용할 경우 통지등기방식의 이점을 상당수 흡수할 수 있을 것이라는 점 등을 고려한 것이다. 담보등기제도가 정착이 되면 미국 통일상법전이나 유엔국제거래법위원회의 입법지침과 같이 통지등기방식으로 전환하는 것을 고려할 필요가 있을 것이다.

그리고 담보등기는 등기의무자와 등기권리자가 공동으로 신청하도록 함으로써 공동신청주의를 채택하였다(제41조 제1항). 이는 허위로 담보등기가 이루어지는 것을 방지하기 위한 것이다. 다만 경정등기나 승소판결에 기한 등기신청의 경우 등에는 등기권리자 등이 단독으로 등기를 신청할 수 있다(제41조 제2항·제3항).

등기신청의 방법으로 '방문신청'과 '전자신청'을 규정하였다(제42조). 당사자들이 전자신청으로 손쉽게 등기신청을 하도록 하였는데, 그 세부적인 내용은 대법원 규칙에 위임하였다.

제47조에서 담보권설정자별로 담보등기부를 구분하여 작성하도록 하고, 등기부에 기재할 사항을 세세하게 정하였는데, 담보목적물의 특정에 필요한 사항은 대법원규칙에 위임하였다. 담보권설정자와 담보권자가 개인일 경우에는 그 주소와 주민등록번호 등을 기재하도록 하였는데, 주민등록번호를 기재할 필요가 있는지는 의문이다. 부동산등기법이나 상법 등에서 등기를 하면서 주민등록번호를 기재하도록 하고 있지만, 개인정보의 보호를 위하여 생년월일과 주소를 기재하는 것으로 충분할 것이다.

담보권의 존속기간은 최장 5년이다(제49조 제1항). 동산·채권 등의 유동성 등을 이유로 존속기간을 5년으로 제한한 것이다. 다만 담보권에 관한 연장등기를 할 수 있으나, 연장기간은 연장등기를 한 때로부터 5년을 초과할 수 없다(제49조 제2항). 연장등기는 유효하게 존속하는 등기에 관하여 그 존속기간만을 연장하는 것이기 때문에, 그 등기의 순위나 효력은 연장등기를 한 때가 아니라 최초의 등기를 한 때를 기준으로 정해야 할 것이다.[63]

---

63) 등기의 流用은 효력이 없는 등기를 당사자의 합의로 유효한 것으로 전용하는

누구든지 담보등기의 등기사항에 관한 서면의 발급 또는 열람을 청구할 수 있도록 하였다(제52조 제1항). 그러나 개인정보보호를 위하여 열람의 범위, 방식 등에 대하여 대법원규칙으로 정할 수 있도록 하였다. 일본의 경우 '등기사항개요증명서'와 '등기사항증명서'로 구분하여 누구든지 '등기사항개요증명서'를 열람할 수 있으나, 구체적으로 담보로 제공된 동산이나 채권 등 담보권설정자의 영업비밀, 사업전략 등과 관련된 정보는 담보권설정자와 담보권자 등 제한된 범위의 사람에게만 제공하고 있는데, 이는 우리나라의 경우에도 참고가 될 것이다. 또한 주민등록번호가 등기된 경우에 증명서에 그 번호 전체를 기재하지 않도록 하여야 할 것이다.[64]

그 밖에 담보등기에 필요한 절차에 관하여 세세한 규정을 두었고, 그 성질에 반하지 않는 한 부동산등기법의 관련 규정을 준용하도록 하였다(제57조).

Ⅵ. 지적재산권의 담보에 관한 특례

1. 입안과정

법안에서 지적재산권의 담보에 관해서는 4개의 간략한 특례 규정

것으로, 무효의 등기를 유용하기로 약정한 경우에는 등기부상 이해관계인에게 그 등기의 유효를 주장하지 못한다. 대판 1963.10.10, 63다583(집 11-2, 민 184); 대판 1989.10.27, 87다카425(공 1989, 1770); 대판 1998.3.24, 97다56242(공 1998, 1143); 대판 2002.12.6, 2001다2846(공 2003, 302).

64) 부동산등기의 경우에도 전산정보처리조직에 의하여 등기부의 등·초본 발급 및 열람을 하는 경우에 등기명의인의 표시에 관한 사항 중 주민등록번호 및 부동산등기용 등록번호 일부를 공시하지 않을 수 있다(부동산등기규칙 제134조의 2). 등기예규 제1271호(부동산등기기록의 주민등록번호 등 공시제한에 따른 업무처리지침)에서 그 세부절차를 정하고 있다.

을 두었다. 위원회에서 지적재산권담보권에 관한 규정을 둘 것인지 논란이 많았다. 지적재산권에 관해서는 개별 법률에 등록제도가 마련되어 있기 때문에, 이 법안에 따로 규정하는 것은 혼란을 초래할 수 있기 때문이다. 지적재산권에 대해서는 상세한 규정을 두지는 않지만 개별 지적재산권에 민법상 질권을 설정할 수 있을 뿐이기 때문에, 이와 같은 문제를 해소하기 위하여 지적재산권 등을 공동담보로 제공하는 경우에는 법안에 규정을 두기로 하였다.

그러나 법원행정처와 협의하는 과정에서 지적재산권담보권에 관한 등록을 맡는 것이 여러 가지 문제를 양산할 것이라고 하여 지적재산권에 관한 규정은 법안에 존치하되, 특례 규정으로 수정하였다. 또한 위에서 본 바와 같이 동산이나 채권에 관해서는 등기라는 용어를 사용하나, 지적재산권에 관해서는 지적재산권에 관한 개별 법률과 마찬가지로 등록이라는 용어를 사용하기로 하였다. 따라서 이 부분에 관한 법안은 지적재산권에 관한 개별 법률을 개정하는 것이 바람직하나, 이 법률을 통하여 개별 법률들을 한꺼번에 개정하자는 취지라고 할 수 있다.

2. 지적재산권에 관한 담보등록

지적재산권자가 약정에 따라 동일한 채권을 담보하기 위하여 2개 이상의 지적재산권을 담보로 제공하는 경우에는 그 지적재산권의 등록부에 이 법에 따른 담보등록을 할 수 있다. 이 경우에 지적재산권의 종류와 대상을 정하거나 그 밖에 이와 유사한 방법으로 특정할 수 있어야 한다(제58조). 지적재산권에 대하여는 그 권리에 대한 등록원부가 존재하기 때문에, 담보권등록을 해당 등록원부에 하도록 규정하였다.

지적재산권담보의 경우 담보권설정자에 제한이 없다. 지적재산권의 경우에는 그 권리자만이 담보권을 설정할 수 있으므로, 동산담보권이나 채권담보권과는 달리 담보권설정자에 대한 제한을 두지 않았다.

3. 등록의 효력

지적재산권은 개별 법률에서 등록의 효력을 달리 정하고 있다. 그리하여 개별 법률과 충돌을 최소화하기 위하여 지적재산권담보권 등록의 효력을 질권등록의 효력과 동일하게 규정하였다.[65] 따라서 저작권의 경우에는 등록이 대항요건이고,[66] 특허권 등의 경우에는 등록이 효력요건이 될 것이다.[67]

동일한 지적재산권에 관하여 이 법에 따른 담보권 등록과 그 지적재산권을 규율하는 개별 법률에 따른 질권 등록이 이루어진 경우에 그 순위는 법률에 다른 규정이 없으면 그 선후에 따르도록 하였다.[68] 담보권자는 지적재산권을 규율하는 개별 법률에 따라 담보권을 행사할 수 있다.[69] 그 밖에 지적재산권담보권의 내용에 대하여 동산담보권의 규정을 준용하도록 하였다. 다만 동산담보권에 관한 규정 중 '사적 실행'에 관한 규정에 대하여는 그 적용을 배제하였다.

Ⅶ. 결　　론

이상으로 법안 작성자의 한 사람으로서 법안의 전체적인 구성과 내용에 관하여 간략하게 개관하였다. 이와 같은 법률을 제정하여야 한다는 데는 큰 이견이 없으나, 이 법안을 작성하는 과정에서, 그리고 협의하는

65) 제59조 제 1 항은 "약정에 따른 지적재산권담보권의 득실변경은 그 등록을 한 때에 그 지적재산권에 대한 질권의 득실변경을 등록한 것과 동일한 효력이 생긴다."고 정한다.
66) 저작권법 제54조.
67) 특허법 제101조.
68) 제59조 제 2 항.
69) 제60조.

과정에서 구체적인 내용에 관하여 여러 이견이 노출되었다.70) 이는 법안에 대한 관심이나 기대가 그만큼 컸기 때문이라고 생각한다. 법안에 관한 논의과정에서 나타난 중요한 견해에 관해서는 간략하게라도 소개하려고 하였는데, 법안의 내용을 이해하는 것뿐만 아니라 법률로 통과된 다음에 법률을 운용하고 문제점을 개선하는 데 도움이 될 것이다.

이 법안은 우리 담보법제의 새로운 출발점이자 이정표라고 할 수 있을 만큼, 법안의 내용 중에는 우리 법제에 비추어 획기적인 내용이 적지 않다. 우리나라에서 10여 년 전만 해도 동산이나 채권에 관한 담보등기제도를 입법화하는 것을 상상하기 힘들었다. 조문 형태로 제시된 이 법안은 우리 사회가 역동적으로 발전하고 있다는 징표라고 할 수 있다. 법안에 따른 담보등기제도가 우리 법체계에 정착한다면 그 자체로 담보법에 중대한 변화를 초래할 뿐만 아니라, 민법상의 담보제도 전반에 대해서도 논의를 촉발하는 계기가 될 것이다.

입안과정은 우리 금융현실과 법적 논의상황에서 금융거래에 관한 여러 이해관계 속에서 절충점을 찾아가는 과정이었다. 따라서 이 법안에 대하여 크게 보아 두 가지 반응이 예견된다. 한 쪽에서는 좀 더 혁신적인 법규정이 필요하다고 생각할 것이고, 다른 쪽에서는 우리 금융현실에서 지나치게 앞서나가는 법이라고 생각할 것이다. 동산 · 채권 등에 관한 담보등기제도가 미국 등 선진국에서 유래된 것이지만, 이를 그대로 수용하는 것은 불가능하고 또한 바람직하지도 않다. 우리 법체계에 맞게 이 제도를 수용하기 위하여 법안에서 담보권의 종류에 따라 담보등기의 효력을 세분화하는 등 조정 규정을 두었다. 어떠한 조항이

70) 여러 논의를 통하여 초기의 법안에서 간과하고 있는 오류를 바로잡게 된 경우도 있었지만, 의견 대립을 지양 또는 조정하기 위하여 합리적으로 생각되는 조항을 삭제하거나 수정하는 방식으로 타협적인 해결방안을 채택한 경우도 있었다. 위원회에서는 대체로 다수결로 결정하였지만, 그와 같이 다수결로 결정된 내용이라도 나중에 협의과정에서 번복되기도 하였다. 아직 국회의 의결에 이르기까지 여러 절차가 남아 있는데, 그 과정에서 법안이 수정될 수 있음은 물론이다. 이 과정 자체가 하나의 입법과정이라고 할 수 있다.

합리적이라고 생각되더라도 민법과 합치되기 어렵다고 판단되는 경우에는 가급적 이번에 채택하지 않고 민법 개정에 미루었다.

필자는 여러 법학자와 법률가의 ―동시 또는 순차적인― 공동작업으로 탄생한 이 법안이 이제 국회에서 통과되어도 좋을 법안이라고 생각하기 때문에, 앞으로의 입법절차를 거쳐 반드시 법률로 확정되기를 소망한다. 물론 법안은 여러 한계와 문제점을 내포하고 있고, 세부적인 내용이나 표현 등에 관해서도 논란이 있을 수 있는데, 그 일부는 입법과정에서 수정될 수 있다. 그래도 남는 여러 문제는 후속 논의와 실무 운용을 통하여 극복되어야 하고, 정치한 논의의 축적과 함께 ―모든 법률이 그러한 것처럼― 법률을 개정하는 작업을 하여야 할 것이다.

(法曹 제638호(2009. 11), 법조협회, 5-54면 所載)

[後　　記]

동산·채권 등의 담보에 관한 법률안은 이 논문을 발표한 직후인 2009년 11월 3일 정부안으로 국회에 제출되었다. 그 후 법제사법위원회 소위원회에서 이 법의 인적 적용범위를 확대할 것인지 등 몇 가지 쟁점에 관하여 논란이 있었으나, 2010년 4월 29일 국회 법제사법위원회에서 수정가결하였고, 5월 19일 국회 본회의를 통과하였으며, 6월 10일 법률 제10366호로 공포되어 2년 후인 2012년 6월 11일 시행될 예정이다. 국회에서 심의할 당시에도 필자는 제정안을 설명하거나 국회의원의 의견을 들어 수정안을 작성하기도 하였는데, 국회에서 수정한 주요 규정으로는 담보목적물에 대한 현황조사에 관한 제17조 제 1 항을 신설한 점을 들 수 있다. 이 규정에 의하면 담보권설정자는 정당한 사유 없이 담보권자의 담보목적물에 대한 현황조사 요구를 거부할 수 없도록 하며, 이 경우 담보목적물의 현황을 조사하기 위하여 약정에 따라 전자적으로 식별할 수 있는 표지를 부착하는 등 필요한 조치를 할 수 있도록 하였다. 또한 담보권의 실행에 관한 규정(제26조 제1항, 제29조 제3항 단서, 제31조 제1항)을 수정하는 등 자구 등을 수정하였다. 대체로 정부안을 유지하면서 약간의 수정을 하였다고 볼 수 있다. 한편, 대통령령인 동산·채권 등의 담보에 관한 법률 시행령은 2010.10.21. 제정되었으며, 대법원규칙은 2011.8.경 제정될 것으로 전망된다.

이 논문에서 인용한 조문은 처음에는 입법예고안을 토대로 부처협의와 법제처 심의과정에서 수정된 사항을 반영하였는데, 이번에 2009년 11월 3일의 정부안에 따라 자구 등을 수정하였다. 그 후 국회에서 법률안을 심의하면서 수정한 부분은 반영하지 않았다. 그리고 논문 발표 후 문의가 많았던 선의취득, 담보등기방식에 관한 부분은 입법 당시의 논의를 소개할 필요가 있다고 보아 보완을 하였다.

8. 담보법의 현재와 미래*
—민법 시행 50주년을 맞이하여—

Ⅰ. 서 론

1. 담보법은 금융실무의 변화에 따라 민법 시행 이후 그 어느 분야보다도 급격한 변화를 겪어 왔고, 현재에도 변화의 기로에 서 있다. 2009년 2월 출범한 법무부 민법개정위원회에서는 민법을 전면적으로 개정하기 위한 작업을 시작하였다. 이 작업은 2012년까지 4년에 걸쳐 순차적으로 진행하기로 계획하였는데, 첫 해인 2009년에는 민법총칙, 2010년에는 채권법, 2011년에는 물권법을 다루고 마지막 해인 2012년에는 마무리 작업을 하기로 하였다. 이에 따라 2009년에 4개의 분과위원회에서 민법총칙 분야의 개정안을 마련하였으나, 유일한 예외가 담보제도였다. 즉, 물권법에 속하는 담보제도에 관한 개정안을 마련하는 것도 2009년 개정작업에 포함되었다. 담보법 분야에서 법과 현실의 괴리가 크게 나타나기 때문에, 담보법 개정을 매우 시급한 과제라고 판단한 것이다. 이를 통하여 "민법의 현실적합성을 높여야 한다"라는 민법개정의 주된 목표를 달성할 수 있을 것이다.

또한 올해 민법 분야에서 특기할 만한 일은 2010년 6월 「동산·채권 등의 담보에 관한 법률」이 제정된 점을 들 수 있다. 이 법은 동산이

---

* 대법원과 한국민사법학회는 민법 시행 50주년을 기념하여 2010년 10월 22일과 23일 "한국 민법의 자화상과 미래상"이라는 주제로 공동학술대회를 개최하였는데, 이 논문은 둘째 날인 23일에 발표한 내용을 수정·보완한 것이다.

나 채권을 담보로 제공하는 경우에 담보등기를 할 수 있도록 한 획기적인 입법이다.

최근 들어 담보법에 관한 관심이 높아지고 있고 그 개선을 위한 노력이 결실을 거두는 이유는 무엇인가? 무엇보다도 금융위기의 충격에 기인한 것이라고 할 수 있다. 1997년 금융위기를 경험하면서 담보제도의 개혁이 중요한 과제로 떠오르기 시작하였다. 금융은 담보와 밀접한 관련이 있기 때문에, 금융위기 시에 담보법의 문제점이 드러났을 뿐만 아니라, 금융위기를 극복하기 위한 방안의 하나로서 담보법 개혁이 주요 과제로 등장하였다고 볼 수 있다. 최근에는 세계 금융위기의 혼란 속에서 다른 나라 또는 국제기구에서도 담보법에 관한 관심이 점증하고 있기 때문에, 담보법은 매우 큰 변화를 겪을 것이라고 생각한다.

2. 민법 시행 50주년이라는 뜻깊은 해에 이를 기념하는 이번 학술대회에서 담보제도에 관한 주제 발표를 하는 것은 민법 시행 이후의 담보법의 전개과정을 뒤돌아보고 앞으로의 과제와 발전방향을 점검해 보아야 한다는 점에서 그 의미를 찾을 수 있다. 그러나 담보법은 매우 방대한 분야를 포괄하고 있기 때문에, 이를 전체적으로 조감하는 것은 쉽지 않다. 여기에서는 담보법[1)]의 현황과 그 개정작업에 관하여 간략하게 살펴보고, 담보법의 중요한 변모를 보여주는 주제로 근저당권, 유치권, 동산 및 채권담보에 한정하여 민법 시행 이후의 변화를 살펴보고자 한다. 특히 담보법이 거래계에 어떠한 영향을 미쳤는지, 이것이 다시 법률의 개정 또는 특별법의 제정에 어떠한 영향을 미쳤는지에 중점을 두고자 한다. 결론에서는 논의를 간략하게 정리하면서 담보법의 주요 과제에 관해서 생각해 보고자 한다.

---

1) 담보는 물적 담보와 인적 담보로 구분되는데, 인적 담보에 관해서는 채권편에 보증채무 등에 관한 규정이 있고, 「보증인 보호에 관한 특별법」이 제정되었으며, 2009년 민법개정위원회에서 근보증에 관한 개정안을 마련하였다. 이에 관해서는 여기에서 다루지 않고자 한다.

Ⅱ. 민법 시행 당시의 담보권과 그 후의 전개

1. 민법은 담보물권으로 저당권, 질권, 유치권에 관하여 정하고 있다.[2] 저당권과 질권은 약정담보물권으로서, 저당권은 부동산담보의 전형적인 형태이고, 질권은 동산담보와 권리담보의 전형적인 형태이다. 유치권은 당사자의 약정이 아니라 법률의 규정에 의하여 성립하는 것이기 때문에 법정담보물권에 속하고 동산이나 유가증권뿐만 아니라 부동산에도 유치권이 성립할 수 있다.

저당권은 채무자 또는 제 3 자가 점유를 이전하지 아니하고 채무의 담보로 제공한 부동산에 대하여 다른 채권자보다 자기 채권의 우선변제를 받을 권리이다(제356조).[3] 이것은 저당권자가 점유를 하지 않고 등기부에 저당권자로 공시됨으로써 저당권을 취득한다는 점에 그 장점이 있다. 저당권은 부동산에 대해서만 인정되고 동산에 대해서는 인정되지 않는다. 저당권에 관한 조문이 17개인데, 그중 한 조문은 근저당권에 관한 것이다. 그러나 거래계에서 저당권을 설정하는 경우는 거의 없고, 부동산담보를 이용할 경우에는 대체로 근저당권을 설정하고 있다.[4] 최근에도 저당권에 관하여 판단하고 있는 판결들이 계속 나오고 있지만, 사실관계를 보면 근저당권이 설정된 경우가 대부분이다.

질권은 동산질권과 권리질권으로 구분된다. 동산질권은 채권의 담보로 채무자 또는 제 3 자가 제공한 동산을 점유하고 그 동산에 대하여 다른 채권자보다 자기 채권의 우선변제를 받을 권리이다(제329조). 동산

2) 세부적인 차이가 있지만, 담보물권의 기본적 구조나 내용은 일본 민법과 매우 유사하다. 우리나라의 담보법에 중대한 영향을 끼친 독일 민법에서는 담보물권으로 질권과 저당권에 관한 규정이 있다는 점은 우리나라와 마찬가지이지만, 유치권이 물권이 아니라 채권으로 구성되어 있고, 그 밖에 토지채무와 정기토지채무가 중요한 담보물권으로 규정되어 있다는 점에서 차이가 있다.

3) 법명을 기재하지 않고 조문을 인용하는 경우에는 민법의 그것을 가리킨다.

4) 아래 Ⅲ. 3. (1) 참조.

담보의 전형적인 형태는 질권이라고 할 수 있다. 그러나 동산질권의 경우에는 점유의 이전이 필요하므로, 채무자가 사용하는 동산에는 질권을 설정할 수 없다. 질권자는 동산을 점유하고 있어야 하는데, 채권자 입장에서 질권을 설정받는 것이 불편하다. 그리하여 거래계에서 많이 이용되지 않고 있다.[5] 또한 질권은 재산권을 그 목적으로 할 수도 있는데(제345조), 이를 권리질권이라고 한다. 채권이나 주식에 질권을 설정하는 경우가 있다.

유치권은 타인의 물건 또는 유가증권을 점유한 자가 그 물건이나 유가증권에 관하여 생긴 채권이 변제기에 있는 경우에 변제를 받을 때까지 그 물건 또는 유가증권을 유치하는 권리이다(제320조). 동산뿐만 아니라 부동산에 대해서도 유치권이 성립할 수 있는데, 최근 실무에서 부동산 유치권의 문제가 중요한 문제로 부각되고 있다. 이에 따라 부동산 유치권 문제를 입법적으로 해결하는 방안을 모색하고 있다.

1960년 민법 시행 직후부터 담보에 관하여 규율하는 특별법이 제정되었다. 가령 자동차저당법(1961년)을 비롯하여 항공기저당법(1962년), 건설기계저당법(원래는 중기저당법이었으나 1993년에 명칭을 변경하여 제정되었다), 소형선박저당법(2001) 등 단행법에서 개별 동산에 대한 저당권을 정하고 있었다.[6] 또한 1961년에 공장저당법과 광업재단저당법이 제정되었는데, 공장저당권, 공장재단저당권과 광업재단저당권에 관하여 규정하고 있었다.[7]

---

5) 아래 표에서 알 수 있듯이 금융기관의 담보거래에서 동산담보가 차지하는 비중은 매우 낮다. 따라서 동산담보의 일종인 동산질권도 많이 이용되지 않는다고 볼 수 있다. 또한 대법원 판결을 검색해 보면 동산질권에 관한 판결이 매우 적다.

6) 위 4개의 법률은 저당 목적물만 다를 뿐 등록할 수 있는 동산의 저당이라는 같은 내용을 규정하고 있고, 규정체계와 내용도 매우 유사하기 때문에 1개의 법률로 통합하기로 하여 2009년 3월 25일 자동차 등 특정동산 저당법을 제정하고 위 4개의 법률을 폐지하였다.

7) 이 두 법률은 2009년 3월 25일 「공장 및 광업재단 저당법」으로 통합되었다.

한편, 민법 등 법률에서 정한 담보제도가 담보에 관한 수요를 충족시키지 못하였기 때문에, 거래실무에서는 양도담보, 가등기담보 등 비전형담보가 발달하였다. 이에 대응하여 1983년에 「가등기담보 등에 관한 법률」을 제정하였는데,[8] 그 후 가등기담보를 이용하는 빈도는 현저하게 줄어들었다.[9]

2. 담보목적물을 기준으로 담보를 구분한다면 부동산담보, 동산담보, 권리담보로 구분할 수 있다. 민법에서 부동산담보로는 저당권을 예정하고 있고, 동산담보와 권리담보로는 질권을 예정하고 있다. 그런데 동산담보나 채권 등 권리담보는 그 이용도가 매우 낮다. [표 1]을 보면, 금융기관에서 부동산담보가 압도적으로 많이 이용된다는 것을 알 수 있다. 즉, 2009년 말을 기준으로 전체 담보 573조 6,033억 원 중 부동산담보가 528조 1,065억 원으로 90%가 넘는 데 반하여, 동산담보는 1,087억 원으로 0.1%도 안 되고, 유가증권·예수금·기타 담보는 약 45조 원으로 10%를 넘지 못한다.

8) 이 법 시행 이후의 전개에 관해서는 梁彰洙, "民法典 施行 후 擔保法의 展開와 課題," 民法研究 제 6 권, 2001, 252면 이하 참조.

9) 1984년 「가등기담보 등에 관한 법률」이 시행된 이후 부동산에 관한 가등기 건수가 줄어들었다. 즉 '가등기' 건수가 1983년에는 94,034건이었으나(1984년 司法年鑑 752면), 1984년에는 57,099건이었다(1985년 司法年鑑 754면). 2009년에는 '가등기 및 가등기이전'이 49,054건이다(2010년 司法年鑑 966면). 1983년과 1984년의 가등기 건수가 설정등기만을 포함한 것인지, 아니면 이전이나 변경 등도 포함하는지를 알 수 없지만, 가등기 설정 건수가 줄어들었다고 추측할 수 있다. 한편, 가등기에는 순위보전의 가등기와 담보 목적의 가등기가 있기 때문에, 위 통계 수치 중에서 가등기담보가 어느 정도를 차지하는지는 알 수 없다. 그러나 가등기담보의 이용이 줄었다고 이해할 수 있다. 또한 판결을 검색해 보면 가등기담보에 관한 최근 판결은 많지 않다. 거래가 빈번해짐에 따라 가등기 건수가 증가하는 것이 통상적일 텐데도 이와 같이 가등기담보의 이용도가 떨어진 이유는 법률에서 가등기담보권을 설정하는 이점을 대폭 없앴기 때문일 것이다.

[표 1] 2009년말 금융기관 담보별 여신현황[10]

	담보	부동산	동산	유가증권	예수금	기타	보증	신용	합계
일반은행	4,609,434	4,255,001	697	65,098	190,989	97,648	697,743	4,311,873	9,619,051
특수은행	1,126,599	1,026,064	390	24,777	37,305	38,061	284,890	1,466,489	2,877,979
계	4,609,434	4,255,001	697	65,098	190,989	97,648	697,743	4,311,873	9,619,051

(단위: 억 원)

재화 중에서 동산이나 채권이 차지하는 비중이 부동산에 비하여 결코 적지 않다. 그런데도 동산이나 채권이 담보로 활용되는 비중은 지나치게 적다. 동산이나 채권이 담보로 충분히 활용되지 못하고 있다는 것은 담보제도가 효율적이지 못하다는 것을 반증한다. 부동산을 담보로 제공하는 것이 편리하고 담보가치도 그대로 유지되며 우리나라에서 부동산가격이 계속 상승하였기 때문에, 부동산담보에 편중되었다고 볼 수도 있다. 그러나 이것만으로 담보의 편중현상을 설명할 수 없다. 학설과 판례, 나아가 금융실무에 의해서 이 문제를 해결하는 데는 한계가 있다. 또한 부동산담보 중에서는 근저당권이 압도적으로 많이 이용되고 있는데도 근저당권에 관해서 1개의 조문으로 해결하고 있다. 이는 법이 현실을 따라가지 못한 대표적인 사례라고 할 수 있다. 그리하여 근저당권을 포함한 현행 담보제도를 개선하고 동산담보나 채권담보를 활성화하기 위한 입법적 해결책을 모색하게 되었다.

1997년 금융위기 직후인 1998년 9월 11일 「자산유동화에 관한 법률」(이하 '자산유동화법'이라고 한다)을 제정하였는데, 자산의 유동화를 촉진하기 위하여 민법 규정에 대한 여러 특례를 규정하고 있다. 이 법이 시행된 직후 자산유동화거래가 폭발적으로 증가하기도 하였다.[11] 이는

---

10) 금융감독원의 금융통계정보시스템에 있는 금융회사 경영정보(http://fisis.fss.or.kr) 참조.

11) 상세한 것은 金載亨, "「資産流動化에 관한 法律」의 現況과 問題點," 民法論 Ⅰ, 박영사, 2004, 407면 이하. 또한 주택저당채권을 유동화하기 위하여 1999년

담보법 개정의 동인으로 작용했다고 생각한다. 왜냐하면 담보법을 개정하여 자산유동화법을 통하지 않고서도 유동화를 할 수 있는 기반을 마련할 필요가 있기 때문이다.

1999년 2월 설치된 법무부 민법개정특별분과위원회[12]는 약 5년 동안의 작업 끝에 2004년 6월 민법개정안을 마련하였는데, 근저당권에 관한 조항을 11개 추가하는 내용을 포함하여 담보법에 관한 몇 가지 개정안을 제시하였다. 이 법안은 2004년 10월 정부안으로 국회에 제출되었으나, 국회의 회기만료로 폐기되었다. 2009년에 설치된 법무부 민법개정위원회[13]에서는 제 5 분과인 담보제도 분과에서 담보법에 관한 개정안을 작성하고 있다.[14] 5분과는 2009년에 근저당권, 법정지상권, 일괄경매, 저당권방해, 저당권부채권양도, 물상대위, 근보증 등에 관한 개정안을 마련하였고,[15] 2010년에 유질계약, 저당권의 피담보채권의 범위, 유치권과 비용지출자 등의 저당권설정청구권 등에 관한 개정안을 마련하였다.[16] 이와 같은 개정안에는 학설과 판례에 의하여 이미 인정된 법리를 명문의 규정으로 조문화한 경우도 있고, 종래의 법리를 변경하거나 새로운 내용을 도입한 경우도 있다. 개정작업이 성공적으로 마무리된다면, 민법전이 현재와는 상당히 다른 모습을 띠게 될 것이다.

1월 29일 "주택저당채권유동화회사법"이 제정되었고, 2003년 12월 31일 한국주택금융공사법이 제정되었다.

12) 위원장 이시윤.

13) 위원장 서민.

14) 5분과위원회는 2009년에는 위원장 윤진수 교수, 위원 이상영 교수, 박영복 교수, 김상수 교수, 최수정 교수, 정준영 부장판사, 필자로 구성되었고, 2010년에는 구성원에 변동이 있었는데, 위원장 남효순 교수, 위원 김상수 교수, 최수정 교수, 김승표 부장판사, 김충섭 변호사, 필자로 구성되어 있다. 민법개정위원회에 관해서는 법무부 민법개정위원회 홈페이지(http://www.minbub.or.kr/) 참조.

15) 이 개정안은 1기 민법개정위원회 전체회의에서 확정되었다.

16) 현재 진행되고 있는 담보법에 관한 개정안이 마무리되면, 담보와 관련된 제도로서 실무상 중요한 위치를 차지하고 있는 채권자취소권 등에 관한 개정안을 마련하기로 하였다.

또한 2008년 3월 법무부 산하에 「동산 및 채권의 담보에 관한 특례법 제정 특별분과위원회」[17]가 설치되었는데,[18] 이 위원회에서 마련한 제정안에 따라 위에서 본 바와 같이 2010년 6월에 「동산 · 채권 등에 관한 법률」(2012년 6월 시행 예정)을 제정하여 동산담보권이나 채권담보권을 등기할 수 있도록 하였다. 이는 그 자체로 담보제도에 커다란 변화를 가져온 것이라고 할 수 있고, 나아가 민법상 담보제도에도 적지 않은 영향을 미칠 것이다.

Ⅲ. 근저당권에 관한 법적 규율의 변화[19]

1. 의용민법

우리 민법이 시행되기까지 일본 민법이 의용되었는데, 依用民法에는 근저당권에 관한 규정이 없었다. 그러나 朝鮮高等法院[20]은 일본의 판례[21]와 마찬가지로 근저당권을 유효하다고 보았다. 해방 후 대법원도 마찬가지였다.[22] 학계에서도 현행 민법이 제정되기 전부터 그 유효성을 긍정하였다고 서술하였다.[23] 당시 근저당권은 관습상 인정되는 제도로서 민법의 체계에 반하지 않고, 등기에 의하여 제3자를 보호할

17) 위원장 하경효.

18) 필자는 당시 위원으로서 이 법안의 초안을 작성하였다.

19) 이 부분은 金載亨, 根抵當權硏究, 박영사, 2000에 있는 내용을 토대로 근저당권이 어떻게 변화하였는지에 중점을 두고 요약 · 정리한 것이다.

20) 朝鮮高等法院 1931(昭和 6).12.1. 判決(朝鮮高等法院判決錄 18권 183면).

21) 日大判 1938(昭和 13).11.1(大審院民事判例集 17, 2165).

22) 대판 1957.1.10, 4289민상401(總覽 민법 2-2(A), 701); 대판 1958.6.12, 4290민상875(總覽 민법 2-2(A), 701); 대결 1958.12.13, 4290민재항120(總覽 민법 2-2(A), 701). 그리고 현행 민법 시행 직후에 나온 대판 1961.12.14, 60다893(집 9 민 106)도 根抵當權이 유효하다는 것을 전제로 하고 있는데, 이 판결의 事案은 舊民法時代의 것이다.

23) 郭潤直, 物權法, 박영사, 1963, 464면; 金曾漢, 物權法(下), 진일사, 1970, 252면.

수 있는 이상 거래안전에 아무런 장애가 되지 않기 때문에 근저당권을 유효라고 보았다고 한다.[24)]

2. 현행 민법

제357조 제1항은 "저당권은 그 담보할 채무의 최고액만을 정하고 채무의 확정을 장래에 보류하여 이를 설정할 수 있다. 이 경우에는 그 확정될 때까지의 채무의 소멸 또는 이전은 저당권에 영향을 미치지 아니한다."고 정하고, 제2항은 "전항의 경우에는 채무의 이자는 최고액 중에 산입한 것으로 본다."고 정하고 있다.

이 조항의 입법경위를 간략하게 보면, 다음과 같다. 1948년 설치된 법전편찬위원회는 民法典編纂要綱[25)]을 작성하였는데, 물권법요강 12.3.에서 근저당에 관한 규정을 두기로 하였다. 1954년에 발표된 民法草案에서는 제346조에 근저당에 관한 규정을 두고 있다. 이 草案이 국회에 제출되자, 民議院 法制司法委員會의 民法審議小委員會에서 이를 심의하여 조문을 수정하였다. 당시 참고로 한 입법례는 독일 민법 제1190조[26)]와 만주국 민법 제356조[27)]였다.

민법 제정 당시 학계[28)]에서는 "초안이 근저당을 성문화한 것(제346조)에 찬성"하였다. 즉, "현행 민법[의용민법을 가리킴: 필자 주]에 명문의 규정이 없으나 판례법이 이미 확립한 근저당의 제도를 초안이 성문화한 것은 지당한 태도"라고 하였다. 또한 근저당권에 관한 규정을 신설한 것에 대하여 "현행 민법 제정에 있어서 거두게 된 법사회학적인 성

24) 金曾漢(주 23), 252면; 方順元, 新物權法, 일한도서출판사, 1960, 272면; 註釋物權法(下), 한국사법행정학회, 1993, 406면(李英俊 집필).

25) 張厚永, 現代民法總論, 정음사, 1955, 297면; 梁彰洙, "民法典의 成立過程에 관한 小考," 民法硏究 제1권, 박영사, 1991, 104면.

26) 독일 민법 제1190조는 최고액저당권에 관하여 규정하고 있다.

27) 民議院 法制司法委員會 民法案審議小委員會, 民法案審議錄 上卷, 1957, 213면.

28) 民事法硏究會, 民法案意見書, 일조각, 1957, 12면, 129면(金曾漢 집필).

과의 하나"라고 극찬하는 견해[29]도 있었다.

3. 민법 제정 이후의 변화

(1) 「저당권에서 근저당권으로」

민법 제2편 제9장에는 저당권에 관한 조문이 17개가 있는데, 그 중 근저당권에 관한 규정은 1개의 조문에 불과하다.[30] 거래현실을 보면 법률의 규정형식과 달리 근저당권이 오히려 일반적인 담보수단이 되었다.

현재 근저당권은 금융거래에서 가장 많이 이용되고 있는 담보수단이다. 현행 민법이 시행되기 직전인 1959년에는 저당권이나 근저당권이 많이 이용되지 않았다.[31] 1975년 부동산에 관한 '저당권·근저당권설정등기'는 618,065개에 이르렀고,[32] 그로부터 20년 후인 1995년에는 부동산에 관한 '저당권·근저당권설정등기'는 3,168,329개에 이르렀다.[33] 이는 금융거래가 활발해짐에 따라 저당권이나 근저당권이 대폭 증가하였다고 볼 수 있다. 또한 저당권이 이용되는 건수는 계속 줄어들었고, 근저당권은 계속 증가하여 1996년경에는 이미 저당권이 거의 이용되지 않았고 근저당권만이 이용되었다.[34] 이와 같은 현상은 최근에도 마찬가지이다.[35]

---

29) 張庚鶴, 新物權法各論 下卷, 고시학회, 1960, 752면.

30) 독일 민법에 저당권에 관한 조문은 79개가 있고 토지채무(Grundschuld)에 관한 조문은 8개밖에 없다. 거래계에서는 토지채무만이 이용되고 있다. Clemente, Clemens, *Die Sicherungsgrundschuld in der Bankpraxis*, 1985, Vorwort.

31) 그로부터 10년이 지난 1970년에 발간된 교과서를 보면, 당시 이미 근저당권이 많이 이용되었다고 서술하고 있다. 金曾漢(주 23), 머리말에는 "근저당이 일반적으로는 많이 이용되지 않는 특수한 제도인 것처럼 오해하는 경향이 있는데, 결코 그러한 것이 아니라 실제로 많이 이용되고 있는 제도"라고 한다.

32) 1976년 司法年鑑, 444면.

33) 1996년 司法年鑑, 1068면.

34) 金載亨(주 19), 1면.

35) 현재 대법원이나 법원행정처에서 이에 관한 통계를 발표하지는 않고 있어 정

원래 근저당권은 증감·변동하는 채권을 최고액의 범위 내에서 담보하기 위하여 고안된 것이다. 따라서 계속적 거래관계에서 발생하는 여러 채무를 한꺼번에 담보하는 데서 그 효용이 드러난다. 그러나 실제로는 계속적 거래관계가 없는 경우에도 당사자들 사이에 근저당권이 설정되고 있고, 그에 따라 저당권은 점점 자취를 감추어갔다. 그리하여 근저당법은 더 이상 거래현실을 따라가지 못하고 있다고 말할 수 있다.[36)]

(2) 「근저당권에서 포괄근저당권으로」

금융실무에서 당사자들 사이에 반복·계속되는 거래를 할 때마다 근저당권을 설정하는 번거로움을 피하기 위하여 포괄근저당권을 이용하고 있다. 포괄근저당권은 이용형태가 다양하지만, 대체로 근저당권의 피담보채권을 포괄적으로 기재하는 것을 가리킨다. 포괄근저당권에 속하는 예로는 가령 "채권자는 채무자에 대하여 가지고 있는 현재 또는 장래에 발생할 일체의 채권"이라고 기재하는 경우도 있고, 당좌대월계약, 어음할인계약 등을 열거하면서 "··· 등의 계약에서 생기는 채권, 기타 일체의 채권"이라고 기재하는 경우도 있다.[37)] 금융실무에서 실제로 이용되는 서식을 보면, 피담보채무의 범위를 "채무자가 채권자(본·지점)에 대하여 현재 및 장래에 부담하는 어음대출, 증서대출, 당좌대출, 지급보증(사채보증 포함), 매출채권거래, 상호부금거래, 유가증권대여, 외국환 기타의 여신거래로 말미암은 채무, 보증채무, 어음 또는 수표상의 채무, 이자채무, 지연배상금채무, 채무자나 설정자가 부담할 제 비용,

---

확한 수치가 알려져 있지 않다. 필자의 개인적인 요청으로 법원행정처 통계담당자가 등기관련 통계시스템으로 추출한 자료에 의하면, 2009년에 근저당권이 1,984,541건 설정된 반면에, 저당권은 822건 설정되었다. 따라서 저당권은 근저당권에 비하여 매우 적게 이용되고 있다는 것을 알 수 있다. 또한 법률의 규정에 따라 저당권을 설정하여야 하는 경우도 있기 때문에, 당사자의 약정에 따른 저당권 설정등기건수는 위 수치보다 적을 것으로 추측된다.

36) 金載亨(주 19), 2면.

37) 이에 관해서는 金載亨(주 19), 98면 이하 참조.

보험료 등의 부대채무, 기타 여신거래에 관한 모든 채무"라고 기재하는 경우가 있다.

포괄근저당권의 유효성 문제는 근저당법에서 가장 중요한 문제였다. 우리 민법학 1세대를 대표하는 金曾漢 교수와 郭潤直 교수는 이 문제에 관해서도 각각 다른 견해를 주장하였다.

먼저 김증한 교수는 아무런 제한 없이 '일체의 채권'을 담보한 포괄근저당권도 유효하다고 하였다.[38] 이를 단순유효설이라고 한다.[39] 한정적 유효설에서와 같이 포괄근저당을 기교적으로 설명하는 것보다는 오히려 피담보채권의 발생원인을 묻지 않고 '장래의 일정한 시기'에 최고액의 범위 내에서 '특정'될 수 있는 이상 그것을 담보하는 포괄근저당도 유효한 것으로 보는 것이 분명하고도 합리적인 해석론이 된다고 한다. 이에 대하여 곽윤직 교수는 포괄근저당을 단순히 유효 또는 무효라고 할 수는 없고 한정적으로 유효하다는 한정적 유효설을 주장하였다.[40] 즉, "당사자 사이의 일체의 채권을 담보한다"는 것과 같은 순수한 포괄근저당권은 무효이지만, 은행들이 설정·이용하는 정도의 포괄근저당권은 유효하다고 한다.[41]

한편, 포괄근저당이 저당권의 부종성 원칙을 무의미하게 하고,[42] 약관규제법에 반하게 된다는 점 등을 이유로 포괄근저당이 무효라는 견해도 있고,[43] 포괄근저당의 유효성 문제는 실제로는 피담보채권의

38) 金曾漢, 物權法講義, 박영사, 1984, 536면.

39) 金曾漢·金學東, 物權法, 제 9 판, 박영사, 1997, 569면; 張庚鶴, 物權法, 법문사, 1990, 852면; 金錫宇, "根抵當權에 관한 硏究," 한양대 대학원 법학박사학위 논문, 1973, 62면.

40) 郭潤直, 物權法, 신정판, 박영사, 1992, 661면 이하. 金相容, 物權法, 전정판 증보, 법문사, 2003, 766면도 한정적 유효설을 따르고 있다.

41) 郭潤直, 物權法, 제 7 판, 박영사, 2002, 373면에서는 "해석을 통하여 피담보채권의 범위를 줄임으로써, 보통의 근저당권으로서의 효력을 인정"하여야 한다고 설명하고 있다.

42) 李珣徹, "物上保證人의 責任," 現代財産法의 諸問題(金基善博士古稀紀念), 법문사, 1987, 183면.

43) 李銀榮, 物權法, 개정신판, 박영사, 2002, 805면은 약관에 의한 포괄근저당약정

범위의 문제로 귀착된다고 보고, 포괄근저당은 거래와 관계없는 모든 채권을 담보하는 것은 아니지만 거래와 일정한 관계에서 발생하는 불법행위에 기한 채권과 부당이득채권을 담보한다는 견해[44]도 주장되었다.

대법원은 포괄근저당이 유효라는 전제에 있다고 볼 수 있다. 그러나 판례[45]가 여신거래에서 발생하는 채무를 담보하는 포괄근저당을 유효라고 보고 있음은 분명하나, 순수한 포괄근저당도 유효로 보고 있다고 단정할 수는 없다. 우리나라 등기실무에서는 이른바 순수한 포괄근저당도 얼마든지 설정될 수 있다.[46] 경매실무나 파산 등 도산절차에서도 포괄근저당을 유효라고 보고 있다.

필자는 포괄근저당이 유효라는 견해에 찬성한다. 그 이유를 상세히 밝힌 바 있는데,[47] 우리 민법에서는 포괄근저당권을 무효라고 볼 근거가 없다. 포괄근저당에 관한 종래의 학설은 일본의 학설에 의하여 영향을 받은 것이다. 그런데 일본에서 1971년 민법 개정 전에는 근저당권에 관하여 아무런 규정이 없었다. 일본에서 1971년 민법 개정으로 근저당권에 관하여 여러 규정을 두면서 포괄근저당을 금지하는 규정을 두었는데, 당시 포괄근저당권을 부정할 이론적 근거는 없지만, 정책적 이유에서 포괄근저당을 금지하였다고 설명한다.[48] 따라서 일본의 포괄근저당권에 관한 학설은 그 논의의 전제가 우리나라와 다르

을 무효라고 한다. 그러나 이 견해는 개별약정에 의한 포괄근저당약정에 관해서는 한정적 유효설과 유사한 결론이고 다만 그 논거를 달리한다.

44) 李英俊, 物權法, 전정신판, 박영사, 2009, 959면; 尹喆洪, 物權法講義, 박영사, 1998, 407면.

45) 대판 1994. 9. 30, 94다20242(공 1994, 2852); 대판 1990. 11. 27, 90다카10077(공 1991, 203) 등 다수.

46) 대법원 등기예규 제880호(1997. 9. 9. 제정) 근저당권에 관한 등기사무처리지침.

47) 金載亨(주 19), 114면 이하.

48) 我妻榮, 擔保物權法, 新訂版, 岩波書店, 1972, 482면; 鈴木祿彌, 根抵當法概說, 新版, 新日本法規, 1993, 26면.

다. 우리 민법의 근저당권에 관한 규정은 독일의 최고액저당과 매우 유사하다. 독일의 최고액저당은 포괄적인 채무를 담보하기 위해서도 설정될 수 있는데,[49] 이는 우리 민법상 근저당권에 대해서도 동일하게 생각할 수 있다.

4. 민법개정논의

(1) 2004년 법무부 민법개정안

법무부는 1999년에 민법개정특별분과위원회를 설치하여 민법개정안을 마련하여 2004년 국회에 제출하였는데, 근저당권에 관한 조항을 추가로 신설하기로 하였다. 근저당권에 관하여 제357조를 그대로 두고, 그 다음에 11개 조항을 신설하자는 것이었다.[50]

이 개정안에서 현행 민법과 크게 달라지는 점은 개정안 제357조의2(근저당권의 피담보채권)에 관한 규정이다. 이 개정안은 "근저당권에 의하여 담보되는 채권의 범위는 특정한 계속적 거래계약, 그 밖의 일정한 종류의 거래로부터 발생하는 채권 또는 특정한 원인에 기하여 계속적으로 발생하는 채권에 한정된다."고 정하고 있다. 이는 포괄근저당을 부정하고 있는 일본 민법 제398조의2 제 2 항, 제 3 항을 수용하되 일부 내용을 수정한 것이다. 이 개정안에 따르면 근저당권의 피담보채권을 채권자와 채무자 사이의 거래에서 발생하는 모든 채권으로 정하는 것이 허용되지 않는다. 다만 일본 민법 제398조의2 제 3 항에서는 어음·수표상의 채권에 관하여는 그 유통성, 거래의 실정 등을 고려하여 근저

49) BGH WM 1960, 919; Soergel/Baur, § 1190 Rn. 15f. 독일의 최고액저당권은 보전저당권에 해당하기 때문에 우리나라의 근저당권과 그 법적 성질에 큰 차이가 있는 것은 아니다. 한편, 독일에서는 채무를 담보하기 위하여 주로 토지채무가 이용되는데, 토지채무는 포괄적인 채무를 담보하기 위하여 이용될 수 있다. Clemente(주 30), S. 8; Rehbein, Dieter, Sicherung und Sicherungszweck, in: *Festschrift für Theodor Heinsius zum 65. Geburtstag*, 1991, S. 662.

50) 法務部, 民法(財産編) 改正 資料集, 2004, 391면 이하.

당권설정자와의 합의에 의하여 이것을 피담보채권으로 하는 것을 인정하였으나, 위 개정안에서는 어음·수표상의 채권을 피담보채권의 범위에 포함시키지 않고 있다.

그 밖에 중요한 개정안으로는 근저당권 양도에 관한 규정, 근저당권의 피담보채권 확정에 관한 규정, 최고액감액청구권에 관한 규정을 들 수 있다.[51] 그러나 위 민법개정안은 국회의 회기만료로 폐기되었다.

(2) 2009년 법무부 민법개정위원회의 개정안

2009년에 신설된 법무부 민법개정위원회는 근저당권에 관한 현실적 수요를 충족시키고 법률관계를 명확하게 하기 위하여 근저당권에 관하여 10개 조문을 신설하기로 하였다.[52] 신설하기로 한 조항은 ① 채권최고액, 피담보채권의 범위, 채무자의 변경에 관한 규정, ② 근저당권의 공동귀속에 관한 규정, ③ 채권양도, 채무인수 등과 근저당권에 관한 규정, ④ 상속과 근저당권에 관한 규정, ⑤ 법인의 합병과 근저당권에 관한 규정, ⑥ 법인의 분할과 근저당권에 관한 규정, ⑦ 원본의 확정청구에 관한 규정, ⑧ 원본의 확정사유에 관한 규정, ⑨ 최고액감액청구에 관한 규정, ⑩ 물상보증인의 근저당권소멸청구권에 관한 규정이다. 제5분과위원회에서는 피담보채권과 무관하게 근저당권을 양도할 수 있다는 규정을 신설하자[53]는 제1안과 근저당권의 양도에 관한 규정을 두지 않고 판례와 학설에 맡기기로 하는 제2안을 마련하였다. 그

51) 이 개정안과 관련해서는 李相京, "根抵當權改正에 관한 立法論的 硏究," 法曹 제527호(2000. 8), 48면 이하; 金載亨, "根抵當權에 관한 改正方案," 民法論 Ⅰ, 박영사, 2004, 287면 이하 참조.

52) 필자는 5분과인 담보제도 분과의 위원으로서 근저당권에 관한 초안을 작성하였다. 5분과에서 11개 조항을 확정하여 전체회의에 회부하였는데, 2009년 8월에 개최된 전체회의에서 근저당권에 관한 10개 조문을 민법개정위원회안으로 채택하였고, 근저당권 양도에 관해서는 규정을 두지 않기로 하였다.

53) 필자는 2001년에 이 방식을 채택할 것을 주장하였다. 金載亨(주 51), 320면. 또한 법원행정처에서도 이 방안을 지지하였다. 그러나 2004년 법무부 민법개정안에서는 이 안을 채택하지 않았다. 法務部(주 50), 438면.

러나 민법개정위원회 전체회의에서 제2안을 채택하여 필자로서는 아쉽게도 근저당권의 양도에 관한 규정은 개정안에 포함되지 않았다.

근저당권에 관한 2009년 민법개정안은 2004년 민법개정안을 따른 경우가 많으나, 이를 수정 또는 신설한 조항도 있다. 2004년 개정안과 크게 달라진 것은 포괄근저당권을 금지하는 규정을 두지 않기로 한 점이다. 이는 포괄근저당권을 허용해야 한다는 주장을 받아들인 것이다. 비교법적으로 볼 때 포괄적인 채무를 담보하는 담보권을 금지하는 것은 매우 이례적이다. 약 40년 전에 일본 민법 개정 당시 포괄근저당을 정책적 이유로 금지하였으나, 현재는 금융거래의 현황이 더욱 활발해져 이를 금지할 시기는 지나갔다고 생각한다.

Ⅳ. 유치권에 관한 규율의 변화

1. 민법상의 유치권

제320조 제1항은 "타인의 물건 또는 유가증권을 점유한 자는 그 물건이나 유가증권에 관하여 생긴 채권이 변제기에 있는 경우에는 변제를 받을 때까지 그 물건 또는 유가증권을 유치할 권리가 있다."라고 규정하고 있다.[54] 이 규정은 일본 민법을 본받은 것으로 독특한 위치를 차지하고 있다.[55] 우리 민법에서 유치권은 법정담보물권으로 구성되어 있는데, 유치권자는 경매를 하거나, 정당한 이유가 있는 때에는

---

54) 상법은 상사유치권에 관하여 "상인간의 상행위로 인한 채권이 변제기에 있는 때에는 채권자는 변제를 받을 때까지 그 채무자에 대한 상행위로 인하여 자기가 점유하고 있는 채무자 소유의 물건 또는 유가증권을 유치할 수 있다."고 정함으로써(제58조 본문), 상사유치권이 쉽게 인정될 수 있도록 하고 있다. 그 밖에 상법 제91조에서 대리상의 유치권에 관하여 특별 규정을 두고 있다.

55) 독일 민법에서는 유치권이 물권이 아니라 이행거절권능으로 규정되어 있다(제273조).

목적물을 직접 변제에 충당할 수도 있다(제322조). 그러나 유치권은 담보물권에 일반적으로 인정되는 우선변제권이 인정되지 않는다. 다만 부동산 경매에 적용되는 민사집행법 제91조 제5항은 "매수인은 유치권자에게 그 유치권으로 담보하는 채권을 변제할 책임이 있다."고 정하고 있기 때문에, 경매절차상의 매수인이 목적물을 인도받으려면 유치권자에게 피담보채권을 변제하여야 한다. 따라서 유치권자는 경매절차에서 사실상으로는 우선변제를 받게 된다.[56]

2. 유치권에 관한 학설과 판례

유치권이 성립하려면, ① 타인의 물건 또는 유가증권을 점유할 것, ② 그 물건이나 유가증권에 관하여 생긴 채권이 변제기에 있을 것이라는 요건을 충족하여야 한다.

(1) 첫 번째 요건에 관해서 보자. 유치권이 성립하는 목적물을 '물건과 유가증권'이라고 정하고 있으므로, 부동산 위에도 유치권이 성립할 수 있다. 실제로 건축공사현장에서 수급인 또는 하수급인이 그 공사대금채권에 기하여 부동산에 대한 유치권을 행사하는 사례가 빈번하다. 판례는 이를 긍정하고 있다. 즉, 대판 1995.9.15, 95다16202, 16219(공 1995, 3395)는 "피고가 현재 점유 중인 … 주택건물의 신축공사를 한 수급인으로서 위 건물에 관하여 생긴 공사금 채권이 있다면, 피고는 그 채권을 변제받을 때까지 위 건물을 유치할 권리가 있다."고 함으로써, 부동산 공사의 수급인이 유치권을 행사할 수 있다고 하였다. 따라서 주택건물의 신축공사를 한 수급인이 그 건물을 점유하고 있고 또 그 건물에 관하여 생긴 공사대금 채권이 있다면, 수급인은 그 채권을 변제받을 때까지 건물을 유치할 권리를 갖는다.[57] 하수급인이 공사대금채권

56) 郭潤直(주 41), 282면.

57) 판례에 의하면 원칙적으로 수급인이 그 재료와 노력으로 건축하여 독립한 건

을 변제받기 위하여 도급인 소유의 건물을 점유하여 유치권을 행사하는 것도 허용된다.[58] 나아가 점유자가 그 목적물에 비용을 지출함으로써 비용상환청구권이 있는 경우에 유치권을 행사할 수 있다.[59] 임차인의 비용상환청구권이 인정되는 경우에도 마찬가지이다.[60]

그 결과 부동산 유치권자가 공사를 더 이상 진행하지 않으면서도 부동산을 계속 점유하고 있는 경우가 속출하고 있다. 건축공사의 수급인이 공사대금을 못 받았으니 그 대금을 받을 때까지 부동산을 계속 점유하고 있어야 한다고 생각할 수 있다. 그러나 완공되지 않은 건물들을 흉물로 남겨 두도록 하는 것은 미관상으로든 경제적으로든 좋은 일이 아님은 분명하다. 필자는 그와 같은 건물을 보면서 법률을 고쳐서 잠자고 있는 재화를 다시 활용할 수 있는 방안을 마련하여야 할 것이라는 생각을 하였다.

동산의 공시수단은 점유이기 때문에 점유자에게 유치권을 인정하는 것은 체계상 문제는 없다고 볼 수 있다. 그러나 부동산물권의 공시수단으로 등기제도가 마련되어 있으므로, 부동산 점유자에게 유치권이라는 강력한 물권을 인정하는 것은 부동산에 대한 점유를 부동산물권에 대한 공시수단으로 인정하는 것과 같아서 공시제도의 혼란을 초래할 수 있다. 또한 공사현장이 넓은 경우에는 부동산에 대한 점유가 있

물이 된 경우에는 그 건물이 수급인의 소유가 되는데, 이와 같은 경우에는 유치권이 성립하지 않는다. 왜냐하면 유치권이 타물권이기 때문이다. 대판 1993.3.26, 91다14116(공 1993, 1280).

58) 대판 2007.9.7, 2005다16942(공 2007, 1553)는 다세대주택의 창호 등의 공사를 완성한 하수급인이 공사대금채권 잔액을 변제받기 위하여 위 다세대주택 중 한 세대를 점유하여 유치권을 행사하는 경우, 그 유치권은 위 한 세대에 대하여 시행한 공사대금만이 아니라 다세대주택 전체에 대하여 시행한 공사대금채권의 잔액 전부를 피담보채권으로 하여 성립한다고 하였다. 과연 이와 같이 넓게 유치권을 인정해야 하는지는 의문이다.

59) 대판 1977.11.22, 76다2731(집 25-3, 민 287).

60) 그러나 임차인의 보증금반환채권에 대해서는 유치권이 인정되지 않는다. 대판 1976.5.11, 75다1305(공 1976, 9157).

는지 여부를 판별하는 것이 어렵고, 부동산에 대한 물권을 행사하는 데 점유가 필요한 이유를 설명하기도 쉽지 않다.

경매실무에서는 부동산 유치권 문제가 매우 어려운 문제로 되어 있다. 부동산 유치권을 행사하는 경우에 유치권자가 새로운 매수인에 대해서도 계속 목적물의 인도를 거절할 수 있으므로, 유치권이 성립하기 전에 저당권을 취득한 사람 등에게 불측의 손해가 발생한다. 또한 유치권이 주장되는 경우에는 매수인도 유치권을 감안하여 부동산을 매수할 것이기 때문에 염가로 매각이 이루어지고 아예 경매가 이루어지지 않는 경우도 많다.

(2) 두 번째 요건에서 '그 물건에 관하여 생긴 채권'(이를 '채권과 물건 사이의 견련성'이라고 한다)이 무엇을 의미하는지에 관해서는 견해가 대립하고 있다. 다수설은 이른바 二元說이다. 즉 채권과 물건 사이의 견련성이 인정되는 경우는 ① 채권이 목적물 자체로부터 발생하는 경우와 ② 채권이 목적물의 반환청구권과 동일한 법률관계 또는 사실관계로부터 발생하는 경우라고 한다.[61]

판례는 유치권이 성립되는 경우를 개별적으로 판단하여 왔는데, 최근에는 이른바 이원설에 따른 법리를 명시적으로 표명한 적이 있다. 즉, 대판 2007. 9. 7, 2005다16942(공 2007, 1553)는 '그 물건에 관하여 생긴 채권'은 "위 유치권 제도 본래의 취지인 공평의 원칙에 특별히 반하지 않는 한, 채권이 목적물 자체로부터 발생한 경우는 물론이고 채권이 목적물의 반환청구권과 동일한 법률관계나 사실관계로부터 발생한 경우도 포함한다."고 판단하였다.[62] 이 판결은 다수설과 같이 채권과 물건 사이의 견련성을 넓게 인정한 것이다.[63]

---

61) 郭潤直(주 41), 285면.

62) 이 판결은 나아가 "유치물은 그 각 부분으로써 피담보채권의 전부를 담보한다고 할 것이며, 이와 같은 유치권의 불가분성은 그 목적물이 분할 가능하거나 수개의 물건인 경우에도 적용된다."고 하였다.

63) 이 판결에 찬성하는 해설 또는 평석으로는 문광섭, "유치권의 피담보채권의

그러나 이 기준이 유치권이 성립하는 경우를 적절하게 설명하지 못하고 있을 뿐만 아니라, 그 인정 범위를 지나치게 넓게 보고 있다는 비판이 끊임없이 제기되고 있다.[64)]

3. 민법개정논의

(1) 2004년 법무부 민법개정안 작성 당시의 논의

입법론으로 유치권에 관한 규정을 개정하여야 한다는 주장들이 제기되어 왔다. 2004년 민법개정안을 작성할 당시 민법개정특별분과위원회에서 민법상의 부동산 유치권을 폐지하고 이를 법정저당권으로 전환할 것인지 논의하였으나, 유치권에 관한 개정은 장기과제로 남겨두고 개정안을 마련하지 않았다.[65)]

(2) 법무부 민법개정위원회 제5분과위원회의 개정안

2009년에 출범한 민법개정위원회 제5분과에서는 유치권에 관한 개정안을 작성하기로 하였고,[66)] 최근 유치권에 관하여 개정안을 마련하였다. 그 주요 내용은 다음과 같다.

㈎ 유치권의 성립요건인 '물건과 채권 사이의 견련관계'를 한정하기로 하여 "비용지출로 인한 채권 그 밖에 이와 유사한 채권"에 대해서만 유치권을 인정하기로 하였다. 이는 종래 유치권이 인정되는 전형

범위: 채권과 물건 간의 견련관계 및 유치권의 불가분성과 관련하여," 대법원판례해설 제71호(2007 하반기)(2008. 7), 120면 이하; 裵容浚, "유치권의 성립요건으로서의 견련관계 및 유치권의 불가분성," 민사판례연구(XXXI), 2009, 157면 이하.

64) 梁彰洙, "留置權의 發生要件으로서의 「債權과 物件 간의 牽連關係」," 民法硏究 제1권, 박영사, 1991, 227면 이하; 李英俊(주 44), 766면 이하.

65) 法務部(주 50), 376면 이하(金相容 검토의견).

66) 이에 따라 2009년도 법무부 연구용역과제보고서로 정준영·이동진, "부동산 유치권의 개선에 관한 연구"가 제출되었는데, 유치권에 관한 비교법적 연구를 토대로 부동산 유치권에 관한 개정안을 제시하고 있다.

적인 형태를 "물건에 대하여 비용을 지출한 경우"로 상정한 것이다. 다만 이와 같이 한정할 경우 유치권이 성립하는 범위가 지나치게 좁게 될 수 있어서 물건에 대한 비용지출과 유사한 경우까지 유치권의 성립 범위를 넓힌 것이다. 따라서 "채권이 목적물의 반환청구권과 동일한 법률관계나 사실관계로부터 발생한 경우"에도 위 요건으로 포섭되지 않는 한 유치권이 성립하지 않게 될 것이다.

(나) 유치권의 목적물에 동산과 유가증권은 종래와 마찬가지로 포함되지만, 부동산은 그 목적물에서 원칙적으로 제외하기로 하였다.[67] 다만, 미등기 부동산(등기되지 아니한 부동산)에 관해서는 유치권을 존속시키기로 하였다.

우리 법제에서 미등기 부동산을 어떻게 다룰 것인지는 매우 어려운 문제인데, 유치권의 성립대상에서 미등기 부동산을 제외할 것인지 여부에 관해서도 많은 논란이 있었다. 유치권이 실제로 문제되는 것은 미등기 부동산인 경우가 많기 때문에, 미등기 부동산에 대하여 유치권을 인정할 경우에 유치권에 관한 개정의 의미가 반감될 것이라는 우려도 있다. 또한 미등기 부동산의 유치권을 인정한다면 그에 따른 복잡한 문제가 발생할 수 있다.

그러나 미등기 부동산, 특히 등기를 할 수 없는 부동산의 경우에 유치권을 인정하지 않는다면 등기를 할 수 없는 상태에서 유치권도 성립되지 않고 저당권도 설정할 수 없게 된다. 동산의 경우에는 비용지출

---

67) 부동산유치권을 폐지하고 법정저당권으로 대체하자는 주장으로는 金相容, "擔保物權制度의 課題," 民事法學 제9·10호(1993), 454면; 權龍雨, "物的 擔保制度의 課題와 展望," 現代法學의 課題와 展望(李仲範敎授 停年紀念論文集), 新陽社, 1998, 331면; 정준영·이동진, 위 보고서, 110면. 이에 대하여 김영두, "부동산유치권의 문제점에 관한 연구," 토지법의 이론과 실제(이선영박사화갑기념), 2006, 216면은 "하나의 제도를 일시에 폐지한다는 것은 큰 혼란을 야기하는 것으로 바람직하지 않을 것"이고, "채권담보를 위한 부동산유치권의 본래의 기능을 완전히 도외시하는 것"이라고 한다. 이 견해는 부동산유치권의 발생을 위해서 등기부에 기재될 것을 요구하고, 유치권의 우선변제적 효력을 인정하며, 경매에 의해서 유치권이 소멸하도록 할 것을 제안하고 있다.

자 등이 유치권을 가지는 데 반하여, 미등기 부동산의 경우에는 저당권을 설정받을 수 없는데도 유치권이 인정되지 않는다면 형평에 맞지 않을 수 있다. 나중에 부동산에 관한 소유권보존등기를 하면 저당권설정청구권을 부여하면 된다고 하나, 부동산 소유자가 등기 이전에 그 부동산을 제 3 자에게 처분한 경우 등에 대비하여 유치권을 인정할 필요가 있다.

다만 개정안에서는 미등기 부동산에 관하여 소유권보존등기를 하면 그 때부터 일정한 기간 내에 저당권을 설정하도록 하고, 이에 따라 저당권을 설정하거나 저당권설정청구권이 소멸하면 유치권도 소멸하도록 하였다. 소유권보존등기를 하면 더 이상 미등기 부동산이 아니기 때문에, 유치권의 대상이 되지 않는다고 볼 수 있으나, 미등기 부동산에 이미 성립한 유치권의 존속기간을 일정한 시기까지 연장하는 것은 가능할 것이다.

(다) 비용지출자 등의 저당권설정청구권에 관한 제372조의2를 신설하기로 하였다. 부동산에 대하여 비용을 지출한 경우나 이와 유사한 채권이 있는 경우에 그 부동산에 저당권을 설정할 수 있도록 한 것이다. 제666조는 수급인의 저당권설정청구권에 관한 규정을 두고 있는데,[68] 이 규정은 도급계약의 경우에만 적용된다. 그러나 도급계약 이외에도 부동산에 대한 비용을 지출함으로써 그 가액을 증가시킨 경우에는 그 부동산에 대한 저당권을 설정할 수 있도록 할 필요가 있다.

비용지출자 등에게 저당권설정청구권이 아니라 법정저당권을 인정할 것인지 여부에 관하여 논란이 있었다. 민법에서 법정저당권은 매우 예외적인 경우에만 인정하고 있다. 즉, 제649조는 "임차지상의 건물에

68) 제666조가 정하고 있는 수급인의 저당권설정청구권은 순수한 청구권이다. 수급인의 청구권 행사로 바로 저당권이 설정되는 것이 아니고, 도급인이 그 청구에 응하여 승낙을 하고 등기를 갖추어야 비로소 저당권이 성립한다. 民法注解(XV), 451면(金龍潭 집필). 이는 우리 민법이 본받은 독일 민법 제646조의 경우에도 마찬가지이다.

대한 법정저당권"이라는 표제 하에 "토지임대인이 변제기를 경과한 최후 2년의 차임채권에 의하여 그 지상에 있는 임차인 소유의 건물을 압류한 때에는 저당권과 동일한 효력이 있다."고 정하고 있는데, 변제기를 경과한 최후 2년의 차임채권에 한하여 임차인 소유의 건물에 대하여 법정저당권이 인정된다. 따라서 부동산에 대한 비용지출자 등에게 법정저당권을 인정하는 것은 비용지출자 등을 과도하게 보호하는 결과가 될 수 있다. 반면에, 법정저당권의 경우에는 압류를 요건으로 하고 있는데,[69] 비용지출자 등에게 법정저당권을 인정하기 위해서 압류를 요건으로 한다면 오히려 비용지출자 등에게 불리하게 될 수 있을 것이다. 그리하여 개정안은 비용지출자 등에게 법정저당권을 인정하지 않고 저당권설정청구권만을 인정하였다.[70]

이 경우 저당권의 효력에 관해서는 여러 견해가 있을 수 있다. 개정안에서는 비용지출자 등이 저당권설정등기를 한 시점을 기준으로 저당권의 효력을 정하는 것이 원칙이지만, 저당권등기보다 변제기가 앞선 경우에는 변제기를 기준으로 우선권을 정하도록 하였다. 이와 같이 저당권등기시보다 앞선 시기를 기준으로 우선권을 정한다는 점에서 부동산등기에 관한 기본원칙에 대한 예외를 인정한 것이다. 이에 따라 부동산등기법을 개정하여 변제기를 공시하는 등 후속 조치가 필요할 것이다.

한편, 이 개정안에서 비용지출자 등이 저당권설정청구권을 갖기 위해서는 목적 부동산을 점유하고 있어야 한다고 볼 것인지 여부에 관해서 논란이 있었다. 그리하여 점유 요건 문제와 관련해서는 점유를 요건

69) 이 규정에 따른 법정저당권은 압류에 의하여 그 효력이 발생한다. 그런데 압류를 하려면 확정판결 등 집행권원이 있어야 하고, 압류를 하면 등기부에 그 사실이 기입된다. 그런데 확정판결을 받을 무렵에는 이미 압류할 물건이 남아 있지 않기 때문에, 이 규정의 실효성이 적다. 民法注解(XV), 168면(閔日榮 집필). 물론 가압류에 의하여 이를 보전할 수는 있다.

70) 이 개정안에 따르면 압류를 하지 않고 등기를 통하여 저당권을 공시하기 때문에, 저당권을 좀 더 명확하게 공시를 할 수 있다는 장점이 있다.

으로 하는 안과 이를 요건으로 하지 않는 안을 작성하기로 하였다. 점유를 요건으로 하는 방안은 현행 유치권 규정과 유사하기 때문에, 제도의 전환으로 인한 문제점을 줄일 수 있다는 장점이 있다. 이에 반하여 점유를 요건으로 하지 않는 방안은 비용지출자 등의 채권을 보호할 필요가 있는 것은 점유 여부와 상관없는 것이기 때문에, 이 제도의 목적에 부합한다는 장점이 있다.

비용지출자 등의 상대방이 저당권설정등기에 협력하지 않을 경우에 대비하여 주택임대차보호법에 있는 등기명령제도를 도입할 것인지에 관해서 검토하였으나, 이를 도입하지는 않기로 하였다. 임차권등기명령제도는 매우 예외적인 경우에 인정되는 것인데, 이를 민법에 도입하는 것은 부적절하다는 의견을 따른 것이다. 따라서 상대방이 저당권설정등기에 협력하지 않을 경우에는 비용지출자 등이 가처분을 신청하거나 또는 이와 함께 저당권설정등기를 청구하는 소를 제기하여야 한다. 그 밖에 부동산등기법 제38조의 가등기가처분을 이용할 수도 있을 것이다.

(라) 부동산에 대해서도 상사유치권이 인정되고 있는데(상법 제58조), 상사유치권은 동산과 유가증권에만 성립하도록 하는 방안을 권고하기로 하였다. 등기 여부를 불문하고 부동산의 경우에는 상사유치권을 인정할 필요성이 없다고 보았기 때문이다.

(마) 민사집행법 제91조 제5항을 삭제할 것을 권고하기로 하였다. 이 규정은 유치권의 폐해가 드러나는 대표적인 조항으로 비판을 받았다.[71] 미등기 부동산에 대한 유치권을 인정하지만, 경매절차에 들어간 경우에는 등기를 할 것이므로 이에 대한 예외를 둘 필요가 없을 것이다.

71) 가령 김영두(주 67), 205면 이하.

V. 동산 및 채권담보에 관한 법적 규율의 변화

1. 민법상 질권

동산이나 권리를 담보로 제공하고자 하는 경우에 질권을 설정할 수 있다. 민법은 질권을 동산질권과 권리질권으로 구분하여 정하고 있다.

(1) 동산질권

동산질권을 설정하려면 질권 설정자가 질권자에게 목적물을 인도하여야 그 효력이 생기고(제330조), 질권자는 설정자로 하여금 질물의 점유를 하게 하지 못한다(제332조). 민법은 동산물권변동의 공시방법으로 현실의 인도, 간이인도, 점유개정, 목적물반환청구권의 양도를 인정하고 있는데(제188조 내지 제190조), 동산질권의 경우에는 점유개정에 의한 인도가 허용되지 않는다. 이른바 비점유질을 인정하지 않는다. 따라서 동산을 계속 점유·사용하면서 이를 담보로 자금을 조달하고자 하는 기업 등 채무자 입장에서는 동산질권을 이용할 수 없다.

(2) 권리질권

채권 등 권리를 담보로 제공하려면 민법상의 권리질권제도를 이용할 수 있다. 그러나 지명채권에 질권을 설정한 경우에 제3자에게 대항하려면 '확정일자 있는 문서에 의한 통지 또는 승낙'이 필요하다(제349조). 대량의 채권에 질권을 설정하는 경우에는 이 요건을 갖추는 데 많은 비용과 시간이 소요되기 때문에, 채권질권이 충분히 활용되지 못하고 있다.

2. 양도담보

(1) 양도담보 일반

양도담보는 민법에 명문의 규정이 없지만, 담보법에서 중요한 위치를 차지하고 있다. 담보의 대상이 매우 포괄적이라는 점은 양도담보의 중요한 특징이다. 동산이나 부동산뿐만 아니라, 채권·주식 등 다양한 권리에 양도담보가 설정될 수 있다.

동산을 일괄하여 양도담보로 제공할 수도 있고('집합동산양도담보'), 채권을 일괄하여 양도담보로 제공할 수도 있다('집합채권양도담보'). 개별 동산이나 채권은 부동산과 달리 가치가 너무 적어 담보를 설정하기에 부적절한 경우가 많지만, 다수의 동산이나 다수의 채권을 모으면 가치가 커지기 때문에, 동산이나 채권을 담보로 활용할 수 있는 가능성이 높아진다. 또한 양도담보의 경우에는 담보권자가 점유개정(제189조)에 의하여 채무자로 하여금 담보목적물을 점유하게 함으로써 관리상의 위험과 불편을 덜 수 있고, 담보설정자는 생산이나 영업에 사용되는 시설이나 판매 중에 있는 상품도 담보로 제공할 수 있다. 그리하여 이와 같은 양도담보는 담보에 대한 수요를 충족시키기 위하여 금융실무상 발전한 것으로 담보목적물을 확장시키는 기능을 수행하고 있다.

(2) 집합동산양도담보

판례는 복수의 동산을 양도담보로 제공하는 집합동산양도담보를 유효라고 보고, 그 이론구성에 관하여 集合物論을 채택하고 있다. 즉, 일정한 점포 내의 상품과 같이 증감변동하는 상품 일체도 이른바 '집합물에 대한 양도담보권'으로서 그 목적물을 종류, 장소, 수량 지정 등의 방법에 의하여 특정할 수만 있다면 그 집합물 전체를 하나의 재산권으로 하는 담보의 설정이 가능하다고 한다.[72]

---

72) 대판 1988. 10. 25, 85누941(공 1988, 1484)은 "제강회사가 제품생산에 필요하여 반입하는 원자재를 일정기간 계속하여 채권담보의 목적으로 삼으려는 소위

학설에서는 집합동산양도담보의 이론구성에 관하여 논란이 있다. 먼저 판례에 찬성하는 견해가 있다. 이 견해는 집합물을 그 구성요소인 개별동산의 변동에도 불구하고 개별동산과는 별개로 독립된 하나의 권리객체로 보아 집합물 자체를 양도담보의 객체로 본다.[73] 이에 대하여 집합물론에 반대하는 견해가 있다.[74] 그 이유로 우리 민법은 집합물이라는 개념을 인정하지 않고 있으며, 이를 인정하지 않더라도 '事前占有改定約定(antezipiertes Besitzkonstitut)'이라는 개념으로 집합물양도담보에 관한 문제를 해결할 수 있다고 한다.[75] 어느 견해를 따르든 집합동산양도담보의 유효성을 인정하는 점에 관하여는 별다른 차이가 없지만, 이론구성상 중요한 문제를 내포하고 있다. 집합물론을 따를 경우 하나의 물건이 두 가지 권리의 객체가 되는 결과가 되기 때문에, 우리 민법하에서 집합물론을 따를 수 없다고 생각한다.[76]

집합동산양도담보의 공시방법은 점유개정이다. 集合物讓渡擔保가 성립하려면 점유개정에 의한 점유이전이 있어야 한다. 그러나 점유개정에 의한 인도는 대외적으로 권리관계를 표상하기에는 매우 불완전한

집합물양도담보권설정계약에 있어서는 목적 동산의 종류와 수량의 범위가 지정되고 그 소재 장소가 특정되어 있으면 그 전부를 하나의 재산권으로 보아 담보권의 설정이 가능하다고 보아야 할 것이고 그러한 경우 양도담보권자는 담보권설정계약당시 존재하는 원자재를 점유개정에 의하여 그 점유를 취득하면 제 3 자에 대하여 그 동산의 소유권(담보권)을 주장할 수 있는 것이고 그 후 새로이 반입되는 개개의 물건에 대하여 그 때마다 점유개정의 표시가 있어야 하는 것은 아니라고 할 것이다."라고 판결하였다. 동지: 대판 1988. 12. 27, 87누1043(공 1989, 244).

73) 金曾漢·金學東, 民法總則, 제 9 판, 박영사, 1995, 236면; 李在洪, "集合動産의 讓渡擔保," 判例月報 제177호(1985. 6), 34면; 金在協, "集合動産의 讓渡擔保," 司法硏究資料 제16집(1989), 법원행정처, 84-85면; 李正九, "集合物에 대한 讓渡擔保," 法曹 제398호(1989. 11), 85-86면; 李俊相, 金融判例硏究(1982-1991), 육법사, 1992, 468면.

74) 黃迪仁, 現代民法論 Ⅱ, 전정판, 박영사, 1987, 382면; 黃迪仁, "集合物擔保와 企業擔保," 民法·經濟法論集, 법원사, 1995, 327면; 梁彰洙, "內容이 變動하는 集合的 動産의 讓渡擔保와 그 産出物에 대한 效力," 저스티스 제30권 제 1 호(1997. 3), 115면 이하; 韓國産業銀行 調査部 編, 特殊擔保制度, 1984, 228면 이하.

75) 梁彰洙(주 74), 115-116면.

76) 金載亨, "擔保法에서의 擔保目的物의 擴張問題," 民法論 Ⅰ, 박영사, 2004, 397면.

공시방법이다. 따라서 도산에 직면한 채무자가 공시수단의 불완전성을 악용하여 허위의 양도담보를 만들어 내 일반채권자에게 피해를 줄 수도 있다. 하나의 동산에 이중으로 양도담보가 설정되는 경우도 적지 않다.[77] 또한 양도담보가 미치는 범위가 명확하지 않기 때문에, 그 범위를 둘러싼 분쟁도 빈번하게 발생한다. 그리하여 非占有擔保의 장점을 살리면서 공시방법의 불완전성을 보완하기 위한 방안을 모색하게 되었다.

(3) 집합채권양도담보

집합채권양도담보의 이용도가 높아지고 있고, 이에 따라 대법원판결들이 계속 나오고 있다.[78] 그러나 담보 목적으로 채권을 양도하는 경우에도 양도인에 의한 통지 또는 채무자의 승낙(제450조)이 필요하기 때문에 활발하게 이용되지는 않고 있다. 채권을 담보로 활용하는 데에는 채권양도의 대항요건과 같은 규정이 제약으로 작용하고 있다. 그리하여 채권의 경우에도 동산의 경우와 마찬가지로 쉽게 담보로 제공하고 그 대항요건 등의 문제를 해결하기 위한 방안을 모색하게 되었다.

3. 동산·채권 등의 담보에 관한 법률

(1) 법제정의 경위

1997년 금융위기 이후 동산담보나 채권담보에 관한 관심이 점증하였다. 부동산 이외의 재산을 쉽게 담보로 제공할 수 있는 제도적 장치를 마련하여야 한다는 인식이 확산되었다. 필자는 동산·채권 담보제도

77) 판례는 집합물을 이중으로 양도담보로 제공하면 나중의 양도담보는 무효가 된다고 한다. 대판 1988.12.27, 87누1043(공 1989, 244); 대판 1989.4.11, 88도1586(공 1989, 781); 대판 1990.2.13, 89도1931(공 1990, 703); 대판 2000.6.23, 99다65066(공 2000, 1743); 대판 2004.12.24, 2004다45943(공 2005, 194); 대판 2005.2.18, 2004다37430(공 2005, 470), 대판 2007.2.22, 2006도8649.

78) 대판 2002.7.9, 2001다46761(공 2002, 1910); 대판 2003.9.5, 2002다40456(공 2003, 2015); 대판 2004.2.12, 2003다53497(공 2004, 448).

를 개선하여야 한다고 주장하였다.[79] 이와 같은 주장은 미국 통일상법전(Uniform Commercial Code; UCC) 제 9 장[80]에 있는 담보거래(secured transaction) 제도 등 외국의 입법례에 대한 비교법적 연구성과가 축적되면서 점차 구체화되었다. 2005년부터는 법원행정처, 법무부, 재정경제부에서 동산·채권 담보제도를 개선하겠다고 발표하였다. 특히 2007년 11월에는 대법원 특수등기연구반이 작성한 "동산 및 채권의 양도등기에 관한 특례법(안)"이 나왔다.[81]

그 후 법무부는 2008년 3월 5일 「동산 및 채권의 담보에 관한 특례법 제정 특별분과위원회」(이하 '위원회'라고 한다)를 구성하였다. 위원회에서 약 1년 동안 법안을 작성하여 2009년 3월 18일 법무부에 위원회 안을 제출하였고, 법률안의 명칭을 「동산·채권 등의 담보에 관한 법률」로 확정하였다.[82] 그 후 위 법안은 정부안으로 국회에 제출되어

79) 金載亨(주 76), 405면; 金載亨, "動産擔保制度의 改善方案 —登錄制度의 導入에 관한 試論—," 民法論 Ⅲ, 박영사, 2007, 264면; 金載亨, "UNCITRAL 「擔保去來에 관한 立法指針 草案」 논의," 民法論 Ⅲ, 박영사, 2007, 336면. 이와 유사한 주장으로는 南潤三, "우리나라 動産擔保制度의 改善方向(下)," 司法行政 제40권 3호(1999. 3), 34면; 高埈碩, "美國 人的財産擔保權의 完成," 比較私法 제 7 권 1호(2000. 6), 317면; 金相容, "동산담보권의 통일화와 등록에 의한 저당권화로의 새로운 경향," 民事法學 제41호(2008. 6), 357면 이하.

80) 통일상법전은 통일 주법 위원 전국회의(National Conference of Commissioners on Uniform State Laws; NCCUSL)가 주법의 통일을 위하여 작성한 것이다. 제 9 장은 1940년대에 초안을 작성하기 시작하여 1962년에 완성되었고, 1972년과 1999년에 대폭 개정되었는데, 통일상법전 중에서 가장 혁신적인 것으로 매우 높은 평가를 받고 있다. 이에 관해서는 White/Summers, *Uniform Commercial Code*, 5. ed., 2000, pp. 1-7; Honnold/ Harris/Mooney, Jr., *Security Interests in Personal Property*, 3rd ed., 2001, pp. 4-7.

81) 대법원 특수등기연구반, 동산 및 채권의 양도등기제도 도입을 위한 입법자료, 법원행정처, 2007. 11; 윤성근(대표집필), "한국에서의 동산 및 채권 담보법 입법방안," 國際去來法研究 제16집 2호(2007. 12), 213면 이하. 필자는 대법원 특수등기연구반의 활동 초기에 옵저버(Observer)로서 참여하였는데, 구체적인 법안의 작성에는 관여하지 않았고 그에 대한 의견조회에 답변을 하지 못했다.

82) 상세한 것은 金載亨, "『동산·채권 등의 담보에 관한 법률』 제정안의 구성과 내용," 法曹 제638호(2009. 11). 이하의 서술은 이 글을 요약한 것으로 그 후 통과된 법률에 맞추어 수정한 부분이 있다.

2010년 5월 국회에서 통과되어 6월 11일 공포되었는데, 새로운 등기제도를 구축하는 데 시일이 소요되기 때문에 2년의 준비작업을 거쳐 2012년 6월 12일 시행될 예정이다.

이 법률은 6개의 장으로 구성되어 있고, 64개 조문과 부칙 4개 조항이다. 각 장의 제목은 제 1 장 총칙, 제 2 장 동산담보권, 제 3 장 채권담보권, 제 4 장 담보등기, 제 5 장 지적재산권에 대한 특례, 제 6 장 보칙이다.

(2) 새로운 담보권의 창설

동산이나 채권에 관한 새로운 담보제도를 도입하면서 그 법적 성질을 질권과 같이 담보권으로 구성할 것인지, 아니면 양도담보[83]와 유사하게 소유권적으로 구성할 것인지 문제되었다.

미국 통일상법전 제 9 장에서는 담보거래에 관하여 포괄적으로 규정하면서 동산담보와 채권담보를 함께 규율할 뿐만 아니라, 통일적인 담보권 개념을 도입하여 종전에 이용되던 점유질, 동산저당, 조건부매매 등 다양한 담보제도를 통일적으로 구성하고 있다. 금융리스나 구입대금담보권(purchase money security interests) 등 담보의 실질을 갖고 있는 경우에는 그 형식과 상관없이 담보권으로 다루고 있다.[84] 이는 유럽부흥개발은행(European Bank for Reconstruction and Development: EBRD)의 모범담보거래법(Model Law on Secured Transactions)[85]이나

---

83) 동산양도담보의 법적 성질에 관해서 판례는 신탁적 소유권이전설을 채택하고 있다. 대판 1986. 8. 19, 86다카315(공 1986, 1218); 대판 1994. 8. 26, 93다44739(공 1994, 2514); 대판 1995. 7. 28, 93다61338(공 1995, 2958). 집합동산양도담보에 관해서도 마찬가지이다. 대판 2004. 10. 28, 2003다30463(공 2004, 1942). 다만 도산절차에서는 양도담보를 담보권으로 취급하고 있다(채무자 회생 및 파산에 관한 법률 제141조, 제579조 제 1 호 가목).

84) 이를 "실질이 형식을 지배한다"라고 표현한다. White/Summers(주 80), p. 713; 金載亨, "動產擔保制度의 改善方案"(주 79), 270면.

85) 이는 동유럽의 여러 국가가 담보거래법을 도입하는 데 결정적인 영향을 미쳤는데, 담보권 개념을 도입하고 있다(가령 제1.1조). 상세한 것은 EBRD, *Model Law on Secured Transactions*, 1994; Dahan/Simpson, "The European Bank for

캐나다의 인적 재산 담보법(Personal Property Security Act) 등 여러 국가의 담보제도에서도 마찬가지이다.

최근에 유엔국제거래법위원회(UNCITRAL)[86]의 제 6 작업그룹(Working Group VI)에서 동산담보와 채권담보제도를 포괄하는 담보거래제도를 현대화하기 위한 입법지침을 완성하였는데,[87] 등기 또는 등록제도를 채택하고 있다.[88] 이 지침에서는 개별국가가 담보권에 관하여 통일적인 접근방법과 비통일적인 접근방법 중에서 선택할 수 있도록 하고 있다. 통일적 접근방법은 하나의 통일적인 담보권이라는 단일 개념을 창설하는 것이고, 비통일적 접근방법은 통일적인 담보권 개념을 받아들이지 않고 소유권유보부 매매 등 담보적 기능을 가진 권리들을 담보권 개념에 포함시키지 않지만, 이들을 담보권과 유사한 방식으로 규율하는 것이다.[89]

이와 달리 일본[90]에서는 동산양도나 채권양도에 관한 등기제도를

Reconstruction and Developement's Secured Transactions Project," Kieninger ed., *Security Rights in Movable Property in European Private Law*, 2004, p. 102.

86) 유엔국제거래법위원회는 1966년 유엔총회에 의해 설립된 이래 국제거래에 관한 협약, 모델법, 입법지침 등을 작성하고 있다. 위원회는 총회에서 선출된 60개 회원국으로 구성되어 있는데, 우리나라도 회원국으로서 참여하고 있다.

87) 제 6 작업그룹은 제 1 차 회의를 2002년 5월 20일부터 24일까지 미국 뉴욕에서 개최한 이래 매년 2회 뉴욕과 오스트리아 빈에서 번갈아가며 회의를 개최하여 입법지침을 완성하였다. 회의자료는 http://www.uncitral.org/uncitral/en/commission/working_groups/6Security_Interests.html에서 검색할 수 있다. 그 후 유엔총회는 2008년 12월 회원국들이 담보법을 제정 또는 개정할 때 이를 고려할 것을 권고하는 결의를 하였다. A/RES/63/121. 석광현, UNCITRAL 담보권 입법지침 연구, 법무부, 2010은 이 지침을 상세하게 소개하고 있다.

88) UNCITRAL, 2007 — *UNCITRAL Legislative Guide on Secured Transactions*, 2010, p. 149.

89) 金載亨, "UNCITRAL 「擔保去來에 관한 立法指針 草案」 논의"(주 79), 312면.

90) 일본에서는 1998. 6. 12. 「채권양도의 대항요건에 관한 민법의 특례 등에 관한 법률」을 제정하여 채권양도등기제도를 도입하였고, 2004. 12. 1. 「채권양도의 대항요건에 관한 민법의 특례 등에 관한 법률의 일부를 개정하는 법률」에 의하여 동산양도등기제도를 도입하였는데, 법률의 명칭도 「동산 및 채권양도에 관한 민법의 특례 등에 관한 법률」(이하 '동산 · 채권양도법'이라고 한다)로 변경되었다. 이 법에서 동산양도나 채권양도의 대항요건과 병렬적으로 새로운 등기제도를 도

받아들였는데, 동산양도나 채권양도를 하는 경우에 그 공시방법으로 양도등기를 이용할 수 있도록 하였다. 미국 통일상법의 담보거래제도를 변형하여 도입한 것이라고 할 수 있다. 또한 동산이나 채권에 관한 종전의 담보제도, 즉 질권이나 양도담보 등을 그대로 유지하고 있다.

우리나라의 「동산·채권 등의 담보에 관한 법률」에서는 동산과 채권에 관한 새로운 담보권을 창설하기로 하였다.[91] 이는 일본의 동산·채권양도법과는 다른 선택을 하였다는 점에서도 입법사적인 의미가 있다. 일본에서 서구의 제도를 도입하면 우리나라도 이를 따르는 경우가 많았으나, 이번에는 일본의 방식을 따르지 않았기 때문이다.

소유권적 구성은 담보를 설정할 목적으로 소유권을 이전하는 형식을 띠기 때문에, 담보목적에 비하여 너무 많은 권리를 이전하게 되고, 결국 실질과 형식의 괴리를 초래한다. 이 법률에서 채택한 담보권적 구성이 소유권적 구성보다 당사자들의 실제 의도나 합리적인 이해를 더 잘 반영한다는 점에서 우수하다고 판단하였다. 또한 등기부에도 동산담보권이나 채권담보권이라는 사실을 공시하는 것이 당사자들의 실제 의도나 목적에 부합한다. 동산이나 채권을 담보로 제공하였는데도 소유권을 이전한 것처럼 공시하는 것은 실제보다 많은 권리를 이전하는 것처럼 공시하는 것이다.[92]

그러나 동산이나 채권에 관한 기존의 담보제도, 가령 질권이나 양도담보 등을 폐지하지 않고 기존의 담보제도와 이 법률에 의한 담보제도를 병존시켰다. 미국 통일상법전 제 9 장과 같이 기존의 담보제도를 없애고 새로운 통일적인 담보권 제도를 채택하는 것은 우리 담보법제

입하였다.

91) 종래 양도담보는 판례에 의하여 승인되었으나, 물권법정주의(제185조)와 관련하여 논란이 있었다. 이 법에서 동산담보권과 채권담보권에 관하여 규정함으로써 법률에 근거를 두고 있는 담보물권을 창설한 것이다.

92) 金載亨, "담보제도의 개혁방안—동산 및 채권 담보를 중심으로—," 저스티스 제106호(2008. 9), 661면.

에 지나치게 급작스러운 변화를 초래한다. 그와 같은 전환으로 인한 혼란이나 비용이 어느 정도일지 예측하고 그 대응책을 세밀하게 마련하는 것은 쉽지 않다. 그리하여 동산 및 채권에 관한 새로운 담보제도를 도입하면서도 기존의 담보제도, 예컨대 민법상의 질권뿐만 아니라 판례에 의하여 인정되는 양도담보, 금융리스, 소유권유보부 매매 등이 병존하도록 하였다.

(3) 담보등기제도

동산·채권담보제도의 개혁은 동산·채권담보에 관한 새로운 공시제도를 도입한다는 점에 그 핵심이 있다. 동산질권에 관한 공시방법은 인도이고(제330조), 채권질권이나 채권양도에 관한 공시방법은 채무자[93]에 대한 통지 또는 채무자의 승낙이다(제346조, 제450조). 이 법에서는 동산·채권담보에 관하여 등기제도를 도입하였다. 일본에서는 양도등기제도를 채택하여 동산이나 채권을 담보로 제공하지 않은 경우에도 양도등기를 할 수 있도록 하였다. 우리나라에서는 이와 달리 초기에 담보등기제도를 채택할 것인지, 양도등기제도를 채택할 것인지 논란이 있었으나, 동산이나 채권 등에 담보권을 설정한 경우에 담보등기를 하는 것이 실체에 맞게 공시하는 것이라고 보아 담보등기제도를 채택하였다.

(4) 인적 편성주의

동산이나 채권에 관한 담보등기부는 인적 편성주의를 채택하여 담보권설정자(채무자)별로 편제하기로 하였다.[94] 부동산은 지번으로 특정이 되기 때문에 부동산등기법에서 물적 편성주의를 채택하고 있지만,[95] 동산이나 채권은 물적 편성주의를 채택하는 것이 불가능하다. 똑같은 물건이나 동일한 내용의 채권이 수도 없이 많기 때문이다.

93) 지명채권에 대한 질권의 경우에는 제3채무자를 가리킨다(제349조).
94) 동산·채권 등의 담보에 관한 법률 제2조 제8호 1문.
95) 부동산등기법 제15조 제1항은 부동산등기부에는 1필의 토지 또는 1동의 건물에 대하여 1용지를 사용한다고 정함으로써, 물적 편성주의를 채택하고 있다.

(5) 인적 적용범위

일본에서는 동산이나 채권의 양도인을 법인으로 제한하고 있다.[96] 필자는 이 제도를 이용하는 인적 적용범위를 제한하는 것에 반대하였다.[97] 민법상 질권이든 저당권이든 인적 적용범위를 제한하지 않는다. 담보권을 창설하면서 그 이용범위를 제한하는 것은 불합리한 과잉규제로서 헌법상의 평등원칙에 반할 수 있다.[98] 법인 등이 아니라고 해서 새로운 담보제도를 아예 이용할 수 없도록 한다면, 개인이 담보제도를 이용하지 못함으로써 고율의 이자 등을 부담해야 하는 등의 부작용을 초래할 수 있다. 그러나 제도 도입으로 인한 충격이나 혼란을 줄이기 위하여 이 법에서는 인적 적용범위를 '법인 또는 상호등기를 한 자'로 규정하였다. 즉, 동산담보권이나 채권담보권을 설정할 수 있는 사람을 법인(상사법인, 민법법인, 특별법에 따라 설립된 법인 및 외국법인을 말한다) 또는 상업등기법에 따라 상호등기를 한 자에 한정한 것이다.[99]

(6) 소 결

이 법은 우리 담보법제의 새로운 출발점이자 이정표라고 할 수 있을 만큼, 획기적인 내용이 적지 않다. 10여 년 전에 동산이나 채권에 관한 담보제도를 개혁하자는 주장을 하기 시작하였는데, 올해 이 법이 제정된 것은 우리 사회가 역동적으로 발전하고 있다는 것을 보여준다. 입법과정은 금융거래에 관한 여러 이해관계 속에서 절충점을 찾아가는 과정이었다. 동산·채권 등에 관한 담보등기제도는 미국법에서 유래된 것인데, 우리 법체계에 맞게 수용하기 위하여 담보권의 종류에 따라 담보등기의 효력을 세분화하는 등 조정 규정을 두었다. 우리 민법과 합치

96) 일본의 동산·채권양도법 제3조, 제4조.
97) 또한 金載亨, "動產擔保制度의 改善方案"(주 79), 293면도 참조.
98) 상세한 이유는 金載亨, "담보제도의 개혁방안"(주 92), 667-668면.
99) 동산·채권 등의 담보에 관한 법률 제2조 제5호, 제3조 제1항, 제34조 제1항.

되지 않는다고 판단되는 경우에는 가급적 이 법률에서 채택하지 않고 민법 개정작업에 미루었다. 동산·채권 담보에 대한 수요를 충족시키기 위한 제도적 기초를 마련하는 것이 시급하다고 하더라도 민법 등 관련 규정과 정합성을 갖추도록 하는 것이 장기적으로는 더 나은 결과를 가져올 것이다.

Ⅵ. 결 론

민법 시행 후 50년 동안 담보법은 학설과 판례가 서로 영향을 주고받으며 조금씩 발전해 왔다고 말할 수 있다. 특히 1997년 금융위기 이후에는 담보실무가 새로운 양상을 띠면서 발전하고 있다. 가령 담보신탁 등 다양한 방식의 담보거래가 활발하게 이용되고 있고, 담보법에 관한 새로운 판례도 적지 않게 쌓여가고 있다. 또한, 새로운 입법을 통하여 담보법이 새로운 모습으로 발전해 가고 있다. 우리 담보법은 그야말로 개혁의 과정에 있다고 말할 수 있다.

필자는 10년 전에 우리 담보법의 세 가지 과제로 "근저당권 등 현행 담보제도의 정비문제, 담보목적물의 확장문제, 투자저당제도의 도입문제"를 들었다.[100] 첫 번째 과제와 관련해서는 근저당권 등에 관한 민법개정작업이 진행 중이다. 이를 통하여 입법적 차원에서는 어느 정도 과제를 이행할 수 있을 것으로 기대된다. 물론 이번 민법개정작업으로 현재 발생하고 있는 문제를 모두 해결할 수는 없을 것이고, 또 시간의 흐름에 따라 해결해야 할 새로운 문제가 발생할 것이다. 두 번째 과제와 관련해서는 「동산·채권 등의 담보에 관한 법률」의 제정이 하나의 전환점이 될 것이다. 이는 동산이나 채권을 쉽게 담보목적물로 할 수 있도록 담보등기제도를 도입하는 등 법적 인프라를 마련하였다는

100) 金載亨(주 11), 466면.

점에서 중요한 의미가 있지만, 현행 담보법의 문제점을 발견하고 그 개선책을 마련하는 데에도 중요한 시사점을 던져 줄 것이다. 위 두 과제는 아직 실현된 것이 아니지만 미흡하나마 그 해결을 향하여 상당한 진전이 이루어지고 있다고 말할 수 있다. 그러나 세 번째 과제는 여전히 과제로 남아 있다. 민법학에서 저당권의 유동화를 위하여 독일의 투자저당권과 같은 선진적인 담보제도를 도입하여야 한다는 주장이 있었으나,[101] 그와 같은 제도가 도입되지 않은 상태에서 자산유동화법 등 일련의 유동화법이 제정되었다. 이와 같은 법률은 민법에 대한 특례를 인정하여 유동화를 촉진하고 있기 때문에, 그 기여에도 불구하고 바람직한 법률이라고 말할 수는 없다.[102] 현행 담보제도의 정비가 마무리되는 대로 재화를 좀 더 쉽게 담보로 활용하고 그 유통성을 확보하는 제도적 기초를 마련하는 작업을 하여야 할 것이다.

우리 민법은 일본을 통하여 독일 민법을 비롯한 서구 유럽의 민법을 계수하였지만, 독일 등 서구 유럽이나 일본의 민법과는 다른 방식으로 운용되는 경우도 있고 새로운 변화를 모색하는 경우도 있다. 그 변화는 판례나 학설에 의하여 이루어지기도 하고 새로운 법률의 제정에 의하여 이루어지기도 한다. 현재 진행 중인 담보법 개정작업이 성공적으로 마무리된다면 담보법은 현실의 거래를 좀 더 적절하게 규율할 수 있게 될 것이다.

한편, 「동산·채권 등의 담보에 관한 법률」은 미국법적 요소를 받아들였기 때문에, 법계수라는 관점에서도 중요한 의미를 갖는다. 대륙법계에 속하는 우리나라에서 미국의 법제도를 받아들여야 하는가라는 의문이 제기될 수 있다. 법체계가 다르다는 것이 법의 수용을 어렵게 하는 요소이기는 하지만, 그것만으로 법의 수용을 거부할 이유가 되지는 못한다. 미국의 동산이나 채권에 관한 담보거래제도가 보통법 국가

101) 가령 郭潤直(주 41), 326면.
102) 金載亨(주 11), 467면.

에서뿐만 아니라 대륙법계 국가에서도 주목을 받는 중요한 이유 중의 하나는 그 합리성에 있다. 이 제도가 동산이나 채권 등의 권리를 담보로 이용하는 담보거래를 촉진하면서도 당사자들의 이해관계를 적정하게 조정하고 있다는 것이다. 합리성 경쟁에서 살아남지 못한 법제도가 합리적 논의를 토대로 한 자발적 계수과정에서 우위를 점하는 것은 거의 불가능하다. 다만 외국의 어떤 제도가 합리적이라고 해서 이를 무비판적으로 수용하는 것은 위험한 일이다. 그것이 우리의 법체계나 법환경에서 정착할 수 있는지, 더 나은 대안은 없는지에 관하여 세밀하게 검토하고, 그 수용 여부와 방법을 결정하여야 할 것이다.

(民事法學 특별호(제52호) 「民法의 自畵像과 未來像」(2010. 12),
한국민사법학회, 329-359면 所載)

9. 조세채권과 변제자대위

Ⅰ. 서　　론

세금은 납세의무자가 내는 경우가 대부분이다. 그러나 납세의무자가 아닌 제3자가 세금을 내는 경우도 얼마든지 상정할 수 있다. 이와 같이 제3자가 조세채무를 변제한 경우에 어떠한 구제수단을 이용할 수 있는가?

예를 들어보자. 납세의무자가 세금의 납부기한을 연장받기 위하여, 납세보증보험자인 A와의 사이에 납세보증보험계약을 체결하고 그 보험증권을 세무서에 제출하였다. 그 후 세금의 납부기한이 연장되었다. 그러나 납세의무자가 세금을 납부하지 않아, 납세보증보험자인 A가 세무서에 세금을 납부하였다. 이와 같이 납세보증보험자가 납세보증보험계약에 따라 납세의무자의 세금을 납부한 경우, 납세보증보험자가 납세의무자를 상대로 구상권을 행사할 수 있는지, 과세관청이 가지는 조세채권을 대위할 수 있는지 문제된다.

국세기본법은 연대납세의무(제25조), 제2차납세의무(제2조 제11호, 제38-41조), 물적 납세의무(제42조), 납세의무의 승계(제23, 24조)에 관하여 명문의 규정을 두고 있다. 이러한 의무를 부담하는 사람이 세금을 납부할 의무가 있다는 점은 의문의 여지가 없다. 또한, 국세징수법 제71조 제1항과 지방세기본법 제70조(구 지방세법 제60조)에서는 제3자가 위와 같은 제2차납세의무 등이 없는 경우에도 조세나 징수금을 납부할 수 있다는 규정을 두고 있다.

그러나 우리나라의 세법에서 제 3 자의 납부에 관한 일반적인 규정을 두고 있지는 않다. 이와 달리 민법에서는 제 3 자의 변제(제469조)와 변제자대위(제480조 이하)에 관하여 상세한 규정을 두고 있다. 그리하여 제 2 차납세의무자 등 제 3 자[1]가 본래의 납세의무자 대신 세금을 납부한 경우에 변제자대위에 관한 민법 규정이 적용되는지 문제된다.

두 가지 대립하는 시각을 생각해 볼 수 있다. 하나는 공사법 준별론에 입각하여 조세법률관계라는 공법관계에는 사법 규정이 적용되지 않는다는 것이다. 다른 하나는 제 3 자가 세금을 납부하는 경우에도 제 3 자가 채무를 변제하는 사법관계와 구별할 필요가 없으므로, 변제자대위에 관한 민법 규정이 적용 또는 유추적용된다는 것이다.

이 글에서는 私人인 제 3 자가 세무서에 세금을 납부한 다음, 변제자대위에 관한 규정에 따라 국가 또는 지방자치단체의 납세의무자에 대한 조세채권을 대위행사할 수 있는지를 검토하고자 한다. 이 문제는 공법과 사법의 관계라는 대주제와 관련된 문제이지만, 이는 장래의 탐구과제로 남겨두고 조세채권에 대한 변제자대위 문제에 한정하여 살펴보고자 한다. 조세채권에 대한 변제자대위 문제를 다루기에 앞서 그 전제문제로서 제 3 자의 세금 납부와 구상금에 관한 일반적인 문제를 간략하게 다루고자 한다.

Ⅱ. 전제적 고찰

1. 제 3 자의 세금 납부

세법에서 명문의 규정을 두고 있는 제 2 차납세의무자 등이 세금을

1) 여기에서 제 3 자는 본래의 납세의무자가 아닌 경우를 포함하는 의미로 사용하고자 한다.

납부할 수 있다는 점은 의문의 여지가 없다. 이에 해당하지 않는 경우에도 제 3 자가 납세의무자 대신 세금을 납부할 수 있는지 문제된다.

독일과 일본에서는 우리나라와 달리 제 3 자의 세금 납부에 관하여 명문의 규정을 두고 있으므로, 먼저 이에 관하여 살펴보자. 독일 조세기본법(AO: Abgabenordnung)은 제 3 자가 조세채무를 변제할 수 있다고 규정하고 있다(제48조 제 1 항). 또한 계약으로 제 3 자가 조세채무를 변제하기로 약정할 수도 있다(제 2 항). 이는 제 3 자가 조세채무에 대하여 미리 보증을 하거나 담보를 제공하였는지 여부와 상관없다. 독일 조세기본법 제244조에 따라 제 3 자가 납세보증인이 될 수 있는데,[2] 보증인은 법률이 아니라 계약에 기하여 책임을 지는 것이기 때문에, 이에 대한 청구는 민법 규정에 따라야 한다.[3] 일본 국세통칙법에서도 조세채무자 이외의 제 3 자도 조세를 납부할 수 있다고 규정하고 있다(제41조). 조세채권은 조세채무자의 급부를 목적으로 하는 것이지만, 조세채무자가 급부를 하는 과정이 아니라, 급부가 이루어진 결과에 중점을 두고 있다는 점[4]에서 그 근거를 찾는다. 일본 민법 제474조는 '제 3 자의 변제'에 관하여 아래에서 보듯이 우리 민법 제469조와 동일하게 제한을 하고 있다. 그러나 일본 국세통칙법에서는 조세에 대한 제 3 자의 납부를 규정하면서 위와 같은 제한을 하고 있지 않다. 이는 조세가 법률에 의하여 부과되고, 또한 대량적 · 반복적으로 부과되는 특수성이 있기 때문이라고 한다.[5]

---

2) 조세채무자가 담보를 제공하고 조세채무의 납기를 연장받을 수 있다(독일 조세기본법 제222조). 조세채무자의 신청에 따라 과세관청이 납기를 연장할 수 있는데(제222조 2문), 이 경우에 조세채무자 이외의 제 3 자가 담보를 제공할 수도 있다. 예컨대, 제 3 자가 납세보증인(Steuerbürge)으로서 조세채무의 납부를 보증한 경우, 제 3 자가 조세채무자의 조세채무를 담보하기 위하여 부동산을 담보로 제공한 경우가 이에 해당한다.

3) Birkholz, Die Bürgschaft und die Stellung des Bürgen im Steuerrecht, *DStZ* 1980 Nr. 3, 48.

4) 田中二郎, 租稅法, 有斐閣, 1990, 제 3 판, 232면.

5) 田中二郎(주 4), 233면.

우리 민법은 제 3 자가 변제를 할 수 있도록 허용하지만 일정한 제한을 두고 있다. 채무의 성질상 제 3 자의 변제가 허용되지 않는 경우도 있고, 의사표시에 의하여 제 3 자의 변제가 허용되지 않는 경우도 있다(제469조 제 1 항). 또한 이해관계 없는 제 3 자는 채무자의 의사에 반하여 채무를 변제할 수 없다(제469조 제 2 항). 조세채무가 성질상 제 3 자 변제가 허용되지 않는다고 볼 수는 없다. 조세채권은 국가나 지방자치단체가 국민에 대하여 갖는 채권이라는 점에 특수성이 있지만, 누가 변제하든 조세당국은 세금을 거두어들이는 것으로 충분하기 때문이다. 조세채권은 법률의 규정에 의하여 발생하는 것이기 때문에, 의사표시에 의하여 제 3 자의 변제를 금지할 수도 없다. 세법에는 민법 제469조와 같은 제한이 없기 때문에 어떠한 사람이라도 다른 사람의 조세를 납부할 수 있다고 보아야 한다.[6] 다만 민법 제469조 제 2 항은 조세채무에 적용하지 않을 이유를 찾기 힘들다. 따라서 이해관계 없는 제 3 자는 채무자의 의사에 반하여 조세채무를 변제할 수 없다고 보아야 할 것이다.

국세징수법 제71조 제 1 항은 체납처분절차에서 압류재산의 매각절차에 관하여 "공매를 집행하는 공무원은 매각결정통지 전에 체납자 또는 제 3 자가 그 국세·가산금과 체납처분비를 완납한 때에는 공매를 중지하여야 한다."고 규정하고 있다. 그런데 동법 시행령은 이 경우에 제 3 자는 체납자의 명의로 납부하여야 하고, 제 3 자는 국가 등에 대하여 구상권을 행사할 수 없다고 규정함으로써,[7] 제 3 자에 의한 세금납부에 관하여 그 방법과 효과를 중대하게 제한하고 있다. 이 시행령의 규정은 법률에 근거 없이 대위변제자의 권리를 제약하는 것으로 그 타당성이 의문시된다. 세금을 체납자가 납부하든 제 3 자가 납부하든 과세당국, 납세자, 일반 국민 모두에게 손해를 끼치지는 않을 것이다. 따라

6) 張在植, 租稅法, 서울대학교 출판부, 1990, 113면.

7) 국세징수법 시행령 제74조. 이 점은 지방세법 시행령 제47조도 마찬가지이다.

서 이 규정이 유효하다고 하더라도 그 의미를 엄격하게 한정적으로 해석하여야 할 것이다.

2. 구상권과 변제자대위

제3자가 채무를 변제한 경우에 구상권과 변제자대위의 관계를 어떻게 파악할 것인지 문제된다. 민법 제482조 제1항은 변제자대위의 효과에 관하여 대위변제자가 자기의 권리에 의하여 구상할 수 있는 범위에서 채권 및 그 담보에 관한 권리를 행사할 수 있다고 규정하고 있다. 구상권과 변제자대위권은 원본, 변제기, 이자, 지연손해금의 유무 등에서 내용이 다른 별개의 권리로서, 대위변제자가 고유의 구상권을 행사하든 대위하여 채권자의 권리를 행사하든 자유이다. 다만 채권자를 대위하는 경우에는 민법 제482조 제1항에 의하여 고유의 구상권의 범위에서 채권 및 그 담보에 관한 권리를 행사할 수 있으므로, 변제자대위권은 고유의 구상권의 효력을 확보하는 역할을 한다.[8] 결국 구상권과 변제자대위권은 별개의 권리이지만, 변제자대위는 구상권에 따른 제한이 있는 것으로 보아야 한다. 만일 구상권이 발생하지 않는 경우에는 변제자대위가 문제되지 않는다. 따라서 제3자의 세금 납부로 구상권이 발생하는지에 관하여 살펴보아야 한다.

연대납세의무자의 경우에는 보증인의 구상권에 관한 규정을 준용하고 있다.[9] 그러나 제2차납세의무자, 물적 납세의무자, 납세보증인 등 보충적 납세의무자의 구상권에 관해서는 명문의 규정이 없다. 제2차납세의무자 등이 세금을 납부한 경우에도 구상권의 발생 여부와 그 범위에 관해서는 민법의 규정을 적용 또는 유추적용하는 방식으로 해결하여야 한다. 다만 이들 모두를 일률적으로 해결하여야 하는 것은 아니고 개별적으로 구분하여 검토하여야 한다. 대법원은 제2차납세의무

8) 대판 1997. 5. 30, 97다1556(공 1997, 2011).
9) 국세기본법 제25조의2, 민법 제425-427조.

자가 그 의무를 이행한 경우에 주된 납세의무자에 대하여 구상권을 취득한다고 판단하였다.[10] 그 결론은 타당하다고 하면서도 그 근거에 관해서는 논란이 있다.[11] 납세보증보험계약을 체결한 경우에는 일반적인 보증보험[12]과 마찬가지로 보증인의 구상권에 관한 규정을 적용하여야 한다. 제2차납세의무자 등 보충적 납세의무자도 민법상 보증인과 가장 유사한 지위에 있으므로, 구상권에 관해서도 동일하게 보아야 한다. 물적 납세의무자는 민법에서 물상보증인과 유사한 지위에 있으나, 민법은 물상보증인도 보증채무에 관한 규정에 따라 구상권이 있다고 규정하고 있으므로(민법 제341조, 제370조), 결국 이 경우에도 보증인의 구상권에 관한 규정으로 해결하여야 할 것이다.

---

10) 대판 1987. 9. 8, 85누821(집 35-3, 특 388). 나아가 대판 2005. 8. 19, 2003다36904(공 2005, 1489)는 "국세기본법 소정의 제2차 납세의무는 오로지 주된 납세의무가 이행되지 않는 경우에 그 만족을 얻기 위하여 과하여지는 것이므로, 제2차 납세의무자가 납세의무를 이행하는 경우 그 범위에서 본래의 납세의무자의 납세의무도 소멸되고, 이 경우 제2차 납세의무자는 본래의 납세의무자에 대하여 구상권을 행사할 수 있다."고 하였다.

11) 任勝淳, 租稅法, 박영사, 1999, 99면. 제2차납세의무자에 관한 것으로는 이창희, "제2차납세의무자의 대납세액에 대한 구상권의 범위 및 세법상 인정이자의 계산," 租稅法硏究[Ⅱ](1996. 9), 224-227면; 李泰魯·安慶峰, 租稅法講義, 신정4판, 박영사, 2001, 67면.

12) 대판 1997. 10. 10, 95다46265(공 1997, 3380)는 납세보증에 관한 것이 아니라 일반적인 보증보험에 관한 것인데, "보증보험계약은 손해보험으로, 형식적으로는 채무자의 채무불이행을 보험사고로 하는 보험계약이나 실질적으로는 보증의 성격을 가지고 보증계약과 같은 효과를 목적으로 하므로, 민법의 보증에 관한 규정, 특히 민법 제441조 이하에서 정한 보증인의 구상권에 관한 규정이 보증보험계약에 적용된다."고 하였다. 同旨: 대판 2004. 2. 13, 2003다43858. 또한, 대판(전) 2008. 6. 19, 2005다37154(공 2008, 1028)는, "구 건설공제조합법(1996. 12. 30. 법률 제5230호로 제정된 건설산업기본법 부칙 제2조 제1호로 폐지)에 따라 건설공제조합(이하, '조합'이라고만 한다)이 조합원으로부터 보증수수료를 받고 그 조합원이 다른 조합원 또는 제3자와 사이의 도급계약에 따라 부담하는 하자보수의무를 보증하기로 하는 내용의 이 사건 보증계약은, 무엇보다 채무자의 신용을 보완함으로써 일반적인 보증계약과 같은 효과를 얻기 위하여 이루어지는 것으로서, 그 계약의 구조와 목적, 기능 등에 비추어 볼 때 그 실질은 의연 보증의 성격을 가진다 할 것이므로, 민법의 보증에 관한 규정, 특히 보증인의 구상권에 관한 민법 제441조 이하의 규정이 준용된다."고 판결하였다.

Ⅲ. 조세채권에 대한 변제자대위

1. 논의의 현황

우리 민법은 변제자대위에 관하여 임의대위와 법정대위를 구분하여 규정하고 있다.[13] 임의대위는 제 3 자가 채무자를 위하여 채무를 변제한 경우에 채권자의 승낙을 얻어 대위하는 것이고, 법정대위는 변제할 정당한 이익이 있는 자가 채무를 변제하는 경우에 채권자의 승낙이 없더라도 당연히 채권자를 대위하는 것이다. 채권자의 승낙을 얻어야만 대위를 할 수 있는지 여부에 따라 임의대위와 법정대위로 구분한 것이다.

제 3 자가 세금을 납부한 경우에 변제자대위가 인정되는가? 민법학이든 세법학이든 우리나라 학설에서 이 문제에 관하여 논의하고 있는 경우를 찾기 어렵다. 대법원 판결 중에서 대위변제자가 조세채권을 대위할 수 있는지에 관하여 직접적으로 판단한 사례를 찾을 수 없다. 다만 대법원은 "납세자에게 양도담보재산 이외의 다른 재산이 없을 경우에 그 양도담보권자는 납세자의 체납국세를 자기의 채권에 우선하여 징수당할 부담을 지게 되므로 납세자의 체납국세를 대납할 정당한 이익을 가진다."고 판결하였다.[14] 이것은 그 근거를 밝히고 있지는 않지만, 조세채권에도 대위변제에 관한 규정이 적용된다는 것을 전제로 한 것이다.[15]

---

13) 민법 제480조는 변제자의 임의대위에 관하여 규정하고 있는데, 제 1 항에서 "債務者를 爲하여 辨濟한 者는 辨濟와 同時에 債權者의 承諾을 얻어 債權者를 代位할 수 있다."고 규정하고, 제 2 항에서 "前項의 境遇에 第450條 乃至 第452條의 規定을 準用한다."고 규정하고 있다. 그리고 제481조는 변제자의 법정대위에 관하여 "辨濟할 正當한 利益이 있는 者는 辨濟로 當然히 債權者를 代位한다."고 규정하고 있다.

14) 대판 1981. 7. 28, 80다1579(집 29-2, 민 235).

15) 郭潤直 편, 民法注解(XI), 박영사, 1995, 193면(李仁宰 집필)은, 위 판결을 변제자의 법정대위에 관한 제481조의 "변제할 정당한 이익이 있는 자"에 관한 사례로 들고 있다.

2. 비교법적 고찰

조세채권에 대한 변제자대위 문제에 관하여 좀 더 풍부한 논의를 전개하기 위하여 비교법적인 검토를 하는 것은 의미 있는 일이다. 여기에서는 독일, 미국, 일본의 법상황에 관하여 살펴보고자 하는데, 이들 국가가 이 문제를 다른 방식으로 해결하고 있기 때문에, 비교법적 지평을 넓히는 데 도움을 줄 것이다.

(1) 독 일

㈎ 제 3 자의 변제에 의한 법정채권양도

독일 민법에는, 우리나라와 달리, 변제자대위에 관한 포괄적인 규정이 없고, 임의대위와 법정대위를 구분하지도 않고 있으며, 법전에서 '대위(Subrogation)'라는 표현을 사용하고 있지 않다. 다만 제 3 자가 채권을 변제하는 경우에 채권이 '이전'되는 경우를 개별적으로 규정하고 있는데, 이를 법정채권양도[16]라고 한다.

법정채권양도에 관한 대표적인 예로 독일 민법 제268조를 들 수 있다.[17] 제 1 항은 채권자가 채무자에 속하는 목적물에 대하여 강제집행을 하는 경우에 강제집행에 의하여 목적물에 대한 권리나 점유를 상실할 위험이 있는 사람은 제 3 자로서 변제할 수 있다고 규정하고 있다. 이 규정에서 말하는 권리는 원칙적으로 물권을 가리키고,[18] 강제집행

16) Gesetzlicher Forderungsübergang, Legalzession, cessio legis라는 용어를 사용하는데, 법정채권이전이라고 번역할 수도 있으나, 법정채권양도라는 번역어가 많이 사용되고 있다.

17) 또한, 독일 민법 제1142조는 채무자 아닌 제 3 자(물상보증인)가 자신의 토지에 저당권을 설정해 준 경우에 제 3 자의 변제권을 규정하고 있고, 독일 민법 제1150조는 토지소유자가 아닌 사람의 변제권을 규정하고 있다. 독일 민법 제1223조 제 2 항은 동산질권자에 대하여 이와 동일하게 규정하고 있고, 독일 민법 제1249조는 질물의 양도에 의하여 권리를 상실할 사람의 변제권을 규정하고 있으며, 독일 민법 제1273조 제 2 항은 권리질권에 대하여 이 규정을 준용하고 있다.

18) Staudinger/Bittner § 268 Rn. 7.

은 금전채권에 기한 강제집행을 의미한다.[19] 이러한 경우에는 제 3 자가 스스로 채무를 이행할 이익이 있다고 볼 수 있다.[20] 제 3 항 1문은 "제 3 자가 채권자를 만족시키는 한도에서 채권이 제 3 자에게 이전한다."고 규정한다. 즉, 채권자의 권리는 독일민법 제267조의 경우와 달리 제 3 자의 변제에 의하여 소멸하는 것이 아니라 법정채권양도의 방법으로 제 3 자에게 '이전'한다.[21] 다만 채권이 이전된다고 보는 것이 채권자에게 불리한 경우에는 채권의 이전을 주장할 수 없다(제268조 제 3 항 2문).[22] 이는 채권자를 보호하기 위한 것으로, 채무자가 변제하여 채권이 소멸하였을 경우보다 채권의 이전에 의하여 채권자가 불리한 상태에 있도록 해서는 안 되기 때문이다.[23]

또한 독일 민법에서는 채권양도에 관한 규정을 법률에 의한 채권이전에 준용하고 있다(제412조). 즉, 채권이 양도된 경우에 이를 담보하기 위하여 설정된 저당권 등도 양수인에게 이전하고(제401조 제 1 항), 새로운 채권자도 강제집행 또는 도산절차에서 채권과 결합한 우선권을 주장할 수 있는데(제401조 제 2 항), 이는 법률에 의하여 채권이 이전되는 경우에도 마찬가지이다. 따라서 제 3 자의 변제로 채권이 이전되는 경우에 그 채권을 위한 담보권, 부수적 권리, 우선권도 이전한다.[24] 이러한 권리로

---

19) 물권에 기한 강제집행에 대해서는 독일 민법 제1142조 등에서 특별규정을 두고 있다. MünchKommBGB/Krüger, § 268 Rn. 4; Kerwer, jurisPK-BGB Buch 2, § 268 Rn. 3; Staudinger/Bittner, § 268 Rn. 3.

20) 이와 같이 제 3 자의 변제권을 규정하고 있는 경우에는 독일 민법 제267조와는 달리 채무자의 이의는 아무런 의미를 갖지 못하고, 채권자는 항상 제 3 자의 변제를 받아들여야 한다. 제 3 자는 상계나 공탁을 할 수도 있다(가령 제268조 제 2 항).

21) MünchKommBGB/Krüger, § 268 Rn. 12; Kerwer, jurisPK-BGB Buch 2, § 268 Rn. 1; Staudinger/Bittner, § 268 Rn. 15.

22) 이와 같은 규정방식은 법정양도의 경우에 많이 등장하는 표현이다. 제426조 제 2 항 2문, 제774조 제 1 항 2문.

23) MünchKommBGB/Krüger, § 268 Rn. 12.

24) BGHZ 46, 14 = NJW 1966, 1912; Bamberger/Roth, BGB, Bd. 1, 2003, § 268 Rn. 11; MünchKommBGB/Krüger, § 268 Rn. 12; Kerwer, jurisPK-BGB Buch 2, § 268 Rn. 8.

는 예컨대 채권을 담보하기 위한 저당권이나 질권, 채권에 대한 보증에 기한 권리, 도산절차상의 우선권을 들 수 있다. 가령 파산절차에서 채권자가 우선권을 가지고 있는 경우에 제 3 자가 독일 민법 제268조에 따라 채무를 변제하면 채권자의 우선권도 제 3 자에 이전한다.[25] 양도할 수 없는 채권은 원칙적으로 법정양도도 배제되지만, 제268조 제 3 항의 경우에는 그 예외를 인정하고 있다. 따라서 제 3 자 변제의 경우에 양도할 수 없는 채권(독일 민법 제399조, 제400조)도 제 3 자에게 이전한다.[26]

우리 민법에서는 변제자대위의 요건을 임의대위와 법정대위로 구분하여 포괄적으로 규정하고 있으나, 독일 민법에서는 개별 규정에서 제 3 자에게 변제권을 부여하고 있고 그 요건도 매우 한정적이라는 점을 알 수 있다. 엄밀하게 말하면 위와 같은 법정채권양도는 법규정에 의하여 채권이 제 3 자에게 이전되는 것을 의미하기 때문에,[27] 제 3 자가 채권자를 대위하는 것과는 차이가 있다. 그러나 법정채권양도의 경우 법규정에 의하여 채권을 이전받은 사람이 원래의 채권자를 대신한다는 점에서는 우리나라의 변제자대위와 결과적으로 동일하다.

(나) 제 3 자에 의한 세금 납부와 법정채권양도

독일의 세법에서 제 3 자의 변제권이나 이에 기한 채권의 이전에 관하여 규정을 두고 있지는 않다. 제 3 자가 조세채권을 변제하는 경우에 채권이 이전되는지 여부는 독일 민법 규정(제268조, 제1142조, 제1150조, 제1249조)에 따라 해결하고 있다. 즉, 제 3 자가 조세채무자에 대한 조세채권을 변제한 경우에, 조세채권은 일반적으로 조세기본법 제47조에 따라 소멸한다.[28] 이는 제 3 자가 미리 조세채무자를 위하여 담보를

25) BGH NJW 1956, 1197; Staudinger/Bittner, § 268 Rn. 19.
26) Staudinger/Bittner, § 268 Rn. 16.
27) 제 3 자가 채무를 변제한 경우에 채권이 이전된다는 법규정이 없으면 원칙적으로 채권이 이전되지 않는다고 보아야 할 것이다.
28) Kruse, in: Tipke/Kruse, AO, FGO, Bd. 1, 2007, § 48 AO, Rn. 2; Klein/Orlopp, AO(Abgabenordnung Kommentar), 5. Aufl., 1995, § 48 AO, Rn. 1.

제공하였는지 여부와는 상관없다. 그러나 예컨대 제 3 자가 강제집행에 의하여 물건에 대한 소유권이나 점유를 상실하게 될 경우에 제 3 자가 변제권에 기하여 조세채무를 변제하면 그 채권이 소멸하지 않고 제 3 자에게 이전된다.[29)]

이와 같은 결론이 조세채권의 양도성 문제와 합치하는지 검토해 볼 필요가 있다. 과세관청이 법률행위에 의하여 조세채권을 사인에게 양도할 수 없다는 점에는 이견이 없다. 조세를 징수할 권리와 의무는 현대국가의 양도할 수 없는 기능에 속한다. 그러나 이로부터 법률에 의한 채권의 이전이 금지된다는 결론을 도출할 수 없다.[30)] 위에서 본 바와 같이 독일 민법 제268조 제 3 항에 따라 제 3 자가 채무를 변제한 경우에 양도할 수 없는 채권도 제 3 자에게 이전될 수 있기 때문이다. 제 3 자가 공법상의 채권을 변제한 경우에도 제 3 자가 원래 채권자의 담보권이나 우선권을 행사할 필요가 있다. 사인이 국가에 의한 조세징수절차에 따라 조세채권을 행사할 수 없으나, 이 문제는 공법상의 채권에서 국가의 고권적인 요소를 순수한 재산법적 지위에서 분리하여 사인인 제 3 자에게 이전하지 않는 것으로 충분하다고 한다.[31)]

㈐ 조세채권의 성격

조세채권 등 공법상의 채권이 제 3 자에게 이전되면, 공법상의 관계에서 벗어난다. 이 경우에 조세채권은 공법상의 채권으로서의 성격을 상실하고 통상적인 사법상의 채권이 된다.[32)] 이 채권은 제 3 자의 사법적 구상청구권을 실현하기 위한 것이다.[33)] 따라서 공법상의 채권은 사

---

29) RGZ 146, 317; BGH NJW 1956, 1197; RGZ 67, 215; RGZ 70, 405; Klein/Orlopp, AO, §48 AO, Rn. 1; Kruse, in: Tipke/Kruse, AO, FGO, Bd. 1, 2007, §48 AO, Rn. 2.

30) Walz, "Zivilrechtlicher Ausgleich bei geschäftsmäßiger Steuerzahlung für Dritte," ZIP 21/91, 1410.

31) Walz(주 30), 1410.

32) BGH NJW 1979, 2198, 2199; Walz(주 30), 1411.

33) BGHZ 75, 23, 25; MünchKommBGB/Krüger, §268 Rn. 4; Kerwer, juris-

법상의 청구권으로 전환된다고 할 수 있다.[34] 이 경우에 사인인 제3자는 행정강제절차에 의하여 조세채권을 징수할 수 없고, 조세채무자를 상대로 민사소송을 제기하여야 할 것이다.[35] 소멸시효에 관해서도 사법상의 채권과 마찬가지로 독일 민법 제194-218조가 적용되고, 조세기본법의 규정은 더 이상 적용되지 않는다.

독일 세법에서는 조세채권의 우선권을 인정하지 않고 있는데도 독일의 구 파산법(KO: Konkursordnung)에서는 조세채권의 우선권(Vorrecht)[36]을 인정하고 있었는데(제61조 제1항 제2호),[37] 제3자의 변제로 인하여 제3자에게 파산법상의 우선권도 이전되는지에 관해서는 논란이 있었다. 통설과 판례는 파산법상의 우선권도 제3자에게 이전된다고 보았다.[38] 즉, 파산법상의 우선권은 채권 이외에 특별히 존재하는 별개의 권리가 아니라 채권에 내재하는 채권의 성상으로서 독일 민법 제401조 제2항에 따라 제3자에게 이전된다는 것이다. 이는 납세보증인이 조세채권을 변제한 경우에도 마찬가지이다.[39] 그러나 이에 대해서는 비판적인 견해가 있었다. 법정채권양도의 경우에 제401조 제2항을 준용하고 있는데, 이와 같은 준용 규정은 직접 적용하는 경우와는 다르고, 구 파산법상의 조세우선권은 과세관청이 조세를 징수하는

PK-BGB Buch 2, § 268 Rn. 11; Staudinger/Bittner, § 268 Rn. 18; Rimmelspacher ZZP 1982, 285.

34) Bamberger/Roth, BGB, § 268 Rn. 11.

35) BGH NJW 1973, 1077; Hess/Knerr, *Kommentar zur Konkursordnung* (3. Aufl., 1989), § 61 Rn. 102; Kerwer, jurisPK-BGB Buch 2, § 401 Rn. 18; Staudinger/Bittner, § 268 Rn. 18.

36) 우리나라에서는 주로 우선특권이라는 용어를 사용한다.

37) Hess/Knerr, § 61 Rn. 71ff. 이와 같은 우선권은 1994년 10월 18일 제정되어 1999년 1월 1일부터 시행되는 도산법(Insolvenzordnung)에서 폐지되었다. Kübler/Prüttung (Hrsg.), *Das neue Insolvenzrecht*, Band I, InsO, 1994, S. 10.

38) BGH NJW 1954, 1038; BGH NJW 1961, 1022; Kuhn/Uhlenbruck, KO, 10. Aufl., 1986, § 61 Rn. 2, 64; Böhle-Stamschräder/Kilger, KO, 15. Aufl., 1987, § 61 Rn. 2, 5a.

39) RGZ 136, 40.

경우에만 인정하여야 한다는 것이다.[40]

(2) 일 본

일본 민법의 변제자대위에 관한 규율은 우리나라와 유사하다.[41] 임의대위와 법정대위를 구분하고 변제자대위의 효과에 관하여 상세한 규정을 두고 있다(일본 민법 제499조 이하). 조세채권에 관해서는 국세통칙법에서 제3자 납부에 의한 대위에 관하여 규정하고 있다. 이것은 민사채권의 경우와 달리 조세채권 자체가 특정인을 위하여 존속하는 것이 아니고, 제3자 납부에 의하여 구상권이 발생하는데, 법률이 정한 한도에서 대위를 인정한 것이다. 한편, 사인이 구상권을 행사하는 경우에 조세의 우선징수권이나 체납처분에 관한 규정이 적용되지 않는다고 한다.[42]

일본의 재판례에서 제3자가 조세채권을 변제한 경우에 변제자대위를 인정한 경우가 있다. 먼저 東京高判 2005(平成 17).6.30[43]을 살펴보자. 사안을 시간순서대로 정리하면 다음과 같다. X은행은 2002년 A의 의뢰를 받고 A의 B세관에 대한 관세 등의 조세채무에 관하여 2차례에 걸쳐 보증을 하였다. A는 2003년 民事再生節次의 개시를 신청하여 개시결정을 받았고, X는 위 보증계약에 기하여 세금을 지급하였다. A는 2004년 파산선고를 받았고 파산관재인으로 Y가 선임되었다. X는, 자신이 보증채무의 이행으로 A의 관세 등을 지급함으로써 '변제에 의한 대위'에 의하여 관세 등의 채권을 취득하고 그것은 재단채권에 해당한다는 등의 이유로 Y를 상대로 그 이행을 청구하였다. 1심판결[44]은 X가 보증채무의 이행으로 조세채권을 이행하였다고 하더라도 조세채권

---

40) Walz(주 30), 1410.

41) 우리 민법의 변제자대위에 관한 규정은 일본 민법을 통하여 프랑스 민법을 계수한 것이다. 郭潤直 편, 民法注解(XI), 박영사, 1995, 188면(李仁宰 집필); 金炯錫, "辨濟者代位 制度의 沿革에 관한 小考," 私法硏究 제8집, 2003, 7면 이하.

42) 田中二郎(주 4), 238면.

43) 金融・商事判例 1220, 2.

44) 東京地判 2005(平成 17).3.9(金融法務事情 1747, 84).

을 변제에 의한 대위에 의하여 취득하지 못한다는 이유로 청구를 기각하였다. 그러나 항소심인 동경고등재판소는 "X가 대위변제에 의하여 조세채권을 취득하지만, 그 채권 자체는 재단채권이 아니라 일반적인 파산채권에 해당하기 때문에, 그 행사는 파산절차에 따라야 하고 이행의 소를 제기할 수 없다."고 소를 각하하였다. 조세채권은 파산절차에서 재단채권으로서 우선적인 효력이 부여되어 있으나, 私人이 민법의 대위에 의한 변제에 의하여 조세채권을 취득한 경우에는 당해 私人에게까지 조세채권으로서의 우선적인 효력을 부여할 이유는 없다고 한다. 이 판결은 私人이 보증채무의 이행으로 원채권인 조세채권을 대위변제한 경우에, 조세채권에 대한 변제자대위 자체는 인정되나, 私人이 조세채권의 파산절차상 우선적 지위를 대위하지는 못한다고 한 것이다. 또한 東京地判 2005(平成 17). 4. 15[45]는, 民事再生法에 따른 民事再生節次에서 관세와 소비세에 대한 보증인이 이를 변제한 사례에서 보증인이 구상권과 변제자대위권을 행사할 수 있다는 점을 전제로 보증인의 위권리는 일반우선채권이 아니라 再生債權이라고 판단하고 있다. 이 판결도 조세의 납부에 대한 보증인이 세금을 변제한 경우에 조세채권의 재생절차상 우선적 지위를 취득하지는 못하지만 민법상의 변제에 의한 대위 규정에 의하여 조세채권을 취득한다고 보고 있다.

일본에서 조세채권에 대한 변제자대위를 인정한 위 재판례가 받아들여지고 있지만,[46] 도산절차상 조세채권의 우선적 지위를 대위하지 못한다고 판단한 부분에 대해서는 다음과 같은 비판적인 견해들이 있다. 첫째, 파산절차에서 조세채권을 재단채권으로 분류하고 있는데, 재단채권을 대위변제하더라도 우선효가 상실되지 않는다는 견해가 있다.[47] 둘째, 파산절차상으로는 조세채권자를 우선적 파산채권자로 취급

45) 判例時報 1912, 70.

46) 濱田芳貴, "租稅債權への代位弁濟と財団債權性," 金融・商事判例 No. 1245(2006. 7. 15), 15면.

47) 佐々木 修, "破產手續にぉいて租稅優先性の代位を否定した事例に關する問題

하는 것으로 해석할 여지도 있다는 견해가 있다.[48)]

(3) 미 국

(가) 영국과 미국에서는 형평법상의 구제수단으로 대위(subrogation) 제도가 발달하였다.[49)] 보통법 국가에서 대위를 형평법상 양도(equitable assignment)라고 하기도 하는데,[50)] 대위는 두 가지 의미로 사용된다.[51)] 하나는 제 3 자가 채권자를 대체하는 것으로, 원래의 채무자 이외의 제 3 자가 채무자에 대한 원래의 채권자의 권리를 승계한다(succeed)는 것이다.[52)] 다른 하나는 제 3 자가 다른 사람의 채무를 변제한 경우 발생하는 형평법상의 구제수단 또는 법리를 가리킨다.[53)]

대위의 목적은 불공평(injustice)을 방지하는 것으로서, 그 기초는 형평법과 자연적 정의(natural justice)이다.[54)] 형식과 관계없이 모든 당사자들 사이에 실질적인 정의(substantial justice)가 달성되어야 한다는 원칙이 대위의 근거라고 할 수 있다.[55)] 누구라도 채무자 이외의 제 3 자가 채무를 변제하는 것을 허용함으로써 그의 비용으로 채무에서 벗

点," 銀行法務 21 No. 676(2007. 7), 59면.

48) 濱田芳貴(주 46), 15면.

49) 영국 등 영연방의 대위법에 관하여 포괄적으로 서술한 책으로는 Charles Mitchell, *The Law of Subrogation*, 1995가 있다. 그러나 이 책에서 미국의 대위법에 관한 서술이 잘못되었다는 강한 비판이 있다. Michael Sean Quinn, "Subrogation, Restitution and Indemnity," 74 *Tex. L. Rev.* 1361, 1395-96 (1996).

50) Laurence P. Simpson, *Handbook on the Law of Suretyship* 205 (1950), *Black's Law Dictionary*, 7th ed., 2004, Subrogation에서 재인용.

51) *Black's Law Dictionary*, 7th ed., 2004, Subrogation.

52) *Chouest v. A & P Boat Rentals, Inc.*, 321 F. Supp. 1290, 1292 (1971), 472 F.2d 1026 (5th Cir. 1973).

53) Richard A. Lord, *Williston on Contract*, 4th ed., 2007, § 61:51; Quinn(주 49), 1395-96.

54) 이 점에 관해서는 여러 판결에서 인정하고 있다. 가령 *Kozlowski v. Briggs Leasing Corp.*, 96 Misc. 2d 337 (Sup. Ct. 1978); *Westchester Fire Ins. Co. v. Allstate Ins. Co.*, 236 Conn. 362 (1996).

55) *Allstate Life Ins. Co. v. Weldon*, 213 So. 2d 15, 18 (Fla. App. 1968); *Rinehart v. Farm Bureau Mut. Ins. Co. of Idaho, Inc.*, 96 Idaho 115 (1974).

어나 이익을 얻어서는 안 되기 때문에, 대위를 인정하여야 한다는 것이다.[56] 따라서 제 3 자가 채무자의 채무를 변제하는 경우에 채무자가 부당하게 이득을 얻은 반면 제 3 자에게 손해가 발생함으로써 불공평하게 되면 제 3 자가 채권자를 대위할 수 있다. 법적 대위는 부당이득을 막으려는 형평법상의 원칙에서 도출되었기 때문이다.[57]

계약에서 대위하기로 약정하는 경우가 있다. 이 경우에는 계약 또는 합의가 대위의 근거가 되고, 양도(assignment)와 유사한 효과가 있지만 동일한 의미는 아니다.[58] 대위에 관한 계약은 제 3 자가 변제를 할 때 또는 그 전에 체결하여야 하며,[59] 변제 후에 이러한 계약을 체결할 수 없다.[60] 대위에 관한 계약은 명시적으로 체결될 수도 있고 묵시적으로 체결될 수도 있는데, 가령 변제자가 담보권자와 동일한 우선권을 가지며 담보권자를 대위한다는 취지로 약정한 경우를 들 수 있다.[61]

대위에 관한 계약이나 약정이 없더라도 법적으로 제 3 자가 채권자의 지위에서 권리를 행사할 수 있는 경우가 있는데, 이를 법적 대위라고 한다. 이러한 법적 대위는 법률 규정에 의하여 발생하는 것으로 법적 의제에 해당한다.[62] 법적 대위에 관한 권리는 채무자나 채권자의 행위와는 무관하게 독립적으로 발생한다.[63] 그러나 원칙적으로 계약에 의하여 이러한 권리가 수정[64] 또는 소멸[65]될 수 있다.

---

56) Richard A. Lord, *Williston on Contract*, 4th ed., 2007, § 61:51.

57) *Westchester Fire Ins. Co. v. Allstate Ins. Co.*, 236 Conn. 362 (1996).

58) *Hospital Service Corp. of R. I. v. Pennsylvania Ins. Co.*, 101 R.I. 708 (1967); *Westchester Fire Ins. Co. v. Allstate Ins. Co.*, 236 Conn. 362 (1996).

59) *Millers Mut. Fire Ins. Co. of Tex. v. Farmers Elevator Mut. Ins. Co.*, 408 F.2d 776 (5th Cir. 1969).

60) *Southern Farm Bureau Cas. Ins. Co. v. Sonnier*, 406 So. 2d 178 (La. 1981).

61) *In re Rogers Palace Laundry Co.*, 275 F. 829 (C.A. 7th Cir. 1921).

62) *State Farm Mut. Auto. Ins. Co. v. Berthelot*, 732 So. 2d 1230 (La. 1999); *In re Spirtos*, 103 B.R. 240, 245 (Bankr. C.D. Cal. 1989).

63) *Southern Ry. Co. v. Overnite Transp. Co.*, 223 Ga. 825 (1967).

64) *Wine v. Globe American Cas. Co.*, 917 S.W.2d 558 (Ky. 1996).

65) *Ray v. Donohew*, 177 W. Va. 441, 352 S.E.2d 729 (1986).

(나) 미국에서 제 3 자가 조세채권을 변제한 경우에 조세당국을 대위할 수 있다. 제 3 자가 조세당국의 권리를 대위하기로 계약을 체결한 경우에 제 3 자는 계약상의 대위권과 형평법상의 대위권을 행사할 수 있다.[66)]

미국의 연방파산법에서 채무자의 세금을 변제한 자는 그 변제의 한도에서 조세채권을 대위할 수 있다고 규정하고 있다. 즉, 미국 연방파산법 제509조 (a)항에 따르면 일정한 예외적인 경우를 제외하고는 "채무자에 대한 채권자의 채권에 관하여 채무자와 공동으로 책임을 지거나 그 채권에 대하여 담보를 제공한 자가 그 채권을 변제한 때에는 그 변제의 한도에서 채권자의 권리를 대위한다."라고 규정하고 있다.[67)] 이 규정에 따라 조세채권을 변제한 경우에 변제자가 채권자의 권리를 대위할 수 있다. 또한 채무자의 세금을 변제한 자는 이와 별도로 형평법상의 대위권을 주장할 수도 있다. 연방파산법상의 대위권과 형평법상의 대위권은 별개의 구제수단이기 때문에, 연방파산법상 대위권의 요건을 갖추지 못하더라도 형평법상의 대위권을 행사하는 데는 아무런 영향이 없다.[68)] 연방파산법에서 대위권을 인정할 필요가 있는지 문제되는데, 형평법상의 대위권은 제 3 자가 채무를 완제한 경우에만 주장할 수 있지만, 연방파산법 제509조의 경우에는 제 3 자가 일부 변제한 금액에 대해서도 이를 주장할 수 있다는 점에서 실익이 있다.[69)]

66) *Benchmark Bank v. Crowder*, 919 S.W.2d 657 (Tex. 1996).
67) 11 U.S.C. § 509 (a).
68) *Wetzler v. Cantor*, 202 B.R. 573, 577-78 (D. Md. 1996); *In re Spirtos*, 103 B.R. 240, 244 (Bankr. C.D. Cal. 1989); *In re Co-Build Companies Inc.*, 21 B.R. 635 (Bankr. E.D. Pa. 1982).
69) *In re Northview Motors Inc.*, 202 B.R. 389, 401 (Bankr. W.D. Pa. 1996).

3. 조세채권에 대한 변제자대위의 인정 여부

(1) 조세채권에 대한 민법 규정의 적용 문제

조세채권은 국가재정 수입을 확보하기 위하여 국세징수법에 의하여 우선변제권 및 자력집행권이 인정되는 권리로서 사법상의 채권과는 그 성질을 달리한다.[70] 따라서 조세채권은 사법상의 채권에 비하여 우월적인 특권을 갖고 있다고 말할 수 있다. 그러나 이와 같은 특권을 제외하고는 사법규정을 배제하는 명문의 규정이나 특별한 이유가 없는 한 이를 적용 또는 유추적용하여야 한다.[71]

실제로 조세채권에 관하여 민법 규정이 적용되거나 유추적용되는 경우가 무수히 많다. 세법에서 독자적인 용어나 개념을 사용하는 경우도 있지만,[72] 민법 등 사법에서 사용하는 많은 용어나 법규정을 전제로 세법이 제정되어 있다. 그렇지 않으려면 세법에 무수히 많은 민법 규정을 반복하여 규정하여야 할 것이고, 이는 불필요한 낭비가 될 것이다. 예를 들어보자. 변제자대위에 관한 것은 아니지만 공동저당에 관한 민법 제368조의 규정을 조세채권의 경우에 유추적용하여 조세채권을 대위행사할 수 있는지 문제되는데, 판례는 이를 긍정하고 있다. 즉, 납세의무자 소유의 수개의 부동산 중 일부가 먼저 경매되어 과세관청이 조세를 우선변제

70) 판례에 의하면, 조세채권의 성립과 행사는 오직 법률에 의해서만 가능한 것이고, 조세에 관한 법률에 의하지 아니한 사법상의 계약에 의하여 조세채무를 부담하게 하거나 이를 보증하게 하여 이들로부터 조세채권의 종국적 만족을 실현하는 것은 허용될 수 없다. 대판 1986.12.23, 83누715(공 1987, 241); 대판 1990.12.26, 90누5399(집 38-4, 특 403).

71) 金子宏, 租稅法, 제11판, 弘文堂, 2006, 32면은 조세법률관계에 관하여 사법규정을 배제하는 명문의 규정이나 특별한 이유가 없는 한 사법규정을 적용 또는 준용하여야 한다고 하면서, 일본에서 조세법률관계에 민법 규정을 적용, 준용 또는 유추적용하는 여러 판결들을 소개하고 있다.

72) 대판(전) 1993.8.24, 92누15994(집 41-2, 특 627)는 주거용 공동주택은 세법 고유의 개념으로서 반드시 건축법이나 주택건설촉진법의 규정에 구속되어 판단되어야 할 것은 아니고 어디까지나 세법의 독자적인 입장에서 그 입법취지에 비추어 판단되어야 한다고 하였다.

받은 결과 그 경매부동산의 저당권자가 동시배당의 경우에 비하여 불이익을 받은 경우, 공동저당권에 관한 민법 규정을 유추적용하여 저당권자가 조세채권자를 대위할 수 있다고 한다.[73] 이 점은 근로기준법상의 임금 등의 우선변제권(근로기준법 제38조)의 경우에도 마찬가지이다.[74] 따라서 과세당국만이 조세채권을 행사하여야 하는 것은 아니고, 사인이 조세채권을 대위행사할 수도 있다는 점은 판례에 의하여 인정되고 있다.

(2) 조세채권의 양도성 문제—임금채권의 대위변제와의 비교

조세채권을 사인에게 양도하는 것은 허용되지 않는다.[75] 그 결과로 변제자대위도 허용되지 않는다고 보아야 하는지 문제된다. 그러나 위에서 본 비교법적 고찰을 통하여 이와 같이 볼 근거가 없다는 점이 밝혀졌다. 독일, 일본, 미국 모두 조세채권에 대한 변제자대위를 인정하고 있기 때문이다. 특히 독일에서는 조세채권을 양도할 수 없다는 점이 제 3 자에 의한 세금 납부로 조세채권이 이전된다는 점에 방해가 되지 않는다고 한다. 미국의 판례에서도 보통법상 채권양도가 금지되는 경우에도 대위가 인정될 수 있다고 한다.[76]

우리나라에서 조세채권에 관하여 판단한 사례는 없기 때문에, 임금채권의 대위변제에 관한 판결을 살펴보고자 한다. 대판 1996. 2. 23, 94다21160[77]에서 임금채권의 경우 변제자대위를 인정하는 것이 임금의

---

73) 대판 2001. 11. 27, 99다22311(공 2002, 136). 이 경우에 근저당권자는 당해 조세 우선특권이라는 법정 담보물권을 대위하여 행사하는 것일 뿐이고, 이에서 나아가 과세관청이 갖는 기본적 조세채권이나 별개의 토지에 대하여 취득하여 둔 조세저당권까지 대위할 수는 없다고 한다.

74) 대판 1998. 12. 22, 97다9352(집 46-2, 민 340); 대판 2000. 9. 29, 2000다32475(공 2000, 2216); 대판 2006. 12. 7, 2005다77558(공 2007, 117).

75) 독일의 경우에 대해서는 위 주 29 참조. 일본에서도 조세채권을 양도할 수 없다고 보고 있는 듯하다. 電子商取引推進協議會, 電子行政サービスの利活用推進に向けた提言, 2004, 145-146면.

76) *Rinehart v. Farm Bureau Mut. Ins. Co. of Idaho, Inc.*, 96 Idaho 115 (1974); *Hospital Service Corp. of R. I. v. Pennsylvania Ins. Co.*, 101 R.I. 708 (1967).

77) 집 44-1, 민 189.

직접지급 원칙에 반하는 것이 아닌지 문제되었다. 이 판결에서 대법원은 다음과 같이 판단하고 있다.

> "타인의 채무를 변제하고 채권자를 대위하는 대위변제의 경우 채권자의 채권은 동일성을 유지한 채 법률상 당연히 변제자에게 이전하는 것이고(민법 제482조 제1항), 이러한 법리는 채권이 근로기준법상의 임금채권이라 하더라도 그대로 적용된다 할 것이므로, 근로기준법 제30조의2 제2항에 규정된 우선변제권이 있는 임금채권을 변제한 자는 채무자인 사용자에 대한 임금채권자로서 사용자의 총재산에 대한 강제집행절차나 임의경매절차가 개시된 경우에 경락기일까지 배당요구를 하여(민사소송법 제605조, 제728조) 그 배당절차에서 저당권의 피담보채권이나 일반채권보다 우선하여 변제받을 수 있는 것이며, 이와 같이 근로자가 아닌 대위변제자에게 임금의 우선변제권을 인정하더라도 근로자에 대하여 임금이 직접 지급된 점에 비추어 이를 근로기준법 제36조 제1항 소정의 직접불의 원칙에 위배된다고 할 수 없다."

근로기준법은 임금 직접지급의 원칙[78]에 관하여 규정하고 있다. 이와 관련하여 임금채권을 양도할 수 있는지 문제된다. 이에 대하여는 유효설, 무효설, 상대적 유효설(또는 편면적 유효설)이 대립하였다.[79] 대판(전) 1988. 12. 13, 87다카2803[80]에서 다수의견은 임금채권의 양도성을 인정하면서도 위 근로기준법의 취지에 비추어 사용자는 양도인인 근로자에게 임금을 직접 지급하여야 한다는 견해를 채택하였다.[81] 그

78) 구 근로기준법 제36조 제1항(현행 근로기준법 제43조 제1항)이 임금직접지급의 원칙을 정하고 제109조가 처벌규정을 두어 그 이행을 강제하고 있는 근본적인 이유는 임금이 확실히 근로자의 손에 들어가게 함으로써 임금의 중간착취를 방지하고 근로자의 생활을 보호하려는 것이다.

79) 이에 관해서는 朴性哲, "賃金債權의 直接拂의 原則," 判例硏究 제1집(1991. 2), 釜山判例硏究會, 364면; 韓一煥, "勤勞者의 賃金債權의 讓渡可能性," 判例硏究 제3집(1990), 서울地方辯護士會, 71면 이하.

80) 집 36-3, 민 101.

81) 이에 대하여 소수의견은 임금채권의 양도성을 인정하는 이상 임금도 양수인에게 지급하여야 한다고 하였다.

후 대판 1994. 5. 10, 94다6918[82]은 위 판결의 논리에 따라 근로자로부터 임금채권의 추심을 위임받은 자도 사용자의 집행재산에 대하여 배당을 요구할 수 없다고 하였다.

변제자대위의 경우에는 채권양도의 경우와는 달리 근로자가 제3자로부터 변제를 받는 것이므로 근로자의 생활보호에 아무런 문제가 발생하지 않는다. 따라서 대위변제의 경우에는 임금채권양도에 관한 위 대법원 판결의 논리가 그대로 적용되지 않는다. 사용자가 임금을 변제할 수 없는 사정이 있는 경우에 근로자는 제3자로부터 임금을 지급받는 것이 유리하다. 그 제3자가 근로자의 임금채권을 대위행사할 것인지 여부는 근로자의 이해관계에 아무런 영향이 없다.

조세채무를 제3자가 납부한 경우 민법의 변제자대위 규정이 적용되는지에 관해서도 이와 동일하게 생각해 볼 수 있다. 과세관청이 조세채권을 사인에게 양도함으로써 조세채권을 회수할 수는 없다. 그런데 제3자가 조세채권을 대위변제한 경우에 국가 또는 지방자치단체는 만족을 얻는다. 이러한 경우에 제3자가 조세채권을 대위행사하는 것을 허용하더라도 아무런 문제가 없다. 따라서 조세채권의 양도금지와 조세채권의 대위변제를 동일선상에 놓을 필요가 없다.

사인이 조세채권을 행사하는 경우에 강제징수를 할 수는 없고, 민사절차에 따라 채권을 행사하여야 한다. 따라서 조세부과처분이나 조세채무에 대한 불복 등 조세채무의 공법적 법률관계에 따른 특성은 더 이상 존속하지 않고 금전채무로서의 성격만을 가진 채 존속한다고 볼 수 있다. 다만 제3자가 조세채무를 변제함으로써 국가 또는 지방자치단체의 조세채권이 대위변제자에게 이전되는 것으로 볼 수 있을 것이다. 만일 조세채권에 대한 대위변제를 인정하지 않는다면, 제3자가 조세채무를 변제하는 것을 막는 결과를 초래할 수도 있다. 변제자대위를 인정하지 않는 것이 조세채무자에게 유리하다고 볼 수도 있으나, 이는

82) 공 1994, 1661.

채무자가 납세보증보험제도를 이용하는 데 장애사유가 될 것이다. 제3자가 조세채무를 변제하는 것을 막을 이유도 없다. 특히 법률에서 납세보증보험제도[83]를 도입하고 있기 때문에, 납세보증보험인이 조세채무를 변제한 경우에 이에 따른 구상권을 보호하기 위하여 변제자대위를 인정하여야 한다. 이러한 점에서도 조세채권에도 변제자대위에 관한 규정이 적용 또는 적어도 유추적용된다고 보아야 한다.

조세에 대해서는 국세기본법 등에서 우선징수권을 인정하고,[84] 「채무자 회생 및 파산에 관한 법률」에서 조세채권을 공익채권(제179조 제9호)이나 재단채권(제473조 제2호)으로 인정함으로써 조세에 우선권을 인정하고 있다. 이와 같은 조세의 우선권도 변제자대위에 의하여 제3자에게 이전되는지 여부는 논란의 여지가 있다.[85] 위에서 본 바와 같이

83) 대법원은 납세보증에 대해서는 조세채권에 대한 보증이라는 점에서 그 특수성을 강조하고 있다. 즉, 납세담보는 세법에서 그 제공을 요구하도록 규정한 경우에 한하여 과세관청이 요구할 수 있고, 따라서 세법에 근거 없이 제공한 납세보증은 공법상 효력이 없다. 한편 납세담보를 제공할 수 있는 세법상 근거가 없다고 할지라도 납세의무자와 납세보증보험사업자 사이에 이를 납세보증보험의 대상으로 하는 납세보증보험계약을 체결하는 것까지 막을 수는 없고, 다만 이러한 경우 그 납세보증보험계약은 과세관청에 대하여 효력이 없을 뿐이다. 대판 2005. 8. 25, 2004다58277(공 2005, 1554).

84) 국세기본법 제35조 제1항, 지방세법 제31조.

85) 제2차 납세의무자가 본래의 납세의무자의 납세의무를 이행한 사안에서 변제자대위에 관한 판단을 한 것은 아니지만, 제2차 납세의무자의 구상금채권이 구 파산법상 재단채권이라고 한 판결이 있다. 즉, 대판 2005. 8. 19, 2003다36904(주 10)는 본래의 납세의무자의 파산으로 과세관청에 의하여 제2차 납세의무자로 지정된 자가 그 납세의무를 이행함으로써 취득한 구상금채권이 구 파산법 제38조 제2호의 조세채권으로서 재단채권에 해당하지는 않지만, 본래의 납세의무자의 파산으로 과세관청에 의하여 제2차 납세의무자로 지정된 자가 그 납세의무를 이행함으로써 취득한 구상금채권은 부당이득으로 인하여 파산재단에 생긴 청구권에 해당한다고 할 것이므로 구 파산법 제38조 제5호 소정의 재단채권에 해당한다고 판단하였다. 그 이유로 "국세기본법 소정의 제2차 납세의무는 오로지 주된 납세의무가 이행되지 않는 경우에 그 만족을 얻기 위하여 과하여지는 것이므로, 제2차 납세의무자가 납세의무를 이행하는 경우 그 범위에서 본래의 납세의무자의 납세의무도 소멸되고, 이 경우 제2차 납세의무자는 본래의 납세의무자에 대하여 구상권을 행사할 수 있는 한편, 본래의 납세의무자가 파산선고를 받는 경우 그의 조세채무는 파산법상의 재단채권이 되어 파산재단에서 변제

독일 구 파산법 하에서 독일의 통설과 판례는 제 3 자가 조세채권을 변제한 경우에 조세채권의 우선권도 이전된다고 보았으나, 이에 반대하는 견해도 있었다. 일본에서도 제 3 자가 조세채권을 대위변제한 경우에 조세채권의 우선적 지위를 대위할 수 있는지 논란이 되고 있다. 우리 민법 제482조 제 1 항에서 변제자대위의 효과에서 관하여 "채권자의 채권 및 권리를 대위행사할 수 있다."고 규정하고 있을 뿐이고, 강제집행이나 도산절차에서 채권자가 갖는 우선적 지위도 이전되는지에 관해서는 특별히 규정하지 않고 있다. 이는 우선특권 일반에 관련된 문제이나, 조세의 우선징수권도 변제자대위의 적용범위에서 배제할 필요는 없지 않을까? 조세의 우선징수권도 민법 제482조 제 1 항에서 말하는 '권리'에 포함되고, 이와 같이 보는 것이 형평에 맞는 결과를 도출하기 때문이다. 우리나라에서 조세채권의 특별한 지위는 두 가지로 나누어 볼 수 있다. 하나는 조세채권의 경우에 조세징수절차상 간편한 절차를 활용할 수 있다는 점이고, 다른 하나는 우선권 또는 우선징수권이라는 우월적 지위가 인정된다는 점이다. 사인이 대위행사를 할 수 없는 부분은 조세채권을 징수하는 절차에 한정하여야 한다. 여기에서 나아가 판례에서 법정 담보물권[86]으로 파악하고 있는 우선권 또는 우선징수권까지 행사하지 못할 이유는 없다. 국가나 지방자치단체가 약정 담보물권에 기하여 도산절차에서 담보권을 가지고 있다면 이는 대위의 대상이 되는데, 이와 마찬가지로 법정 담보물권도 대위의 대상이 된다고 볼 수 있다.

하여야 하는데, 제 2 차 납세의무자가 납세의무를 이행하게 되면 본래의 납세의무가 소멸함으로써 파산재단은 채무소멸이라는 이익을 얻게 되고, 이 경우 그 이익을 원래 그 조세를 납부하여야 할 파산재단으로 하여금 그대로 보유하게 하는 것은 공평의 관념에 어긋나는 것이어서 파산재단으로서는 이를 부당이득으로 그 출연자에게 반환할 의무를 부담한다 할 것이니, 제 2 차 납세의무자가 납세의무를 이행한 후 가지게 되는 위 구상권은 여기에 그 법적 근거가 있다."고 설명한다.

86) 조세우선권은 법률에 기하여 우선권이 인정되기 때문에, 법정 담보물권에 속한다고 볼 수 있으나, 논란의 소지가 있다. 왜냐하면 조세우선권은 유치권과 같은 전형적인 법정 담보물권과는 다르기 때문이다.

만일 국가나 지방자치단체는 조세채권에 대한 우선권을 행사하는데도 조세채권을 변제한 제3자가 우선권을 인정받지 못한다면 형평에 반한다.[87] 입법론적으로 조세우선권을 인정한 것이 문제라고 볼 수도 있으나,[88] 국세기본법이나 「채무자 회생 및 파산에 관한 법률」(제179조 제9호, 제473조 제2호)에서 조세채권에 우선권을 인정한 것을 삭제하기 전에는 제3자가 우선권을 대위행사할 수 없다고 하는 것은 오히려 국가우월주의적인 결과를 초래한다.

(3) 변제자대위의 효과와 관련된 문제

우리 민법은 변제자대위의 효과에 관하여 제3자가 "채권자의 채권 및 권리를 대위행사할 수 있다."고 규정하고 있는데, 그 의미에 관하여 논의되고 있다. 통설인 권리이전설은 변제자대위로 인하여 "채권자가 가지고 있던 채권 및 담보가 법률상 당연히 변제자에게 이전한다"고 한다.[89] 대위변제의 경우에 채권자의 채권은 변제에 의하여 채권자와 채무자 사이에서는 소멸하지만, 채무자와 변제자 사이에서는 그대로 존속하며(상대적 소멸), 그 변제자가 구 채권자에 갈음하여 채권자가 된다고 설명하기도 한다. 판례도 권리이전설을 따르고 있다.[90] 이와

87) 다만 변제자대위는 구상권의 범위 내에서 행사할 수 있고 이에 따른 제약이 따르기 때문에, 구상권의 범위를 어떻게 해석할 것인지 여부에 관하여 논란이 있을 수 있다.

88) 필자는 도산절차와 관련하여 조세채권자의 우선권을 대폭 축소하거나 폐지하여야 한다고 주장하였다. 도산절차에서 국가의 조세채권에 지나치게 많은 우선권을 주는 것은 평등의 원칙에 어긋날 수 있기 때문이다. 金載亨, "統合 倒産法案의 主要爭點," 比較私法 제10권 1호(2003.3), 67면. 조세기본법이나 지방세법에서 조세채권에 대하여 우선권을 부여한 것에 대해서도 이를 인정할 합리적인 근거를 찾기 어렵기 때문에 그 폐지 여부를 검토할 필요가 있다.

89) 郭潤直, 債權總論, 제6판, 박영사, 2003, 257면; 金容漢, 債權法總論, 박영사, 1983, 545면; 金疇洙, 債權總論, 삼영사, 1984, 404면. 李鎭萬, "辨濟者代位에 있어서 代位者 상호간의 關係," 司法論集 제27집(1996), 법원도서관, 117면은 제3자의 변제가 있으면, 원채권자의 원채권 및 이를 담보하기 위한 권리는 법률의 규정에 의하여 변제자에게로 이전한다고 한다.

90) 대판 1996.2.23, 94다21160(집 44-1, 민 189).

달리 대위행사설은 변제자대위의 경우에 변제자가 채권자의 권리를 이전받는 것이 아니라 채권자에게 채권자의 권리를 그대로 둔 채 변제자의 명의로 그 권리를 행사할 권한을 갖는 데 불과하다고 설명한다.[91] 대위는 스스로 권리주체가 되는 것이 아니라 타인의 권리를 자기의 이름으로 자기 목적을 위하여 대신 행사하는 것이라고 한다.[92] 예컨대 채권자대위권의 경우[93]에 채권자가 채무자의 권리를 대위행사하는 것과 마찬가지로 변제자대위의 경우에도 제3자가 채권자의 권리를 대위행사하는 것에 불과하다는 것이다.

권리이전설에서 채권자의 채권과 담보가 법률상 당연히 변제자에게 이전한다고 보는 근거는 명확하지 않다. 이는 법률의 규정에 의한 이전이라고 할 수 있는데, 이를 위해서는 법률에 근거규정이 있어야 한다. 독일에서는 제3자가 채무를 변제한 경우에 채권자의 권리가 법률상 또는 법률의 규정에 의하여 이전된다.[94] 이와 같이 설명하는 이유는 독일 민법에 제3자가 변제를 한 경우에 채권자의 권리가 제3자에게 이전된다고 명확하게 규정하고 있기 때문이다.[95] 그러나 우리 민법에서는 독일 민법과는 달리 변제자대위의 경우에 '권리가 이전된다'고

---

91) 李銀榮, 債權總論, 제3판, 박영사, 2006, 710면 이하; 張康鶴, 債權總論, 교육과학사, 1992, 523면.

92) 그 밖의 이유에 관해서는 李銀榮(주 91), 716-717면 참조.

93) 채권자대위권에 관해서는 민법 제404조 제1항 본문은 "채권자는 자기의 채권을 보전하기 위하여 채무자의 권리를 행사할 수 있다."고 규정하고 있다. 이 경우 채권자가 채무자의 권리를 대위행사하는 것에 불과하고 채무자의 권리가 채권자에게 이전하는 것은 아니다.

94) 우리나라에서는 채권자의 채권은 제3자의 변제에 의하여 채권자와 채무자 사이에서는 소멸하지만, 채무자와 변제자 사이에서는 그대로 존속한다(이를 '상대적 소멸'이라고 한다)고 기교적으로 설명하지만, 독일에서는 이와 달리 상대적 소멸이라는 개념을 끌어들이지 않고 제3자의 변제로 채권이 이전한다고 설명한다.

95) 이는 스위스에서도 마찬가지이다. 스위스채무법 제110조에 의하면 제3자가 채무를 변제한 경우에 채권자의 권리가 법률의 규정에 의하여 변제자에게 이전하는 경우를 정하고 있다. Gonzenbach, in: Honsell (Hrsg.), *Kommentar zum Schweizerischen Privatrecht, Obligationrecht* Ⅰ, 2. Aufl., 1996, Art. 110 N. 1, 15f.

규정하고 있지는 않다. 민법에서 대위변제자는 채권 등을 대위행사할 수 있다고 규정하고 있다. 이를 법률상 권리이전이라고 해석할 수 있는지는 의문이다. 왜냐하면 제 3 자가 채무자를 대위하여 변제한 경우에도 대위행사설이 설명하는 바와 같이 제 3 자가 채권자의 권리를 대신 행사하는 것에 불과하다고 설명할 수도 있기 때문이다. 따라서 우리나라에서 법률상 이전 또는 법률의 규정에 의한 이전이라고 보는 것은 근거가 없다. 그러므로 우리나라에서 변제자대위의 경우에 권리가 이전되는지 여부는 법규정의 당연한 결과가 아니라 법해석에 의하여 결정하여야 한다.

대위행사라는 개념은 누구 대신 권리를 행사하는 것이라고 볼 수 있기 때문에, 제 3 자가 채무를 변제하고 채권자 대신 채권자의 권리를 행사하는 것이라고 설명하는 것이 법률 문언에 충실한 해석이라고 볼 수도 있다.[96] 그러나 대위변제의 경우 채권자가 대위변제자로부터 채무의 변제를 받았기 때문에 채권이나 권리를 보유할 아무런 이익이 없다. 반면에 대위변제자는 채권자의 권리를 행사할 이익이 크다. 이러한 경우에 채권자가 권리를 가지고 있다고 볼 이유가 없다.[97] 이 점에서 변제자대위는 채권자대위권에서 말하는 '대위'와 차이가 있다. 대위변제자의 구상권을 보호하기 위하여 채권자의 채권이 대위변제자에게 이전하는 것으로 보는 것이 당사자들의 이해관계에 부합한다. 실무에서도

96) 하나의 법전에서 동일한 용어를 사용하는 경우에 그 의미를 가급적 통일적으로 파악하여야 한다. 만일 각각의 의미를 다르게 이해하려면 그 근거가 있어야 한다.

97) 金亨培, 債權總論, 제 2 판, 박영사, 1998, 702면은 변제자대위의 경우에 채권자대위권의 경우와는 달리 채권자가 이미 만족을 얻었으므로 채권과 담보권이 더 이상 채권자에게 귀속되어 있어야 할 이유가 없다고 한다. 한편 梁彰洙, "物上保證人의 辨濟者代位와 附記登記의 要否," 民法硏究 제 2 권, 1991, 169면은 변제자대위의 경우에 변제자가 채권 또는 담보권의 그 후의 존속에 대하여 이미 이해관계를 가지지 아니하므로 통설이 권리 자체의 이전을 인정한 것으로 볼 수 있다고 설명하면서, 다만 이러한 설명이 이론구성으로는 반드시 적절한가 하는 문제는 더욱 연구를 요한다고 한다.

제 3 자가 채무를 변제한 경우에 채권자의 이름으로 채권자의 권리를 행사하는 것이 아니라, 자신의 이름으로 채무자에 대하여 직접 권리를 행사하고 제 3 자의 이름으로 권리의 명의자를 변경하는 것을 허용하고 있다. 이와 같이 대위변제에 의하여 권리가 이전한다고 보는 것은 일종의 '법적 의제'라고 할 수 있다.

조세채권에 대하여 변제자대위를 인정할 수 있는가라는 문제는 변제자대위의 효과에 관하여 권리이전설과 대위행사설의 견해에 따라 결론이 달라지는 것은 아니다. 어느 견해를 따르더라도 제 3 자가 조세채권을 변제한 경우에 변제자대위를 주장할 수 있다는 결론을 도출할 수도 있다. 대위행사설에 따라 제 3 자가 채권자의 이름으로 채권자의 권리를 대위행사할 수 있을 뿐이라고 하는 경우에는 쉽게 변제자대위의 경우에 조세채권을 대위행사할 수 있다는 결론을 도출할 수 있고, 변제자대위로 조세채권이 사법상의 채권으로 전환된다는 설명을 할 필요도 없다. 그러나 위에서 본 바와 같이 제 3 자의 변제로 권리가 이전된다는 견해를 따르더라도 제 3 자가 조세채권을 변제하는 경우에 조세채권이 제 3 자에게 이전된다고 보고, 다만 조세채권이 사법상의 채권으로 전환된다고 설명할 수 있다.

Ⅳ. 결 론

조세채권에 대하여 민법의 변제자대위 규정이 적용되는지 여부에 관하여 살펴보았다. 결국 제 3 자가 조세채권을 변제하는 경우에 제 3 자가 조세채권을 대위행사할 수 있다는 결론에 도달하였다.

제 3 자가 세금을 납부한 경우에 변제자대위를 인정할 것인지 명문의 규정이 없다. 민법에서 변제자대위를 규정한 이유는 이를 인정하는 것이 형평에 맞기 때문이다. 조세채권에 대하여 변제자대위에 관한 민법 규정을 아예 배제할 합리적 이유를 찾기 어렵다. 조세채권에 대한 변제자대위의 경우에 사인이 조세채권을 행사하는 경우에 문제되는 사항만을 거두어내고 조세채권을 행사할 수 있다고 하는 것으로 충분하다. 이와 달리 조세채권에 대하여 변제자대위를 부정할 경우에 제3자에게 가혹한 결과를 초래할 뿐만 아니라, 세무당국에게도 아무런 이익이 없다. 조세채권에 대하여 변제자대위가 인정되지 않는다고 하면 제3자가 조세채권을 변제하려고 하지 않을 것이기 때문이다. 결국 제3자가 조세채권을 변제하는 경우에 제3자가 조세채권을 대위행사할 수 있다고 보아야만 당사자들의 이익을 적절하게 반영하여 이해관계를 합리적으로 조정할 수 있다.

조세채권에 대한 변제자대위 문제[98]는 조그마한 문제라고 생각할 수 있지만, 크게는 민법과 세법, 나아가 사법과 공법이라는 대주제와 관련된 문제이다. 조세채권에 민법 규정이 적용되는지는 공법과 사법의 관계를 어떻게 볼 것인지라는 근본적인 문제와 관계가 있기 때문이다. 그러나 하나의 틀로 공법과 사법에 관한 모든 문제를 해결할 수는 없고, 개별적으로 그 적용 여부를 판단하는 과정을 거쳐야 한다. 조세법률관계에 모든 민법 규정이 적용될 수는 없다. 그러나 조세법률관계에 민법 규정을 적용하더라도 불합리한 결과를 초래하는 등 특별한 사정이 없는 한 민법 규정을 적용 또는 유추적용하여야 할 것이다.

98) 한편, 민법에는 물상대위, 채권자대위권, 변제자대위, 손해배상자의 대위, 환매권의 대위행사 등 이른바 '대위'에 관한 여러 가지 제도가 있다. 이들은 모두 대위라는 용어를 사용하고 있고, 그 규정형식을 보면 매우 유사하게 규정되어 있다는 것을 발견할 수 있다. 그러나 여러 대위제도에 관하여 통일적인 법리가 형성되어 있는 것은 아니고 각각의 제도에 관하여 개별적으로 서술하고 있을 뿐이다. 각종 대위에 관한 규정들에서 대위의 의미는 다른 의미를 갖는 것으로 파악되고 있다. 우리나라에서 이른바 代位法(law of subrogation)은 크게 주목을 받지 못하고 있으나, '대위'의 의미에 관한 탐구를 포함하여 좀 더 포괄적인 연구가 필요하리라고 생각된다.

[後　記]

이 글은 조세채권에 변제자대위에 관한 민법 규정을 적용할 수 있는지 여부에 관하여 2008년 7월 3일 김영란 대법관님께 제출한 글이다. 흥미 있는 주제에 관하여 글을 쓸 기회를 주신 것에 대하여 감사드린다. 최근 대법원 2009. 2. 26. 선고 2005다32418 판결은 납세보증보험자가 보험계약자의 세금을 납부한 경우 과세관청의 납세의무자에 대한 조세채권을 대위행사할 수 있다고 판단하였다. 즉, “납세보증보험은 보험금액의 한도 안에서 보험계약자가 보증대상 납세의무를 납기 내에 이행하지 아니함으로써 피보험자가 입게 되는 손해를 담보하는 보증보험으로서 보증에 갈음하는 기능을 가지고 있어, 보험자의 보상책임을 보증책임과 동일하게 볼 수 있으므로, 납세보증보험의 보험자가 그 보증성에 터잡아 보험금을 지급한 경우에는 변제자대위에 관한 민법 제481조를 유추적용하여 피보험자인 세무서가 보험계약자인 납세의무자에 대하여 가지는 채권을 대위 행사할 수 있다.”고 한다.

(저스티스 제110호(2009. 4), 한국법학원, 29-51면 所載)

10. 제 3 자에 의한 契約妨害
－현재 또는 장래의 계약관계를 방해하는 경우를 포함하여－

Ⅰ. 서 론

제 3 자가 현재 또는 장래의 계약관계를 방해하는 경우에 채권자에게는 어떠한 구제수단이 있는가? 종래 제 3 자에 의한 채권침해론에서는 주로 제 3 자가 이미 존재하는 채권을 침해하거나 계약의 실현이나 존속을 방해하는 경우를 중심으로 논의를 전개하였다. 그러나 계약이 체결되기 전에 제 3 자가 계약의 체결 자체를 방해하는 경우도 있고, 계약의 당사자들이 계약기간이 종료한 다음 기간을 갱신하거나 재계약을 체결하는 것을 제 3 자가 방해하는 경우도 있다.

예를 들면 A는 특정 지역에서 일정한 물품을 공급하는 사업을 하는 데 필요한 허가를 받고 B와 위 물품에 관한 독점적 공급계약을 체결하면서 계약기간을 1년으로 정하였다. A와 B는 위 계약기간이 종료된 후 계약조건에 관하여 합의가 이루어지지 않아 재계약을 체결하지 못하였다. 이러한 상황에서 C가 B에게 동일한 물품을 A의 재계약 조건보다 유리하게 공급하겠다고 제의하였기 때문에, B가 A와 재계약을 체결하지 않고, C와 사이에 위 물품에 관한 독점공급계약을 체결하였다고 하자. A는 C의 방해로 B와 계약을 체결하지 못하였다는 이유로 C를 상대로 불법행위책임을 추궁할 수 있는가? 만일 C가 위와 같은 물품을 공급하는 사업을 하는 데 필요한 허가가 없는데도, B에게 허가가 있다고 말하였다면 이는 책임의 성립 여부에 어떠한 영향을 미치는가?[1] 이러한 사례에서 A가 아직 '채권'을 취득하지 못하였기 때문에 아무런 법적 보호를 받을 수 없는 것인지, 아니면 '장래 계약을 체결할 수 있는 이익'을 침해당하였다는 이유로 불법행위책임으로 보호받을 수 있는지 문제된다. 이 문제는 기존의 계약체결자의 이익을 보호하여야 하는지, 아니면 상대방의 계약체결의 자유나 자유경쟁의 원리를 더욱 보호하여야 하는지에 따라 결론이 달라질 것이다.

제 3 자가 현재의 계약이나 장래에 체결될 계약관계를 방해하는 경우에 불법행위책임이 성립하는지 여부는 비교법적인 시각에서 흥미 있는 주제이다. 계약방해에 관한 법리는 영국의 판례에서 발달하였고, 이

---

1) 이 사안은 창원지판 2004. 1. 16, 2002나8951을 토대로 구성한 것이다. 이 사건에서 원고는 창원시에서 독점적으로 유선방송사업을 하는 것을 허가받아 창원시에 있는 B 아파트의 입주자대표회의(이하 편의상 B라고 한다)와 사이에 위 아파트에 유선방송을 공급하기로 하는 유선방송위탁계약을 체결하면서, 계약기간을 1년, 세대별 수신료를 월 1,500원으로 정하였다. 원고와 B는 위 계약기간이 종료된 후 수신료 인상 문제로 재계약을 체결하지 못하였다. 그런데 피고가 위 아파트에 원고의 재계약 조건보다 유리하게 위성방송을 제공하겠다고 하자, B는 원고와 재계약을 체결하지 않고, 피고와 사이에 위성방송 공청시설계약을 체결한 다음, 피고가 위 아파트에 중계유선방송을 제공하였다. 그러나 피고가 위와 같은 중계유선방송사업에 대하여 허가를 받지 않은 것이 드러나 B는 다시 원고와 사이에 월 수신료 2,500원으로 하는 케이블TV방송 공급계약을 체결하였다. 원고는 피고의 방해로 B와 계약을 체결하지 못한 기간 동안 입은 손해에 대하여 피고를 상대로 불법행위에 기한 손해배상을 구하는 소를 제기하였다. 항소심 법원은 다음과 같은 이유로 원고의 청구를 받아들였다. 즉, 원고가 방송법상 허가를 받아 독점적 지위에 있는데, 피고가 방송법에 위반하여 무허가로 중계유선방송사업을 하였고, 원고와 유선방송공급 재계약을 협상하는 과정에 있는 B에게 적법한 방송사업자인 것처럼 가장함으로써 원고와 현대아파트 입주자대표회의의 재계약 체결을 방해하였으며, 피고의 위와 같은 행위가 없었더라면 B가 원고와 다시 중계유선방송공급계약을 체결하였을 것으로 보인다고 하였다. 이 사건에서 원고와 B 사이의 유선방송위탁계약이 기간만료로 적법하게 종료되었는데, 피고가 재계약의 체결을 방해하였다는 점에서 종래의 판결들과는 다르다. 따라서 이 판결이 방송법상 허가를 받은 사람의 지위를 침해한 경우에 불법행위의 성립을 인정한 것에 의미를 부여할 수도 있지만, 장래의 계약관계를 불법적으로 방해한 경우에 불법행위책임을 인정하였다는 점에서 그 의미를 찾을 수도 있다.

것이 미국의 판례에 의하여 수용되었다. 이들 국가에서는 이미 성립한 계약을 방해한 경우뿐만 아니라, 아직 계약이 체결되지 않았지만 장래에 계약이 체결될 것으로 기대되는 이익을 방해하는 경우에도 불법행위책임이 인정될 수 있다. 이와 달리 독일에서는 제 3 자에 의한 채권침해의 일종으로서 제 3 자가 계약파기에 협력한 경우에 제 3 자의 불법행위책임이 성립하는지 논의되고 있다. 우리나라에서는 초기에 제 3 자의 채권침해에 관한 일본의 학설과 판례를 수용하였다. 그 후 독일의 제 3 자에 의한 채권침해이론이나 미국의 계약방해에 관한 법리가 소개되고 있다.

이 글에서는 먼저 제 3 자에 의한 계약방해 문제에 관하여 우리나라의 학설과 판례에 중요한 영향을 미친 독일법에 관하여 살펴보고, 다음으로 현재 또는 장래의 계약관계를 방해하는 경우에 관하여 매우 발달된 법리가 형성되어 있는 미국법을 살펴보고자 한다. 그리고 우리나라의 제 3 자에 의한 채권침해론[2]에 관하여 살펴보고 현재 또는 장래의 계약관계를 방해하는 경우에 어떻게 해결하여야 할 것인지 검토한 다음, 위 세 나라의 법리를 비교·검토하면서 이 문제에 관한 해결방안을 모색해 보고자 한다.

Ⅱ. 독 일 법

1. 제 3 자에 의한 계약방해와 불법행위책임에 관한 규정

독일 민법은 불법행위의 세 유형으로 소유권 등 권리를 침해한 경

2) 다만 제 3 자에 의한 채권침해라는 용어는 위에서 제기한 문제를 포괄할 수 없기 때문에, 제 3 자에 의한 계약방해나 장래의 계약관계에 대한 방해라는 용어를 사용한다.

우(제823조 제1항), 보호법규를 위반한 경우(제823조 제2항), 고의로 양속에 위반하여 가해행위를 한 경우(제826조)를 들고 있다. 제3자에 의한 계약방해와 관련하여 보호법규 위반은 문제가 되지 않고, 권리침해로 인한 불법행위와 양속 위반의 불법행위만이 문제된다.3)

가. 제3자에 의한 계약방해가 독일 민법 제823조 제1항에 해당하는지 여부

독일 민법 제823조 제1항은 생명, 신체, 건강, 소유권 기타의 권리를 침해한 경우에 불법행위책임이 발생한다고 규정하고 있다. 이 규정에서 '기타의 권리'는 절대권을 가리키는 것으로서, 판례에 의하여 승인된 인격권이나 '설치되고 행사된 영업권'이 이에 속한다. 채권은 상대권으로서 당사자 사이에서만 효력이 있기 때문에, 이 규정에서 말하는 '기타의 권리'에 해당하지 않는다. 따라서 채권적 청구권을 침해하더라도 이 규정에 의한 불법행위책임이 성립하지 않는다.4) 또한 순수한 재산손해는 이 규정에 의하여 보호되지 않으므로, 제3자의 행위로 말미암아 재산손해가 발생하였다고 하더라도 이 규정에 기하여 손해배상을 청구할 수 없다.5)

한편 채권의 귀속 자체를 침해하는 경우, 예를 들면 권한이 없는

3) 독일 민법에서도 제3자에 의한 계약방해의 경우에 피해자가 제3자에 대하여 계약에 기한 청구권을 갖지는 않는다. 독일에서 제3자 보호효 있는 계약(Vertrag mit Schutzwirkung für Dritte)이 인정되나, 서론에서 본 사례를 포함하여 제3자에 의한 계약방해가 문제되는 대부분의 경우에는 적용되지 않는다. 한편 독일 부정경쟁방지법(UWG) 제1조에 의하면, 제3자에 의한 양속위반의 경쟁행위가 있는 경우에 손해배상책임이 발생한다. 이 규정에 기한 청구권과 독일 민법 제826조에 기한 청구권은 청구권 경합관계에 있다. Palandt/Sprau, 65. Aufl., 2006, § 826 Rn. 59.

4) BGHZ 12, 308, 317ff.; Fabricius, Zur Dogmatik des "sonstiges Rechts" gemäß § 823 Abs. I BGB, AcP 160, S. 301ff.; MünchKomm/Wagner (4. Aufl., 2004), § 823 Rn. 154.

5) MünchKomm/Wagner, § 823 Rn. 176f.

사람이 채권을 추심하거나 또는 기타의 방법으로 채권을 처분하였는데 그것이 채권자에게 효력이 있는 경우(독일 민법 제407조, 제408조, 제2367조)에는 독일 민법 제823조 제 1 항이 적용되어야 한다는 견해가 유력하게 제기되고 있다.[6] 그러나 이 견해에 의하더라도 채권의 귀속이 침해되는 경우에 한하여 독일 민법 제823조 제 1 항이 적용될 수 있다는 것이고, 그 밖의 일반적인 채권침해에 대해서는 독일 민법 제826조를 적용해야 한다고 한다.

나. 제 3 자에 의한 계약방해가 독일 민법 제826조에 해당하는지 여부

독일 민법 제826조는 선량한 풍속에 위반하여 타인에게 고의로 손해를 입힌 경우에 손해배상책임이 발생한다고 규정하고 있다. 이 규정에 의한 불법행위를 양속 위반의 고의적 가해(Sittenwidrige vorsätzliche Schädigung)로 인한 불법행위라고 하는데, 고의가 있는 경우에 한하여 불법행위책임이 성립한다. 그런데 이 규정에서 독일 민법 제138조(우리 민법 제103조에 상응하는 규정이다)와 마찬가지로 양속 위반이라는 불확정개념을 사용하고 있기 때문에, 이를 판단하는 기준이 무엇인지가 중요하다. 양속 위반으로 포섭할 수 있는 개별 유형마다 그 판단기준도 달라질 것이다. 양속 위반의 유형이나 판정기준에 관하여는 학설과 판례에서 논란이 있으나,[7] 제 3 자가 계약파기에 협력한 경우에 양속 위반의 불법행위가 될 수 있다는 점에는 이견이 없다.[8] 물론 제 3 자가 채권을 침해하더라도 곧바로 양속 위반에 해당하는 것은 아니고, '특별한

6) Larenz/Canaris, *Lehrbuch des Schuldrechts*, Bd. 2. Besonderer Teil, 2. Halbband, 13. Aufl., 1994, S. 397. 金亨培, "제 3 자에 의한 債權侵害," 民法學硏究, 박영사, 1986, 363면 이하도 참조.

7) 이에 관해서는 우선 MünchKomm/Wagner, §826 Rn. 7ff.

8) MünchKomm/Wagner, § 823 Rn. 154; Staudinger/Oechsler (2003), § 826 Rn. 224ff.

사정'이 있는 경우에 한하여 예외적으로 양속 위반의 불법행위가 성립한다.[9]

2. 제 3 자에 의한 채권침해에 대한 불법행위책임의 인정 근거

독일에서 제 3 자에 의한 채권침해의 경우에 불법행위책임을 제한적으로 인정하고 있는데, 이는 물권·채권 준별론 또는 채권의 상대성과 관련되어 있다. 계약은 원칙적으로 당사자 사이에서만 효력이 있고, 제 3 자에게는 타인의 계약을 방해해서는 안 된다는 의무가 없다. 따라서 채권은 물권과는 달리 불법행위에 의한 보호를 받지 못하는 것이 원칙이라고 한다.[10] 독일 민법 제정 당시 입법자도 채권침해는 불법행위법에서 규율할 대상이 아니라고 하였다.[11] 이와 같이 채권의 상대성을 인정한 이유는 자유경쟁을 보장하기 위한 것이다. 경쟁자의 계약당사자를 위한 투쟁은 경쟁의 중심적인 구성부분이다. 채권자는 제 3 자를 배제할 수 없으며, 제 3 자는 계약에 구속되지 않고 급부를 교환함으로써 발생하는 자신의 이익을 자유롭게 추구할 수 있다는 것이다.[12] 독일의 판례는 이 원칙을 책임특권(Haftungsprivileg)처럼 파악한다.[13] 제 3 자가 계약 위반에 협력하였다고 하더라도 통상 불법행위책임을 지지 않지만, 제 3 자가 채권의 상대적 구속력을 주장하는 것이 자신의 이익을 위하여 법질서를 남용하는 것처럼 볼 수 있는 경우에 한하여 불법

9) BGHZ 12, 308, 317ff.; BGH NJW 1981, 2184f.; BGH FamRZ 1992, 1401; Larenz/Canaris(주 6), S. 456; MünchKomm/Wagner, § 826 Rn. 46; Staudinger/Oechsler, § 826 Rn. 224.

10) Larenz/Canaris(주 6), S. 456.

11) Mugdan, *Die Gesamten Materialien zum Bürgerlichen Gesetzbuch für das Deutsche Reich*, Bd. Ⅱ, Schuldrecht, 1899, S. 406 (Motive Ⅱ 727).

12) BGH NJW 1981, 2184; NJW 1994, 128.

13) Staudinger/Oechsler, § 826 Rn. 225.

행위책임이 인정된다는 것이다.[14)]

이에 대해서는 비판적인 견해가 있다. 먼저 타인의 계약관계를 침해하는 경우를 권리남용으로 설명할 수 없다는 것이다. 권리남용의 경우에는 남용행위를 하는 사람에게 권리가 있는 것을 전제로 하지만, 상대권의 침해를 불법행위로 규율하는 경우에는 상대권을 침해하는 불법행위자에게는 아무런 권리가 없기 때문이다.[15)]

한편, 제 3 자가 타인의 계약관계를 침해함으로써 양속 위반의 불법행위가 성립한다는 논리에 따르면, 제 3 자가 계약상 의무자로 취급되는데, 이는 채권법의 원칙에 반할 수 있다. 두 사람 사이의 계약관계는 직접 양속 위반의 불법행위를 성립시키는 것은 아니지만, 다른 사정이 추가되면 불법행위의 성립을 쉽게 하고, 따라서 의무를 발생시키는 효과가 있다. 그리하여 두 사람이 계약을 체결하고 있다는 점이 불법행위책임의 근거로 작용해서는 안 되고, 계약파기에 관련된 제 3 자의 행태에서 불법행위책임의 성립근거를 찾아야 한다고 한다.[16)] 계약은 외부에 있는 제 3 자에 대하여 아무런 의무를 부담시키는 효과가 없다. 경쟁관계에 있는 사람은 동일한 내용의 계약이 체결되어 있는지, 그 계약이 지켜질 것인지 여부를 고려할 의무가 없다.[17)] 따라서 양속 위반의 불법행위가 되는지 여부를 결정하는 것은 제 3 자 자신의 행위이다. 이 경우 양속 위반의 불법행위가 성립하려면, 계약당사자들이 제 3 자가 일정한 행태의무를 준수할 것이라고 정당하게 기대할 수 있어야 하고, 제 3 자가 이러한 행태의무를 위반하여야 한다. 제 3 자가 사실상 계약상 채무의 이행을 불가능하게 하였다는 것은 양속 위반의 불법행위를 발생시키는 독자적인 사정으로서 고려되지 않는다고 한다.[18)]

---

14) BGH NJW 1981, 2184; BGH JZ 1996, 416.

15) Mayer-Maly, JZ 1996, 419.

16) Friedrich, "Der Vertragsbruch," AcP 178, 479, 486f.

17) Plaßmann, "Preisbindung durch die Gerichte," JZ 1962, 467.

18) Staudinger/Oechsler, § 826 Rn. 225. 계약파기이론을 확대하는 경향에 대한

3. 계약파기의 유인으로 인한 불법행위책임

실무적으로나 이론적으로 독일 민법 제826조의 가장 중요한 유형은 타인의 계약파기에 관여하는 경우이다.[19] 그 전형적인 예로 물건의 이중매매(Doppelverkauf)를 들 수 있는데, 이에 관한 독일의 법리는 이미 우리나라에 비교적 자세하게 소개되어 있다.[20] 즉, 매도인이 물건을 매도하였으나 이 매매계약을 위반하여 위 물건을 다른 매수인에게 양도한 경우에, 독일 민법 제826조에 정하고 있는 양속 위반의 불법행위책임이 성립하는지 문제된다. 제 2 매수인이 매도인의 이중매매를 단순하게 이용한 것만으로는 양속에 위반한 것이 아니다. 제 2 매수인이 제 1 매매계약을 알고 있었다고 하더라도 이것만으로 두 번째 매매계약이 양속 위반에 해당하는 것도 아니다.[21] 양속 위반의 불법행위가 성립하려면 제 2 매수인이 계약파기를 유도하는 등 특별한 사정이 있어야 한다.[22] 가령 제 2 매수인이 제 1 매수인에게 손해를 입히려는 특별한 동기가 있다든지,[23] 제 2 매수인이 매도인에게 계약을 파기함으로써 생기는 불이익, 가령 위약금을 인수한 경우를 들 수 있다.[24] 그러나 제 2 매수인이 제 1 매수인보다 더 많은 대금을 지급하겠다고 제의한 것만으로는 양속 위반이라고 볼 수 없다.[25]

이중매매에 관한 법리는 제 3 자가 계약파기에 협력한 경우에 그대

비판적 견해로는 Staudinger/Oechsler, § 826 Rn. 230.

19) Larenz/Canaris(주 6), S. 455.

20) 가령 尹眞洙, "不動產의 二重讓渡에 관한 硏究," 서울대 법학박사학위논문, 1993, 152면 이하; 金東勳, "제 3 자의 契約侵害와 不法行爲의 成否," 情報와 法 硏究 제 4 호, 2002, 123면 이하.

21) BGH NJW 1981, 2184; Staudinger/Oechsler, § 826 Rn. 228.

22) RGZ 103, 421.

23) BGHZ 12, 308.

24) Larenz/Canaris(주 6), S. 456; Staudinger/Oechsler, § 826 Rn. 224, Rn. 228.

25) 이중매매의 경우에 제 2 매수인의 행위가 불법행위에 해당하는 경우에는 제 1 매수인은 제 2 매수인을 상대로 독일 민법 제826조, 제249조 제 1 문에 따라 그 물건의 양도와 반환을 청구할 수 있다. RGZ 108, 58.

로 적용된다. 제 3 자가 타인의 계약파기에 단순히 협력한 것만으로는 양속 위반의 불법행위가 성립하지 않는다. 계약의 파기를 유인하는 제 3 자의 행위가 양속 위반의 불법행위가 되기 위해서는 제 3 자가 계약상의 채무의 존재를 알고 있어야 하고, 나아가 특별한 사정이 있어야 한다.[26] 이러한 사정이 있는지 여부는 구체적 사안에서 제반사정을 고려하여 결정하여야 하는데,[27] 대체로 다음과 같은 경우에 불법행위책임을 긍정하고 있다. ① 제 3 자가 강박에 의하여 영향을 미친 경우,[28] ② 제 3 자가 계약파기로 인한 위약금이나 손해배상의무를 인수한 경우,[29] ③ 계약의 파기를 유인하기 위하여 제 3 자가 매우 높은 금액의 반대급부를 제안하는 경우,[30] ④ 제 3 자가 채무자와 공모하여 채권자에게 불이익하게 한 경우,[31] ⑤ 위법한 수단을 사용한 경우,[32] ⑥ 수단과 목적 사이에 불균형이 있는 경우,[33] ⑦ 계약의 당사자가 상대방에 대하여 특별한 신뢰의무(besondere Treuepflichten)를 위반하였고, 제 3 자도 이를 인식하였던 경우[34]가 그것이다. 회사법상의 특별한 신뢰의무를 위반하여 재산상 손해를 입힌 경우에는 독일 형법 제266조의 배임죄가

26) BGH NJW 1981, 2185; MünchKomm/Wagner, §826 Rn. 47. 제 3 자가 계약당사자의 계약파기에 관여한 경우에 특별한 사정이 있어야만 제826조에 따라 양속 위반으로 인한 불법행위책임이 성립할 수 있다는 원칙은 계약에 기한 채권을 침해하는 경우에 한정되지 않는다. 이 원칙은 일방적인 유증에 기한 급부의무를 침해한 경우에도 적용된다. BGH NJW 1992, 2152f.

27) BGH NJW 1981, 2184.

28) BGH WM 1970, 245. 이 판결은 제 3 자가 고의적으로 계약상의 채무자가 계약을 파기할 것을 유도한 경우에만 양속위반을 인정할 수 있고, 이에 반하여 계약에 대한 배신(vertragliche Untreue)을 이용한 것만으로는 양속위반을 인정할 수 없다고 한다. 이 사건에서는 제 3 자인 피고가 계약상의 채무자를 강박하였다는 증거가 없다는 이유로 양속 위반을 인정하지 않았다.

29) BGH NJW 1981, 2186; BGH NJW 1981, 2184; 1992, 2152.

30) BGH NJW-RR 1999, 1186.

31) BGH NJW 1954, 1925; BGH NJW 1994, 128.

32) BGH JZ 1996, 416, 418.

33) BGH NJW 1981, 2184.

34) BGH FamRZ 1992, 1401.

성립할 수 있는데, 제 3 자가 위와 같이 신뢰의무를 위반하는 데 관여한 경우에는 단순히 계약파기에 관여한 경우보다 쉽게 양속 위반으로 인정될 수 있다.[35] 한편, 정당한 이익이 있는 경우에는 타인의 계약관계에 대한 침해가 있더라도 양속 위반이 되지 않는다.[36]

그런데 경쟁관계에 있는 제 3 자가 계약의 파기를 유도한 경우에는 좀 더 쉽게 불법행위책임을 인정한다.[37] 즉, 제 3 자가 경쟁목적으로 계약의 파기를 유도한 경우에는 제 3 자가 고의로 계약파기에 영향을 미친 것으로 충분하고, 그 밖의 사정이 부가되어야 할 필요가 없다고 한다. 그 예로 제 3 자가 상대방에게 개별적인 사정을 알지 못한 채 자신과 계약을 체결하는 것이 계약상의 구속력에도 불구하고 적법하다고 잘못 설명한 경우,[38] 계약파기에 의하여 채권자의 이익이 중대하게 침해된 경우,[39] 뇌물을 제공한 경우를 들고 있다.[40]

제 3 자의 행위로 말미암아 계약당사자가 기존의 계약을 해지하고 제 3 자와 새로운 계약을 체결하는 경우에 양속 위반의 불법행위에 해당하는지 문제된다. 이 경우에도 제 3 자가 계속적 계약관계를 방해하였다는 이유만으로 양속 위반이라고 볼 수 없고, 추가적인 사정이 있어야 한다. 왜냐하면 경쟁에 참여하고 있는 사람은 다른 경쟁자에 대하여 아무런 청구권이 없고 계약의 해지가능성을 고려하여야 하기 때문이다.[41] 불법행위책임을 인정한 사례로는 제 3 자가 사실과 다른 주장을

35) BGHZ 12, 308, 320.

36) Staudinger/Oechsler, §826 Rn. 227.

37) Baumbach/Hefermehl, Wettbewerbsrecht, 18. Aufl., 1995, §UWG, Rn. 698, 762; Staudinger/Oechsler, §826 Rn. 229.

38) BGH NJW 1975, 1365.

39) BGH NJW 1975, 1365.

40) Palandt/Sprau, §826 Rn. 24.

41) BGH NJW 1998, 76. 이 사건에서 토지임대인이 임차인과 체결한 임대차계약을 해지하고 다른 사람과 새로운 임대차계약을 체결하였고, 종전 임차인이 제 3 자와 체결한 자동판매기 설치계약이 더 이상 유지될 수 없었다. 이 경우 계약의 연장에 관한 제 3 자의 계약방해로 인한 불법행위책임이 문제되었다. 그러나 임대인에게 양속 위반이라고 볼 수 있는 부수적 사정이 없다는 이유로 책임이 부

함으로써 착오에 빠지도록 하거나, 고객을 방문하여 부당하게 선전을 함으로써 계약을 해지하도록 한 경우가 있다.[42] 이러한 사례들은 계약당사자가 계약을 적법하게 해지하는 경우에도 제 3 자가 불법행위책임을 질 수 있다고 한 점에서 매우 중요한 의미를 갖는다.

제 3 자가 새로운 계약의 체결을 방해하거나 기존의 계약을 갱신하는 것을 방해하는 경우에 양속 위반에 해당하는지 문제된다.[43] 제 3 자에 의한 계약파기에 관한 사안[44]을 보면, 당사자들이 계약을 체결하기로 교섭을 하였으나, 계약체결 직전에 제 3 자의 방해로 말미암아 그 계약을 체결하지 못한 경우에 양속 위반을 이유로 불법행위책임을 인정하고 있다. 이 경우에 제 3 자가 기존의 계약당사자들 사이에 새로운 계약을 체결하려고 교섭하고 있다는 것을 인식하는 것이 필요하고,[45] 제 3 자가 계약파기를 유인한 경우와 유사하게 계약의 교섭을 중단하도록 하기 위하여 위약금을 인수하거나 많은 금전을 제공하는 등 위법한 행위로 말미암아 계약의 교섭이 결렬되었어야 할 것이다.

한편 법경제학에서 말하는 효율적 계약파기이론[46]이 인정되는지

정되었다.

42) Staudinger/Oechsler, § 826 Rn. 232.

43) 이에 관한 필자의 질문에 대하여 Katrin Bayerle 박사는 이를 긍정할 수 있다고 하였다.

44) BGH NJW 1981, 2184. 이 판결은 이중양도에서 제 2 매수인이 매도인에게 손해배상책임을 인수하겠다고 제안하여 제 1 매매계약의 파기를 유인한 사례로 자주 인용하고 있다. 사안을 좀 더 자세히 살펴보자. 원고는 자신의 농지를 매도하고 A로부터 다른 농가를 매수하려고 하였다. A는 농가를 매도하겠다는 청약을 하면서 그 기한을 1978년 2월 28일로 정하였고 원고는 이를 매수하려고 교섭을 마쳤다. 그런데 피고가 A에게 접근하여 1978년 2월 18일 A와 위 농지에 관한 매매계약을 체결하였다. 그 직후인 1978년 2월 20일 원고는 A에게 승낙의 통지를 보냈다. 이 사건에서 피고는 A에게 A가 원고에게 부담해야 할 계약파기로 인한 손해배상책임을 인수하겠다고 제안하였다. 법원은 이것이 원고와 A 사이의 제 1 매매계약을 파기할 것을 유인하는 행위에 해당한다고 보았는데, 피고의 유인행위가 원고와 A 사이의 매매계약이 체결되기 전에 발생한 것이었다.

45) BGH NJW 1981, 2184; BGH NJW 1992, 2152; BGH FamRZ 1992, 1401.

46) 효율적 파기는 계약을 체결한 이후 예측하지 못했던 특수상황이 발생하여 그

문제된다. 이 이론은 계약을 파기하고 제 3 자와 계약을 체결하는 것이 경제적으로 효율적이라면 계약파기를 유도한 것이 양속 위반이 아니라고 한다. 그러나 독일에서 이것은 인정되지 않고 있다.[47] 경제적 관점에서 계약파기가 개별적인 경우에 재화의 분배를 최적화할 수 있지만, 법이 경제적 효율을 지향하는 관점을 채택해야 하는 것은 아니다. 계약의 파기를 경제적으로 분석할 수 있다고 하더라도 경제적 기준에 따라 가치평가를 해야 하는 것은 아니라고 한다.[48]

Ⅲ. 미 국 법

1. 일 반

보통법에서 계약파기의 유도 또는 계약방해라고 하는 불법행위 유형은 매우 오래 전부터 발전되어 왔다. 그 기원을 로마법에서 찾기도 하나, 현재의 법리에 영향을 미치고 있는 것은 19세기 영국의 판례법에서 발전하기 시작하였고, 20세기에 들어와 미국에서도 채택되었다.

이 분야에서 가장 획기적인 판결은 1853년 영국의 *Lumley v. Gye*[49]

계약을 이행하는 것이 오히려 자원배분의 효율성을 해하고 오히려 계약파기가 보다 효율적 자원배분에 기여하게 되는 경우에 발생하는 계약파기를 말한다. 朴世逸, 法經濟學, 개정판, 2000, 230면. 이 이론은 미국의 법경제학에서 주장된 것으로 논란이 되고 있다. 아래 註 85, 86 참조.

47) Schäfer/Ott, *Lehrbuch der ökonomischen Analyse des Rechts*, 4. Aufl., 2005, 455ff.

48) Staudinger/Oechsler, §826 Rn. 233; Oechsler, *Gerechtigkeit im modernen Austauschvertrag*, 1997, 133ff.

49) 2 El. & Bl. 216; 118 Eng.Rep. 749. 이 판결은 제 3 자에 의한 계약방해와 관련하여 가장 중요한 판결이라고 할 수 있는데, 최근에도 주요한 논평의 대상으로 등장한다. Fleming, *The Law of Torts*, 8th ed., 1992, p. 689; Howarth, "Against Lumley v Gye," (2005) 68(2) MLR 195.

이다. Johanna Wagner는 유명한 오페라 가수였는데, 일정한 기간 동안 런던에 있는 원고의 극장(Queen's Theatre)에서만 노래하기로 원고와 계약을 체결하였다. 오페라 시즌이 시작되기 전에 피고는 그 계약을 알면서도 원고에게 피해를 줄 의도로 그녀를 설득하여 계약을 파기하고 자신을 위하여 노래하도록 하였다. 오페라 가수가 노동자법(Staute of Labourers)의 피용자 개념에 속하지 않는데도, 법원은 이를 확대적용하여 계약관계를 악의적으로 방해한 것은 불법행위라고 판결하였다. 이 법리는 계속 발전하여 모든 유형의 고의적인 계약방해에 대하여 인정되었으며,[50] 나아가 계약을 체결하지 않았지만 장래에 경제적인 이익이 예상되는 경우에도 확대 적용되었다.[51]

미국에서 계약방해(interference with contract)와 장래의 계약관계에 대한 방해(interference with prospective contractual relations)는 불법행위의 유형 중에서 경제적 이익의 보호를 규율하는 범주에 속한다.[52] 이 분야에 관하여 판례가 많이 축적되어 있고, 미국 법조협회에서 발간한 제 2 차 불법행위법 리스테이트먼트 제37장[53]에도 이에 관하여 상세하게 규정하고 있다. 그러나 이 분야에 관한 법리가 확고하게 정립된 것은 아니고 여전히 형성중이다.

먼저 계약방해[54]에 관하여 보면, 피고가 고의적이고 부당하게 타

---

50) *Prosser & Keeton on Torts*, 5th ed., 1984, pp. 981-982.

51) Prosser/Keeton(주 50), p. 981, p. 1055. 이에 관한 중요한 선례는 위 Lumley 판결이 나온 지 40년 후에 나온 *Temperton v. Russell*, [1893] 1 Q.B. 715이다.

52) Christie/Meeks/Pryor/Sanders, *Cases and Materials on the Law of Torts*, 4th ed., 2004, p. 1137.

53) The American Law Institute, Second Restatement of Torts (1979). 이하 리스테이트먼트라고 약칭한다.

54) 이에 관한 우리 문헌으로는 金東勳(주 20), 126면 이하; 朴興大, "제 3 자의 계약침해와 불법행위," 判例硏究 제15집, 부산판례연구회, 2003, 461면 이하; 嚴東燮, "영미법상 제 3 자의 계약침해," 民事法學 제27호(2005. 3), 177면 이하; 李銀榮, "제 3 자의 債權侵害와 競爭秩序," 債權法에 있어서 自由와 責任(金亨培 敎授華甲紀念論文集), 1994, 348면 이하 참조.

인과의 계약에 기한 원고의 권리를 방해한 경우에 그 방해가 원고로 하여금 계약상의 권리를 상실하게 하거나 계약상의 권리에 대하여 더 많은 비용을 지출하게 하거나 가치를 떨어뜨렸으면 피고는 원고에게 손해배상책임을 진다는 것이다.[55] 리스테이트먼트는 제 3 자가 계약을 이행하지 않도록 유인 등을 하는 경우[56]와 타인이 계약을 이행하는 것을 막거나 이행을 하는 데 더 많은 비용이나 부담이 들어가게 하는 경우[57]로 구분하여 규정하고 있다. 나아가 장래에 발생할 경제적 이익에 대한 기대(prospects of economic gain)를 방해하는 경우에도 불법행위책임이 발생할 수 있다. 장래의 이익이 확정되어 있는지 여부와는 상관없다. 리스테이트먼트 제766B조는 장래의 계약관계에 대한 방해에 관하여 피고가 제 3 자로 하여금 장래의 계약관계를 체결하지 않도록 하거나 기존의 계약관계를 계속하지 않도록 유인 등을 하는 경우, 타인이 장래의 관계를 획득하거나 계속하는 것을 막는 경우에는 손해배상책임을 진다고 규정하고 있다.[58] 이와 같이 장래에 발생할 이익이나 기대는 현대생활에서 더욱 중요해졌지만,[59] 단순한 장래 이익들을 보호할 필요성이나 보호정도는 계약상의 권리보다는 일반적으로 약할 것이다.[60]

계약관계에 대한 방해에 관한 법리는 주마다 다르지만, 대체로 다음과 같은 요건 하에서 계약방해에 기한 책임을 인정하고 있다.[61] 즉, ① 두 당사자 사이에 계약관계 또는 유리한 거래관계가 존재할 것, ② 제 3 자가 그 관계를 인식하고 있을 것, ③ 제 3 자가 당사자로 하여금 그 관계를 파기하도록 유인하려는 고의가 있을 것, ④ 그러한 계약파기

55) Prosser/Keeton(주 50), p. 987.
56) Second Restatement of Torts, § 766.
57) Second Restatement of Torts, § 766A.
58) Second Restatement of Torts, § 766B.
59) Prosser/Keeton(주 50), p. 1006.
60) Prosser & Keeton on Torts, 5th ed., 1984, p. 987.
61) Dukeminier/Krier, *Property*, 5th ed., 2002, pp. 31-36.

를 유도하려는 제 3 자측에 특권이 없을 것, ⑤ 피해자에게 손해가 발생할 것이 필요하다. 장래의 계약관계를 방해함으로써 발생하는 불법행위에서는 위 ①의 계약관계 대신에 장래에 계약을 체결할 것이 기대되어야 한다는 것이 요구된다. 이하에서는 주로 계약방해를 중심으로 설명하고, 장래의 계약관계에 대한 방해의 경우에 차이가 나는 점에 관하여 간략하게 언급하고자 한다.

2. 고의와 과실

제 3 자에 의한 계약방해에서는 고의(intent)가 있는 경우에 한하여 불법행위가 성립하고 과실(negligence)에 의한 방해만으로는 불법행위가 성립하지 않는다. 피고가 원고에게 손해가 생길 것이라는 것을 알고 불법적인 목적을 가지고 행동하였다면 불법행위책임이 성립한다. 원고가 계약 또는 이익에 대하여 인식하고 있거나, 적어도 보통의 합리적인 사람이라면 그러한 이익이 존재한다고 믿을 만한 사실을 인식하고 있는 경우에 한하여 고의가 인정된다. 이러한 인식이 없으면 불법행위책임이 인정되지 않는다.

과거에는 여기서의 '불법적'이라는 요건을 '악의적'인 것을 뜻한다고 본 적도 있었지만, 현재로서는 어떤 실질적인 악의도 요구되지 않는다고 보고 있다. 따라서 제 3 자에게 나쁜 의도라는 의미에서 악의(malice: 害意)가 있을 것까지는 필요하지 않다.[62] 그러나 과실로 타인의 계약관계를 방해하더라도 책임이 인정되지 않는다.[63] 다만 피고의 원고에 대한 독립적인 불법행위로 인하여 계약이 방해되는 결과를 초래하는 경우에는 피고에게 고의가 없더라도 원고가 불법행위로 인한

62) Prosser/Keeton(주 50), p. 982: Fleming(주 49), p. 694.

63) 다만 피해자에게 순수한 경제적 손실이 아니라 신체적인 손해가 발생한 경우에는 과실에 의한 불법행위가 성립할 수도 있다고 한다. Prosser/Keeton(주 50), p. 982.

손해배상을 청구할 수 있다.

장래의 계약관계를 방해하는 경우에도 원칙적으로 계약방해에 관한 법리에 따르고 있다. 따라서 장래의 계약관계를 방해한 경우에도 초기에는 악의가 필요하다고 하였으나, 현재에는 고의가 있는 경우에 한하여 불법행위책임이 인정된다. 그러나 과실로 장래의 계약관계를 방해한 경우에 책임을 인정한 사례들이 있는데, 가령 전신회사가 메시지를 전달하지 않아 계약이 체결되지 않은 경우 등 특별한 사정이 있는 경우에 관한 것이다. 과실로 인한 불법행위책임이 불가능한 것은 아니지만, 이는 주의의무를 인정할 만한 특별한 이유가 있어야 한다. 캘리포니아주에서는 과실에 의한 책임을 좀 더 넓게 인정한 판결이 있다.64)

3. 계약관계 또는 장래의 계약관계

어떠한 유형의 계약이라도 제 3 자에 의한 계약방해의 대상이 될 수 있다.65) 계약방해의 경우에는 계약은 유효하게 성립하고 있어야 한다. 불법적인 계약이나 공서양속에 반하는 경우에는 계약방해로 인한 불법행위가 성립하지 않는다.66) 그러나 사기, 방식상의 하자, 약인의 결여, 비양심적인 조항 등을 이유로 계약을 취소할 수 있는 경우에는 계약방해로 인한 불법행위책임이 발생할 수 있다.67)

계약의 당사자가 임의로 해지할 수 있는 계약을 방해한 경우에도 불법행위책임이 성립할 수 있다. 그러나 해지의 가능성은 피고의 특권을 결정할 때 고려하여야 한다. 따라서 피고가 위와 같은 계약을 방해한 경우에도 목적이 적법하고 불법적인 방법을 사용하지 않았다면 불

64) 이에 관해서는 Prosser/Keeton(주 50), p. 1008.

65) 그러나 제 3 자가 혼인계약을 방해하더라도 불법행위책임을 지지 않는다. Prosser/Keeton(주 50), p. 996.

66) Second Restatement of Torts, § 774.

67) Prosser/Keeton(주 50), p. 995.

법행위책임을 지지 않는다. 이러한 경우에 원고의 이익은 계약이 아니라 장래의 이익으로서 보호되기 때문에, 피고에게는 더 큰 행동의 자유가 있다.68)

장래의 계약관계를 방해하는 경우에는 현재 성립하고 있는 계약상의 권리가 아니라 장래의 계약관계를 방해하는 것이다. 이 때 장래의 이익이 확정되지 않은 경우에도 이를 고의적으로 부당하게 방해한 경우에는 불법행위책임이 발생한다.

4. 방해의 부당성과 정당화사유

가. 방　　해

계약방해로 인한 불법행위책임이 발생하려면 피고가 방해를 했고 이로 인하여 손해가 발생하였다는 사실을 입증하여야 한다. 방해의 방법은 다양하다. 먼저 피고가 더 높은 가격 혹은 더 나은 기간 등의 인센티브를 제시하는 등 유혹적인 제안을 하는 경우, 피고가 협박이나 경제적 압력을 가하거나 상호간의 이익을 위하여 설득하는 경우가 있다. 이와 같은 피고의 행위가 불법적인 경우에는 반드시 불법행위책임이 발생한다.69)

한편 집단적으로 거래를 거절하는 것도 계약의 파기를 유도하는 방법이 될 수 있다. A가 B에게 C와의 계약을 파기하지 않으면 자신도 B와 거래하지 않겠다고 말했다고 해서 무조건 불법행위가 된다고 볼 수는 없다. 사람은 어떤 사람에게 물건을 팔고 어떤 사람으로부터 물건을 살 것인지를 스스로 결정할 수 있으며, 어떤 이유에서도 또는 아무런 이유 없이도 어떤 사람과 거래하는 것을 거절할 수 있는 것이 원칙이다. 그러나 경제적으로 영향력을 가진 집단이 집단적으로 행동하는

68) Prosser/Keeton(주 50), pp. 995-996.
69) Prosser/Keeton(주 50), pp. 989-991.

경우 상대방에게 더욱 위협적이기 때문에, 집단적인 거래거절은 개인적인 거래거절보다 정당화되기 어려울 것이다. 따라서 아무런 정당화사유 없이 계약파기를 하도록 보이코트를 한 경우에 책임이 인정된다.[70]

나. 방해의 부당성

방해가 부당한 경우에 불법행위책임이 발생한다. 방해가 부당한지에 관하여 누가 입증책임을 지는지에 관하여 전통적으로 피고가 정당화사유를 입증하여야 한다고 하였으나,[71] 제2차 리스테이트먼트는 원고가 방해의 부당성을 입증하여야 한다고 하였다.[72] 그러나 방해가 부당하다는 점을 어느 정도까지 입증하여야 하는지, 가령 피고에게 정당화사유가 없다는 점까지 입증하여야 하는지에 관해서는 판례가 확립되어 있지 않다.[73]

제3자의 방해가 부당한 것인지 판단하는 것은 매우 어렵다. 개별적인 사안에서 이익형량을 통하여 방해의 부당성을 판단하여야 한다. 방해의 부당성을 판단하는 요소로는 행위자의 행위의 성질, 행위자의 동기, 행위자의 행위에 의하여 방해받는 타인의 이익, 행위자가 얻고자 하는 이익, 행위자의 행위의 자유를 보호하는 사회적 이익과 타인의 계약적 이익, 행위자의 행위가 방해와 가까운지 아니면 멀리 떨어져 있는지, 당사자들의 관계를 든다.[74]

특히 행위의 수단이나 목적이 불법적인지가 방해의 부당성을 판단

70) Prosser/Keeton(주 50), pp. 993-994.

71) 제1차 리스테이트먼트가 채택한 입장이다.

72) Second Restatement of Torts, § 766B, Introductory Note to Chapter 37; *Della Penna v. Toyota Mortor Sales, U.S.A., INC.*, 902 P.2d 740 (Cal. 1995).

73) Second Restatement of Torts, § 767, comment b; Christie/Meeks/Pryor/Sanders, *Cases and Materials on the Law of Torts*, 4th ed., 2004, p. 1147.

74) Second Restatement of Torts, §767. 리스테이트먼트 제768-773조는 위 제767조에 규정된 요소들이 특정 유형의 계약에 어떻게 적용되는지에 관하여 개별적으로 규정하고 있다. 이 점에 관하여 상세한 것은 엄동섭(주 54), 196-198, 206면.

할 때 중요하다. 피고에게 악의적인 동기가 있는 경우에는 계약방해에 대한 책임이 성립한다. 그런데 피고에게 악의와 함께 정당한 목적도 있는 경우 책임이 발생하는지 여부가 문제되는데, 무엇이 지배적인 목적인지에 따라 달라질 것이다.[75]

경쟁수단이 위법한지에 관한 판결들이 많이 있다. *Light v. Transport Ins. Co.*[76]는 보험대리인인 원고가 피고들인 보험자 등을 상대로 피고들이 원고와 종전 고객 사이에 존재하는 거래관계를 위법하게 방해하였다는 이유로 소를 제기한 사건에 대한 것이다. 이 사건에서 피고들인 보험자와 그 대리인이 州保險理事會의 규정을 위반함으로써 더 낮은 보험료를 받고 원고의 종전 고객에게 책임보험에 가입하도록 하였다. 법원은 피고들이 원고와 종전 고객 사이의 거래관계를 위법하게 방해하였고, 그러한 방해가 없었다면 원고는 종전 고객과의 보험계약을 갱신하였을 것이라는 점에 관하여 합리적인 개연성이 있다고 보았다. 결국 피고들이 악의적으로 원고가 종전 고객과 보험을 갱신하기 위하여 교섭을 할 권리를 방해하였다고 판결하였다.

또한 허위의 사실을 말해야만 부당한 것은 아니다. 피고가 단지 상대방에게 원고와의 계약을 파기하도록 조언하거나 설득한 경우, 또는 피고가 상대방에게 원고보다 더 나은 조건을 제시한 경우에도 책임이 인정될 수 있다. 다만 이와 같이 설득을 하거나 더 나은 계약조건을 제시하는 것이 표현의 자유에 의하여 보호될 수 있는 것인지를 검토하여야 한다.[77]

다. 정당화사유

피고에게 계약방해 또는 장래의 계약관계방해에 대한 정당화사유가 있는 경우에는 불법행위책임이 성립하지 않는다. 장래의 이익을 방

75) Prosser/Keeton(주 50), p. 984.
76) 469 S.W.2d 433 (Tex.Civ.App. 1971).
77) Prosser/Keeton(주 50), p. 988.

해하는 경우에는 기존의 계약을 방해하는 경우보다 정당화사유가 좀 더 넓게 인정된다. 미국 리스테이트먼트 제768조 제 1 항은 경쟁관계에 있는 제 3 자가 타인 사이의 장래의 계약관계를 방해하는 경우에 제 3 자가 위법한 수단을 사용하지 않고, 그 행위가 거래의 불법적인 제약을 발생시키거나 유지시키는 것이 아니며, 그 목적이 최소한 부분적으로라도 타인과 경쟁하는 데 이익을 증진하기 위한 것이라면 부당한 방해가 아니라고 한다.[78] 이는 경쟁을 보장하는 것이 필요하고도 바람직하다는 사고에 근거를 둔 것이다.[79]

피고에게 정당한 목적이 있으면 불법행위가 성립하지 않을 수 있다.[80] 피고가 자신의 소유권이나 계약 등에 기하여 현재 존재하는 경제적 이익을 보호하기 위하여 다른 사람의 계약관계를 방해할 수도 있다. 피고가 제 3 자의 이익이나 공적 이익을 보호하려는 목적이 있는 경우에도 방해에 대한 책임이 생기지 않을 수 있다. 그러나 단순히 고객을 얻거나 다른 장래의 이익을 위하여 계약의 파기를 유도하는 것이 허용되지는 않는다. 따라서 다른 사람에게 고용되어 있는 사람을 유인하여 계약을 파기하고 자신과 계약을 체결하도록 하거나 원고의 독점적인 판매계약을 파기하도록 함으로써 경쟁에 뛰어드는 것은 피고의 장래의 사업을 위한 경쟁 이외에 다른 정당화사유가 없으면 불법적인 방해가 된다.[81]

라. 공정한 경쟁과 부당경쟁

보통법은 전통적으로 자유경쟁을 보장하는 것을 중시해 왔다. 부적법한 수단을 사용하지 않았다면 장래의 이익을 위한 경쟁에 참여하는 것은 부당한 방해가 아니다. 이에 관한 선례는 영국의 *Mogul Steamship*

78) Second Restatement of Torts, § 768.
79) Second Restatement of Torts, § 768, Comment on Clause(b).
80) Prosser/Keeton(주 50), p. 1009.
81) Prosser/Keeton(주 50), pp. 984-986.

Co. v. McGregor, Grow & Co[82] 판결인데, 증기회사들 사이에 동일한 거래를 위한 경쟁에 관한 것이었다. 장래의 고객을 얻기 위하여 경쟁하는 것은 불법행위가 아니다. 법률에 특별한 금지 규정, 부적법한 수단 기타 불법적인 요소가 없으면, 피고가 자신의 이익을 얻기 위하여 가격을 할인하거나, 원고 몰래 고객과 교섭을 할 수도 있고, 자신의 고객에게 원고와 거래를 중단하지 않으면 거래를 하지 않겠다고 할 수도 있다.[83] 초기에는 피고가 원고로 하여금 사업을 할 수 없도록 할 의도가 있는 등 나쁜 동기가 있는 경우에 불법행위책임을 진다고 하였다. 그러나 불공정경쟁에 관한 법리가 계속 발전하여 이제는 독점금지법 등 독립적인 법분야가 되었다.[84]

한편 제 3 자에 의한 계약침해를 넓게 인정하는 것은 자유경쟁의 원리에 배치된다는 시각에서 비판이 제기되고 있다. 이는 특히 법경제학적 관점에서 계약을 파기하는 것이 효율적인 경우에는 이를 인정하여야 한다는 것이다.[85] 그러나 효율적 계약파기이론에 대해서는 강력한 비판이 제기되기도 한다.[86]

Ⅳ. 우리나라

1. 일 반[87]

우리 민법 제750조는 "고의 또는 과실로 인한 위법행위로 타인에

82) 1889, 23 Q.B.D. 598, affirmed [1892] A.C. 25.
83) Prosser/Keeton(주 50), pp. 1012-1013.
84) 이에 관해서는 Prosser/Keeton(주 50), pp. 1013-1018.
85) Prosser/Keeton(주 50), p. 1004. 또한 嚴東燮(주 54), 207면도 참조.
86) Friedmann, "The Efficient Breach Fallacy," 18 *Journal of Legal Studies* 1.
87) 金載亨, "제 3 자에 의한 債權侵害 —判例의 展開를 중심으로—," 民法論 Ⅲ, 박영사, 2007, 399-401면.

게 손해를 가한 자는 그 손해를 배상할 책임이 있다."고 규정하고 있다. 현행 민법 제정 당시 구 민법, 즉 의용민법(일본 민법 제709조를 가리킴)의 '권리침해'를 '위법행위'라는 용어로 수정한 것이다. 그 이유로 "'권리침해'뿐만 아니라 '위법행위'에 의하여 이익을 침해한 경우 전반을 포함시키는 것이 현시의 학설이므로 이에 따라 초안이 규정한 것은 타당하다."고 설명하고 있다.88)

우리 민법에서 권리침해가 아니라 위법성을 불법행위 성립의 판단기준으로 내세운 것은 중요한 의미가 있다. 절대권이 아니더라도 불법행위법에 의하여 보호받을 수 있기 때문에, 상대권에 속하는 채권도 불법행위법의 보호범위에 포함될 수 있다.89) 그리하여 민법 제750조의 규정은 제3자가 타인의 계약관계를 위법하게 침해하는 경우를 불법행위로 포섭하는 법적 근거로 기능하고 있다.

채권침해의 경우에 불법행위가 성립한다는 결론에는 이견이 없으나, 그 근거에 관하여 논란이 있다.90) 먼저 채권을 포함한 모든 권리는 불가침의 권리이기 때문에, 제3자에 의한 채권침해가 불법행위가

---

88) 民議院 法制司法委員會 民法案審議小委員會, 民法案審議錄, 上卷, 1957, 440-441면.

89) 스위스 채무법 제41조 제1항은 고의 또는 과실로 타인에게 위법하게 손해를 입힌 사람은 손해배상의무가 있다고 규정하고 있고, 우리 민법 제정 당시 이를 참조하였기 때문에, 우리 민법 제750조는 스위스 채무법 제41조 제1항에 의하여 영향을 받았다고 볼 수 있다. 한편 스위스 채무법은 이와는 별도로 제41조 제2항에서 "선량한 풍속에 반하는 방법으로 타인에게 고의로 손해를 입힌 사람은 손해배상의무가 있다."고 규정하고 있는데, 이 규정에 해당하는 유형 중 하나가 제3자에 의한 계약파기이다(Schwenzer, *Schweizerisches Obligationenrecht Allgemeiner Teil*, 2. Aufl., 2000, S. 305). 우리 민법에는 스위스 채무법 제41조 제2항에 상응하는 규정이 없는데, 스위스 채무법 제41조 제1항과 제2항에 해당하는 문제를 우리 민법 제750조로 해결하고 있다.

90) 郭潤直, 債權總論, 제6판, 박영사, 2003, 64면; 權五乘, 民法特講, 홍문사, 1994, 259-260면, 269-271면; 金相容, 債權總論, 개정판 증보, 법문사, 2003, 92-94면; 金容漢, 債權法總論, 박영사, 1983, 110-112면; 金亨培, 債權總論, 제2판, 박영사, 1998, 321면; 郭潤直 편, 民法注解(IX), 박영사, 1995, 51-56면(宋德洙 집필); 尹眞秀, "第三者의 債權侵害와 不動産의 二重讓渡," 司法論集 제16집, 1985, 107-108면.

된다는 견해[91]가 있다. 그러나 채권이 상대권이라는 점은 부정할 수 없다. 채권이 상대권이라는 점과 채권침해의 경우에 불법행위가 성립할 수 있다는 점이 모순되는 것은 아니다. 물권·채권 준별론은 여전히 우리 민법의 기본태도이다. 불법행위의 성립에 관해서는 물권과 채권을 준별하는 사고가 어느 정도 완화되었다고 볼 수 있다. 특히 현행 민법 하에서는 불법행위의 성립요건을 포괄적으로 규정하고 있기 때문에, 채권침해를 불법행위로 포섭하는 데 큰 어려움이 없다고 볼 수 있다.[92]

2. 제 3 자에 의한 채권침해와 위법성 판단

물권 등 절대권은 그 침해의 경우에 원칙적으로 위법성이 인정된다고 볼 수 있다. 그러나 채권은 배타적 효력이 없고 채권자 상호간 및 채권자와 제 3 자 사이에 자유경쟁이 허용되기 때문에, 제 3 자에 의하여 채권이 침해되었다는 사실만으로 바로 불법행위가 성립하지는 않는다.[93] 학설은 대체로 법규를 위반한 경우, 선량한 풍속 기타 사회질서를 위반한 경우, 사기나 강박 등 부정한 수단을 사용한 경우에 제 3 자에 의한 채권침해의 위법성이 인정된다고 보고 있다.[94]

대법원은 1975년에 이미 제 3 자에 의한 채권침해의 경우에 불법행위가 성립할 수 있다는 점을 인정하였으나,[95] 다만 그 위법성을 엄격

91) 玄勝鍾, 債權總論, 일신사, 1979, 97면.

92) 金曾漢·金學東, 債權總論, 제 6 판, 박영사, 1998, 68면; 徐光民 "제 3 자에 의한 債權侵害," 現代民法의 課題와 展望(南松 韓琫熙敎授華甲紀念), 1994, 1013면; 李銀榮, 債權總論, 개정판, 박영사, 1999, 63면.

93) 대판 2003. 3. 14, 2000다32437(공 2003, 965).

94) 郭潤直(주 90), 67면; 權五乘(주 90), 263면; 金東勳(주 20), 132면; 金相容(주 90), 97면; 金容漢(주 90), 113면; 金曾漢·金學東(주 92), 69면; 金亨培(주 90), 332면; 徐光民(주 92), 1018면; 李銀榮(주 92), 68면; 玄勝鍾(주 91), 99면.

95) 대판 1975. 5. 13, 73다1244(집 23-2, 민 21).

한 요건 하에서 인정하고 있다. 대법원은 "채권침해의 위법성은 침해되는 채권의 내용, 침해행위의 태양, 침해자의 고의 내지 해의의 유무 등을 참작하여 구체적·개별적으로 판단하되, 거래자유 보장의 필요성, 경제·사회정책적 요인을 포함한 공공의 이익, 당사자 사이의 이익균형 등을 종합적으로 고려하여야 할 것이다"라고 판단하였는데,[96] 이익형량에서 고려하는 요소가 매우 포괄적임을 알 수 있다. 독립한 경제주체 간의 경쟁적 계약관계에서는 단순히 제 3 자가 채무자와 채권자간의 계약내용을 알면서 채무자와 채권자간에 체결된 계약에 위반되는 내용의 계약을 체결한 것만으로는 제 3 자의 고의·과실 및 위법성을 인정하기에 부족하다고 한다.[97]

제 3 자에 의한 채권침해에서 위법성을 긍정할 수 있는 경우로는 "제 3 자가 채권자를 해한다는 사정을 알면서도 법규에 위반하거나 선량한 풍속 또는 사회질서에 위반하는 등 위법한 행위를 한 경우"[98] 또는 "제 3 자가 채무자와 적극 공모하였다거나 또는 제 3 자가 기망·협박 등 사회상규에 반하는 수단을 사용하거나 채권자를 해할 의사로 채무자와 계약을 체결하였다는 등의 특별한 사정이 있는 경우"[99]를 들 수 있다.

마이클 잭슨의 내한공연을 개최한 공연기획사인 원고가 위 공연을 반대하는 시민단체의 공동대표나 간사를 맡고 있는 피고들을 상대로 불법행위에 기한 손해배상책임을 청구한 사건에서, 대법원 판결로는 최초로 제 3 자에 의한 채권침해의 위법성을 긍정하였다. 이 사건에서 피고들이 원고와 입장권판매대행계약을 체결하고 있는 은행들에게 위 계약의 즉각적인 불이행을 요구하고 이에 응하지 아니할 경우에는 위 은행들의 전 상품에 대한 불매운동을 벌이겠다는 경제적 압박수단을

96) 대판 2003. 3. 14, 2000다32437(공 2003, 965).
97) 대판 2001. 5. 8, 99다38699(집 49-1, 민 319).
98) 대판 2003. 3. 14, 2000다32437(공 2003, 965).
99) 대판 2001. 5. 8, 99다38699(집 49-1, 민 319).

고지함으로써 위 계약을 파기하도록 한 것은 위법성이 인정된다고 보았다.[100)]

3. 장래의 계약관계에 대한 방해

장래의 계약관계를 방해한 경우에 관해서는 우리나라에서 거의 논의가 없었다. 이에 관한 미국법을 간략하게 소개하고 이를 도입할 필요성을 언급한 정도가 거의 전부이다. 위에서 본 마이클 잭슨 내한공연 사건에서 제 3 자에 의하여 장래의 계약관계가 방해받았다고 볼 수 있는 부분도 있었으나,[101)] 이는 쟁점으로 다루어지지 않았다.

필자는 제 3 자에 의한 채권침해에 관한 글[102)]에서 "제 3 자가 계약을 체결하지 못하도록 하거나 계약을 갱신하는 것을 방해하더라도 불법행위가 성립하지 않는 것이 원칙이다. 다만 제 3 자가 불법적인 수단을 사용한 경우에는 불법행위가 성립할 수 있을 것이다."라고 한 바 있다.

4. 계약 체결의 방해에 관한 사건의 해결

서론에서 든 하급심판결(註 1)은 드물게도 제 3 자가 재계약의 체결을 방해하였다는 이유로 불법행위책임을 인정한 것으로 파악할 수 있다. 피고가 방송법에 위반하여 무허가로 중계유선방송사업을 하였고,

---

100) 대판 2001. 7. 13, 98다51091(공 2001, 1835). 이에 관한 비교법적 검토에 관하여는 權大祐, "獨逸法上 보이콧에 기한 損害賠償請求權," 判例實務硏究(Ⅴ), 2001, 327면 이하; 李圭鎬, "美國에 있어서 소비자보이콧(Consumer Boycott)에 관한 判例 · 學說 -그 法的 許容限界의 問題를 중심으로-," 判例實務硏究(Ⅴ), 2001, 352면 이하.

101) 이 사건에서 피고들이 원고와 경호용역계약을 체결하려던 한국보안공사 및 손해보험협회 등에게 불매운동을 하겠다고 하여 원고와 계약을 체결하지 못하도록 하였다.

102) 金載亨(주 87), 420면.

적법한 방송사업자인 것처럼 가장한 것은 불법적인 수단을 사용한 것으로 볼 수 있다. 피고가 원고와 B의 재계약 체결을 방해하였고, 피고가 위와 같이 방해하지 않았더라면 B가 원고와 다시 중계유선방송공급계약을 체결하였을 것으로 판단되므로, 피고의 방해와 원고의 손해 사이에 인과관계를 긍정할 수 있다. 이 사건에서 원고와 B 사이의 계약이 기간 만료로 적법하게 종료된 후 원고는 B와 재계약을 체결하려고 협상을 하고 있었다. 원고는 아직 재계약을 체결하지 않은 상태였기 때문에, 피고의 방해로 말미암아 재계약을 체결하지 못했더라도 계약상의 권리가 침해된 것은 아니다. 따라서 이 사건은 장래의 계약관계를 방해한 사안에서 불법행위책임을 인정할 것인지 문제되고 있는 것이다. 피고가 재계약에 관한 교섭이 이루어지고 있다는 점을 알고 있었고, 위와 같은 사업을 하는 데 필요한 허가가 없는데도 허가를 받았다고 주장하였다면, 피고의 행위는 위법하다고 보아야 할 것이다. 이러한 경우에 피고의 행위는 자유경쟁의 보호범위를 벗어난 것이다.

V. 비교 및 검토

이상에서 독일, 미국과 우리나라에서 제 3 자에 의한 계약방해 문제를 어떻게 다루고 있는지 살펴보았다. 주요한 점에 관하여 공통점과 차이점을 찾아보면 다음과 같다.

독일, 영국, 미국에서도 우리나라와 마찬가지로 제 3 자에 의한 계약방해의 경우에 과실에 의한 불법행위는 성립하지 않고, 고의에 의한 불법행위만이 성립하는 것이 원칙이다.[103] 제 3 자에게 악의나 해의가 있

103) 이는 프랑스나 스위스 등 많은 유럽국가에서도 마찬가지이다. 프랑스 등 유럽국가에 관해서는 von Bar/Drobnig, *The Interaction of Contract and Tort and Property Law in Europe*, 2004, p. 213; 스위스에 관해서는 Schwenzer, *Schweizerisches Obligationenrecht Allgemeiner Teil*, 2. Aufl., 2000, S. 304-305;

을 필요는 없다. 다만 미국에서는 주마다 판례가 다른데, 일정한 경우에 과실로 장래의 계약관계를 방해하는 경우에도 불법행위책임이 성립한다고 본 판결들도 있다. 또한 위 국가들 모두 제 3 자가 불법행위책임을 지기 위해서는 계약이 체결되어 있는 것을 알았다는 것만으로는 부족하고, 특별한 사정이 부가되어야 한다고 보고 있는 점도 공통점이다.

그러나 이들 국가에서 중요한 차이점이 발견된다. 먼저 독일이나 우리나라에서는 채권이 상대권으로서 원칙적으로 불법행위법의 보호대상이 아니라는 점에서 출발한다. 그리하여 예외적으로 제 3 자에 의한 계약방해에 대하여 불법행위책임을 인정한다. 이와 달리 영국과 미국에서는 제 3 자에 의한 계약방해로 인한 불법행위책임을 인정하면서 상대권으로서의 채권에서 출발하지 않는다.

한편 독일과 우리나라에서는 제 3 자에 의한 채권침해를 중심으로 논의가 이루어졌다. 제 3 자에 의한 채권침해론에서는 이미 존재하고 있는 채권을 침해하는 경우에 불법행위책임이 인정되는지 문제되기 때문에, 장래의 계약관계를 방해하는 경우에 관해서는 상세한 논의를 찾기 어렵다.[104] 그러나 영국과 미국에서는 제 3 자에 의한 계약방해에 관하여 판례법이 발달하였고, 현재의 계약관계를 방해하는 경우뿐만 아니라 장래의 계약관계를 방해하는 경우에 관해서도 많은 판례가 쌓여 있다.

필자는 제 3 자의 채권침해에 관한 독일, 미국, 우리나라 세 나라의 법을 비교하면서 다음과 같이 서술한 바 있다.

"독일과 미국에서도 우리나라와 마찬가지로 제 3 자에 의한 계약침해

오스트리아에 관해서는 Koziol, *Die Beeinträchtigung fremder Forderungsrechte*, 1967, S. 29ff. Koziol의 책은 제 3 자에 의한 채권침해에 관하여 독일, 스위스, 오스트리아법을 비교법적으로 검토하고 있는 중요한 문헌이다.

104) 독일에서 제 3 자가 계약을 적법하게 해지하도록 유인한 경우에 불법행위책임을 질 수 있다고 한다. 이는 계약이 체결되어 있는 경우에 대한 것이기 때문에, 계약이 체결되지 않은 상태에서 계약의 체결을 방해하거나 재계약의 체결을 방해하는 경우와는 구별된다.

의 경우에 과실에 의한 불법행위는 성립하지 않고, 고의에 의한 불법행위만이 성립하는 것이 원칙이다. 그런데 독일에서는 고의에 의한 양속위반의 경우에만 제 3 자에 의한 채권침해가 불법행위를 구성함에 반하여, 미국에서는 제 3 자의 계약방해가 부당한 경우에는 불법행위가 성립한다. 따라서 제 3 자의 채권침해에서는 미국이 독일보다 넓게 불법행위를 인정하고 있다고 볼 수 있다.

우리 판례는 [⋯] 제 3 자에 의한 채권침해가 불법행위가 되기 위해서는 선량한 풍속 또는 사회질서에 위반하는 등 위법성이 있어야 한다고 한다. 이것은 독일 민법의 영향을 받은 것이다. 독일에서는 제 3 자에 의한 채권침해를 불법행위로 규율하기 위해서는 법규정의 제약 때문에 고의적인 양속 위반으로 포섭할 필요가 있다. 그러나 우리 민법에서는 불법행위의 성립요건으로서 위법행위가 있는 것으로 충분하기 때문에, 독일 민법의 경우와 동일하게 해석할 필요가 없다. 더군다나 우리 민법에서는 "선량한 풍속 기타 사회질서"(제103조)를 매우 좁게 해석하여 강행법규가 포함되지 않는다고 한다. 그러나 불법행위의 성립요건으로서 위법행위를 이와 같이 좁게 해석할 이유가 없다. 위법행위라는 개념은 매우 탄력적인 것이기 때문에, 제 3 자에 의한 채권침해와 관련하여 미국의 경우와 마찬가지로 '부당한 방해'와 사실상 동일하게 해석할 여지도 있다. 그렇다고 미국의 '부당한 방해'라는 판단기준을 그대로 채택할 필요가 있는 것은 아니다.

결국 우리 민법 제750조는 불법행위의 성립요건으로 '위법행위'라는 개념을 사용하고 있으므로, 이 개념을 해석하는 방식으로 해결하여야 한다. 여기에는 법률에 위반한 경우뿐만 아니라 사회관념상 위법하다고 판단되는 경우도 포함된다. 그런데 위법행위라는 개념이 매우 모호하기 때문에, 구체적으로 제 3 자에 의한 채권침해 또는 계약침해에서 위법성을 판단하는 기준을 정하는 것이 중요하다."105)

독일, 미국, 우리나라에서 제 3 자에 의한 계약방해의 경우에 불법행위의 성립 여부를 판단하는 개념징표로 양속 위반, 부당성, 위법성이라는 각기 다른 용어를 사용하고 있고, 각각의 적용법규, 판단기준이나

105) 金載亨(주 87), 406-407면.

입증책임 등 일반적인 법리에는 차이가 있다. 그러나 세 나라 모두 개별적인 사안에서 이익형량을 통하여 판단하고 있고, 이를 판단하는 구체적인 고려요소도 매우 유사하다는 것을 알 수 있다. 그리하여 구체적인 사안에 관한 판단에서는 동일한 결론이 나올 가능성이 많다.

Ⅵ. 결 론

제 3 자에 의한 계약방해의 법리는 확고하게 정돈되었다고 볼 수 없고 여전히 형성중인 과정에 있다. 이 분야에서 획기적인 판례로 평가받는 영국의 Lumley 사건에 관해서는 영국에서도 여전히 논란의 대상이 되고 있다. 우리나라에서 제 3 자에 의한 채권침해의 위법성을 인정한 사례가 거의 없었으나, 2000년대에 들어와 위법성을 긍정한 사례가 등장하고 있다. 또한 하급심판결에서 재계약의 체결을 위한 교섭을 방해한 사건에서 불법행위책임을 인정하고 있다.

제 3 자가 계약을 파기하도록 유인한 경우 불법행위의 위법성이 인정된다. 이러한 경우에는 계약에 기한 채권이 성립하고 있기 때문에, 계약을 이행하지 않은 당사자는 채무불이행책임을 질 것이고, 제 3 자에 대해서는 제 3 자에 의한 채권침해에 관한 법리가 그대로 적용된다. 계약의 당사자가 계약을 적법하게 해지할 수 있는 경우에도 제 3 자가 계약의 해지를 위법하게 유인하였다면 제 3 자는 불법행위책임을 질 수 있다. 나아가 제 3 자가 계약의 체결이나 갱신을 위법하게 방해하는 경우에도 불법행위책임이 성립할 수 있다. 계약이 이미 성립하였는지 여부에 따라 불법행위책임의 성립 여부를 가릴 수는 없다. 따라서 계약이 아직 성립하지 않은 경우에도 제 3 자의 계약방해를 이유로 불법행위책임을 긍정할 수 있다. 다만 계약이 아직 성립되지 않았다면 계약의 교섭을 중단할 가능성이 있고, 계약 교섭의 당사자들도 이를 예상하여야 하기 때문에 불법행위의 위법성을 좀 더 엄격하게 인정하여야 할 것이다.

그렇다면 제 3 자가 장래의 계약관계를 방해한 경우에 어떠한 요건 하에서 불법행위책임이 발생하는지 문제된다. 제 3 자에 의한 채권침해의 경우와 마찬가지로 원칙적으로 제 3 자에게 고의가 있어야 할 것이다. 이 경우에도 민법 제750조가 적용되므로, 고의에 한정할 이유가 없다고 볼 수도 있으나, 과실이 있는 경우에도 제 3 자에 의한 계약방해를 이유로 불법행위책임을 인정하면 지나치게 불확실한 결과를 초래할 수 있다. 따라서 제 3 자가 기존의 계약당사자들 사이에 계약의 갱신이나 새로운 계약의 체결을 교섭하고 있는 것을 인식하고 있어야 한다. 제 3 자가 계약의 한쪽 당사자를 유인하여 계약의 체결이나 갱신을 방해한 경우에 인과관계의 문제는 어렵지 않게 해결할 수 있다. 제 3 자의 방해가 없었다면 계약이 체결되거나 갱신되었다고 볼 수 있는 경우에는 제 3 자의 방해와 방해받은 사람의 손해 사이에 인과관계가 인정될 것이다. 문제는 어떠한 요건 하에서 불법행위의 위법성을 인정할 것인지 여부이다. 계약의 교섭을 하고 있는 당사자와 제 3 자의 이익을 비교형량하여 위법성을 판단하여야 할 것이고, 특히 제 3 자의 행위의 목적과 수단이 적법한지 여부가 중요한 판단요소이다. 구체적으로는 제 3 자가 강박에 의하여 영향을 미친 경우, 제 3 자가 위약금 등 손해배상금을 인수한 경우, 제 3 자가 채무자와 공모하여 채권자에게 불이익하게 한 경우, 계약의 당사자가 상대방에 대하여 특별한 신뢰의무를 위반하였고, 제 3 자도 이를 인식하였던 경우, 계약의 교섭을 중단하도록 하기 위하여 많은 금전을 제공하겠다고 제시하는 경우, 제 3 자가 형법 등 법률에 위반한 경우에 위법성을 인정할 수 있을 것이다.

제 3 자가 현재의 계약뿐만 아니라 장래의 계약관계를 방해하는 경우에도 불법행위책임을 인정한다면 법률관계가 불명확해질 수 있다. 불법행위법이 그은 경계선 자체가 불분명해질 만큼 그 인정범위가 넓어질 우려도 있다. 계약이 당사자들 사이에서만 권리의무를 발생시킨다는 원칙은 상당 부분 수정되어야 한다고 볼 수 있다. 이는 자유경쟁의 원리나 계약자유의 원칙에 대한 제한으로 작용할 수 있다. 그러나 물권·채권 준별론만으로 불법행위의 성립 여부를 결정할 수 없듯이 적어도 채권의 존부만으로 불법행위의 인정범위를 획정할 수는 없다. 장래에 발생할 것으로 기대되는 이익은 채권보다는 약할지라도 불법행위의 보호를 받을 수 있다고 보아야 한다. 이와 같이 본다면 그 한계설정이라는 어려운 문제가 또 하나의 과제로 등장한다.

[後 記]

이 논문은 2007년 4월 3일 대법원 비교법실무연구회 제59회 세미나에서 "제 3 자에 의한 契約妨害에 관한 비교법적 고찰"이라는 제목으로 발표한 것을 수정·보완한 것이다. 그 후 제 3 자가 장래의 계약관계를 방해한 사례에 관한 대법원 2007. 5. 11. 선고 2004다11162 판결(공 2007, 868)이 나왔다. 이 논문의 서론(註 1) 등에서 다룬 원심판결에 대한 상고심 판결인데, 필자의 견해(위 Ⅳ. 4.)와 동일한 결론을 내렸다고 볼 수 있다.

이 판결은 대법원 2003. 3. 14. 선고 2000다32437 판결을 인용하고 있는데, 제 3 자에 의한 채권침해에 관한 판례법리를 재확인하고, "이러한 법리는 제 3 자가 위법한 행위를 함으로써 다른 사람 사이의 계약체결을 방해하거나 유효하게 존속하던 계약의 갱신을 하지 못하게 하여 그 다른 사람의 정당한 법률상 이익이 침해되기에 이른 경우에도 적용된다."고 판결하였다. 이는 대법원 판결로는 처음으로 제 3 자에 의한 계약방해에 대해서도 제 3 자에 의한 채권침해에 관한 판례법리가 적용된다는 것을 밝힌 것이다. 이는 필자의 견해와 동일한 것이다.

또한 "방송법은 중계유선방송사업의 허가요건, 기준, 절차에 관하여 엄격하게 규정함으로써 중계유선방송사업의 합리적인 관리를 통하여 중계유선방송사업의 건전한 발전과 이용의 효율화를 기함으로써 공공복리를 증진하려는 목적과 함께 엄격한 요건을 통과한 사업자에 대하여는 사실상 독점적 지위에서 영업할 수 있는 지역사업권을 부여하여 무허가업자의 경업이나 허가를 받은 업자 간 과당경쟁으로 인한 유선방송사업 경영의 불합리를 방지함으로써 사익을 보호하려는 목적도 있다고 할 것이므로, 허가를 받은 중계유선방송사업자의 사업상 이익은 단순한 반사적 이익에 그치는 것이 아니라 방송법에 의하여 보호되는 법률상 이익이라고 보아야 할 것이다."라고 판결하였다.

(판례실무연구(Ⅸ), 비교법실무연구회, 2010, 542-567면 所載)

11. 새로운 민법 교육의 체계와 방법: 서울대의 경우*

I. 서 론

우리나라에서는 특히 1990년대 중반부터 법학교육과 법률가양성제도의 문제점을 지적하는 논의가 계속되어 왔다. 이 문제를 해결한다는 명목으로 급기야 법학전문대학원을 도입하고 이를 도입하는 대학에서는 법과대학을 폐지하는 시스템 전환이 이루어지고 있다.[1] 실무교육을 담당하고 있는 사법연수원도 사법시험이 폐지됨에 따라 대폭적인 변화 앞에 서 있고, 신규 법관이나 검사 등의 법률가도 새로운 방식으로 충원될 것이다. 이른바 로스쿨 도입논의가 매우 복잡한 양상으로 전개되었지만, 법학교육에 한정하여 말한다면, ―적어도 정치적으로는― 법과대학의 이론교육과 사법연수원의 실무교육에 대하여 파산선고를 한 것이라고 볼 수 있다.[2]

---

* 필자는 2008년 12월 12일 한국민사법학회의 동계학술대회("법학전문대학원에서의 민법교육")에서 위와 같은 제목으로 발표하였고, 2009년 4월 3일 한국법학교수회의 학술대회("한국법학교육의 현황과 과제")에서 "새로운 법학교육의 체계와 방법 ―서울대의 민법교육을 중심으로―"라는 제목으로 발표를 하였다. 이 글은 위 발표문을 수정·보완한 것으로, 아직 확정된 것은 아니지만, 서울대학교 법학전문대학원이 출범한 이후 수정된 커리큘럼도 반영하였다. 두 학술대회에서 유익한 의견을 주신 지정토론자를 비롯한 여러 교수님께 감사한다.

1) 필자는 법학전문대학원의 도입에 관한 논의가 진행될 당시에 법학전문대학원의 도입 문제에 관하여 간략한 견해를 표명한 바 있다. 김재형, "법학전문대학원 논의에 관한 소감," 법률신문 제3363호(2005. 5. 19), 15면. 이에 관한 논란을 뒤로 하고 여기에서는 법학전문대학원의 출범에 따라 법학교육이 어떻게 바뀌고 있는지를 소개하고, 그 바람직한 방향에 관하여 살펴보고자 한다.

2) 종래 법학분야에서 실무교육의 문제점이 많이 지적되었다. 사법시험제도의 문

여전히 불확실한 점이 많지만, 상당한 기간 동안의 혼돈을 뒤로 하고 이제 법학전문대학원의 출범과 함께 강의가 시작되었다. 긍정적으로 생각하자면, 법학전문대학원의 도입이 민법 교육의 전환점이자 '새로운 출발'의 계기가 될 수 있을 것이다. 어떠한 제도가 한창 운영되고 있는 상태에서는 이른바 경로의존성(path dependency)으로 인하여 문제를 시정하기가 어렵지만, 새로 틀을 짜는 단계에서는 모든 가능성을 열어놓고 선택을 할 수 있기 때문이다.

법학전문대학원의 도입과 함께 법학교육의 변화가 이미 예정되어 있다고 볼 수 있다. 만일 종전과 동일하게 법학교육을 할 것이라면 왜 법과대학을 폐지하고 법학전문대학원을 도입하였느냐는 비난을 받을 것이다. 물론 기존의 법학교육에 문제점이 없다면 종전과 같은 내용과 방식으로 교육을 하면 된다. 그러나 기존의 법학교육에는 과장된 측면이 없지 않지만 분명 개선해야 할 점들이 상당수 있었다.

특히 민법은 법학에서, 또한 그 교육에서 가장 큰 비중을 차지하고 있는데다가, 종래 법과대학에서 이루어지고 있는 민법 교육의 문제점[3]이 노정되어 있었다. 그렇기 때문에 민법 교육을 어떻게 바꿀 것인지는

제로 말미암아 대학 교육이 파행적으로 운용되었고, 사법연수원이 실무교육을 감당하는 데 한계에 도달하였기 때문에, 이를 해결하기 위하여 법학전문대학원이 도입되었다고 볼 수 있다. 기존의 법학교육이 실제로 법이 어떻게 작동하는지를 가르치지 못하였다는 비판은 대체로 맞는 지적이다. 그러나 실무교육은 법과대학이 아니라 사법연수원이 담당하고 있다. 법과대학에서 실무 자체를 가르칠 수는 없는 노릇이다. 따라서 법과대학에서 실무교육을 하여야 한다는 전제에서 법과대학의 법학교육을 비판하는 것은 타당하지 않다. 이는 법학전문대학원이 도입되더라도 마찬가지이다. 법학전문대학원에서 기본적인 실무에 관한 교육을 하겠지만, 법학전문대학원에서 실무교육에 치중하는 것은 바람직하지 않고, 법학전문대학원을 졸업하면 바로 실무가로서 독자적으로 활동할 수 있을 만큼 실무교육을 하는 것은 쉽지 않다.

3) *梁彰洙*, "민법학교육의 문제점과 개선방향," 民事法學 제17호(1999), 227면 이하; 김동훈, "민법학 교육, 무엇이 문제인가," *法學硏究*(연세대 법학연구소), 제12호(2002), 37면 이하; 명순구, "私法學의 교육내용 및 방법 —제 1 주제: 민법—," 제 5 회 한국법률가대회논문집: 법학교육, 어떻게 할 것인가?, 사단법인 한국법학교수회, 2006, 256면 이하.

법학전문대학원의 출범에 즈음하여 이른바 현안 문제, 아니 반드시 해결해야 할 과제가 되었다. 또한 우리나라는 대륙법계에 속하는 나라로서 판덱텐 체계에 따라 제정된 민법전을 갖고 있다는 점에서 영미법과 명확하게 구별된다. 그리하여 미국에서 형성·발전된 로스쿨 체제를 받아들이면서 민법 교육을 어떻게 바꿀 것인지는 주목의 대상이 될 수밖에 없다.

우리 법학에 대한 비판자들은 그 첫 항목으로 '이론과 실무의 괴리'를 들고 있고, 이는 쉽게 공감을 불러일으켰다. 이는 법학 교육에서도 마찬가지이다. 이것이 법학교육에 관한 시스템을 전환하는 중요한 동인 중의 하나였음을 부인할 수 없다. 또한 강의에서 수요자에 해당하는 학생들의 요청을 충분히 반영하여 교과과정을 개설하거나 강의의 내용이나 방식을 정하지 못하였다. 학교 당국이나 교수들이 일방적으로 교과목을 결정하는 경우가 많았고, 한번 결정된 교과목이나 교과과정을 변경하는 것은 매우 어려운 일이었다.

그렇다면 법학교육시스템을 전환하는 마당에 이론과 실무를 어떻게 조화롭게 가르칠 것인가? 시스템의 변화에 따라 법학 교육의 내용이나 방식도 바뀌어야 하는가? 현행 법체계 하에서 학설과 판례를 어떻게 다룰 것인가? 법률가의 영역에서도 국제화나 전문화가 중요한 과제로 되어 있는 상태에서 민법 교육은 어떻게 이 문제들에 대응하여야 하는가? 교과과정의 틀을 짜는 데 고려해야 할 사항이 무수히 많다.

여기에서는 2009년 3월에 첫 입학생을 받은 서울대학교 법학전문대학원[4]에서 민법 교육을 어떻게 할 것인지에 관하여 다루고자 한

4) 공식명칭은 '서울대학교 법학전문대학원'이지만, 서울대학교에서는 '법학전문대학원'이라는 용어를 사용하지 않고 '법학대학원'이라는 용어를 사용하기로 하였고, 서울대학교 법과대학과 법학전문대학원을 합해서 사용할 경우에는 '서울대법대'라는 약칭을 사용하기도 한다. 이는 용어를 짧게 쓰는 것이 편하기 때문이기도 하지만, 법과대학과의 연속성을 강조한다는 측면도 있다. '법학전문대학원'이라는 용어는 전문적 직업교육기관인 'professional school'에서 유래하는 것으로 일반대학원과 구별하기 위한 것으로 볼 수 있는데, 이는 법률전문가를 길러

다.[5] 법학전문대학원의 교육에 관한 일반적인 논의[6]가 아니라, 민법 교육에 한정하여 민법 교육의 체제와 방법에 관해서만 다룰 것이다. 다만 그 전제로서 필자의 경험이나 관찰을 토대로 법학교육의 목표와 방법에 관하여 간략하게 살펴보고자 한다.

한편, 이 글이 법학전문대학원의 민법 교육에 관한 것이지만, 이는 법과대학의 민법 교육과 달라야 한다는 전제에서 출발한 것은 아니다. 교육을 어떻게 할 것인지는 시스템의 문제와 논리 필연적인 관련이 있는 것이 아니다. 법과대학에서도 얼마든지 이론교육과 실무교육을 병행할 수도 있고, 우리나라 대학에서 한번 정해진 교과과정을 중간에 수정하는 것이 매우 어려운 일이지만, 여기에서 제시된 방안을 선별적으로 채택할 수도 있을 것이다.[7]

내는 대학원이라고 이해할 수도 있고, 법학의 전문분야에 대한 지식을 가르치고 습득하는 대학원이라고 이해할 수도 있다. 그러나 '법학전문대학원'이라는 명칭이 적절한지는 의문이다. 이것이 영어의 'law school'에 대한 번역으로 적확하다고 볼 수 없고(법학전문대학원의 영문명칭으로 law school 또는 school of law를 사용하고 있다), 대학원의 명칭에서 굳이 '전문'이라는 표현을 사용할 필요는 없다. 가령 전문대학원에 해당하는 행정대학원, 국제대학원, 보건대학원 등의 경우에도 '전문'이라는 용어를 사용하고 있지 않다. 장차 법학전문대학원이 정착되면 그 명칭을 수정할 필요가 있는데 '법학대학원'이라고 부르는 것으로 충분할 것이다. 여기에서는 공식명칭인 '법학전문대학원'이라는 용어를 사용하기로 한다.

5) 2007. 7. 3. 국회에서 「법학전문대학원 설치 · 운영에 관한 법률」(이하 '법학전문대학원법'이라고 한다)이 통과된 직후 서울대학교 법과대학 교수들이 서울대학교 로스쿨추진위원회를 구성하여 법학전문대학원의 도입을 전제로 법학전문대학원의 교육에 관하여 계획을 세우고 구체적인 사항을 정하였다. 필자는 당시 2007년 8월까지 2개월 동안 1팀인 인가신청서 작성팀의 팀장을 맡았었다. 교과과정은 2팀인 교과과정팀에서 작업을 하였는데, 민법에 관해서는 전공 교수들이 여러 차례에 걸쳐 의견을 모아 민법 교육과정을 마련하였다. 이와 같은 내용이 대체로 서울대학교에서 2007. 11. 30. 제출한 『법학전문대학원 설치인가 신청서』(이하 '인가신청서'라고 한다)에 반영되어 있다. 그 후 사소하게 수정된 사항이 있으나, 크게 바뀐 사항은 없다. 이 글은 인가신청서 등의 자료를 참고하였으며, 당시의 논의와 토론뿐만 아니라, 그 후의 변화를 반영하였다.

6) 이에 관해서는 우선 『서울대학교 法學』 제47권 제 4 호(2006. 12)와 『제 5 회 한국법률가대회논문집: 법학교육, 어떻게 할 것인가?』(사단법인 한국법학교수회, 2006)에 여러 편의 글이 수록되어 있다.

7) 발표 제목이 원래 "서울대 법학전문대학원에서의 민법 교육"이라고 주어졌으

Ⅱ. 기본전제: 법학교육의 목표와 방법

1. 전제조건

법학전문대학원의 출범에 즈음하여 법학교육의 목표와 방법에 관하여 논란이 제기되고 있다. 법학 자체나 그 교육을 보는 시각에 따라 법학교육의 목표와 방법이 달라질 것이다. 법학교육의 목표와 방법을 정하려면, 먼저 그 전제조건을 생각해 볼 필요가 있다. 현 상황에서 법학교육의 좌표를 정하는 데 다음과 같은 점을 고려하여야 한다.

첫째, 법학전문대학원을 도입하는 대학에서 법과대학이 없어진다.

둘째, 실무교육을 담당하고 있는 사법연수원도 현재와 같은 방식으로 존속하지 않는다.

셋째, 법학전문대학원의 교육기간이 3년이다. 이는 입학생이 학부에서 법학을 전공하였는지 여부와는 상관없다. 또한 법학전문대학원을 졸업한 학생은 석사학위를 취득하는 것으로 되기 때문에, 법학전문대학원 졸업생이 현재의 대학원 석사과정에서 교육을 받는 경우는 없어질 것이다.[8)]

넷째, 법학전문대학원 졸업 후 변호사자격시험에 합격한 다음 별도의 실무수습기관은 없고, 로펌 등에서 실무수습을 할 것으로 예상되고 있다. 그러나 미국과 같이 변호사시험에 합격한 다음 실무수습을 받는

나. "새로운 민법 교육의 체계와 방법: 서울대의 경우"라고 제목을 변경하였다.

8) 물론 현재의 대학원 박사과정에 입학할 수도 있고, 새로 신설된 '전문박사과정'에 입학할 수도 있다. 다만 이 과정은 일반적으로 교수가 되기 위한 과정이고, 일반적인 실무가가 되기 위해서 필요한 과정은 아니다. 외국, 특히 아시아에서 오는 유학생들을 위하여 미국 로스쿨에서 운영하는 LLM과정을 도입하여야 한다는 의견도 있었으나, 이는 법령상의 제한으로 설치하지 못하였다. 이와 같이 어떠한 과정을 둘 것인지 여부에 관해서 법령으로 규제하는 것은 장차 철폐되어야 할 것이다.

시스템이 정착하기까지는 상당한 시일이 걸릴 것으로 추측된다. 또한 법학전문대학원이 정착된 이후 판사나 검사 등의 법조인을 충원하는 방식이 아직 정해져 있지 않다.

다섯째, 우리 사회에서 법학전문대학원생에 대하여 어느 정도의 교육을 하여야 할 것인지에 대하여 인식차가 매우 크다. 먼저 법학전문대학원 졸업생에 대하여 국민들이 갖고 있는 기대수준이 매우 높다. 법학전문대학원을 졸업하면 사법연수원 수료생 정도의 실무능력을 갖추고 있을 뿐만 아니라, 전문영역에서 활동할 수 있을 정도의 실력을 갖추고 있어야 한다는 주장 또는 기대도 없지 않다. 이에 대해서는 법학전문대학원생이 학부에서 다양한 전공을 한 상태에서 법실무를 공부하는 것이기는 하지만, 단기의 학업기간, 교육의 여건이나 준비상황 등에 비추어 현실성이 없다는 반론이 줄곧 제기되고 있다.

이와 같은 전제조건[9]에서 우리 법학교육의 목표와 방법은 어떠해야 하는가?

2. 법학교육의 중점 이동—이론과 실무의 융합교육

(1) 이론교육과 실무교육의 분리

우리나라에서 해방 이후 1980년대까지 학부의 법학교육은 이론교육을 중심으로 이루어졌다. 실무가가 되려면 대체로 학부에서 이론교육을 받고 사법시험[10]에 합격한 다음, 사법연수원[11]에서 실무교육을 받아야 한다. 학부의 법학교육은 학생들이 교과서를 읽고 교수의 강의를 듣는 방식으로 이루어졌다. 이와 달리 사법연수원의 실무교육은 민사판

9) 이와 같은 전제조건이 변하게 되면, 교육목표나 방법뿐만 아니라 교과과정도 바뀔 수밖에 없다.

10) 1949년부터 고등고시 사법과가 시행되다가 1963년에 사법시험으로 바뀌었다.

11) 법률가의 양성을 위하여 1962년 사법대학원이 설치되었다가 1971년 사법연수원으로 전환하였다.

결서작성실무, 형사판결서작성실무,[12] 검찰실무(공소장과 불기소장 등 작성), 민사 및 형사 변호사실무(소장·준비서면·변론요지서 등 작성)[13]가 중심을 차지한다. 법과대학에서는 거의 다루지 않지만 사법연수원에서 가장 많이 듣고 배우는 것이 '요건사실'이라는 말인데, 이는 민사판결을 작성하는 데 반드시 학습해야 할 내용이다. 따라서 '요건사실론'은 넓게 보면 민사판결서작성실무나 민사변호사실무에 포함시킬 수 있을 것이다.[14] 그 밖에도 경매나 보전처분 등 여러 과목이 있으나, 위에 든 주요 과목이 비중도 크고, 사법연수원 교육의 장점(그리고 또한 단점)을 잘 보여준다. 한편, 법학자가 되려면, 일반적으로 국내 대학원에서 석박사 학위를 취득하거나 독일 등 외국에서 박사학위를 취득하여야 한다.

따라서 이 단계에서는 대학의 이론교육과 사법연수원의 실무교육이 분리되어 있었다고 볼 수 있다. 법학연구에서 노정된 이론과 실무의 분리 문제는 법학교육에도 그대로 반영되었고, 이론교육과 실무교육의 분리는 다시 이론과 실무의 괴리를 고착시키는 중요한 원인이었다.

(2) 이론교육과 실무교육의 상호 교류

1995년경 로스쿨 도입 논의가 시작되었다. 이 무렵을 전후하여 법과대학의 교육에서도 판례를 중시하기 시작하였고, 사법시험에서도 판례를 응용한 문제나 사례형 문제가 출제되는 경우가 많아졌다. 교과서에도 판례가 많이 인용되었으며, 대학원에서 『재산법판례연구』[15]와 같

---

12) 그 후 위 두 과목은 '민사재판실무'와 '형사재판실무'로 명칭이 바뀌었으나, 실제 내용에는 큰 차이가 없다.

13) 이들을 편의상 '판결서작성실무 등'이라고 한다.

14) 이 점은 '입증책임론'도 동일하게 볼 수 있다.

15) 서울대학교 대학원 법학과에서 민법 과목에서 전형적인 사례연구(case study)에 해당하는 『재산법판례연구』가 종전에는 1과목만 개설되었으나, 1997년부터 이른바 '2군과목'으로 분류하여 『재산법판례연구』라는 제목 하에 부제(민법 일반, 계약법, 물권법 등)를 붙여 여러 개의 과목을 개설하기로 결정하였다. 이 강좌에서 필자는 학생들에게 가급적 최근의 판례에 관한 보고서를 작성하여 발표하게 한 다음 토론을 하는 방식으로 진행하고 있다.

은 과목이 중요하게 다루어졌다. 이는 미국이나 독일에서 판례를 중시하고 있다는 것에 영향을 받은 면도 있으나, 사법연수원 교육의 장점을 부분적으로 수용한 것으로 볼 수 있다.

사법연수원에서도 로스쿨 논의에 대한 대응으로—로스쿨을 도입하자는 주장을 잠재우려는 목적도 있었을 것으로 생각된다—종래 주축을 이루었던 '판결서작성실무 등'에 할당된 시간을 줄이고 이른바 전공과목을 신설하였다. 사법연수원생이 전문분야에 대한 교육을 받고 판사, 검사, 송무담당 변호사라는 전통적인 법조영역뿐만 아니라, 새로운 전문분야로 진출하여야 한다는 것이다. 전공과목에서는 '판결서작성실무 등'에서 다루는 내용과는 달리 이론교육을 하기도 하였다.

실무가가 법학교수가 되는 수도 점차 많아졌고, 실무가가 대학이나 대학원에서 강의를 하는 경우도 증가하였다. 또한 법학교수가 사법연수원에서 전공과목을 강의하는 경우도 점차 증가하였다. 이 시기에는 대학의 이론교육과 사법연수원의 실무교육이 그 경계를 조금씩 허물고 상호 교류를 점차 확대하였다고 볼 수 있다.

(3) 이론과 실무의 융합 교육

법학전문대학원에서는 교육의 중점을 이론교육에서 실무교육으로 전환하여야 하는 것인지 논란이 되고 있다. 이에 대해서는 법학교수와 실무가 사이에 인식의 간극이 매우 크다.[16] 법학전문대학원의 교육을 책임지고 있는 법학교수들 사이에도 합의가 형성되어 있다고 볼 수는 없다.

법학전문대학원이 법조인을 양성하는 기관이기 때문에, 실무교육에 치중하여야 한다는 견해가 있다.[17] 실무교육기관인 사법연수원이 없어

16) 이에 관해서는 김창록, "로스쿨에서의 이론교육과 실무교육," 법과 사회 제35호(2008년 하반기), 12면 이하; 최대권, "대학원교육—법학교육을 중심으로," 서울대학교 法學 제43권 제 2 호(2002. 6), 11면.

17) 가령 金泳哲, "법학교육에 있어서의 실무교육," 서울대학교 法學 제47권 제 4 호(2006. 12), 165면은 "종전의 이론 중심교육에서 벗어나 법률실무교육을 강화"

지기 때문에, 법학전문대학원에서 실무교육도 담당하여야 하지만, 사법연수원에서와 같은 실무교육을 할 수는 없다.[18] 법학전문대학원은 사법연수원을 대체하는 것이 아니라 법과대학을 대체하는 것이다. 따라서 이론교육을 포기할 수 없다. 이론교육 없이 수준 높은 실무교육만을 하는 것은 가능하지 않다. 그리고 법학전문대학원은 기본적으로 법학자에 의한 교육기관이다. 일정한 실무경험이 있는 사람을 교수로 채용할 경우에 법학전문대학원으로 인가를 받는 데 유리하게 작용하지만, 실무경험이 없는 법학자의 비율이 월등하게 높고, 실무경험이 있는 교수도 실무를 하고 있는 것은 아니기 때문에 실무가로 분류할 수 없다. 또한 입학생도 학부에서 법학을 전공하지 않은 학생의 비율이 높기 때문에, 법학전문대학원에서 실무교육을 하는 데는 법학을 전공하거나 상당기간 법학을 공부한 다음 사법시험에 합격한 사법연수생에게 실무교육을 하는 경우에 비하여 실무교육의 비중이나 강도가 낮을 수밖에 없다.

법학전문대학원은 법과대학과 사법연수원이 없어지는 것을 전제로 태어나는 교육기관이기 때문에, 법학의 기초부터 실무까지 모든 것을 교육하여야 한다. 그러나 교육기간 3년이라는 제약이 있다. 법과대학과 사법연수원에서 가르치는 과목과 내용을 모두 가르칠 수는 없다. 따라서 법학교육에서도 선택과 집중이 필요하다. 법학교육에서 이론과 실무, 어느 한쪽을 포기할 수 없다. 법학에서 이론과 실무를 엄밀하게 구분하는 것은 문제가 있다. 이론은 실무에 영향을 미치고 실무는 다시 이론에 영향을 미친다.[19] 그러므로 법학교육의 목표를 「이론과 실무의

하여야 한다고 한다. 이에 반하여 법학전문대학원의 교육이 실무교육 중심으로 하는 것에 반대하는 견해로는 명순구(주 3), 260-261면, 271-273면; 최성경, "법학전문대학원에 있어서의 교육프로그램과 방법론—민법교육을 중심으로—," 法과 政策研究(한국법정책학회) 제 5 집 제 1 호(2005), 11면.

18) 미국의 로스쿨에서 Legal Clinic, 모의재판, 인턴십 등을 통하여 실무교육이 이루어지고 있지만, 우리나라의 사법연수원과 같이 실무교육에 치중하지는 않고 있다.

19) 梁彰洙(주 3), 229면은 법학교육에서 이론을 가르치는가, 실무를 가르치는가

융합교육」으로 설정하는 것이 바람직하다고 생각한다.

이론과 실무를 모두 학습하는 것이 불가능하다는 반론이 예상된다. 법학전문대학원에서 법에 관한 모든 문제를 학습하는 것은 불가능하다. 그러나 법학교육을 통하여 학생들이 기본적이고 중요한 문제에 관하여 이론적으로나 실무적으로나 깊이 있게 학습하고 새로운 문제에 직면하여 이를 응용할 수 있는 능력을 길러주는 방식으로 전환하여야 한다. 이를 위해서는 법과대학이나 사법연수원에서 하고 있는 교육 중에서 반드시 학습을 해야 하는 부분을 추려내고 불필요하거나 중요성이 덜한 부분을 솎아내는 한편, 기본적이고 중요한 문제에 대해서 학생들이 끊임없이 의문을 제기하고 그 해결책을 찾도록 하는 방식으로 교육을 하여야 한다.

법학전문대학원이 이론과 실무를 겸비한 법률가를 양성하는 것을 목표로 설정하고 있으나,[20] 이것이 법학전문대학원을 졸업할 무렵 이론과 실무를 겸비하는 수준에 도달하여야 한다는 것은 아니다. 실무가가 되더라도 실무에 매몰되지 않고 이론적 감각을 유지하려고 부단하게 노력하면서 실무에 대한 비판적 검토를 통하여 새로운 법리를 끌어낼 수 있는 자질이나 능력을 갖춘다면 충분할 것이다. 또한 법학자가 되려는 사람도 법현실과 법실무에 눈과 귀를 열어두고 실무에도 영향을 미칠 수 있는 이론을 창출할 수 있어야 할 것이다.

하는 교육대상의 문제보다는 이론의 의미가 무엇인지 이해·납득시키고 그것이 실제의 분쟁에서 가지는 기능을 제대로 전달하는 교육내용이 중요하다고 보고 있다.

20) 법학전문대학원법 제4조는 "법조인의 양성에 필요한 전문적인 법률이론 및 실무에 관한 교육 및 연구를 주된 목적으로 하는 법학전문대학원"이라는 표현을 사용하고 있다. 이에 따르면 법학전문대학원에서는 이론을 교육하고 연구하는 경우에도 주로 법조인의 양성에 필요한 전문적인 법률이론을 교육·연구하여야 한다고 볼 수 있다. 자율과 창의를 생명으로 하는 대학에서 교육과 연구를 하는 데 위와 같은 법규정에 구애받을 이유는 없지만, 학생들이 적어도 법률가로서 활동하는 데 필요한 지식과 사고방식을 터득하도록 하여야 할 것이다.

3. 교육의 내용: 학설 대 판례

법학교육에서 학설에 중점을 둘 것인가 아니면 판례에 중점을 둘 것인가? 이에 관한 견해를 밝히기에 앞서 개인적인 경험을 얘기하고자 한다. 민법 강의시간에 학생들에게 꼭 하는 얘기이기도 하다. 대학 1학년을 마치고 겨울방학이 되었다. 곽윤직 교수의 「민법총칙」 교과서와 유기천 교수의 「형법학」 교과서를 구입하여 읽기 시작하였다. 당시 얼마나 제대로 이해했는지 지금으로서는 기억이 나지 않지만, 그 어려운 용어나 개념이 무슨 뜻인지 이해하려 애쓰면서 읽었을 것으로 생각된다. 1980년대에 법과대학을 다닌 학생들은 대부분 곽윤직 교수의 민법 강의 시리즈를 읽었다. 이 책을 읽지 않고 사법시험을 합격한 사람은 상상하기 어려웠다.[21] 간혹 일반인들 중에는 법이 법전에 고정되어 있는 것으로 생각하고 이를 암기하는 것이 법공부라고 생각하는 사람들이 있는데, 당시 법과대학생들은 교과서를 이해하고 암기하면 법에 관한 모든 문제를 해결할 수 있으리라고 생각했던 것은 아닌지 모르겠다. 교과서를 읽는 횟수로 공부의 정도를 가늠했다. 당시 법과대학에서 강의를 들으면서 판례를 읽을 기회는 거의 없었다.

그 후 사법연수원에 들어갔다. 판례를 중심으로 교육을 받았다. 판결요지를 읽기도 했고, 판결 전문을 읽기도 했다. 초기에 판례를 정리하여 발표를 하기도 하였다. 지적 충격이 컸다. 판례를 잘 알면 모든 것이 해결될 것이라는 생각이 들기도 하였다. 실무가 중에 대학에서 배운 것은 쓸모가 없다는 얘기를 하는 사람이 있는데, 그 말에 전혀 동의

21) 1990년대 초반부터 이른바 사법시험 등을 준비하는 고시학원이 급속하게 성장하였다. 그럼에도 불구하고 1990년대까지만 해도 서울대학교 법과대학의 많은 학생이 학부 수업을 들으면서 곽윤직 교수의 민법 교과서를 읽었고, 강의도 이를 전제로 진행하였다. 그러나 2000년대에 들어와 이른바 수험용 교재 또는 단권짜리 교과서만으로 민법 공부를 하는 학생이 많아져 현재에는 오히려 곽윤직 교수의 민법 교과서를 읽는 학생이 매우 드물게 되었다.

하지 않지만 그와 같이 말하는 심정을 이해할 수는 있었다. 사법연수원 교육이 우수성을 인정받은 데에는 여러 요인이 있겠지만, 중요한 요인 중의 하나는 실무가에게 필요한 지식을 가르쳤고, 그 중심에는 판례를 통한 교육이 자리잡고 있다고 생각한다.

그러나 대학원에서 다시 공부를 하고 판사로서 판결을 쓰면서 법조문이 매우 중요하다는 것을 깨달았다. 선례가 없는 사건에서 법규정이 문제해결의 출발점이자 법의 해석과 적용의 귀결점으로 작용하는 경우가 있었다. 계약서의 문구가 판례보다 중요한 경우도 있다는 것을 알았다. 계약에 관한 사건에서 원고가 제출하는 소장에 첨부된 문서의 맨 앞에 계약서가 '갑제 1 호증'으로 나와 있지 않으면 석연찮은 느낌이 들기도 하였다. 외국법 강독을 하면서는 외국의 법이론이나 판례도 우리의 법률문제를 해결하는 데 도움이 된다는 사실도 알게 되었다.

법학교육에서는 법의 실제 모습을 보여주는 것이 중요하다.[22] 학생들이 우리 사회에서 적용되는 법 —이른바 '살아 있는 법'— 이 실제로 어떻게 돌아가는지를 알 수 있도록 하여야 한다. 이를 위한 좋은 방법이 판례를 가지고 강의를 하는 방법이다. 그동안 우리나라의 교과서나 강의에서 학설이 과도하게 강조되었는데, 학생들이 「학설의 숲」에 빠져 헤어 나오지 못하게 해서는 안 된다. 이는 학생들로 하여금 왜 법공부를 해야 하는지 알 수 없게 한다. 그렇다고 판례만을 가르쳐서도 안 된다. 학생들이 실제로 작동하는 그 법의 이론적 틀을 배우고, 판례를 정확히 인식·분석하며 이를 비판하는 능력을 길러주어야 한다. 그래야만 새로운 법리를 창출할 수 있는 사고력을 갖출 수 있을 것이다. 사례를 통한 교육방법(case method)을 점진적으로 확대할 필요가 있으나, 과목이나 주제에 따라서는 이론강의를 중심으로 할 수밖에 없는 경우도 있다. 한편, 학계에서는 크게 주목하지 않고 있지만 실무상 필요한 내용도 강의 내용에 포함시킬 필요가 있다. 가령 민사재판

22) 梁彰洙(주 3), 233면도 참조.

에서 반드시 필요한 '요건사실론' 등이 이에 해당한다. 또한 계약서의 작성이나 소송서류 또는 판결문의 작성도 어느 정도 다루어야 할 것이다. 결국 법학교육에서 학생들이 학설과 판례, 이론과 실무를 구분하지 않고 이들의 핵심적인 사항을 두루 접할 수 있도록 하는 것이 좋을 것이다.

4. 교육방법의 변화

법과대학에서는 법학교육이 주로 강의식 교육으로 이루어졌다. 이는 독일의 전통적인 '강의(Vorlesung)'의 영향이라고 할 수 있는데, 교수는 교육내용을 구술하고 학생은 노트 필기를 한다. 노트 필기를 잘하거나 잘 필기된 노트를 구하는 능력은 성적향상의 지름길이다. 한편, 사법연수원에서는 판결서작성실무 등에 교육의 중점이 있었다.

법학전문대학원의 출범과 함께 미국의 로스쿨에서 이용되고 있는 문답식 방법(Socratic method)[23]이 크게 주목을 받고 있다. 최근 문답식 교육 이외에도 토론식 교육, 문제해결식 교육 등 다양한 교육방법을 모

23) 소크라테스식 방법은 단순히 질의응답을 하는 것만은 아니기 때문에 문답식 방법과는 다를 수 있으나, 여기에서는 편의상 문답식 방법이라고 표현하기로 한다. 한편 미국 로스쿨에서 소크라테스식 방법을 이용하는 경우에 사례를 통하여 문답식으로 교육하기 때문에, 문답식 방법과 사례를 통한 교육방법(case method)을 동일시하기도 하지만(가령 金大貞, "法學專門大學院에서의 사례위주 民法敎育方法에 관한 試論," 民事法學 제44호(2009. 3), 103면; 김재원, "미국 로스쿨의 법학교육방법," 법철학연구 제 9 권 제 2 호(2006), 57면), 엄밀하게 생각하면 양자는 구별되어야 한다. 소크라테스는 철학적 문제에 관하여 문답을 통하여 깨달음에 도달하고자 하였던 것처럼, 판례 이외의 자료를 가지고 문답식 교육을 할 수도 있기 때문이다. 다만 법학교육에서 판례를 가지고 문답을 진행할 때 훨씬 구체적인 질의응답을 할 수 있을 것이다. 실제로 필자가 진행하는 대학원 수업에서 주제를 정하여 발표 및 토론을 하는 경우보다 판결을 정하여 발표 및 토론을 하는 경우에 토론이 활발하게 이루어졌다. 구체적인 판결을 가지고 토론하는 경우에 사안을 분석하고 판결을 이해한 다음 사안에 적용 또는 응용하는 과정에서 여러 의문을 제기하고 판결에서 제시하는 것과는 다른 해결책을 찾아볼 수 있기 때문이다.

색하는 작업이 이루어지고 있다.[24] 문답식 교육에는 문제해결능력을 배양하고 비판적인 분석을 가능하게 한다는 점에서 장점이 있다. 이에 반하여 학생들은 자신에게 돌아올 질문을 생각하느라 불안감을 갖고 강의에 집중하여 차분하게 생각을 할 수 없다는 점에서 단점도 있다. 미국의 로스쿨에서 항상 소크라테스식 방법으로 교육이 이루어지는 것은 아니다. 이 방법은 특히 미국 로스쿨의 1학년 과목에서 많이 이용되고 있지만, 강의를 하는 데 중점을 두고 있는 교수도 적지 않다. 그리고 우리나라에서는 교수나 학생들이 토론에 익숙하지 않고 학생들도 토론식 교육을 받을 기회가 적기 때문에, 문답식 교육을 시행하려면 더 많은 준비가 필요할 것이다. 대륙법 체계에서 문답식 교육이 어떠한 의미를 가질 것인지도 생각해 보아야 할 문제이다. 또한 형식적인 방식의 전환이 모든 문제를 해결해 줄 수는 없다. 법률가처럼 생각하는(think like a lawyer) 태도가 문답식 교육으로만 가능한 것은 아니다.[25] 강의식 교육에도 학생들의 사고를 자극하고 문제해결능력을 길러줄 수 있다.[26] 따라서 문답식 교육이 강의식 교육을 완전히 대체하여야 한다고

---

24) 교육방법에 관한 논의에 관해서는 가정준, "법학교육에서 Leading Case의 의미," 民事法學 제44호(2009. 3), 83면 이하; 丘在君, "法學專門大學院制度의 導入과 法學敎育方法," 法學論叢(단국대학교 법학연구소) 제27집, 2003, 81면 이하; 김동훈(주 3), 52면 이하; 金宰源, "韓國 로스쿨에서의 敎育方法," 成均館法學(성균관대학교 비교법연구소) 제18권 제 2 호(2006. 6), 145면 이하; 文在完, "로스쿨 制度導入에 따른 敎育內容의 變更," 法學論叢(단국대학교 법학연구소) 제27집, 2003, 49면 이하; 오수근, "문제중심학습법을 활용한 법학교육," 서울대학교 법학 제47권 제 4 호(2006. 12), 37면 이하 참조. 또한 주 6에 수록된 여러 글에서 이 문제를 다루고 있다.

25) 그럼에도 불구하고 1973년에 나온 영화 "The Paper Chase"(우리나라 방송에서는 "하버드대학의 공부벌레들"이라는 제명으로 방영되었다)에 나온 킹스필드 교수는 우리 법학교수들이 —적어도 우리 국민들의 뇌리에서는— 피할 수 없는 가상적인 경쟁자로 자리잡지 않을까.

26) 강의식 교육은 주입식 교육과 혼동되어 사용되기도 하나, 반드시 그러한 것은 아니다. 교육이 강의내용을 효율적으로 외우게 하는 방식으로 진행된다면 주입식 교육이라고 할 수 있지만, 그렇지 않고 강의를 통하여 사물을 이해하고 문제를 분석하며 비판적 사고력을 길러주는 방식으로 진행된다면 결코 주입식 교육이 아니다.

생각하지는 않는다. 철저하게 문답식 교육으로 전환할 수도 있지만,[27) 강의식 교육을 하면서 질문이나 토론을 가미할 수도 있고, 강의식 교육과 문답식 교육을 병행함으로써 좀 더 나은 교육효과를 얻어낼 수도 있을 것이다.

문제는 종전의 강의가 지나치게 강의식 교육 중심으로 이루어졌다는 점에 있다. 교육의 방법에 대한 반성이나 좀 더 나은 교육방법을 탐색하려는 노력이 많지 않았다. 법학교육에는 다른 경우와 마찬가지로 다양한 교육방법이 있다. 법학교수나 수강생의 입장에서 적합한 방식으로 교육이 이루어져야 할 것이다. 특히 문답식 교육에 대한 준비가 되어 있지 않은 상태에서 문답식 교육을 강요하는 것은 역효과가 나올 수 있다. 그리고 문답식으로 강의를 진행하는 경우에도 여러 방식이 있다. 마치 소크라테스처럼 스스로 깨달을 때까지 끊임없이 질문을 하는 방법, 영화에서처럼 학생들에게 무작위로 질문을 하면서 혹독하게 다루는 방법, 미리 질문을 알려주고 답변을 준비해 오도록 하는 방법, 수강생 전원에게 질문을 던진 다음 학생들이 자유롭게 답변을 하면서 질의응답을 이어 가는 방법 등이 그것이다. 필자는 뒤에 있는 두 방법을 종종 사용하고 있는데, 법학교수가 자신에게 맞는 강의방식을 자율적으로 선택하고 수강생 등의 의견을 들어 이를 수정하는 것이 좋을 것으로 생각한다.

27) 민법 기본과목에서 문답식 교육을 하는 것은 곤란하고 연습과목이나 판례연구 등의 강좌에서 문답식 교육을 하는 것이 바람직하다는 견해가 있다. 명순구(주 3), 277면; 金大貞(주 23), 110면 이하. 그러나 기본과목인지, 연습과목인지에 따라서 교육방법을 다르게 정하여야만 하는 것은 아니고, 기본과목에서도 얼마든지 문답식 교육을 할 수도 있다고 생각한다. 어느 과목에서 어떠한 방식이 적합한지는 담당교수나 수강학생에 따라 달라질 것이다.

Ⅲ. 민법 교육의 체계와 분류

1. 민법 교육의 위치와 비중

서울대학교 법학전문대학원은 교과목 전체를 ① 민사법, ② 상사법, ③ 공법, ④ 형사법, ⑤ 사회경제법, ⑥ 국제관계법, ⑦ 기초법의 7개 전공군으로 나누었다.[28] 인가신청서에서는 위 전공별 교과목들을 '기본과목, 심화과목, 첨단과목'으로 분류하였으나, 법학전문대학원 출범 후 교과목을 '기본과목, 심화과목, 연습과목'으로 분류하여 기존의 첨단과목을 심화과목에 흡수시키고, 연습과목을 신설하기로 하였다. 또한 교과목을 반드시 이수하여야 하는지를 기준으로 필수과목, 필수선택과목 또는 선택과목으로 구분하고 있고, 그중 필수과목은 13과목(32학점)인데, 법령에서 지정한 실무과목(5학점)[29]과 학교에서 지정한 필수과목(27학점)으로 나누어진다.

서울대학교 법학전문대학원에서 지정한 필수과목은 민법, 공법, 형법, 민사소송법 네 과목인데, 민법은 11학점(12시간)에 해당하는 민법 1, 2, 3이 필수과목으로 지정되어 필수과목 중에서 가장 많은 학점을 차지하고 있다.[30] 민법 1과 민법 2는 민사법적 사고형성의 토대를 마련하는 기초과목인데다가 분량이 많고 다른 과목을 공부하는 데 전제가 되

---

28) 이는 기존의 8전공 체제에서 헌법과 행정법을 공법으로 묶은 것이라고 볼 수 있다.

29) 이는 법조윤리, 법률정보조사, 법문서작성, 모의재판, 실습과정(법무실습)의 5개 교과목이다. 인가신청서, 119면에는 법률정보의 조사와 법문서의 작성이 별개의 과목으로 되어 있으나, 2009년 이를 합하여 한 과목으로 하였다. 그러나 2011년에 법률정보조사는 1학년, 법문서작성은 2학년에 강의하는 것으로 다시 바뀌었다.

30) 이는 필수과목 27학점(법령상 요구되는 필수실무교과목 제외) 중 40%가 넘는다. 미국의 로스쿨에서도 우리나라의 민법에 해당하는 계약법, 불법행위법, 물권법이 필수과목으로 지정된 경우가 많고, 일본의 로스쿨에서도 민법 과목이 필수과목 중에서 가장 큰 비중을 차지한다.

는 지식을 다루기 때문에, 각각 4학점을 배정하였다. 또한 민법에 관한 선택과목으로 민법 4(가족법) 등 다양한 과목이 개설될 예정이다.

[표 1] 필수과목의 분류[31)]

	1학기	2학기
1학년	법률정보조사 (1) 민법 1(계약법) (4)* 형법 1 (3) 공법 1(국가조직론) (2) (총 11학점)	민법 2(권리의 변동과 구제) (4) 민사소송법 (3) 형법 2 (2) 공법 2(기본권론) (3) 공법 3(행정법 총론) (3) (총 15학점)
2학년	법문서작성(1) 민법 3(채권의 보전과 담보) (3) (총 3학점)	법조윤리 (1) 모의재판 (1) (총 2학점)
3학년	법무실습 (1) (총 1학점)	

※ 과목명 뒤 괄호 안의 문자는 과목 부제, 숫자는 학점임.
민법 1은 4학점이나 강의시간은 5시간임.

민법은 私法의 핵심을 차지하는 기본법일 뿐만 아니라, 다른 법과목을 공부하는 데도 필수적이다. 또한 민법은 공부를 해야 할 분량도 방대하다. 민법은 현재의 법과대학에서 가장 중요한 과목으로 다루어지고 있지만, 법학전문대학원 체제로 전환되더라도 법학 교육에서 차지하는 민법의 위상에는 변화가 없을 것이다. 특히 민법은 학계에서뿐만 아니라 실무에서 매우 중요하기 때문에, 실무지향적 교육을 지향하는 로스쿨에서는 오히려 그 비중이 더욱 커질 것이다.

31) 인가신청서, 119면에서는 민법 2를 1학년 1학기에 개설하는 것으로 되어 있었으나, 1학년 2학기에 개설하기로 변경하였다. 또한 민법 3은 2학년 1학기에 강의할 것인지, 아니면 1학년 2학기에 강의할 것인지 논란이 계속되었으나, 최근 2학년 1학기에 강의하는 것으로 확정되었다.

2. 민법 관련 교과목의 분류

(1) 분류의 방식

인가신청서에서는 전체 과목을 기본과목, 심화과목, 첨단과목으로 구분하고 있었다. 이 구분이 학생들에게 과목선택을 안내하는 기능을 갖고 있지만, 그 구분이 형식적이거나 인위적인 경우도 있고, 위 분류에 따라 구분하기 어려운 경우도 있었다. 민법에서는 현재 법과대학에서 가르치고 있는 내용에 해당하는 과목을 기본과목으로 배치하였고, 비교법에 관한 과목이나 민법의 기본적인 내용을 세부적으로 발전시킨 과목을 심화과목으로, 최근에 문제되는 쟁점을 다룬 과목을 첨단과목으로 정하였다. 그러나 심화과목과 첨단과목의 구분은 뚜렷한 것은 아니고, 첨단과목으로 되어 있는 과목은 심화과목으로 분류할 수 있는 경우가 대부분이었다.[32] 그리하여 위에서 언급한 것처럼 최근 교과과정을 확정하는 단계에서 첨단과목을 연습과목으로 대체하였다. 연습과목에는 판례연구와 민사실무 등이 포함된다. 여기에서는 최근 바뀐 내용에 따라 교과목을 기본과목, 심화과목, 연습과목으로 분류하여 소개하고자 한다.

(2) 기본과목

기본과목은 민사법을 이해하는 데 기초가 되는 과목으로, 〈민법 1(계약법)〉, 〈민법 2(권리의 변동과 구제)〉, 〈민법 3(채권의 보전과 담

---

32) 가령 인가신청서상 〈현대계약법〉은 심화과목으로 되어 있었으나, 〈현대불법행위법〉은 첨단과목으로 되어 있었다. 또한 비교법에 관한 과목이 심화과목으로 되어 있으나, 〈비교가족법〉은 첨단과목으로 되어 있었다. 〈Understanding Private Law in Common Law Jurisdictions〉, 〈현대불법행위법〉, 〈비교가족법〉은 심화과목으로 분류되어 있었으나, 인가신청서 작성단계에서 과목 수를 조정하는 과정에서 첨단과목으로 바뀌었다. 필자가 이 글을 2008년 12월 12일 발표할 당시에 "이와 같은 분류는 새로운 과목의 개설에 따라 재조정될 것"이라고 하였다. 2009년 3월에 교과과정을 조정하면서 심화과목과 첨단과목을 합쳤기 때문에, 이 문제는 자연스럽게 해소되었다.

보)〉, 〈민법 4(가족법)〉이 이에 해당한다. 민법 1에서는 계약법에 관한 내용을 다루고, 민법 2에서는 권리의 변동과 물권적 청구권·불법행위·부당이득 등 권리의 구제에 관한 내용을 다루며, 민법 3은 채권의 보전과 담보에 관한 내용을 다룬다.

1학년 1학기부터 2학년 1학기까지 민법의 재산편을 세 강좌로 나누어 강의하기로 하였는데, 이는 학생들이 학습에 전념할 수 있는 시기에 민법의 기본 지식을 배우고 민법에 관한 기본적인 문제를 해결할 수 있는 능력을 갖출 수 있도록 하기 위한 것이다. 특히 계약법, 불법행위법, 물권 등 권리의 변동에 관한 기본적인 사항은 다른 법률을 이해하는 데도 반드시 필요한 것이기 때문에, 이에 관한 과목은 1학년에 학습하도록 하였다. 민법 교수나 학생의 부담을 고려하여 민법 1과 2만을 1학년에 가르치고, 주로 담보법을 다루는 민법 3을 2학년 1학기에 개설하였다.

민법전에 총칙이 먼저 나오니까 민법총칙을 먼저 배우는 것이 당연하다고 생각할 수 있다. 그러나 이는 고정관념에 불과하고 민법전의 편제에 따라 민법을 공부할 필요는 없다. 채권각론을 공부하기 전에 민법총칙이나 채권총론을 제대로 이해하기가 쉽지 않다. 따라서 계약법이나 불법행위법을 먼저 배우는 것이 민법을 이해하는 데 훨씬 좋다고 생각한다. 왜냐하면 계약법이나 불법행위법은 실제 생활과 법을 긴밀하게 연결하여 공부할 수 있기 때문이다.

서울대학교 법과대학에서 1997년 이전에는 민법을 2학년 1학기부터 법전의 편제에 따라 민법총칙, 물권법, 채권총론, 채권각론이라는 순서로 강의하였다. 그러나 1997년부터 민법총칙, 채권각론, 채권총론, 물권법의 순으로 강의순서를 바꾸었다.[33] 학생 입장에서 이해하기 쉬운 계약이나 불법행위를 다루는 채권각론을 채권총론이나 물권법에 앞서

33) 1996년에 교과목 변경을 결정할 당시 모든 민법 교수가 이와 같이 순서를 바꾸는 것에 찬성하였던 것으로 기억한다.

공부하도록 한 것이다. 사회 현실에서 발생하는 구체적인 법률문제에 관한 내용을 공부한 다음에 추상적인 법리를 공부하는 것이 바람직할 것이다. 그러나 민법강의에서 맨 처음에 민법총칙을 강의하는 것은 그대로 유지하였다. 우리 민법의 체제나 교과서의 내용 등을 고려할 때 민법총칙을 건너뛰고 채권각론을 다루는 것은 현실적으로 쉽지 않았기 때문이다. 한편, 2학년 1학기에 개설되었던 민법총칙 강의를 1학년 2학기에 개설하는 것으로 바꾸었다. 2학년 1학기에 개설되어 있는 상법, 국제법, 행정법 등 다른 법을 공부하는 데 민법에 관한 기본지식을 알고 있어야 한다고 판단하였기 때문이다. 그리하여 우리나라에서 본격적인 법학공부는 민법총칙 공부와 함께 시작한다는 전통은 그대로 유지하면서 가급적 구체적인 내용을 먼저 다루어야 한다는 요청을 받아들여 양자를 타협한 것으로 볼 수 있다. 이는 강의순서를 바꾼 것에 불과하였지만, 의미 있는 변화의 시작이라고 볼 수 있다.

법학전문대학원에서는 '계약법(민법 1)', '권리의 변동과 구제(민법 2)', '채권의 보전과 담보(민법 3)'라는 방식으로 강의의 주제와 순서를 획기적으로 전환하였다. 민법전의 체계에 따른 강의방법을 '체계적 접근법'이라고 부른다면, 민법의 주요 주제를 기준으로 하는 강의방법을 '주제별 접근법'[34] 또는 '기능적 접근법'[35]이라고 할 수 있다. 민법의 편제에 따라 체계적으로 교육하는 방식을 채택하지 않고 민법이 실제 생활에서 어떻게 작동하는지에 중점을 두고 강의를 설계하였다는 점에서 중요한 의미가 있다. 이는 민법 교육에서도 체계적 사고보다는 문제해결적 사고를 강조한 것으로 볼 수 있고, 민법의 연구주제나 방식에도 영향을 미칠 것으로 생각한다.

'민법 1(계약법)'에 관해서는 그 내용에 관하여 쉽게 합의할 수 있

34) 종래에도 민법 교과과정을 민법 편제에 따를 것이 아니라 주제별 또는 기능적 유사성에 따라 편성하여야 한다는 주장이 많았다. 梁彰洙(주 3), 237면("생활사실의 類型性·親近性"); 김동훈(주 3), 45면 이하; 명순구(주 3), 268면.

35) 인가신청서, 106면은 '기능별 접근법'이라는 표현을 사용한다.

다. 이 부분은 다른 법학전문대학원에서도 이와 같은 방식을 채택하고 있는 경우가 있고, 그렇지 않은 경우에도 쉽게 받아들여질 수 있을 것으로 생각한다. 그런데 '민법 2(권리의 변동과 구제)'와 '민법 3(채권의 보전과 담보)'에 관해서는 논란이 있을 수 있다. 먼저 민법 2의 내용은 '권리의 변동'과 '권리의 구제'로 구분되는데, 권리의 변동에서는 주로 물권 변동과 채권양도[36] 등을 다루고, 권리의 구제에서는 부당이득과 불법행위뿐만 아니라 물권적 청구권도 다룰 것이다. 다만 권리의 변동과 권리의 구제를 한 과목으로 묶어서 다루는 것이 어색한 점이 있다. 또한 민법 3은 담보적 기능을 수행하는 제도를 다루는 것에 중점을 두고 인적 담보와 물적 담보를 포함하여 가르치는데, '채권의 보전' 부분에서 채권자대위권이나 채권자취소권을 다룰 것이다. 또한 유한책임과 관련하여 법인제도를 다룰 수 있고, 권리의 보전과 관련하여 소멸시효도 다룰 수 있는데, 이에 관해서는 그 적절성에 관해서 논란이 있을 수 있다. 이와 같은 부분들이 체제상 맞지 않는다고 볼 수도 있으나, 주요한 내용을 가르친다는 점이 중요하기 때문에 크게 문제되지는 않을 것이다.

미국의 로스쿨에서는 학교마다 다르지만 대체로 1학년 과정에서 우리나라의 민법 중 재산편에 해당하는 과목을 계약법(contracts), 불법행위법(torts), 물권법(property)[37]으로 구분하여 가르치고 있다. 이 세 과목은 대부분 필수과목인데다가 학점도 많이 부여되어 있다. 우리나라에서 미국의 로스쿨 제도를 도입한 것이기 때문에, 미국 로스쿨과 같이 계약법, 불법행위법, 물권법으로 구분하여 강의하는 것이 바람직한 것

36) 채권양도 이외에 채무인수나 계약양도도 포함될 수 있다. 한편, 채권양도에 관해서는 민법 1(계약법)에서 다루는 것이 적합하다고 볼 수도 있으나, 민법 1(계약법)에서 다룰 내용이 많고 물권 변동과 채권양도를 권리의 변동이라는 측면에서 접근할 필요가 있다는 점에서 그와 같이 하였다.

37) 이를 재산법이라고 번역하기도 하나, 주로 우리나라의 물권법에서 가르치는 내용을 다루기 때문에, 여기서는 물권법이라고 하고자 한다.

인지 검토할 필요가 있다. 이 방안도 훌륭한 대안이다. 그러나 이는 시간배분상 부적절한 점이 있다. 즉, 우리나라의 불법행위법에 관한 사건이 매우 많고 중요한 판례도 계속 나오고 있지만, 우리나라 불법행위법은 미국의 경우에 비하여 강의에서 다룰 분량이 상대적으로 적기 때문에, 필수과목이 한정되어 있는 상태에서 불법행위법을 3학점 과목으로 정하기 어렵다.[38] 또한 부당이득과 담보법에 관한 사항을 기본과목이자 필수과목으로 가르칠 필요성이 있어서 위와 같은 방안을 채택하지 않았다.

한편, 불법행위와 부당이득을 법정채권관계[39]라는 과목으로 가르치는 방법도 있으나, 이것은 불법행위와 부당이득을 묶어서 가르치는 것이 적절한지 논란이 있을 수 있고, 과목의 명칭이 선명하게 다가오지 않는 것이 단점이다. 그리고 이와 같은 편제를 채택한다면, 법인과 소멸시효를 다루기가 쉽지 않다. 보증채무 등 다수당사자의 채권관계, 채권자대위권이나 채권자취소권은 계약법에서 다룰 수 있으나, 이와 같이 할 경우에 계약법의 부담과 분량이 너무 많아지는 문제가 있다.

㈎ 민법 1(계약법)

계약법은 민법의 핵심을 차지할 뿐만 아니라, 모든 법의 기초라고 할 수 있다. 맨 첫 학기에 개설된 이 강의에서는 민법전의 제 1 편 총칙과 제 3 편 채권에 있는 내용 중에서 계약에 관한 내용을 다룬다. 민법의 편제나 체계에 구애받지 아니하고, 계약의 성립, 계약의 주요 유형, 이행, 채무불이행, 계약의 하자, 계약의 해소에 관하여 충분히 이해하고 이에 관한 사례를 해결할 수 있는 능력을 배양하도록 하고자 한다.

---

38) 한 과목당 학점을 기본적으로 3학점으로 정하였는데, 장차 학점을 다양화하여 2학점 과목을 증설한다면 다양한 과목 분류가 가능할 것이다.

39) '사무관리'도 법정채권관계에 포함되지만, 기본과목에서 이 부분은 굳이 강의하지 않아도 될 것이다.

(나) 민법 2(권리의 변동과 구제)

이 강의는 민법에서 권리의 변동과 구제에 관한 내용을 다룬다. 다만 계약법에 관한 내용은 민법 1에서 다루었기 때문에, 이 과목에 포함시키지 않는다. 물권의 변동에 한정하지 않고 채권양도 등 채권의 변동에 관한 사항도 다룬다. 특히 가장 대표적인 물권인 소유권의 변동에 관하여 상세하게 다룬다. 권리의 구제에서는 물권적 청구권, 부당이득, 불법행위에 관하여 살펴본다. 이 강좌의 목표는 민법 1과 함께 민사 분쟁이 해결되는 과정을 알 수 있도록 하는 것이다.

(다) 민법 3(채권의 보전과 담보)

이 강의는 채권의 보전과 담보에 관하여 다룬다. 채권의 보전과 담보는 민법의 여러 편에 나누어져 규정되어 있으나, 이들은 기능적으로 밀접하게 연결되어 있으므로, 이들을 한 과목에서 다루고자 한다. 채권의 보전에 관한 부분에서는 채권 자체의 보전에 관한 내용뿐만 아니라 책임재산의 보전에 관한 내용도 다룬다. 또한 담보권자의 권리와 이해관계는 용익권자의 이해관계와 밀접하게 관련되어 있기 때문에, 임대차 등 물건의 사용, 수익에 관한 사항도 다룬다.

(라) 민법 4(가족법)

친족법과 상속법에 관한 사항을 강의한다. 민법 제 4 편(친족)과 제 5 편(상속)에 있는 내용뿐만 아니라 친족에 관련된 법률도 다룬다.

(마) 기　타

그 밖에 선택과목으로 〈현대계약법〉, 〈현대불법행위법〉을 개설할 예정이다.

(3) 심화과목

심화과목은 1학년에 개설된 민법 기본과목에 대한 지식과 이해를 바탕으로 하여 보다 구체적인 문제영역을 탐구하고, 민사법의 적용과 운영을 위해서 필요한 개별 영역을 심도 있게 다루는 데 목표를 두고 있다. 비교법적 시야를 넓히기 위하여 비교법에 관한 다양한 과목을 개설하고 있고, 우리나라가 국제물품매매에 관한 유엔협약에 가입함에 따라 〈국제물품매매계약법〉을 강좌로 채택하였다. 이는 비교법적 관점에서 우리 민법을 보다 깊이 있게 이해하기 위해 필요한 과목들이다. 특히 대륙법계 민법 체계를 따르고 있는 우리 민법의 각 제도를 이해하는 데 도움이 될 뿐만 아니라, 판례법을 중심으로 한 영미법의 이해를 통해 차이점을 발견하고 각 제도의 장·단점을 이해할 수 있도록 과목을 편성하였다. 또한 사회의 발전으로 점차 거래의 형태나 불법행위의 태양이 다양해지고 있고, 1997년 금융위기 이후 담보법 등 여러 영역에서 새로운 문제가 발생하고 있는데, 이와 같은 문제를 해결하고 사회적 수요를 충족하기 위하여 〈의료법〉, 〈언론·인터넷·인격권〉, 〈부동산금융과 법〉 등의 강좌를 개설하기로 하였다. 이와 같은 민법과목은 금융법 분야의 과목 등 다른 계열에 있는 과목과 연계하여 학습하는 것이 좋을 것이다. 또한 민사소송법 계열에 있는 〈도산법〉도 민법과 관련이 있는 과목이다.

위에서 본 바와 같이 인가신청서에는 첨단과목을 두기로 했었다. 이는 현대사회에서 주로 발생하는 사회문제 중에서 민사법과 관련성을 갖는 대표적인 이슈들을 중심으로 법률가로서 고민해야 할 논점 및 대안들을 모색하고, 그에 대한 학문적 논의의 장을 마련한다는 취지에서 개설하기로 하였던 것이다. 이 강좌를 통하여 특수 분야에 대한 전문성을 함양하는 계기가 될 수도 있을 것이다. 그러나 첨단과목으로 개설된 과목은 대부분 심화과목과 큰 차이가 없기 때문에, 〈표 3〉에서 보는 바와 같이 첨단과목에 있는 과목을 심화과목으로 분류를 변경하기로 하였다.

(4) 연습과목

연습과목은 기본과목이나 심화과목에서 배운 지식을 토대로 그 적용능력을 기르기 위한 것이다. 판례연구는 판례에 나타난 사실관계나 법리를 깊이 있게 검토하는 방법을 학습하도록 한 과목이고, 민사실무는 계약서를 작성·검토하거나, 소장, 답변서, 준비서면, 판결문을 실제로 작성하는 등 실무능력을 배양하기 위한 과목으로서 민사종합과목으로서의 성격을 갖고 있다.

현재 판례연구과목으로 〈재산법판례연구〉, 〈채권법판례연구〉를 개설하고, 실무과목으로 〈민사재판실무〉를 개설할 예정이다. 〈재산법판례연구〉 등은 일반대학원에 개설되어 있는 것을 수용한 것이고, 〈민사재판실무〉는 사법연수원의 민사판결서작성실무나 민사변호사실무를 간추려 강의하는 방식이 될 것이다.[40)]

과목명에 '연습'이라는 명칭 대신 '판례연구'라는 명칭을 사용한 것은 이것이 실제 강의내용에 부합할 뿐만 아니라 학생들을 끌어당기는 힘이 더 클 것이라고 생각했기 때문이다. 이와 같은 과목 구성을 통하여 학생들이 3년 동안 민법 과목을 계속 공부하지 않으면 안 된다는 생각을 갖도록 하고자 하였다.

40) 현재 개설된 과목은 민법 교수의 수를 고려하여 적어도 2년에 1번은 강의를 할 수 있는 한도에서 개설한 것이다. 최근 민사실무과목 등을 좀 더 많이 개설할 필요가 있다는 주장이 제기되기도 하는데, 이를 위해서는 민법교수를 증원하는 것이 수반되어야 할 것이다.

[표 2] 2007년 인가신청서상 민법 과목 분류[41)]

<table>
<tr><th>학년</th><th>학기</th><th>과목분류</th><th>민법계</th></tr>
<tr><td rowspan="2">1학년</td><td>1학기</td><td>기본과목</td><td>민법 1(계약법)(4)
민법 2(권리의 변동과 구제)(4)</td></tr>
<tr><td>2학기</td><td>기본과목</td><td>민법 3(채권의 보전과 담보)(3)</td></tr>
<tr><td rowspan="5">2학년</td><td rowspan="3">1학기</td><td>기본과목</td><td>민법 4(가족법)</td></tr>
<tr><td>심화과목</td><td>비교계약법
독일사법</td></tr>
<tr><td>첨단과목</td><td>Understanding Private Law in Common Law Jurisdictions</td></tr>
<tr><td rowspan="2">2학기</td><td>심화과목</td><td>채권회수법
국제물품매매계약법
프랑스법
부동산 금융과 법</td></tr>
<tr><td>첨단과목</td><td>현대불법행위법
비교가족법</td></tr>
<tr><td rowspan="3">3학년</td><td rowspan="2">1학기</td><td>심화과목</td><td>현대계약법
국제사법</td></tr>
<tr><td>첨단과목</td><td>의료법과 의료윤리
정보통신의 사법적 쟁점</td></tr>
<tr><td>2학기</td><td>첨단과목</td><td>소비자계약법
언론 · 인터넷 · 인격권</td></tr>
</table>

41) 인가신청서, 119면. 그 후 2008년 10월경에 수정된 부분을 반영한 것이다.

[표 3] 2009년 수정 민법 과목 분류

<table>
<tr><th>학년</th><th>학기</th><th>과목분류</th><th>민법계</th></tr>
<tr><td rowspan="2">1학년</td><td>1학기</td><td>기본과목</td><td>민법 1(계약법)(4)</td></tr>
<tr><td>2학기</td><td>기본과목</td><td>민법 2(권리의 변동과 구제)(4)</td></tr>
<tr><td rowspan="6">2학년</td><td rowspan="3">1학기</td><td>기본과목</td><td>민법 3(채권의 보전과 담보)(3)
현대계약법</td></tr>
<tr><td>심화과목</td><td>의료법
언론 · 인터넷 · 인격권</td></tr>
<tr><td>연습과목</td><td>채권법판례연구</td></tr>
<tr><td rowspan="3">2학기</td><td>기본과목</td><td>민법 4(가족법)
현대불법행위법
국제사법*</td></tr>
<tr><td>심화과목</td><td>채권회수법
부동산 금융과 법</td></tr>
<tr><td>연습과목</td><td>재산법판례연구</td></tr>
<tr><td rowspan="4">3학년</td><td rowspan="2">1학기</td><td>심화과목</td><td>국제가족법
독일사법
프랑스사법
Anglo-American Private Law
비교사법
국제물품매매계약법*
도산법**</td></tr>
<tr><td>연습과목</td><td>민사재판실무</td></tr>
<tr><td rowspan="2">2학기</td><td>심화과목</td><td>정보통신과 법
소비자계약법</td></tr>
<tr><td>연습과목</td><td>가족법연습</td></tr>
</table>

* 분류상 국제관계법 과목으로 변경되었음.
** 민사소송법 과목으로 분류되어 있으나, 편의상 소개함.

3. 결 어

민법은 모든 법의 기초로서 법률가가 되기 위해서 반드시 학습을 하여야 하는 과목이다. 기본과목은 민법을 충실하게 학습함으로써, 법률가로서 사고하는 방법을 터득하고 이론과 실무를 겸비한 법률가로 성장할 수 있도록 하였다. 심화과목과 연습과목은 기본과목에서 학습한 내용을 토대로 응용능력을 키우고 심도 있는 법학 공부를 할 수 있도록 하였다. 그리고 실체법과 절차법을 유기적으로 학습할 수 있도록 과목을 배정하였는데, 가령 〈재산법판례연구〉, 〈민사재판실무〉, 〈도산법〉 등 여러 과목에서 실체법적인 내용과 절차법적인 내용을 동시에 학습할 수 있도록 하였고, 실체법에 관한 과목에서도 절차법에 관한 내용을 유기적으로 다루는 것이 좋을 것이다. 또한 사회적 수요를 충족하기 위한 과목들이 개설될 것이다.

Ⅳ. 기본과목의 구체적인 강의내용: 민법 1(계약법)

서울대학교의 민법 교육을 소개하기 위해서는 민법의 모든 과목에 관하여 그 내용이나 방법을 설명하여야 할 것이지만, 이를 세세하게 소개하는 것은 불가능하다.[42] 그리하여 여기에서는 기본과목 중 '민법 1(계약법)' 강의의 구체적인 내용을 소개하고자 한다. 민법 1(계약법)은 법학전문대학원의 첫 학기에 강의하는 과목이고, 이 과목은 법학전문대학원의 민법 교육이 법과대학의 민법 교육과 어떻게 달라지는지를 보

42) 대체적인 내용은 법학전문대학원 인가신청서의 부록으로 첨부된 강의계획서에 나타나 있다. 그러나 실제로 강의를 하는 과정에서 세부적인 사항이 변경될 것이며, 새로운 교과목이 개설되기도 하고 현재 계획하고 있는 과목이 개설되지 않거나 폐지될 수도 있다. 위에서 보았듯이 2009년에 교과과정을 확정하면서 바뀐 과목도 상당수 있다.

여주는 대표적인 예이기 때문이다.

교과목에서 무엇을 어떻게 가르치는지는 우선 인가신청서에 첨부한 강의계획서에 나타나 있고, 이를 토대로 펴내고 있는 교재에 이를 구현하려고 하고 있다. 특히 민법 1, 2, 3은 학부의 민법과목과는 달리 그 체제나 구성을 완전히 바꾸었기 때문에,[43] 기존의 민법 교과서를 교재로 사용할 수 없게 되었다. 만일 민법 1(계약법)을 강의하면서 기존의 교과서를 이용하려면 민법총칙, 채권총론, 채권각론 세 권의 책을 발췌하여 읽고 이와 별도로 판례교재를 읽어야 할 것이다. 이것은 매우 번거로운 일임을 쉽게 알 수 있다. 그리하여 새로운 방식의 민법 교재를 펴내기로 하였다. 현재 법학전문대학원에서 교재를 지정하여 강의를 하기 때문에, 학생들은 교재를 읽지 않으면 강의를 따라갈 수 없다. 법과대학의 민법 강의에서는 언제부터인가 —늦어도 2000년대에 들어와— 교수가 주로 참조하는 강의교재(교과서, 판례, 논문 등)[44]와 학생이 보는 교재(이른바 수험서)가 다르기 때문에, 학습효과를 높이는 데 한계가 있었다. 교수와 학생이 공통의 교재를 가지고 강의를 할 경우에 학습효과가 배가 될 수 있는데, 이 점에서 법과대학의 민법 교육과 법학전문대학원의 민법 교육 사이에 실질적으로 중대한 차이가 발생할 것으로 생각한다.

1. 민법 1(계약법) 교재의 기본방침

(1) 민법 제 1 편 總則(특히 법률행위 부분)과 제 3 편 채권(제 1 장 총칙과 제 2 장 계약 중 기본적인 부분)에 규정된 내용 중에서 계약에 관한 내

43) 서울대학교 법학전문대학원의 교과목 중에서 가장 크게 바뀐 과목이라고 할 수 있다. 가령 기본과목인 헌법, 형법 등도 교육내용이 바뀌기는 하였으나, 민법과 같이 강의의 내용과 체제가 크게 바뀌지는 않았다.

44) 기존의 교과서는 학생을 위한 강의 교재로 적합하지 않다. 梁彰洙(주 3), 227면 이하; 김동훈(주 3), 49면 이하. 그리하여 법과대학의 민법 강의에서 기존의 교과서는 부교재나 참고문헌으로 소개하는 정도에 그쳤다.

용을 다룬다. 민법의 편제나 체계에 구애받지 아니한다. 사례를 통하여 계약의 성립, 주요 전형계약, 채무의 이행, 채무불이행, 계약의 해소와 계약의 하자 등에 관하여 충분히 이해하도록 한다.

(2) 계약법에 관한 이론과 실무를 학습할 수 있도록 한다. 판례를 통하여 이론을 공부할 수 있도록 하는 것이 목표이지만, 이론에 관한 설명도 병행하도록 한다. 특히 대륙법계에 속하는 우리나라는 민법전을 갖고 있는데, 이는 판례법으로 구성된 영미법에 비하여 유연성이 떨어진다는 단점도 있지만, 그 반면에 일목요연하게 민사에 관한 법리를 파악할 수 있다는 점에서 장점도 크다. 따라서 이와 같은 대륙법계의 장점을 살리면서 판례를 통한 학습을 가능하게 하여야 할 것이다. 이론적 설명부분에서는 현재의 교과서와 달리 학설 대립을 장황하게 다루지 않고 가급적 실제 문제를 해결하는 데 필요하거나 이론적으로 중요한 부분을 중심으로 다룬다.

(3) 교육상 중요한 판결은 판결 전문을 수록함으로써 판결을 읽고 쟁점을 파악하며 판례 법리를 추출하는 연습을 하도록 한다. 사법연수원 교육에서 판례를 많이 다루지만, 사법연수생들이 대부분 판결문 작성에 필요한 한도에서 공부를 하고, 판결 전문을 제대로 읽는 것을 등한시하는 경향이 있다. 이와 같은 문제점을 개선하기 위하여 판결 전문을 교재 본문에 포함시키고자 하였다. 교수는 강의식으로 진행할 수도 있고 문답식으로 진행할 수도 있고 이를 병행할 수도 있는데, 교재에 판결 전문을 수록해 두면 문답식으로 강의를 진행하는 경우에 편리하게 이용할 수 있다.

대법원 판결에 사실관계가 잘 나와 있지 않은 경우에는 원심판결이나 상고이유를 같이 수록할 수도 있다. 이와 같은 판결에 대해서는 공통적으로 다음 세 질문을 할 수 있을 것이다. ① 이 판결의 사실관계를 요약하시오. ② 이 사건의 쟁점은 무엇인가? ③ 법원은 어떻게 판단하였는가? 또한 교재에 개별 판결 등과 관련된 질문을 적어둠으로써 교수나 학생들이 문답식 교육을 포함한 다양한 방식의 교육을 대비하도록 한다. 많은 경우에는 하나의 판결에 7개 정도의 질문을 수록한다.

(4) 개별 주제에 관하여 이론적 설명, 판례, 논문, 평석, 자료 등 관련 내용을 수록한다. 필요한 경우에 교과서나 주석서를 인용할 수도 있고, 경우에 따라서는 도표, 신문기사, 사진, 통계 등을 이용할 수도 있다. 각각의 항목마다 대체로 이론적 설명, 대표적 판결, 참조 판결, 논문 또는 평석, 자료, 질문 또는 생각할 점의 순으로 구성한다.

2. 교재의 기본 구성

계약의 체결에서부터 소멸까지 '계약의 일생'을 다룰 것이다. 민법총칙에 있는 법률행위에 관한 사항을 먼저 다루는 것이 아니라, 채권각론에 있는 계약의 성립에 관한 내용을 먼저 다루고자 한다. 전형계약 중에서는 매매를 중심으로 다루고 이와 대비하는 의미에서 도급에 관하여 다룰 것이다. 임대차 등 주요한 전형계약을 다룰 경우에 계약법의 분량이 많아져 임대차 등에 관해서는 민법 3 또는 선택과목에서 다루기로 하였다. 그리고 나서 채무의 이행과 채무불이행을 다루고, 계약의 해제 등 계약의 해소에 관하여 다룬 다음, 민법총칙에 있는 계약의 하자 부분, 즉 계약의 무효·취소사유가 있는 경우를 다룰 것이다. 그리고 계약에서 세 당사자가 문제되는 경우로서 제 3 자를 위한 계약을 다룰 것이다. 여기에서 채권양도를 다룰 수도 있으나, 이 부분은 민법 2로 미루었다. 민법 1(계약법)의 대체적인 순서는 다음과 같다.[45)]

(1) 총설 – 계약, 계약법, 기본원리

계약과 계약법에 관한 일반적인 내용을 살펴본 다음, 민법과 계약

---

45) 2009년 2월 16일 서울대학교 법과대학에서 열린 민법교재개발 워크샵에서 민법 교재시안을 공개하고 토론을 하였고, 필자는 2009년 1학기에 이와 같은 방식으로 펴낸 교재(현재 '민법 1 계약법' 교재는 (상), (중), (하) 세 권으로 발간하였다)로 강의를 하고 있다.

법의 기본원리에 관하여 다룬다.

(2) 계약의 성립(법률행위 + 계약 총론)

채권각론에 있는 청약과 승낙에 의한 계약의 성립 등에 관하여 다룰 뿐만 아니라, 민법총칙에 있는 법률행위에 관해서도 다룬다. 특히 대리에 관해서 이곳에서 상세하게 다룬다.

(3) 주요한 계약유형

전형계약의 대표적인 경우로서 매매에 관하여 매도인의 권리의무와 매수인의 권리의무를 중심으로 살펴본다. 또한 매매와 비교하여 도급에 관하여 다룬다.

(4) 채무의 이행

채무의 이행 중에서 변제와 상계를 중심으로 살펴본다.

(5) 채무불이행

채무불이행의 요건과 유형에 관하여 살펴보고, 그 효과로서 강제이행과 손해배상에 관하여 다룬다. 그리고 매도인의 담보책임도 그 법적 성질을 채무불이행으로 파악할 수 있으므로, 여기에서 다룬다.

(6) 계약의 해소

계약의 해제와 해지, 위험부담에 관하여 다룬다.

(7) 계약의 하자

민법총칙에 있는 무효 및 취소 사유에 관해서 다룬다. 이것은 논리적으로 계약의 성립에 관한 문제이기 때문에 계약의 성립 부분에서 다룰 수도 있으나, 실제 사건에서 적용되는 경우가 많지 않기 때문에, 계약의 성립 부분에서 다루지 않고 계약법의 뒷부분에서 다룬다.

(8) 계약과 제3자

계약에 관한 민법의 여러 규정은 2인의 당사자를 전제로 한 경우가 많은데, 세 당사자가 문제되는 경우가 있다. 채권양도나 제3자를 위한 계약 등을 들 수 있다. 채권양도에 관해서는 민법 2에서 다루기 때문에, 이곳에서는 제3자를 위한 계약을 중심으로 다룬다.

V. 맺 음 말

서울대학교 법학전문대학원에서 개설할 민법 강의의 구성체계나 분류는 현재의 법과대학에서 이루어지고 있는 민법 강의와는 매우 다르다. 기본과목에서 민법의 체제나 편별에 구애받지 않고 민법이 실제 생활에 적용되는 모습을 고려하여 민법 과목을 전면적으로 재편성하였다. 가령 민법 1(계약법)은 민법총칙과 채권법에 해당하는 내용을 포함하고 있으며, 그 체제와 내용도 계약의 성립에서 소멸까지 전면적으로 재구성한 것이다. 이는 대륙법 체계를 따르고 있는 우리나라에서 영미법적 사고와 대륙법적 사고가 어떻게 결합하여 성공할 수 있는지를 보여주는 획기적인 강좌가 될 수 있다. 이와 같은 강좌 구성을 통하여 법과대학의 민법 교육과는 다른 방식으로 강의하겠다는 의지를 표명한 것이다.

강의의 구체적인 내용이나 강의방식도 법과대학의 교육과는 다른 면모를 보일 것이다.[46] 동일한 과목이라고 하더라도 대체적인 범위나 내용은 정해야 하지만, 그 범위에서 담당 교수에 따라 강의의 내용이나 순서 등이 다를 것이다. 동일한 내용을 동일한 방식으로 강의하는 것은 창의적 사고를 억누를 수 있기 때문에 대학의 교육에서는 바람직하지 않다. 강의방법에 관해서도 교수들이 자율적으로 이론이나 판례를 설명하는 강의식 방법을 채택할 수도 있고, 문답식 방법을 채택할 수도 있

46) 실제로 이번 학기에 맡은 〈민법 1(계약법)〉 강의에서 학생들이 대부분 미리 교재를 읽고 수업에 참석하였고, 또한 그렇기 때문에 강의시간에 질의응답이 활발하게 이루어졌다.

으며, 이 두 방법을 병행할 수도 있을 것이다. 그 밖에 문제해결식 방법 등 다양한 방법이 동원될 수 있다. 교육을 하는 방식에는 하나의 우월한 방식이 있는 것이 아니다. 문답식 방식이 장점이 있으나, 항상 좋은 것은 아니다. 상황에 맞게 적절한 방식을 활용하는 것이 좋을 것이다. 다만 현재까지 주로 민법 강의가 이론강의 중심으로 행해졌기 때문에, 문답식 방식 등 새로운 다양한 방식을 활용하는 것을 권장할 필요가 있을 것이다.

(民事法學 제45-1호(2009.6), 한국민사법학회, 33-70면 所載)

[後 記]

이 글에서 언급한 민법 I 교재는 양창수·김재형, 계약법, 박영사, 2010으로 출간되었다.

[표 4] 민법 1(계약법) 교재의 목차

민법 1 (계약법)

제 1 편 총론
- 제 1 장 계약과 계약법
- 제 2 장 계약법의 기본원리
- 제 3 장 계약의 성립
- 제 4 장 계약체결상의 과실
- 제 5 장 계약의 효력: 동시이행의 항변권
- 제 6 장 계약의 해석
- 제 7 장 약관

제 2 편 대리
- 제 1 장 대리
- 제 2 장 표현대리
- 제 3 장 무권대리

제 3 편 주요한 계약유형
- 제 1 장 서설
- 제 2 장 매매
- 제 3 장 도급

제 4 편 채무의 이행
- 제 1 장 서설
- 제 2 장 변제
- 제 3 장 상계

제 5 편 채무불이행
- 제 1 장 채무불이행, 그 요건과 유형
- 제 2 장 채무불이행의 효과
- 제 3 장 매도인의 담보책임

제 6 편 계약의 해소
- 제 1 장 계약의 해제
- 제 2 장 계약의 해지
- 제 3 장 위험부담

제 7 편 계약의 하자
- 제 1 장 서설
- 제 2 장 미성년자의 법률행위
- 제 3 장 강행법규 위반

[표 5] 민법 1(계약법) 강의계획서

주	강 의 내 용
1	· 민법의 기본원리 — 사적 자치의 원칙 · 계약의 성립
2	· 계약체결상의 과실 · 동시이행항변권
3	· 계약의 해석 · 약관규제법
4	· 대리 · 표현대리 · 무권대리
5	· 매매
6	· 도급
7	· 채무의 이행 · 변제 · 상계
8	(중간시험)
9	· 채무불이행의 요건과 유형 — 이행불능, 이행지체, 불완전이행, 이행거절, 부수적 채무불이행 · 채무불이행의 효과(강제이행, 손해배상)

10	· 매도인의 담보책임 · 채권자지체 · 제 3 자에 의한 채권침해
11	· 계약의 해제와 해지 · 위험부담
12	· 미성년자의 법률행위 · 강행법규 위반 · 반사회질서 위반 · 불공정한 법률행위
13	· 진의 아닌 의사표시 · 허위표시 · 착오에 의한 의사표시 · 사기 · 강박에 의한 의사표시
14	· 계약의 무효와 취소 · 계약과 제 3 자 — 제 3 자를 위한 계약
15	(기말시험)

12. 2007년 민법 판례 동향*

판결에는 현실에서 발생하는 법적 분쟁에 대한 법률가들의 고뇌가 담겨 있다. 한 나라의 최고법원 판결은 변호사나 하급심 판사 등 많은 법률가의 손을 거쳐 갈고 다듬어진 산물이다. 그러기에 그 판결의 참뜻을 밝히는 일을 결코 소홀히 할 수 없다.

그런데 우리나라 판결이 국민들에게 설득적 권위를 갖고 있는가라는 질문을 한다면, 항상 긍정적인 답을 할 수만은 없다. 그렇다면 어떠한 판결이 좋은 판결일까. 판결은 구체적 사안에 대한 법적 판단이다. 판결을 읽으면서 어떠한 사안에 관한 것인지, 법적 쟁점이 무엇인지, 그 판결에서 발언하고자 하는 법리가 무엇인지가 분명하게 드러나는 것이 좋을 것이다. 판결을 한참 읽고서야 사안이나 쟁점이 무엇인지 가늠할 수 있거나, 판결이 천명하고 있는 법리나 실질적 판단이유를 추측해서 알아내는 데 시간이 많이 걸린다면 좋은 판결의 대열에 오르기 어려울 것이다. 대법원이 법률심이라고 해서 법리를 사안과 관련 없이 장황하게 늘어놓는 것은 의미 없는 일이다. 판결이 구체적 분쟁을 해결하고 그에 맞는 법리를 제시하는 것이라면, 사안의 법적 쟁점에 뚫고 들어가 판단에 이르는 논증과정을 잘 보여주어야 한다.

2007년에는 민법 분야에서 다수의 전원합의체 판결들을 포함하여 새로운 법리를 제시한 판결들이 많이 나왔다. 이들을 소개하는 것만으

---

* 이 글은 2008. 3. 22. 대한변호사협회 제50기 전문분야 특별연수 「2007년도 주요 판례 해설」에서 "2007년도 민사법 분야 주요 판례 해설"이라는 제목으로 강의한 내용을 수정·보완한 것으로, 그중 일부를 요약하여 법률신문 제3637호(2008. 3. 27), 12-13면에 게재하였다.

로도 지면을 가득 채울 수 있을 것이다. 다행히도 이미 평석 등에서 많은 판결들이 다루어졌기 때문에, 특별히 언급할 필요가 있다고 생각되는 판결이나 아니면 꼭 알아두어야 하리라고 생각되는 판결을 소개하면서 간략한 의견을 덧붙이고자 한다.

Ⅰ. 사정변경으로 인한 계약해제: 대판 2007. 3. 29, 2004다31302(공 2007, 601)

1. 매매계약과 사정변경의 원칙

대법원은 사정변경의 원칙에 관하여 획기적인 판단을 하고 있다.

> "이른바 사정변경으로 인한 계약해제는 계약성립 당시 당사자가 예견할 수 없었던 현저한 사정의 변경이 발생하였고 그러한 사정의 변경이 해제권을 취득하는 당사자에게 책임 없는 사유로 생긴 것으로서, 계약내용대로의 구속력을 인정한다면 신의칙에 현저히 반하는 결과가 생기는 경우에 계약준수 원칙의 예외로서 인정되는 것이고, 여기에서 말하는 사정이라 함은 계약의 기초가 되었던 객관적인 사정으로서, 일방당사자의 주관적 또는 개인적인 사정을 의미하는 것은 아니라 할 것이다. 또한, 계약의 성립에 기초가 되지 아니한 사정이 그 후 변경되어 일방당사자가 계약 당시 의도한 계약목적을 달성할 수 없게 됨으로써 손해를 입게 되었다 하더라도 특별한 사정이 없는 한 그 계약내용의 효력을 그대로 유지하는 것이 신의칙에 반한다고 볼 수도 없다."

"계약은 지켜져야 한다"라는 계약준수 원칙은 계약법의 기본전제이다. 이 판결은 그 예외로서 사정변경의 원칙을 인정하였다. 계약성립 당시 당사자가 예견할 수 없었던 현저한 사정변경이 있는 경우에 계약을 해제할 수 있다는 것이다. 여기에서 말하는 사정이라 함은 계약의 기초가 되었던 객관적인 사정으로, 일방당사자의 주관적 또는 개인적인 사정을 의미하는 것은 아니라고 한다.

종래 우리 판례에서 사정변경의 원칙을 인정하고 있는지 여부에 관하여 논란이 있었는데, 적어도 매매계약에 관한 사례에서는 사정변경의 원칙을 인정한 재판례가 없었다.[1] 따라서 이 판결은 대법원이 매매계약에 관한 사례에서 사정변경의 원칙이 적용될 수 있다는 점을 선언하였다는 점에서 의의가 있다. 사정변경이라는 개념이 명확하게 확정되어 있지도 않고 법률에 명시적인 규정도 없기 때문에, 그 의미가 다양하게 사용될 수 있다. 이 판결은 다수설[2]을 따른 것이지만, 대법원이 인정하는 —또는 인정하고자 하는— 사정변경의 원칙을 밝힌 것이다.

2. 현저한 사정변경이 있는지 여부

(1) 대법원이 인용하고 있는 원심판결 내용에 의하면 이 사건에서 중요한 사정변경이 있었던 것처럼 보인다. 즉, 원고는 이 사건 토지에 대하여 개발제한구역 지정이 해제되어 건축이 가능하게 될 것으로 알고 당시의 객관적인 시가보다 훨씬 비싼 가격으로 이 사건 토지를 매수하였다. 그 후 피고가 이 사건 토지를 공공공지로 지정함으로써 이 사건 토지 위에 건축을 할 수 없게 되고, 공공공지 개발계획에 따라 이 사건 토지가 수용될 상황이 되었다. 이와 같이 토지의 매매 당시 건축가능토지로 알았으나, 나중에 건축이 불가능해지고 오히려 토지가 수용될 상황으로 바뀌었다면, 이는 현저한 사정변경이 있다고 보아야 한다.

1) 대판 1963. 9. 12, 63다452(집 11-2, 민 131); 대판 1991. 2. 26, 90다19664(공 1991, 1082). 다만 회사의 임직원이 회사의 채무에 관하여 계속적 보증계약을 체결한 경우에는 임직원의 퇴사와 같은 사정변경을 이유로 한 보증계약의 해지를 인정하고 있다. 대판 1990. 2. 27, 89다카1381(집 38-1, 78).

2) 가령 郭潤直, 債權各論, 제 6 판, 박영사, 2003, 93면.

그러나 대법원은 원심의 판단과 달리 사정변경에 의한 해제를 인정할 수 없다고 하였다. 그 이유를 두 가지로 나누어 볼 수 있다. 첫째, 이 사건 토지의 매매가 공개매각절차를 통하여 이루어졌는데, 공개매각조건에 이 사건 토지의 매각 후 행정상의 제한 등이 있을 경우 피고가 이에 대하여 책임을 지지 아니한다는 내용이 명시되어 있으며, 이 사건 매매계약에서도 피고는 이 사건 토지의 인도 후에 발생한 일체의 위험부담에 대하여 책임지지 않는다는 내용이 명시되어 있었다. 따라서 공개매각조건이나 매매계약에서 이 사건 토지가 공공공지로 지정되어 건축이 불가능하고 토지가 수용될 수 있다는 것을 예정하고 있었다고 볼 수도 있다. 그렇다면 당사자들이 예상할 수 없는 현저한 사정변경이 인정되지 않을 것이다. 둘째, 대법원은 이 사건 토지상의 건축가능 여부는 원고가 이 사건 토지를 매수하게 된 주관적인 목적에 불과할 뿐 이 사건 매매계약 성립의 기초가 되었다고 보기 어렵다고 하였다. 이러한 사실관계가 맞다면 이 부분에 대한 판단도 정당한 것처럼 보인다.

(2) 그런데 원심판결[3]이 인정한 사실관계를 들여다보면, 굳이 위와 같이 판단할 필요가 있었는지 의문이다. 이 사건 토지는 **계약의 이행이 완료된 후에** 공공 공지로 편입되었다고 한다.[4] 이와 같이 계약의 이행이 완료된 후에 사정변경이 있는 경우에는 사정변경을 이유로 계약을 해제할 수 없다.[5] 이 판결에서는 이 점을 들어 사정변경의 원칙이 적용되지 않는다고 판단하는 것으로 충분했을 것이다. 한편, 이 사건에서 원고가 이 사건 토지에 건축이 가능한 것으로 믿고 토지를 낙찰받았고 피고도 원고가 토지 위에 건축을 하기 위해 토지를 매수한다는 사정을

3) 광주고판 2004. 5. 14, 2003나1580.

4) 원고가 피고에게 매매대금을 지급한 다음 2001. 2. 1. 원고 앞으로 이 사건 토지에 관한 소유권이전등기를 마침으로써 이 사건 매매계약의 이행이 완료되었다고 볼 수 있고, 그 후 2002. 4. 29. 피고가 이 사건 토지를 포함한 34필지에 대하여 공공공지로 편입하기로 최종 결정하였다.

5) 상세한 것은 孫鳳基, "가. 사정변경으로 인한 계약해제가 인정되는지 여부 및 그 요건 …," 대법원 판례해설 제67호, 13면.

알았다. 따라서 이 사건에서 건축의 가능 여부는 계약의 기초가 되었다고 볼 수도 있다.[6] 일반적으로 당사자들이 계약을 체결할 당시 건축이 가능한 토지로 생각하고 이를 전제로 계약을 체결하였다면, 계약의 기초가 되었다고 보아야 할 것이다. 위 두 가지 사항은 사정변경의 원칙과 관련하여 중요한 사항인데 대법원 판결문에는 이러한 사정이 드러나 있지 않다. 결국 이 사건에서 사정변경에 기한 해제권을 부정한 결론은 맞으나, 구체적인 이유 제시에는 문제가 있다고 볼 수 있다.

Ⅱ. 고율의 이자약정의 효력과 불법원인급여: 대판(전) 2007. 2. 15, 2004다50426(공 2007, 437)

1. 고율의 이자약정의 효력

이 판결은 먼저 고율의 이자약정을 민법 제103조 위반의 법률행위로서 무효라고 한다.

> "금전 소비대차계약과 함께 이자의 약정을 하는 경우, 양쪽 당사자 사이의 경제력의 차이로 인하여 그 이율이 당시의 경제적·사회적 여건에 비추어 사회통념상 허용되는 한도를 초과하여 현저하게 고율로 정하여졌다면, 그와 같이 허용할 수 있는 한도를 초과하는 부분의 이자 약정은 대주가 그의 우월한 지위를 이용하여 부당한 이득을 얻고 차주에게는 과도한 반대급부 또는 기타의 부당한 부담을 지우는 것이므로 선량한 풍속 기타 사회질서에 위반한 사항을 내용으로 하는 법률행위로서 무효라 할 것이다."

---

6) 尹眞秀, "2007년도 주요 民法 관련 판례 회고," 서울대 법학 제49권 제1호 (2008. 3), 323면.

이러한 판단은 이자제한법[7]이 없는 상태에서 이자약정이 사회통념상의 허용한도를 초과한 경우에 그 초과부분에 관하여 무효라고 선언한 점에서 중요한 의미가 있다. 민법 제104조는 불공정한 법률행위에 관하여 규정하고 있는데, 고율의 이자 약정은 급부와 반대급부 사이에 현저한 불균형이 있는 경우에 해당한다. 그러나 민법 제104조의 불공정한 법률행위에 해당하려면 궁박, 경솔, 무경험이라는 요건을 충족하여야 한다. 그런데 이 판결은 이러한 요건을 충족하지 못한 경우라도 고율의 이자약정이 민법 제103조의 사회질서 위반에 포섭될 수 있다고 본 것이다.[8]

그렇다면 고율의 이자약정은 어떠한 경우에 무효로 되는가? 대법원은 양쪽 당사자 사이에 '경제력의 차이'가 있고, 이로 인하여 그 이율이 '사회통념상 허용되는 한도'를 초과하여 현저하게 고율로 정해진 경우에 초과이자 부분을 무효라고 하였다. 이와 같은 경우에 대주가 그의 우월한 지위를 이용하여 부당한 이득을 얻고 차주에게는 과도한 반대급부 또는 기타의 부당한 부담을 지우는 것이라고 한다. 결국 이 판결은 '경제력의 차이'와 '사회통념상의 허용한도 초과'라는 두 요소를 고율의 이자약정의 효력을 판단하는 기준으로 설정한 것으로 볼 수 있다.

먼저 경제력의 차이에 관하여 보자. 대판 1996. 4. 26, 94다34432(집 44-1, 민 419)는 주식매매에 관한 사례에서 '당사자의 일방이 그의 독점적 지위 내지 우월한 지위를 악용하여 자기는 부당한 이득을 얻고 상

7) 이자제한법은 1998. 1. 13. 폐지되었다가, 이 판결 선고 이후인 2007. 3. 29. 새로이 제정되었다. 현행 이자제한법 제 2 조 제 3 항에서는 계약상의 이자가 이자의 최고한도를 초과하는 경우에 그 초과부분을 무효로 하고, 제 4 항에서 "채무자가 최고이자율을 초과하는 이자를 임의로 지급한 경우에는 초과 지급된 이자 상당금액은 원본에 충당되고, 원본이 소멸한 때에는 그 반환을 청구할 수 있다."고 규정하고 있다. 이는 이 판결의 내용과 동일한 것이다.

8) 徐敏錫, "선량한 풍속 기타 사회질서에 반하여 현저하게 고율로 정해진 이자약정의 효력 및 이미 지급된 초과이자의 반환청구권," 民事裁判의 諸問題 제16권, 2007, 165면.

대방에게는 과도한 반대급부 또는 기타의 부당한 부담을 과하는 법률행위'를 법률행위의 목적이 불법인 경우에 해당한다고 보고, 이는 반사회적인 것으로서 무효라고 하였다. 여기에서 당사자의 일방이 독점적 지위 내지 우월한 지위를 악용하였는지 여부를 판단하는 것은 어려운 문제이다. 경제력에서 우위에 있다고 해서 독점적 지위 내지 우월적 지위를 이용한 것으로 볼 수는 없다. 그런데 2007년 대법원 판결에서는 당사자들 사이에 경제력의 차이가 있어서 고율의 이자약정을 하였으면 대주가 우월적 지위를 이용하였다고 보았다. 이는 고율의 이자약정을 한 경우에 사회질서 위반을 비교적 쉽게 인정하기 위한 것이다.[9)]

다음으로 '사회통념상의 허용한도 초과'라는 요소에 관하여 살펴보자. 이 판결은 통상적으로 상상하기 힘든 고율의 이자약정에 관한 사안이기 때문에, 사회통념상의 허용한도를 초과하였다고 쉽게 판단할 수 있다. 그러나 어떠한 경우에 이율이 사회통념상 허용되는 한도를 현저하게 초과하는지, 그 한도를 어떻게 정할 것인지는 매우 어렵다.[10)] 사회통념상의 허용한도라는 기준은 기준이라고 할 수 없을 만큼 예측가능성이 없고, 따라서 법관의 자의적인 판단을 정당화하는 기능을 수행할 위험이 있다. 그리하여 고율의 이자약정을 이와 같이 모호한 기준에 따라 무효화하는 것에 반대하는 견해가 있다.[11)] 그러나 기준이 모호하다고 하여 기준을 정할 수 없는 것은 아니다. 명확한 판단기준이 없다고 하더라도 개별 사건에 대하여 판단을 하여야 하는 것이 재판이다.

---

9) 한편 양쪽 당사자 사이에 경제력의 차이가 있는 경우에 한하여 고율의 이자약정을 무효로 할 것인지 문제된다. 대주와 차주의 경제력이 비슷하거나, 아니면 차주가 대주보다 경제력이 나은 경우에도 고율의 이자약정을 무효로 할 필요가 있을 것이다.

10) 일반적으로는 금융기관의 대출금리, 원리금의 회수가능성, 당사자의 직업과 경제력, 차용목적 등 적정이자율을 결정하는 요소들을 고려하여 개별적으로 판단하여야 할 것이다. 徐敏錫(주 8), 175면.

11) 이러한 주장은 경제학자들이 많이 하였다.

2. 한도를 초과하여 지급한 이자의 반환청구 — 불법원인 급여의 문제

이 경우에 차주가 대주에게 이미 지급한 초과이자를 반환청구할 수 있는지 문제되는데, 이 판결에서는 다수의견과 반대의견이 대립하고 있다. 다수의견은 "이와 같이 선량한 풍속 기타 사회질서에 위반하여 무효인 부분의 이자 약정을 원인으로 차주가 대주에게 임의로 이자를 지급하는 것은 통상 불법의 원인으로 인한 재산 급여라고 볼 수 있을 것이나, … 대주가 사회통념상 허용되는 한도를 초과하는 이율의 이자를 약정하여 지급받은 것은 그의 우월한 지위를 이용하여 부당한 이득을 얻고 차주에게는 과도한 반대급부 또는 기타의 부당한 부담을 지우는 것으로서 그 불법의 원인이 수익자인 대주에게만 있거나 또는 적어도 대주의 불법성이 차주의 불법성에 비하여 현저히 크다고 할 것이어서 차주는 그 이자의 반환을 청구할 수 있다."고 한다. 이에 대하여 반대의견은 차주가 적정이율을 초과한 이자를 임의로 지급한 경우, 오로지 대주에게만 불법성이 있다거나 대주의 불법성이 차주의 불법성보다 현저히 크다고 보기는 어렵고, 따라서 민법 제746조 본문에 따라 차주의 반환청구는 허용될 수 없다고 한다.

다수의견은 차주가 대주에게 이미 지급한 초과이자의 반환을 인정하고 있다. 구 이자제한법 하에서 판례[12]는 차주가 구 이자제한법[13]상의 초과이자를 지급한 경우에 이를 반환청구할 수 없다고 하였다. 이 판결은 이자제한법을 폐지한 상태에서 나온 것으로서, 종래의 판례를

12) 대판 1961. 7. 20, 4293민상617; 대판 1988. 9. 27, 87다카422, 423(집 36-2, 민 159); 대판 1994. 8. 26, 94다20952(공 1994, 2526) 등 참조.

13) 이자제한법은 1997년 금융위기로 인하여 국제통화기금(IMF)의 구제금융을 받게 되자, 1998. 1. 13. 폐지되었다. 그 후 이자제한법을 부활하여야 한다는 주장이 계속되었고, 이 판결이 선고된 후 2007. 3. 29. 이자제한법이 다시 제정되어 2007. 6. 30.부터 시행되고 있는데, 이 판결의 내용이 반영되어 있다(제 2 조 제 3 항 · 제 4 항).

변경한다고 표현하고 있지는 않지만, 실질적으로는 위 판례를 변경한 것이다. 다수의견은 그 근거로 대주가 고율의 이자약정에 기하여 이자를 지급받은 경우에는 불법의 원인이 수익자인 대주에게만 있거나 또는 적어도 대주의 불법성이 차주의 불법성에 비하여 현저히 크다는 점을 들고 있다. 즉, 민법 제746조 단서의 "불법원인이 수익자에게만 있는 때"에 해당하거나 불법성 비교론[14]을 적용하여 민법 제746조 본문을 적용하지 않은 것이다.[15] 그러나 반대의견은 차주가 적정이율을 초과한 이자를 임의로 지급한 경우, 오로지 대주에게만 불법성이 있다거나 대주의 불법성이 차주의 불법성보다 현저히 크다고 보기는 어렵다고 한다. 고율의 이자약정을 한 경우에 일반적으로 차주에게 불법성이 있다고 보는 것은 정의관념에 배치된다. 차주에게 불법성이 있는 경우도 있겠지만, 이는 매우 예외적인 경우일 것이다. 또한 고율의 이자약정으로 인한 이익을 대주에게 그대로 남겨둘 이유를 찾기도 어렵다. 초과이자로 지급한 금원에 대한 차주의 반환청구를 거부하는 방식으로 차주를 응징한다고 해서 고율의 이자약정이 없어지는 것도 아니다. 따라서 고율의 이자약정으로 초과이자 부분이 무효로 된 경우에는 그로 인하여 지급한 초과이자의 반환청구를 인정하여야 한다는 다수의견의 결론에 찬성한다.

3. 결　　어

법률에 명확한 기준이 있으면 예측가능성이 높아지고 법적 안정성

---

14) 대판 1993. 12. 10, 93다12947(공 1994, 345); 대판 1997. 10. 24, 95다49530, 49547(공 1997, 3570); 대판 1999. 9. 17, 98도2036(공 1999, 2267).

15) 梁彰洙, "公序良俗에 反하는 利子約定에서 任意로 支給된 過剩利子의 返還請求," 民法硏究 제 9 권, 박영사, 2007, 274면은, 이와 같은 사건에서 차주에게 불법의 원인이 있다고 할 수 없고, 수익자인 대주에게만 불법원인이 있다고 볼 수도 있다고 한다.

을 달성할 수 있다. 그러나 법률에 규정이 없더라도 법적 판단을 하여야 하는 경우가 많다. 일정한 기준을 정하는 것은 사회질서 등 불확정개념의 구체화과정으로서 법적 판단의 중요한 부분이다. 법적 판단의 폭은 이들 사안을 포괄하는 데 아무런 지장이 없을 만큼 넓고 깊다. 법원이 이른바 정책법원이 되어야만 비로소 이러한 판단을 할 수 있게 되는 것도 아니다. 이러한 판단을 하는 데 하급심 법원과 대법원 사이에 차이를 둘 필요가 없다.

Ⅲ. 제한 초과 부동산 중개수수료 약정의 효력: 대판(전) 2007. 12. 20, 2005다32159(공 2008, 99)

1. 제한 초과 부동산 중개수수료 약정의 효력

이 판결은 부동산 중개수수료를 법령상의 기준을 초과하여 받기로 약정한 경우에 그 초과부분에 관한 약정은 무효라고 하였다.

> "부동산중개업법은 부동산중개업을 건전하게 지도·육성하고 부동산 중개 업무를 적절히 규율함으로써 부동산중개업자의 공신력을 높이고 공정한 부동산거래질서를 확립하여 국민의 재산권 보호에 기여함을 입법목적으로 하고 있으므로(제 1 조), 중개수수료의 한도를 정하는 한편 이를 초과하는 수수료를 받지 못하도록 한 부동산중개업법 및 같은 법 시행규칙 등 관련 법령(이하 '부동산중개업법 관련 법령'이라고 함) 또는 그 한도를 초과하여 받기로 한 중개수수료 약정의 효력은 이와 같은 입법목적에 맞추어 해석되어야 할 것이다. 뿐만 아니라, 중개업자가 부동산중개업법 관련 법령 소정의 한도를 초과하여 수수료를 받는 행위는 물론 위와 같은 금지규정 위반 행위에 의하여 얻은 중개수수료 상당의 이득을 그대로 보유하게 하는 것은 투기적·탈법적 거래를 조장하여 부동산거래질서

의 공정성을 해할 우려가 있고, 또한 부동산중개업법 관련 법령의 주된 규율대상인 부동산의 거래가격이 높고 부동산중개업소의 활용도 또한 높은 실정에 비추어 부동산 중개수수료는 국민 개개인의 재산적 이해관계 및 국민생활의 편의에 미치는 영향이 매우 커 이에 대한 규제가 강하게 요청된다고 할 것이다. 그렇다면 앞서 본 입법목적을 달성하기 위해서는 고액의 수수료를 수령한 부동산 중개업자에게 행정적 제재나 형사적 처벌을 가하는 것만으로는 부족하고 부동산중개업법 관련 법령 소정의 한도를 초과한 중개수수료 약정에 의한 경제적 이익이 귀속되는 것을 방지하여야 할 필요가 있다고 할 것이므로, 부동산 중개수수료에 관한 위와 같은 규정들은 중개수수료 약정 중 소정의 한도를 초과하는 부분에 대한 사법상의 효력을 제한하는 이른바 강행법규에 해당한다고 보아야 한다."

구 부동산중개업법은 부동산 중개수수료의 한도에 관하여 일정한 범위에서 특별시, 광역시 또는 도의 조례로 정하도록 규정하였다.[16] 중개업자가 이를 위반한 경우에 중개업등록이 취소되거나 형사처벌의 제재를 받는다.[17]

부동산중개업법 관련 법령에서 정한 한도를 초과하여 부동산 중개수수료를 약정한 경우에 유효한지 여부에 관하여 판례가 엇갈렸는데,[18] 이번에 전원합의체 판결로서 "부동산중개업법[19] 관련 법령에서 정한 한도를 초과하는 부동산 중개수수료 약정은 그 한도를 초과하는 범위 내에서 무효"라고 하였다. 필자도 위 법령을 강행규정으로 보는

---

16) 구 부동산중개업법 제 2 조 제 1 호, 제 3 조, 제20조 제 1 항 · 제 3 항 및 같은 법 시행규칙 제23조의2 제 1 항.

17) 부동산중개업법 제15조 제 2 호, 제22조 제 2 항 제 3 호, 같은 법 제38조 제 2 항 제 5 호.

18) 대판 2001. 3. 23, 2000다70972는 부동산 중개업법 관련 법령의 금지규정이 단속규정에 불과하고 효력규정은 아니라고 봄으로써 그 한도를 초과한 수수료 약정의 사법상 효력이 부정되는 것이 아니라고 판결하였다. 그러나 대판 2002. 9. 4, 2000다54406, 54413(공 2002, 2308)은 위 규정이 강행법규에 속하는 것으로서 그 한도액을 초과하는 부분은 무효라고 판결하였다.

19) 2005. 7. 29. 법률 제7638호 '공인중개사의 업무 및 부동산 거래신고에 관한 법률'로 전문 개정되기 전의 것을 가리킨다.

방향으로 판례를 정리하여야 한다고 주장한 바 있고,[20] 이 판결의 결론에 찬성한다. 나아가 이 판결은 법령에서 보수를 일정한도로 규제하고 이를 초과한 약정의 효력을 무효화한 것으로, 장차 이와 유사한 법령의 효력을 정할 때 중요한 지침이 될 것이라고 생각한다.

2. 강행법규의 판단기준

법령에서 일정한 행위를 금지하고 이에 위반한 행위의 효력을 정하고 있으면 그에 따라야 한다. 그러나 법령에서 법령에 위반한 행위의 효력을 명확하게 정하고 있지 않은 경우가 많다. 이러한 경우에 법규정의 목적, 보호법익, 위반의 중대성, 법규정을 위반하려는 의도가 있었는지 여부 등을 종합적으로 고려하여 법령에 위반한 법률행위의 효력을 결정하여야 한다. 법규정의 문언이나 내용에 따라 강행법규에 해당하는지 여부가 기계적으로 정해지는 것이 아니라, 강행법규의 판단과정에서 이익형량은 매우 중요한 위치를 차지하고 있다.[21]

이 판결이 위 법령을 강행규정으로 보는 근거로서 들고 있는 판단요소를 살펴보자. 첫째, 입법목적이다. 그러나 입법목적에 따라 위와 같은 규정을 강행규정으로 볼 것인지, 아니면 단속규정으로 볼 것인지를 판단하는 것은 매우 어렵다. 둘째, 금지규정 위반행위에 대한 규제의 필요성이다. 규제의 필요성이 크면 강행규정으로 볼 가능성이 높게 된다. 그러나 그 정도를 판정하는 기준도 역시 모호하다. 셋째, 경제적 이익의 귀속 방지이다. 입법목적을 달성하기 위해서는 행정적 제재나 형사적 처벌을 가하는 것만으로는 부족하고 법령에서 정한 한도를 초과하여 이루어진 약정에 따라 경제적 이익이 귀속되는 것을 방지하여야

20) 金載亨, "法律에 違反한 法律行爲—이른바 强行法規의 判斷基準을 중심으로—," 民法論 1, 박영사, 2004, 60면.
21) 金載亨(주 20), 45면 이하.

할 필요가 있다면 그 약정을 무효로 하여야 한다는 것이다.[22)]

강행법규를 판단하는 기준이 모호하기 때문에, 금지법규에 위반한 법률행위의 효력에 관하여 기본입장을 정하는 것이 중요하다. 종래 실무에서 법령에 위반한 법률행위의 효력을 원칙적으로 유효라고 보는 견해가 많았다. 이는 입법과정에 대한 뿌리 깊은 불신과 공사법 준별론에 그 중요한 이유가 있다. 그러나 필자는 이러한 태도가 계속 유지되어서는 안 된다고 주장한 바 있다.[23)] 오히려 금지법규에 위반한 법률행위는 원칙적으로 무효라고 보아야 한다. 한 쪽에서는 규제하고 다른 쪽에서는 허용하는 모순은 억제되어야 하기 때문이다.

Ⅳ. 도산해지조항의 효력: 대판 2007. 9. 6, 2005다38263 (공 2007, 1530)

계약에서 당사자 일방에 대하여 지급정지, 회생절차 등 도산절차의 개시신청이나 개시결정이 있으면 계약을 해지할 수 있다고 정하거나 또는 계약이 당연히 해지된다고 정하는 경우가 있다. 이와 같은 특약을 편의상 '도산해지조항'이라고 할 수 있다. 이는 계약의 당사자 일방의 재산상태가 장래 악화될 것을 대비하기 위한 것이다. 이 사건에서는 합작투자계약을 체결하면서 일방 당사자에 대한 회사정리절차(현재는 회생절차)[24)] 개시신청이 있으면 상대방에게 해지권이 발생한다고 약정하였

22) 이러한 판단요소는 표현상의 차이는 있지만, 대판 2002. 9. 4, 2000다54406, 54413(공 2002, 2308)이 들었던 판단요소와 거의 유사하다. 다만 2002년 판결에서는 "그와 같은 위반행위에 대한 일반사회의 평가를 감안할 때 위와 같은 금지행위 위반은 반사회적이거나 반도덕적으로 보아야 할 것인 점"을 들었으나, 2007년 판결에서는 이 점을 들고 있지 않다.

23) 金載亨(주 20), 42면, 61면.

24) 구 회사정리법은 2006. 4. 1.부터 시행되는 「채무자 회생 및 파산에 관한 법률」 부칙 제 2 조로 폐지되었다. 이에 따라 회사정리절차는 회생절차로, 정리회사는

다. 이 도산해지조항이 회사정리절차의 목적과 취지에 반할 뿐만 아니라 회사재산에 대한 관리인의 관리처분권을 침해하여 무효인지 문제되었다. 대법원은 도산해지조항을 유효라고 판단하였는데, 그 이유를 두 가지로 구분하여 정리해 볼 수 있다.

첫째, 일반적으로 도산해지조항을 무효로 볼 근거가 없다는 것이다. 민법에서 일방 당사자에 대한 파산선고가 계약에 어떠한 영향을 미치는지에 관하여 개별적인 규정을 두고 있을 뿐[25]이고, 민법, 구 회사정리법, 현행 「채무자 회생 및 파산에 관한 법률」에 도산해지조항을 일반적으로 금지하는 규정이 없다. 도산해지조항의 적용 결과가 정리절차 개시 후 정리회사에 미치는 영향은 당해 계약의 성질, 그 내용 및 이행 정도, 해지사유로 정한 사건의 내용 등 여러 사정에 따라 달라진다. 따라서 도산해지조항이 어느 경우에나 회사정리절차의 목적과 취지에 반한다고 하여 일률적으로 무효로 보는 것은 계약자유의 원칙을 심각하게 침해하는 결과를 낳을 수 있고, 상대방이 채무자의 도산으로 초래될 법적 불안정에 대비할 보호가치 있는 정당한 이익을 무시하는 것이 될 수 있다.

둘째, 합작투자계약의 특수성과 관련된 것이다. 즉, 구 회사정리법 제103조는 쌍방 미이행의 쌍무계약의 경우에 관리인에게 계약의 이행 또는 해제에 관한 선택권을 부여하고 있다. 이 규정의 취지에 비추어 도산해지조항의 효력을 무효로 보거나 제한적으로 볼 여지가 있다. 그러나 이 규정은 합작투자계약에 적용되지 않는다고 한다. 합작투자계약은 둘 이상의 당사자가 모여 상호 출자하여 회사를 설립·운영하는 것을 목적으로 하는 계약으로서 본질적으로 조합계약에 해당한다. 계약당사자들은 계약에서 정한 바에 의하여 설립된 회사에 관한 의결권의 행

회생회사로 용어가 바뀌었다.

25) 민법 제599조, 제614조, 제637조, 제663조, 제674조, 제690조, 제717조 등 참조.

사 또는 이사회의 구성 등을 위하여 서로 협조하여야 하는 의무가 있는데, 이러한 의무는 성립·이행·존속상 법률적·경제적으로 견련성을 갖고 있어서 서로 대등한 대가관계에 있다고 보기 어렵다. 또한 이러한 계약은 서로 간의 고도의 신뢰관계를 전제로 하므로 일방 당사자에게 지급정지 등의 사유가 발생하고 회사정리절차가 개시될 것으로 예상되는 경우에는 다른 당사자로서는 그로 인하여 초래될 상황에 대비할 정당한 이익을 갖는다. 따라서 위와 같은 사유에 의한 도산해지조항을 약정한 경우에는 이를 무효라고 단정하기 어렵다고 한다.

위 첫 번째 부분에서는 도산해지조항이 일률적으로 무효인 것은 아니라고 한다. 따라서 도산해지조항이 원칙적으로 유효이지만, 도산해지조항이 무효일 수도 있다는 점을 열어두고 있다. 위 두 번째 부분에서 합작투자계약의 도산해지조항을 유효라고 본 것이다. 그러므로 이 판결은 도산해지조항을 일률적으로 유효라고 선언한 것이 아니라, 합작투자계약의 경우에 한하여 유효라고 한 것이고, 그 밖의 계약에서는 도산해지조항이 무효가 될 수 있는 가능성을 열어두고 있다. 합작투자계약 이외의 사안에서 도산해지조항이 유효인지 여부에 관해서는 이 사건에서 판단할 필요가 없었다. 이 판결은 이 사건 합작투자계약과 관련하여 도산해지조항의 효력을 판단한 것에 불과하고, 모든 계약에 통용되는 기준을 제시한 것은 아니라고 이해해야 한다.

그렇다면 도산해지조항은 어느 범위에서 유효인가? 문제가 되는 도산해지조항과 관련된 개별 법규정, 계약의 성격, 당사자 보호의 필요성 등을 고려하여 도산해지조항의 효력을 개별적으로 정해야 한다. 이 판결은 도산해지조항의 유효성을 비교적 폭넓게 인정한 것으로 볼 수 있다. 한쪽 당사자가 도산절차에 들어간 경우에 계약을 유지·존속시키는 것이 부당한 경우에는 도산해지조항을 둘 수 있다고 보아야 할 것이다. 이 판결에서 합작투자계약이 조합계약이라는 점에서 쌍무계약에 포함되지 않는다고 하고 있는데, 조합계약에서 도산해지조항을 두고 있는 경우에 이 조항을 유효로 볼 수 있을 것이다. 또한 임대차계약 등 계속적 계약에서도 당사자들의 신뢰관계가 매우 중요하기 때문에, 도산해지조항을 유효로 보아야 할 것이다.

V. 생명보험계약의 약관에 따른 대출금의 성격과 상계의 법리의 적용 여부: 대판(전) 2007.9.28, 2005다15598 (공 2007, 1659)

1. 생명보험계약의 약관에 따른 대출금의 성격

생명보험계약의 약관에 "보험계약자가 보험계약의 해약환급금의 범위 내에서 보험회사가 정한 방법에 따라 대출을 받을 수 있다."고 규정하는 경우가 있는데, 이와 같은 약관에 따른 대출계약을 편의상 '보험약관대출계약'이라고 한다. 이 사건 약관에는 보험계약자가 그 대출원리금을 언제든지 상환할 수 있고, 만약 상환하지 아니한 동안에 보험금이나 해약환급금의 지급사유가 발생한 때에는 위 대출 원리금을 공제하고 나머지 금액만을 지급한다고 정하고 있다. 이 보험약관대출계약의 법적 성격을 어떻게 파악할 것인지 문제된다.

다수의견은 보험약관대출계약이 생명보험계약의 약관에 따른 의무를 이행하는 것으로서 보험계약과 별개의 독립된 계약이 아니라 보험계약과 일체를 이루는 하나의 계약이라고 파악한다. 또한 보험약관대출금의 경제적 실질은 보험회사가 장차 지급하여야 할 보험금이나 해약환급금을 미리 지급하는 선급금과 같은 성격을 갖는다고 한다. 따라서 위와 같은 약관에서 비록 '대출'이라는 용어를 사용하고 있더라도 이는 일반적인 대출과는 달리 소비대차로서의 법적 성격을 가지는 것이 아니고, 보험금이나 해약환급금에서 대출 원리금을 공제하고 지급한다는 것은 보험금이나 해약환급금의 선급금의 성격을 가지는 위 대출 원리금을 제외한 나머지 금액만을 지급한다는 의미이므로 민법상의 상계와는 성격이 다르다고 한다.26)

그러나 별개의견은 이 사건 보험약관대출을 '민법이 규정하고 있는 이자 있는 금전소비대차의 일종'으로 파악한다. 그 근거로 들고 있는 내용을 세 가지로 구분해 볼 수 있다. 첫째, 계약서에 명시되어 있는 문언이다. 즉, ① 이 사건 보험약관대출에서 계약당사자는 '보험계약서' 이외에 별도로 '약관대출차용증서'를 작성한 점, ② '대출'이라는 형식을 통하여 금전의 소유권을 A생명보험으로부터 B에게 이전한 점, ③ B는 이를 '상환기일'에 금전으로 반환하되 약정 상환기일까지 '이자'를 지급하고 그 상환기일까지 '상환'이 지체될 경우에는 '연체이자'를 가산하여 지급하기로 한 점이 그것이다. 둘째, 보험업 관계 법령의 규정에서 보험약관의 규정에 의한 대출을 신용공여거래의 한 유형으로 분류하고 있다. 셋째, 보험업계의 보편적인 인식도 대출로 보고 있다. 즉, 기업회계기준상으로도 보험회사의 약관대출에 관한 회계처리는 자산계정 중 '선급금 항목'이 아니라 '대출채권 항목'에 기재하도록 규정되어 있으며, 이에 따라 보험약관대출을 '대출채권'으로 취급하여 회계처리를 하는 것이 보험업계에 보편화되어 있다.27)

보험약관대출은 보험금 또는 보험금해약환급금을 담보로 대출을

26) 이 판결은 이와 다른 취지의 대법원 판결을 변경하였는데, 대판 1997.4.8, 96다51127은 해약환급금 범위 내에서 대출을 받을 수 있도록 정한 단체보험약관에 따라 이루어진 보험약관대출금에 관하여 이를 해약환급금의 선급금으로 보지 아니하고 별도의 대여금으로 보는 전제하에, 그 해약환급금 반환채권과 보험약관대출금 채권은 보험회사의 상계의 의사표시에 의하여 그 상계적상의 시기에 상계되는 것이라고 판단하였다고 한다.

27) 이 판결에 관해서는 재판연구관의 상세한 해설이 공간되어 있다. 김형두, "생명보험계약약관에 기한 보험약관대출의 법적 성격," 사법 제2호(2007.12), 207면 이하.

하는 것이다. 이러한 대출도 소비대차에 해당한다. 이것이 계약서의 문언이나 당사자의 의사에 부합한다. 그렇지 않다면 굳이 계약서, 즉 약관대출차용증서에 대출이나 이자 등 소비대차에 특유한 표현을 사용할 필요가 없을 것이다. 또한 보험약관대출에 따라 이자가 발생하는 것 역시 소비대차계약이 성립한다고 보아야 쉽게 이해할 수 있다. 다수의견과 같이 보험약관대출에 의한 대출금이 보험금이나 해약환급금의 선급금이라면, 보험계약자가 보험자에게 이자 및 연체이자를 지급하여야 하는 근거를 찾기 어렵다.

2. 생명보험계약의 해지로 인한 해약환급금과 위 보험약관대출금 사이에서 상계의 법리가 적용되는지 여부

이 사건에서 생명보험계약이 해지되기 전에 보험회사에 관하여 구 회사정리법에 의한 회사정리절차가 개시되어 정리채권신고기간이 만료되었는데, 이 경우에 구 회사정리법 제162조 제1항의 상계제한 규정이 적용되지 않는다고 하였다. 이 근거에 관해서도 견해가 대립한다.

다수의견은 위에서 본 바와 같이 보험약관대출계약을 보험계약과 일체로 파악하기 때문에, 생명보험계약의 해지로 인한 해약환급금과 보험약관대출금 사이에는 상계의 법리가 적용되지 않고, 생명보험회사는 생명보험계약 해지 당시의 보험약관대출 원리금 상당의 선급금을 뺀 나머지 금액에 한하여 해약환급금으로서 반환할 의무가 있다고 한다. 이와 달리 별개의견은 이 사건 보험약관대출계약과 보험계약이 비록 별개의 계약이기는 하지만, 위 두 계약에 의한 대출 원리금 채권과 해약환급금 반환채권은 그 성립, 존속, 양도, 변제, 소멸 등 모든 측면에서 강력한 견련관계를 지니고 있고, 이 사건 보험계약과 보험약관대출계약은 당사자 쌍방이 상계를 당연시하고 해약환급금 반환채권과 대출원리금 채권이 보험계약의 해지 등으로 상계적상에 이른 경우 별도의 상계의 의사표시를 할 것도 없이 대출 원리금이 해약환급금에서 당연히 공제 내지 차감되어 당연 상계의 효과를 발생하도록 의도하였다고 해석할 수 있다[28]고 한다.

이 사건 생명보험계약의 약관에서는 상계라는 용어를 사용하고 있지만, 이 사건 차용증서에는 보험계약의 해지 등으로 보험계약이 종료되면 보험자는 아직 상환되지 않은 대출 원리금을 보험약관에 따라 보험계약자에게 지급할 보험금 또는 해약환급금에서 '공제'하도록 규정하고 있다.[29] 약관대출의 실질과 차용증서라는 형식을 고려해 볼 때 약관대출차용증서에 기재된 내용이 생명보험계약의 약관에 우선하는 것으로 해석할 수 있다. 따라서 이 사건에서 상계에 관한 구 회사정리법 규정이 적용되지 않는다고 보아야 할 것이다.

그러므로 보험약관대출의 법적 성격을 어떠한 방식으로 파악할 것인지 여부에 따라 위와 같은 '공제' 약정이 구 회사정리법에서 어떠한 의미를 갖는지 여부가 달라지는 것이 아니다. 즉, 다수의견과 같이 보험약관대출계약을 보험계약과 일체로 파악할 것인지, 별개의견과 같이 대출 원리금 채권과 해약환급금 반환채권은 강력한 견련관계를 지니고 있

28) 대판 1974.2.12, 73다1052(공 1974, 7730)는 두 채권이 상계적상에 이를 때에는 상계의사표시를 할 것 없이 당연 상계의 효과를 발생케 하는 당사자의 의사였다고 해석함이 상당하다고 판결하였다. 또한 대판 1997.5.23, 96다41625(공 1997, 1860)는 "선급금상환채무와 물품대금채무는 동일한 물품구매기본계약에서 발생한 것으로서 상호 그 이행에 있어서 고도의 견련성이 있으므로 위 선급금은 원칙적으로 원진기계가 채무자와의 물품구매기본계약에 따라 납품한 물품대금에 당연히 충당되는 성질의 것"이라고 하였다.

29) 이 사건 생명보험계약의 약관에는, 보험계약자는 보험계약의 해약환급금의 범위 내에서 보험회사가 정한 방법에 따라 '대출'을 받을 수 있고, 이에 따라 '대출'이 된 경우에 보험계약자는 그 '대출금'과 '이자'를 언제든지 '상환'할 수 있으며, '상환'하지 아니한 동안에 보험금이나 해약환급금의 지급사유가 발생한 때에는 위 '대출 원리금'을 '상계'하고 나머지 금액만을 지급한다고 규정되어 있다. 위 약관에 따라 이루어진 이 사건 대출의 '약관대출차용증서'에는 보험약관에 정한 지급사유가 발생하였을 경우 보험회사가 지급할 금액에서 위 '대출 원리금'을 '공제'한다고 규정되어 있으며, 나아가 위 '약관대출차용증서'에는 이 사건 약관에 추가하여 '대출금'의 '상환기일'과 '연체이자'에 관한 사항이 명시되어 있다.

다고 파악할 것인지 여부에 따라 이 사건의 결론이 좌우되지 않는다. 만일 '공제' 약정의 효력이 없다고 하려면 그에 상응하는 근거가 있어야 할 것이다. 그러나 위 공제 약정을 무효로 할 근거를 찾기는 어렵고, 오히려 이 사건 보험계약과 보험약관대출계약 사이에는 밀접한 견련관계가 있기 때문에, 위와 같은 '공제' 약정은 유효하다고 보아야 한다.

Ⅵ. 비법인사단의 채무보증행위가 총유물의 관리·처분행위에 해당하는지 여부: 대판(전) 2007.4.19, 2004다60072, 60089(공 2007, 693)

1. 비법인사단의 채무보증행위와 총유물의 처분

비법인사단에 속하는 피고의 조합장이 타인의 채무에 대한 보증을 하면서 조합 규약에 따른 조합 임원회의 결의를 거치지 않았다. 이 사건 보증행위가 총유물의 관리·처분에 속하는지, 조합 임원회의 결의 없이 행해진 보증계약이 무효인지 여부가 문제되었다. 이 판결에는 다수의견, 별개의견, 반대의견과 그 보충의견이 있다.[30]

민법 제275조, 제276조 제1항은 총유물의 관리 및 처분에 관하여 정관이나 규약에 정한 바가 있으면 그에 의하되 정관이나 규약에서 정한 바가 없으면 사원총회의 결의에 의하도록 규정하고 있다. 이 규정은 민법 제278조에 의하여 소유권 이외의 재산권에 대하여 준용된다.

이 판결의 다수의견은 비법인사단이 단순히 채무를 보증하는 경우

---

30) 다수의견에 찬성하는 견해로는 최철환, "保證約定의 總有物 管理·處分 해당與否," 사법 창간호(2007.9), 217면 이하; 윤진수, 위 글, 347면. 반대하는 견해로는 문준섭, "사원총회 결의 없는 비법인사단법인 금전채무 보증행위의 효력," 저스티스 제99호(2007.8), 246면.

에는 총유물의 관리·처분의 법리가 적용되지 않는다고 한다.[31] "위 법조에서 말하는 총유물의 관리 및 처분이라 함은 총유물 그 자체에 관한 이용·개량행위나 법률적·사실적 처분행위를 의미하는 것이므로, 타인 간의 금전채무를 보증하는 행위는 총유물 그 자체의 관리·처분이 따르지 아니하는 단순한 채무부담행위에 불과하다"고 한다.

이에 대하여 반대의견은 보증채무 부담행위를 장래의 총유물의 처분과 같다고 본다. 채무의 변제기가 도래하고 주채무자가 채무를 이행하지 않으면 비법인사단은 자신이 보유하고 있는 현금이나 총유물을 처분하여 그 채무를 만족시켜야 하기 때문이다. 또한 총유물의 관리·처분을 수반하지 않는 금전채무 부담행위는 생각하기 어려울 것이므로 현재 또는 장래에 보유하는 금전을 유상 또는 무상으로 지급하기로 하는 행위와 금전채무 부담행위는 결국 실질적으로 같다고 한다.[32]

2. 비법인사단의 채무보증에 대한 민법 제276조의 적용 여부

비법인사단이 타인에 대하여 금전채무를 보증하는 것은 민법 제276조 제1항의 '총유물'이나 민법 제278조의 '재산권'에 해당하지 않는다고 해석하는 것이 문언에 충실한 것이다. 채무부담이 물건이나 권리 자체를 처분하는 것은 아니기 때문이다. 그러나 비법인사단이 물건이나 채권 등 권리를 관리·처분하는 경우에 사원총회의 결의를 얻어야 한

31) 이와 배치되는 종전의 대법원 판결(대판 2001.12.14, 2001다56256)을 변경하였다.

32) 별개의견도 이 점에 관해서는 반대의견에 찬성한다. 다만 이 사건의 경우 피고가 소외 회사를 시공회사로 선정하거나 소외 회사와 사이에 이 사건 아파트 신축공사에 관한 공사도급계약을 체결하는 데 대하여 피고의 조합원총회 또는 조합 규약에서 정한 임원회의 결의가 있었고, 그 결의 속에는 이 사건 아파트신축공사가 원활하게 진행되게 하기 위하여 필요한 경우 피고가 소외 회사의 공사하수급업자에 대한 하도급대금지급채무를 보증하는 행위를 허용하는 취지의 결의도 포함된 것이라고 볼 수 있다고 한다.

다면,[33] 비법인사단이 타인 간의 금전채무를 보증하는 경우에도 사원총회의 결의를 얻어야 한다고 보는 것이 공평한 것이다. 비법인사단이 총유물이나 권리 자체를 처분하는 것보다 타인의 채무에 대하여 보증을 하는 것이 비법인사단에 더 불리할 수 있고, 보증채무를 이행하려면 총유에 속하는 물건이나 채권 등 권리를 처분하여야 한다.[34] 가령 1만원짜리 총유물을 처분하는 경우에는 사원총회의 결의를 거쳐야 유효하고, 1억 원의 채무를 부담하는 행위에 대하여는 사원총회의 결의가 없더라도 유효라고 하는 것은 형평에 맞지 않는다. 채무부담행위가 총유물의 처분으로 연결되지 않는 경우도 있지만, 이 사건과 같이 비법인사단이 채무부담행위로 인하여 소송을 해야 하는 상황에서는 총유물의 처분으로 연결될 수밖에 없다. 따라서 이 규정들은 채무보증에도 준용 또는 유추적용되어야 한다.

3. 민법 제276조 제1항을 위반한 행위의 효력 문제

한편, 피고의 조합규약 제21조에서는 "예산으로 정한 사항 외에 조합원의 부담이 될 계약 등에 관한 사항은 임원회의 결의를 거쳐야 한다."라고 규정하고 있었다. 채무보증이 이 규정에서 말하는 '조합원의 부담이 될 계약'에 속하므로, 이 규약을 위반한 행위의 효력 문제로 귀결된다. 따라서 채무보증의 경우 총유물의 관리·처분에 관한 규정이 적용되는지 여부에 관한 의론은 의미가 없는 것처럼 보인다. 그러나 판

33) 대판 2006. 1. 27, 2004다45349("원고가 출자한 대지에 관하여 다른 조합원들과는 달리 실제면적 이상의 할증보상을 하여 주겠다는 약정"). 또한 대판 1992. 7. 14, 92다534(공 1992, 2392)에서는 어업권의 소멸에 따른 손실보상금은 어촌계의 총유에 속하고, 총유물인 위 손실보상금의 처분은 정관 기타 규약에서 달리 정하지 않는 한 계원총회의 결의에 의하여야 한다고 하였다.

34) 비법인사단이 보증을 하였다고 하더라도 주채무자가 이행을 하면 보증인에게는 아무런 손해가 발생하지 않지만, 이러한 이유로 비법인사단의 보증행위를 장래의 재산을 처분하는 경우와 다르게 볼 수는 없다.

례가 민법 제276조 제1항에 위반하여 총유물을 관리·처분하는 행위를 절대적 무효로 보고 있기 때문에(대판 1989.3.14, 87다카1574 등), 위 규약의 법적 성격을 총유물의 관리, 처분에 관한 것으로 본다면 위 규약을 위반한 행위도 절대적으로 무효로 볼 여지가 있다.

그런데 다수의견과 반대의견은 이 규약의 성격을 다르게 파악한다. 반대의견은 이 규약을 민법 제275조 제2항에서 말하는 정관 기타 규약으로 총유물의 관리 및 처분에 관하여 정하고 있는 경우로 파악하고, 피고의 조합장이 이 사건 보증계약의 체결에 관하여 피고의 임원회의 결의를 거치지 않았다면 이 사건 보증계약은 효력이 없다고 한다. 그러나 다수의견은 이 사건 보증계약이 총유물의 관리·처분행위에 해당하지 않는다는 이유로 총유물 관리·처분에 관한 법리가 적용될 수 없고, 따라서 이 사건 규약에서 정한 조합 임원회의 결의를 거치지 아니하였다거나 조합원총회 결의를 거치지 않았다고 하더라도 그것만으로 바로 이 사건 보증계약이 무효라고 할 수는 없다고 한다. 다만, 이와 같은 경우에 조합 임원회의 결의를 거치도록 한 이 사건 규약은 그 조합장의 대표권을 제한하는 규정에 해당하는 것이므로, 거래 상대방이 그와 같은 대표권 제한 및 그 위반 사실을 알았거나 과실로 인하여 이를 알지 못한 때에는 그 거래행위가 무효라고 한다.[35] 즉, 피고의 이 사건 규약과 그 위반에 대하여 원고가 선의·무과실인 경우에는 채무보증행위가 유효라는 것이다. 여기에 이르러 보증계약이 총유물의 관리, 처분에 해당하는지에 관한 견해의 대립이 실질적인 의미를 발견한다.

과연 보증계약이 총유물의 처분·관리에 해당하는지 여부에 따라 이 사건 정관의 법적 지위를 다르게 파악하여야 하는지 의문이다. 이 사건 정관이 총유물의 관리·처분에 관한 것인지, 아니면 대표권의 제

35) 이 경우 그 거래 상대방이 대표권 제한 및 그 위반 사실을 알았거나 알지 못한 데에 과실이 있다는 사정은 그 거래의 무효를 주장하는 측이 이를 주장·입증하여야 할 것이라고 한다. 대판 2003.7.22, 2002다64780(공 2003, 1775).

한에 관한 것인지 여부와 무관하게, 이에 위반한 행위의 효력을 결정하여야 하지 않을까 한다.[36] 종래 비법인사단의 경우에 사원총회의 결의 없이 이루어진 총유물의 관리·처분행위는 절대적으로 무효라고 보았다.[37] 이 문제를 해결하기 위하여 다수의견에서는 채무보증행위가 총유물의 관리·처분에 속하지 않는다고 본 것이다. 그러나 이와 같은 전제가 타당한지에 관해서 논란이 있는데,[38] 민법 제276조 제1항 위반행위의 효력을 포함하여 거래상대방의 보호문제를 재검토할 필요가 있다.

Ⅶ. 분양광고와 계약의 내용, 고지의무의 범위, 위자료의 보완적 기능: 대판 2007.6.1, 2005다5812, 5829, 5836 (공 2007, 972)

1. 분양광고와 계약의 내용

(1) 이 사건에서 상가나 아파트의 분양광고의 내용이 분양계약의 내용이 되는지 문제되었다. 이 판결은 청약과 청약의 유인을 다음과 같이 구분하고 있다.

> "청약은 이에 대응하는 상대방의 승낙과 결합하여 일정한 내용의 계약을 성립시킬 것을 목적으로 하는 확정적인 의사표시인 반면, 청약의

36) 반대의견에 대한 보충의견은 비법인사단의 거래 상대방의 안전을 보호하기 위한 해석방법이 있을 수 있다고 하면서, 비법인사단의 대표자가 정관이나 사원총회의 결의에 반하여 총유물의 관리·처분행위를 하는 것이란 사실을, 거래 상대방이 알았거나 과실로 인하여 알지 못한 때에 한하여 그 거래행위를 무효로 보고, 그렇지 아니한 경우에는 무효로 보지 않는 해석방법을 제시하고 있다.

37) 대판 1989.3.14, 87다카1574(집 37-1, 민 124); 대판 1992.10.13, 92다27034(공 1992, 3135) 등.

38) 이에 반대하는 견해로는 문준섭(주 30), 247면 및 그곳에 있는 문헌 참조.

> 유인은 이와 달리 합의를 구성하는 의사표시가 되지 못하므로 피유인자가 그에 대응하여 의사표시를 하더라도 계약은 성립하지 않고 다시 유인한 자가 승낙의 의사표시를 함으로써 비로소 계약이 성립한다."

나아가 이 판결은 일반적으로 분양광고의 내용이 청약의 유인으로서의 성질을 갖는다는 점을 전제로 하고 있는 것으로 보이지만, 이 점에 관하여 명확한 판단을 하고 있지는 않다.

그런데 선분양·후시공의 방식으로 분양되는 대규모 아파트단지의 거래사례에서는 분양광고의 내용이 분양계약의 내용으로 될 수 있다고 한다. 이와 같은 사례에서 분양계약서에는 동·호수·평형·입주예정일·대금지급방법과 시기 정도만이 기재되어 있고 분양계약의 목적물인 아파트 및 그 부대시설(이하 아파트 및 그 부대시설을 포괄하여 '아파트'라고만 한다)의 외형·재질·구조 및 실내장식 등(이하 위 사항들을 포괄하여 '외형·재질 등'이라고만 한다)에 대하여 구체적인 내용이 기재되어 있지 않은 경우가 있다. 그러나 분양광고의 내용, 모델하우스의 조건 또는 분양회사가 수분양자에게 행한 설명에서는 분양계약서와 다른 내용이 포함되기도 한다. 원심법원은 분양광고의 내용을 구분하지 않고 광고내용과 같은 아파트를 공급하기로 하는 합의가 존재하지 않는다고 판단하였다. 그러나 대법원은 다음과 같은 이유로 원심판결을 파기하였다.[39]

> "… 분양계약의 목적물인 아파트에 관한 외형·재질 등이 제대로 특정되지 아니한 상태에서 체결된 분양계약은 그 자체로서 완결된 것이라고 보기 어렵다 할 것이므로, 비록 분양광고의 내용, 모델하우스의 조건 또는 그 무렵 분양회사가 수분양자에게 행한 설명 등이 비록 청약의 유인에 불과하다 할지라도 그러한 광고 내용이나 조건 또는 설명 중 구체적 거래조건, 즉 아파트의 외형·재질 등에 관한 것으로서 사회통념에

39) 판결문을 그대로 인용한 것이 아니라 필자가 표현을 수정한 부분이 있다.

비추어 수분양자가 분양자에게 계약 내용으로서 이행을 청구할 수 있다고 보여지는 사항에 관한 한 수분양자들은 이를 신뢰하고 분양계약을 체결하는 것이고 분양자들도 이를 알고 있었다고 보아야 할 것이므로, 분양계약시에 달리 이의를 유보하였다는 등의 특단의 사정이 없는 한, 분양자와 수분양자 사이에 이를 분양계약의 내용으로 하기로 하는 묵시적 합의가 있었다고 봄이 상당하다."

"… 이 사건 광고 내용 중 도로확장 및 서울대 이전 광고, 전철복선화에 관한 광고는 이 사건 아파트의 외형·재질과 관계가 없을 뿐만 아니라 사회통념에 비추어 보더라도 수분양자들 입장에서 분양자인 소외 회사가 그 광고 내용을 이행한다고 기대할 수 없는 것들이므로 허위·과장 광고라는 점에서 그 광고로 인하여 불법행위가 성립됨은 별론으로 하고 그 광고 내용이 그대로 분양계약의 내용을 이룬다고 보기는 어렵겠지만, 이와 달리 온천 광고, 바닥재(원목마루) 광고, 유실수단지 광고 및 테마공원 광고는 이 사건 아파트의 외형·재질 등에 관한 것으로서, 그리고 콘도회원권 광고는 아파트에 관한 것은 아니지만 부대시설에 준하는 것이고 또한 이행 가능하다는 점에서, 각 분양계약의 내용이 된다."

(2) 분양광고의 내용이 계약 내용이 되는지에 관해서는 대판 2001. 5. 29, 99다55601, 55618(공 2007, 1449)을 살펴볼 필요가 있다. 먼저 피고 A회사가 분양광고시 이 사건 상가에 첨단 오락타운을 조성·운영하고 전문경영인에 의한 위탁경영을 통하여 분양계약자들에게 월 금 100만 원 이상의 수익을 보장한다는 광고를 하고, 분양계약 체결시 이러한 광고내용을 원고들에게 설명한 부분이 문제되었다("오락타운 조성 및 수익보장 광고"). 원심은 다음과 같은 이유로 피고 A회사가 이러한 광고내용에 따른 의무를 부담하지 않는다고 판단하였다. 즉, 원고들과 피고 A회사 사이에 체결된 분양계약서에는 이러한 내용이 기재되지 않은 점, 그 후 이 사건 상가의 임대운영경위 등에 비추어 볼 때, 위와 같은 광고 및 분양계약 체결시의 설명은 청약의 유인에 불과할 뿐 원고들과 피고 A회사 사이의 이 사건 상가 분양계약의 내용으로 되었다

고 볼 수 없다. 따라서 피고 A회사가 원고들에 대하여 이 사건 상가를 첨단 오락타운으로 조성·운영하거나 일정한 수익을 보장할 의무를 부담한다고 할 수 없다는 것이다. 대법원도 원심판결을 지지하였다. 다음으로 피고 A회사가 분양광고시 이 사건 상가의 개장 시기를 1997년 5월경으로 광고한 부분이 문제되었다("상가의 개장 시기 광고"). 원고들과 피고 A회사 사이에 체결된 분양계약서에는 이러한 내용이 기재된 바 없고, 오히려 이 사건 상가의 잔금기일은 입주지정일로부터 10일 이내로 정하고 입주지정일은 피고 A회사가 별도로 통보하도록 약정되어 있다. 원심은 이러한 광고사실만으로 피고 A회사가 1997년 5월경 이 사건 상가를 개장하여야 할 분양계약상의 의무를 부담한다고 할 수 없다고 판단하였고, 대법원도 이를 지지하였다.

"상가의 개장 시기 광고" 부분은 분약계약서에 이와 다른 내용이라고 볼 수 있는 조항이 있기 때문에, 분양계약의 내용이 아니라고 쉽게 결론내릴 수 있다. 분양계약을 체결하기 전에 광고를 하거나 설명을 하였다고 하더라도 분양계약을 체결할 당시 이를 배제하였다고 볼 수 있기 때문이다. 그런데 "오락타운 조성 및 수익보장 광고" 부분에 관해서는 분양계약서에 아무런 기재가 없다. 이 부분이 계약의 내용으로 될 수 있는지 여부에 관하여 법원은 소극적으로 판단하였다. 그와 같이 판단한 이유로 이 사건 상가의 임대운영경위 등을 들고 위와 같은 광고는 청약의 유인에 불과하다고 하고 있을 뿐이다.

(3) 대법원 2007년 판결은 분양광고의 내용이 계약의 내용이 되는지에 관하여 2001년 판결보다 좀 더 세밀한 논리를 제시하고 있다. 이 사건에서 온천 광고, 바닥재(원목마루) 광고, 유실수단지 광고 및 테마공원 광고는 이 사건 아파트의 외형·재질 등에 관한 것으로서, 그리고 콘도회원권 광고는 아파트에 관한 것은 아니지만 부대시설에 준하는 것이고 또한 이행 가능하다는 점에서, 각 분양계약의 내용이 된다고 하였다.[40]

---

40) 바닥재(원목마루) 광고, 유실수단지 광고 및 온천 광고의 내용은 모두 분양계

이와 달리 이 사건 광고 내용 중 도로확장 및 서울대 이전 광고, 전철복선화에 관한 광고는 이 사건 아파트의 외형·재질과 관계가 없을 뿐만 아니라 사회통념에 비추어 보더라도 수분양자들 입장에서 분양자인 소외 회사가 그 광고 내용을 이행한다고 기대할 수 없는 것들이므로 그 광고 내용이 그대로 분양계약의 내용을 이룬다고 보기는 어렵다고 하였다.

이 사건 분양광고의 내용이 계약의 내용이 되는지에 관해서는 다음과 같이 세 경우로 구분해서 검토해 볼 필요가 있다.

첫째, 분양계약서(제17조)에 견본주택 내에 시공된 제품은 특별한 사정 없이 타사 제품으로 변경될 수 없고 견본주택 및 각종 인쇄물과 모형도상의 구획선 및 시설물의 위치, 설계도면 등의 표시가 계약체결일 이후 사업계획 변경승인 및 신고 등에 따라 일부 변경된 경우에는 소외 회사가 수분양자들에게 이를 통보하기로 규정하고 있다. 따라서 분양계약서에 기재되어 있지 않더라도 이 사건 외형·재질은 견본주택 내에 시공된 제품과 동일한 것으로 하기로 하는 계약이 체결되어 있다고 볼 수 있다. 이 점에 관해서는 묵시적 약정이 아니라 명시적 약정이 있다고 보아야 할 것이다. 그러나 견본주택 내에 시공된 제품의 외형·재질 등이 광고에 기재된 내용과 다른 경우에는 일반적으로 견본주택 내에 시공된 제품의 외형·재질 등에 따라 시공을 하여야 하고, 광고내용대로 시공하여야 할 의무는 없을 것이다.

둘째, 견본주택 내에 시공하지는 않았지만 광고에 나타난 부분에 관해서는 묵시적 약정을 인정할 수 있다. 대법원 2007년 판결은 아파트의 외형·재질 등에 관한 것인지, 이행이 가능한 것인지 여부에 따라 광고내용이 계약내용이 되는지 여부를 판단하고 있다. 아파트의 외형·재질 등에 관한 부분에 관해서는 계약서에 아무런 약정이 없다고 하더

약의 내용이 되는 것이어서 계약책임이 인정된다고 보는 이상, 그 광고 내용들이 분양계약의 내용이 되지 아니함을 전제로 기망행위로 인한 불법행위책임이 인정될 여지가 없다고 한다.

라도 계약의 내용으로 하기로 하는 묵시적 약정을 인정할 수 있다. 그러나 이행의 가능 여부에 따라 계약의 내용을 판단하는 것이 정당한 것인지는 의문이다. 왜냐하면 이행이 불가능한 부분이라고 하더라도 계약의 내용에는 해당하지만, 그 효력이 문제된다고 볼 수도 있기 때문이다. 대법원 2007년 판결은 이 사건에 관한 구체적인 판단에서 온천 광고, 바닥재(원목마루) 광고, 유실수단지 광고 및 테마공원 광고, 콘도회원권 광고가 분양계약의 내용이 된다고 하였다. 그러나 위 대법원 2001년 판결은 "오락타운 조성 및 수익보장 광고"가 광고내용이 되지 않는다고 하였다. 수익보장광고는 계약의 내용이 되지 않는다고 볼 수 있으나, 오락타운 광고는 계약의 내용이 될 수 있는지 논란이 될 수 있다. 2001년 판결과 같이 오락타운 광고가 계약의 내용이 되지 않는다면, 2007년 판결에서도 유실수단지 광고 및 테마공원 광고, 콘도회원권 광고도 계약의 내용이 되지 않는다고 보는 것이 일관성이 있을 것이다. 따라서 위 두 판결은 이 점에서 모순된다고 볼 수 있다.

셋째, 이 사건에서 도로확장 및 서울대 이전 광고, 전철복선화에 관한 광고는 이 사건 아파트의 외형·재질과 관계가 없을 뿐만 아니라 사회통념에 비추어 보더라도 수분양자들 입장에서 분양자인 소외 회사가 그 광고 내용을 이행한다고 기대할 수 없다는 점에서 분양계약의 내용이 되지 않는다고 보고 있다. 다만 서울대학교가 이전할 예정임을 인정할 근거가 없는데도 '서울대 이전(예정)'이라고 광고한 점과 관련하여, 이 부분 광고행위들은 일반적인 상거래 관행과 신의칙에 비추어 시인되기 어려운 기망행위로서 불법행위책임이 있다고 판단하고 있다. 그러나 이와 같은 허위·과장 광고를 한 경우에 불법행위가 성립할 수 있지만, 이와 함께 분양자가 제대로 설명을 하지 않은 것은 부수적 채무의 불이행을 이유로 채무불이행책임을 인정할 여지도 있다.

2. 공동묘지 존재사실에 대한 고지의무 위반

이 사건 아파트단지 바로 옆에 초등학교가 있고 초등학교의 바로 뒤편 야산에는 대규모의 공동묘지가 조성되어 있다. 소외 회사가 제작·배포한 이 사건 아파트에 대한 광고전단뿐만 아니라 분양안내책자 및 조감도 등에는 신설될 위 초등학교 부지만 표시되어 있고 위 공동묘지가 조성되어 있는 곳은 수목이 식재된 야산으로만 나타나 있을 뿐이고 공동묘지는 표시되어 있지 않았다. 원심은 원고들 모두에 대한 관계에서 이 사건 공동묘지에 대한 고지의무의 존재를 부정함으로써 부작위에 의한 기망행위에 해당하지 않는다고 판단하였다. 그 규모와 위치에 비추어 현장을 방문하여 확인하거나 인근 주민들에게 탐문하는 방법으로 쉽게 그 존재를 알 수 있고, 또 실제 현장을 방문한 원고들 중 상당수는 공동묘지의 존재를 알았을 것으로 추측되며, 위 공동묘지의 존재는 이로 인하여 장차 분양계약의 효력이나 이에 따른 채무의 이행에 장애를 가져와 수분양자가 분양목적물에 대한 권리를 확보하지 못할 위험이 생길 사정에 해당하지도 않는다는 점을 그 이유로 들었다. 그러나 대법원은,

> "부동산 거래에 있어 거래 상대방이 일정한 사정에 관한 고지를 받았더라면 그 거래를 하지 않았을 것임이 경험칙상 명백한 경우에는 신의성실의 원칙상 사전에 상대방에게 그와 같은 사정을 고지할 의무가 있으며, 그와 같은 고지의무의 대상이 되는 것은 직접적인 법령의 규정뿐 아니라 널리 계약상, 관습상 또는 조리상의 일반원칙에 의하여도 인정될 수 있고,[41] 일단 고지의무의 대상이 되는 사실이라고 판단되는 경우 이미 알고 있는 자에 대하여는 고지할 의무가 별도로 인정될 여지가 없지

41) 대판 2006.10.12, 2004다48515는 "고지의무 위반은 부작위에 의한 기망행위에 해당하므로 원고들로서는 기망을 이유로 분양계약을 취소하고 분양대금의 반환을 구할 수도 있고 분양계약의 취소를 원하지 않을 경우 그로 인한 손해배상만을 청구할 수도 있다."고 판결하였다.

만, 상대방에게 스스로 확인할 의무가 인정되거나 거래관행상 상대방이 당연히 알고 있을 것으로 예상되는 예외적인 경우가 아닌 한, 실제 그 대상이 되는 사실을 알지 못하였던 상대방에 대하여는 비록 알 수 있었음에도 알지 못한 과실이 있다 하더라도 그 점을 들어 추후 책임을 일부 제한할 여지가 있음은 별론으로 하고 고지할 의무 자체를 면하게 된다고 할 수는 없다."

고 전제한 다음, "아직까지 우리 사회의 통념상으로는 공동묘지가 주거환경과 친한 시설이 아니어서 분양계약의 체결 여부 및 가격에 상당한 영향을 미치는 요인일 뿐만 아니라 대규모 공동묘지를 가까이에서 조망할 수 있는 곳에 아파트단지가 들어선다는 것은 통상 예상하기 어렵다"고 하고, 위 공동묘지의 존재사실을 잘 알고 있었던 소외 회사로서는 이미 그 사실을 알고 있었던 수분양자들을 제외한 나머지 수분양자들에게 위와 같은 공동묘지의 존재사실을 고지할 신의칙상의 의무가 있다고 판단하였다. 이와 같은 고지의무를 위반한 경우에 채무불이행책임이 인정되는지, 아니면 불법행위책임이 인정되는지 문제되는데, 이 점에 관하여는 대법원이 명시적인 판단을 하지 않고 있다.[42]

아파트 분양계약에서 주변에 공동묘지가 있는지 여부는 매우 중요한 사항이다. 따라서 분양자는 공동묘지의 존재사실을 수분양자들에게 알려야 할 것이다. 따라서 분양자가 수분양자들에게 이에 관한 고지의무를 부담한다. 이러한 고지의무는 부수적 채무에 해당하고, 이를 불이행한 경우에 채무불이행책임을 부담한다. 또한 위와 같은 고지의무 위반은 위법성이 있다고 볼 수 있기 때문에, 불법행위책임도 성립할 수 있다. 특히 이 사건에서는 광고전단, 분양안내책자와 조감도에 위 공동묘지가 없는 것처럼 되어 있었다. 따라서 분양회사가 적극적으로 기망

42) 원심은 이와 같은 고지의무 위반을 불법행위문제로 파악하고 있고 있는데, 대법원이 이 점에 관하여 명시적인 언급을 하지 않았기 때문에, 원심판단을 따르고 있다고 볼 여지가 있다.

을 하였다고 볼 수도 있고, 따라서 불법행위책임도 성립한다고 보아야 할 것이다.

3. 불법행위로 인한 손해액의 산정 — 위자료의 보완적 기능

대법원은 인신사고에 관한 사례에서 위자료의 보완적 기능을 인정한 바 있다. 즉, 법원은 위자료액을 산정함에 있어서 피해자측과 가해자측의 제반 사정을 참작하여 그 금액을 정하여야 하므로 피해자가 가해자로부터 당해 사고로 입은 재산상 손해에 대하여 배상을 받을 수 있는지 여부 및 그 배상액의 다과 등과 같은 사유도 위자료액 산정의 참작 사유가 되는 것은 물론이며, 특히 재산상 손해의 발생이 인정되는데도 입증 곤란 등의 이유로 그 손해액의 확정이 불가능하여 그 배상을 받을 수 없는 경우에 이러한 사정을 위자료의 증액사유로 참작할 수 있다.[43)]

원심은 이 사건 광고 중 기망행위로 인한 불법행위책임이 성립하는 부분과 관련하여, 원고들이 소외 회사의 위법한 기망행위로 인하여 입은 재산상 손해액을 ① 원고들이 실제 지급한 분양대금액에서 ② 기망행위에 의하여 분양계약을 체결하던 당시를 기준으로 한 이 사건 아파트의 시가(즉, 원고들이 주장하는 적정 분양대금의 가액)를 차감한 액수로 산정하는 입장에서 볼 때 차감항목인 ②의 가액을 객관적으로 산정할 만한 방법이 없다고 판단하였는데, 대법원도 이를 지지하였다. 또한 이처럼 재산상 손해액의 산정이 불가능하다고 보는 입장에서라면 그러한 사정을 정신적 손해의 산정에 참작하여 배상할 손해액을 산정하는 방법도 가능하다고 하였다.

이 판결은 인신사고에 관한 사례가 아니라 기망행위로 인한 불법행위책임에서 위자료의 보완적 기능을 인정한 것이다. 그런데 위 ②

43) 대판 1984. 11. 13, 84다카722(공 1985, 23).

"기망행위에 의하여 분양계약을 체결하던 당시를 기준으로 한 이 사건 아파트의 시가(즉, 원고들이 주장하는 적정 분양대금의 가액)"을 산정할만한 방법이 없는지는 의문이다. 또한 대법원은 재산적 손해가 발생한 사실이 인정되나, 그 손해액을 산정할 수 없는 경우에 변론전체의 취지나 증거조사의 결과를 토대로 재산상 손해액을 정할 수 있다고 하고 있다.[44] 이 사건에서는 위자료의 보완적 기능으로 해결할 것이 아니라, 오히려 재산적 손해액을 변론전체의 취지와 증거조사의 결과를 참작하여 손해액을 산정하여야 했을 것이다.

Ⅷ. '헤드헌터'의 법률관계: 대판 2007.10.26, 2005다21302 (공 2007, 1834)

1. 후보자의 헤드헌터(인재소개업체)에 대한 손해배상책임

피고가 인재소개업체인 원고에 대하여 존슨 콘트롤즈 코리아의 이사직에 지원할 의사를 밝히고, 이에 따라 원고의 주선으로 존슨 콘트롤즈 싱가폴 및 존슨 콘트롤즈 코리아의 관계자들과 면접을 하였다. 그 후 존슨 콘트롤즈 코리아와 피고 사이에 이 사건 채용계약이 체결되었다. 이러한 경우에 인재소개업체인 원고와 후보자인 피고 사이에 존슨 콘트롤즈 코리아에 취업할 수 있도록 알선하는 내용의 위임계약 등이 성립되었다고 볼 것인지 문제되었다.

원심은 원고와 피고 사이에 위와 같은 위임계약을 체결하기로 하는 의사의 합치가 있었다고 인정하기에 부족하고, 가사 그러한 위임계

44) 대판 2004.6.24, 2002다6951, 6968(공 2004, 1201). 이 판결에 대한 평석인 金載亨, "프로스포츠 選手契約의 不履行으로 인한 損害賠償責任," 民法論 Ⅲ, 박영사, 2007, 367면 이하도 참조.

약이 성립되었다고 본다 하더라도 피고가 원고에 대하여 위 위임계약에 따른 부수적 채무로서 이 사건 채용계약 체결 후 존슨 콘트롤즈 코리아에 계속 근무할 의무를 부담한다고 볼 수도 없으며, 피고가 이 사건 채용계약을 일방적으로 해제하고 존슨 콘트롤즈 코리아에 출근하지 않았다고 하여 존슨 콘트롤즈 코리아에 대한 불법행위를 구성함은 별론으로 하고 원고에 대하여도 불법행위를 구성한다고 볼 수는 없다는 이유로, 원고의 이 사건 청구를 기각하였다. 대법원도 다음과 같은 이유로 원심의 판단을 지지하였다.

> "주로 간부급 인재나 전문인력 등을 기업에 물색·소개해 주고 그 채용계약의 체결을 돕는 업무를 목적으로 하는 인재소개업체(이른바 헤드헌터)가 구인기업의 의뢰를 받아 후보자를 물색·추천하고 면접을 주선하며 채용조건 협상에 참여하는 등의 용역을 수행하는 것은, 구인을 의뢰한 기업과 사이에 체결된 용역계약의 이행행위에 해당한다. 한편, 채용을 원하는 후보자가 인재소개업체에게 구인기업에의 지원 의사를 밝히는 것은, 일반적으로 그 구인기업에 채용되기 위해 채용절차를 대행하고 있는 인재소개업체에게 그 절차에 응할 의사를 표시한 것에 불과할 뿐 그것만으로 후보자가 인재소개업체에게 자신의 채용알선 또는 채용협상 등에 관한 어떤 권한을 위임하였다거나 위임할 의사가 있었다고 볼 수는 없으므로, 다른 특별한 사정이 없는 한 인재소개업체와 후보자 사이에서 위임 등의 계약관계가 성립되었다고 할 수는 없다. 따라서 인재소개업체가 구인기업을 위하여 후보자를 채용함에 필요한 용역을 제공하는 과정에서 후보자에게 사실상 도움을 주었다 하더라도 이는 어디까지나 위 용역계약의 궁극적인 목적인 채용계약의 성사를 위한 것이지 후보자에 대한 어떤 계약상 채무의 이행이라고 볼 수는 없음이 원칙이라 할 것이다.
>
> 또한, 인재소개업체와 후보자 사이에 특약이 없는 한, 구인기업과 후보자 사이에 채용계약이 체결된 경우 후보자가 인재소개업체에 대하여 구인기업에서 근무해야 할 계약상 또는 신의칙상의 의무를 부담한다고 볼 수는 없고, 후보자가 채용계약을 일방적으로 해제하였다고 하여 인재소개업체에 대하여 손해배상책임을 진다는 상관행의 존재를 인정할 수도 없다."

2. 세 당사자의 법률관계

이 판결은 인재소개업체(이른바 헤드헌터)의 법률관계에 관한 최초의 대법원 판결이다. 구인의뢰기업과 인재소개업체 사이에서는 인재를 소개해 주기로 하는 용역계약이 체결된 점은 분명하다. 인재소개업체가 구인의뢰기업에 후보자를 물색·추천하고 면접을 주선하며 채용조건 협상에 참여하는 것은 위 용역계약에 따른 의무를 이행하는 것으로 볼 수 있다. 이에 따라 구인의뢰기업과 후보자 사이에 채용계약이 체결되면 인재소개업체와 후보자 사이에는 어떠한 법률관계가 있는지 문제된다. 이 판결은 인재소개업체와 후보자 사이에서는 위임 등의 계약관계가 성립하지 않고, 따라서 후보자가 구인기업에서 근무해야 할 계약상 또는 신의칙상의 의무를 인재소개업체에 대하여 부담한다고 볼 수는 없다고 한다. 채용을 원하는 후보자가 인재소개업체에게 구인기업에의 지원 의사를 밝히는 경우에 후보자가 인재소개업체에게 자신의 채용알선 또는 채용협상 등에 관한 어떤 권한을 위임하였다거나 위임할 의사가 있었다고 볼 수는 없다고 한다.

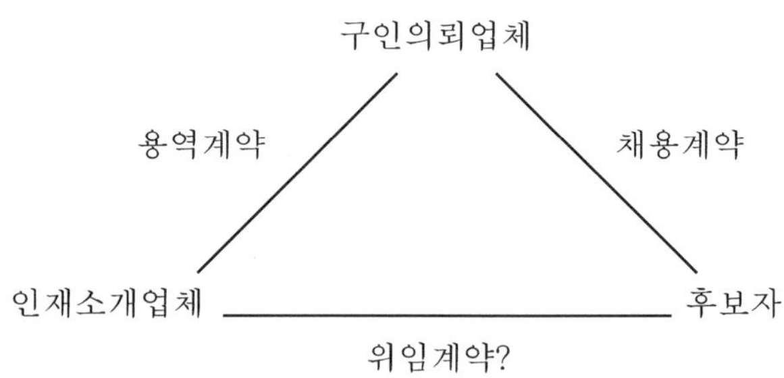

이와 같이 인재소개업체와 후보자 사이의 위임계약 등을 부정한 이유는 간부급 인사나 전문인력은 독자적으로 채용계약을 체결하는 경우가 대부분이기 때문인 것으로 보인다. 그러나 인재소개업체와 후보자

사이의 위임 등의 계약관계를 부정하는 것이 타당한지 의문이다. 경우에 따라서는 위임 등 계약관계를 인정하되, 계약의 내용에 비추어 후보자가 인재소개업체에 대하여 구인기업에서 근무해야 할 계약상 또는 신의칙상의 의무를 부담하지는 않는다고 판단하는 것으로 충분하다. 실제로 인재소개업체와 후보자 사이에도 위임 등의 계약관계를 인정할 필요가 있을 수 있다. 당사자들이 계약자유의 원칙에 따라 그들의 법률관계를 정할 수 있음은 물론이다. 또한 인재소개업체의 업무형태 중 후보자의 의뢰에 따라 기업을 찾기 시작하는 경우에는 이 판결에서 설명하고 있는 법률관계와 달라질 수 있다.

Ⅸ. 미등기 주택의 임차인이 대지의 환가대금에 대한 우선변제권을 갖는지 여부: 대판(전) 2007. 6. 21, 2004다26133(공 2007, 1080)

이 사건 미등기 다세대주택의 임차인인 원고들은 피고가 이 사건 대지에 대하여 근저당권을 설정받기 전에 대항요건 및 확정일자를 갖추었다. 피고의 근저당권에 기하여 이 사건 대지에 관한 경매절차가 개시되었는데, 원고들이 피고의 채권에 우선하여 그 대지의 환가대금에서 보증금을 배당받을 수 있는지 문제되었다. 대법원은 이를 긍정하였다.

> "어느 건물이 국민의 주거생활의 용도로 사용되는 주택에 해당하는 이상 비록 그 건물에 관하여 아직 등기를 마치지 아니하였거나 등기가 이루어질 수 없는 사정이 있다고 하더라도 다른 특별한 규정이 없는 한 같은 법의 적용대상이 된다.[45] … 대항요건 및 확정일자를 갖춘 임차인

45) 대판 1987. 3. 24, 86다카164(집 35-1, 민 193)는 주택임대차보호법의 목적과 동법 제3조 제2항의 규정에 비추어 볼 때, 건물이 미등기인 관계로 그 건물에

과 소액임차인의 임차주택 대지에 대한 우선변제권에 관한 법리는 임차주택이 미등기인 경우에도 그대로 적용된다. … 다만, 소액임차인의 우선변제권에 관한 같은 법 제8조 제1항이 그 후문에서 '이 경우 임차인은 주택에 대한 경매신청의 등기 전에' 대항요건을 갖추어야 한다고 규정하고 있으나, …위 규정이 미등기 주택의 경우에 소액임차인의 대지에 관한 우선변제권을 배제하는 규정에 해당한다고 볼 수 없다."

종전에 미등기 주택 대지의 환가대금에 대한 소액임차인의 우선변제권에 관하여 이 판결과 견해를 달리한 판결이 있었으나,[46] 이 판결로 폐기되었다.[47]

이 판결은 문언해석을 통하여 위와 같은 결론을 도출하고 있다. 즉, 주택임대차보호법 제3조의2 및 제8조는 대항요건 및 확정일자를 갖춘 임차인과 소액임차인에게 대지의 환가대금에 대해서도 우선변제권을 규정하고 있는데, 이 경우에 미등기 주택을 달리 취급하는 특별한 규정을 두고 있지 않다. 따라서 우선변제권에 관한 위 법리는 임차주택이 미등기인 경우에도 그대로 적용된다고 한다. 이와 달리 임차주택의 등기 여부에 따라 우선변제권의 인정 여부를 달리 해석하는 것은 합리적 이유나 근거 없이 그 적용대상을 축소하거나 제한하는 것이 되어 부당하고, 민법과 달리 임차권의 등기 없이도 대항력과 우선변제권을 인정하는 주택임대차보호법의 취지에 비추어 타당하지 않다고 한다. 이는 법률의 해석에 관한 기본적인 태도를 반영하고 있다. 법률의 문언에

대하여 아직 소유권이전등기를 경료하지는 못하였지만 그 건물에 대하여 사실상 소유자로서의 권리를 행사하고 있는 자는 전소유자로부터 위 건물의 일부를 임차한 자에 대한 관계에서는 위 사실상 소유자가 동법 제3조 제2항 소정의 주택의 양수인으로서 임대인의 지위를 승계하였다고 볼 수 있다고 판결하였다.

46) 대판 2001. 10. 30, 2001다39657(공 2001, 2566).

47) 이 판결에 찬성하는 견해로는 지영난, "미등기주택을 임차하여 주택임대차보호법상 대항력 및 확정일자를 갖춘 임차인 …," 대법원판례해설 제68호, 180면 이하; 홍승면, "미등기주택의 임차인이 대지환가대금에 대하여 우선변제권을 행사할 수 있는지 여부," 민사판례연구회 2007. 11. 19. 발표문.

따른 해석을 할 경우에 부당한 경우에 한하여 이와 다른 해석을 하여야 한다. 합리적 이유나 근거 없이 문언의 내용과 달리 규정의 적용대상이나 범위를 축소하거나 제한하여서는 안 된다.

소액임차인의 우선변제권에 관한 주택임대차보호법 제8조 제1항 후문에서 '이 경우 임차인은 주택에 대한 경매신청의 등기 전에' 대항요건을 갖추어야 한다고 규정하고 있는데, 그 의미가 임차주택과 대지를 함께 경매하여 임차주택 자체에 경매신청의 등기가 되어야 한다거나 임차주택에 경매신청의 등기가 가능한 경우로 제한하는 취지는 아니라고 한다. 이 규정은 소액보증금을 배당받을 목적으로 배당절차에 임박하여 가장 임차인을 급조하는 등의 폐단을 방지하기 위하여 소액임차인의 대항요건의 구비시기를 제한한 것이므로, 대지에 대한 경매신청의 등기 전에 위 대항요건을 갖추도록 하면 입법 취지를 충분히 달성할 수 있으므로, 위 규정이 미등기 주택의 경우에 소액임차인의 대지에 관한 우선변제권을 배제하는 규정에 해당한다고 볼 수 없다고 한다. 이러한 판단은 미등기 주택의 소액임차인을 보호할 필요가 있다는 점에서도 타당하다고 생각한다.

X. 사용자책임에서 사무집행관련성: 대판 2007.9.20, 2004다43886(공 2007, 1615)

1. 사용자책임과 피해자의 주관적 사정

피고 회사의 평택지점 차장 A는 원고 회사의 경리이사 B와 사이에 원고 회사의 자금을 피고 회사에 예치한 다음, 이를 인출한 금원으로 원고 회사 몰래 주식투자를 하여 수익이 생기면 이를 반씩 나누어

가지기로 합의하였다. 그에 따라 B가 2002. 3. 6. 원고 회사의 자금 5억 원을 위 지점에 개설되어 있던 원고 회사 명의의 환매조건부채권 예금계좌에 입금하자, A가 그 다음날인 3. 7. 08:50경 위 계좌를 주식투자가 가능한 주식위탁계좌로 전환한 다음, 그 무렵부터 같은 해 9. 23.경까지 총 587회에 걸쳐 위 계좌에 들어 있던 5억 원으로 주식투자를 하였다.

원심은 피고 회사의 직원인 A가 환매조건부채권 예금계좌를 주식위탁계좌로 변경하여 주식거래를 한 횡령행위는 사실적 행위에 속한다는 이유로 A의 위와 같은 횡령행위가 적법한 사무집행행위에 해당하지 않는다는 사정을 원고 회사의 경리이사인 소외인이 알고 있었다고 하더라도, 피고 회사의 사용자책임이 면책된다고 할 수는 없다고 판단하였다. 그러나 대법원은 피고의 상고를 받아들여 원심판결을 파기환송하였는데,

> "피용자의 불법행위가 외관상 사무집행의 범위 내에 속하는 것으로 보이는 경우에도 피용자의 행위가 사용자나 사용자에 갈음하여 그 사무를 감독하는 자의 사무집행행위에 해당하지 않음을 피해자 자신이 알았거나 또는 중대한 과실로 알지 못한 경우에는 사용자 또는 사용자에 갈음하여 그 사무를 감독하는 자에 대하여 사용자책임을 물을 수 없다고 할 것이고,[48] 법인이 피해자인 경우 법인의 업무에 관하여 포괄적 대리권을 가진 대리인이 가해자인 피용자의 행위가 사용자의 사무집행행위에 해당하지 않음을 안 때에는 피해자인 법인이 이를 알았다고 보아야 하고, 이러한 법리는 그 대리인이 본인인 법인에 대한 관계에서 이른바 배임적 대리행위를 하는 경우에도 마찬가지라고 할 것이다."[49]

라고 전제한 다음, 이와 같이 피고 회사의 피용자인 A가 원고 회사의 이사인 B와 공모하여 B가 원고 회사의 자금 5억 원을 환매조건부채권

---

48) 대판 1983. 6. 28, 83다카217(집 31-3, 민103); 대판 1992. 7. 28, 92다10531(공 1992, 2640); 대판 1996. 12. 10, 95다17595(공 1997, 293) 등 참조.

49) 대판 2005. 12. 23, 2003다30159(공 2006, 161) 등 참조.

예금계좌에 입금하고 A가 임의로 위 계좌를 주식위탁계좌로 변경하여 주식거래를 한 행위는 A와 B가 원·피고 회사 사이의 거래관계를 이용하여 원고 회사의 자금을 편취 또는 횡령한 것으로 볼 수 있고, A의 행위가 피고 회사의 사무집행행위에 속하지 않는다는 것을 원고 회사의 경리이사로서 자금관리에 관한 포괄적인 대리권을 가지고 있던 B가 알고 있었으므로, 원고 회사가 이를 알았다고 보아야 할 것이고, 따라서 원고는 A의 사용자인 피고 회사에 대하여 사용자책임을 물을 수 없다고 하였다.

2. 거래적 불법행위와 사실적 불법행위

판례는 사용자책임에서 사무집행관련성을 외형이론 또는 외형표준설에 따라 판단하고 있다. 피해자에게 악의, 중과실이 있는 경우에는 사용자책임이 성립하지 않는다고 한다. 그러나 이러한 판례법리는 모든 유형의 불법행위에 그대로 통용되지는 않는다. 그리하여 이 문제를 판단할 때 거래적 불법행위와 사실적 불법행위로 구분하는 것이 편리하다.[50] 거래적 불법행위의 경우에는 피해자의 주관적 사정, 즉 악의, 중과실을 고려하여 사용자책임의 성립을 부정하지만, 사실적 불법행위의 경우에는 사용자책임의 성립 여부를 판단할 때 피해자에게 악의, 중과실이 있는지 여부를 고려하지 않는다.

그런데 거래적 불법행위와 사실적 불법행위를 구분하는 것은 어려운 문제이다. 원심은 피고 회사의 직원인 A가 환매조건부채권 예금계좌를 주식위탁계좌로 변경하여 주식거래를 한 횡령행위를 사실적 행위로 파악하고 있다. 그러나 대법원은 피해자가 피용자의 행위가 사용자의 사무집행행위에 속하지 않는다는 것을 안 경우에는 사용자책임을 추궁할 수 없다고 하면서, 사안을 거래관계를 이용하여 원고 회사의 자

50) 金載亨, "使用者責任에서 事務執行關聯性," 民法論 Ⅱ, 박영사, 2004, 284면 이하.

금을 편취 또는 횡령한 것으로 파악한다. 이것은 명확하지는 않지만 이 사건을 거래적 불법행위로 파악한 것으로 볼 수 있을 것이다.

횡령행위는 피해자와의 거래를 이용한 것이 아니기 때문에, 통상 사실적 불법행위에 속한다고 볼 수 있다. 그러나 이 사건과 같이 피고 회사의 피용자인 A가 원고 회사의 이사인 B와 공모하여 B가 원고 회사의 자금 5억 원을 환매조건부채권 예금계좌에 입금하고 A가 임의로 위 계좌를 주식위탁계좌로 변경하여 주식거래를 한 경우에는 A와 B가 원·피고 회사 사이의 거래관계를 이용하여 원고 회사의 자금을 편취 또는 횡령한 것으로 볼 수 있으므로, 거래적 불법행위라고 볼 수 있을 것이다.

한편, 원고회사의 이사인 B가 원고 회사의 자금 5억 원을 피고 회사의 지점에 개설되어 있던 환매조건부채권 예금계좌에 입금하였으므로, 원고는 피고를 상대로 예금반환청구를 하였다면 이것이 인용될 가능성이 높았을 것으로 판단된다. 그러나 이 점에 관해서는 당사자의 청구가 없었던 것으로 보인다. 거래적 불법행위에 관한 사안에서는 먼저 당사자가 계약에 기한 청구를 하고, 예비적으로 사용자책임을 청구하는 것이 유리하다.

XI. 서류를 위조하여 소유권이전등기를 경료한 경우 불법행위에 기한 손해배상의 범위: 대판 2007.11.16, 2005다55312(공 2007, 1922)

1. 사실관계와 판결요지

피고(경기도) 산하 김포군 교육청 관리과 경리계 소속 지방기능직

10급 공무원인 소외인이 1987. 5.경 김포군 소유의 이 사건 토지를 원고에게 매각하기로 하여 원고로부터 매매대금으로 35,386,000원을 지급받은 후 김포군 교육장의 직인을 도용하여 매도증서 등 소유권이전등기에 필요한 서류를 임의로 작성한 다음 이러한 사정을 모르는 원고에게 건네주었고, 원고는 그 서류를 이용하여 이 사건 토지에 관하여 원고 명의로 소유권이전등기를 마쳤다.

원고는 1995. 1. 28. 주식회사 기산(1998. 10. 21. 파산선고를 받았는데, 이하 '기산'이라고만 한다)에게 이 사건 토지를 2,504,903,729원에 매도하고 소유권이전등기를 마쳤다. 그 후 김포군으로부터 이 사건 토지의 소유권을 승계한 피고는 소외인의 위법한 매각행위를 확인하고 원고를 상대로 이 사건 토지에 관한 소유권이전등기말소청구의 소를 제기하여 2000. 9. 8. 피고 승소의 판결이 확정되고 원고 명의의 소유권이전등기가 말소되었다. 그에 따라 기산은 이 사건 토지에 관한 매매계약에 기한 원고의 담보책임을 묻는 매매대금반환 등 청구의 소를 제기하여 2004. 12. 9. 원고는 기산에게 4,938,666,000원(위 소유권이전등기말소청구의 소에 관하여 피고 승소의 판결이 확정된 2000. 9. 8. 당시 이 사건 토지의 시가이다) 및 지연손해금을 지급하라는 내용의 판결이 확정되었고, 원고가 기산에게 위 손해배상금을 모두 지급하였다.

원심은 이러한 경우 소외인의 위와 같은 불법행위로 인하여 원고가 입은 통상의 손해는 이 사건 토지를 유효하게 취득하기 위하여 출연한 위 매매대금과 이 사건 토지를 유효하게 취득하였다고 믿고 타인에게 매도하였다가 담보책임에 기하여 지급하게 된 손해배상금에서 매수인으로부터 지급받은 매매대금을 공제한 나머지 금액을 합한 금액이라고 봄이 상당하다는 이유로 이 사건 원고의 손해액은 2,469,148,271원{= 35,386,000원 + (4,938,666,000원 − 2,504,903,729원)}이라고 판단하였다. 이 부분에 대하여 원고가 상고하였으나, 대법원은 다음과 같은 이유로 상고를 기각하였다.

"불법행위로 인한 재산상 손해는 위법한 가해행위로 인하여 발생한 재산상 불이익, 즉 그 위법행위가 없었더라면 존재하였을 재산상태와 그 위법행위가 가해진 현재의 재산상태의 차이를 말한다(대법원 1992. 6. 23. 선고 91다33070 판결 등 참조).

부동산의 매수인이 불법행위자가 타인의 소유의 토지에 관하여 등기관계서류를 위조하여 매각한다는 사정을 알지 못한 채 불법행위자에게 매매대금을 지급하고 자신의 명의로 원인무효의 소유권이전등기를 마친 다음 유효하게 부동산을 취득한 것으로 믿고 다른 사람에게 이를 양도하여 중간 매도인이 되었으나, 후에 진정한 소유자가 중간 매도인을 상대로 말소등기청구소송을 제기하여 승소함에 따라 중간 매도인 명의로 된 소유권이전등기가 말소됨으로써 최종 매수인에 대하여 매도인의 담보책임을 부담하게 되고 그 이행으로 손해배상금을 지급하게 된 경우, 불법행위로 인하여 중간 매도인이 입은 통상의 손해는, 부동산의 시가가 하락하는 등의 특별한 사정이 없는 이상, 담보책임의 이행으로 지급한 손해배상금에서 자신이 전매를 통하여 취한 이득을 공제한 금액 상당이라고 봄이 상당하고, 그 금액은 중간 매도인이 부동산을 유효하게 취득하기 위하여 출연한 매매대금과 매도인의 담보책임의 이행으로 지급한 손해배상금에서 최종 매수인으로부터 지급받은 매매대금을 공제한 나머지 금액을 합한 것과 같다."[51]

2. 중간매도인의 최종매수인에 대한 손해배상책임 — 매도인의 담보책임

이 사건의 실체를 좀 더 정확하게 이해하기 위해서는 위 사안에서 최종매수인(기산)이 중간매도인(원고)을 상대로 매도인의 담보책임을 추궁한 소송에 관하여 살펴보아야 한다. 그 소송에서 중간매도인과 최

51) 또한 피고 소속 직원인 소외인의 불법행위로 인하여 이 사건 토지에 관하여 원고 명의로 원인무효의 소유권이전등기가 경료되었다가 피고가 위 소유권이전등기가 원인무효임을 들어 소유권이전등기말소청구의 소를 제기하여 승소한 이 사건에 있어서는 위 소송의 판결이 확정된 때에 비로소 손해의 결과발생이 현실화되었다고 볼 것이고, 원고의 피고에 대한 불법행위를 원인으로 하는 손해배상청구권의 기산점이 되는 '불법행위를 한 날'은 위 판결이 확정된 날이라고 하였다.

종매수인 사이의 이 사건 토지에 관한 매매는 민법 제569조 소정의 타인의 권리의 매매에 해당하고, 원고의 기산에 대한 손해배상액은 이 사건 토지에 관한 위 말소등기절차이행 청구소송에서 매도인의 패소가 확정된 때의 목적물의 시가를 표준으로 결정하였다.[52]

매도인의 담보책임에서 이행이익을 배상하여야 하는지, 아니면 신뢰이익의 배상으로 충분한지 논란이 있다. 신뢰이익설은 매도인의 담보책임이 무과실책임이라는 점을 든다.[53] 그러나 대법원은 타인의 권리매매의 경우에 이행이익설을 따르고 있다. 즉, 대판(전) 1967. 5. 18, 66다2618(집 15-2, 민 11)은 "매매의 목적이 된 권리가 타인에게 속한 경우에 매도인이 그 권리를 취득하여 매수인에게 이전할 수 없을 때에는 매매의 목적이 된 권리가 매도인에게 속하지 아니함을 알지 못한 매수인이 매도인에게 대하여 손해배상을 청구함에는 매도인은 계약이 완전히 이행된 것과 동일한 경제적 이익을 배상함이 상당할 것임으로 그 손해는 매수인이 입은 손해뿐만 아니라 얻을 수 있었던 이익의 상실도 포함된다."고 판결하였다. 매도인이 선의인 경우에도 마찬가지이다.[54] 타인의 권리매매의 경우에 매도인은 권리를 취득하여 매수인에게 이전할 의무가 있으므로(민법 제569조), 이러한 의무를 이행하지 못함으로써 발생한 손해를 배상하여야 할 것이다. 따라서 채무불이행으로 인한 손해배상의 경우와 마찬가지로 이행이익의 배상을 인정하여야 한다.[55]

---

52) 서울고판 2002. 5. 22, 2001나70551. 그 상고심인 대판 2004. 12. 9, 2002다33557(공 2005, 73)도 원심판결을 지지하고 있다.

53) 郭潤直(주 2), 140면. 다만 이 견해도 타인의 권리매매의 경우에 이행이익의 배상을 인정하여야 한다고 한다.

54) 대판 1975. 5. 13, 75다21(공 1975, 8511)은 원소유자의 매도인을 상대로 한 소유권이전등기의 말소등기이행 청구의 소송에서 매도인의 패소가 확정되어 그 등기가 말소되게 되었을 경우에는 매도인은 매수인에 대하여 타인의 권리의 매매의 이행불능으로 인한 손해배상책임을 져야 할 것이고, 이 책임은 매도인이 매매당시 매매 목적물의 권리가 자기에게 속하지 아니함을 알든 모르든 민법 제571조의 규정상 영향이 없다고 하였다.

55) 民法注解(XIV), 252면(南孝淳 집필).

매도인의 담보책임에서 손해배상의 범위를 신뢰이익에 한정하여야 할 것인지는 그 당부를 떠나 실익이 크지 않다. 매도인의 담보책임이 인정되는 경우에도 매수인은 매도인을 상대로 채무불이행책임을 추궁할 수 있는데,[56] 매도인의 담보책임에 기한 손해배상의 범위가 신뢰이익에 한정된다고 볼 경우에는 대부분 매수인이 매도인을 상대로 채무불이행책임을 주장할 수 있기 때문이다.

3. 불법행위책임에 기한 손해배상액

대법원 2007.11.16. 판결은 서류를 위조하여 소유권이전등기를 경료한 경우 불법행위에 기한 손해배상액에 관한 것이다. 그런데 이러한 판단이 종래의 판결과 합치하는지 검토할 필요가 있다.

이 판결이 인용하고 있는 대판(전) 1992.6.23, 91다33070(집 40-2, 민 119)[57]는 위와 같은 사안에서 이 판결과는 달리 손해배상액을 출연금액이라고 하였다. 그 사안은 다음과 같다. 원고 소속 공무원인 A가

56) 대판 1993.11.23, 93다37328(공 1994, 186); 民法注解(Ⅸ), 231면(梁彰洙 집필); 金載亨, "不動産의 未登記轉賣가 他人의 權利賣買에 해당하는지 여부," 民法論 Ⅱ, 박영사, 2004, 129면, 136면.

57) 원고 산하 국방부 관재과 주류군계 소속 8급 공무원인 A는 피고와 공모하여 1984.10.4.경 국유의 토지들에 관하여 국방부장관 명의의 매도증서, 위임장 등을 위조한 후 이를 이용하여 피고와 A 또는 피고의 아들인 B 앞으로 각 소유권이전등기를 경료하였다가, 그 해 11.27. 위 토지들을 C 등에게 매도하여 소유권이전등기를 마치는 등으로 처분하였다. 그 후 위와 같은 사실을 알게 된 원고는 1986년경 피고와 A, B 등을 상대로 동인들 명의의 위 각 소유권이전등기의 말소를 구하는 소를 제기하여 원고 승소의 판결이 선고되어 확정되었다. 원심은 피고 및 A의 위와 같은 불법행위로 말미암아 이 사건 각 해당 토지의 최종 매수인들이 입은 손해는 원고의 위 이기진 등에 대한 위 각 소유권이전등기의 말소소송이 원고승소로 확정된 때에 확정적으로 발생한 것으로서 그 손해액은 위 최종 매수인들이 위 각 해당 토지의 소유권을 취득할 수 없게 됨으로써 발생된 손해라고 전제하고, 위 각 말소소송이 원고 승소로 확정된 때의 시가를 기준으로 손해액을 산정하였다. 그러나 대법원은 다음과 같은 이유로 이 부분에 대한 상고를 받아들여 원심판결을 일부 파기환송하였다.

피고와 더불어 국유의 이 사건 각 토지에 관하여 매도증서, 위임장 등 관계서류를 위조하여 자기 또는 제3자 명의로 원인무효의 소유권이전등기를 마친 다음, 이를 다른 사람에게 매도하여 순차로 소유권이전등기를 마쳤다. 그 후 원고가 최종 매수인들을 상대로 말소등기청구의 소를 제기하여 원고 승소의 판결이 확정되었다.

대법원은 일반론으로 "불법행위로 인한 재산상 손해는 위법한 가해행위로 인하여 발생한 재산상 불이익, 즉 그 위법행위가 없었더라면 존재하였을 재산상태와 그 위법행위가 가해진 현재의 재산상태의 차이를 말하는 것이고, 그것은 기존의 이익이 상실되는 적극적 손해의 형태와 장차 얻을 수 있을 이익을 얻지 못하는 소극적 손해의 형태로 구분된다."고 전제한다. 이는 손해배상에 관한 차액설을 따른 것이다.

대법원은 그 다음에 이 사건에 대한 구체적 판단으로, "A 등의 불법행위로 인하여 최종 매수인들이 입은 손해는 무효의 소유권이전등기를 유효한 등기로 믿고 이 사건 각 토지를 매수하기 위하여 출연(出捐)한 금액, 즉 매매대금이라고 하겠고, 이는 기존이익의 상실인 적극적 손해에 해당한다"고 판단하고 있다. 나아가 "최종 매수인들은 처음부터 이 사건 각 토지의 소유권을 취득하지 못한 것이어서 위 말소등기를 명하는 판결의 확정으로 비로소 이 사건 각 토지의 소유권을 상실한 것이 아니므로 이 사건 각 토지의 소유권상실이 그 손해가 될 수 없음은 두말할 나위도 없다."[58]고 한다. 피고와 A가 관계문서를 위조하여 불법등기를 경료한 경우에는 위와 같은 불법행위가 없었다면 이 사건 각 토지에 대한 최종 매수인들 앞으로의 매도행위 자체도 있을 수 없어 최종 매수인들이 그 소유권을 취득할 수가 없으므로, 위와 같은 불법행위가 없었더라면 이 사건 각 토지의 소유권을 취득할 수 있었을

58) 이에 대한 참조판결로 대판 1978. 3. 14, 77다2423(공 1978, 10731); 대판 1982. 7. 27, 81다1006, 81다카558(공 1982, 812)을 들고, 이에 배치되는 판결인 대판 1988. 10. 11, 85다카693(공 1988, 1394)을 폐기하고 있다.

것을 전제로 한 소극적 손해는 이를 인정할 여지가 없다는 것이다.[59]

이 사안에서 불법행위로 인한 손해배상액을 토지에 대한 소유권 상실이 아니라 토지를 매수하기 위하여 출연한 금액, 즉 매매대금으로 본 구체적 판단은 차액설과 합치하는 것으로 보인다. 그런데 최종 매수인이 직전 매도인을 상대로 매도인의 담보책임 또는 채무불이행책임을 추궁하는 경우에 그 손해액은 통상 부동산의 시가 상당액이다. 따라서 부동산의 시가가 상승하는 통상적인 경우에 최종 매수인은 매도인을 상대로 소를 제기하는 것이 유리하다. 이러한 결론이 합리적인 것인지는 의문이다.

한편 위와 같은 사안에서 "불법행위가 없었더라면 존재하였을 재산상태"와 "그 위법행위가 가해진 현재의 재산상태"를 정확하게 파악하고 있는지 검토해 볼 필요가 있다. A의 불법행위가 없었더라면 최종 매수인이 문제의 토지에 관한 소유권을 취득할 수 없었을 것임은 분명하다. 그러나 최종 매수인은 토지에 대한 매매대금을 다른 곳에 투자하였을 수 있다. 그 투자가 실패로 끝날 수도 있지만, 부동산가격이 상승하는 상황에서는 매매대금과 그 법정이자보다는 더 많은 이익을 창출하였을 것이라고 보아야 할 것이다.[60]

여기에서는 최종 매수인이 불법행위에 기한 손해배상을 청구하고 있지만, 중간 매도인의 경우에는 그의 매수인에게 매도인의 담보책임이나 채무불이행책임을 져야 한다. 부동산의 가액이 전반적으로 상승하는 상황에서 중간 매도인은 매매대금과 그 법정이자보다 많은 손해를 배상하여야 할 것이다. 이러한 손해도 "불법행위가 없었더라면 존재하였

59) 대판 1998. 7. 10, 96다38971(공 1998, 2054); 대판 2004. 4. 28, 2003다66905.

60) 李玲愛, "不法行爲로 인한 原因無效의 登記를 믿고 不動產을 買受한 사람의 損害," 民事判例硏究(XV), 1993, 181면 이하는 1992년 대법원 판결에 대한 비판적인 평석인데, 부동산가격이 상승하는 경우에 최종매수인은 가격상승분만큼의 기회비용에 해당하는 특별손해를 입었고, 이것은 예견이 가능하여 손해배상의 범주에 든다고 한다(특히 위 글, 196면 이하).

을 재산상태"와 "그 위법행위가 가해진 현재의 재산상태"의 차이라는 공식에 반영되어야 한다.

2007년 판결에서 위와 같은 불법행위로 인하여 중간 매도인이 입은 손해에 관하여 '부동산을 유효하게 취득하기 위하여 출연한 매매대금'에 한정하지 않고 있다. 이러한 경우에 통상손해는, 부동산의 시가가 하락하는 등의 특별한 사정이 없는 이상, 담보책임의 이행으로 지급한 손해배상금에서 자신이 전매를 통하여 취득한 이득을 공제한 금액 상당이고, 그 금액은 중간 매도인이 부동산을 유효하게 취득하기 위하여 출연한 매매대금과 매도인의 담보책임의 이행으로 지급한 손해배상금에서 최종 매수인으로부터 지급받은 매매대금을 공제한 나머지 금액을 합한 것과 같다고 한다.

2007년 판결은 기존의 판례의 자구에 얽매이지 않고 당사자의 피해를 구제하기 위한 판결이라고 볼 수 있다. 다만 위와 같은 손해 전체를 통상손해로 본 것이 타당한 것인지 검토해 볼 필요가 있다. 이 판결에서 말하는 손해를 편의상 출연금액과 전매손해로 구분해 볼 수 있다. 매도인의 채무불이행으로 인하여 매수인이 전매에 따른 의무를 이행하지 못함으로써 위약금을 배상하여야 하는 경우에, 이와 같은 위약금은 특별한 사정으로 인한 손해라고 볼 수 있다.[61] 출연금액은 통상손해라고 볼 수 있지만, 전매손해는 특별한 사정으로 인한 손해로 보아야 할 것이다. 다만 불법행위자가 이와 같은 손해를 예견할 수 있었다고 볼 수 있다.[62] 한편, 최종 매수인이 불법행위로 인한 손해배상을 청구하는 경우에 그 손해가 출연금액에 한정되는 것은 아니다. 이 경우에도 특별

61) 대판 1985.9.10, 84다카1532(집 33-3, 민 1); 대판 1997.11.11, 97다26982, 26999(공 1997, 3762).

62) 불법행위에 기한 손해배상의 범위에서 예견가능성 이론을 따르는 것에 대해서는 비판적인 견해가 많다. 梁三承, "損害賠償範圍에 관한 基礎的 硏究," 서울대 법학박사학위논문, 1988, 354면 이하. 그러나 이 사건과 같이 거래와 관련하여 불법행위가 행해진 경우에는 손해배상의 범위를 판단하는 데 예견가능성 이론을 따르는 것이 부당하지 않을 것이다.

한 사정으로 인한 손해가 인정될 수 있는데, 가령 최종 매수인의 투자기회상실이라는 손해가 이에 해당한다.

1992년 판결은 최종 매수인이 불법행위책임을 추궁한 경우이고, 2007년 판결은 중간 매도인이 불법행위를 청구한 경우라는 점에서 사안이 다르고, 이에 따라 그 손해배상액도 달라졌다고 볼 수 있다. 또한 1992년 판결에서는 위와 같은 사안에서 소유권 상실로 인한 손해를 불법행위로 인한 손해로 인정하지 않은 것인 반면, 2007년 판결은 소유권 상실로 인한 손해가 아니라 전매손실을 손해배상에 포함시켰기 때문에, 그 내용이 다르다고 볼 수도 있다. 그러나 위와 같은 부동산을 매수한 경우에 부동산의 시가에 상당하는 금액의 손해를 입었다고 볼 수도 있을 것이다. 매수인이 위와 같은 부동산을 매수하지 않았더라면 그와 동등한 정도의 가치가 있는 부동산을 매수하였다고 보는 것이 합리적인 경우가 많을 것이기 때문이다. 위와 같은 불법행위가 없었더라면 다른 부동산을 구입하는 데 금전을 사용하지 않았을 수도 있고, 다른 부동산을 구입하였다고 하더라도 그 부동산의 가격이 하락하여 손해를 입었을 수도 있다. 따라서 위와 같은 불법행위로 인한 손해를 엄밀하게 산정하는 것은 불가능하다. 그러나 부동산 매수인의 투자기회 상실이라는 손해를 부동산 가격으로 평가하여 금액으로 산정하는 것이 합리적이라고 생각된다.

한편, 매수인인 원고가 부동산을 다시 매도하였다가 매도인으로서 담보책임을 지는 손해를 입은 경우에 이를 통상손해로 볼 수 있는지, 매매계약 체결 후 13년이 경과하는 동안 부동산의 가액이 폭등함으로써 손해액이 매매대금을 월등하게 초과하는 경우에 이를 통상손해로 볼 수 있는지 문제된다. 대법원은 이러한 손해를 통상손해로 파악하고 있으나, 오히려 특별손해에 해당한다고 보아 예견가능성이 있는지 여부를 검토해 보아야 할 것이다.

XII. 제3자에 의한 계약방해: 대판 2007.5.11, 2004다11162(공 2007, 868)

원고는 창원시 지역에서 유일하게 종합유선방송사업 및 중계유선방송사업 허가를 받고 창원시 반림동 A 아파트 입주자대표회의와 유선방송위탁계약을 체결하였다. 피고가 적법한 허가를 받지 않은 채 위 계약의 갱신을 위법한 방법으로 방해함으로써 그 계약을 갱신하지 못하게 하였다. 원심은, 피고의 행위로 인하여 원고의 중계유선방송사업자로서의 법률상 이익이 침해되었으므로 피고는 원고에게 불법행위로 인한 손해배상을 할 책임이 있다고 판단하였다. 대법원도 이를 지지하였는데, 제3자에 의한 계약방해에 관하여 다음과 같이 판단하고 있다.[63]

> "일반적으로 채권에 대하여는 배타적 효력이 부인되고 채권자 상호간 및 채권자와 제3자 사이에 자유경쟁이 허용되는 것이어서 제3자에 의하여 채권이 침해되었다는 사실만으로 바로 불법행위로 되지는 않는다. 그러나 거래에 있어서의 자유경쟁의 원칙은 법질서가 허용하는 범위 내에서의 공정하고 건전한 경쟁을 전제로 하는 것이므로, 제3자가 채권자를 해한다는 사정을 알면서도 법규에 위반하거나 선량한 풍속 또는 사회질서에 위반하는 등 위법한 행위를 함으로써 채권자의 이익을 침해하였다면 이로써 불법행위가 성립한다. 여기에서 채권침해의 위법성은 침해되는 채권의 내용, 침해행위의 태양, 침해자의 고의 내지 해의의 유무 등을 참작하여 구체적, 개별적으로 판단하되, 거래자유 보장의 필요성, 경제·사회정책적 요인을 포함한 공공의 이익, 당사자 사이의 이익균형 등을 종합적으로 고려하여야 한다.[64] 이러한 법리는 제3자가 위법한 행위를 함으로써 다른 사람 사이의 계약체결을 방해하거나 유효하게 존

63) 아래 판단부분은 판결문의 원문대로 인용한 것이 아니고 필자가 표현상의 수정을 가한 것이다.

64) 대판 2003.3.14, 2000다32437(공 2003, 965) 등 참조.

속하던 계약의 갱신을 하지 못하게 하여 그 다른 사람의 정당한 법률상 이익이 침해되기에 이른 경우에도 적용된다."[65]

최근 제3자의 채권침해에 관하여 판례법리가 형성되어 가고 있다. 이 판결은 이러한 법리가 "제3자가 위법한 행위를 함으로써 다른 사람 사이의 계약체결을 방해하거나 유효하게 존속하던 계약의 갱신을 하지 못하게 하여 그 다른 사람의 정당한 법률상 이익이 침해되기에 이른 경우에도 적용된다."고 하였다. 이것은 이미 발생한 채권을 침해한 것이 아니라 계약의 체결이나 계약의 갱신을 방해한 경우에도 불법행위가 성립한다는 것을 명시적으로 인정한 것이라는 점에서 중요한 의미가 있다.[66] 다만 이 판결은 위와 같은 계약방해로 인하여 정당한 법률상 이익이 침해된 경우에 불법행위가 성립한다는 논리를 전개하고 있다는 점에 주목할 필요가 있다. 이 사건에서 중계유선방송사업자의 사업상 이익이 방송법에 의하여 보호되는 법률상 이익이라고 판단하고 있다. 따라서 제3자에 의한 채권침해 법리가 계약방해의 경우에 일반적으로 적용되는 것인지에 관해서는 논란이 있을 수 있다. 그러나 종래의 판결례와는 달리, 이 판결에서는 제3자가 이미 발생한 채권을 위법하게 침해한 경우가 아니라는 점에서 이 분야의 법리의 발달에 중요한 계기가 될 것이다.

(2007년도 주요판례 해설, 대한변호사협회 변호사연수원, 2009, 207-248면 所載)

---

65) 또한 대법원은 "허가를 받은 중계유선방송사업자의 사업상 이익은 단순한 반사적 이익에 그치는 것이 아니라 방송법에 의하여 보호되는 법률상 이익"이라고 한다.

66) 필자는 제3자에 의한 계약방해의 경우에도 불법행위가 성립하여야 한다고 주장하였다. 金載亨, "제3자에 의한 債權侵害 —判例의 展開를 중심으로—," 民法論 Ⅲ, 박영사, 2007, 420면, 434면; 金載亨, "제3자에 의한 契約妨害에 관한 비교법적 고찰 —현재 또는 장래의 계약관계를 방해하는 경우를 포함하여—," 2007년 4월 3일 대법원 비교법실무연구회 발표문(이 발표문은 이 사건의 원심판결에 대한 것으로 제3자에 의한 계약방해를 인정해야 한다고 주장한 것이다).

13. 2008년 민법 판례 동향*

Ⅰ. 서　　론

2008년에 나온 민사판례를 살펴보면, 전통과 현대가 교차하면서 판례가 계속 발전하는 과정을 확인할 수 있다. 기존의 틀을 지키려는 노력과 그 틀을 깨뜨리려는 시도가 맞부딪치고 있는 판결들이 상당수 있다. 새롭게 등장하는 사안에 기존의 판례 법리를 그대로 적용하는 경우도 있고, 새로운 상황에 맞게 판례 법리를 변용하거나 새로운 법리를 전개하는 경우도 있다. 또한 과거에는 소를 제기할 생각조차 하지 못했던 사안에서 권리나 책임을 인정하는 경우도 있다. 한편, 2000년대에 들어와 중요한 사건에 관하여 대법원에서 공개변론을 도입하는 등 몇 가지 중요한 변화가 일어나고 있는데, 이 글의 맨 마지막에서 다룰 유체인도에 관한 대법원 전원합의체 판결에서는 대법관들이 우리 사법사상 가장 치열한 논전을 벌이고 있다. 법률가, 그중에서도 최고의 법관들이 모인 곳에서도－어쩌면 바로 그러한 곳이기에－의견이 이렇게 나뉠 수 있구나 하는 평범한 깨달음을 안겨주고 있다.

이와 같은 크고 작은 변화에는 다양한 원인이 있겠지만, 사법의 영역에서도 우리 사회의 역동성이 반영되고 있다고 볼 수 있다. 따라서 개별 판결들이 내포하고 있는 참뜻을 찾아내고 그 합리성을 진작시키기 위해서는 판결이유나 결론의 당부를 검토하는 데 그쳐서는 안 되고

---

* 이 글은 2009년 1월 12일 『민사실무연구회』에서 발표한 내용을 수정·보완한 것이다. 이를 간략하게 요약하여 법률신문 제3733호(2009. 3. 26)와 제3734호(2009. 4. 2)에 "2008년 분야별 중요판례분석 민법(상), (하)"로 게재하였다.

그 변화의 동력을 읽어야 할 것이다.

여기에서는 지난해에 나온 민사에 관한 중요판례를 간략하게 개관하면서 필자의 의견을 밝혀보고자 한다. 물론 중요한 판결을 망라적으로 소개한 것은 아니고 논의의 대상으로 삼고자 하는 판결만을 다루었다.

Ⅱ. 종중의 본질과 종중규약의 자율성: 대판 2008.10.9, 2005다30566(공 2008, 1521)

1. 이 사건에서 종중회칙이 유효한지 문제되었다. 문제된 종중회칙의 내용은 다음과 같다. 종중의 대표자인 회장은 종손 또는 종손이 추천하는 학식과 덕망을 겸비한 종친을 종무위원회에서 선출한다(피고 종중회칙 제6조). 종무위원회는 종중의 최고의사결정기관으로 회칙의 개폐, 회장·부회장·감사의 선출, 예산 및 결산의 심의·승인, 재산의 취득 및 처분 등 종중의 주요 안건을 의결할 권한이 있고, 종무위원회를 구성하는 종무위원들은 종손이 계열별 및 원로 종친의 자문을 감안하여 선출하고 총회에서 추인한다(피고 종중회칙 제11조, 제12조). 원심은, 피고 종중회칙에서 종손에게 회장후보자 추천권과 종무위원 선출권을 함께 부여하고 있다는 점만으로는 위 회칙이 종중의 본질이나 설립 목적에 크게 반하는 것으로서 무효라고 볼 수 없다고 판단하였다. 대법원도 이를 지지하였는데, 먼저 종중의 독자성과 자율성을 존중하여야 한다는 점을 강조한다.

> "종중은 공동선조의 분묘수호와 제사, 그리고 종원 상호간의 친목도모 등을 목적으로 자연발생적으로 성립한 종족 집단체로서, 종중이 규약이나 관습에 따라 선출된 대표자 등에 의하여 대표되는 정도로 조직을 갖추고 지속적인 활동을 하고 있다면 비법인사단으로서의 단체성이 인정

> 된다(대법원 2006.10.26. 선고 2004다47024 판결 등 참조).
>
> 이와 같은 종중의 성격과 법적 성질에 비추어 보면, 종중에 대하여는 가급적 그 독자성과 자율성을 존중해 주는 것이 바람직하고, 따라서 원칙적으로 종중규약은 그것이 종원이 가지는 고유하고 기본적인 권리의 본질적인 내용을 침해하는 등 종중의 본질이나 설립 목적에 크게 위배되지 않는 한 그 유효성을 인정하여야 할 것이다."

나아가 대법원은 문제된 종중회칙이 유효한 이유로 세 가지를 들고 있다. 첫째, 피고 종중회칙상 종손에게 회장후보자 추천권을 부여하면서도 그 선출 여부를 결정하는 권한은 전적으로 종무위원회에 위임하고 있다. 종손이 종무위원들을 선출할 때에도 계열별 및 원로 종친의 자문을 감안하여야 하며 최종적으로는 종중원 총회의 추인을 받도록 규정함으로써 종손의 전횡을 방지할 수 있는 나름대로의 장치를 마련하고 있다. 둘째, 실제로 그동안 피고 종중에서 선출된 종무위원들을 보면 각 계파별로 안배하여 종무위원을 선출해 왔다. 종손이 자신과 이해관계가 일치하는 특정한 종원 또는 특정 계열에 속한 종원만을 임의로 종무위원으로 선출해 오지는 않은 것으로 보인다. 이는 이 사건에서 문제된 2003.6.8.자 종무위원회에서 종손이 추천한 종친 A와 종손인 B 자신이 연이어 회장후보자로 나섰으나 종무위원들의 찬반투표에서 부결되어 종중회장으로 선출되지 못한 사실에서도 분명히 알 수 있다.[1)]셋째, 관습상 종중 내에서 종손이 상징적인 지위를 차지하고 있다.

2. 이 판결은 종중규약은 원칙적으로 유효하지만, 예외적으로 종중규약이 "종원이 가지는 고유하고 기본적인 권리의 본질적인 내용을 침해하는 등 종중의 본질이나 설립 목적에 크게 위배"되는 경우에 한하여 그 규약이 효력이 없다고 한다.[2)] 이 사건에서는 구체적으로 종중회

---

1) 첫 번째와 두 번째 사항은 종손에 대한 견제장치가 있고, 이것이 실제로 작동하고 있다는 것이다.

2) 종중의 본질이나 설립목적에 배치되는 경우로는 가령 공동 후손 일부에게 종원자격을 박탈하는 경우를 들 수 있다. 대판 1983.2.8, 80다1194(집 31-1, 민

칙에서 종손에게 회장후보자 추천권을 부여한 것이 문제되었는데, 이는 허용된다고 판단하였다.

이 결론에 대한 평가는 두 방향에서 행해질 수 있다. 하나는 단체의 독자성과 자율성을 존중하였다는 점에서 긍정적인 평가를 할 수 있고, 다른 하나는 종손은 남자인 데다가 출생으로 정해지는 것이기 때문에 남녀평등을 비롯한 평등의 원칙에 저해가 될 수 있다는 점에서 부정적인 평가를 할 수도 있다.

먼저 종원들은 모두 공동 선조의 후손으로서 종중에서 평등한 지위를 갖는지 문제될 수 있다. 私法상의 단체인 종중에서 종원들을 똑같이 대우하지 않는 규약이 있더라도 그것만으로 평등원칙 위반을 이유로 그 규약이 무효로 되는 것은 아니다. 그러나 종중규약에서 과도하게 종손 등 일부 종원을 우대하는 경우에는 사회질서 위반의 법률행위에 관한 민법 제103조의 규정에 따라 무효가 될 수 있을 것이다. 2005년 대법원 전원합의체 판결[3]은 여성도 남성과 마찬가지로 종원이 된다고 하였는데, 종손에게 회장후보자 추천권을 부여한 종중규약이 평등의 원칙에 반하는 것이라고 생각할 여지도 있다. 그러나 이 판결에 의하면 종중규약에서 종손에게 대표자 추천권을 부여하더라도 그 규약이 유효하다고 보았으므로, 이러한 점에서는 종손을 우대하는 규약을 허용한

46)는 "종중이 그 구성원인 종원에 대하여 그 자격을 박탈하는 소위 할종이라는 징계처분은 비록 그와 같은 관행이 있다 하더라도 이는 공동선조의 후손으로서 혈연관계를 바탕으로 하여 자연적으로 구성되는 종족단체인 종중의 본질에 반하는 것이므로 그러한 관행이나 징계처분은 위법 무효하여 피징계자의 종중원으로서의 신분이나 지위를 박탈하는 효력이 생긴다고 할 수 없다"고 판결하였다. 또한 대판 2006. 10. 26, 2004다47024(공 2006, 1966)는 "종중이 '종원 중 불미부정(不美不正)한 행위로 종중에 대하여 피해를 끼치거나 명예를 오손하게 한 종원은 이를 변상시키고 이사회의 결의를 거쳐 벌칙을 가하고 총회에 보고한다'는 내용의 종중 규약에 근거하여 종원에 대하여 10년 내지 20년간 종원의 자격(각종 회의에의 참석권·발언권·의결권·피선거권·선거권)을 정지시킨다는 내용의 처분을 한 것은 종원이 가지는 고유하고 기본적인 권리의 본질적인 내용을 침해하므로 그 효력을 인정할 수 없다"고 판결하였다.

3) 대판(전) 2005. 7. 21, 2002다1178(공 2005, 1326).

것이다. 전통적으로 종중에서 종손은 제사를 주재하는 등 특별한 지위를 갖고 있고,[4] 종중의 정통성을 상징하는 존재로 인식되고 있다. 따라서 종중규약에서 종손에게 회장후보자에 대한 추천권을 부여하고 있지만 회장 선출권한은 종무위원회가 갖고 있는 등 견제장치가 작동하고 있기 때문에, 위와 같은 종중규약이 비합리적인 것은 아니다. 또한 종중은 사법적 단체로서, 그 조직을 자율적으로 구성할 수 있어야 한다. 법원이 사법적 단체의 대표자 선출에 관한 규정을 무효화하는 등으로 단체에 대한 통제를 강화한다면, 결사의 자유를 보장한 헌법 규정에 배치될 뿐만 아니라, 단체 내부의 분쟁이 줄어들기보다는 오히려 분쟁이 증폭될 수 있다. 종중의 규약에 대해서도 그 자율성을 넓게 인정하고, 이것이 지극히 불합리한 예외적인 경우에 한해서 이를 무효화하여야 할 것이다. 이 사건에서도 위 규약을 무효라고 선언해서는 안 되고, 다만 종손이 규약에 따라 후보자를 추천하지 않았다면 그 공백을 어떻게 메울 것인지를 심리하여야 할 것이다.

한편, 종중의 법리에 대하여 논란이 계속되고 있는 이유에 관해서 생각해 볼 필요가 있다. 가장 큰 이유는 종중이 평등원칙에 부합하지 않는다는 것이다. 종중 자체가 남녀차별이 당연시되던 시대의 전통에서 비롯된 것인 데다가 종중에 관한 관습이 이를 토대로 구성된 것이기 때문에, 양성평등을 지향하는 우리 사회에 맞지 않는 측면이 있다. 또 하나의 중요한 이유는 종중에 관한 자연발생적 단체설에서 연유한다고 생각한다.

이 판결도 자연발생적 단체설을 전제로 하고 있다. 종중은 공동선조의 사망과 함께 그 공동 후손으로 성립하는 단체라는 것이다. 종중의 본질에 반하는 처분이나 규약은 효력이 없다고 하는데, 이에 해당하는 사유로는 공동 후손인데도 종원의 자격을 배제하거나 이를 박탈하는

4) 일반적으로 종손이라 함은 '장자계(長子系)의 남자손(男子孫)으로서 적장자(嫡長子)'를 지칭한다. 대판(전) 2008. 11. 20, 2007다27670(공 2008, 1727).

경우를 들고 있다. 종중이 자연발생적 단체이기 때문에, 인위적으로 그 자격을 배제하거나 박탈하는 것은 이와 같은 종중의 본질에 배치된다는 것이므로, 이 법리도 자연발생적 단체설의 연장선상에 있다고 파악할 수 있다. 이 판결에서 종중의 조직구성에 관해서는 자율성을 존중하고 있지만, 종중이라는 단체의 성립 자체에 관해서는 자율성을 인정하지 않고 있다.

그러나 종중을 자연발생적 단체로 파악하는 것에 대해서는 끊임없이 비판이 제기되어 왔다.[5] 종중은 공동선조의 사망과 함께 그 후손으로 성립되는 자연발생적 종족 집단체라는 판례가 확고하지만, 이것이 우리의 전통적인 관습에 연유한다기보다는 '일제에 의하여 만들어진 전통'이라고 할 수 있다.[6] 나아가 자연발생적 단체설은 헌법에서 인간으로서의 존엄과 가치를 보장하고(헌법 제10조), 결사의 자유를 기본권으로 보장하고 있는 것(헌법 제21조 제1항)과 합치하지 않을 뿐만 아니라, 민법의 기본원칙인 사적 자치의 원칙에도 반한다. 대법원 판결은 자연발생적 단체설에 따라 종중의 경우에 관습상 사단이 당연히 성립하는 것이고, 그 성립을 위하여 어떠한 조직행위를 필요로 하지 않는다고 하고,[7] 규약이나 정관이 서면으로 작성될 필요가 없다고

---

5) 金斗憲, 韓國家族制度硏究, 再版, 서울대학교 출판부, 1969, 91면; 金時昇, "宗中의 法律的 性格," 判例硏究 제4집, 부산판례연구회, 1994, 340면 이하; 심희기, 한국법사연구, 영남대학교 출판부, 1992, 350면 이하; 柳鉉錫, "宗中의 成立時期," 判例硏究 제4집, 서울지방변호사회, 1991, 66면 이하; 李在性, "우리 나라 舊來의 慣習에 의한 宗中의 成立時期," 辯護士 제25집, 1995, 146면 이하; 鄭貴鎬, "宗中法에 대하여," 民法學論叢(厚巖郭潤直敎授 華甲紀念), 박영사, 1985, 80면; 鄭肯植, "宗中財產의 法的 問題," 韓國近代法史攷, 박영사, 2001, 285면; 尹眞洙, "변화하는 사회와 종중에 대한 관습," 사법 창간호(2007.9).

6) 종중이 자연발생적인 단체라는 점은 일제시대의 관습조사를 통하여 확립되었다. 野村調太郎 編, 朝鮮祭祀相續法論 序說, 朝鮮總督府中樞院, 1939, 509면 이하; 野村調太郎, "宗中に關する法律關係," 司法協會雜誌 제18권 제11호(1939.11), 992면; 1940년 2월 7일 大邱覆審法院 民事 第三部 問議 1940년 3월 30일 中樞院議長回答(鄭光鉉, 韓國家族法硏究, 서울대학교 출판부, 1967, 172-174면에 원문과 번역문이 있음).

7) 대판 1983.2.22, 81다584(집 31-1, 민 119); 대판 1988.9.6, 87다카514(공

한다.[8] 그러나 대법원 판결에서 위와 같은 판결을 따르면서도 "종중이 규약이나 관습에 따라 선출된 대표자 등에 의하여 대표되는 정도로 조직을 갖추고 지속적인 활동을 하고 있다면 비법인사단으로서의 단체성이 인정"된다고 하는데,[9] 이는 자연발생적 단체설과 모순되는 것으로 볼 수도 있다. 공동선조의 사망과 동시에 종중이 성립한다는 판례는 개인으로 하여금 그 의사와 무관하게 무수히 많은 단체 소속원으로 만들어버린다는 문제점이 있다. 종중이라는 단체를 만들 생각도 없고, 단체의 구성원으로서 아무런 활동을 하지 않는데도 종중이라는 단체에 속한다고 하는 것은 인간으로서의 존엄과 가치에서 나오는 자기결정권을 침해하는 결과가 될 수 있다.[10] 결국 자연발생적 단체설은 단체의 본질에 맞지 않고 또한 현대사회에서 더 이상 유지하기 어렵기 때문에, 이에 관한 판결들을 전면적으로 검토할 필요가 있다. 이 판결이 종중의 구성에 관하여 독자성과 자율성을 인정한 점에서 의미를 찾을 수 있지만, 여기에서 나아가 종중의 성립에 관해서도 자율성을 인정해야 할 것이다.

1988, 1258). 대판 1997.9.12, 97다20908(공 1997, 3099)은 "이러한 사단이라 함은 일정한 목적을 위하여 조직된 다수인의 결합체로서 대외적으로 사단을 대표할 기관에 관한 정함이 있는 단체를 말한다고 할 것이고, 종중 또는 문중과 같이 특별한 조직행위 없이도 자연적으로 성립하는 예외적인 사단이 아닌 한, 법인 아닌 사단이 성립하려면 사단으로서의 실체를 갖추는 조직행위가 있어야 한다"고 한다.

8) 대판 1966.7.26, 66다881(집 14-2, 민 227); 대판 1972.9.12, 72다1090(집 20-3, 민 5); 대판 1985.11.26, 85다카659(집 20-3, 민 5); 대판 1998.7.10, 96다488(공 1998, 2051).

9) 대판 1991.8.27, 91다16525(공 1991, 2428); 대판 1994.9.30, 93다27703(공 1994, 2822).

10) 金載亨, "團體로서의 宗中," 民法論 Ⅲ, 박영사, 2007, 29면(원래는 2005년에 발간된 民事裁判의 諸問題 제14권에 수록된 글임).

Ⅲ. 법인격의 부인 또는 남용

1. 법인격 남용의 판단기준

우리나라에서 법인격의 부인 또는 남용에 관하여 많은 논의가 이루어져 왔고, 특히 2000년대에 들어와 이 분야에서 중요한 판결들이 나왔는데, 2008년에도 이에 관한 의미 있는 판결들이 나왔다. 먼저 대판 2008. 8. 21, 2006다24438(공 2008, 1269)이 주목을 끈다. 이 판결은 법인격의 남용에 관한 기존의 판례 법리를 인용한 다음, 채무면탈의 의도를 판단할 때 고려하여야 할 요소를 제시하고 있다. 즉,

> "기존회사가 채무를 면탈하기 위하여 기업의 형태·내용이 실질적으로 동일한 신설회사를 설립하였다면, 신설회사의 설립은 기존회사의 채무면탈이라는 위법한 목적 달성을 위하여 회사제도를 남용한 것에 해당한다. 이러한 경우에 기존회사의 채권자에 대하여 위 두 회사가 별개의 법인격을 갖고 있음을 주장하는 것은 신의성실의 원칙상 허용될 수 없으므로, 기존회사의 채권자는 위 두 회사 어느 쪽에 대하여서도 채무의 이행을 청구할 수 있다고 할 것인바(대법원 2004. 11. 12. 선고 2002다66892 판결 참조), 여기에서 기존회사의 채무를 면탈할 의도로 신설회사를 설립한 것인지 여부는 기존회사의 폐업 당시 경영상태나 자산상황, 신설회사의 설립시점, 기존회사에서 신설회사로 유용된 자산의 유무와 그 정도, 기존회사에서 신설회사로 이전된 자산이 있는 경우, 그 정당한 대가가 지급되었는지 여부 등 제반 사정을 종합적으로 고려하여 판단하여야 한다."

그러나 대법원은 이 사건에 대한 구체적인 판단에서 다음과 같은 이유를 들어 법인격 남용을 인정하지 않았다. 즉, 피고 회사는 A회사와 기업의 형태·내용이 같고 모두 B에 의하여 지배되고 있는 회사이지만, A회사의 부동산 등에 대한 낙찰대금 10억 4,500만 원 중 837,820,050원

이 피고 회사 명의로 대출받거나 차용한 금원으로 지급되었고, 또한 피고 회사가 이 사건 의약품 제조 허가권 등과 관련하여 A회사에 7,500만원을 대금으로 지급하였다. 따라서 피고 회사가 A회사의 채무를 면탈하기 위하여 신설된 것이라고 인정하려면, 이 사건 의약품 제조 허가권 등에 대한 가액 평가나 대금의 일부 면제가 부당하게 이루어졌거나, 거래처를 비롯한 영업권이 아무런 대가 없이 이전되었거나, 그 밖에 A회사의 자산이 피고 회사의 설립비용 등의 자금으로 유용되었다는 사실 등 A회사의 채권자에게 불리한 결과를 초래하는 채무면탈에 관한 사정이 인정될 수 있어야 한다는 것이다.

이 판결에서 일반론으로 "채무를 면탈하기 위하여" 또는 "채무면탈이라는 위법한 목적"이라는 표현을 사용하고 있으나, 회사제도의 남용을 인정하기 위해서 주관적 목적이 반드시 필요하다고 판단하고 있지는 않다. 또한 이 사건에 대한 구체적 판단에서 채무면탈에 관한 객관적 요소에 관한 증거가 없다고 판단하고 있을 뿐이고, 주관적 요소에 관해서는 판단하지 않고 있다. 이 사건에서 객관적 요건을 충족하지 않았기 때문에, 주관적 요건에 관하여 판단하지 않은 것으로 볼 수도 있지만, 법인격 남용을 인정하는 데 주관적 요건이 필요하지 않다는 비판[11]을 수용한 것으로 볼 여지도 있다. 이 판결에서 기존회사와 신설회사 사이에 재산 또는 자금의 혼용이 없다는 이유로 채무면탈에 관한 사정을 부정하였는데, 이와 같은 재산 또는 자금의 혼용이 있는지 여부는 법인격의 남용을 판단하는 데 매우 중요한 요소로서, 앞으로 법인격 남용에 관한 사건에서 이 점에 대한 입증이나 사실인정이 중요한 문제가 될 것이다.

---

11) 鄭東潤, "株式會社의 法形態의 濫用의 規制와 法人格否認理論," 저스티스 제10권 제1호(1972.12), 132면.

2. 법인격 형해화와 남용의 구분

다음으로 대판 2008. 9. 11, 2007다90982(공 2008, 1365)는 법인격 남용에 관하여 중요한 판단을 하고 있다. 이 판결은 대법원 2001. 1. 19. 판결[12]의 법리를 인용한 다음, 법인격의 형해화와 남용을 구분하여 다음과 같이 판단하고 있다.

> "여기서 회사가 그 법인격의 배후에 있는 타인의 개인기업에 불과하다고 보려면, 원칙적으로 문제가 되고 있는 법률행위나 사실행위를 한 시점을 기준으로 하여, 회사와 배후자 사이에 재산과 업무가 구분이 어려울 정도로 혼용되었는지 여부, 주주총회나 이사회를 개최하지 않는 등 법률이나 정관에 규정된 의사결정절차를 밟지 않았는지 여부, 회사 자본의 부실 정도, 영업의 규모 및 직원의 수 등에 비추어 볼 때, 회사가 이름뿐이고 실질적으로는 개인 영업에 지나지 않는 상태로 될 정도로 형해화되어야 한다.
>
> 또한 위와 같이 법인격이 형해화될 정도에 이르지 않더라도 회사의 배후에 있는 자가 회사의 법인격을 남용한 경우, 회사는 물론 그 배후자인 타인에 대하여도 회사의 행위에 관한 책임을 물을 수 있으나, 이 경우 채무면탈 등의 남용행위를 한 시점을 기준으로 하여, 회사의 배후에 있는 자가 회사를 자기 마음대로 이용할 수 있는 지배적 지위에 있고, 그와 같은 지위를 이용하여 법인 제도를 남용하는 행위를 할 것이 요구되며, 위와 같이 배후자가 법인 제도를 남용하였는지 여부는 앞서 본 법

---

12) 대판 2001. 1. 19, 97다21604(집 49-1, 민 1)는 법인격의 남용에 관하여 중요한 기준을 제시하고 있다. 즉, "회사가 외형상으로는 법인의 형식을 갖추고 있으나 이는 법인의 형태를 빌리고 있는 것에 지나지 아니하고 그 실질에 있어서는 완전히 그 법인격의 배후에 있는 타인의 개인기업에 불과하거나 그것이 배후자에 대한 법률적용을 회피하기 위한 수단으로 함부로 쓰여지는 경우에는 비록 외견상으로는 회사의 행위라 할지라도 회사와 그 배후자가 별개의 인격체임을 내세워 회사에게만 그로 인한 법적 효과가 귀속됨을 주장하면서 배후자의 책임을 부정하는 것은 신의성실의 원칙에 위반되는 법인격의 남용으로서 심히 정의와 형평에 반하여 허용될 수 없다 할 것이고, 따라서 회사는 물론 그 배후자인 타인에 대하여도 회사의 행위에 관한 책임을 물을 수 있다"고 한다.

인격 형해화의 정도 및 거래상대방의 인식이나 신뢰 등 제반 사정을 종합적으로 고려하여 개별적으로 판단하여야 한다."

나아가 원심은 문제된 회사가 실질적으로는 피고의 개인기업이라는 이유로 법인격 남용을 인정하고 있으나, 대법원은 법인격이 형해화되었거나 법인격을 남용하고 있다고 볼 수 없다고 판단하였다. 법인격 형해화와 관련해서는 "법인이 형해화되어 그 법인격을 부인할 정도로 회사와 피고 사이에 심각한 재산의 혼용이 이루어졌다고 할 수 없다." 고 한다. 또한 법인격의 남용을 인정하려면 "피고가 자신에 대한 법률적용을 회피하기 위한 수단으로 법인 형식을 이용함으로써 그에 대한 법적 효과의 귀속을 부당하게 벗어나려고 하는 법인격 남용행위가 인정되어야 할 것인바, 주식회사의 물적·유한 책임성에 비추어 채권자를 해하는 경우가 아니라면 영업이 부진한 주식회사를 폐업하고 채권·채무를 청산한 다음 신규자본을 투입하여 새로운 회사를 설립하고 운영하는 것 자체를 위법하다고 할 수 없다."고 한다.

위에서 본 대법원 2001년 판결 이래 법인격 남용에 관한 법리가 점차 구체화되었는데, 이 판결은 법인격 남용이 인정되는 경우를 처음으로 법인격 형해화와 법인격 남용으로 명백하게 구분하고 각각의 판단시기와 판단기준을 제시하였다. 판단시기와 관련하여 문제의 법률행위 등이 법인격의 형해화나 남용이 있다고 볼 수 있는 시점 이전에 이루어진 경우에는 법인격 형해화나 남용을 인정할 수 없다고 하였다.

3. 법인격부인론에 관한 기본태도

우리나라에서 주식회사 등 법인을 설립하여 유한책임제도를 악용하는 경우가 많고 사실상 1인회사도 적지 않다. 따라서 법인격부인 또는 남용을 인정할 필요성이 크다. 그러나 법인격을 남용하였다는 이유로 회사의 배후자의 책임을 인정한 대법원 판결은 서너 건밖에 없다. 법인격부인 또는 남용에 관하여 무수히 많은 논문[13]이 나왔는데도, 법인격 남용을 인정한 사례가 거의 없다는 것은 연구주제의 비효율성을 말해 주는 것은 아닐까 하는 생각이 들 정도이다. 이와 달리 미국에서는 법인격 무시론이 문제된 1,600건 중 법인격을 부인하고 책임을 인정한 사건이 40%가 넘는다는 분석결과가 있다.[14] 그리하여 법인격부인이 불가능하다는 생각은 신화에 불과하다고 한다.[15] 우리 실무에서 미국에 비하여 법인격 남용을 지나치게 소극적으로 인정하고 있다고 볼 수 있다. 우리나라에서는 결국 법인격부인 또는 남용의 법리를 억제하여야 한다는 사고가 지배하고 있다고 생각할 수 있다. 그 이유는 무엇일까? 이는 정당한 태도인가?[16]

법인격부인론은 법인격 자체를 부인하는 이론이라는 인상을 주고, 이것이 법인격부인 또는 남용을 쉽게 인정하지 못하게 하는 요인일 수 있다. 그러나 법인격이 부인되더라도 법인이 법인격을 완전히 상실하는 것은 아니다.[17] 미국에서는 "disregard of the corporate entity(법인격의 무시)" 또는 "piercing the corporate veil(회사의 베일을 꿰뚫는 것)"이라

---

13) 법인격부인 또는 남용에 관하여 1961년에 논문이 발표된 이래 2008년까지 100개가 넘는 논문이 나왔다. 2008년 10월 대법원종합법률정보(http://glaw.scourt.go.kr/jbsonw/jbson.do), 국회도서관(http://www.nanet.go.kr), 한국교육학술정보원(http://www.riss4u.net), 한국학술정보(http://kiss.kstudy.com), 로앤비(http://sun.lawnb.com), 누리미디어(http://www.dbpia.co.kr)를 검색한 결과 107편(여기에는 학위논문은 박사학위논문만을 포함시켰고, 그중 12편은 고시잡지에 실린 글이다)을 찾을 수 있었다.

14) Robert B. Thompson, "Piercing the Corporate Veil : An Empirical Study," 76 *Cornell L. Rev.* 1036(1991).

15) Mark S. Cohen, "Grounds for Disregarding the Corporate Entity and Piercing the Corporate Veil," 45 *American Jurisprudence Proof of Facts* 3d 1(2008).

16) 좀 더 상세한 것은 金載亨, "법인격, 그 인정과 부정," 민사법학 제44호(2009. 3), 31면 이하.

17) 고평석, "법인격부인론의 부인," 상사법의 현대적 과제, 1984, 99면; 송호영, "법인격부인론의 요건과 효과," 저스티스 제66호(2002. 4), 265면.

는 용어를 사용한다. 이는 회사가 법인격이 있더라도 회사나 그 배후자의 책임이 문제되는 경우에 회사라는 법인격을 무시하고 그 뒤에 있는 배후자에게 책임을 추궁한다는 의미이다. 법인격부인 또는 남용의 법리가 적용되면 유한책임의 원칙이 배제되어 회사와 그 배후자에 대해서 책임을 추궁할 수 있게 된다. 즉, 회사의 채권자는 직접 사원, 주주, 배후자에게 책임을 추궁할 수 있고, 사원 등에 대한 채권자는 회사에게 직접 책임을 추궁할 수 있다.

법인의 본질에 관해서는 법인의제설, 법인부인설, 법인실재설이 대립하고, 법인실재설은 다시 유기체설과 조직체설로 나누어진다.[18] 우리나라에서는 법인실재설을 따르고 있고, 법인의제설은 승인될 수 없다[19]고 한다. 그런데 영미법에서는 법인의 본질에 관하여 법인의제설이 우세하고 이러한 법인의제설은 법인격부인론에서 그 기능을 제대로 발휘한다는 견해가 있다.[20] 독일에서도 일정한 경우에 회사와 그 주주를 동일체로 파악하는 實體把握理論(Durchgriffslehre)[21]은 법인의제설과 밀접한 관계에 있다고 보는 견해가 있다.[22] 그러나 법인의 본질론과 법인격부인론은 직접적인 관계가 없다. 다만 법인격부인 또는 남용에 관하여 설명하는 방식만이 달라질 뿐이다. 법인의제설을 따를 경우에는 법인격부인론을 법인이라는 법적 의제를 무시하고 그 배후에 있는 자

18) 郭潤直, 民法總則, 제 7 판, 2002, 119-121면.

19) 郭潤直(주 18), 120면.

20) 郭潤直 편, 民法注解(Ⅰ), 449면(李宙興 집필).

21) 이 이론은 1955년에 발표된 Rolf Serick의 견해에서 본격적으로 논의되기 시작하였다. Rolf Serick, *Rechtsform und Realität juristischer Personen : ein rechtsvergleichender Beitrag zur Frage des Durchgriffs auf die Personen oder Gegenstände hinter der juristischen Person*, 2., unveränd. Aufl., 1980. 그 후 1957년에 나온 Müller-Freienfels, "Zur Lehre vom sogennten "Durchgriff" bei juristischen Personen im Privatrecht," *AcP* 156, 522ff.에서 주장된 견해가 다수설이 되었다.

22) Werner Flume, *Allgemeiner Teil des bürgerlichen Rechts, Bd. 1. Teil 2. Die juristische Person*, 1983, §3 Ⅰ(S. 68).

에게 책임을 추궁하는 것이라고 설명한다. 이와 달리 법인실재설을 따를 경우에는 법인의 실체를 파악하여 그 배후자에게 책임을 부과하는 방식으로 설명한다. 따라서 법인의제설을 따르지 않더라도 법인격부인 또는 남용을 인정할 수 있다.

법인격부인 또는 남용에 관하여 직접 규율하는 법규정이 없기 때문에, 이를 인정하는 것이 쉽지 않을 수 있다. 미국에서도 법인격부인에 관한 법규정이 없었지만, 미국은 판례법 국가이기 때문에 우리나라와는 상황이 다르다. 미국에서 법인격 무시론은 19세기부터 형평법상의 구제수단으로서 판례에 의하여 발전되었다. 우리나라는 성문법 국가이기 때문에 법률에 직접 규율하는 규정이 없는 상태에서 법인격부인 또는 남용을 쉽게 인정하기 어려웠을 것이다. 그러나 우리 민법은 제 2 조에서 신의성실의 원칙과 권리남용 금지의 원칙을 규정하고 있다. 이는 법인격부인 또는 남용에 관한 근거규정으로 작용한다.[23] 법인제도를 남용하는 것은 제도 남용의 일종으로 파악할 수 있다. 물론 단체법에서 신의성실의 원칙이나 권리남용 금지의 원칙이라는 일반조항이 적용되는 경우는 많지 않다. 그런데도 신의칙 위반이나 권리남용 금지를 끌어들여 사원이나 주주 등의 책임을 인정한다면 법적 불확실성이 커질 위험이 있다. 따라서 신의칙 위반이나 법인격 남용을 이유로 법인의 사원이나 주주 또는 배후자의 책임을 인정하는 것은 극히 예외적으로만 인정해야 한다. 대법원 판결에서 문제된 사안들이 법인격 남용에 해당하는지 판단하는 것은 쉽지 않고 그 요건에 해당하는지 여부에 대한 판단은 사실인정의 문제가 있지만, 개별적인 경우에 형평

23) 車漢成, "法人格否認論," 民事判例硏究 제24집, 2002, 575면. 崔基元, 新會社法論, 제12대정판, 박영사, 2005, 57면은 권리남용금지에서 그 근거를 찾고 있다. 이와 달리 법인격의 개념에 내재하는 한계(상법 제171조)에서 그 근거를 찾는 견해도 있다. 孫珠瓚, 商法(上), 제14정판, 박영사, 2003, 436면; 鄭燦亨, "法人格否認論," 現代民商法의 硏究(威廷 李在澈博士 華甲記念論文集), 법문사, 1984, 403면.

에 맞는 결과를 도출하기 위하여 사실심에서 법인격 남용에 해당하는지 여부를 충실하게 하고, 법인격 남용의 법리를 좀 더 전향적으로 적용하는 것이 옳은 방향이라고 생각한다.

법인은 그 구성원인 사원으로부터 엄격하게 분리되어 있고,[24] 주식회사의 경우에 회사와 그 주주를 엄격하게 분리하는 분리의 원칙을 채택하고 있다. 이를 토대로 법인은 그 채무와 행위에 대하여 법인의 재산으로써만 책임을 진다는 유한책임의 원칙은 단체법에서 가장 중요한 특성 중의 하나이다. 따라서 분리의 원칙이나 유한책임의 원칙이 흔들리지 않도록 법인격부인을 좁게 인정하고 있다고 볼 수 있다. 그러나 법인의 사원 등 그 배후자가 법인제도를 이용하여 불법적 행위를 하거나 모험을 하는 경우에 그로 인한 책임을 부담하여야 한다. '법인'이 무조건 배후자의 책임을 부정하는 수단으로 이용되어서는 안 된다. 실질적으로 그 배후자가 책임을 져야 하는 상황이라면 법인이라는 형식을 깨뜨리고 그 실질에 맞게 배후자의 책임을 인정하여야 한다.

Ⅳ. 일조방해

1. 일조방해로 인한 손해배상청구권의 소멸시효: 대판(전) 2008. 4. 17, 2006다35865(공 2008, 680)[25]

가. 이 사건에서는 위법한 건축행위로 일조방해가 발생한 경우 손해배상청구권의 소멸시효가 언제부터 진행되는지 문제되었다. 피고가

24) 민법에서 단체를 사단과 조합으로 구분하는데, 그 구성원으로부터 단체가 독립되어 있는지 여부는 사단과 조합을 구분하는 중요한 요소이다.

25) 이 판결에 관한 재판연구관의 해설로는 金時徹, "건물신축으로 인한 일조방해의 법적 성격과 이로 인한 불법행위 손해배상청구권의 소멸시효 기산점," 대법원판례해설 제75호(2008년상), 2008, 217면 이하.

건축주로서 1995. 11. 20. 사용승인을 받은 부영아파트의 신축으로 인하여 이 사건 아파트 부지에 일조방해가 발생하였다. 원고들은 1995. 11. 20.경 피고가 부영아파트를 건축하였다는 점과 이러한 피고의 불법행위로 인하여 재산상 손해 및 정신적 손해가 발생한다는 점 등을 모두 알았다. 원고들의 손해배상청구에 대하여, 피고는 위 시점부터 손해배상청구권의 소멸시효가 진행되어 3년의 소멸시효가 완성되었다고 항변하였다. 원심은, 위 일조방해의 정도는 사회통념상 일반적으로 인용해야 할 수인한도를 초과하는 것이지만 그 위법성의 정도가 피고에게 철거의무를 부과해야 할 정도에는 이르지 않는다고 보고, 1995. 11. 20.경부터 3년이 경과함으로써 이 사건 손해배상청구권의 소멸시효가 완성되었다고 판단하였다. 원고들이 상고하였으나, 대법원은 이를 기각하였다. 먼저 다수의견은 종래의 판례에 따라 일조방해에 관한 일반론을 전개한다.

> "토지의 소유자 등이 종전부터 향유하던 일조이익(日照利益)이 객관적인 생활이익으로서 가치가 있다고 인정되면 법적인 보호의 대상이 될 수 있는데, 그 인근에서 건물이나 구조물 등이 신축됨으로 인하여 햇빛이 차단되어 생기는 그늘, 즉 일영(日影)이 증가함으로써 해당 토지에서 종래 향유하던 일조량이 감소하는 일조방해가 발생한 경우, 그 일조방해의 정도, 피해이익의 법적 성질, 가해 건물의 용도, 지역성, 토지이용의 선후관계, 가해 방지 및 피해 회피의 가능성, 공법적 규제의 위반 여부, 교섭 경과 등 모든 사정을 종합적으로 고려하여 사회통념상 일반적으로 해당 토지 소유자의 수인한도를 넘게 되면 그 건축행위는 정당한 권리행사의 범위를 벗어나 사법상(私法上) 위법한 가해행위로 평가된다."[26]

나아가 다수의견은 일조방해로 인한 손해배상청구권의 소멸시효에 관하여 다음과 같이 판단한다.

---

26) 대판 2004. 10. 28, 2002다63565; 대판 2007. 6. 28, 2004다54282 등 참조.

> "일반적으로 위와 같이 위법한 건축행위에 의하여 건물 등이 준공되거나 외부골조공사가 완료되면 그 건축행위에 따른 일영의 증가는 더 이상 발생하지 않게 되고 해당 토지의 소유자는 그 시점에 이러한 일조방해행위로 인하여 현재 또는 장래에 발생 가능한 재산상 손해나 정신적 손해 등을 예견할 수 있다고 할 것이므로, 이러한 손해배상청구권에 관한 민법 제766조 제1항 소정의 소멸시효는 원칙적으로 그 때부터 진행한다(대법원 1966.6.9. 선고 66다615 전원합의체 판결 등 참조). 다만, 지극히 예외적이기는 하지만, 위와 같은 일조방해로 인하여 건물 등의 소유자 내지 실질적 처분권자가 피해자에 대하여 건물 등의 전부 또는 일부에 대한 철거의무를 부담하는 경우가 있다면, 이러한 철거의무를 계속적으로 이행하지 않는 부작위는 새로운 불법행위가 되고 그 손해는 날마다 새로운 불법행위에 기하여 발생하는 것이므로 피해자가 그 각 손해를 안 때로부터 각별로 소멸시효가 진행한다고 볼 수 있을 것이다(대법원 1999.3.23. 선고 98다30285 판결 등 참조)."

나. 그러나 반대의견은 다수의견의 견해 중 일조방해로 인하여 발생하는 정신적 손해에 대한 손해배상청구권에 관하여도 건물의 완성시점부터 소멸시효가 진행한다는 부분에는 동의하지 않는다.[27] 즉,

> "위법한 일조방해행위로 인한 피해 부동산의 시세 하락 등 재산상의 손해는 특별한 사정이 없는 한 가해 건물이 완성될 때에 일회적으로 발생한다고 볼 수 있으나, 위법한 일조방해로 인하여 직사광선이 차단되는 등 생활환경이 악화됨으로써 피해 건물의 거주자가 입게 되는 정신적 손해는 가해 건물이 존속하는 한 날마다 계속적으로 발생하는 것으로 보아야 한다."

27) 반대의견은 "일조방해란 태양의 직사광선이 차단되는 불이익을 말하는 것이고, 그 일조방해의 정도가 사회통념상 일반적으로 인용하는 수인한도를 넘게 되면 사법상 위법한 가해행위로 평가되는 것"이라고 하고, 헌법 제35조 제1항을 근거로 들면서 "위법한 일조방해는 단순한 재산권의 침해에 그치는 것이 아니라 건강하고 쾌적한 환경에서 생활할 개인의 인격권을 침해하는 성격도 지니고 있다"고 한다.

또한, 가해 건물의 완성 시점에 일조방해행위로 인하여 장래에 발생 가능한 정신적 손해를 예견할 수 있는지에 대해서도 반대의견은 다수의견과 견해가 다르다.

> "일조방해로 인한 정신적 손해는 피해 부동산의 시세 하락 등 재산상 손해로 인하여 겪게 되는 정신적 고통을 의미하는 것이 아니라 일조방해로 인하여 직사광선이 차단되는 등 생활환경이 악화됨으로써 거주자가 입게 되는 정신적 고통을 의미하는 것인데, 피해 건물의 거주자가 일조방해를 받는 상태에서 단기간을 거주한 경우와 장기간을 거주한 경우에 그 정신적 손해의 정도가 같을 수 없고, 이러한 거주 기간을 가해 건물의 완성 시점에는 예견할 수 없다."

다. 다수의견에 대한 보충의견은 반대의견을 반박한다. 첫째, "일조방해를 가져오는 위법한 건축행위라도 그 건물의 전부 또는 일부에 대한 철거의무가 인정되지 않는 일반적인 일조방해 사안"에 대해서는 "자동차 사고로 인하여 피해자가 상해를 입는 등의 불법행위가 성립하는 경우"와 동일하게 파악한다. 자동차사고의 경우에 장래에 발생하는 재산적 손해와 정신적 손해를 모두 불법행위의 성립시점에 발생하는 것으로 파악하는 것과 같이, 일반적인 일조방해 사안에서도 날마다 새로운 일조방해행위가 이루어진다거나 혹은 하나의 건축행위로 인하여 발생하는 재산적 손해와 정신적 손해에 관하여 각각 다른 법률적 취급을 해야 한다는 반대의견에는 찬성하기 어렵다. 둘째, 이 사건은 일조이익의 보호와 타인 재산권의 보장, 법적 안정성 등 서로 대립할 수 있는 여러 법익을 종합적으로 고려하여 실제로 발생하는 손해의 전보 및 그 분담의 공평문제 등을 규율하게 되는 손해배상제도에 관한 것이기 때문에, 헌법 제35조 제 1 항이 그 주장을 정당화하는 법리적 근거가 되기 어렵다. 셋째, 실질적으로도 일조방해를 가져오는 위법한 건축행위가 완료되고 그에 관한 손해배상문제가 논의되는 경우, 재산적 손해와 정신적 손해에 관한 법적 분쟁을 한꺼번에 해결하는 것이 합리적인 분쟁해결방식이다. 만일 반대의견과 같은 입장을 취하면 정신적 손해배상청구의 시기·범위·방법이나 위법하게 건축된 건물과 피해 토지의 권리변동 등에 관련하여 그 법적 분쟁의 해결이 사실상 어렵게 되거나 매우 복잡하게 되기 때문에, 결국 부동산거래에 관한 법적 안정성 내지 거래 안전을 심하게 훼손하는 결과를 가져올 것이다.

라. 반대의견에 대한 보충의견은, 위법한 일조방해로 인하여 가해건물의 소유자 내지 실질적인 처분권자(이하 '소유자 등'이라 한다)가 철거의무를 부담하게 되는 지극히 예외적인 사안과 그에 해당하지 않는 일반적인 사안을 구분하여 불법행위로 인한 손해배상청구권의 소멸시효 진행에 차이를 두어서는 안 된다고 반박한다. 즉, 일조방해의 정도가 어느 수준을 넘게 되면 소유자 등의 철거의무가 발생한다는 것은 수긍할 수 있으나, 이로 인하여 불법행위의 성질이 일회적 불법행위에서 계속적 불법행위로 변하여 그 성립시기나 소멸시효의 진행이 달라질 수 있다는 다수의견의 논리에는 선뜻 동의하기 어렵다고 한다.

마. 불법행위가 성립한 때에 손해배상책임이 발생하고, 손해배상청구권의 소멸시효는 그 성립시부터 진행하는 것이 원칙이다. 다수의견과 반대의견이 논박을 벌이고 있는 ―불법행위의 전형적인 한 유형인― 자동차 사고의 경우에 그 피해가 나중에 현실화되는 경우에도 원칙적으로 불법행위로 인한 손해배상청구권의 소멸시효는 불법행위의 성립시부터 진행한다. 물론 불법행위시에 예견할 수 없는 장애가 나중에 발생하는 경우에는 예외적으로 후유장애가 발생한 때로부터 소멸시효가 진행한다. 자동차 사고와 일조방해는 반대의견에 대한 보충의견이 지적하는 바와 같은 차이가 있지만, 위법한 건축으로 일조방해가 발생하는 경우에 그로 인한 정신적 피해가 계속 발생하더라도 그 피해는 건축이 완성되었을 때 예상할 수 있는 것으로 보아야 할 것이다.

다수의견에서 '소유자 등이 철거의무를 부담하게 되는 일조방해 사안'과 '그렇지 않은 일반적인 일조방해사안'을 구분하여 불법행위로 인한 손해배상청구권의 소멸시효의 기산점을 달리하고 있는데, 이것이 정당한 것인지에 대하여 의문이 제기될 수 있다. 이는 기존의 판례를 따른 것으로 볼 수 있다. 즉, 대판(전) 1966. 6. 9, 66다615[28]는 불법행위가 계속하여 이루어지고 그로 인하여 손해도 계속 발생하여 나날이 새로운 불법행위에 기인한 손해가 발생하는 경우에는 나날이 발생한 새로운 각 손해를 안 날로부터 별개로 소멸시효가 진행한다고 하였다.[29] 다수의견의 위 견해는 위 전원합의체 판결을 일조방해사례에 적용한 것이다. 일조방해로 인하여 건물 등의 소유자 내지 실질적 처분권자가 피해자에 대하여 건물 등의 전부 또는 일부에 대한 철거의무를 부담하는 경우에, 이러한 철거의무를 계속적으로 이행하지 않는 不作爲는 새로운 불법행위가 된다. 이 경우에 손해는 날마다 새로운 불법행위에 기하여 발생하는 것이므로 피해자가 그 손해를 안 때로부터 각별로 소멸시효가 진행한다고 볼 수 있을 것이다. 그렇지 않으면 일조를 방해하는 건축물의 소유자 등이 철거의무를 부담하는 데 일조방해로 인한 불법행위책임을 지지 않는 경우가 발생할 것이다. 따라서 철거의무를 부담하는 위법한 방해자는 그로 인하여 손해를 입고 있는 피해자에게 불법행위로 인한 손해배상을 부담한다고 보아야 할 것이다.

한편, 반대의견과 같이 일조방해로 인한 재산적 손해와 정신적 손

28) 법고을LX검색.

29) 이 판결은 "본건 불법행위로 인하여 원고의 본건 토지에 관한 소유권이 상실되어 원고에게 인도가 불가능하다면 피고의 가해행위는 종료하고 그 후에 손해만 계속 [발생]하는 것이므로 원고주장의 손해배상청구권의 소멸시효는 원고가 최초에 손해 및 가해자를 안 때부터 그 손해전부의 배상청구권에 관하여 진행한다고 할 것이나 그러하지 않고 원고의 본건 토지에 관한 소유권이 상실되지 아니하였다면 피고의 불법행위는 계속하여 이루어지고 그로 인하여 손해도 계속 발생하여 나날이 새로운 불법행위에 기인한 손해가 발생하는 것이라고 할 것이고, 따라서 민법 제766조의 적용에 관하여서는 나날이 발생한 새로운 각 손해를 안 날로부터 별개로 소멸시효가 진행한다"고 하였다. 동지: 대판 1999. 3. 23, 98다30285(공 1999, 728).

해를 구분하여 그 소멸시효의 기산점을 달리 정하는 것은 받아들이기 어렵다. 일조방해의 경우에 시가 하락분 등을 계산하여 재산적 손해액을 산정할 수 있지만, 일조방해사례에서 재산적 손해와 정신적 손해를 엄밀하게 구분하기가 쉽지 않은 경우가 많다.30) 일조를 방해하는 가해 건물의 완성 시점에 재산상 손해는 예견할 수 있는 데 반하여, 날마다 발생하는 정신적 손해는 예견할 수 없다고 양자를 구분할 수 있는지도 의문이다. 여러 종류의 불법행위에서 행위 당시 정신적 손해를 엄밀하게 예견할 수 없다. 그럼에도 불구하고 법원은 그 시점을 기준으로 정신적 손해를 평가하여 위자료액을 산정하는 것이다. 일조방해의 경우에도 이와 마찬가지로 건물의 완성 시점에 정신적 손해를 예견할 수 있는 것으로 보아 손해액을 산정하여야 할 것이다. 따라서 건물의 완성시점에 일조방해로 인한 손해를 평가하여 손해배상액을 산정하여 배상하여야 하고, 손해배상청구권의 소멸시효도 그때부터 진행한다고 보는 것이 간명한 분쟁해결방식이다. 일조를 방해하는 위법한 건축을 한 경우에 불법행위가 계속된다고 보면, 분쟁이 장기화되거나 심지어 영구화될 것이다. 그로 인한 비효율을 막으려면, 위법 건축으로 인한 일조방해의 경우에 가해 건물의 완성시점을 소멸시효의 기산점으로 봄으로써 분쟁을 한꺼번에 해결하도록 하는 것이 바람직하다. 이 판결은 건물의 완성으로 일조를 방해하는 사태의 전개가 종결되었다고 보고, 이 시점을 기준으로 법적 분쟁을 일단락지어야 한다는 것을 언명한 것이라고 볼 수 있다.

30) 金載亨, "프로스포츠 選手契約의 不履行으로 인한 損害賠償責任," 民法論 Ⅲ, 박영사, 2007, 394면.

2. 일조이익(日照利益)의 귀속주체 : 대판 2008. 12. 24, 2008다41499(공 2009, 97)

가. 원고 등 760여 명의 초등학생들이 피고 회사가 시행자로서 이 사건 학교 부근에 아파트를 신축하고 있다는 이유로 일조권에 기한 위자료를 청구하는 소를 제기하였다. 원심은 원고 등의 위 청구를 배척하였다. 원고 등이 학생으로서 이 사건 학교 교실과 운동장 등 시설을 이용하더라도 이는 공공시설인 이 사건 학교시설을 방학기간이나 휴일을 제외한 개학기간 중, 그것도 학교에 머무르는 시간 동안 일시적으로 이용하는 지위에 있을 뿐이고, 이 사건 학교를 점유하면서 지속적으로 거주하고 있다고 할 수 없어서 생활이익으로서의 일조권을 법적으로 보호받을 수 있는 지위에 있지 않다는 것이다. 이에 대하여 원고 등이 상고하였으나, 대법원은 상고를 기각하였다. 위 1.가.에서 인용한 판결요지 앞부분[31]을 인용한 다음, 다음과 같은 판단을 부가하고 있다.

> "여기에서 객관적인 생활이익으로서 일조이익을 향유하는 '토지의 소유자 등'이란 토지소유자, 건물소유자, 지상권자, 전세권자 또는 임차인 등의 거주자를 말하는 것으로서, 당해 토지·건물을 일시적으로 이용하는 것에 불과한 사람은 이러한 일조이익을 향유하는 주체가 될 수 없다."

나. 이 판결은 일조이익의 향유주체를 명백하게 정한 점에서 선례로서의 의미가 있다. 임차인 등 거주자는 일조이익의 향유주체가 되지만, 일시적 이용자는 일조이익의 향유주체가 되지 못한다고 함으로써, 거주자와 일시적 이용자 사이에서 경계선을 긋고 있다. 이 판결은 그 근거를 밝히고 있지 않은데, 이와 같이 일조권 또는 일조이익의 향유주체를 정하는 근거와 기준은 무엇인가?

---

31) 주 26.

이와 관련하여 일조권 또는 일조이익의 인정근거에 관하여 살펴볼 필요가 있다. 소유권은 물건을 사용·수익·처분할 수 있는 권리로서,[32] 자신의 토지나 건물의 인근에 건물 등이 신축됨으로써 햇빛이나 조망이 차단되는 경우에는 소유권의 내용이 침해된다고 볼 수 있다.[33] 따라서 일조권은 소유자가 햇빛을 향유할 수 있는 권리로서 소유권의 한 내용으로 파악할 수 있다. 또한, 일조권 침해에 대해서는 상린관계에 관한 민법 제217조가 적용될 수 있다. 즉, 민법 제217조 제 1 항은 "土地所有者는 煤煙, 熱氣體, 液體, 音響, 振動 기타 이에 類似한 것으로 이웃 土地의 使用을 妨害하거나 이웃 居住者의 生活에 苦痛을 주지 아니하도록 適當한 措處를 취할 義務가 있다."고 규정하고, 제 2 항은 "이웃 居住者는 前項의 事態가 이웃 土地의 通常의 用途에 適當한 것인 때에는 이를 忍容할 義務가 있다."고 규정하고 있다. 소유권의 소극적 침해는 민법 제217조에 열거한 경우와 유사하기 때문에, 이러한 경우에도 민법 제217조에 따라 그 인용의무를 정해야 한다.[34]

---

32) 민법 제211조는 "所有者는 法律의 範圍 내에서 그 所有物을 使用, 受益, 處分할 수 있다"고 규정한다.

33) 건물을 건축함으로써 이웃 토지의 사용을 소극적·수동적으로 방해하는 경우를 소유권의 消極的 侵害(Negative Immissionen)라고 한다. 예를 들면 빛, 공기, 물, 조망, 바람 등을 차단함으로써 일조권이나 조망권 등을 침해하는 경우가 이에 해당한다. 郭潤直 편, 民法注解(Ⅴ), 245-246면(梁彰洙 집필). 한편 일조를 방해받는 경우에 대해서는 조망을 침해받는 경우보다 넓게 그 구제를 인정하고 있다. 그 이유는 햇빛의 힘, 햇빛에 대한 사람들의 인식에서 그 근거를 찾을 수 있다. 햇빛 없이는 생존할 수 없고, 햇빛을 방해받는 경우에 건강한 삶을 누리고 행복하게 생활하는 데 결정적인 장애가 될 수 있기 때문에, 일조방해에 대한 구제를 인정하는 경우가 많다고 볼 수 있다. 그 반면에 조망을 침해받는 경우에는 신체건강에 직접적인 영향은 없다는 점에서 매우 엄격한 요건 하에서 조망권 또는 조망이익을 보호하고 있다.

34) 우리 민법 제217조는 독일 민법 제906조를 본받은 것이지만, 독일과는 달리 '流入'이라는 용어를 사용하지 않고 있기 때문에, 소극적 침해를 제217조에 의하여 포섭하더라도 문언에 반하는 것은 아니다. 또한 독일에서는 오랫동안 소극적 침해를 독일 민법 제906조의 적용범위에서 배제해 왔으나, 우리나라에서는 소극적 침해를 민법 제217조의 적용범위에서 배제한 판례가 없다. 그리하여 우리나

민법제정 당시 제217조에서 “土地所有者”를 “土地·建物所有者”로 수정할 것인지 논의되었지만, 이 규정은 토지소유자의 상린권에 관한 것이기 때문에 토지소유자라고만 규정하였다.[35] 그러나 建物所有者에게도 이 규정이 유추적용된다고 보아야 한다. 또한 이 규정은 地上權者(민법 제290조), 傳貰權者(민법 제319조)에게도 準用되고 있다.

그런데 부동산의 占有者, 특히 賃借人에게도 민법 제217조가 적용되는지 문제된다. 점유자가 점유의 방해를 받은 때에는 민법 제205조에 따라 그 방해의 제거를 청구할 수 있는데, 점유하고 있는 부동산에서 생활방해가 발생하는 경우에는 부동산의 소유자와 마찬가지로 부동산의 이용을 조정할 필요가 있다. 따라서 부동산의 점유자, 특히 임차인의 경우에도 민법 제217조를 적용하거나 적어도 유추적용하여야 할 것이다. 그러므로 소유자와 점유자 사이의 관계, 점유자들 상호간의 관계에서도 민법 제217조에 따른 수인의무가 있다고 보아야 한다.[36] 부동산의 점유자가 이웃 부동산의 점유자에 의하여 소음피해 등을 입고 있다면 민법 제217조에 따라 방지조치를 청구할 수 있다. 나아가 민법 제217조에서 피해자 또는 인용의무의 주체를 “이웃 거주자”로 정하고 있기 때문에, 이웃 거주자가 소유자인지 여부와는 상관없이 방지조치 등을 청구할 수 있다고 정한 것으로 볼 수 있다. 이 때 이웃 거주자의 범위를 확정하는 것이 쉬운 문제는 아니지만, 임차인이 이웃 거주자에 포함되는 것은 분명하다. 그러나 이 규정은 일정한 장소에서 일하고 있는 근로자 또는 공원 등 일정한 지역에서 산책을 하는 사람에게는

라에서는 일조권이나 조망권을 침해한 경우에도 소유권의 소극적 침해로 보아 민법 제217조를 적용하는 데 장애가 없다. 金載亨, “所有權과 環境保護,” 民法論 Ⅰ, 박영사, 2004, 145면.

35) 民議院 法制司法委員會 民法案審議小委員會 編, 民法案審議錄 上卷, 1957, 137면.

36) 金曾漢, 物權法講義, 1984, 194면; 金基善, 韓國物權法, 全訂增補版, 1990, 203면. 독일의 학설과 판례도 독일민법 제906조가 점유자, 특히 임차인에게도 적용된다고 한다. Baur/Stürner, *Sachenrecht*, 17. Aufl., 1999, §25 Rn. 17; Staudinger-Roth § 906 Rn. 97; BGHZ 15, 146; BGHZ 30, 273; BGHZ 90, 255.

적용되지 않는다.[37]

이 판결에서 거주자를 일조이익의 향유주체에 포함시킨 것[38]은 정당하다. 한편, 이 판결은 일조방해를 받는 학교의 학생을 일시적 이용자라는 이유로 일조이익의 향유주체에서 배제하고 있다. 학교의 학생이 학교에 거주하는 것은 아니기 때문에 '거주자' 개념에 포함되지 않는다. 또한 거주자에 학생을 포함시킬 경우에 권리의 주체가 지나치게 확장될 것이다. 따라서 학생이 일조이익의 향유주체가 아니라는 판단도 정당하다.

V. 계약의 해석 — 융통어음을 이용한 상업어음대출이 신용보증의 대상에 해당하는지 여부: 대판(전) 2008. 5. 23, 2006다36981(공 2008하, 888)

1. 원고(신용보증기금)는 이 사건 신용보증서에 의하여 소외 1 주식회사가 금융기관인 원고보조참가인에게 부담하는 채무에 대하여 신용보증을 하였고, 피고 1, 2는 원고가 원고보조참가인에게 신용보증채무를 이행할 경우 소외 1 주식회사가 원고에게 지게 되는 구상금채무에 대하여 연대보증하였다. 원고가 발급한 이 사건 신용보증서에는 신용보증 대상이 되는 '대출과목'이 '할인어음'이라고 기재되어 있는 한편, "본 보증서는 사업자등록증을 교부받은 업체 간에 당해 업체의 사업목적에 부합되고 경상적 영업활동으로 이루어지는 재화 및 용역거래에 수반하여 발행된 상업어음(세금계산서가 첨부된)의 할인에 대하여 책임을 진

37) 이에 관해서는 金載亨(주 34), 131면.

38) 이 판결이 선고되기 직전 서울중앙지판 2008. 12. 17, 2007가합96794, 2008가합89571은 일조권 침해의 경우, 피해 건물의 소유자 외에도 그로부터 정당하게 임차권 등을 취득하여 일조방해행위 당시 실제로 거주한 자도 위 손해배상을 청구할 수 있다고 판결하였다.

다."라는 내용의 특약사항이 기재되어 있다. 그런데 소외 1 주식회사가 금융기관인 원고보조참가인으로부터 진정한 상업어음의 할인에 의한 대출을 받은 것이 아니라, 소외 2 주식회사가 발행한 이 사건 융통어음을 이용하여 대출을 받았다. 이 사건 신용보증의 대상이 위 융통어음을 이용한 대출을 포함하는지 문제되었다.

원심은 단지 이 사건 약속어음이 상업어음이 아닌 것으로 드러났다는 이유만으로 위 어음할인대출채무에 대하여는 신용보증관계가 성립되지 아니하고 원고는 이에 대하여 신용보증책임을 부담하지 않는다고 판단하였으나, 대법원은 이를 파기환송하였다.

[표 1]

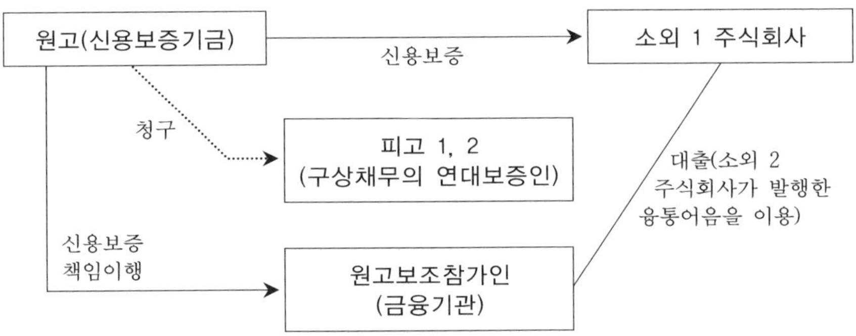

2. 이 판결에서는 다수의견과 반대의견이 처분문서인 신용보증서의 해석을 둘러싸고 상세하게 그 이유를 제시하고 있는데, 그 결론에 해당하는 내용은 다음과 같다. 먼저 다수의견은 "이 사건 신용보증서에 의한 신용보증은 금융기관이 상업어음할인이라는 방법에 의하여 실시하는 대출, 즉 상업어음할인대출을 그 보증 대상으로 하는 것임은 명백하다."는 점을 인정한다. 그러나 상업어음이 아니라는 것이 드러난 경우에도 보증대상에 포함된다고 한다. 즉,

"위와 같은 이 사건 신용보증서에 기재된 대출과목과 특약사항의 내용, 원고의 설립 취지, 신용보증이 이루어지는 동기와 경위, 신용보증에 의하여 달성하려는 목적, 신용보증에 의하여 인수되는 위험 및 상업어음할인대출 절차의 엄격성 등을 종합적으로 고려하면, 이 사건 신용보증서의 상업어음할인 특약에 의해 신용보증을 한 당사자의 의사는, 금융기관이 선량한 관리자로서의 주의의무를 다하여 정상적인 업무처리절차에 의해 상업어음인지 여부를 확인하고 상업어음할인의 방식으로 실시한 대출에 대하여 신용보증책임을 진다는 취지로 해석함이 합리적이라 하겠고, 따라서 금융기관이 상업어음으로서 할인한 어음이 사후에 상업어음이 아님이 드러났다 하여도 그 할인에 의한 대출과정에서 선량한 관리자로서의 주의의무를 다하였다면 그에 대하여는 원고가 신용보증책임을 부담한다는 취지로 해석하여야 할 것이다."

다수의견은 이 사건에 대한 구체적인 판단으로 "원고가 그 어음할인대출채무에 대하여 신용보증책임을 부담하는지 여부를 판단하기 위해서는 원고보조참가인이 위 어음할인대출 당시 이 사건 약속어음이 상업어음인지 여부를 조사·확인하는 과정에서 선량한 관리자로서의 주의의무 위반이 없었는지 여부에 관하여 살펴보아야 할 것"이라고 하였다.

그러나 반대의견은 처분문서인 이 사건 신용보증서상의 신용보증조건에 관한 특약에 대한 문리해석을 통하여 다수의견과 반대의 결론을 도출하고 있다. 즉, "사업자등록증을 교부받은 업체 간에 당해 업체의 사업목적에 부합되고 경상적 영업활동으로 이루어지는 재화 및 용역 거래에 수반하여 발행된 '상업어음'에 해당하지 아니하는 이른바 자금융통을 목적으로 하여 발행된 융통어음이나 그 융통어음의 할인이 포함되는 것으로 해석할 여지는 없다."고 한다. 다수의견에 대하여 이 사건 신용보증조건에 관한 특약에 "금융기관이 주의의무를 다하였음에도 융통어음임을 알아채지 못한 채 이를 상업어음으로 잘못 알고 어음할인을 한 경우에도 원고가 보증책임을 진다."는 뜻이 포함된 문구가 추가되어 있다고 가정하여 해석하는 것이라고 비판한다.

3. 이 사건의 쟁점은 신용보증기금이 상업어음할인대출을 대상으로 하는 신용보증을 하였는데, 금융기관이 할인한 어음이 사후에 상업어음이 아닌 것으로 판명된 경우 신용보증기금이 보증책임을 부담하는지 여부이다. 이를 긍정한다면 금융기관인 원고보조참가인에게 신용보증책임을 이행한 원고(신용보증기금)가 소외 1주식회사의 신용보증기금에 대한 구상채무를 연대보증한 피고들에게 그 이행을 청구할 수 있다. 이와 달리 이를 부정한다면 신용보증기금은 원고보조참가인을 상대로 부당이득반환청구를 하여야 할 것이다. 따라서 이 사건에서 신용보증서를 믿고 대출을 한 금융기관을 보호할 것인지, 아니면 신용보증기금 또는 위 구상채무에 대한 연대보증인을 보호할 것인지 문제되고 있다.

기존의 판례는 금융기관이 이 사건과 같은 상업어음할인 특약이 있는 신용보증서에 기하여 할인을 한 어음이 사후에 상업어음이 아닌 것으로 판명된 경우 그 어음할인대출채무에 대하여는 신용보증관계가 성립되지 아니하고, 금융기관이 어음할인대출을 할 당시 할인 대상 어음이 상업어음인지 여부에 관하여 조사하는 과정에서 주의의무 위반이 없었다고 하더라도 원고는 신용보증책임을 부담하지 않는다고 하였다.[39] 그러나 대법원은 기업구매자금대출에 대한 신용보증의 해석에 관한 사안에서, 금융기관이 기업구매자금대출을 한 후 그 대출한 자금이 기업구매자금이 아닌 것으로 판명된 경우에도 그 대출과정에서 통상의 주의의무를 다하였다면 원고가 보증책임을 부담한다고 판단하였다.[40] 두 문언을 비교해 보자.

---

39) 이 판결에 의하여 변경된 대판 2001.11.9, 2000다23952; 대판 2002.1.22, 2001다57983; 대판 2003.2.11, 2002다55953; 대판 2003.10.10, 2003다38108.

40) 대판 2006.3.9, 2004다67899; 대판 2006.3.10, 2005다24349; 대판 2006.4.27, 2006다8597 등.

* 어음할인대출: 사업자등록증을 교부받은 업체 간에 당해 업체의 사업목적에 부합되고 경상적 영업활동으로 이루어지는 재화 및 용역거래에 수반하여 발행된 상업어음(세금계산서가 첨부된)의 할인.

* 기업구매자금대출: 금융기관이 사업자등록증을 교부받은 업체 간의 거래와 관련하여 그 업체의 사업목적에 부합하는 경상적 영업활동으로써 재화 및 용역을 구매하는 업체에 대하여 취급한 대출.

다수의견은 이 사건 상업어음대출에 대한 신용보증과 그 취지, 내용 및 형식이 기업구매자금대출에 대한 신용보증과 거의 동일하다고 본 반면, 반대의견은 기업구매자금대출에 대한 신용보증의 의미·내용이 일의적으로 명확하다고 할 수 없는 등 이 사건 상업어음할인대출과는 동일하게 취급할 수 없으므로, 양자의 해석론이 반드시 동일할 필요가 없다고 한다. 상업어음할인대출과 기업구매자금대출 사이에는 결론을 달리할 만큼 차이가 있다고 보기는 어렵다. 두 경우에 모두 사업자등록증을 교부받은 업체 간의 거래에 관한 것이고, 그 업체의 사업목적에 부합하는 경상적 영업활동으로 이루어지는 재화 및 용역거래를 기초로 한다는 점에서 동일하다. 상업어음할인대출의 경우에는 세금계산서가 첨부된 상업어음이 발행되고 이에 기하여 할인이 이루어지는 것이 명시되어 있는데, 기업구매자금대출의 경우에도 세금계산서가 발생되어야 할 것이기 때문에 이 점에서는 차이가 없다. 따라서 두 경우를 동일하게 규율하는 것이 바람직할 것이다. 자구의 미세한 차이를 들어 위 두 경우를 다르게 규율하는 것은 납득하기 어려울 것이다.

4. 그렇다면 어떠한 방향으로 견해를 통일할 것인가? 문리해석에 따르면 반대의견이 타당한 것으로 보인다.[41] 일반적으로 융통어음은 현실적인 상거래 없이 발행된 것이어서 그 지급의 확률이 낮은 반면,

41) 이기택, "신용보증기금이 어음할인대출에 관한 신용보증을 함에 있어서 상업어음의 할인에 대하여 보증책임을 부담한다는 특약을 한 경우 그 특약의 해석," 대법원판례해설 제38호(2001 하반기), 2002, 185면 이하.

상업어음은 상품의 매매를 기초로 하고 있고 상품의 단기적인 매각으로 인하여 어음의 결제기간이 길지 않을 뿐만 아니라 어음채무자도 발행인·배서인 등 다수가 존재하는 것이 통상이어서 그 지급의 확률이 높다. 그리고 어음할인의 대상이 융통어음인지 상업어음인지 여부에 따라 원고의 신용보증사고 발생률과 원고가 보증채무 이행 후 어음상의 권리를 대위행사하여 어음채무자들로부터 회수할 수 있는 채권의 비율 등에 상당한 영향을 받는다. 따라서 신용보증기금이 보증책임을 부담하는 주채무의 내용을 상업어음의 할인으로 한정할 이유도 있다.[42)]

그러나 금융기관으로서는 진정한 상업어음인지 여부를 판별하기 쉽지 않다. 상업어음은 위와 같은 재화 및 용역거래에 수반하여 발행된다는 데 그 특징이 있을 뿐 형식적인 측면에서 다른 어음과 아무 차이가 없어 외형만으로는 이를 가려낼 수 없다. 그러므로 금융기관으로서는 일정한 조사·확인절차를 마련하여 그에 따라 수집된 여러 자료에 의하여 할인 대상 어음이 위와 같은 거래에 수반하여 발생된 것이라고 판단되는 경우에 이를 상업어음으로 취급하여 할인함으로써 대출을 실시한다. 다수의견은 이 사건 신용보증서가 보증 대상으로 삼는 상업어음할인대출이 오로지 진정한 상업어음의 할인에 의한 대출만을 의미하는 것이 아니라, 어음의 발행 경위 자체를 따짐이 없이 금융기관이 소정의 조사·확인절차에 의해 상업어음으로 판단하여 실시하는 이른바 '상업어음할인대출'이라는 과목의 대출을 가리키는 것으로 보고 있다. 이는 결국 융통어음을 이용하여 상업어음할인의 절차에 의하여 대출을 한 경우에 그 위험을 금융기관에 귀속시키지 않고 신용보증기금인 원고(또는 구상금채무의 보증인)에게 귀속시킨 것이다.[43)] 금융기관이 선량

---

42) 반대의견을 정리한 것임.

43) 이와 같이 융통어음으로 인한 위험의 종국적 귀속자를 금융기관이 아니라 신용보증기금으로 상정한 것이 신용보증제도의 목적에 부합하는지 문제된다. 신용보증제도는 담보능력이 미약한 기업의 채무를 보증함으로써 기업의 자금융통을 원활히 하는 데 그 목적이 있다(신용보증기금법 제1조). 신용보증기금은 신용

한 관리자로서의 주의의무를 다하여 진정한 상업어음인지 여부에 대하여 확인한 경우에는 나중에 그 어음이 융통어음으로 드러났다고 하더라도 금융기관을 보호할 필요가 있다는 점에서 다수의견을 이해할 수도 있을 것이다.

Ⅵ. 건설공제조합의 하자보수보증과 구상권: 대판(전) 2008. 6. 19, 2005다37154(공 2008, 1028)

1. 원고(건설회사)는 이 사건 주계약상의 보증인이고, 피고(건설공제조합)는 이 사건 하자보수보증계약상의 보증인이다. 원고는 하자로 인한 손해배상채무를 변제하고 피고를 상대로 구상금을 청구하였다. 원심은 원·피고가 민법 제448조가 준용되는 공동보증인의 지위에 있지 않다는 이유로 원고의 청구를 배척하였으나, 대법원은 원고의 상고를 받아들여 원심판결을 파기환송하였다.[44]

보증을 필요로 하는 기업의 경영상태·사업전망·신용상태 등을 조사하여 일정한 심사를 거쳐 보증료를 받고 신용보증서를 발급한다(법 제23조, 제27조, 제33조, 같은 법 시행령 제24조의2). 금융기관은 담보능력이 미약한 기업이 대출을 신청한 경우에도 별도의 담보를 요구함이 없이 신용보증서만을 의존하여 그 기업에게 대출을 할 수 있다(법 제23조). 따라서 신용보증기금이 보증금액의 범위안에서 대출로 인한 위험을 인수하였다고 보더라도 신용보증제도와 관련 법령에 배치되지는 않는다.

44) 다수의견은 이와 배치되는 판결을 폐기하였다. 즉, 대판 2001. 7. 27, 2001다25887은 조합과 주계약상 보증인이 공동보증인의 관계에 있다고 보기 어렵고 따라서 그들 사이에 민법 제448조가 준용될 수 없으므로 주계약상 보증인이 조합을 상대로 구상권을 행사할 수 없다고 하였으나, 이 판결의 견해와 배치되는 범위 내에서 변경되었다. 나아가 다수의견에서 '대판 2001. 2. 9, 2000다55089와 대판 2001. 11. 9, 99다45628은 모두 조합의 보증이 아닌 이행보증보험에 관한 것이기는 하지만, 보증보험계약이라는 이유만으로 상호 구상권을 부정하였다는 점에서 이 판결의 견해와 실질적으로 어긋난다'는 점을 지적하고 있다. 종래 이 판결들에 대해서는 반대하는 견해가 대부분이었다. 愼鏞碩, "機關保證과 主契約上 保證人에 대한 求償權의 存否," 民事裁判의 諸問題 제14권, 2005, 148면 이하; 車永敏, "保證保險의 法的 性質," 民事判例研究 제28집, 2006, 634면 이하.

[표 2]

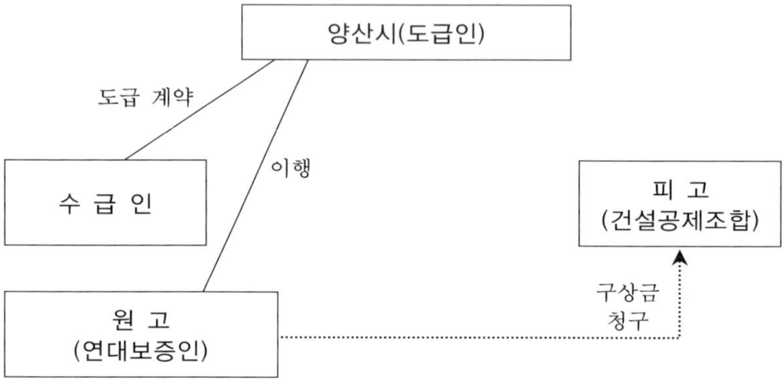

가. 다수의견은 조합원의 하자보수의무를 보증한 건설공제조합과 주계약상 보증인의 관계를 공동보증인으로 보고, 보증인의 구상권에 관한 규정에 따라 상호 구상을 인정한다.45)

> "구 건설공제조합법(1996. 12. 30. 법률 제5230호로 제정된 건설산업기본법 부칙 제2조 제1호로 폐지)에 따라 건설공제조합(이하, '조합'이라고만 한다)이 조합원으로부터 보증수수료를 받고 그 조합원이 다른 조합원 또는 제3자와 사이의 도급계약에 따라 부담하는 하자보수의무를 보증하기로 하는 내용의 이 사건 보증계약은, 무엇보다 채무자의 신용을 보완함으로써 일반적인 보증계약과 같은 효과를 얻기 위하여 이루어지는 것으로서, 그 계약의 구조와 목적, 기능 등에 비추어 볼 때 그 실질은 의연 보증의 성격을 가진다 할 것이므로, 민법의 보증에 관한 규정, 특히 보증인의 구상권에 관한 민법 제441조 이하의 규정이 준용된다."46)
>
> "따라서 조합과 주계약상 보증인은 채권자에 대한 관계에서 채무자

최근의 문헌으로는 최동렬, "보증보험자와 주계약상 연대보증인 사이의 구상관계," BFL 제31호(2008. 9), 120면 이하가 있는데, 이 글은 이 판결에 대한 평석으로서 다수의견을 지지하고 있다.

45) 다수의견에 대한 보충의견은 상호 구상을 인정해야 하는 이유를 상세하게 설명하고 있다.

46) 참조판결: 대판 1997. 10. 10, 95다46265; 대판 2004. 2. 13, 2003다43858 등.

의 채무이행에 관하여 공동보증인의 관계에 있다고 보아야 할 것이므로, 그들 중 어느 일방이 변제 기타 자기의 출재로 채무를 소멸하게 하였다면 그들 사이에 구상에 관한 특별한 약정이 없다 하더라도 민법 제448조에 의하여 상대방에 대하여 구상권을 행사할 수 있다."47)

나. 반대의견은 보증보험48)의 보험적 성격을 강조하면서 상호 구상을 부정하는 이유를 상세히 제시하고 있다. 결론적으로 이 사건 주계약상의 보증인인 원고와 이 사건 하자보수보증계약상의 보증인인 피고가 민법 제448조가 준용되는 공동보증인의 지위에 있다고 볼 수 없고, 원고가 수급인의 하자보수의무의 불이행으로 인한 손해배상채무를 변제하였다고 하더라도 피고에 대하여 구상권을 행사할 수 없다고 한다.

2. 다수의견과 반대의견은 건설공제조합에 의한 하자보수보증의 법적 성격을 달리 파악하고 있다. 다수의견은 이를 보증이라고 파악하지만, 반대의견은 보증적 성격을 인정하더라도 보험적 성격이 있다고 한다. 이에 관한 종래의 견해 대립이 다수의견과 반대의견에 각각 반영되어 있다고 볼 수 있다. 보증보험은 대체로 형식적으로는 보험이지만 실질적으로는 보증이라고 한다. 이는 보험의 성격과 보증의 성격을 겸유하고 있으나, 보증에 더욱 가까운 것으로 볼 수 있다. 그러나 이와 같은 법적 성격에 관한 결론에 따라 보증에 관한 규정과 보험에 관한 규정 중 어느 한 쪽을 당연히 적용하여야 한다는 결론을 도출할 수 있는지는 의문이다. 건설공제조합의 하자보수보증계약은 보증보험계약과 마찬가지로 일반적인 보증계약과는 계약의 체결시기뿐만 아니라, 당사자와 그 형태가 다르다. 따라서 하자보수보증을 보증이라고 보더라도 양자에 대하여 당연히 공동보증에 관한 민법 규정을 적용하여야 하는 것은 아니다.

47) 참조판결: 대판 1997. 6. 27, 97다14576 등.

48) 건설공제조합의 보증도 그에 준하여 취급할 수 있으므로 조합과 보증보험을 모두 '보증보험'이라고 하고 있다.

3. 한편, 다수의견은 상호 구상을 인정하는 것이 형평에 맞는 결과를 도출한다는 점을 강조한다. 조합과 주계약상의 보증인 사이에 상호간의 구상 및 변제자대위를 부정하면, 채무자가 무자력일 경우 채무를 먼저 이행한 쪽이 종국적으로 모든 책임을 지는 결과가 된다고 한다. 또한, 상호 구상은 부정하면서도 채무자에 대한 구상권을 근거로 변제자대위만을 허용한다면 먼저 채무를 이행한 쪽이 채권자를 대위하여 상대방에게 채무 전액에 관하여 이행을 청구할 수 있게 되어 상대방에게 그 비용이 모두 전가된다. 따라서 보증인 중 누가 먼저 변제하든 상대방에 대하여 구상할 수 있어야 한다는 것이다.

그러나 반대의견은 조합의 보증이나 보증보험을 민법상 보증에 준하는 것으로 보아 구상을 허용한다고 하더라도 일률적으로 상호 구상이 허용되지 않고 그 계약관계의 구체적인 내용을 가려서 상호 구상이 허용되는지 여부를 가려야 한다고 하였다. 이 사건 하자보수보증계약에 관하여 상호 구상을 부정하는 구체적인 이유는 다음과 같다. 관급공사도급계약에 대하여 조합이 하자보수보증계약을 체결하였는데, 주채무자인 수급인이 하자보수의무를 이행하지 아니할 경우 연대보증인에게 우선 요구되는 것은 하자보수의무 자체의 이행이지 그로 인한 손해배상채무의 변제는 아니다. 조합 혹은 보증보험자의 책임은 주채무자는 물론 연대보증인까지도 현실적인 하자보수의무를 이행하지 아니한 경우에 비로소 종국적으로 현실화되는 금전지급채무로 국한된다. 그렇다면 다수의견과 같이 조합의 보증 혹은 보증보험의 보증적 성격을 인정한다 하더라도, 이 사건과 같은 관급공사에서 주계약상 채무자인 보험계약자의 하자보수보증의무 불이행의 경우에 발생하는 조합 혹은 보증보험자의 채무와 연대보증인의 채무는 통상적인 공동보증채무관계에 있다고 할 수 없다. 그러므로 주채무자와 연대보증인이 모두 하자보수의무를 이행하지 아니하여 조합 또는 보증보험자가 보험금을 지급한 경우에는 연대보증인에 대하여 구상할 수 있지만, 이와 달리 연대보증인이 보험금 지급에 앞서 하자보수에 관한 면책행위를 한 경우에는 조합 또는 보증보험자의 보험금 지급의무는 발생하지 아니하므로 연대보증인은 조합 또는 보증보험자와 공동으로 채무를 부담하는 관계에 있지 아니하여 구상권을 행사할 수 없고 보험금지급청구권도 대위할 수 없다고 한다.

이 사건의 관건은 하자보수보증의 법적 성격보다는 건설공제조합이 수급인의 불이행으로 인한 위험을 어느 정도까지 인수하였다고 볼 수 있는지 여부이다.

먼저 주계약상 보증인은 수급인의 불이행에 따른 모든 손해를 이행할 책임이 있음은 분명하다. 주계약상 보증인은 주계약 체결시에 건설공제조합의 하자보수보증과는 무관하게 보증을 한 것이기 때문이다. 따라서 건설공제조합이 하자보수보증의무를 이행한 경우에는 주계약상 보증인에게 구상을 할 수 있다고 보아야 한다.

이와 달리 건설공제조합은 공사가 완성된 후에 하자보증을 하였기 때문에, 주채무자가 이행하지 않은 경우에 그로 인한 모든 책임을 인수한 것인지, 아니면 연대보증인이 하자보수의무를 이행하지 않은 경우에 비로소 그로 인한 책임을 인수한 것인지 불분명하다. 반대의견과 같이 건설공제조합이 “주채무자는 물론 연대보증인까지도 현실적인 하자보수의무를 이행하지 아니한 경우에 비로소 종국적으로 현실화되는 금전지급채무”를 부담하기로 하였다면, 주계약상 보증인(원고)이 건설공제조합에 대하여 구상을 할 수 없다고 보아야 한다. 이와 달리 건설공제조합이 주채무자의 연대보증인과 상관없이 주채무자의 하자보수의무 전체를 보증하였다면 구상을 인정하여야 할 것이다. 건설공제조합의 하자보수보증계약에서 어느 범위에서 채무를 보증한 것인지 명확하게 정해져 있지 않다. 건설공제조합이 마련한 계약서 문언의 불명료함으로 인한 위험을 건설공제조합이 부담해야 하지 않을까. 이와 달리 건설공제조합이 자신의 채무를 한정하여 채무를 부담하기로 계약을 체결하는 것도 가능할 것이다.

Ⅶ. 채권자취소권: 대판 2008.12.11, 2007다69162(공 2009, 21)

2008년에도 채권자취소권에 관한·대법원 판결이 많이 나왔다. 그러나 채권자취소권에 관한 법상황은 여전히 만족스럽지 못하다. 민법 규정과 그 해석만으로는 문제를 적정하게 해결하는 데 한계가 있기 때문이다. 세부적으로 새로운 판단을 하고 있는 경우가 많이 있는데,[49] 그

---

49) (1) 대판 2008.3.27, 2007다78616, 78623(공 2008, 612)에서는 부동산공사의 수급인이 민법 제666조에 기하여 채무자인 도급인으로부터 근저당권을 설정받은 행위가 사해행위에 해당하는지 여부가 문제되었는데, 이를 부정하였다. 이와 같은 경우에는 도급인의 일반 채권자에게 부당하게 불리한 것이 아니라는 이유로 사해행위에 해당하지 않는다고 한 점에 의미가 있다. (2) 대판 2008.4.24, 2006다57001(공 2008, 785)은 파산자의 채권에 기한 사해행위취소의 소에서 채무자의 사해행위를 알았는지 여부는 파산자를 기준으로 판단하여야 할 것이나, 파산자가 사해행위의 취소 원인을 알지 못한 상태에서 파산관재인이 선임되었다면, 그 후로는 민법 제406조 제2항 소정의 채권자가 채무자의 사해행위를 알았는지 여부는 파산관재인을 기준으로 판단하여야 한다고 하였다. (3) 대판 2008.4.24, 2007다84352(공 2008, 792)는 "채권자취소권은 채무자의 사해행위를 채권자와 수익자 또는 전득자 사이에서 상대적으로 취소하고 채무자의 책임재산에서 일탈한 재산을 회복하여 채권자의 강제집행이 가능하도록 하는 것을 본질로 하는 권리이므로 원상회복을 가액배상으로 하는 경우에 그 이행의 상대방은 채권자이어야 한다."고 판단하였다. 이 판결에서 사해행위를 "상대적으로 취소"한다는 표현을 사용한 것은 채권자취소권의 효과에 관하여 상대적 효력설을 채택한 것으로 볼 수 있다. 그러나 상대적 효력설을 채택하여야만 가액배상의 이행상대방이 채권자라는 결론을 도출할 수 있는 것은 아니고 채권설을 채택하더라도 이 점에 관해서는 동일한 결론에 도달한다는 점만을 지적해 두고자 한다. (4) 대판 2008.6.12, 2007다37837(공 2008, 965)에서는 채권자가 사해행위취소권을 행사하여 직접 수령한 가액배상금에 대하여 다른 채권자가 취소채권자를 상대로 채권액에 따른 안분액의 지급을 구할 수 있는지 문제되었다. 채권의 공동담보로 회복된 채무자의 책임재산으로부터 민사집행법 등의 법률상 절차를 거쳐 다른 채권자도 안분액을 지급받을 수 있을 뿐, 다른 채권자가 이러한 법률상 절차를 거치지 아니하고 취소채권자를 상대로 하여 안분액의 지급을 직접 구할 수 있는 권리를 취득한다거나 취소채권자가 인도받은 재산 또는 가액배상금의 분배의무를 부담한다고 볼 수는 없다고 하였다. 채무자에 대한 파산절차 등 도산절차가 진행된다면 위와 같은 불합리한 결과가 시정될 수 있겠지만, 다른 채권자가 채무자에 대하여 도산절차를 신청하여 그 절차에서 만족을 얻는 것은 쉽지 않다. 그리하여 이 판결은 가액배상금의 분배절차에 관한 입법적 해결도 언급하고

중 대판 2008. 12. 11, 2007다69162만을 다루고자 한다. 이 판결은 채권자취소권에 기한 원상회복의 범위, 취소청구와 원상회복의 관계에 대한 것이다.

1. A회사는 2004. 8. 26. 10억 29,671,920원 상당의 물품대금 채권을 가지고 있던 피고에게, A회사의 유일한 재산인 공장용지 3,690.5㎡와 그 지상 3층 공장 등 건물(이하 '이 사건 토지 및 건물'이라 한다)을 38억원에 매도하면서, 그 대금의 지급에 관하여 일부는 위 물품대금 채권과 상계하고, 잔금은 A회사로부터 이 사건 건물을 임차한 임차인들에 대한 임대차보증금 반환채무와 은행대출금 채무를 피고가 인수하는 것으로 갈음하기로 하였고, 같은 날 피고에게 이 사건 토지 및 건물에 관하여 소유권이전등기를 마쳤다. 그런데 A회사에 대하여 96,889,650원 상당의 약속어음금 채권을 가지고 있던 원고 B가 수원지방법원 안산지원에 피고를 상대로 위 매매계약이 사해행위에 해당한다며 그 취소 및 원상회복을 구하는 소를 제기하였다. 위 법원은 피고와 A회사 사이에 체결된 위 매매계약을 취소하고, 피고는 원상회복으로 A회사에게 이 사건 토지 및 건물에 관한 소유권이전등기의 말소등기절차를 이행하라는 판결을 선고하였고, 위 판결은 2005. 4. 25. 확정되었으며, 그에 따라 피고 명의의 위 소유권이전등기는 2005. 6. 13. 말소되었다. 한편 피고는 2004. 8. 내지 2004. 9.경 A회사로부터 이 사건 건물 중 각 일부를 임차한 임차인들과 사이에 임대차보증금은 임차인들이 A회사에 지급한 임대차보증금으로 갈음하기로 하여 각 임대차계약을 체결한 후 위 판결

있다. (5) 대판 2008. 11. 13, 2006다1442(공 2008, 1661)에서는 채권자가 채권자취소권을 행사하면서 자신의 채권액을 초과하여 가액배상을 구할 수 있는지 여부가 문제되었다. "가액배상의 경우에 대해서도 사해행위취소로 인한 원상회복으로서 가액배상을 명하는 경우에는, 취소채권자는 직접 자기에게 가액배상금을 지급할 것을 청구할 수 있고, 위 지급받은 가액배상금을 분배하는 방법이나 절차 등에 관한 아무런 규정이 없는 현행법 아래에서 다른 채권자들이 위 가액배상금에 대하여 배당요구를 할 수도 없으므로, 결국 채권자는 자신의 채권액을 초과하여 가액배상을 구할 수는 없다."고 한다.

이 확정될 때까지 임차인들로부터 임료를 지급받아 왔다. 원심은, 사해행위 이후에 수익자가 목적물을 사용·수익함으로써 얻은 이득의 반환 역시 원상회복의 범위에 속함을 전제로 피고에게 이 사건 토지 및 건물을 임대하여 얻은 임료상당액을 원상회복으로서 반환해야 할 의무가 있다고 판단하였다. 그러나 대법원은 피고의 상고를 받아들여 다음과 같은 이유로 원심판결을 파기환송하였다.

> ① "채권자 취소권은 채무자가 채권자를 해함을 알면서 일반재산을 감소시키는 행위를 한 경우에 그 행위를 취소하여 채무자의 재산을 원상회복시킴으로써 채무자의 책임재산을 보전하기 위하여 인정된 권리로서, 사해행위의 취소 및 원상회복은 책임재산의 보전을 위하여 필요한 범위 내로 한정되어야 하므로 원래의 책임재산을 초과하는 부분까지 원상회복의 범위에 포함된다고 볼 수 없다. 따라서 부동산에 관한 법률행위가 사해행위에 해당하여 민법 제406조 제1항에 의하여 취소된 경우에 수익자 또는 전득자가 사해행위 이후 그 부동산을 직접 사용하거나 제3자에게 임대하였다고 하더라도, 당초 채권자의 공동담보를 이루는 채무자의 책임재산은 당해 부동산이었을 뿐 수익자 또는 전득자가 그 부동산을 사용함으로써 얻은 사용이익이나 임차인으로부터 받은 임료상당액까지 채무자의 책임재산이었다고 볼 수 없으므로 수익자 등이 원상회복으로서 당해 부동산을 반환하는 이외 그 사용이익이나 임료상당액을 반환해야 하는 것은 아니다."
>
> ② "한편, 채권자가 민법 제406조 제1항에 따라 사해행위의 취소와 원상회복을 청구하는 경우 사해행위의 취소만을 먼저 청구한 다음 원상회복을 나중에 청구할 수 있으나(대법원 2001.9.4. 선고 2001다14108 판결 참조), 원상회복의 전제가 되는 사해행위의 취소가 없는 이상 원상회복청구권은 인정되지 않으므로 사해행위의 취소를 구함이 없이 원상회복만을 구할 수는 없다."

위 ①과 관련하여 이 사건에서 "피고에게 이 사건 토지 및 건물을 임대하여 얻은 임료상당액을 위 사해행위 취소에 따른 원상회복으로서 반환해야 할 의무가 있다고 볼 수 없다."고 판단하였고, 위 ②와 관련하여 "원고 B는 피고를 상대로 A회사와 피고 사이에 2004. 8. 26. 체결된 위 매매계약이 사해행위에 해당한다며 그 취소를 구하는 소를 제기하여 승소확정판결을 받았으나, 원고 C, D의 경우 피고를 상대로 위 매매계약의 취소를 구하는 소를 제기하였음을 인정할 자료가 없다. 그런데도 원심은 원고 C, D에 대하여도 위 매매계약이 사해행위에 해당함을 전제로 원상회복을 구하는 이 사건 청구를 인용하고 말았으니, 원심의 조치는 이 점에서도 위법하다."고 판단하였다.

2. 채권자취소권에서 원상회복은 사해행위인 법률행위가 없었던 상태로 복귀하는 것이 아니라, 채권자가 공취력을 행사할 수 있는 상태로 책임재산을 회복한다는 의미로 이해하여야 한다.[50] 대법원은 채권자의 공동담보에 속하는 채무자의 책임재산이 부동산이었기 때문에, 부동산에 대한 매매계약을 취소하고 이를 원상회복시키는 것으로 충분하다고 한다. 그러나 사해행위가 없었더라면 채무자가 부동산을 계속 보유하면서 그 부동산을 사용함으로써 사용이익을 얻었거나 임차인으로부터 임료상당액을 받았을 것이다. 이와 같은 사용이익이나 임료상당액도 반환범위에 포함될 수 있을 것이다. 이 사건에서 채무자인 A회사가 이 사건 건물 중 일부를 임차인들에게 임대하고 있었고, 수익자인 피고가 이 사건 토지 및 건물을 매수한 다음 이를 위 임차인들에게 다시 임대하였다. 채무자인 A회사와 수익자인 피고가 위 매매계약을 체결하지 않았다면 임대료 수입은 채무자인 A회사에 귀속되었을 것이다. 따라서 수익자가 원상회복으로서 당해 부동산뿐만 아니라 그 사용이익이나 임료상당액을 반환해야만 책임재산이 회복된다고 볼 수 있을 것이다.

또한 위 ②부분에 관한 판단, 즉 취소를 청구하지 않고는 원상회복

50) 金載亨, "債權者取消權의 本質과 效果에 관한 硏究," 民法論 Ⅱ, 박영사, 2004, 26면.

을 청구할 수 없다는 것은 종래의 대법원 판례[51]를 따른 것이다. 그러나 이러한 태도가 타당한지는 의문이다. 청구취지에 원상회복만을 구하고 있고 사해행위를 취소해 달라는 기재를 하지 않았다고 하더라도 청구원인에서 사해행위의 취소를 구하는 취지가 명백하다면 원상회복청구에 대한 실체적 판단을 하여야 한다.[52] 그와 같은 입장을 취하지 않는다고 하더라도 석명권을 행사하여 바로잡을 수 있도록 하여야 할 것이다. 한편, 이 사건에서는 종전 판결에서 채권자인 원고 B의 사해행위 취소청구에 의하여 매매계약을 취소하는 판결이 확정되었고, 그에 기한 소유권이전등기의 말소등기까지 이루어졌다. 그런데도 다른 채권자인 원고 C, D가 위 매매계약의 취소를 청구하는 것은 지나치게 형식적인 것으로 생각된다. 민법 제407조에서 사해행위의 취소와 원상회복의 효력은 모든 채권자의 이익을 위하여 효력이 있다고 규정하고 있다. 종래 이 규정의 의미를 한정적으로 이해하고 있으나, 그 문언에서 원고 B의 청구에 의한 위 판결의 효력은 다른 채권자인 원고 C, D에게 미친다는 해석을 도출할 수도 있을 것이다.

Ⅷ. 부당이득에서 이른바 운용이익의 반환범위: 대판 2008. 1. 18, 2005다34711(공 2008, 220)

1. 원고가 피고 종중으로부터 이 사건 임야를 매매대금 7억 5천만 원에 매수하고 그 대금을 지급하였으나, 피고 종중의 대표자가 위 매매계약을 체결함에 있어 적법한 총회결의를 거치지 않은 잘못으로 인해 매매계약이 무효가 되었다. 피고는 위 매매대금을 은행에 정기예금으로 예치하였다. 원고는 위 매매대금에서 발생한 정기예금이자 중 피고가

51) 대판 1962. 2. 8, 61다722(집 10-1, 민 92) 등.

52) 상세한 것은 金載亨(주 50), 19-22면.

반환하지 않고 인출·사용한 47,079,030원에 관하여 원고가 손실을 입었다고 주장하였다. 이에 대하여 원심은 이 부분에 대한 원고의 청구를 배척하였다. 그 이유로 이 사건 매매대금을 초과하는 금액은 수익자인 피고의 행위가 개입되지 않았더라도 부당이득된 재산인 위 매매대금으로부터 손실자인 원고가 당연히 취득하였으리라고 생각되는 범위 내의 것이라고 볼 수 없어 반환해야 할 이득의 범위에 속하지 않고, 원고가 이 사건 매매계약을 체결하지 않았더라도 위 매매대금을 다른 용도로 지출하지 아니한 채 반드시 정기예금이자 이상의 수익이 확실하게 보장되는 예금 등의 상품에 투자하여 관리하였을 것이라고 인정할 증거가 없어 위 정기예금이자 상당액이 원고의 손해라고 볼 수도 없다는 점을 들었다. 그러나 대법원은 다음과 같은 이유로 원심판결을 파기환송하였다.

> "부당이득반환의 경우, 수익자가 반환해야 할 이득의 범위는 손실자가 입은 손해의 범위에 한정되고, 여기서 손실자의 손해는 사회통념상 손실자가 당해 재산으로부터 통상 수익할 수 있을 것으로 예상되는 이익 상당이라 할 것이며,[53] 부당이득한 재산에 수익자의 행위가 개입되어 얻어진 이른바 운용이익의 경우, 그것이 사회통념상 수익자의 행위가 개입되지 아니하였더라도 부당이득된 재산으로부터 손실자가 통상 취득하였으리라고 생각되는 범위 내에서는 반환해야 할 이득의 범위에 포함된다."[54]

> "금전을 정기예금에 예치함에는 예치자의 특별한 노력이나 비용, 수완 등을 필요로 하지 않고, 실제로 피고 역시 별다른 노력이나 비용 등을 들이지 않고 이 사건 매매대금을 정기예금에 예치하여 그 이자를 수령하였으며, 또한 이 사건 매매대금이 정기예금에 예치되어 있던 기간의 대부분은 외환위기 직후인 1997. 말부터 2002. 2.까지로서 예금의 이율이

53) 참조판결로 대판 1997. 7. 11, 96다31581을 인용하고 있다.

54) 대판 1995. 5. 12, 94다25551(공 1995, 2104); 대판 2006. 9. 8, 2006다26328, 26335(공 2006, 1669).

역사상 이례적으로 높던 시기이므로 일반인의 경우 여유자금이 있다면 통상 은행에 예금할 가능성이 상당히 높다고 할 것이고, 위 매매대금과 같은 거액의 금전을 장기간 예금하는 경우에는 보통예금보다는 정기예금에 예치하는 것이 일반적이라고 볼 수 있으므로 사정이 이와 같다면 다른 특별한 사정이 없는 한, 위 정기예금이자 상당액은 사회통념상 피고의 행위가 개입되지 아니하였더라도 위 매매대금으로부터 원고가 통상 취득하였으리라고 생각되는 범위 내의 이익으로 볼 수 있어, 피고가 반환해야 할 이득의 범위에 포함되는 것으로 보아야 할 것이다."

2. 매매계약이 무효인 경우에 매도인은 그 대금에 법정이자를 가산하여 지급하는 것으로 충분할 것이다.[55] 그런데 이 판결에서는 매매계약이 무효인 경우, 매도인이 매매대금으로 받은 금전을 정기예금에 예치하여 얻은 이자가 반환해야 할 부당이익의 범위에 포함된다고 보았다. 이 사건에서 문제된 정기예금의 이자율이 매우 높았기 때문에, 부당이득으로서 당연히 반환하여야 하는 범위에 속한다고 단정하기 어렵다. 따라서 이 판결은 부당이득에서 이른바 운용이익의 반환을 인정한 사례라고 할 수 있다.

운용이익은 수익자가 자신의 능력과 활동을 기초로 얻은 이익을 뜻하는 것으로서, 사용이익 또는 이용이익과 구별된다. 이용이익은 수익자가 이를 모두 반환하는 것이 원칙이지만, 운용이익은 수익자가 이를 모두 반환해야 하는지에 관해서 논란이 있다.[56] 전액반환설은 수익자 자신의 능력과 수완이 함께 작용하여 이득을 얻은 경우에도 원칙적으로 그 이득 전체가 권리자에게 귀속되어야 한다고 주장한다.[57] 그러나 이 견해도 객관적 가액을 초과하는 이득의 전부를 권리자에게 귀속시키는 것이 구체적 사안에 비추어 신의칙에 반할 때에는 이득귀속의

55) 대판 2002.2.5, 2001다66369(공 2002, 639).

56) 독일과 일본의 학설에 관해서는 金亨培, 事務管理·不當利得, 2003, 213면; 郭潤直 편, 民法注解(XVI), 2005, 559면(梁彰洙 집필).

57) 金亨培(주 56), 213면.

조절을 할 수 있다고 한다.

대판 1995.5.12, 94다25551(공 1995, 2104)은 수익자가 법률상 원인 없이 이득한 재산을 처분함으로 인하여 원물반환이 불가능한 경우에 "수익자가 자신의 노력 등으로 부당이득한 재산을 이용하여 남긴 이른바 운용이익도 그것이 사회통념상 수익자의 행위가 개입되지 아니하였더라도 부당이득된 재산으로부터 손실자가 당연히 취득하였으리라고 생각되는 범위 내의 것이 아닌 한 수익자가 반환하여야 할 이득의 범위에서 공제되어야 할 것"이라고 한다. 이 사건에서 피고가 정당한 권원 없이 원고 소유의 이 사건 임야에서 중장비인 포크레인과 덤프트럭을 이용하여 굴취한 토석을 농지개량조합이 시행하는 간척지 제방성토 작업장에 운반하여 사용하고 위 조합으로부터 그 토석성토대금을 받았다. 이 경우에 "피고가 이 사건 임야에서 굴취한 토석을 위 작업장에 사용하여 위 조합으로부터 지급받은 위 토석성토대금 중에 이윤이 포함되어 있다 하더라도 이는 피고의 노력에 의한 것이지 사회통념상 위 토석 그 자체로부터 당연히 그 이윤이 발생한다고 할 수는 없으므로 그 이윤 상당 부분도 반환할 이득의 범위에 포함되지 아니한다."고 판단하였다. 한편, 대판 2006.9.8, 2006다26328, 26335(공 2006, 1669)에서는 매매계약을 해제한 경우에 매수인은 목적물의 사용이익을 반환하여야 하는데, 이 경우에도 운용이익을 반환하여야 하는지 문제되었다. 대법원은 매수인이 목적물을 사용하여 취득한 순수입에 매수인의 영업수완 등 노력으로 인한 이른바 운용이익이 포함되어 있고, 이러한 운용이익은 그것이 사회통념상 매수인의 행위가 개입되지 아니하였더라도 그 목적물로부터 매도인이 당연히 취득하였으리라고 생각되는 범위 내의 것이 아닌 한 매수인이 반환하여야 할 사용이익의 범위에서 공제되어야 한다고 하였다.

이 판결은 부당이득의 반환범위에 수익자의 운용이익도 포함되는지 여부에 관해서는 종래의 판례를 따르고 있다. 운용이익이 사회통념상 수익자의 행위가 개입되지 아니하였더라도 부당이득된 재산으로부터 손실자가 통상 취득하였으리라고 생각되는 범위에 속하는지 여부에 따라 포함 여부를 판단하여야 한다. 나아가 이 판결에서 운용이익으로 정기예금이자가 문제되었는데, 이는 반환해야 할 운용이익에 속한다고 보았다. 이와 같이 판단한 데에는 금전을 정기예금에 예치함에는 예치자의 특별한 노력이나 비용, 수완 등을 필요로 하지 않다는 점, 이 사건 매매대금이 정기예금에 예치되어 있던 기간의 대부분은 외환위기 직후인 1997년 말부터 2002. 2.까지로서 예금의 이율이 역사상 이례적으로 높던 시기이므로 일반인의 경우 여유자금이 있다면 통상 은행에 예금할 가능성이 상당히 높다는 점이 중요하게 작용하였다.

Ⅸ. 공무원의 직무상 의무 위반으로 인한 불법행위책임: 대판 2008. 4. 10, 2005다48994(공 2008, 653)

1. 이 판결은 사회적으로 많은 주목을 받았던 이른바 '군산시 윤락가 화재사건'[58]에 대한 것이다. 이 사건 화재로 사망한 여종업원들(이하 '망인들'이라 한다)이 이 사건 유흥주점들 내부에서 감금된 채로 윤락을 강요받으면서 생활하고 있었는데,[59] 망인들의 유족들이 대한민국, 전라북도, 군산시를 상대로 손해배상을 청구하였다. 공무원의 직무위반과 손해 사이에 상당인과관계가 있는지 문제되고 있는데, 대법원은 대한민국과 군산시에 대한 청구와 전라북도에 대한 청구를 구분하여 판단하고 있다.

---

58) 이것은 판례공보에 붙어 있는 제목이다.

59) 원심은, 위와 같은 사정에 관하여 이 사건 경찰공무원들이 이를 쉽게 알 수 있는 상황이었거나 이를 인식하고 있었다고 판단하였고, 대법원은 이와 같은 판단을 지지하고 있다.

가. 피고 대한민국과 군산시에 대한 청구

> "공무원에게 부과된 직무상 의무의 내용이 단순히 공공 일반의 이익을 위한 것이거나 행정기관 내부의 질서를 규율하기 위한 것이 아니고 전적으로 또는 부수적으로 사회구성원 개인의 안전과 이익을 보호하기 위하여 설정된 것이라면, 공무원이 그와 같은 직무상 의무를 위반함으로 인하여 피해자가 입은 손해에 대하여는 상당인과관계가 인정되는 범위 내에서 국가가 배상책임을 지는 것이고, 이때 상당인과관계의 유무를 판단함에 있어서는 일반적인 결과 발생의 개연성은 물론 직무상 의무를 부과하는 법령 기타 행동규범의 목적이나 가해행위의 태양 및 피해의 정도 등을 종합적으로 고려하여야 할 것이며(대법원 1993.2.12. 선고 91다43466 판결, 대법원 1998.5.8. 선고 97다36613 판결 등 참조), 이는 지방자치단체와 그 소속 공무원에 대하여도 마찬가지라고 할 것이다."

나아가 개별적으로 관련 법령 위반과 망인들의 사망 사이에 인과관계가 있는지에 관하여 다음과 같이 판단하고 있다.

첫째, 경찰관직무집행법이나 형사소송법, 풍속영업의 규제에 관한 법률의 각 규범 목적, 이 사건 화재의 발생 및 망인들이 사망에 이르게 된 경위 등에 비추어 이 사건 경찰공무원들의 직무위반행위와 망인들의 사망 사이에 상당인과관계가 존재하지 않는다.

둘째, 이 사건 화재 발생 후 이 사건 유흥주점들 중 '대가'의 1층 내부에 있던 인화성이 강한 실내장식물 등으로 인하여 유독가스가 발생되어 망인들이 1층 출입문이나 2층을 통하여 미처 피신하지 못하고 질식사하였다. 피고 군산시의 담당 공무원이 이 사건 유흥주점들에 관한 용도변경, 무허가 영업 및 시설기준에 위배된 개축에 대하여 시정명령 등 식품위생법상 취하여야 하는 조치를 게을리한 직무상의 의무위반행위와 망인들의 사망이라는 결과 사이에 상당한 인과관계가 있다고 할 수 없다.

나. 피고 전라북도에 대한 청구

이 사건 사고 이전인 2000. 9. 19. 군산시 대명동의 유흥주점에서 화재가 발생하여 감금상태에 있던 윤락녀들이 탈출하지 못하고 사망하는 사건이 발생하였고 이에 군산시청, 군산소방서, 군산경찰서 등이 이와 유사한 사고의 발생을 방지할 목적으로 유흥주점 밀집지역에 대한 합동점검과 교육훈련을 강화하여, 군산소방서가 주관한 합동 소방점검이 2001. 4. 9., 군산경찰서가 주관한 합동 안전시설 점검이 2001. 10. 19. 각 이 사건 유흥주점들에 대하여 실시되었다. 원심은 위 각 합동점검시 피고 전라북도 산하 소방공무원들이 '대가'에 대한 피난·방화시설을 설치·유지하는 데 필요한 시정조치를 명할 권한 등을 행사하지 아니하였더라도 그 권한의 불행사가 현저하게 합리성을 결한 것으로까지는 인정되지 아니하여 구 소방법에서 규정하는 직무를 위배한 위법이 없다고 판단하였다. 그러나 대법원은 이 부분에 대한 원고들의 상고를 받아들여 원심판단을 파기 환송하면서 상세한 이유를 제시하고 있다.

> "구 소방법(2003. 5. 29. 법률 제6893호로 제정된 소방기본법에 의하여 폐지되기 전의 것, 이하 같다)은 화재를 예방·경계·진압하고 재난·재해 및 그 밖의 위급한 상황에서의 구조·구급활동을 통하여 국민의 생명·신체 및 재산을 보호함으로써 공공의 안녕질서의 유지와 복리증진에 이바지함을 목적으로 하여 제정된 법으로서, 소방법의 규정들은 단순히 전체로서의 공공 일반의 안전을 도모하기 위한 것에서 더 나아가 국민 개개인의 인명과 재화의 안전보장을 목적으로 하여 두어진 것이라고 봄이 상당하므로, 소방공무원이 소방법 규정에서 정하여진 직무상의 의무를 게을리한 경우 그 의무 위반이 직무에 충실한 보통 일반의 공무원을 표준으로 할 때 객관적 정당성을 상실하였다고 인정될 정도에 이른 경우에는 국가배상법 제 2 조에서 말하는 위법의 요건을 충족하였다고 봄이 상당하다(대법원 2001. 3. 9. 선고 99다64278 판결 등 참조).
>
> 그리고 소방공무원의 행정권한 행사가 관계 법률의 규정 형식상 소

방공무원의 재량에 맡겨져 있다고 하더라도 소방공무원에게 그러한 권한을 부여한 취지와 목적에 비추어 볼 때에 구체적인 상황 아래에서 소방공무원이 그 권한을 행사하지 않은 것이 현저하게 합리성을 잃어 사회적 타당성이 없는 경우에는 소방공무원의 직무상 의무를 위반한 것으로서 위법하게 된다고 할 것이다(대법원 1998.5.8. 선고 97다54482 판결 등 참조)."

대법원은 나아가 이 사건에서 "경험칙상 위 각 합동점검 당시의 소방공무원들로서도 '대가' 2층 부분이 1층 부분과 함께 사실상 유흥주점에 제공되어 있음을 충분히 알 수 있었다고 봄이 상당"하다고 하고, 두 가지 점에서 소방공무원의 직무 위반과 위 사망의 결과 사이에 상당인과관계가 있다고 판단하였다.

첫째, "위 각 합동점검에 참여한 소방공무원으로서는 실제 영업 현황에 유의하여 구 소방법 제11조의 특수장소의 방염 규정을 적용하고, 비방염제품의 제거 또는 방염성능의 검사를 받도록 하는 등의 조치를 취하여야 할 직무상 의무가 있다고 할 것이고, 앞서 본 법리에 따라 구 소방법에서 특수장소에 대하여 방염 규정을 적용하도록 하고 그 위반사항에 관하여 소방공무원에게 시정조치를 명할 수 있도록 권한을 부여한 취지와 목적, 위에서 살펴본 이 사건 화재 및 망인들이 사망에 이른 경위, 위 합동점검이 계획되고 시행된 과정 등에 비추어 볼 때, 각 합동점검시 '대가'에 대하여 구 소방법상의 방염 규정 위반에 대한 시정조치를 명하지 않은 소방공무원의 직무상 의무 위반은 현저히 불합리한 경우에 해당하여 위법하다고 할 것이며, 이러한 직무상 의무 위반과 망인들이 화재로 사망한 결과와 사이에는 상당인과관계가 존재한다고 봄이 상당하다."

둘째, "위 각 합동점검에 참여한 소방공무원으로서는 위 소방법 관련 규정에 따라 위 잠금장치가 있는 철제문이 화재시 피난에 장애요인이 되는지 여부를 확인하고 그 문이나 잠금장치의 제거 등 시정조치를 취할 직무상 의무가 있다고 할 것인데, 위 철제문의 존재를 인식하고서도 아무런 조치를 취하지 아니한 채 오히려 점검부에는 피난장애시설이 없다는 취지로 허위 기재 및 보고를 한 잘못이 있다 할 것이고, 이러한 소방공무원의 직무상 의무 위반은 앞서 본 제반 법리에 비추어 현저히 불합리하여 위법하다고 할 것이며, 이러한 직무상 의무 위반 역시 망인들의 사망이라는 결과에 상당인과관계가 있다고 봄이 상당하다."

2. 판례[60]에 따르면, 공무원이 직무상 의무를 위반한 경우에 국가 또는 지방자치단체가 배상책임을 질 수 있는데, 그 판단기준은 직무상 의무의 내용이 사회구성원 개인의 안전과 이익을 보호하기 위하여 설정된 것인지, 그 의무 위반과 손해 사이에 상당인과관계가 있는지 여부이다. 이 때 상당인과관계는 일반적인 결과 발생의 개연성, 직무상 의무를 부과하는 법령 기타 행동규범의 목적, 가해행위의 태양, 피해의 정도 등을 종합적으로 고려하여 판단하여야 한다.

이 판결은 위 판례법리를 유흥주점에 감금된 채 윤락을 강요받으며 생활하던 여종업원들이 유흥주점에 화재가 났을 때 미처 피신하지 못하고 유독가스에 질식해 사망한 사안에 적용한 것이다. 이 사건에서 공무원이 경찰관직무집행법, 형사소송법, 「풍속영업의 규제에 관한 법률」, 식품위생법, 구 소방법을 위반한 것이 문제되었다. 이 부분에 대한

60) 대판 1993. 2. 12, 91다43466(집 41-1, 민 125)은 위와 같은 법리를 천명한 다음, 선박안전법이나 '유선 및 도선업법'의 각 규정은 공공의 안전 외에 일반인의 인명과 재화의 안전보장도 그 목적으로 하는 것이라고 할 것이므로, 피고 대한민국의 선박검사관이나 피고 충무시 소속 공무원들이 위와 같은 직무상 의무를 위반하여 시설이 불량한 이 사건 유람선에 대하여 선박중간검사에 합격하였다 하여 선박검사증서를 발급하고, 해당법규에 규정된 조치를 취함이 없이 계속 운항하게 함으로써 이 사건 화재사고가 발생한 것이라고 볼 수 있는 것이라면, 위 유람선 화재사고와 피고들 소속 공무원들의 직무상 의무위반행위와의 사이에는 상당인과관계가 있고, 따라서 피고들은 그로 인한 손해배상책임을 부담하여야 한다고 판결하였다. 이에 관해서는 우선 孫智烈, "國家賠償에 있어서의 違法性과 因果關係," 民事判例硏究 제16집, 1994, 202면 이하 참조. 최근 판결로는 대판 2007. 12. 27, 2005다62747(공 2008, 112).

판단을 정리해 보면 다음과 같다.

첫째, 경찰관직무집행법, 형사소송법, 「풍속영업의 규제에 관한 법률」에서 공무원에게 부과하고 있는 직무상 의무의 내용은 사회구성원 개인의 안전과 이익을 보호하는 데에도 그 목적이 있다고 보아야 한다. 그러나 위 법률에서 부과하고 있는 공무원의 직무상의 의무 위반과 이 사건 가해행위 사이에 관련성이 적다고 볼 수 있다. 위와 같은 법률에 따른 의무의 이행을 게을리하지 않았더라도 이 사건 화재사고의 발생을 방지하지는 못했을 것이기 때문에, 책임귀속의 근거로 삼기 어렵다.

둘째, 식품위생법에서 나오는 공무원의 직무상 의무의 내용은 지방자치단체의 담당 공무원이 위 유흥주점의 용도변경, 무허가 영업 및 시설기준에 위배된 개축에 대하여 시정명령 등 식품위생법상 취하여야 할 조치에 관한 것으로 이 사건 화재사고와는 직접적인 관계가 없다.

셋째, "소방법의 규정들은 단순히 전체로서의 공공 일반의 안전을 도모하기 위한 것에서 더 나아가 국민 개개인의 인명과 재화의 안전보장을 목적"으로 하고 있다. 소방공무원이 소방법에서 정하고 있는 직무상의 의무를 위반한 경우 위법성이 인정될 수 있다. 그리고 소방공무원이 위 유흥주점에 대하여 화재 발생 전 실시한 소방점검 등에서의 구 소방법상의 직무상 의무 위반과 이 사건 화재 사고로 인한 위 사망의 결과 사이에 상당인과관계가 존재한다.

위 판단은 위법성 판단과 상당인과관계 판단으로 구분할 수 있는데, 법률상의 직무 위반 자체는 위법성을 판단하는 근거이고, 법률상의 직무 위반과 손해의 관련성의 존부는 상당인과관계를 판단하는 근거라고 할 수 있다.

3. 이 사건에서 공무원의 직무 위반으로 인한 지방자치단체의 책임을 넓게 인정한 것은 아닌지 논란이 될 수 있다. 소방공무원이 구 소방법상의 방염 규정 위반에 대하여 시정조치를 명하지 않았다는 이유로 이 사건 화재 사고로 인한 위 사망의 결과 사이에 상당인과관계를 인

정한 것은 지나친 것이라고 생각할 수도 있다. 그러나 이 사건에서 소방공무원이 소방법상의 직무상 의무를 위반하였다는 이유로 이 사건 화재로 인한 사망에 대한 손해배상책임을 인정한 결론은 사안에서 나타나는 여러 특수성에 비추어 정당하다고 생각된다. 즉, 이 사건 화재사고 발생 전에 이미 군산시 대명동에서 유흥주점에 화재가 발생하여 윤락녀들이 사망하였다. 그 사건 이후 각종 소방안전대책 관련 지시 및 관계기관 합동점검이 이루어졌는데, 이를 통하여 소방공무원들이 이 사건 유흥주점들과 같은 업소들, 특히 '대가'의 경우 1층 외에 2층을 포함한 건물 내부에서 유흥접객과 윤락행위가 행해지고 있다는 점과 여종업원들에 대한 감시·감금 기타 어떠한 통제를 위하여 1층과 2층 사이의 철제문을 잠가두는 경우에는 화재 등 사고 발생시 위 철제문이 피난에 장애가 될 수 있고 또한 밀폐된 공간구조에서 유독가스의 소통 및 환기에 악영향을 미쳐 결국 건물 내부에 갇힌 자들의 안전에 심각한 영향을 미칠 수 있다는 점을 알았거나 쉽사리 알 수 있었다. "이 사건에서 망인들의 사망의 원인과 태양이 바로 위 철제문에 가로막혀 2층으로 피신하지 못한 채 문 앞에서 모두 질식사"하였는데, 이는 소방공무원의 직무 위반과 밀접하게 관련된 것이다. 나아가 소방공무원이 잠금장치가 있는 철제문의 존재를 인식하고도 아무런 조치를 취하지 아니한 채 점검부에 피난장애시설이 없다는 취지로 허위 기재 및 보고를 하였다. 이와 같은 요소들이 이 사건에서 손해배상책임을 넓게 인정한 요인으로 작용하였다고 보아야 할 것이다.

Ⅹ. 유체인도: 대판(전) 2008. 11. 20, 2007다27670(공 2008, 1727-1762)

1. A는 1947년 B와 혼인하여 원고 등 3남 3녀의 자녀를 두었고,

1961년 이후 B와 떨어져 C와 동거하면서 자녀로 피고들을 두었는데, 2006.1.8. A가 사망하자 피고들은 A의 유체를 양평공원묘원에 있는 분묘에 매장하였다. A의 장남인 원고는 피고들을 상대로 A의 유체를 인도하라는 청구를 하였다. 원심은, 관습상 종손이 있는 경우라면 그가 제사를 주재하는 자의 지위를 유지할 수 없는 특별한 사정이 있는 경우를 제외하고는 종손에게 제사주재자의 지위가 인정된다고 전제한 다음, 원고가 종손으로서 그에 대한 제사를 주재할 자의 지위에 있다는 이유로 원고의 청구를 받아들였다. 이에 피고들이 상고하였으나, 대법원은 전원합의체 판결로서 상고를 기각하였다. 이 판결에는 다수의견 외에도 3개의 반대의견과 3개의 보충의견이 있는데, 의견들의 분량도 많아 정리하는 것 자체가 쉽지 않아 여기에서는 다수의견과 반대의견만을 간략하게 정리하였다.

가. 제사주재자의 결정 방법

민법 제1008조의3은 "분묘에 속한 1정보 이내의 금양임야와 600평 이내의 묘토인 농지, 족보와 제구의 소유권은 제사를 주재하는 자가 이를 승계한다."고 규정하고 있다. 종래 대법원은, 공동상속인 중 종손이 있다면 그에게 제사를 주재하는 자의 지위를 유지할 수 없는 특별한 사정이 있는 경우[61]를 제외하고는 통상 종손이 제사주재자가 된다고 하였다.[62] 그러나 이 판결의 다수의견은 판례를 변경하였다. 그 논리는 다음과 같다.

---

61) 이 판결은 제사주재자의 지위를 유지할 수 없는 특별한 사정이 있는 경우로 중대한 질병, 심한 낭비와 방탕한 생활, 장기간의 외국 거주, 생계가 곤란할 정도의 심각한 경제적 궁핍, 평소 부모를 학대하거나 심한 모욕 또는 위해를 가하는 행위, 선조의 분묘에 대한 수호·관리를 하지 않거나 제사를 거부하는 행위, 합리적인 이유 없이 부모의 유지(遺志) 내지 유훈(遺訓)에 현저히 반하는 행위 등으로 인하여 정상적으로 제사를 주재할 의사나 능력이 없다고 인정되는 경우를 들고 있다.

62) 대판 1997.11.25, 97누7820; 대판 1997.11.28, 96누18069; 대판 2004.1.16, 2001다79037 등 참조.

① "우리 사회 구성원들의 생활양식과 각종 법률 및 제도가 변화함에 따라 상속인들간의 협의와 무관하게 적장자가 우선적으로 제사를 승계해야 한다는 종래의 관습은, 가족 구성원인 상속인들의 자율적인 의사를 무시하는 것이고 적서간에 차별을 두는 것이어서 개인의 존엄과 평등을 기초로 한 변화된 가족제도에 원칙적으로 부합하지 않게 되었고, 이에 대한 우리 사회 구성원들의 법적 확신 역시 상당 부분 약화되었으므로, 더 이상 관습 내지 관습법으로서의 효력을 유지할 수 없게 되었으며, 그러한 관습에 터잡은 종래의 대법원 판결들 역시 더 이상 판례법으로서의 효력을 유지할 수 없게 되었다."63) ② 누가 제사주재자가 되는지에 관하여는 법률에 아무런 규정이 없고, 제사주재자에 관한 종래의 관습 내지 판례법이 그 효력을 유지할 수 없게 되었으므로, 조리에 의해 제사주재자를 정해야 한다.64) ③ 공동상속인들이 있는 경우에는 그 공동상속인들 사이의 협의에 의해 제사주재자가 정해져야 한다. ④ 그러나 "망인의 공동상속인들 사이에 협의가 이루어지지 않는 경우에는 적서를 불문하고 장남 내지 장손자가, 공동상속인들 중 아들이 없는 경우에는 장녀가 제사주재자가 된다고 보는 것이 다른 상속인을 제사주재자로 하는 것보다는 사회통념상 상대적으로 정당성이 있고, 예측가능성도 어느 정도 확보된다고 볼 수 있어 가장 조리에 부합한다."65)66)

이에 대하여 두 개의 반대의견이 있다. 하나는 제사주재자는 우선 공동상속인들의 협의에 의해 정하되, 협의가 이루어지지 않는 경우에는 다수결에 의해 정해야 한다고 한다.67) 다른 하나는 민법 제1008조의3

63) 사회의 거듭된 관행으로 생성한 사회생활규범으로서의 관습 내지 관습법이라고 할지라도, 헌법을 최상위 규범으로 하는 전체 법질서에 반하여 정당성과 합리성이 없는 때에는 이를 법적 규범으로 삼아 법원(法源)으로서의 효력을 인정할 수 없다. 대판(전) 2003. 7. 24, 2001다48781.

64) 민법 제 1 조는 민사에 관하여 법률에 규정이 없으면 관습법에 의하고 관습법이 없으면 조리에 의하도록 정하고 있다.

65) 이 사건에서 A의 장남인 원고와 피고들을 비롯한 다른 공동상속인들 사이에서 누구를 위 망인의 제사주재자로 할 것인지에 관한 협의가 이루어지지 않았으므로, 위 법리에 따라 A의 장남인 원고가 위 망인의 제사주재자가 된다고 하였다.

66) 다수의견에 대한 대법관 이홍훈, 김능환의 보충의견이 있다.

67) 대법관 박시환, 전수안의 반대의견.

에 정한 제사주재자라 함은 조리에 비추어 제사용 재산을 승계받아 제사를 주재하기에 가장 적합한 공동상속인을 의미하는데, 공동상속인 중 누가 제사주재자로 가장 적합한 것인가를 판단함에 있어서 공동상속인들 사이에 협의가 이루어지지 아니하여 제사주재자의 지위에 관한 분쟁이 발생한 경우에는 민법 제1008조의3의 문언적 해석과 그 입법 취지에 충실하면서도 인격의 존엄과 남녀의 평등을 기본으로 하고 가정평화와 친족상조의 미풍양속을 유지·향상한다고 하는 가사에 관한 소송의 이념 및 다양한 관련 요소를 종합적으로 고려하여 개별 사건에서 당사자들의 주장의 당부를 심리·판단하여 결정하여야 한다고 한다.[68]

나. 유체·유골의 처분방법 또는 매장장소 지정의 효력

다수의견은 유체·유골에 관해서도 민법 제1008조의3에 따라 처리하여야 한다고 한다. 즉, ① 사람의 유체·유골은 매장·관리·제사·공양의 대상이 될 수 있는 유체물로서, 분묘에 안치되어 있는 선조의 유체·유골은 민법 제1008조의3 소정의 제사용 재산인 분묘와 함께 그 제사주재자에게 승계되고, 피상속인 자신의 유체·유골 역시 위 제사용 재산에 준하여 그 제사주재자에게 승계된다. ② 피상속인이 생전행위 또는 유언으로 자신의 유체·유골을 처분하거나 매장장소를 지정한 경우에, 선량한 풍속 기타 사회질서에 반하지 않는 이상 그 의사는 존중되어야 하고 이는 제사주재자로서도 마찬가지라고 할 것이지만, 피상속인의 의사를 존중해야 하는 의무는 도의적인 것에 그치고, 제사주재자가 무조건 이에 구속되어야 하는 법률적 의무까지 부담한다고 볼 수는 없다.[69]

68) 대법관 김영란, 김지형의 반대의견.

69) A의 생전 의사에 따라 일부 공동상속인들이 A의 유체를 이 사건 분묘에 매장한 것이라 하더라도 A가 생전에 자신의 유체를 처분하는 행위는 A의 사후에 그 유체에 대한 권리를 취득한 원고에 대하여 법률상 구속력이 없다는 것이다.

이에 대해서도 2개의 반대의견이 있다. 먼저 피상속인의 유체·유골은 제사용 재산인 분묘와 함께 제사주재자가 이를 승계한다고 본 다수의견에는 찬성하지만, 제사주재자가 피상속인의 유체·유골에 대한 관리·처분권을 가지고 있다고 하여 정당한 사유 없이 피상속인의 의사에 반하여 유체·유골을 처분하거나 매장장소를 변경하는 것까지 허용되지는 않는다는 의견이 있다.[70] 이와 달리 유체의 귀속은 아예 분묘의 귀속과 분리하여 처리하여야 한다는 의견이 있다. 즉, ① 장례의 방식이 다양화하여 분묘 없는 장례가 빈번하게 되고 또한 매장 또는 분묘개설을 강행할 근거가 없는 이상, 유체의 귀속은 분묘의 귀속과 분리하여 처리되어야 한다. ② 망인이 자신의 장례 기타 유체를 그 본래적 성질에 좇아 처리하는 것에 관하여 생전에 종국적인 의사를 명확하게 표명한 경우에는, 그 의사는 법적으로도 존중되어야 하며 일정한 법적 효력을 가진다. ③ 나아가 망인의 의사대로 이미 장례나 분묘개설 기타 유체의 처리가 행하여진 경우에는, 다른 특별한 사정이 없는 한 유체의 소유자라고 하더라도 그 소유권에 기하여 그 분묘를 파헤쳐 유체를 자신에게 인도할 것을 청구할 수 없다.[71]

2. 이 전원합의체 판결은 우리나라 대법원 판결에서는 보기 드물게 다양한 의견들로 구성되어 있는데,[72] 현상황에서 생각할 수 있는 거의 모든 주장과 반박이 이어졌다. 가히 의견들이 쟁투를 벌이고 있다고 말할 수 있다. 다수의견이 다룬 주요 쟁점, 즉 제사주재자의 결정방법에 관해서는 이 사건의 해결과 무관하다고 보아 찬부 의견을 밝히지 않는 반대의견도 있다. 혼란스러운 면도 없지 않지만, 법적 논의의 예리함을 보여주는 소중한 판결로 남을 것이라고 생각한다. 항상 같은 구성과 전개만으로는 발전을 기대하기 어려울 것이다. 이렇게 흩어져야 그 속에

70) 대법관 박시환, 전수안의 반대의견.

71) 대법관 안대희, 양창수의 반대의견.

72) 이 판결은 원문이 60면으로서 판례공보에 무려 36면에 걸쳐 수록되어 있는데, 대법원 판결 중 가장 긴 민사판결로 생각된다.

서 조금씩, 아니 현격하게 진보가 이루어지지 않을까 한다.

이 판결에 대해서는 다양한 측면에서 상세한 논의－제사주재자의 의미, 그 결정방법, 관습 또는 관습법의 존부와 그 효력, 법률의 흠결의 인정 여부, 조리의 판단방법 등－가 필요하겠지만, 여기에서는 사람이 죽은 다음 그 유체의 처리에 대하여 死者의 의사가 어떠한 의미가 있는지에 관해서 살펴보고자 한다.

다수의견에서는 유체의 처리에 관하여 死者의 의사를 존중해야 하는 의무는 도의적인 것에 그치고, 제사주재자가 무조건 이에 구속되어야 하는 법률적 의무가 아니라고 한다. 그러나 반대의견에서는 "피상속인의 유체·유골의 처분이나 장례방법에 관한 생전 의사표시에 법적 구속력을 인정"한다. 과연 유체의 처리에 관하여 사자의 의사를 존중하는 것이 도의적 의무인가 아니면 법적 의무인가? 반대의견은 유체의 사후처리에 관하여는 망인의 종국적인 의사가 1차적인 기준이라고 한다. 그 근거는 먼저 사자의 인격권에서 찾을 수 있다.

> "자신의 신체에 대한 권리는 인격권의 핵심에 해당하고, 신체에 대한 자기결정권은 당사자가 살아 있는 동안에는 물론 그 사후에도 최대한 존중되어야 한다. 사람이 사망한 후에는 더 이상 권리의무의 주체가 되지 못한다는 것이 현행법의 일반원칙이기는 하나, 그렇다고 하여 권리능력을 상실하기 전에 생전행위 또는 유언으로 자기 신체의 처분이나 장례방법·매장장소 등에 관한 의사를 표시한 경우 그 의사표시의 효력을 사후에까지 유지시켜 법적 구속력을 인정하는 것까지 부정되어야 할 필요는 없다."

이 견해는 유체를 포함한 분묘가 제사주재자에게 승계된다는 견해를 따르더라도 피상속인의 생전 의사를 무시하고 마음대로 유체를 처분하거나 다른 방법으로 장례를 치르는 것은 허용되지 않는다고 한다. 이는 다른 유족들의 망인에 대한 경애·추모의 정을 훼손하는 행위로서 제사주재자에게 주어진 권한을 넘어선다고 한다. 또 다른 반대의견[73]은 사람의 신체에 관하여 다음과 같이 설명하고 있다.

> "사람의 신체는 그의 본질적 속성이다. 그리고 신체는 가장 뚜렷한 '내 것'으로서, 내가 소유하는 어떠한 물건보다도 더욱 현저하게 나에게 속하며 나의 의사에 의하여 지배된다. 그런데 사람의 사망으로 생전에 신체가 속하던 그 '사람'은 사라지고, 유체의 처리는 살아 있는 자들의 일이 된다. 유체가 이제 '물건'이 되어서 그에 대하여 소유권이 성립한다고 하더라도, 그것은 오로지 장례와 같은 사후처리, 나아가 제사·공양 등을 할 수 있는 권능, 또 그와 같은 의무가 따르는 특수한 객체임은 물론이다."

나아가 이 반대의견은 사람이 자신의 신체에 대하여 가지는 권리가 인격권적인 성질을 갖고 있고 자신의 유체에 대한 사후처리에 관한 한, 이른바 '사후적(死後的) 인격보호'의 한 내용으로서 법적 효력을 가진다고 하면서 "인간의 존엄은 그의 사망에 의하여 완전한 무로 돌아가는 것은 아니며, 살아 있는 사람에 대한 인격 보호의 필요는 사망으로 인하여 완전히 소멸하지 않는다."고 한다.[74] 또한 우리나라의 법률도 유체에 대한 망인의 의사지배를 기본적으로 인정하는 바탕 위에 서 있다고 한다. 「장기등 이식에 관한 법률」[75]은 본인이 장기의 적출에

---

73) 대법관 안대희, 양창수의 반대의견.

74) 이에 대하여 대법관 안대희는 다음과 같은 보충의견을 내고 있다. 헌법 제10조는 인간의 본질이며 고유한 가치인 개인의 인격권과 행복추구권을 보장하고 있고, 이러한 개인의 인격권과 행복추구권은 개인의 자기(운명)결정권을 전제하고 있으며(헌법재판소 1990. 9. 10. 선고 89헌마82 결정), 이 자기결정권은 인격체인 인간이 내리는 모든 자율적 결정을 보장하는 것으로, 여기에는 신체에 대한 자기결정권, 특히 사후(死後)에 자신의 장기(臟器)나 유체·유골을 기증하거나 처분할 자유 및 유체·유골의 매장방법 내지 매장장소를 결정할 자유를 포함한다. 만약 사람의 사후에 그 인격이 비하된다면 인간의 존엄과 가치는 훼손되고 살아 있는 동안의 인간의 존엄성 보장조차 유지될 수 없다. 이는 인간의 존엄성에 기초한 우리 헌법의 기본 정신과 헌법 제10조에 근거한 개인의 인격권 보장의 이념에 반하는 것으로 받아들일 수 없다.

75) 제18조 제3항: 뇌사자와 사망한 자의 장기등은 다음 각호의 1에 해당하는

관하여 자신의 종국적인 의사를 밝힌 한에서는 그 의사가 1차적인 기준이 되며 유족의 의사는 부차적으로만 고려된다는 것이다.

이에 대하여 다수의견에 대한 보충의견에서 사자의 인격권을 인정할 수 없다고 논박한다. 사람은 생존하는 동안 권리와 의무의 주체가 된다(민법 제3조). 따라서 사망한 후에는 그 주체가 될 수 없다. 법률에서 망인의 인격권의 행사방법 등을 규정하고 있는 경우가 아닌 한 망인의 인격권을 쉽사리 인정하는 것은 경계해야 한다는 것이다.

사람이 사망 후에 남는 시신이 소유권의 객체인 물건인지에 관해서는 논란이 있다. 다수설은 소유권의 객체가 된다고 보았으나,[76] 이를 부정하는 견해[77]도 있다.[78] 시신을 소유권의 객체로 보는 견해도 그 소유권의 내용은 보통의 소유권과 같이 사용·수익·처분할 수는 없고, 오로지 매장, 제사 등을 할 수 있는 권능과 의무가 따르는 특수한 것이라고 한다.[79]

우리나라에서 死者 자신의 인격권을 인정하는 견해,[80] 이를 부정하고 유족에 대한 불법행위로 해결해야 한다는 견해[81]가 대립하고 있

경우에 한하여 이를 적출할 수 있다. 다만, 정신질환자 및 정신지체인의 장기등의 경우에는 제1호의 경우에 한하여 이를 적출할 수 있다.

1. 본인이 뇌사 또는 사망전에 장기등의 적출에 동의한 경우. 다만, 그 가족 또는 유족이 장기등의 적출을 명시적으로 거부하는 경우를 제외한다.
2. 본인이 뇌사 또는 사망 전에 장기등의 적출에 동의 또는 반대하였다는 사실이 확인되지 아니한 경우로서 그 가족 또는 유족이 장기등의 적출에 동의한 경우. 다만, 본인이 16세 미만의 미성년자인 경우에는 그 부모(부모 중 1인이 사망하였거나 행방불명 그 밖에 대통령령이 정하는 부득이한 사유로 동의를 할 수 없는 때에는 부모 중 나머지 1인)가 장기등의 적출에 동의한 경우에 한한다.

76) 郭潤直(주 18), 169면.

77) 李英俊, 民法總則, 개정증보판, 2007, 988면.

78) 이에 관해서는 梁彰洙, "分離된 人體部分의 法的 性格," 民法硏究 제9권, 2007, 79면. 이 책, 97면에서는 인체부분은 "인격의 물적 요소의 연장으로서의 성질"을 부인할 수 없다고 한다.

79) 郭潤直(주 18), 169면.

80) 郭潤直 편, 民法注解(Ⅰ), 256면(梁三承 집필); 孫東權 "言論報道와 死者의 名譽毁損," 言論仲裁, 1992. 봄, 언론중재위원회, 9면. 李銀榮, 債權各論, 제5판, 2007, 974면은 종전 판에서와는 달리 死者에 대한 명예훼손을 인정한다.

81) 池弘源, "人格權의 侵害," 사법논집 10집, 226면; 註釋 債權各則(Ⅳ), 132-33

다. 「무궁화꽃이 피었습니다」와 「소설 이휘소」에 대한 출판금지가처분 사건,[82] 영화 「그때 그 사람」[83]에 관한 사건에서 법원이 사자의 인격권을 긍정한 적이 있다.

필자는 사람이 이미 사망한 이후에도 그 인격권을 보호하여야 한다고 주장하였다.[84] 현행법에서 사자의 인격권을 보호하는 규정들이 있다. 형법상 사자의 명예훼손죄(형법 제308조), 저작자 사망 후의 저작인격권을 보호하는 규정(저작권법 제14조 제2항), 언론의 보도에 대한 사자의 인격권을 보호하는 규정(언론중재 및 피해구제 등에 관한 법률 제5조 제3항 내지 제5항)이 그것이다. 한편 민법 제3조는 "사람은 생존한 동안 권리와 의무의 주체가 된다."고 규정하고 있다. 따라서 사람은 사망으로 인하여 권리의무의 주체가 될 수 없다. 그러나 사자의 명예를 훼손시키는 행위를 금지시킬 수 없다면, 인간의 존엄과 가치라는 헌법상의 기본권을 실효성 있게 보장할 수 없기 때문에, 사자의 인격권을 인정하여야 한다.

다수의견에 대한 보충의견은 유족 고유의 인격권 보호를 통해 망인의 인격권을 간접적으로 보호함으로써 위와 같은 문제점을 해소할 수 있을 것이라고 한다. 그러나 이 사건은 유족 고유의 인격권 보호를 통해서는 사자의 인격권을 보호할 수 없는 경우에 해당한다. 이 사건은 사자의 인격권을 인정할 실익이 있다는 것을 보여주고 있다. 인격적 이익에 대한 사자의 의사나 이익과 유족의 의사나 이익이 충돌하는 경우에 사자의 인격권을 인정할 필요성이 있는데,[85] 이 사건에서 일부 유

면(朴哲雨 집필): 韓渭洙, "명예의 훼손과 민사상의 제문제," 사법논집 제24집, 1993, 401-402면.

82) 서울지판 1995. 6. 23, 94카합9230(하집 1995-1, 323).

83) 서울중앙지판 2006. 8. 10, 2005가합16572.

84) 金載亨, "모델소설과 人格權," 人權과 正義 제255호(1997. 11), 66면 이하.

85) 金載亨(주 84), 66면. 사자의 인격권이 침해되었지만, 유족의 인격권이 침해되지는 않았거나 그 침해의 정도가 매우 적어서 유족의 인격권에 기해서는 금지청구 등을 할 수 없는 경우가 있다. 이 경우에 사자의 인격권에 관한 논의가 실익이 있게 된다.

족의 의사와 사자의 의사가 충돌하고 있기 때문이다.

한편, 사자의 인격권이 인정되는 경우에도 그 유족들의 사자에 대한 경애·추모의 감정 등 유족들 고유의 인격권 또한 그와 별개로 보호되어야 하나, 이 사건과 같이 사자의 유체처리가 문제되는 경우에는 사자의 의사 또는 인격권이 우위에 있다고 보아야 할 것이다. 이로 인하여 유족 자신의 명예가 침해되는 것이 아니고 사자에 대한 경애·추모감정만이 문제되고 있고, 이러한 경우에는 사자의 의사를 존중하여야 하기 때문이다.

(民事裁判의 諸問題 제18권, 민사실무연구회, 2009, 3-51면 所載)

14. 2009년 민법 판례 동향*

「2009년」 법학과 법실무 모두 변화의 기로에 서있다. 법학전문대학원의 출범과 함께 법학교육에 일대전환이 일어나고 있다. 법무부 민법개정위원회는 4년에 걸쳐 민법을 전면적으로 개정하기 위한 작업을 다시 시작하였다. 대법원은 이론적으로나 실무적으로나 이목을 끄는 대법원 전원합의체 판결을 쏟아내고 있고, 또한 전원합의체 판결이 아니더라도 새로운 법리를 전개하고 있는 판결들도 적지 않다. 지난해에 나온 판례를 정리하다가 문득 이들 사이에 아무런 관련성은 없을까 하는 생각이 잠시 들었으나, 빨리 잊어버리고 판결을 소개하는 일을 하기로 하였다.

2009년에 나온 민법 판례에 대한 전체적인 인상은 무엇보다도 파급력이 큰 판결들이 많이 나왔다는 점이다. 특히 상반기에 나온 금융실명제, 연명치료중단, 인터넷 명예훼손, 이른바 삼성사건에 관한 판결들은 하나하나 사회적으로 큰 파장을 불러일으켰다. 이러한 판결들은 우리 사회의 중요한 분쟁이 법원으로 오고 있고, 법원은 이에 대한 적극적인 판단을 통하여 우리 사회에서 중요한 부분을 담당하고 있다는 것을 보여주고 있다. 또한 이 판결들은 지극히 현대적인 법률문제를 다루고 있는데 민법에 관한 것이거나 민법에 관한 법리를 기초로 논증을 하고 있다는 점도 주목할 필요가 있다.

실제로 전원합의체 판결의 양적 추이를 보면, 2009년에 민사에 관

* 이 글은 2010년 1월 11일 『민사실무연구회』에서 발표한 내용을 수정·보완한 것이다. 이를 간략하게 요약하여 법률신문 제3826호(2010. 3. 18)와 제3828호(2010. 3. 25)에 "2009년 분야별 중요판례분석 민법(상), (하)"로 게재하였다.

한 전원합의체 판결이 많이 나왔다는 것을 알 수 있다. 2000년대에 들어와 10년 동안 126개의 전원합의체 판결 또는 결정이 나왔고, 그중 17개가 2009년에 나왔다. 또한 판례공보에 민사, 가사, 행정, 조세, 특허, 형사로 구분하여 대법원 판결을 수록하고 있는데, 최근 10년 동안 민사편에 수록된 전원합의체 판결이 47개이고, 2009년에 선고된 것은 7건이다. 이는 대법원이 기존의 판례를 과감하게 또는 적극적으로 변경하고 있다는 것을 의미한다. 또한 2008년에 나온 유체인도 판결[1] 이래 전원합의체 판결에서 다양한 의견이 표출되고 있다. 이에는 2000년대에 들어와 진행되었던 대법관 구성의 다양화가 상당한 영향을 미쳤다고 생각되지만, 여기에서 나아가 현재의 대법원 체제하에서 사법적극주의적 태도가 강화되고 있다고 말할 수 있을런지도 모른다.

한편, 대법원은 법적 견해를 표명하는 중요한 판결에서 사실판단도 아울러 하는 경우가 적지 않다. 법적 판단과 사실판단은 그 경계를 쉽게 그을 수 없는 문제이지만, 대법원이 법률심으로서 법적 견해의 통일에 집중하여야 하고 사실문제를 건드려서는 안 된다는 요청을 충족시키지 못하고 있다고 볼 수 있다. 그런데도 대법원은 원심과는 다른 사실인정을 토대로 법리를 전개할 필요가 있다고 판단하는 경우에는 사실판단을 하는 것으로 추측된다. 하급심으로서는 사실인정을 좀 더 충실하게 할 수 있는 방안을 모색해야 할 것이고, 대법원으로서는 사실판단 문제에 관한 기준을 정할 필요가 있을 것이다.

여기에서는 2009년에 나온 민법에 관한 중요판례를 지난해와 마찬가지로 개관하면서 그 의미를 간략하게 살펴보고자 한다.

---

1) 대판(전) 2008. 11. 20, 2007다27670(집 56-2, 민 164). 이 판결에 관해서는 우선 金載亨, "2008년 민법 판례 동향," 민사재판의 제문제 제18권, 2009, 44면 이하.

Ⅰ. 예금계약의 당사자에 관한 판단기준

1. 1993년 금융실명거래 및 비밀보장에 관한 긴급재정경제명령으로 금융실명제가 실시되었고, 1997년 이를 「금융실명거래 및 비밀보장에 관한 법률」(이하 '금융실명법'이라고 한다)로 대체하였다. 이에 따라 '거래자의 실지명의(實名)에 의하여 금융거래를 하여야 한다'는 것이 법률에 명문화되었다(금융실명법 제3조 제1항).

금융실명제는 예금거래 등 금융거래에서 누구를 당사자로 볼 것인지에 관한 판례에 결정적인 영향을 미쳤다. 금융실명제 실시 전에는 예금계약에서 "예금을 실질적으로 지배하고 있는 자"를 예금주로 보고, 그 명의자가 누구인지 또는 금융기관이 누구를 예금주라고 믿었는지는 상관없다고 하였다.[2] 금융실명제 실시 후 판례는 종전과 달리 원칙적으로 명의인을 예금주로 보고, "특별한 사정으로 금융자산의 출연자와 금융기관 사이에 거래명의인이 아닌 출연자에게 금융자산채권을 귀속시키기로 하는 명시적 또는 묵시적 약정이 있는 경우"에는 그 출연자를 예금주로 보았다.[3] 그러나 대법원이 묵시적 약정을 넓게 인정함으로써, 결과적으로 금융실명제의 취지가 잠탈되었다.

필자는 위와 같은 종전의 판례를 변경하여야 한다고 주장하였다.[4] 금융기관 직원의 권유로 출연자가 타인 명의를 차용하여 예금을 하였더라도 출연자를 예금주로 하기로 하는 묵시적 약정이 있다고 볼 수

2) 대판 1987.10.28, 87다카946(집 35-3, 민 183); 대판 1988.12.27, 88누10060(공 1989, 250); 대판 1995.8.22, 94다59042(공 1995, 3239) 등 다수.

3) 대판 1998.11.13, 97다53359(공 1998, 2855) 등 다수. 이에 관해서는 尹眞秀, "契約當事者의 確定에 관한 考察 －특히 預金契約을 중심으로－," 判例實務硏究(Ⅱ), 1998; 宋德洙, "金融實名制下에 있어서 預金契約의 當事者 내지 預金債權者의 決定," 判例實務硏究(Ⅱ), 1998; 金裕鎭, "金融實名制下에서의 預金主의 認定," 民事判例硏究(XXII), 2000도 참조.

4) 金載亨, "금융거래의 당사자에 관한 판단기준," 민법론 Ⅲ, 2007, 73-77면, 88면.

없다. 왜냐하면 위와 같은 금융기관 직원의 행위는 아래에서 보는 바와 같이 법률에 위반한 것으로서 징계의 대상이 될 뿐만 아니라 은행거래약관에 위배되는 것이기 때문에, 위와 같은 금융기관 직원의 의사를 금융기관의 의사로 볼 수는 없기 때문이다.[5]

2. 대판(전) 2009. 3. 19, 2008다45828(공 2009, 456)은 약 10년 만에 금융실명제 하에서 예금주의 결정기준에 관한 종전의 판례를 변경하였다. 그 사실관계는 다음과 같다. 원고의 남편인 A가 2006. 2. 13. 원고를 대리하여 B은행(주식회사 좋은상호저축은행)에서 원고 명의로 신규 정기예금계좌(이하 '이 사건 예금계좌'라 한다)를 개설하고 4,200만 원을 예치하였다. 이 사건 예금계좌 개설 당시 작성된 예금거래신청서의 신청인란에는 원고의 성명과 주민등록번호가 기재되어 있고 원고의 주민등록증 사본이 붙어 있으며, 위 예금거래신청서의 실명확인란에는 담당자와 책임자의 확인 도장이 날인되어 있다. 이 사건 예금계좌의 통장 등은 원고 명의로 발급되었고, B은행의 거래내역 현황에는 원고를 이 사건 예금계좌의 권리자로 기재하고 있다.

원심은 B은행과 A 사이에서 실명확인 절차를 거쳐 위 예금거래신청서 등에 예금명의자로 기재된 원고가 아닌 A를 이 사건 예금계좌의 예금반환청구권이 귀속되는 예금계약의 당사자로 하기로 하는 묵시적 약정이 체결되었다는 취지로 판단하였다. 그 근거로 위 4,200만 원은 A 명의로 다른 금융기관에 개설된 다른 예금계좌에서 인출되어 이 사건 예금계좌에 입금된 것이고, 위 예금거래신청서는 A에 의하여 작성된 것으로서 A의 도장이 거래인감으로 등록·사용되고, 이 사건 예금계좌의 비밀번호가 A 명의의 다른 정기예금계좌의 비밀번호와 동일하며, 이 사건 예금계좌의 이자가 매월 A 명의의 다른 은행 예금계좌로 자

5) 위 논문은 원래 2006년 5월 16일 대법원 비교법실무연구회 제55회 세미나에서 발표한 것이다. 당시 서울고판 2004. 7. 22, 2003나71145를 검토의 대상으로 삼았는데, 상고심 판결인 대판 2007. 6. 14, 2004다45530에서도 종전의 법리와 동일하게 판단하였다.

동이체되도록 신청되어 있는 사정 등을 들었다. 이에 대하여 원고가 상고하였고, 대법원은 원심판결을 파기환송하였다.[6] 다수의견의 주요한 판단은 다음과 같다.

> "결국, 위에서 본 처분문서에 표시된 의사표시의 해석에 관한 일반적인 법리와 아울러 투명한 금융거래를 추구하는 금융실명제 관련 법령의 규정과 입법 취지, 예금계약 관련 기본약관, 금융실무의 관행, 예금거래의 특수성, 예금명의자와 금융기관의 의사 및 신뢰보호의 필요성 등을 종합하여 보면, 금융실명법에 따라 실명확인 절차를 거쳐 예금계약을 체결하고 그 실명확인 사실이 예금계약서 등에 명확히 기재되어 있는 경우에는, 일반적으로 그 예금계약서에 예금주로 기재된 예금명의자나 그를 대리한 행위자 및 금융기관의 의사는 예금명의자를 예금계약의 당사자로 보려는 것이라고 해석하는 것이 경험법칙에 합당하고, 예금계약의 당사자에 관한 법률관계를 명확히 할 수 있어 합리적이라 할 것이다. 그리고 이와 같은 예금계약 당사자의 해석에 관한 법리는, 예금명의자 본인이 금융기관에 출석하여 예금계약을 체결한 경우나 예금명의자의 위임에 의하여 자금 출연자 등의 제3자(이하 '출연자 등'이라 한다)가 대리인으로서 예금계약을 체결한 경우 모두 마찬가지로 적용된다고 보아야 한다."
>
> "따라서 본인인 예금명의자의 의사에 따라 예금명의자의 실명확인 절차가 이루어지고 예금명의자를 예금주로 하여 예금계약서를 작성하였음에도 불구하고, 위에서 본 바와 달리 예금명의자가 아닌 출연자 등을 예금계약의 당사자라고 볼 수 있으려면, **금융기관과 출연자 등과 사이에서 실명확인 절차를 거쳐 서면으로 이루어진 예금명의자와의 예금계약을 부정하여 예금명의자의 예금반환청구권을 배제하고, 출연자 등과 예금계약을 체결하여 출연자 등에게 예금반환청구권을 귀속시키겠다는 명확한 의사의 합치가 있는 극히 예외적인 경우**로 제한되어야 할 것이고, 이러한 의사의 합치는 금융실명법에 따라 실명확인 절차를 거쳐 작성된 예금계약서 등의 증명력을 번복하기에 충분할 정도의 명확한 증명력을 가진 구체적이고 객관적인 증거에 의하여 매우 엄격하게 인정하여야 한다."(굵은 글씨는 강조하기 위하여 인용자가 가한 것임. 이하 같다).

6) 이 판결에는 다수의견과 별개의견, 2개의 보충의견이 있다.

3. 이번 전원합의체 판결은 “금융실명법에 의하여 예금명의자에 대한 실명확인 절차를 거쳐 예금계약서 등을 작성함으로써 그의 명의로 예금계약이 이루어진 사안”에서 “금융기관과 출연자 등 사이에서 예금명의자와의 예금계약을 부정하여 예금명의자의 예금반환청구권을 배제하고 출연자 등과 예금계약을 체결하여 출연자 등에게 예금반환청구권을 귀속시키려는 명확한 의사의 합치가 있다고 인정되는 극히 예외적인 경우”에 한하여 출연자 등을 예금주로 인정하고 있다. 이로써 “그에 이르지 아니한 명시적 또는 묵시적 약정에 의하여서도 예금명의자가 아닌 출연자 등에게 예금반환청구권이 귀속될 수 있다.”라고 한 종래의 판례[7]를 변경하였다. 대법원은 옳은 방향을 제시하였다고 생각한다.[8]

예금계약의 당사자를 정하는 것은 의사표시의 해석 문제이다. 그런데 “대량적·반복적으로 이루어지는 예금계약과 같은 금융거래”의 경우에는 일반적인 계약과는 달리 정형적이고 신속하게 그 당사자를 정할 필요가 있다. 이 경우에는 “다른 계약의 경우보다 훨씬 더 실명확인 절차를 통하여 객관적으로 표시된 예금명의자 및 금융기관의 의사에 기초하여 예금계약의 당사자, 즉 예금반환청구권을 갖는 예금주를 정하여야 한다.”[9]

이 사건에서 예금계약에서 자금 출연경위, 거래인감 및 비밀번호의 등록·관리와 예금의 인출 상황 등의 사정은 B은행과의 예금계약과는 구별되는 것으로, 원고와 A 사이의 내부적 법률관계에 불과하고, 이 사건 예금계좌의 개설 당시 B은행이 명확히 알기 어렵다. 따라서 실명확인 절차를 거쳐 위 예금거래신청서 등에 예금명의자로 기재된 원고를 예금계약의 당사자로 보아야 할 것이다.

---

7) 대판 2000.3..10, 99다67031(공 2000, 248) 등 다수.

8) 이 판결에 찬성하는 견해로는 오영준, “금융실명제하에서 예금계약의 당사자 확정 방법,” 사법 제8호(2009.6), 사법연구지원재단, 265면 이하; 孫哲宇, “金融實名制와 預金主 確定,” 民事判例硏究(XXXII), 2010, 155면 이하.

9) 이 부분은 판결의 이유(다수의견) 중 1.나.에 있는 내용을 요약한 것이다.

실지명의에 의하여 금융거래를 하여야 한다는 금융실명법 제3조 제1항에서 금융거래의 당사자들에게 명의인을 당사자로 보려는 의사가 있다는 것을 끌어낼 수 있고, 이에 기하여 명의인을 금융거래의 당사자로 보아야 한다는 원칙을 도출할 수 있다. 이를 도식화하면, 「금융실명법 제3조 제1항 → 당사자의 의사 → 명의인이 금융거래의 당사자라는 원칙」이라고 표시할 수 있다.[10] 최근에는 고객주의의무 제도, 즉 고객 알기 정책의 도입과 함께 금융실무에서 고객을 확인하는 절차를 더욱 강화하고 있기 때문에,[11] 이러한 논리가 더욱 강화될 수 있다.

이 판결에서 '금융기관과 출연자 등 사이에서 출연자 등과 예금계약을 체결하여 출연자 등에게 예금반환청구권을 귀속시키려는 명확한 의사의 합치가 있다고 인정되는 극히 예외적인 경우'에 한하여 출연자 등을 예금주로 인정하고 있는데, 출연자 등을 예금주로 인정하는 것은 명시적 약정에 의해서만 가능하고 묵시적 약정에 의해서는 불가능한 것인지라는 문제[12]에 관하여 생각해 볼 필요가 있다. 실제 사안에서 이와 같은 묵시적 약정이 인정되는 경우를 찾기는 어렵겠지만, 논리적으로는 묵시적 약정에 의해서도 '출연자 등에게 예금반환청구권을 귀속시키려는 명확한 의사의 합치'가 있는 경우를 배제할 수는 없을 것이다. 묵시적 의사표시는 명시적 의사표시에 대응하는 개념이고, 묵시적 의사표시에 의해서도 명확한 의사가 드러날 수 있기 때문이다.[13]

---

10) 金載亨(주 4), 70면.

11) 2005. 1. 17. 개정된 「특정 금융거래정보의 보고 및 이용 등에 관한 법률」 제5조의2.

12) 이 판결의 사안은 출연자 등에게 예금반환청구권을 귀속시키려는 명확한 의사의 합치를 인정할 수 없는 것이기 때문에, 이 점은 이 판결의 쟁점이 아니고, 따라서 이에 대한 명시적인 판단을 하고 있지 않다.

13) 당사자에게 명확한 의사가 있는 경우에 이것이 표시되는 방법은 명시적일 수도 있고 묵시적일 수도 있다. 의사표시가 명시적인지 묵시적인지라는 의사표시의 명시성 여부와 의사표시가 명확한지 불명확한지라는 의사표시의 명확성 여부는 보는 관점이 다르다고 할 수 있다. 달리 말하면, 묵시적 약정에서도 명확한 의사의 존재를 인식할 수 있을 것이다.

4. 한편 금융거래에서 명의인 아닌 출연자 등을 당사자로 하는 약정이 있는 경우에 그 사법적 효력을 어떻게 볼 것인지 문제된다. 이 점은 별개의견과 다수의견에 대한 보충의견에서 상세히 다루어졌다.

대법관 박시환의 별개의견은 다수의견이 출연자 등이 실명확인 절차를 거치지 아니한 채 배후에 숨어서 예금계약상의 예금반환청구권을 갖는 예금계약의 당사자로 인정받는 범위를 엄격하게 제한하려는 취지에는 기본적으로 찬성한다. 그러나 금융실명제 아래에서 누구를 예금주로 확정할 것인가 하는 문제를 의사표시 해석에 관한 일반 법리에 따라 해결하려고 하는 접근방법에 반대하고, 결국 금융실명법 제 3 조 제 1 항을 강행규정으로 보고 있다. "출연자 등이 예금명의자 명의로 실명확인 절차를 거쳐 예금계약을 하면서, 금융기관과의 합의하에 출연자 등을 예금계약상의 예금반환청구권을 갖는 예금계약의 당사자로 하기로 별도로 약정한 경우 등에는, 그 별도의 약정에 관하여 당사자들이 명확한 증명력을 가진 구체적이고 객관적인 증거를 남겨 두었는지 여부와 관계없이, 그러한 별도의 약정 자체는 강행규정인 금융실명법 제 3 조 제 1 항에 위반되어 효력이 없는 것으로 보아야 한다."라는 것이다. 출연자와 예금명의자, 금융기관 등 관련 당사자들의 내심의 의사도 출연자 등을 예금주로 하는 예금계약이 효력을 인정받지 못할 경우에는 예금명의자를 예금주로 하는 예금계약이라도 형성시키려는 의사였다고 보는 것이 합리적일 것이므로, 결국 이러한 경우에는 금융기관과 예금명의자 사이의 예금계약만이 유효하게 성립할 뿐이어서, 예금반환청구권을 갖는 예금계약의 당사자는 예금명의자라고 한다. 다만 별개의견은 실명확인 절차를 거치지 않은 모든 예금계약이 강행규정 위반을 이유로 무효라고 하지는 않고, "이 사건과 같이 예금명의자의 명의로 실명확인 절차까지 마쳐지고 그 명의로 예금계약이 체결되어 금융실명법이 요구하는 요건을 갖춘 예금계약의 외관이 따로 있음에도 불구하고, 이를 무시하고 실명확인 절차를 거친 자 외의 다른 사람을 예금주로 하는 예금계약을 인정하는 것은 금융실명법의 취지에 정면으로 반하는 것으로서, 최소한 그와 같은 경우에는 위 금융실명법의 규정을 강행규정으로 적용하여 실명확인 절차를 거친 예금명의자 이외의 예금계약은 이를 유효한 예금계약으로 허용할 수 없다."라고 한다.

이에 대하여 대법관 차한성의 다수의견에 대한 보충의견은 금융실명법 제3조 제1항만을 근거로 예금계약을 일률적으로 무효로 하는 해석론을 채용할 수 없다고 하고, 다만 금융기관과 출연자 등 사이의 예금계약이 범죄수익금 등의 은닉·보관이나 뇌물 등의 제공을 위하여 체결된 경우 등에는, 이러한 개별 예금계약의 동기, 목적, 경위 및 내용과 금융기관의 인식 및 관여 정도 등을 따져서 당해 예금계약을 민법 제103조에 의하여 무효로 하는 것이 얼마든지 가능하다고 한다.

금융기관과 출연자 등 사이에서 출연자 등과 예금계약을 체결하여 출연자 등에게 예금반환청구권을 귀속시키려는 명확한 의사의 합치가 있는 경우에 그 효력을 인정할 것인지 문제된다. 이에 관한 명시적 규정이 없기 때문에, 법해석을 통하여 그 유·무효를 결정하여야 한다. 금융실명법 제3조의 규정이 강행규정이 아니라고 하더라도 이를 위반한 계약이 항상 유효인 것은 아니다. 금융기관 직원의 권유로 당사자들이 고의적으로 금융실명법, 예금자보호법, 금융감독규정 등 관련 법령과 은행거래약관을 회피할 목적으로 차명거래를 하는 경우에는 무효가 될 수 있을 것이다.[14)]

5. 이 판례법리는 예금계약에 한정하여 적용되는지 문제된다. 대법관 양창수의 다수의견에 대한 보충의견은 특히 계약의 당사자의 확정에 관한 대판 1995. 10. 13. 94다55385(집 43-2, 민 290)[15)]와 이에 따른

14) 金載亨(주 4), 77면, 87면.

15) "계약의 당사자가 타인의 이름을 임의로 사용하여 법률행위를 한 경우에는 행위자 또는 명의인 가운데 누구를 당사자로 할 것인지에 관하여 행위자와 상대방의 의사가 일치한 경우에는 그 일치하는 의사대로 행위자의 행위 또는 명의인의 행위로서 확정하여야 하지만, 그러한 일치하는 의사를 확정할 수 없을

판결을 비판적으로 검토하고 있는데, "계약당사자의 확정에 관한 의사표시 해석에서 그 기준이 되는 '당사자'를 행위자(즉 명의차용인)와 상대방의 두 사람으로 제한하고, 명의인은 아예 거기서 배제"하는 것은 부당하다고 한다. "예금계약의 당사자는 무엇보다도 그 명의에 좇아 정하여져야 하고, 그 경우 실제로 금융기관에서 예금계좌의 개설을 신청하는 사람은 통상적으로 그의 대리인 또는 사자로서 행위하는 것으로 보아야" 하며, 그 예외는 "극히 엄격한 기준 아래서만 인정된다"고 한다. 이와 같이 보는 것이 "의사표시 해석의 일반적 기준인 상대방의 입장에서의 '합리적 이해'의 요청에 적합하다"고 한다. 이 견해는 예금계약에서 당사자 확정에 관한 이 판결의 논리가 다른 계약들에서 그대로 적용되지 않더라도 거의 유사하게 적용될 수 있다는 점을 지적한 것이다.[16)]

Ⅱ. 법해석의 방법과 한계

1. 대판 2009. 4. 23, 2006다81035(공 2009, 724)의 원심판결은 추운 겨울에 임대주택에 살고 있는 노인을 쫓아내려는 원고의 청구를 배척하여 '따뜻한 가슴'을 느끼게 하는 '아름다운 판결'로 언론에 보도되었던 그 유명한 판결이다.[17)] 원심이 인정한 사실관계는 다음과 같다. 이

경우에는 그 계약의 성질·내용·목적·체결경위 등 그 계약 체결 전후의 구체적인 제반 사정을 토대로 상대방이 합리적인 인간이라면 행위자와 명의자 중 누구를 계약 당사자로 이해할 것인가에 의하여 당사자를 결정한 다음, 그 당사자 사이의 계약 성립 여부와 효력을 판단하여야 한다."

16) 대출명의자를 제3자로 하는 차명대출의 경우에는 금융실명법이 적용되지 않지만, 이 경우에도 원칙적으로 명의인을 대출채무자로 보아야 한다. 이에 관해서는 金載亨(주 4), 70면 이하 및 그곳에 있는 문헌 지시 참조.

17) 이 원심판결에 관해서는 金載亨, "황금들녘의 아름다움 : 법해석의 한 단면," 법학평론 제1호(2010. 9), 200면 이하에서 검토하였는데, 아래의 내용은 그 상고심 판결이 나온 것을 계기로 위 글의 내용 중 일부를 간추린 것이다.

사건 임대주택의 임차 목적은 분명히 피고 2의 주거공간을 구하는 것이었고, 이 사건 임대주택을 임차하여 그곳에 거주하겠다는 결정을 한 자도 피고 2(피고 1의 아버지)이었으며, 보증금으로 지급된 자금 역시 그의 것이었다. 다만 피고 2가 처의 병수발로 자리를 뜰 수 없었던 절박한 사정이 있었기 때문에 직접 원고 공사의 사무실을 찾아가 자신의 명의로 임대차계약을 체결하지 못하고 출가한 딸인 피고 1에게 임대차계약의 체결을 부탁하였는데, 피고 1은 법적 권리에 관하여 정확한 지식과 정보를 갖지 못하였기 때문에 계약 체결과정에서의 실수로 인하여 아버지(피고 2)의 이름이 아닌 자신(피고 1)의 명의로 이 사건 임대차계약을 체결하였다. 피고 1이 법적으로 허용되지 않는 어떤 이익을 얻거나 법적 규제를 회피하기 위하여 그렇게 한 것은 아니었다. 피고 2는 현재 75세의 고령에 홀로 살고 있는 노인으로서 경제적 활동을 할 능력을 잃었고 넉넉한 재정능력도 갖고 있지 못하다. 원고는 임대차계약 기간 만료를 이유로 피고들에게 명도와 퇴거를 구하는 소를 제기하였다.

원심은 임대주택법[18]이 달성하고자 한 정책적 목표, 위 법이 의도한 계획과 보호 범위 등 법해석학의 관점에서 볼 때, 임대주택법 제15조 제1항의 '임차인'의 의미를 문언적·법형식적으로만 해석할 것이 아니라 위에서 본 바와 같은 특별한 사정이 있는 이 사건에서는 임대차계약의 목적, 재정적 부담과 실제 거주자라는 실질적 측면에서 사회적 통념상 임차인으로 여겨지는 피고 2가 이른바 '실질적 의미의 임차인'에 해당되어 이 사건 임대주택에 관하여 우선분양을 받을 권리를 가지므로, 임대차계약 기간 만료를 이유로 피고들에게 명도와 퇴거를 구하는 원고의 청구는 허용되지 않는다고 판단하였다. 그러나 대법원은 다음과 같은 이유로 원고의 상고를 받아들여 원심판결을 파기환송하였다.

18) 2005. 7. 13. 법률 제7598호로 개정되기 전의 것.

① "법은 원칙적으로 불특정 다수인에 대하여 동일한 구속력을 갖는 사회의 보편타당한 규범이므로 이를 해석함에 있어서는 법의 표준적 의미를 밝혀 객관적 타당성이 있도록 하여야 하고, 가급적 모든 사람이 수긍할 수 있는 일관성을 유지함으로써 법적 안정성이 손상되지 않도록 하여야 한다. 그리고 실정법이란 보편적이고 전형적인 사안을 염두에 두고 규정되기 마련이므로 사회현실에서 일어나는 다양한 사안에서 그 법을 적용함에 있어서는 구체적 사안에 맞는 가장 타당한 해결이 될 수 있도록, 즉 구체적 타당성을 가지도록 해석할 것도 또한 요구된다. 요컨대, 법해석의 목표는 어디까지나 법적 안정성을 저해하지 않는 범위 내에서 구체적 타당성을 찾는 데에 두어야 할 것이다. 그리고 그 과정에서 가능한 한 법률에 사용된 문언의 통상적인 의미에 충실하게 해석하는 것을 원칙으로 하고, 나아가 법률의 입법 취지와 목적, 그 제·개정 연혁, 법질서 전체와의 조화, 다른 법령과의 관계 등을 고려하는 체계적·논리적 해석방법을 추가적으로 동원함으로써, 앞서 본 법해석의 요청에 부응하는 타당한 해석이 되도록 하여야 할 것이다.

한편, 법률의 문언 자체가 비교적 명확한 개념으로 구성되어 있다면 원칙적으로 더 이상 다른 해석방법은 활용할 필요가 없거나 제한될 수밖에 없고, 어떠한 법률의 규정에서 사용된 용어에 관하여 그 법률 및 규정의 입법 취지와 목적을 중시하여 문언의 통상적 의미와 다르게 해석하려 하더라도 당해 법률 내의 다른 규정들 및 다른 법률과의 체계적 관련성 내지 전체 법체계와의 조화를 무시할 수 없으므로, 거기에는 일정한 한계가 있을 수밖에 없다."

② "결론적으로, 임대주택법 제15조 제 1 항에서 규정하는 '임차인'이란 어디까지나 위 법률이 정한 요건과 절차에 따라 임대주택에 관하여 임대사업자와 임대차계약을 체결한 당사자 본인으로서의 임차인을 의미한다고 할 수밖에 없고, 이와 달리 당사자 일방의 계약목적, 경제적 부담이나 실제 거주사실 등을 고려한 '실질적 의미의 임차인'까지 포함한다고 변경, 확장 해석하는 것은 앞서 본 법률 해석의 원칙과 기준에 어긋나는 것으로서 받아들일 수 없다."

③ "이 사건 임대차계약의 당사자 본인으로서의 임차인은 계약체결행위를 실제로 하였고 또한 계약서상으로도 임차인으로 표시되어 있는 피고 1이라고 볼 수밖에 없다."

2. 법률의 해석에서 법률의 문언에 따라 해석하는 것이 원칙이다. 그러나 법률의 목적을 고려하여 법률을 해석하는 경우도 드물지 않다. 예외적으로 문언과 달리 법규정을 해석하는 것도 허용될 수 있다. 중요한 것은 어떠한 경우에 법규정의 문언과 달리 해석할 수 있는지 여부이다. 이에 대해서는 여러 입장과 견해가 있는데, 이 판결의 원심을 맡은 재판장은 종전에 다음과 같은 경우에 법률문언을 넘은 해석과 법률문언에 반하는 해석이 가능하다고 하였다. '① 법률에 흠결이 있는 경우, ② 법률의 내용이 상호 모순적이거나 충돌하는 경우, ③ 법률에 명백한 실수가 있는 경우, ④ 법률의 내용이 심하게 비합리적이거나 반도덕적인 경우, ⑤ 사회변화로 규범상황이 변한 경우 등'.[19] 나아가 법률의 문언과 달리 해석한 결과가 정당한 것인지는 합리성과 도덕성에 근거하여 논증이 정당한 것인지에 따라 판단하여야 한다고 설명하기도 한다.[20]

원심판결을 파기한 대법원 판결은 별다른 주목을 받지 못했지만, 법해석에 관하여 중요한 판단기준을 제시하고 있다. 법해석에서 법적 안정성과 구체적 타당성이 충돌하는 경우가 있는데, 이 판결은 법해석에서 법적 안정성을 깨뜨려서는 안 된다고 하고 있다. 즉, "법해석의 목표는 어디까지나 법적 안정성을 저해하지 않는 범위 내에서 구체적 타당성을 찾는 데에 두어야 할 것"이라고 한다. 나아가 법해석의 방법은 문언해석이 원칙이고 추가적으로 입법취지나 목적 등 여러 요소를 고려하여야 한다고 하고 있다. 이것은 일반적인 경우에 법해석에 관한 판단기준으로 받아들여질 수 있을 것이다. 그러나 예외적으로 구체적

---

19) 박철, "법률의 문언을 넘은 해석과 법률의 문언에 반하는 해석," 법철학연구 제 6 권 제 1 호(2003. 5), 232면.

20) 박철(주 19), 232면은 "어떤 법률문제에 대하여 법률의 문언을 넘은 해석이나 법률의 문언에 반하는 해석에 의하여 답을 찾았다면 그 해석의 정당성은 합리성과 도덕성에 근거하여 얼마나 설득력 있게 논증되었는가에 의하여 결정될 것이다."라고 한다.

타당성을 위해서 법적 안정성을 깨뜨리는 법해석을 해야 하는 경우도 있을 것이다.

3. 이 사건에서 임대주택법상의 임차인이 누구인지 문제되고 있다. 원심은 이른바 '실질적 의미의 임차인'이라는 개념을 도입하여 임차인의 개념을 넓히고 있으나, 대법원은 이와 같은 개념을 인정하지 않고 민법상 임차인과 동일한 것으로 보고 있다(위 ②부분). 대법원의 논리는 매우 명확하다. 임대주택법상 임대주택의 '임차인'에 관하여 특별한 해석규정은 없다. 따라서 임대주택법상의 임차인이라는 용어는 임대차에 관한 일반법인 민법의 규정, 그리고 사회에서 통상적으로 이해되는 '임차인'의 의미로 돌아가 해석할 수밖에 없다. 그것은 민법 제618조가 규정하는 바와 같이 임대차계약에서 목적물의 사용수익권을 가짐과 동시에 차임지급의무를 부담하는 측의 일방당사자를 의미한다고 보는 것이 문언에 충실하면서도 가장 보편타당한 해석이라고 할 것이다. 그런데 여기에서 임대차의 일방당사자라는 것은 위와 같은 사용수익 및 차임지급을 약정하여 임대차계약을 체결한 당사자를 말하는 것이지, 목적물을 실제로 사용·수익하거나 보증금·차임 등을 실제 출연하는 자를 의미하지 않는다.

4. 한편, 이 사건에서 피고 1이 피고 2를 위하여 이 사건 임대차계약을 체결하는 과정에서 자신 명의로 임대차계약을 체결한 것이므로, 피고 2가 이 사건 임대차계약의 당사자 본인으로서의 임차인에 해당하는지 문제될 수 있다. 그러나 대법원은 원심판결의 이유와 기록에 있는 사실을 토대로 피고 1이 이 사건 임대차계약을 체결하였고 임대차계약서에도 피고 1이 임차인으로 기재되어 있으므로, 임차인을 피고 1로 보아야 한다고 하였다. 이에 관한 판단은 원심과는 다른 사실관계를 토대로 한 것으로 볼 수 있지만, 자기 명의로 계약체결행위를 한 사람을 계약의 당사자로 인정한 것으로, 그 정당성을 인정받을 수 있을 것이다. 결국 이 판결은 임대주택법상 임차인을 그의 명의로 임대차계약을 체

결한 사람을 기준으로 판단하였는데, 위에서 본 금융실명제에 관한 전원합의체 판결과 함께 계약의 당사자를 판단할 때 명의인이 중요한 기준이 된다는 것을 밝히고 있다고 볼 수 있다.

Ⅲ. 연명치료 중단의 허용 요건

1. 대판(전) 2009. 5. 21, 2009다17417(공 2009, 849)은 대법원이 최초로 연명치료 중단의 허용요건을 제시한 것으로, 2009년에 나온 가장 중요한 판결로 받아들여지고 있다. 원고는 피고(학교법인 연세대학교)가 운영하는 세브란스병원에 입원하고 있던 중 식물인간상태에 빠져 연명치료를 받고 있었다. 원고에 대한 뇌 자기공명영상(MRI) 검사에서 뇌가 전반적으로 심한 위축을 보이고 대뇌피질의 요철이 단지 가느다란 띠 형상으로 보일 정도로 심하게 파괴되어 있으며 기저핵 시상(視床)의 구조가 보이지 아니하고 뇌간 및 소뇌도 심한 손상으로 위축되어 있었다. 원고의 담당 주치의는 원고에게 자발호흡은 없지만 뇌사상태는 아니며 지속적 식물인간상태로서 의식을 회복할 가능성은 매우 낮아 5% 미만이라는 견해를 피력하였다. 그러나 진료기록 감정의는 원고가 자발호흡이 없어 일반적인 식물인간상태보다 더 심각하여 뇌사상태에 가깝고 회복가능성은 거의 없다고 하였다. 신체감정의들도 모두 원고가 지속적 식물인간상태로서 회생가능성이 희박하다는 취지의 견해를 밝혔다. 원고는 자발호흡이 없어 인공호흡기에 의하여 생명이 유지되는 상태였다.

원고는 독실한 기독교 신자로서 15년 전 교통사고로 팔에 상처가 남게 된 후부터는 이를 남에게 보이기 싫어하여 여름에도 긴팔 옷과 치마를 입고 다닐 정도로 항상 정갈한 모습을 유지하고자 하였다. 텔레비전을 통해 병석에 누워 간호를 받으며 살아가는 사람의 모습을 보고

"나는 저렇게까지 남에게 누를 끼치며 살고 싶지 않고 깨끗이 이생을 떠나고 싶다"라고 말하기도 하였다. 3년 전 남편의 임종 당시 며칠 더 생명을 연장할 수 있는 기관절개술을 거부하고 그대로 임종을 맞게 하면서 "내가 병원에서 안 좋은 일이 생겨 소생하기 힘들 때 호흡기는 끼우지 말라. 기계에 의하여 연명하는 것은 바라지 않는다"고 말한 적도 있다.

원고는 피고를 상대로 연명치료 중단을 청구하였다. 원심은, 원고가 회복불가능한 사망의 단계에 진입하였고, 일상생활에서의 대화 및 원고의 현 상태 등 여러 사정을 종합하여, 원고가 현재의 상황에 관한 정보를 충분히 제공받았을 경우 원고에게 현재 시행되고 있는 연명치료를 중단하고자 하는 의사가 있었을 것으로 추정하여 원고의 청구를 받아들였다. 피고가 상고하였으나, 대법원은 이를 기각하였다.

대법원은 먼저 환자의 자기결정권에 기하여 연명치료 중단이 인정되지만, 극히 제한적으로 이를 허용한다. 즉,

> "환자의 신체 침해를 수반하는 구체적인 진료행위가 환자의 동의를 받아 제공될 수 있는 것과 마찬가지로, 그 진료행위를 계속할 것인지 여부에 관한 환자의 결정권 역시 존중되어야 하며, 환자가 그 진료행위의 중단을 요구할 경우에 원칙적으로 의료인은 이를 받아들이고 다른 적절한 진료방법이 있는지를 강구하여야 할 것"이나, "인간의 생명은 고귀하고 생명권은 헌법에 규정된 모든 기본권의 전제로서 기능하는 기본권 중의 기본권이라 할 것이므로, 환자의 생명과 직결되는 진료행위를 중단할 것인지 여부는 극히 제한적으로 신중하게 판단하여야 한다."

그러나 연명치료 중단의 허용 요건에 관해서는 견해가 나뉘고 있다. 다수의견은 "회복불가능한 사망 단계에 진입한 환자에 대한 진료중단의 허용 요건"에 관하여 다음과 같이 판단하고 있다.

① "의학적으로 환자가 의식의 회복가능성이 없고 생명과 관련된 중요한 생체기능의 상실을 회복할 수 없으며 환자의 신체상태에 비추어 짧은 시간 내에 사망에 이를 수 있음이 명백한 경우(이하 '회복불가능한 사망의 단계'라 한다)에 이루어지는 진료행위(이하 '연명치료'라 한다)는 원인이 되는 질병의 호전을 목적으로 하는 것이 아니라 질병의 호전을 사실상 포기한 상태에서 오로지 현 상태를 유지하기 위하여 이루어지는 치료에 불과하므로, 그에 이르지 아니한 경우와는 다른 기준으로 진료중단 허용 가능성을 판단하여야 한다."

"생명권이 가장 중요한 기본권이라고 하더라도 인간의 생명 역시 인간으로서의 존엄성이라는 인간 존재의 근원적인 가치에 부합하는 방식으로 보호되어야 할 것이다. 따라서 이미 의식의 회복가능성을 상실하여 더 이상 인격체로서의 활동을 기대할 수 없고 자연적으로는 이미 죽음의 과정이 시작되었다고 볼 수 있는 회복불가능한 사망의 단계에 이른 후에는, 의학적으로 무의미한 신체 침해 행위에 해당하는 연명치료를 환자에게 강요하는 것이 오히려 인간의 존엄과 가치를 해하게 되므로, 이와 같은 예외적인 상황에서 죽음을 맞이하려는 환자의 의사결정을 존중하여 환자의 인간으로서의 존엄과 가치 및 행복추구권을 보호하는 것이 사회상규에 부합되고 헌법정신에도 어긋나지 아니한다고 할 것이다.

그러므로 회복불가능한 사망의 단계에 이른 후에 환자가 인간으로서의 존엄과 가치 및 행복추구권에 기초하여 자기결정권을 행사하는 것으로 인정되는 경우에는 특별한 사정이 없는 한 연명치료의 중단이 허용될 수 있다."

② "환자가 회복불가능한 사망의 단계에 이르렀을 경우에 대비하여 미리 의료인에게 자신의 연명치료 거부 내지 중단에 관한 의사를 밝힌 경우(이하 '사전의료지시'라 한다)에는 비록 진료 중단 시점에서 자기결정권을 행사한 것은 아니지만 사전의료지시를 한 후 환자의 의사가 바뀌었다고 볼 만한 특별한 사정이 없는 한 사전의료지시에 의하여 자기결정권을 행사한 것으로 인정할 수 있다.

다만, 이러한 사전의료지시는 진정한 자기결정권 행사로 볼 수 있을 정도의 요건을 갖추어야 한다. 따라서 의사결정능력이 있는 환자가 의료인으로부터 직접 충분한 의학적 정보를 제공받은 후 그 의학적 정보를 바탕으로 자신의 고유한 가치관에 따라 진지하게 구체적인 진료행위에 관한 의사를 결정하여야 하며, 이와 같은 의사결정 과정이 환자 자신이 직접 의료인을 상대방으로 하여 작성한 서면이나 의료인이 환자를 진료하는 과정에서 위와 같은 의사결정 내용을 기재한 진료기록 등에 의하여 진료 중단 시점에서 명확하게 입증될 수 있어야 비로소 사전의료지시로서의 효력을 인정할 수 있다."

③ "한편, 환자의 사전의료지시가 없는 상태에서 회복불가능한 사망의 단계에 진입한 경우에는 환자에게 의식의 회복가능성이 없으므로 더 이상 환자 자신이 자기결정권을 행사하여 진료행위의 내용 변경이나 중단을 요구하는 의사를 표시할 것을 기대할 수 없다. 그러나 환자의 평소 가치관이나 신념 등에 비추어 연명치료를 중단하는 것이 객관적으로 환자의 최선의 이익에 부합한다고 인정되어 환자에게 자기결정권을 행사할 수 있는 기회가 주어지더라도 연명치료의 중단을 선택하였을 것이라고 볼 수 있는 경우에는 그 연명치료 중단에 관한 환자의 의사를 추정할 수 있다고 인정하는 것이 합리적이고 사회상규에 부합된다.

이러한 환자의 의사 추정은 객관적으로 이루어져야 한다. 따라서 환자의 의사를 확인할 수 있는 객관적인 자료가 있는 경우에는 반드시 이를 참고하여야 하고, 환자가 평소 일상생활을 통하여 가족, 친구 등에 대하여 한 의사표현, 타인에 대한 치료를 보고 환자가 보인 반응, 환자의 종교, 평소의 생활 태도 등을 환자의 나이, 치료의 부작용, 환자가 고통을 겪을 가능성, 회복불가능한 사망의 단계에 이르기까지의 치료 과정, 질병의 정도, 현재의 환자 상태 등 객관적인 사정과 종합하여 환자가 현재의 신체상태에서 의학적으로 충분한 정보를 제공받는 경우 연명치료 중단을 선택하였을 것이라고 인정되는 경우라야 그 의사를 추정할 수 있을 것이다."

④ "환자 측이 직접 법원에 소를 제기한 경우가 아니라면, 환자가 회복불가능한 사망의 단계에 이르렀는지 여부에 관하여는 전문의사 등으로 구성된 위원회 등의 판단을 거치는 것이 바람직하다."

이에 대하여 대법관 이홍훈, 김능환의 반대의견[21]은 연명치료 중단의 허용기준을 더욱 엄격하게 한정하여야 한다고 한다. 즉,

21) 판결이유 6.

> "생명에 직결되는 진료에 있어서 환자의 '자기결정권'은 소극적으로 그 진료 내지 치료를 거부하는 방법으로는 행사될 수 있어도 이미 환자의 신체에 삽입, 장착되어 있는 인공호흡기 등의 생명유지장치를 제거하는 방법으로 치료를 중단하는 것과 같이 적극적인 방법으로 행사되는 것은 허용되지 아니하며, 따라서 원고의 이 사건 청구는 인용될 수 없다고 본다."22)

또한, 이 사건에서 원고가 회복불가능한 사망의 단계에 들어섰고 연명치료 중단의 의사가 추정되는지 여부에 대한 구체적 판단에서도 의견이 나뉘고 있다. 다수의견은 이를 긍정한다. 즉, 원심은 원고가 회복불가능한 사망의 단계에 진입하였고, 원고가 현재의 상황에 관한 정보를 충분히 제공받았을 경우 원고에게 현재 시행되고 있는 연명치료를 중단하고자 하는 의사가 있었을 것으로 추정하였는데, 다수의견도 원심판단을 지지하였다. 이에 대한 대법관 안대희, 양창수의 반대의견은 다음과 같다.23)

> ① "특히 원고를 치료하여 온 피고의 담당의사가 원고의 의식회복가능성이 5% 미만으로라도 남아 있고 원고의 현재 상태를 기준으로 하더라도 그 기대여명이 적어도 4개월 이상이라고 판단하고 있는 점 등에 비추어, 원고가 의식회복가능성이 없다거나 원고가 짧은 시간 내에 사망에 이를 것이 명백하다 할 수 있는지 의문이고, 원고가 회복불가능한 사망의 단계에 있다고 쉽사리 단정할 수는 없다." ② "이 사건에서 설령 원고가 회복불가능한 사망의 단계에 이르렀다고 하더라도, 연명치료 중단을 구하는 원고의 '추정적 의사'가 있다고는 할 수 없다." "연명치료의 중단을 환자의 자기결정권에 의하여 정당화하는 한, 그 '추정적 의사'란 환자가 현실적으로 가지는 의사가 객관적인 정황으로부터 추단될 수 있는 경우에만 긍정될 수 있으며, 다수의견이 말하는 바와 같은 '가정적 의사' 그

22) 이 반대의견에 대해서는 대법관 김지형, 차한성의 다수의견에 대한 보충의견이 있다. 판결이유 7.

23) 판결이유 5.

자체만으로 이를 인정할 수 없다."[24]

대법관 이홍훈, 김능환의 반대의견은 원고가 생명유지장치인 인공호흡기가 이미 삽입, 장착되어 있는 상태에서 그 장치의 제거를 구하고 있으므로 그 청구가 정당하려면 원고가 생명유지장치가 삽입, 장착되어 있는 상태에서도 비교적 아주 짧은 기간 내에 사망할 것으로 예측·판단되는 돌이킬 수 없는 사망의 과정에 진입하였다는 점이 전제되어야 할 것이라고 한 다음, 원고가 아직 뇌사상태에는 이르지 아니한 지속적 식물인간상태이고, 원고의 기대여명은 현재 적어도 4개월 이상이므로, 원고를 가리켜 이른바 돌이킬 수 없는 사망의 과정에 진입하였다고는 도저히 말할 수 없다고 하였다.

한편, 연명치료 중단에 관한 법적 판단절차에 대한 대법관 김지형, 박일환의 별개의견[25]이 있다. 환자의 사전의료지시가 없는 상태에서 회복불가능한 사망의 단계에 진입한 경우, 이 사건과 같이 민사소송의 형태로 소를 제기할 수 있지만, 민법 제947조 제2항을 유추적용하여 후견인이 가사비송절차에 따라 연명치료의 중단에 관한 허가를 받을 수도 있다고 한다.

2. 다수의견에 의하면, 사람이 회복불가능한 사망의 단계에 진입한 경우에 대비하여 미리 연명치료를 중단해 달라는 선택을 할 수 있다. 따라서 연명치료 중단의 요건으로 ① 환자가 회복불가능한 사망의 단계에 도달할 것, ② 미리 연명치료 중단의 의사를 표시하였을 것(이른바 '사전의료지시')이 요구된다.

24) 다만 이 의견은 원고의 대리인이 주장하지 않아 판단하지 않았지만, "연명치료의 중단은 반드시 환자의 '자기결정권'으로부터만 인정된다고 할 것은 아니고, 비록 예외적이기는 하지만, 법질서 일반의 관점에서 정당화될 수 있는 경우도 있다."고 한다.

25) 판결이유 8.

(1) 회복불가능한 사망의 단계

다수의견에 의하면 회복불가능한 사망의 단계는 의학적으로 환자가 의식의 회복가능성이 없고 생명과 관련된 중요한 생체기능의 상실을 회복할 수 없으며 환자의 신체상태에 비추어 짧은 시간 내에 사망에 이를 수 있음이 명백한 경우를 말한다. 원고의 상태가 이 단계에 있는지에 관해서 다수의견은 이를 긍정하지만, 대법관 안대희, 양창수의 반대의견은 원고가 의식회복가능성이 없다고 볼 수 없고, 짧은 시간 내에 사망에 이를 수 있음이 명백하지도 않다고 한다. 대법관 이홍훈, 김능환의 반대의견은 연명치료 중단이 인정되는 경우를 “아주 짧은 기간 내에 사망할 것으로 예측, 판단되는 돌이킬 수 없는 사망의 과정에 진입”한 경우로 보아야 한다고 하면서, 원고의 상태가 이 요건을 충족하지 못하고 있다고 한다.

어떠한 경우에 사람이 의식이나 중요 생체기능을 회복하는 것이 불가능하고 짧은 시간 내에 사망에 이를 것인지를 판단하는 것은 매우 어렵다. 이 사건에서 원고는 대법원 판결이 선고된 날로부터 7개월이 넘게 생존하였는데, 이것을 ‘짧은 시간’이라고 볼 수는 없을 것이다. 결과적으로 짧은 시간 내에 사망에 이를 것이라는 판단은 맞지 않게 된 셈이다. 학설 중에는 연명치료 중단을 판단하는 데 ‘짧은 시간 내에 사망에 이를 수 있음이 명백할 것’이라는 요건은 필요하지 않다는 견해가 있다.[26] 사람의 의식과 생체기능이 상실되어 그 회복가능성이 없다면, 짧은 시간 내에 사망할 것인지가 명확하지 않더라도 연명치료를 중단할 수 있는 단계에 있다고 볼 수 있다. 따라서 짧은 시간 내에 사망에 이를 수 있음이 명백하여야 한다는 것은 독립적인 요건으로 보아서는 안 될 것이다. 다만 짧은 시간 내에 사망에 이를 것이 명확하지 않은

26) 가령 김천수, “연명치료 중단에 대한 대법원판결의 분석과 향후 논의과제,” 법률신문 제3759호(2009. 7. 6). 또한 朴徹, “延命治療 中斷의 許容基準,” 民事判例研究(XXXII), 2010, 81면도 위 요건을 부가하는 것에 비판적이다.

경우에는 회복가능성이 좀 더 크다고 볼 수 있기 때문에, 이는 회복불능여부를 판단하는 하나의 요소로 작용할 수 있다.

(2) 사전의료지시

환자가 사전에 명시적으로 회복불가능한 사망의 단계에서 연명치료를 하지 않겠다고 한 경우에는 그의 의사에 따르면 된다. 그러나 연명치료에 관하여 '사전의료지시'가 없거나 불명확한 경우가 많을 것이다. 이러한 경우에 어떠한 요건 하에서 연명치료 중단을 허용할 것인지 문제된다. 다수의견은 "환자의 평소 가치관이나 신념 등에 비추어 연명치료를 중단하는 것이 객관적으로 환자의 최선의 이익에 부합한다고 인정되어 환자에게 자기결정권을 행사할 수 있는 기회가 주어지더라도 연명치료의 중단을 선택하였을 것이라고 볼 수 있는 경우에는 그 연명치료 중단에 관한 환자의 의사를 추정할 수 있다고 인정하는 것이 합리적이고 사회상규에 부합된다."고 하고, "환자가 현재의 신체상태에서 의학적으로 충분한 정보를 제공받는 경우 연명치료 중단을 선택하였을 것이라고 인정되는 경우라야 그 의사를 추정할 수 있을 것"이라고 한다. 환자가 연명치료를 거부하거나 중단하려는 의사가 실제로 있는 경우에는 여러 사정을 종합하여 그 의사를 추정하거나 묵시적 의사표시를 인정할 수 있다. 그러나 "환자가 현재의 신체상태에서 의학적으로 충분한 정보를 제공받는 경우 연명치료 중단을 선택하였을 것이라고 인정되는 경우"라고 하더라도 연명치료를 중단하겠다는 의사를 추정할 수는 없을 것이다. 다수의견은 추정적 의사(또는 묵시적 의사)가 아니라 가정적 의사를 인정한 것이라는 반대의견의 지적이 타당하다.

원고는 이 사건 소송을 통하여 연명치료 중단을 청구하고 있지만, 의식불명상태로서 연명치료 중단에 관한 의사를 법원에 직접 표명할 수 없었다. 의식불명상태에 들어가기 전에 연명치료 거부 또는 중단에 관하여 미리 의사표시를 하였는지도 불명확하다. 환자가 가족이나 가까운 사람들과의 대화 등을 통하여 연명치료를 받지 않겠다는 의사를 표명하였다면 이를 연명치료 중단 여부를 판단할 때 고려할 수 있지만, 가족의 증언 등을 토대로 환자의 연명치료 중단에 관한 의사를 쉽게 인정한다면 그 가족(또는 후견인)의 의사에 따라 환자의 생명이 좌우될 수 있고, 경우에 따라서는 법원이 환자의 생사를 결정하는 판단자로 될 수도 있다.

3. 그렇다면 연명치료 중단의 의사－명시적이든 묵시적이든－가 없는 경우에 연명치료 중단을 허용할 수 없는가? 이러한 경우에도 연명치료의 중단이 허용되는 경우가 있다. 위 반대의견에서는 "연명치료의 중단은 반드시 환자의 '자기결정권'으로부터만 인정된다고 할 것은 아니고, 비록 예외적이기는 하지만, 법질서 일반의 관점에서 정당화될 수 있는 경우도 있다."고 한다. 그 하나의 예로 의료기관이 의료계약의 '보충적 해석'에 기하여 연명장치를 중단하여야 할 의무를 부담하게 될 수 있다고 한다. 이것은 표현상 차이는 있지만 다수의견에서 "환자가 현재의 신체상태에서 의학적으로 충분한 정보를 제공받는 경우 연명치료 중단을 선택하였을 것이라고 인정되는 경우"에 연명치료 중단의 의사를 추정하는 것과 마찬가지이다.27) 환자의 의사를 객관적으로 밝히는 것이 곤란한 경우에는 환자측과 의료기관의 제반 사정을 고려하여 연명치료 중단 여부를 결정하여야 할 것이다.

한편, 많은 경우에 환자측과 의료기관이 실제로는 대립관계에 있지 않을 것이다. 이와 같은 점에서 연명치료 중단문제를 판단하는 것은 변론주의와 처분권주의를 기본원칙으로 하는 민사소송절차와 부합하지 않는 면이 있다. 따라서 별개의견이 밝힌 바와 같이 이 문제를 비송사건으로 다룰 필요가 있다.

---

27) 다만 위 반대의견은 이 사건 청구가 원고의 '자기결정권'에 기하여 연명치료의 중단에 관한 원고 자신의 '추정적 의사'를 기초로 하여서만 행하여지고 있기 때문에, 가정적 의사나 보충적 해석에 기한 판단을 하는 것은 변론주의나 처분권주의에 배치된다고 한다.

Ⅳ. 토지에 관한 사용수익권의 포기

1. 대판 2009. 3. 26, 2009다228, 235(공 2009, 571)는 토지의 사용수익권 포기에 관한 것이다. 이 사건 토지는 원래 A의 소유이었는데, 그가 2006. 7. 20. 사망하여 원고가 위 토지를 단독으로 상속하였다. A는 1982년경에 피고에 대하여 '피고가 위 토지 위에 농촌지도소 사무실로 쓸 이 사건 건물을 신축하여 그 부지로 위 토지를 사용하는 것'을 승낙하였다. 원고는 이 사건 건물의 철거 및 토지인도를 청구하였다. 그러나 원심은 원고가 위 토지를 피고의 위 건물 건축 및 사용에 제공함으로써 이 사건 토지에 대한 배타적인 사용수익권을 포기하였다고 판단하였다. 그 이유로 이 사건 토지가 소재하는 진성면의 면민들이 1982년에 이 사건 건물을 신축하기 위하여 각 부락별로 일부 금원을 갹출한 바 있고, 피고가 1982년경부터 2003년경까지 이 사건 토지의 소유자이던 A에 대하여 세금을 전혀 부과하지 아니하였으며, 이 사건 소를 제기할 때까지 원고가 피고의 이 사건 토지 사용에 대하여 이의를 제기하거나 임료 상당의 부당이득을 청구한 사실이 있다고 보이지 않는다는 점을 들었다. 이에 대하여 원고가 상고하였는데, 대법원은 원심판결을 파기 환송하였다. 먼저 소유자는 사용수익권을 대세적으로 포기할 수 없다고 한다.

> "소유권은 외계 물자의 배타적 지배를 규율하는 기본적 법질서에서 그 기초를 이루는 권리로서 대세적 효력이 있으므로, 그에 관한 법률관계는 이해당사자들이 이를 쉽사리 인식할 수 있도록 명확하게 정하여져야 한다. 그런데 소유권의 핵심적 권능에 속하는 사용·수익의 권능이 소유자에 의하여 대세적으로 유효하게 포기될 수 있다고 하면, 이는 결국 처분권능만이 남는 민법이 알지 못하는 새로운 유형의 소유권을 창출하는 것으로서, 객체에 대한 전면적 지배권인 소유권을 핵심으로 하여 구축된 물권법의 체계를 현저히 교란하게 된다."

타인의 토지를 도로 등으로 무단 점용하는 자에 대하여 소유자가 그 사용이득의 반환을 사후적으로 청구하는 사안에서 소유자가 배타적 사용수익권을 포기하였다는 이유로 그 청구를 배척한 판결들이 있다. 대법원은 그 당부는 별론으로 하고 그와 같은 판결들의 논리가 물권적 청구권을 행사하는 사안에서는 적용되지 않는다고 하였다. 그 이유로 "이른바 공평을 이념으로 한다는 부당이득법상의 구제"와 "소유권의 내용을 장래를 향하여 원만하게 실현하는 것을 내용으로 하여 소유권의 보호를 위한 원초적 구제수단인 소유물반환청구권 등의 물권적 청구권"이 구별된다는 점을 들고 있다. 이는 민법상의 구제수단을 형식적으로 이해하지 않고 그 이념이나 제도목적[28]에서 구체적인 법리를 도출하였다고 볼 수 있다. 즉, 소유권 침해의 경우에 물권적 청구권과 부당이득청구권이라는 구제수단이 이용되지만, 그 구제수단의 목적이나 지향점에 차이가 있기 때문에, 사용수익권의 포기 법리의 적용 여부가 달라질 수 있다는 것이다.

나아가 이 사건에서 A 또는 원고가 이 사건 토지에 관한 사용수익권을 피고에 대한 관계에서 채권적으로 포기한 것인지에 관하여 다음과 같이 판단하고 있다. 첫째, A 등이 위와 같이 그 사용수익권을 채권적으로 '포기'하였다고 하여도, 그것이 피고의 사용·수익을 일시적으로 인정하는 취지라면, 이는 사용대차의 계약관계에 다름 아니다. 그렇다면 사용대주인 A 등은 계약관계의 해지 기타 그 종료를 내세워 이 사건 토지의 반환 및 그 원상회복으로서의 이 사건 건물의 철거(민법 제615조 참조)를 청구할 수 있다. 둘째, 사용수익권의 채권적 포기를 이유로 이 사건 청구들이 배척되려면, 그 포기가 일시적인 것이 아닌 영구적인 것이어야 한다. 그러나 원심이 드는 사정만으로는 그러한 영구적 포기를 인정할 수 없다.

2. 종래 토지의 무단점유로 인한 부당이득반환소송에서 이른바 '배

28) 이에 관해서는 民法注解(Ⅴ), 179면 이하(梁彰洙 집필).

타적 사용수익권 포기 법리'는 그 법적 근거를 찾기 어려웠는데도 지나치게 넓게 인정되어 왔다.[29] 이 사건의 원심판결은 물권적 청구권에 대해서도 이 법리를 적용하였다. 그러나 대법원은 "소유권을 핵심으로 하여 구축된 물권법의 체계"를 토대로 사용수익권 포기 법리의 적용을 배척하고 있다.

나아가 이 판결은 물권적 청구권에 한정하여 판단하고 있지만, 그 논리는 부당이득반환소송의 경우에도 중요한 시사점을 던져주고 있다. 소유자가 토지의 사용수익권을 포기하는 의사표시는 매우 엄격하게 인정하여야 할 것이고, 이것이 인정된다고 하더라도 이는 대세적으로 사용수익권을 포기한 것이 아니라 채권적으로 포기한 것에 불과하다고 볼 수 있다. 그렇다면 사용수익권의 포기가 일시적인지, 영구적인지를 검토하여 그에 상응하게 부당이득의 반환 여부를 결정하여야 한다고 볼 수 있을 것이다.

V. 부동산의 점유취득시효 완성 후 소유명의자의 변동으로 인한 법률관계

1. 대판(전) 2009. 7. 16, 2007다15172, 15189(공 2009, 1298)는 부동산 점유취득시효 완성 후 등기부상 소유명의자가 여러 차례 변경된 경우에 시효취득을 주장한 사안에 관한 것이다. 사안은 다음과 같다. 밀양시 삼문동에 있는 대 155㎡ 외 3필지는 1987. 9. 26. 같은 동에 있는 대 360㎡(이하 '이 사건 대지'라 한다)로 합병되었다. 합병 전의 이 사건 대지에 관하여 1982. 2. 15. 소외 1 명의로 소유권이전등기를 한 후, 이 사건 대지에 관하여 1988. 3. 25. 소외 2 명의로, 1988. 9. 10. 원고

29) 이에 관해서는 권영준, "배타적 사용수익권 포기 법리에 관한 비판적 검토," 서울대학교 *法學* 제47권 4호(2006. 12), 303면 이하.

(반소피고, 이하 '원고'라 한다) 명의로 각 소유권이전등기가 순차로 마쳐졌다. 피고(반소원고, 이하 '피고'라 한다)는 1961. 1.경 이 사건 대지와 연접한 같은 동에 있는 대 79㎡(이하 '이 사건 매수토지'라 한다)를 소외 3으로부터 매수하면서 이 사건 대지의 일부인 이 사건 계쟁토지의 점유를 승계하여 텃밭으로 점유·사용하여 왔다. 피고는 반소청구로서 취득시효완성을 이유로 이 사건 계쟁토지에 관한 소유권이전등기를 구하였다. 그러나 원심은, 소외 1 명의로 소유권이전등기가 마쳐진 이후에 소외 2 및 원고 명의로 소유권이전등기가 순차로 마쳐졌다는 이유로 소외 1 명의로 소유권이전등기가 마쳐진 시점을 새로운 취득시효의 기산점으로 삼을 수는 없다고 판단하였다. 그러나 대법원은 피고의 상고를 받아들여 원심판결을 파기환송하였다.

> "부동산에 대한 점유취득시효가 완성된 후 취득시효완성을 원인으로 한 소유권이전등기를 하지 않고 있는 사이에 그 부동산에 관하여 제3자 명의의 소유권이전등기가 경료된 경우라 하더라도 당초의 점유자가 계속 점유하고 있고 소유자가 변동된 시점을 기산점으로 삼아도 다시 취득시효의 점유기간이 경과한 경우에는 점유자로서는 제3자 앞으로의 소유권 변동시를 새로운 점유취득시효의 기산점으로 삼아 2차의 취득시효의 완성을 주장할 수 있다(대법원 1994. 3. 22. 선고 93다46360 전원합의체 판결 등 참조).
>
> 그리고 취득시효기간이 경과하기 전에 등기부상의 소유명의자가 변경된다고 하더라도 그 사유만으로는 점유자의 종래의 사실상태의 계속을 파괴한 것이라고 볼 수 없어 취득시효를 중단할 사유가 되지 못하므로(대법원 1976. 3. 9. 선고 75다2220, 2221 판결, 대법원 1997. 4. 25. 선고 97다6186 판결 등 참조), 새로운 소유명의자는 취득시효완성 당시 권리의무 변동의 당사자로서 취득시효완성으로 인한 불이익을 받게 된다 할 것이어서 시효완성자는 그 소유명의자에게 시효취득을 주장할 수 있는바(대법원 1973. 11. 27. 선고 73다1093, 1094 판결, 대법원 1992. 3. 10. 선고 91다43329 판결 등 참조), 이러한 법리는 위와 같이 새로이 2차의 취득시

효가 개시되어 그 취득시효기간이 경과하기 전에 등기부상의 소유명의자가 다시 변경된 경우에도 마찬가지로 적용된다고 봄이 상당하다."

이 판결은 종래 이와 달리 부동산의 취득시효가 완성된 후 토지소유자가 변동된 시점을 새로운 취득시효의 기산점으로 삼아 2차의 취득시효의 완성을 주장하려면 그 새로운 취득시효기간 중에는 등기명의자가 동일하고 소유자의 변동이 없어야만 한다는 판례[30]를 변경하였다. 나아가 이 사건의 구체적 판단에 관해서, "피고는 최초 점유일로부터 기산하여 이 사건 계쟁토지에 관한 1차의 취득시효가 완성된 후 이를 등기하지 않고 있는 사이에 이 사건 대지에 관하여 이루어진 소외 1 앞으로의 소유권 변동시를 새로이 2차의 취득시효 기산점으로 삼을 수 있고, 그때로부터 2차의 취득시효기간이 경과하기 전에 이 사건 대지의 등기부상 소유명의를 취득한 원고에게 이 사건 계쟁토지에 관한 시효취득을 주장할 수 있다."고 하였다.

그러나 반대의견은 다수의견이 등기부상 소유명의자 변동 시점을 새로운 점유취득시효의 개시 시점으로 보는 것이라고 하면서 비판한다. 첫째, 민법이 법률행위로 인한 물권변동은 등기하여야 한다는 이른바 형식주의를 취하고 부동산의 점유취득시효에 관하여도 등기함으로써 소유권을 취득한다고 규정하고 있으므로, 등기가 아니라 점유에 기하여 법률관계가 정해지도록 하는 것은 예외적으로 제한된 범위 내에서만 허용된다. 다수의견은 등기에 앞서 점유상태를 기준으로 하여 법률관계를 결정하려는 것이고, 이는 원칙과 예외가 뒤바뀐 것이다. 점유취득시효가 일단 완성되었음에도 그 등기를 경료하지 않고 있는 사이에 등기명의인이 이를 타에 처분하였다면 이는 적법한 소유권의 행사이고 따라서 그 상대방은 적법하게 소유권을 취득한 것으로 볼 수밖에 없다고

30) 이 전원합의체 판결은 변경되는 판결로 대판(전) 1994. 3. 22, 93다46360; 대판 1994. 4. 12, 92다41054; 대판 1995. 2. 28, 94다18577; 대판 1999. 2. 12, 98다40688; 대판 2001. 12. 27, 2000다43963을 들고 있다.

한다. 둘째, 다수의견은 이른바 형식주의를 채택한 우리 민법 아래에서 거래의 안전을 심각하게 침해하는 결과를 초래할 수 있다. 셋째, 다수의견은 1차 점유취득시효가 완성된 후에 등기부상의 소유명의자가 변경된 경우에 그 등기부상의 명의 변경 시점을 새로이 점유취득시효의 기산점으로 볼 수 있는 근거 내지 이유에 대한 설명이 없다. 만일 당초의 점유자가 그와 같은 등기부상 소유자의 변경 사실을 잘 알면서도 감히 점유를 개시한 것이라면 이는 타주점유에 해당하는 것으로 보아야 할 것이고, 그렇지 아니하고 당초의 점유자가 등기부상 소유자의 변경 사실을 알지 못한 채 점유를 계속한 것이라면 그 등기부상 소유자의 변경 시점을 새로운 점유의 기산점으로 볼 아무런 이유가 없다.

이에 대하여 다수의견에 대한 보충의견이 2개 있다. 먼저, 대법관 김영란, 이홍훈, 전수안은 다수의견이 "2차의 취득시효가 1차의 취득시효와는 독립한 새로운 법률관계로서 그 취득시효는 그 시효 진행에 적합한 상태가 형성됨으로써 새로 진행될 수 있다는 점에 입각한 것으로 부동산점유취득시효의 법리에 충실한 해석"이라고 재반박한다. 다음으로, 대법관 박시환은 위 보충의견을 따르면서, "부동산에 대한 점유취득시효제도를 입법으로 채택하고 있는 우리 법제도하에서 그 제도가 갖고 있는 본래의 기능이 훼손될 정도로 이를 억제하거나 과도하게 요건을 강화하는 것은 타당하지 않다."고 한다.

2. 우선 부동산 점유취득시효 완성 후 제3자 명의의 소유권이전등기가 마쳐진 경우, 그 소유권 변동시를 새로운 기산점으로 삼아 2차 취득시효의 완성을 주장할 수 있는지 문제된다. 논리적으로만 본다면, 소유명의자가 변동되었다고 하여 새로운 점유가 시작되었다고 볼 수 없을 것이다. 그러나 점유취득시효 완성 후 제3자 명의의 소유권이전등기가 마쳐진 경우에는 점유자가 취득시효를 주장할 수 없는 상태가 되었으므로, 그때부터 점유취득시효기간이 다시 진행되고 20년이 경과하면 취득시효가 완성된다고 보는 것이 형평에 부합할 것이다.

그런데 이 사건에서 부동산 점유취득시효 완성 후 제3자 명의의 소유권이전등기가 경료됨으로써 새로이 2차 점유취득시효가 개시되었는데, 그 취득시효기간이 경과하기 전에 등기부상 소유명의자가 다시 변경되었다. 이러한 경우 2차 점유취득시효 완성 후 점유자는 그 취득시효 완성 당시의 등기부상 소유명의자에게 시효취득을 주장할 수 있다고 보아야 할 것이다.31) 1차 점유취득시효의 기간 중에 소유명의자가 변경된 경우에 점유자는 그 취득시효 완성 당시의 등기부상 소유명의자에게 시효취득을 주장할 수 있는데, 이와 달리 2차 점유취득시효의 경우에는 이와 달리 보는 것은 납득하기 어렵다. 이 점에 관해서는 다수의견이 타당하고 생각한다.

한편, 반대의견에서 당초의 점유자가 등기부상 소유자의 변경 사실을 잘 알면서 점유를 개시한 경우에 타주점유에 해당한다고 하였으나, 보충의견은 이와 같은 경우에도 자주점유라고 하고 있다. 점유취득시효 완성 후 등기부상 소유명의자가 변경된 경우에 점유자가 시효취득을 주장할 수 없는데, 점유자가 자신이 점유하고 있는 부동산에 관하여 위와 같은 사실이 있다는 점을 알았다면 그 등기가 무효라는 등 특별한 사정이 없는 한 점유자의 점유를 타주점유로 보아야 할 것으로 생각된다. 왜냐하면 부동산 점유자가 그가 점유하고 있는 부동산이 타인 소유이고 타인 명의의 등기로 인하여 시효취득 완성을 주장할 수도 없다는 것을 알았기 때문이다. 이와 같은 경우에 새로운 소유명의자의 희생 하에 점유자를 보호하여야 할 것인지도 의문이다. 따라서 점유자가 취득시효 완성 후 등기부상 소유명의자가 변경된 사실을 몰랐던 경우에 한

31) 김상용, "2차 점유취득시효 요건의 완화와 그 파급효과," 법률신문 제3766호(2009. 8. 6)는 다수의견에 반대하는데, 등기명의자의 처분에 시효중단의 효력이 인정되지 않게 되어 등기보다는 점유에 우월적 효력을 인정하는 결과가 되었다고 한다. 한편, 윤진수, "점유취득시효 완성 후 재진행의 요건," 법률신문 제3767호(2009. 8. 10)는 다수의견에 찬성하는데, 그 근거로 다시 소유권을 취득한 사람이 취득시효를 중단시킬 수 있다는 점을 든다.

하여 2차 점유취득시효 기간 중 소유명의자 변경된 경우에도 시효취득을 주장할 수 있다고 보아야 할 것이다.

Ⅵ. 광고모델계약에서 품위유지의무

1. 대판 2009. 5. 28, 2006다32354(공 2009, 980)는 유명연예인 최진실 사건에 대한 것이다. 그녀가 아파트건설회사인 원고와 아파트분양광고 모델계약을 체결한 뒤 남편과의 불화 및 폭력사건 등으로 언론에 보도되고 사회적 이미지가 훼손된 경우, 광고주인 원고에 대하여 광고모델계약상의 의무위반으로 인한 위약금 기타 손해배상책임이 있는지 여부가 쟁점이 되었다.

사안: 원고 회사가 2004. 3. 2. A(최진실)[32] 및 그 소속사인 피고 회사와 사이에 이 사건 광고모델계약을 체결하였다. 계약기간은 광고제작물의 최초 사용 개시일로부터 1년으로 하여 A는 원고 회사가 분양하는 이 사건 아파트 광고에 출연하고 원고 회사는 A에게 모델료로 2억 5천만 원을 지급하기로 하되, 계약기간 중 A의 귀책사유로 사회적·도덕적 명예를 훼손함으로써 원고 회사의 제품 및 기업 이미지를 훼손하여서는 안 되고, 이를 위반하였을 경우에는 A 또는 피고 회사는 수령한 모델료의 배액에 해당하는 손해배상금을 원고 회사에 지급하기로 약정하였다. 아파트는 가족의 공동생활이 이루어지는 주거 공간으로서 일반적으로 다른 주택에 비하여 가격이 높은 것을 고려하여, 원고 회사는 이 사건 아파트의 구매를 유인하기 위한 광고물의 내용에 아파트 자체의 편의성이나 경제적인 가치에 관한 홍보 외에도 이 사건 아파트에서의 여성 및 가족의 생활, 문화, 환경을 내세우고 이를 통하여 이루어질 수 있는 가족의 사랑과 행복 등을 부각시키는 한편, 품질과 품격

32) 판례공보에는 이름이 익명으로 처리되어 있으나, 이는 지나친 것으로 생각된다.

이 높은 아파트라는 인상을 주는 표현을 사용하고 있어 그 광고물에 등장하는 광고모델 역시 이에 적합한 이미지를 유지할 필요가 있다. A는 2004. 8. 1. A의 집을 찾아 온 별거 중인 남편 B와 사이에 폭행사건이 일어나자 자신이 일방적으로 폭행을 당하였음에도 B가 서로 폭행한 것이라고 주장한다는 이유로, 2004. 8. 2. 오후 자신이 입원한 병실 안으로 기자들을 들어오도록 하여 자신이 일방적으로 폭행당하였다는 내용으로 그 경위를 상세히 진술하면서 오른쪽 눈 부위에 멍이 들고 부은 얼굴을 촬영하도록 허락하였다. A의 허락을 받은 매니저 C는 위 폭행사건으로 가구가 뒤집혀져 있고 유리파편 등이 어지럽게 널려 있는 A의 집안 모습을 기자들에게 촬영하도록 하였다. 같은 날 저녁 각 언론사의 인터넷 홈페이지와 2004. 8. 3.자 주요 일간지에는 A의 위와 같은 주장이 담긴 기사와 함께 A의 멍이 들고 부은 얼굴 사진 및 부서진 가재도구 등이 어지럽게 널려 있는 A의 집안 사진이 게재되었다.

원심은, A가 B로부터 일방적으로 폭행을 당한 것으로서, A의 위와 같은 공개행위는 이미 폭행사건이 기사화되어 있었고 B의 쌍방폭행 주장에 따른 일반인들의 오해를 불식시키기 위한 목적으로 이루어진데다가 A가 배우자의 폭력행위까지 숨기고 감내하여야 할 의무가 없기 때문에 A의 위와 같은 공개행위가 스스로 이 사건 광고모델계약상의 사회적·도덕적 명예를 훼손한 행위에 해당하지 않는다는 이유로 채무불이행에 기한 손해배상을 구하는 원고 회사의 이 사건 청구를 배척하였다. 그러나 대법원은 다음과 같은 이유로 파기환송하였다.

> “광고주가 모델이나 유명 연예인, 운동선수 등과 사이에 광고모델계약을 체결하면서 출연하는 유명 연예인 등에게 일정한 수준의 명예를 유지할 의무를 부과하는 품위유지약정을 한 경우, 위와 같은 광고모델계약은 유명 연예인 등을 광고에 출연시킴으로써 유명 연예인 등이 일반인들에 대하여 가지는 신뢰성, 가치, 명성 등 긍정적인 이미지를 이용하여, 광고되는

제품에 대한 일반인들의 구매 욕구를 불러일으키기 위한 목적으로 체결되는 것이므로, 위 광고에 출연하기로 한 모델은 위와 같이 일정한 수준의 명예를 유지하기로 한 품위유지약정에 따라 계약기간 동안 광고에 적합한 자신의 긍정적인 이미지를 유지함으로써 그것으로부터 발생하는 구매 유인 효과 등 경제적 가치를 유지하여야 할 계약상 의무, 이른바 품위유지의무가 있고, 이를 이행하지 않는 경우에는 광고모델계약에 관한 채무불이행으로 인한 손해배상채무를 면하지 못한다."

…A는 이 사건 광고모델계약을 체결함에 있어 고액의 모델료를 지급받기로 하고 한편으로는 자신의 사회적, 도덕적 명예를 훼손하지 않기로 하는 내용의 위 유지약정을 하였으므로, 앞에서 본 법리와 같이 위 계약기간 동안 광고모델로서 활동할 수 있는 건강 상태와 용모를 유지하여야 할 뿐 아니라 위에서 본 원고 회사의 광고 내용에 맞추어 일반인들로 하여금 원고 회사 및 원고 회사가 분양하는 이 사건 아파트에 대하여 호감을 느끼게 함으로써 구매를 유인하는 데에 적합한 긍정적인 이미지를 지속적으로 유지하여야 하며, A에게 책임 없는 사유로 인하여 그 이미지가 손상될 수 있는 사정이 발생한 경우라 하더라도 적절한 대응을 통하여 그 이미지의 손상을 최대한 줄여야 하는 계약상의 의무를 진다. 그럼에도 불구하고, A는 그의 남편인 B와의 감정 다툼으로 인하여 물리적인 충돌에까지 이르고 용모도 훼손되어 모델로서의 활동도 잠정적으로 불가능한 상태에 이르렀을 뿐 아니라, 비록 A의 주장과 같이 일방적으로 폭행을 당하였음에도 B와의 물리적인 충돌 사실이 언론에 노출되어 그 경위에 관한 관심이 늘어남에 따라 사실과 다른 보도가 이루어지지 않도록 해명할 필요가 있었다고 하더라도, 기자들에게 그 충돌 경위를 상세히 진술하고 자신의 멍들고 부은 얼굴과 충돌이 일어난 현장을 촬영하도록 허락하여 그 진술 내용과 사진이 언론을 통하여 일반인들에게 널리 공개되도록 한 것은 적절한 대응의 정도를 넘는 것으로서, 이로 인하여 일반인들에게 호감을 주고 있었던 A의 종전 모습과는 달리 심하게 훼손된 얼굴이 널리 알려지고 또한, 가정 내부의 심각한 불화 사실이 상세히 공개되어 일반인들에 충격을 줌에 따라 A가 가지고 있었던 이 사건 아파트 광고에 적합한 긍정적인 이미지는 크게 손상되었고 그 이미지를 통하여 발생하는 구매 유인 효과라는 경제적 가치 역시 상당한 정도로 훼손되었다고 봄이 상당하다. 따라서 A의 위와 같은 행위는 이 사건 광고모델계

약에서 정한 품위유지약정을 위반한 것으로서 피고 회사와 A는 원고 회사에 채무불이행으로 인한 손해배상책임을 진다고 할 것이다."

2. 광고주가 모델이나 유명 연예인, 운동선수 등과 사이에 광고모델계약을 체결하면서 출연하는 유명 연예인 등에게 일정한 수준의 명예를 유지할 의무를 부과하는 품위유지약정을 하는 경우가 많다. 위와 같은 광고모델계약에 정해진 품위유지약정에 따라 유명 연예인 등은 이른바 품위유지의무를 부담한다. 이는 광고모델계약에 정해진 계약상 채무에 해당하고, 유명 연예인 등이 그 채무를 이행하지 않는 경우에는 채무불이행책임을 진다. 위 약정 위반이 민법 제390조에 정하고 있는 "채무의 내용에 좇은 이행을 하지 아니한 때"에 해당하기 때문이다.

그렇다면 이 사건에서 A가 품위유지의무를 위반하였다고 볼 수 있는가?

먼저 광고모델계약에 있는 품위유지의무에 관한 조항을 살펴보아야 한다. 이 조항에 따르면, A가 1년간의 계약기간 중 A의 귀책사유로 사회적·도덕적 명예를 훼손함으로써 원고 회사의 제품 및 기업 이미지를 훼손하여서는 안 되고, 이를 위반하였을 경우에는 A 또는 그 소속사인 피고 회사는 수령한 모델료의 배액에 해당하는 손해배상금을 원고 회사에 지급해야 한다. 이 규정에서 말하는 '사회적·도덕적 명예'가 무엇인지 명확하지는 않지만, '명예'는 사람에 대한 객관적 평가를 말하므로, A가 남편으로부터 폭행당한 모습을 공개한 행위로 말미암아 사생활 또는 프라이버시가 공개되었다고 할 수 있을지언정, 명예, 특히 사회적 명예 자체가 훼손된 것은 아니라고 할 수 있다. 이러한 관점에서 원심은 A가 폭행당한 모습 등을 공개한 행위가 스스로 이 사건 광고모델계약상의 사회적·도덕적 명예를 훼손한 행위에 해당하지 않는다고 판단한 것으로 볼 수 있다.

그러나 대법원은 A가 품위유지의무를 위반하였다고 판단하면서

"위와 같은 광고모델계약은 유명 연예인 등을 광고에 출연시킴으로써 유명 연예인 등이 일반인들에 대하여 가지는 신뢰성, 가치, 명성 등 긍정적인 이미지를 이용하여, 광고되는 제품에 대한 일반인들의 구매 욕구를 불러일으키기 위한 목적으로 체결되는 것"이라는 점을 들고 있다. 이는 품위유지의무를 판단하면서 '계약의 목적'을 고려한 것이다. 여기에서 나아가 A의 행위로 인하여 "A가 가지고 있었던 이 사건 아파트 광고에 적합한 긍정적인 이미지는 크게 손상되었고 그 이미지를 통하여 발생하는 구매 유인 효과라는 경제적 가치 역시 상당한 정도로 훼손되었다"고 판단하였다. 이 사건 아파트 광고에서 아파트에서의 여성 및 가족의 생활, 문화, 환경을 내세우고 이를 통하여 이루어질 수 있는 가족의 사랑과 행복 등을 부각시키는 한편, 품질과 품격이 높은 아파트라는 인상을 주는 표현을 사용하고 있다. 따라서 A의 위와 같은 행위로 이 사건 아파트 광고에 적합한 이미지가 훼손되었다고 볼 수 있다. 이러한 경우에 품위유지의무를 위반하였다고 보는 것이 계약당사자들의 의사에 합치한다는 것이다.

원심 판결과 대법원 판결은 광고모델의 품위유지의무에 관한 계약조항을 다르게 해석하고 있다고 볼 수 있다. 즉, 원심이 계약의 문구를 중시한 반면, 대법원은 계약의 목적을 고려하고 있다. 따라서 이 판결을 계약해석의 방법을 다룬 판례로 파악할 수도 있다. 계약의 해석에서 문언해석이 원칙이지만, 당사자의 의도나 계약의 목적을 고려하여 계약의 문언과 다르게 계약을 해석하는 것도 허용된다. 이 사건과 같이 광고모델계약에서 품위유지의무의 위반 여부를 판단할 때에도 문구에 엄밀하게 구애받아서는 안 되고 광고계약의 목적, 품위유지의무를 정한 계약당사자들의 의도와 전체적인 맥락을 고려하여 A가 광고모델로서의 이미지를 손상하였는지 여부를 고려해야 할 것이다.

Ⅶ. 납세보증보험자가 조세채권에 대한 변제자대위를 할 수 있는지 여부

1. 제 3 자가 세금을 납부한 경우가 적지 않다.[33] 이 경우에 변제자대위가 인정되는지 여부에 관해서는 명문의 규정이 없고, 우리나라에서 이를 다룬 문헌을 찾기도 어려웠다. 대법원 판결에서 대위변제자가 조세채권을 대위할 수 있는지에 관하여 직접적으로 판단한 사례를 찾을 수 없다. 다만 대법원은 "납세자에게 양도담보재산 이외의 다른 재산이 없을 경우에 그 양도담보권자는 납세자의 체납국세를 자기의 채권에 우선하여 징수당할 부담을 지게 되므로 납세자의 체납국세를 대납할 정당한 이익을 가진다."고 판결한 적이 있다.[34] 이것은 그 근거를 밝히고 있지는 않지만, 조세채권에도 대위변제에 관한 규정이 적용된다는 것을 전제로 한 것이라고 볼 수 있다.[35]

2. 대판 2009. 2. 26, 2005다32418(공 2009, 523)에서는 납세보증보험자가 조세채권을 변제하고 과세관청을 대위할 수 있는지 문제되었다. 사안은 다음과 같다. 납세의무자가 교통세의 납부기한을 연장받기 위하여, 납세보증보험자인 원고와 사이에 납세보증보험계약을 체결하고 그 보험증권을 서인천세무서에 제출하였고, 이에 기하여 위 세금의 납부기한이 연장되었다. 그러나 납세의무자가 세금을 납부하지 않아, 납세보증보험자인 원고가 위 세무서에 교통세를 납부하였다. 이와 같이

33) 가령 국세기본법은 연대납세의무(제25조), 제 2 차납세의무(제 2 조 제11호, 제38-41조), 물적납세의무(제42조), 납세의무의 승계(제23조, 제24조)에 관하여 명문의 규정을 두고 있다. 또한, 국세징수법 제71조 제 1 항과 지방세법 제60조에서는 제 3 자가 위와 같은 제 2 차납세의무 등이 없는 경우에도 조세나 징수금을 납부할 수 있다는 규정을 두고 있다.

34) 대판 1981. 7. 28, 80다1579(집 29-2, 민 235).

35) 民法注解(XI), 193면(李仁宰 집필)은, 위 판결을 변제자의 법정대위에 관한 제481조의 "변제할 정당한 이익이 있는 자"에 관한 사례로 들고 있다.

납세보증보험자가 납세보증보험계약에 따라 납세의무자의 교통세를 변제한 경우, 서인천세무서장이 가지고 있던 조세채권을 대위할 수 있는지 여부가 쟁점이 되었다.

원심은, 원고가 공익채권인 이 사건 교통세를 대위변제함으로써 서인천세무서장이 가지고 있던 이 사건 교통세에 대한 종전의 권리가 동일성을 유지한 채 원고에게 이전되었다고 판단하였다. 이에 대하여 피고가 상고하였으나, 대법원은 이를 기각하면서, 납세보증보험의 보험자가 조세채권을 대위할 수 있는지 여부에 관하여 다음과 같이 판단하였다.

> "보증보험은 보험금액의 한도 내에서 보험계약자의 채무불이행으로 인한 손해를 담보하는 것으로서 보증에 갈음하는 기능을 가지고 있고 이 점에서는 보험자의 보상책임은 본질적으로 보증책임과 같으므로, 그 보증성에 터잡아 보험금을 지급한 보증보험의 보험자는 민법 제481조에서 정한 변제자대위의 법리에 따라 보험자가 보험계약자에 대하여 가지는 채권 및 그 담보에 관한 권리를 대위하여 행사할 수 있다(대법원 1991. 4.9. 선고 90다카26515 판결, 대법원 1997.11.14. 선고 95다11009 판결, 대법원 2000.1.21. 선고 97다1013 판결 등 참조).
>
> 한편, 납세보증보험은 보험금액의 한도 안에서 보험계약자가 보증대상 납세의무를 납기 내에 이행하지 아니함으로써 피보험자가 입게 되는 손해를 담보하는 보증보험으로서 보증에 갈음하는 기능을 가지고 있어, 보험자의 보상책임을 보증책임과 동일하게 볼 수 있으므로, **납세보증보험의 보험자가 그 보증성에 터잡아 보험금을 지급한 경우에는 변제자대위에 관한 민법 제481조를 유추적용하여 피보험자인 세무서가 보험계약자인 납세의무자에 대하여 가지는 채권을 대위행사할 수 있다고 봄이 상당하다.**"

3. 보증보험의 경우에 보험금을 지급한 보증보험의 보험자가 변제자대위의 법리에 따라 대위할 수 있다는 것이 판례이다. 그 근거로 보증보험이 "보증에 갈음하는 기능을 가지고 있고 이 점에서는 보험자의 보상책임은 본질적으로 보증책임과 같"다는 점을 들고 있다. 이 판결은

납세보증보험도 일반적인 보증보험과 마찬가지로 보고, 납세보증보험의 보험자가 보험금을 지급한 경우에는 변제자대위에 관한 민법 제481조가 유추적용된다고 판결하였다.

조세채권은 국가의 재정 수입을 확보하기 위하여 국세징수법에 의하여 우선변제권 및 자력집행권이 인정되는 권리로서 공법상의 채권이다.[36] 그런데도 사인(私人)에 해당하는 납세보증보험자가 변제자대위에 관한 규정에 따라 조세채권을 행사할 수 있다는 점에서 이 판결은 선례로서의 의미가 있다. 또한 이 사건 교통세는 회사정리절차(현재는 '회생절차'로 용어가 변경되었다)에서 공익채권으로서의 성격을 갖고 있는데, 납세보증보험자가 조세채권자와 마찬가지로 공익채권자로서 권리를 행사할 수 있다고 본 점도 중요한 의미가 있다. 다만 이 판결은 납세보증보험에 관한 것으로, 제2차납세의무자 등이 세금을 납부한 경우에 적용될 수 있는지 여부에 관해서 판단한 것은 아니다.

조세채권이라고 해서 민법 규정을 무조건 배제하여야 하는 것은 아니다.[37] 특히 법률에서 납세보증보험제도[38]를 도입하고 있기 때문

36) 판례에 의하면, 조세채권의 성립과 행사는 오직 법률에 의해서만 가능한 것이고, 조세에 관한 법률에 의하지 아니한 사법상의 계약에 의하여 조세채무를 부담하게 하거나 이를 보증하게 하여 이들로부터 조세채권의 종국적 만족을 실현하는 것은 허용될 수 없다. 대판 1986. 12. 23, 83누715(공 1987, 241); 대판 1990. 12. 26, 90누5399(집 38-4, 특 403).

37) 조세채권의 경우에 공동저당에 관한 민법 제368조의 규정을 유추적용하여 조세채권을 대위행사할 수 있는지 문제되는데, 대판 2001. 11. 27, 99다22311(공 2002, 136)은 이를 긍정하고 있다. 즉, 납세의무자 소유의 수 개의 부동산 중 일부가 먼저 경매되어 과세관청이 조세를 우선변제받은 결과 그 경매부동산의 저당권자가 동시배당의 경우에 비하여 불이익을 받은 경우, 공동저당권에 관한 민법 규정을 유추적용하여 저당권자가 조세채권자를 대위할 수 있다고 한다.

38) 대법원은 납세보증에 대해서는 조세채권에 대한 보증이라는 점에서 그 특수성을 강조하고 있다. 즉, 납세담보도 세법이 그 제공을 요구하도록 규정된 경우에 한하여 과세관청이 요구할 수 있고, 따라서 세법에 근거 없이 제공한 납세보증은 공법상 효력이 없다. 한편 납세담보를 제공할 수 있는 세법상 근거가 없다고 할지라도 납세의무자와 납세보증보험사업자 사이에 이를 납세보증보험의 대상으로 하는 납세보증보험계약을 체결하는 것까지 막을 수는 없고, 다만 이러한 경우 그 납세보증보험계약은 과세관청에 대하여 효력이 없을 뿐이다. 대판

에, 납세보증보험인이 조세채무를 변제한 경우에 이에 따른 구상권을 보호하기 위하여 변제자대위를 인정하여야 한다. 변제자대위를 인정하지 않는 것이 조세채무자에게 유리하다고 볼 수도 있으나, 이는 채무자가 납세보증보험제도를 이용하는 데 장애사유가 될 것이다. 독일, 일본, 미국에서도 모두 조세채권에 대한 변제자대위를 인정하고 있다.[39]

한편, 조세에 대해서는 국세기본법 등에서 우선징수권을 인정하고,[40] 「채무자 회생 및 파산에 관한 법률」에서 조세채권을 공익채권(제179조 제9호)이나 재단채권(제473조 제2호)으로 인정함으로써 조세에 우선권을 인정하고 있다. 이와 같은 조세의 우선권도 변제자대위에 의하여 제3자에게 이전되는지 문제된다. 우리 민법 제482조 제1항에서 변제자대위의 효과에서 관하여 채권자의 "채권 및 그 담보에 관한 권리를 행사할 수 있다."고 규정하고 있을 뿐이고, 강제집행이나 도산절차에서 채권자가 갖는 우선적 지위도 이전되는지에 관해서는 특별히 규정하지 않고 있다. 사인이 조세채권을 행사하는 경우에는 과세관청과는 달리 강제징수를 할 수는 없고, 다만 민사절차에 따라 채권을 행사하여야 할 것이다. 따라서 조세부과처분이나 조세채무에 대한 불복 등 조세채무의 공법적 법률관계에 따른 특성은 더 이상 존속하지 않고 금전채무로서의 성격만을 가진 채 존속한다고 볼 수 있다. 그러나 조세채권에 기한 우선권까지 행사하지 못할 이유는 없다. 만일 국가나 지방자치단체가 조세채권에 대한 우선권을 행사하는데도 조세채권을 변제한 제3자가 우선권을 인정받지 못한다면 형평에 반한다. 입법론으로 조세우선권을 인정한 것이 문제라고 볼 수 있으나, 국세기본법이나 「채무자 회생 및 파산에 관한 법률」(제179조 제9호, 제473조 제2호)에서 조세채권에 우선권을 인정한 것을 삭제하기 전에는 제3자가 우선권을 대위행사할

2005. 8. 25, 2004다58277(공 2005, 1554).

39) 金載亨, "조세채권과 변제자대위," 저스티스 제110호(2009. 4), 34-41면.

40) 국세기본법 제35조 제1항, 지방세법 제31조.

수 없다고 하는 것은 오히려 국가우월주의적인 결과를 초래한다. 결국 조세채권에 대한 변제자대위의 경우에 사인이 조세채권을 행사하는 경우에 문제되는 사항만을 거두어내고 조세채권을 행사할 수 있다고 보아야 한다.[41]

Ⅷ. 소유권을 유보한 물품의 부합과 부당이득

1. 대판 2009. 9. 24, 2009다15602(공 2009, 1743)는 다수당사자 사이의 부당이득반환 문제에 관하여 중요한 판단을 하고 있다. 그 사실관계는 다음과 같다. A회사는 피고로부터 공장 건물의 증축 및 신축 공사를 도급받았다('건축도급계약의 체결'). 그 직후 원고와 철강제품 공급계약을 체결하고 원고로부터 철강제품을 공급받았는데, 그 대금이 결제될 때까지 철강제품의 소유권을 매도인인 원고에게 유보하기로 약정하였다('철강제품 공급계약'). A회사는 철강제품을 위 공사 자재로 사용하였으나('철강제품의 부합'), 원고에게 그 대금을 지급하지 않았다. 원고는 피고에게 부당이득반환청구를 하였고, 이에 대하여 피고는 자신은 원고와 A회사 사이의 공급계약에서 제 3 자에 불과하므로 원고가 피고에게 직접 부당이득을 구할 수 없다고 주장하였다. 원심은 피고의 위 주장을 배척하였다. 그러나 대법원은 다음과 같은 이유로 원심판결을 파기환송하였다.

> 「민법 제261조에서 첨부로 법률규정에 의한 소유권 취득(민법 제256조 내지 제260조)이 인정된 경우에 "손해를 받은 자는 부당이득에 관한 규정에 의하여 보상을 청구할 수 있다."라고 규정하고 있는바, 이러한 보상청구가 인정되기 위해서는 민법 제261조 자체의 요건만이 아니라, 부당이득 법리에 따른 판단에 의하여 부당이득의 요건이 모두 충족되었음

41) 상세한 것은 金載亨(주 39), 41-48면 참조.

이 인정되어야 한다.

…매도인에게 소유권이 유보된 자재가 제3자와 매수인과 사이에 이루어진 도급계약의 이행에 의하여 부합된 경우 보상청구를 거부할 법률상 원인이 있다고 할 수 없지만, 제3자가 도급계약에 의하여 제공된 자재의 소유권이 유보된 사실에 관하여 과실 없이 알지 못한 경우라면 선의취득의 경우와 마찬가지로 제3자가 그 자재의 귀속으로 인한 이익을 보유할 수 있는 법률상 원인이 있다고 봄이 상당하므로 매도인으로서는 그에 관한 보상청구를 할 수 없다고 할 것이다.」

2. 대법원은 위와 같은 판단을 하기까지의 논리를 흥미롭게 전개하고 있다.

계약 당사자 사이에 계약관계가 연결되어 있어서 각각의 급부로 순차로 소유권이 이전된 경우 계약관계에 기한 급부가 법률상의 원인이 되므로 최초의 급부자는 최후의 급부수령자에게 법률상 원인 없이 급부를 수령하였다는 이유로 부당이득반환청구를 할 수 없다.[42] 이 사건에서 원고에게 철강제품에 대한 소유권이 유보되어 있지 않다면, 철강제품이 계약에 기하여 원고에서 A회사로, 다시 피고에게 이전되었을 것이기 때문에 부당이득반환청구를 쉽게 부정할 수 있을 것이다.

그러나 철강제품에 대한 소유권이 매도인인 원고에게 유보되어 있었는데, 매수인인 A회사가 피고와 체결한 건축도급계약의 이행으로 피

42) 대판 2003. 12. 26, 2001다46730(집 51-2, 민 375). 또한 대판 2002. 8. 23, 99다66564(집 50-2, 민 40)는 전용물소권을 부정하였는데, "계약상의 급부가 계약의 상대방뿐만 아니라 제3자의 이익으로 된 경우에 급부를 한 계약당사자가 계약 상대방에 대하여 계약상의 반대급부를 청구할 수 있는 이외에 그 제3자에 대하여 직접 부당이득반환청구를 할 수 있다고 보면, 자기 책임하에 체결된 계약에 따른 위험부담을 제3자에게 전가시키는 것이 되어 계약법의 기본원리에 반하는 결과를 초래할 뿐만 아니라, 채권자인 계약당사자가 채무자인 계약 상대방의 일반채권자에 비하여 우대받는 결과가 되어 일반채권자의 이익을 해치게 되고, 수익자인 제3자가 계약 상대방에 대하여 가지는 항변권 등을 침해하게 되어 부당하므로, 위와 같은 경우 계약상의 급부를 한 계약당사자는 이익의 귀속 주체인 제3자에 대하여 직접 부당이득반환을 청구할 수는 없다."고 한다. 상세한 것은 民法注解(XVII), 228면 이하(梁彰洙 집필).

고 소유의 건물을 축조하는 데 사용하였고, 이에 따라 피고 소유의 건물에 위 제품이 부합함으로써 민법 제256조의 규정에 따라 피고가 이 제품의 소유권을 취득하였다. 이러한 경우에 피고가 위 제품의 가액을 부당이득으로 반환하여야 하는지 문제된다. 만일 피고가 A회사로부터 위 제품을 '양수'하여 점유하였다면, 민법 제249조에 따라 선의취득이 성립할 수 있는데, 선의취득으로 소유권을 상실한 사람은 무권리자인 양도인을 상대로 부당이득반환을 청구할 수 있을 뿐이고,[43] 선의취득을 한 사람을 상대로 부당이득반환을 청구할 수는 없다.

그런데 이 사건에서는 매도인인 원고에 의하여 소유권이 유보된 자재에 관하여 부합에 관한 민법 규정에 따라 피고가 위 자재의 소유권을 취득하였다. 이는 피고가 그 자재를 양수하여 점유한 경우에 해당하지 않기 때문에, 선의취득에 관한 규정이 적용되지 않는다. 그러나 대법원은 "그 자재가 … 도급계약에 따른 이행에 의하여 제3자에게 제공된 것으로서 거래에 의한 동산 양도와 유사한 실질을 가지므로, 그 부합에 의한 보상청구에 대하여도 위에서 본 선의취득에서의 이익보유에 관한 법리가 유추적용된다."고 판단하였다. 따라서 피고의 공장건물들에 부합된 이 사건 철강제품의 소유권이 원고에게 유보되어 있다는 사정을 피고가 과실 없이 알지 못하였다고 인정되는 경우에는 피고가 그 자재에 관한 이익을 보유할 법률상의 원인이 있다고 보아 부당이득에 의한 보상청구를 부정하고 있다.

3. 이 사건을 시간 순서대로 정리해 보면 ① 피고와 A회사의 건축도급계약 체결, ② A회사와 원고의 철강제품 공급계약 체결(소유권 유보 약정), ③ A회사의 철강제품 사용(부합), ④ 피고의 A회사에 대한 공사대금 지급, ⑤ 원고의 피고에 대한 부당이득반환 청구의 순으로 진행되었다.[44]

---

43) 民法注解(XVII), 249면(梁彰洙 집필).

44) 다만 판결문에서는 철강제품 공급계약이 먼저 나오고 그 다음에 건축도급계

[표 1]

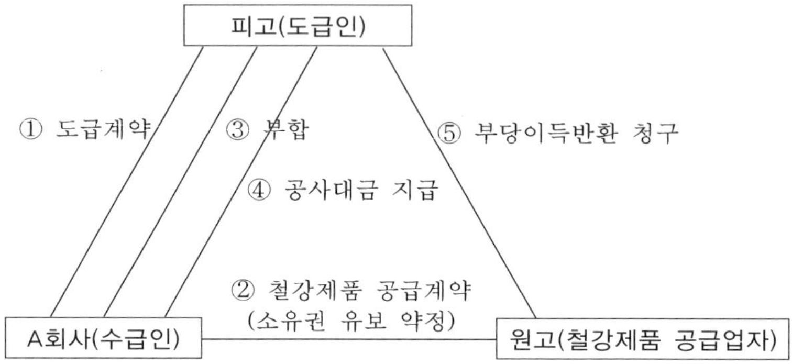

이 사건에서 철강제품의 부합으로 인한 원·피고의 이익상황을 살펴보자. (1) 원고는 철강제품의 소유권을 상실하고, A회사에 대한 대금채권만을 갖고 있다. 철강제품에 대한 매매계약 체결 당시에 위 제품이 건축공사의 자재로 사용되어 부합에 관한 규정에 따라 A회사 또는 피고에게 위 제품의 소유권이 귀속되리라는 것을 알고 있었다고 볼 수 있다. 나아가 원고가 철강제품을 A회사에 판매할 당시에 A회사가 위 제품을 건축공사의 자재로 사용하는 것에 동의하였다고 볼 여지도 있다. (2) 이에 반하여 피고는 위 물품에 대한 소유권을 취득하였고 그 대신 A회사와의 도급계약에 기한 공사대금채무를 부담한다. 피고는 도급계약에 기하여 완공될 건물에 대하여 완전한 소유권을 취득할 것으로 기대하는 것이 통상적일 것이고, 이에 기하여 공사대금액을 산정할 것이다. 이 사건에서 실제로는 피고가 A회사에게 공사대금을 이미 지급하였는데,[45]

약 체결이 기재되어 있어서, 마치 원고가 소유권을 유보하고 A회사에 철강제품을 공급한 다음 A회사가 피고로부터 건축공사를 도급받는 것처럼 보인다. 그러나 환송 후 원심판결을 보면, 이 사건에서 공사도급계약이 먼저 체결되었고, 그 직후에 철강제품에 대한 매매계약이 체결되었다는 점을 알 수 있다. 대체로 공사를 도급받은 다음에 공사자재를 구입하는 것이 통상적일 것이다.

45) 이 점은 대법원 판결에는 없으나, 환송 전후의 원심판결들을 보면, 공사대금을 이미 지급하였다는 것을 알 수 있다.

피고로서는 철강제품의 가액을 지급할 의무가 없었을 것으로 생각했을 것이다. 또한 피고는 공사에 사용되는 자재에 대하여 소유권유보약정이 있는지 여부를 모르는 경우가 대부분일 것이다. 이러한 상태에서 원고의 피고에 대한 부당이득반환청구를 받아들인다면 피고가 이중의 부담을 지는 것으로, 당사자들 사이에 복잡한 법률관계가 발생한다. 이와 같은 요소들을 고려하여 원고의 피고에 대한 부당이득반환청구를 기각하여야 한다는 결론을 도출할 수도 있었을 것이라고 생각한다. 그러나 이 사건에서는 이와 같은 요소들에 대해서는 심리를 하지 않았고 이와 같은 요소들의 형량을 통하여 문제를 해결하고 있지 않다.

대법원은 위 2.에서 본 바와 같이 선의취득의 법리를 유추적용하여 부당이득반환 문제를 해결하고 있다. 이 사건은 부당이득의 삼각관계 문제에 해당하는데, 이에 관해서는 독일에서 많이 논의되었다. 독일의 판례는 이 사건과 유사한 사례에서 부당이득반환청구권을 부정하였다.[46] 건축업자가 피고와 체결한 도급계약에 기하여 피고의 건물에 원

46) 독일 연방대법원 1963. 10. 31. 판결(BGHZ 40, 272)에서는 제 3 자가 토지소유자인 피고와 체결한 계약에 따라 원고 소유의 전기기구를 피고의 토지에 건축중인 건물에 설치한 경우에 원고가 피고를 상대로 부당이득반환청구를 할 수 있는지 여부가 문제되었다. 위 법원은 피고가 선의취득의 규정(독일 민법 제929조, 제932조)에 기하여 소유권을 취득하였거나 부합(독일 민법 제946조)에 기하여 소유권을 취득하였는지 여부를 불문하고 원고의 피고에 대한 부당이득반환청구권을 부정하였다. 제 3 자가 피고와 체결한 계약에 기하여 전기기구를 설치한 것이므로, 원고의 급부가 있다고 볼 수 없고, 이러한 경우에 법률상의 원인이 존재한다는 것이다. 이 판결에 관하여 상세한 것은 民法注解(XVII), 228면 이하(梁彰洙 집필) 참조. 그 후에 나온 독일 연방대법원 1971. 5. 27. 판결(BGHZ 56, 228)은 공사자재에 대하여 소유권이 유보되었음에도 불구하고 수급인이 이를 사용하여 피고 소유의 건축물을 완공한 경우에 대한 것인데, 위 1963년 판결을 인용하면서 원고의 부당이득반환청구권을 부정하였다. 공사자재공급자는 자신의 계약상대방에게만 청구권을 행사할 수 있고, 건축주에 대해서는 독일 민법 제951조 제 1 항 제 1 문, 제812조 제 1 항 제 1 문에 기한 부당이득반환청구권이 없다고 한다. 즉, 피고는 신축건물을 위해 사용된 자재를 건축업자와의 건축계약에 기하여 취득한 것이고, 법률상 원인 없이 원고의 손실에 기하여 취득한 것이 아니라고 한다. 이 경우 건축업자가 자신이 공사자재의 공급자와 체결한 연장된 소유권유보를 침해하여 자재를 사용하였는지는 아무런 역할을 하지 않는

고의 건축자재를 사용함으로써 원고의 건축자재가 피고의 건물에 부합되었다. 이와 같이 원고와 제 3 자(건축업자), 제 3 자와 피고 사이에 이중적 계약관계(doppeltes Vertragsverhältnis)가 있는 이상 원고의 피고에 대한 부당이득반환청구권은 성립될 수 없다고 판결하였다. 이에 대하여 위와 같은 사안에서 선의취득의 법리를 유추하여 부당이득의 성립 여부를 판단하여야 한다는 견해가 많다.[47] 우리나라 대법원 판결은 이러한 독일의 학설과 동일한 것이라고 볼 수 있다. 대법원 판결의 판단구조를 보면, 독일의 판례와 그 후의 학설의 전개가 우리 대법원 판결에 재현된 듯하다.[48] 다만 독일 민법(제932조 제 2 항)에서는 고의 또는 중과실이 없는 경우에 한하여 선의취득이 인정되는 데 반하여, 우리나라에서는 고의 또는 과실이 없으면 선의취득이 인정되기 때문에, 이 점에서는 차이가 있게 된다.[49]

피고가 위 자재에 관하여 소유권유보약정이 있다는 것을 알지 못하였고 알지 못한 데 과실도 없다면 피고의 부당이득반환의무를 부정하는 것이 타당할 것이다. 피고가 소유권이 유보된 동산을 매수함으로써 민법 제249조에 따른 선의취득의 요건을 갖춘 경우에는 부당이득반환의무를 부담하지 않는데,[50] 위와 같이 부합에 의하여 동산의 소유권

다고 한다.

47) 가령 Larenz/Canaris, *Lehrbuch des Schuldrechts* Ⅱ/2, 13. Aufl., 1994, S. 212.

48) 李丙儁, "소유권이 유보된 재료의 부합과 부당이득 삼각관계," 대법원판례해설 제81호(2009년 하), 2010, 110면• 이하는 이 판결을 지지하는 평석으로서, 독일의 학설 · 판례와 이 판결을 상세하게 비교하고 있다.

49) 김형배, 사무관리 · 부당이득, 박영사, 2003, 179면은 이와 같은 경우에 "건설회사가 건축자재의 진정한 소유자가 아님을 건축자가 알고 있"는 경우에 건축자재의 소유자는 건축주에 대하여 부당이득반환청구권을 가진다고 한다. 이 견해에 따르면, 명확한 것은 아니지만 건축주가 위와 같은 사실을 알지 못한 데 과실이 있는 경우에도 건축자재의 소유자가 부당이득반환청구권을 갖지 않는다고 볼 수 있을 것이다.

50) 이 경우에는 원고가 그 동산의 양도인이 양도의 대가로 취득한 것에 대하여 부당이득반환청구를 할 수 있다. 郭潤直, 債權各論, 제 6 판, 박영사, 2003, 357면; 民法注解(XVII), 249면(梁彰洙 집필).

을 취득한 경우에는 이와 달리 부당이득을 긍정하는 것은 심각한 평가모순[51]에 해당할 것이라고 볼 수 있을 것이다. 따라서 이 사건에서 부당이득반환청구를 배척하여야 한다는 대법원의 결론은 정당하다.

4. 여기에서 나아가 이 판결에서 부당이득반환청구의 요건으로 내세운 법리가 정당한 것인지는 논란의 여지가 있다. 즉, 피고에게 과실이 없는 경우에 한하여 부당이득반환의무를 배제하여야 하는지 문제될 수 있다. 이 사건에는 위 3.에서 본 바와 같은 요소들을 고려할 때 피고가 A회사와의 도급계약에 기하여 철강제품을 취득하였으므로, 이것이 법률상 원인에 해당한다고 보아 부당이득의 성립을 부정하여야 할 것으로 생각된다. 건축주에게 소유권유보약정에 관하여 알지 못한 데 과실이 있는 경우에 부당이득반환의무가 있다고 한다면, 건설회사가 사용하는 건축자재에 대하여 소유권유보약정이 있는지 여부를 알아보아야 한다는 주의의무를 부과하는 셈이다. 그러나 건축주가 건설회사에 건축공사를 맡긴 후에 건설회사가 건축자재를 구입하면서 그 소유권이 물품공급업체에 유보되었는지를 알아보아야 한다는 주의의무를 부과할 수는 없을 것이다. 이와 같은 주의의무를 부과하는 것은 건축공사의 현실에도 부합하지 않는다. 그리고 이 사건에서 피고가 도급계약에 기한 대금을 지급하였으므로 이득을 얻었다고 볼 수도 없다. 또한 대법원 판결과 같이 원고가 소유권을 유보했던 물건이 피고 소유의 건물에 부합됨으로써 피고가 위 물건의 소유권을 취득한 경우에 피고의 선의 또는 과실 여부에 따라 부당이득의 성립 여부를 달리 판단한다면, 당사자들 사이에 복잡한 법률관계가 발생할 것이다. 피고가 위 물건이 원고의 소유라는 것을 알았거나 알지 못한 데 과실이 있다면, 피고가 수급인에 대한 공사대금채무를 부담하거나 공사대금채무를 이행하였으면서도 원

51) 피고의 소유권이 유보된 동산에 관하여 무권리자의 양도에 의하여 선의취득이 성립한 경우와 부합에 관한 민법 규정에 따라 동산이 이전된 경우를 다르게 취급하면 심각한 평가모순에 빠질 수 있다는 의미이다.

고에 대한 부당이득반환의무를 부담하게 될 것이기 때문이다. 이 판결에서 부당이득의 성립을 부정한 결론과 그 이유는 부당이득의 삼각관계 문제에서 매우 중요한 의미가 있지만, 그 요건을 동산의 선의취득의 경우와 동일하게 판단한 부분은 재검토할 필요가 있다.

IX. 피용자의 성추행으로 인한 사용자책임

1. 대판 2009. 2. 26, 2008다89712(공 2009, 421)는 피용자의 성추행 등에 대하여 사용자책임을 인정하고 있다. 사안은 다음과 같다. 피고 1은 피고 2 법인이 운영하는 아동복지시설인 A의 원장으로서 A 소속 직원들을 채용하거나 해고할 수 있는 권한을 가지고 있었다. 원고는 대학 2학년 재학중이던 2005. 8. 1. A의 정식 직원으로 채용되어 A의 프로그램 교사로 근무하였다. 피고 1은 2006. 4. 3.부터 같은 달 29.까지 원고를 포함한 A 소속 직원들과의 회식을 마친 후 다른 직원들이 귀가한 다음 원고만 남은 상태에서 원고에게 사회복지분야에서 적절한 업무수행을 하기 위해서는 적극적인 성격이 필요하다고 이야기하다가 자신의 성기를 만져줄 것을 강요하였고, 이러한 피고 1의 지시를 거부하는 경우 해고될 수도 있다는 두려움을 가지고 있던 원고에 대하여 성추행 행위를 개시하였다. 그 후 피고 1은 근무시간에 원고를 원장실로 부르거나, 업무상 출장을 가는 도중 또는 회식을 마친 직후에 피고 2 법인이 제공한 원고의 숙소에 들러서 A 원장으로서의 지위를 이용하여 원고를 여러 차례에 걸쳐 성추행하거나 간음하였다. 원심은, 피고 1의 원고에 대한 이와 같은 성추행 및 간음행위는 원장으로서의 지위를 이용하여 자신의 보호·감독 하에 있는 원고를 위력으로써 성추행 내지 간음한 것으로서 원고의 의사에 반하여 성적 자기결정권을 침해하는 불법행위에 해당하고, 피고 1의 원고에 대한 성추행 및 간음행위

에 관하여 피고 2 법인에게 사용자책임이 인정된다고 판단하였다. 피고들이 상고하였으나, 대법원은 이를 기각하면서 다음과 같이 판단하였다.

> "피용자가 다른 피용자를 성추행 또는 간음하는 등 고의적인 가해행위를 한 경우, 그 행위가 피용자의 사무집행 자체는 아니라 하더라도, 피해자로 하여금 성적 굴욕감 또는 혐오감을 느끼게 하는 방법으로 업무를 수행하도록 하는 과정에서 피해자를 성추행하는 등 그 가해행위가 외형상 객관적으로 업무의 수행에 수반되거나 업무수행과 밀접한 관련 아래 이루어지는 경우뿐만 아니라, 피용자가 사용자로부터 채용, 계속고용, 승진, 근무평정과 같은 다른 근로자에 대한 고용조건을 결정할 수 있는 권한을 부여받고 있음을 이용하여 그 업무수행과 시간적, 장소적인 근접성이 인정되는 상황에서 피해자를 성추행하는 등과 같이 외형상 객관적으로 사용자의 사무집행행위와 관련된 것이라고 볼 수 있는 사안에서도 사용자책임이 성립할 수 있다."

이 판결은 피용자가 다른 피용자를 성추행 또는 간음하는 등 고의적인 가해행위를 한 경우에 사용자책임이 인정되는 요건을 구체적으로 제시하고 있다. 특히 "피용자가 사용자로부터 채용, 계속고용, 승진, 근무평정과 같은 다른 근로자에 대한 고용조건을 결정할 수 있는 권한을 부여받고 있음을 이용하여 그 업무수행과 시간적, 장소적인 근접성이 인정되는 상황에서 피해자를 성추행하는 등과 같이 외형상 객관적으로 사용자의 사무집행행위와 관련된 것이라고 볼 수 있는 사안"에서 사용자책임을 긍정하고 있다. 이 사건에서 피용자의 성추행 등의 행위가 '시간적, 장소적인 근접성'과 '피해자에 대한 우월적 지위의 이용'이라는 요건을 갖추었다고 판단하였다.

2. 이 판결은 성희롱에 의한 불법행위책임을 인정한 대판 1998. 2. 10, 95다39533(집 46-1, 민 1)과 비교해 볼 필요가 있다. 이 사건에서 원고가 서울대학교 자연과학대학 화학과에 NMR기기 담당 유급조교로

고용되어 근무하던 도중 위 기기의 담당교수인 피고 A로부터 일정기간 동안 계속적으로 여러 가지 형태의 성희롱을 당했다고 인정하여 피고 A의 불법행위책임을 인정하였다. 그러나 원고가 당시 서울대학교 총장인 피고 B와 피고 대한민국에 대하여 사용자책임이나 대리감독자로서의 책임을 주장한 부분에 대하여는 대법원이 사용자책임을 부정하였다. 피고 A의 성희롱 행위는 그 직무범위 내에 속하지 아니함은 물론 외관상으로 보더라도 그의 직무권한 내의 행위와 밀접하여 직무권한 내의 행위로 보이는 경우라고 볼 수 없다는 점을 들었다.[52] 그러나 이 판결을 근거로 일반적인 직장 내 성희롱 사건에서 사용자책임을 부정할 수는 없다. 하급심에서 성희롱에 대하여 사용자의 손해배상책임을 인정한 예가 있다.[53] 또한 택시운전사가 택시 안에서 승객을 강간한 경우에 택시회사의 사용자책임을 인정한 대법원 판결도 있다.[54]

성추행과 성희롱은 구별될 수 있지만, 이 판결의 논리는 직장 내 성희롱에도 적용될 것이다. 따라서 직장 내 성희롱의 경우에 이 판결에서 들고 있는 요건을 충족하는 경우에 사용자책임이 성립한다고 보아야 할 것이다. 직장 내 성희롱을 조건적 성희롱[55]과 환경형 성희

52) 대법원은 원고가 고용계약상의 채무불이행을 이유로 피고 대한민국에 대한 손해배상을 청구한 부분도 받아들이지 않았다.

53) 서울지판 1998. 4. 30, 97나51543(하집 1998-1, 226)은, 노동조합 사무실에서 압수·수색영장 집행 직무를 집행 중이던 경찰관이 그 장면을 비디오 촬영하던 피해자에게 위법한 신체접촉행위를 한 것에 대하여 국가배상책임을 인정하였다. 위 신체접촉행위는 사회통념상 일상생활에서 허용되는 단순한 농담이나 접촉의 범주를 넘어 피해자로 하여금 성적 굴욕감이나 혐오감을 느끼게 하는 것으로서 피해자의 인격권을 침해하는 위법한 행위라고 봄이 상당하고, 한편 위 행위가 압수수색의 직무집행 행위 그 자체는 아니지만 그와 관련하여 행해진 행위라고 하였다. 또한 서울지판 2002. 11. 26, 2000가합57462는 직장 내 성희롱에 대하여 주로 고용계약상의 보호의무 위반을 이유로 사용자의 손해배상책임을 인정하였는데, 사용자책임도 성립할 수 있다는 것을 전제로 판결하고 있다. 후자의 판결에 관하여 상세한 것은 이정, "직장 내 성희롱(sexual harassment)과 사용자책임," 외법논집 제14집(2003. 8), 한국외국어대학교 법학연구소, 95면 이하 참조.

54) 대판 1991. 1. 11, 90다8954(공 1991, 722).

55) 조건적 성희롱은 보복적(quid pro quo : something for something) 성희롱이

롱[56]으로 구분할 수 있는데, 이 판결은 사무집행관련성을 판단하는 과정에서 이를 고려하고 있다.

한편, 피해자가 피용자의 행위가 사무집행에 속하지 않는다는 사실을 알았거나 알지 못한 데 중대한 과실이 있는 경우에는 사용자책임이 배제된다는 것이 판례이다.[57] 그러나 이와 같은 법리는 이른바 거래적 불법행위에서 문제되는 것이고, 이 사건과 같은 사실적 불법행위에서는 피해자의 악의 또는 중과실이 문제되지 않는다.[58] 이 판결은 "피용자가 다른 피용자를 성추행 또는 간음하는 등 고의적인 가해행위를 한 경우"라고 한정하여 법리를 전개함으로써, 거래적 불법행위와 사실적 불법행위의 구분을 의식하고 있다고 볼 수도 있다.

X. 법인의 사원 등 의결기관의 불법행위책임에 관한 판단기준

1. 법인의 대표자가 제 3 자에 대하여 불법행위를 지는 경우에 이에 관한 의결에 찬성한 이사나 대의원도 불법행위책임을 지는가? **대판 2009. 1. 30, 2006다37465**(공 2009, 211)에서는 법인의 대표자가 불법행위를 저지른 경우에 법인 내부의 사원총회 등에 참석한 사원 등도 불법행위책임을 지는지 여부가 문제되었다.

사안이 복잡한데, 이 문제에 관한 부분은 다음과 같다. 체비지대장

라고도 하는데, 성적 행위에 대한 거절에 대하여 해고나 승진거절 등 고용상의 차별적 처우를 하는 경우를 말한다.

56) 환경적(environmental) 성희롱은 적대적인 근로환경을 창출하는 성희롱으로서 성적 행위 자체가 피해자로 하여금 성적 굴욕감이나 혐오감을 품게 하여 그의 업무수행이나 근로환경에 부당하고 심각한 불이익을 가져오는 경우를 말한다.

57) 대판 1983. 6. 28, 83다카217(공 1983, 1139) 등 다수.

58) 金載亨, "使用者責任에서의 事務執行關聯性," 民法論 Ⅱ, 박영사, 2004, 321면.

의 명의 변경을 금지하는 가처분 결정이 2001.9.21.경 토지구획정리조합에 송달되었다. 그러나 ① 위 조합의 조합장인 피고 1이 위 조합의 상임이사인 피고 5, 감사인 피고 6, 피고 7과 협의하여 2001.10.24.부터 2002.12.20.까지 사이에 체비지 합계 10,446.3㎡를 매각하고 위 가처분 결정을 위반하여 위 조합이 보관하고 있는 체비지대장의 소유자 명의를 매수인들로 변경하였다. ② 한편, 위 조합의 대의원들인 피고 9 내지 20이 위 가처분 결정 후에 개최된 대의원회에서는 위 피고들이 체비지 매각에 관한 보고를 받고도 단순히 조합장인 피고 1이 그때까지 실행한 체비지의 매각에 대하여 아무런 이의를 제기하지 않거나, '전원의 동의'의 형식으로 이미 실행한 체비지 매각을 승인하고 잔여 체비지 매각문제를 피고 1을 비롯한 조합집행부에게 일임하기로 하는 의결을 하였다. 또한 위 조합의 이사들인 피고 2 내지 4 역시 위 가처분 결정 후에는 위 대의원회의 의결과 비슷한 정도의 의결을 하였다.

원심은 위 피고들에게 불법행위에 기한 손해배상책임을 인정하였다. 그러나 대법원은 위 ①부분과 위 ②부분을 구분하여 결론을 달리하고 있다.

> "법인의 대표자가 그 직무에 관하여 타인에게 손해를 가함으로써 법인에 손해배상책임이 인정되는 경우에, 대표자의 행위가 제3자에 대한 불법행위를 구성한다면 그 대표자도 제3자에 대하여 손해배상책임을 면하지 못하며(민법 제35조 제1항), 또한 사원도 위 대표자와 공동으로 불법행위를 저질렀거나 이에 가담하였다고 볼 만한 사정이 있으면 제3자에 대하여 위 대표자와 연대하여 손해배상책임을 진다. 그러나 사원총회, 대의원 총회, 이사회의 의결은 원칙적으로 법인의 내부행위에 불과하므로 특별한 사정이 없는 한 그 사항의 의결에 찬성하였다는 이유만으로 제3자의 채권을 침해한다거나 대표자의 행위에 가공 또는 방조한 자로서 제3자에 대하여 불법행위책임을 부담한다고 할 수는 없다. 이 때 의결에 참여한 사원 등이 대표자와 공동으로 불법행위를 저질렀거나 이에 가담

하였다고 볼 수 있는지 여부는, 그 의결에 참여한 법인의 기관이 당해 사항에 관하여 의사결정권한이 있는지 여부 및 대표자의 집행을 견제할 위치에 있는지 여부, 그 사원이 의결과정에서 대표자의 불법적인 집행행위를 적극적으로 요구하거나 유도하였는지 여부 및 그 의결이 대표자의 업무 집행에 구체적으로 미친 영향력의 정도, 침해되는 권리의 내용, 의결내용, 의결행위의 태양을 비롯한 위법성의 정도를 종합적으로 평가하여 법인 내부행위를 벗어나 제3자에 대한 관계에서 사회상규에 반하는 위법한 행위라고 인정될 수 있는 정도에 이르러야 한다."

이 사건에 관한 구체적인 판단에서 대법원은 원심판결 중 위 ① 부분에 대한 판단을 지지하였다. 즉, "피고 1은 위와 같이 가처분 결정에 위반하는 행위를 함으로써 그 피보전권리를 침해한 불법행위자로서 원고가 입은 손해를 배상할 책임이 있고, 피고 5, 피고 6, 피고 7 역시 피고 1의 불법행위에 가담한 자로서 민법 제760조 제1항에 따라 원고에게 그 손해를 배상할 책임이 있다."고 한다.

그러나 대법원은 위 ② 부분에 대해서는 원심판결[59]을 파기환송하였다. 위 조합의 대의원회가 정관 제17조, 제19조에 따라 위 조합의 체비지 매각에 관한 사항을 의결할 권한이 있으나,[60] 이사회는 체비지의

59) 원심은, 위 피고들의 행위가 원고의 소외 토지구획정리조합에 대한 채권을 침해한 것으로서 불법행위를 구성할 뿐만 아니라, 피고 1의 불법행위에 가공 또는 방조한 것이라고 보아 손해배상책임을 인정하였다.

60) 구 토지구획정리사업법 제26조는 토지구획정리조합의 총회의 의결사항을 규정하면서 제8호로 '제54조의 규정에 의한 체비지 등의 처분방법'을 들고 있고, 구 토지구획정리사업법 제27조 제3항은 "대의원회는 대통령령이 정하는 사항을 제외한 모든 총회의 권한을 대행한다."고 정하고 있다. 한편, 구 토지구획정리사업법 시행령(2000. 8. 2. 대통령령 제16933호로 폐지되기 전의 것) 제18조는 "법 제27조 제3항의 규정에 의한 대통령령으로 정하는 사항이라 함은 다음 각 호에 게기하는 것을 말한다."고 규정하면서 '조합장·이사 및 감사의 선임'과 '법 제26조 제1호 및 제2호에 게기된 사항' 및 '조합의 합병 또는 해산에 관한 사항'을 정하고 있다. 그리고 위 조합의 정관 제17조, 제19조에도 대체로 위 법령과 같은 내용으로 규정되어 있다. 그러므로 시행령 제18조와 위 조합의 정관이 구 토지구획정리사업법 제26조 제8호의 사항을 대의원회가 권한을 대행할 수 없는 사항으로 규정하지 않고 있는 이상 대의원회는 구 토지구획정리사업법

매각에 관한 의결 권한이 없다. 또한 이 사건 체비지의 구체적인 매각 경위, 대의원회나 이사회의 의결 내용이나 의결행위의 태양 및 위법성의 정도, 원고와 위 조합 사이의 이 사건 분쟁에 이른 사정과 위 가처분 이의 사건 및 그 본안소송의 소송 경과 등을 종합적으로 평가하여 볼 때, 위 피고들의 의결행위가 단순한 법인 내부의 행위를 벗어나 제3자에 대한 관계에서 사회상규에 반하는 위법한 행위라고 평가될 정도에 이르렀다고 보이지 않는다. 그러므로 위 조합의 대의원인 피고 9 내지 20과 위 조합의 이사인 피고 2 내지 4가 위와 같은 내용의 의결에 찬성하였다는 것만으로는, 위 조합의 체비지 매각 등으로 인하여 손해를 입게 된 원고에 대하여 실질적으로 대표자인 피고 1과 공동하여 직접 원고의 채권을 침해하는 불법행위를 저질렀다거나 그 불법행위에 가담하였다고 볼 수 없다고 한다.

2. 법인의 대표자가 그 직무에 관하여 불법행위를 저지른 경우에 대표자의 행위가 제3자에 대한 불법행위를 구성한다면 그 대표자도 제3자에 대하여 손해배상책임을 진다(민법 제35조 제1항). 또한 사원도 위 대표자와 공동으로 불법행위를 저질렀거나 이에 가담한 경우에는 제3자에 대하여 위 대표자와 연대하여 손해배상책임을 진다. 그러나 사원총회, 대의원 총회, 이사회에서 그와 같은 사항의 의결에 찬성한 사람(이하 편의상 '의결참여자'라고 한다)도 불법행위책임을 지는지 문제된다. 이와 같은 경우에 의결참여자의 책임을 무겁게 인정하여야 한다는 시각과 의결참여자의 책임을 부정하여야 한다는 시각이 있을 수 있다.

이 판결은 위 두 시각 중 어느 한쪽에 치우치지 않고 그 중간 부근에서 책임의 인정 여부를 가리고 있다. 사원총회 등의 의결이 원칙적으로 법인의 내부 행위에 불과하므로 그 사항의 의결에 찬성하였다는 이유만으로 불법행위책임을 부담하지 않는다. 의결참여자가 대표자와

제27조 제3항에 따라 위 제8호의 사항에 관한 권한을 대행할 수 있다(대판 2003. 6. 27, 2001두11021 참조).

공동으로 불법행위를 저질렀거나 이에 가담하였다고 볼 수 있는지 여부는, ㉠ 그 의결에 참여한 법인의 기관이 당해 사항에 관하여 의사결정권한이 있는지 여부 및 대표자의 집행을 견제할 위치에 있는지 여부, ㉡ 그 사원이 의결과정에서 대표자의 불법적인 집행 행위를 적극적으로 요구하거나 유도하였는지 여부, ㉢ 그 의결이 대표자의 업무 집행에 구체적으로 미친 영향력의 정도, ㉣ 침해되는 권리의 내용, ㉤ 의결내용, ㉥ 의결행위의 태양을 비롯한 위법성의 정도를 종합적으로 평가하여 법인 내부 행위를 벗어나 제3자에 대한 관계에서 사회상규에 반하는 위법한 행위라고 인정될 수 있는 정도에 이르러야 한다고 하였다.

의결참여자가 대표자의 위법행위를 막지 못하였다는 이유로 제3자에 대하여 불법행위책임을 진다고 하는 것은 우리 현실에 맞지 않는다. 법인의 운영에서 권한에 상응하는 책임을 져야 한다. 법인 내부의 의결참여자가 대표자의 행위를 견제하기 어려운데도 의결참여자의 책임을 넓게 인정하는 것은 타당하지 않다. 이는 의결참여자에게 '적은 권한'에 비하여 '과도하게 무거운 책임'을 부과하는 결과가 되기 때문이다. 따라서 의결참여자의 권한과 지위, 행태 등 제반사정을 종합적으로 판단하여 위법한 경우에 한하여 의결참여자의 불법행위책임을 인정해야 할 것이다.

XI. 인터넷 종합 정보제공자의 명예훼손 책임

1. 인터넷 이용자들이 사이버공간에 다른 사람의 명예를 훼손하는 정보를 올린 경우 인터넷 서비스 제공자가 어떠한 요건 하에서 책임을 지는지 문제된다. 인터넷 서비스 제공자가 직접 정보를 올린 사람과 동일한 책임을 진다고 볼 수는 없다. 반면에 인터넷 서비스 제공자는 무조건 면책된다고 볼 수도 없다.

대판(전) 2009. 4. 16, 2008다53812(공 2009, 626)[61]는 '인터넷 포털사이트'(이 판결에서는 '인터넷 종합 정보제공 사업자'라는 표현을 사용하고 있다)에 의한 명예훼손에 관한 새로운 기준을 제시하였다. 이 분야에서 2009년에 나온 가장 중요한 판결로서 이미 여러 평석이 나왔다.[62] 피고 엔에이치엔 주식회사(이하 '피고 엔에이치엔'이라 한다), 피고 주식회사 다음커뮤니케이션(이하 '피고 다음커뮤니케이션'이라 한다)은 보도매체로부터 위 피고들의 각 자료저장 컴퓨터 설비에 전송된 기사들 가운데 원고 관련 기사를 선별하여 위 피고들의 뉴스 게시공간에 게재하였다. 위 원고 관련 기사들은 원고의 명예를 훼손하는 내용을 담고 있었고, 불법행위로 평가되는 명예훼손적 게시물들이 있었다. 원심은, 피고들이 보도매체로부터 위 피고들의 각 자료저장 컴퓨터 설비에 전송된 기사들 가운데 원고 관련 기사를 선별하여 위 피고들의 뉴스 게시공간에 게재하였는데, 위 원고 관련 기사들은 원고의 명예를 훼손하는 내용이므로, 위 피고들은 위 각 기사들에 관하여 이를 최초로 작성한 해당 보도매체들과 함께 원고에 대한 공동불법행위자로서 손해배상책임을 부담한다고 판단하였다. 또한 댓글 등 위 명예훼손적 게시물에 대해서는 위 피고들이 원고의 요청이 없더라도 불법성이 명백하고 기술적·경제적으로 관리·통제

61) 2009년에 이 전원합의체 판결을 포함하여 언론과 인격권에 관해서도 중요한 판결들이 나왔다. 가령 언론기관이 범죄사실을 보도하면서 피의자의 실명을 공개하는 것이 허용되는지 여부와 그 기준을 밝히고 있는 대판 2009. 9. 10, 2007다71(공 2009, 1615) 등을 들 수 있다. 이에 관해서는 金載亨, "2009년 '언론과 인격권'에 관한 판례 동향," 언론중재, 2010년 여름호(2010. 6), 79면 이하에서 소개하였으므로, 여기에서는 이 전원합의체 판결에 관해서만 소개한다.

62) 이 판결의 태도에 긍정적인 견해로는 문재완, "인터넷상의 명예훼손과 인터넷 포털사이트의 법적 책임," 공법연구 제38집 1호 2권(2009. 10), 53면 이하; 시진국, "인터넷 종합 정보제공 사업자의 명예훼손에 대한 불법행위책임," 저스티스 제114호(2009. 12), 327면 이하; 이헌숙, "뉴스서비스와 제 3 자 게시물로 인한 포털의 책임 여부," 사법 9호(2009) 247면 이하가 있고, 비판적인 견해로는 우지숙, "명예훼손에 대한 인터넷서비스제공자(ISP) 책임 기준의 현실적 타당성과 함의," Law &technology 제 5 권 제 4 호(2009. 7), 78면 이하; 丁相朝, "명예훼손에 대한 포털의 책임," 서울대학교 法學 제51권 제 2 호(2010. 6), 229면 이하가 있다.

가 가능하였던 위 명예훼손적 게시물들을 삭제하거나 그 검색을 차단할 의무가 있고, 위 각 기사들에 관하여 이를 최초로 작성한 해당 보도매체들과 함께 원고에 대한 공동불법행위자로서 손해배상책임을 부담한다고 판단하였다. 피고들이 상고하였으나, 대법원은 이를 기각하였다.

(1) 먼저 인터넷 종합 정보제공 사업자가 보도매체의 기사를 보관하면서 스스로 그 기사의 일부를 선별하여 게시한 경우, 그로 인하여 명예가 훼손된 자에게 불법행위책임을 진다고 판단하였다. 즉,

> "… 인터넷에 관한 종합적인 서비스를 제공하는 자[63](…)가 보도매체가 작성·보관하는 기사에 대한 인터넷 이용자의 검색·접근에 관한 창구 역할을 넘어서서 보도매체로부터 기사를 전송받아 자신의 자료저장 컴퓨터 설비에 보관하면서 스스로 그 기사 가운데 일부를 선별하여 자신이 직접 관리하는 뉴스 게시공간에 게재하였고 그 게재된 기사가 타인의 명예를 훼손하는 내용을 담고 있다면, 이는 단순히 보도매체의 기사에 대한 검색·접근 기능을 제공하는 경우와는 달리 인터넷 종합 정보제공 사업자가 보도매체의 특정한 명예훼손적 기사 내용을 인식하고 이를 적극적으로 선택하여 전파한 행위에 해당하므로, 달리 특별한 사정이 없는 이상 위 사업자는 명예훼손적 기사를 보도한 보도매체와 마찬가지로 그로 인하여 명예가 훼손된 피해자에 대하여 불법행위로 인한 손해배상책임을 진다."

---

63) "정보통신망 이용촉진 및 정보보호 등에 관한 법률 제2조 제1항 제3호 소정의 정보통신서비스 제공자로서, 인터넷 가상공간 내에 있는 각종 정보제공 장소(인터넷 이용자들은 '사이트'라고 부른다)들에 게재된 정보에 대한 분야별 분류 및 검색 기능을 비롯하여 인터넷 이용자가 직접 자신의 의견이나 각종 정보를 게시·저장하거나 이를 다른 이용자들과 서로 공유·교환할 수 있는 인터넷 게시공간(그중 '블로그', '미니 홈페이지', '인터넷 동아리', '카페'라는 이름으로 개설된 게시공간을 아래에서는 '사적(私的) 인터넷 게시공간'이라고 한다)을 제공하고, 아울러 전자우편, 게임 이용 서비스를 제공하는 등 인터넷에 관한 종합적인 서비스를 제공하는 자(인터넷 이용자들은 위와 같은 서비스를 '포털서비스'로, 그 서비스가 이루어지는 정보제공 장소를 '포털사이트'로 부른다. 아래에서는 그 서비스를 '인터넷 종합 정보서비스', 그 서비스가 이루어지는 장소를 '인터넷 종합 정보제공 장소', 그 서비스를 제공하는 사업자를 '인터넷 종합 정보제공 사업자'라고 한다)"를 말한다.

(2) 다음으로, 인터넷 종합 정보제공 사업자의 명예훼손 게시물에 대한 삭제 및 차단 의무의 발생 요건에 관해서는 다수의견과 별개의견이 대립하고 있다. 먼저 다수의견은 삭제 및 차단 요구가 없더라도 명예훼손책임이 발생한다고 하였다.

> "명예훼손적 게시물이 게시된 목적, 내용, 게시기간과 방법, 그로 인한 피해의 정도, 게시자와 피해자의 관계, 반론 또는 삭제 요구의 유무 등 게시에 관련한 쌍방의 대응태도 등에 비추어, 인터넷 종합 정보제공 사업자가 제공하는 인터넷 게시공간에 게시된 명예훼손적 게시물의 불법성이 명백하고, 위 사업자가 위와 같은 게시물로 인하여 명예를 훼손당한 피해자로부터 구체적·개별적인 게시물의 삭제 및 차단 요구를 받은 경우는 물론, 피해자로부터 직접적인 요구를 받지 않은 경우라 하더라도 그 게시물이 게시된 사정을 구체적으로 인식하고 있었거나 그 게시물의 존재를 인식할 수 있었음이 외관상 명백히 드러나며, 또한 기술적, 경제적으로 그 게시물에 대한 관리·통제가 가능한 경우에는, 위 사업자에게 그 게시물을 삭제하고 향후 같은 인터넷 게시공간에 유사한 내용의 게시물이 게시되지 않도록 차단할 주의의무가 있고, 그 게시물 삭제 등의 처리를 위하여 필요한 상당한 기간이 지나도록 그 처리를 하지 아니함으로써 타인에게 손해가 발생된 경우에는 부작위에 의한 불법행위책임이 성립된다고 봄이 상당하다."[64)]

64) 한편, 인터넷 종합 정보제공 사업자의 불법행위책임을 개별 인터넷 게시공간별로 포괄적으로 평가할 수 있다고 하였다. "인터넷 종합 정보제공 장소는 특정 기사에 대한 댓글들, 지식검색란에서의 특정 질문에 대한 답변들, 특정 사적(私的) 인터넷 게시공간 등과 같이 일정한 주제나 운영 주체에 따라 정보를 게시할 수 있는 개별 인터넷 게시공간으로 나누어져서 그 각 개별 인터넷 게시공간별로 운영 및 관리가 이루어지고 있고, 위와 같은 개별 인터넷 게시공간 내에서의 게시물들은 서로 관련을 맺고 게시되므로, 불법 게시물의 삭제 및 차단의무는 위 개별 인터넷 게시공간별로 그 의무의 발생 당시 대상으로 된 불법 게시물뿐만 아니라 그 이후 이와 관련되어 게시되는 불법 게시물에 대하여도 함께 문제될 수 있고, 따라서 그 의무 위반으로 인한 불법행위책임은 개별 인터넷 게시공간별로 포괄적으로 평가될 수 있다."

이 사건에서 인터넷 종합 정보제공 사업자인 위 피고들이 원고와 망 소외인의 교제 및 망 소외인의 자살 경위에 관하여 인터넷에 공개된 게시물 내용에 대한 자세한 소개와 함께 원고의 신원노출을 수반하는 인터넷 이용자들의 과도한 비난 일색의 반응 등을 보도한 기사를 스스로 게재한 사정을 비롯하여 원심이 들고 있는 사정들에 의하면, 위 피고들은 자신들이 제공한 기사 댓글, 지식검색란에서의 답변들, 사적(私的) 인터넷 게시공간 등의 게시공간에 원고에 대한 명예훼손적 게시물들이 존재한다는 것을 인식할 수 있었음이 외관상 명백히 드러난다고 할 수 있다고 한다.

이에 대하여 대법관 박시환, 김지형, 전수안의 별개의견은 피해자의 삭제 요구가 있는 경우에 한하여 명예훼손책임이 발생한다고 한다. 즉, 인터넷 종합 정보제공 사업자의 명예훼손 게시물에 대한 삭제의무는 특별한 사정이 없는 한 위 사업자가 피해자로부터 명예훼손의 내용이 담긴 게시물을 '구체적·개별적으로 특정'하여 '삭제하여 달라는 요구'를 받았고, 나아가 그 게시물에 명예훼손의 불법성이 '현존'하는 것을 '명백'히 인식하였으며, 그러한 삭제 등의 조치를 하는 것이 '기술적·경제적으로 가능'한 경우로 제한하는 것이 합리적이고 타당하다고 본다. 다만 "현실적으로 피해자의 삭제요구가 없어도 삭제요구가 있는 경우와 동일시할 수 있는 경우로서, 예를 들어 피해자로부터 직접적인 삭제요구는 없었으나 삭제를 희망하고 있음을 간접적인 경로를 통하여 충분히 알게 된 때에는 삭제요구가 있는 것과 동일하게 취급하여 삭제의무를 인정할 여지는 있다 할 것이나, 이와 같이 예외로 인정될 수 있는 특별한 사정은 삭제요구가 있는 것과 동일시할 수 있는 경우로 한정되어야 할 것"이라고 한다. 그러나 이 사건에서는 원고가 위 피고들에게 명시적으로 삭제를 요구하였다고 보아 결론적으로는 다수의견과 마찬가지로 원심판결의 결론이 결과적으로 정당하다고 하였다.

대법관 김영란의 다수의견에 대한 보충의견은 위 별개의견을 반박하고 있다. 게시물의 불법성이 명백하고, 인터넷의 특성상 위 게시물의 게시행위 당시에 이미 그로 인한 법익 침해의 위험성이 현실화되어 있으며, 명예훼손이나 모욕의 경우 피해자의 의사에 관계없이 민사상 불법행위책임이 인정되는 이상, 인터넷 종합 정보제공 사업자의 손해배상 책임이 게시물 관리의무 불이행으로 인한 간접적인 불법행위책임이라는 사정만으로 피해자의 삭제요구 유무에 따라 게시물 방치로 인한 명예훼손책임 성립 여부가 결정된다고 보는 것은 타당하지 않다고 한다.

2. 인터넷에 의한 명예훼손에 대하여 서비스 제공자는 어떠한 요건 하에서 책임을 지는지에 관하여 논란이 있다. 서비스 제공자가 게시내용이 명예훼손적인 것을 알았거나 알 수 있었을 경우에 이를 삭제하는 등의 적절한 조치를 취하지 아니하고 방치하는 때에는 책임을 면할 수 없다는 견해가 있다.[65] 이와 달리 피해자가 서비스 제공자에게 명예훼손 사실을 통지하였거나 기타의 사유로 인터넷서비스사업자가 명예훼손적 게시물의 존재를 인식한 경우에 한하여 인터넷서비스사업자의 책임을 긍정하는 견해가 있다.[66]

판례는 혼선을 빚고 있었다. 대판 2001. 9. 7, 2001다36801[67]은 이 문제에 관한 최초의 대법원 판결이다. 피고회사는 전자게시판을 설치·운영하는 전기통신사업자인데, A가 피고회사의 하이텔 공개게시판 플라자에 원고의 명예를 훼손하는 글을 올리자, 원고가 피고회사를 상대로 손해배상책임을 구하는 소를 제기하였다. 원심은 "무릇 전자게시판을 설치, 운영하는 전기통신사업자는 그 이용자에 의하여 타인의 명예를 훼손하는 글이 전자게시판에 올려진 것을 알았거나 알 수 있었던

65) 황찬현, "사이버스페이스에서의 명예훼손과 인권보장," 저스티스 제34권 제 1 호(2001. 2), 37면.

66) 이해완, "사이버스페이스와 표현의 자유," 헌법학연구 제 6 권 제 3 호(2000. 11), 114면 이하.

67) 이 판결에 관한 평석으로는 이인석, "명예훼손에 대한 온라인서비스제공자의 민사책임," 저스티스 제67호(2002. 6), 175면 이하가 있다.

경우에 이를 삭제하는 등의 적절한 조치를 취하여야 할 의무가 있다." 고 판단하였다. 나아가 이 사건에서 피고회사로서는 원고와 정보통신윤리위원회의 시정조치 요구에 따라 그러한 글들이 플라자에 게재된 것을 알았거나 충분히 알 수 있었는데도, 무려 5, 6개월 동안이나 이를 삭제하는 등 적절한 조치를 취하지 아니한 채 그대로 방치하였다는 점을 들어 피고회사의 손해배상책임을 인정하였다. 피고가 상고하였으나, 대법원은 이를 기각하였다. 이 사건에서 피고회사가 게시물이 명예훼손에 해당한다는 것을 알았다고 볼 수 있고 게시물을 삭제할 것을 기대할 수 있었기 때문에, 이 사건에서 피고회사의 책임을 인정한 구체적 판단은 정당하다고 볼 수 있다. 다만 전기통신사업자가 그 이용자들이 타인의 명예를 훼손하는 글을 전자게시판에 올린 것을 알았거나 알 수 있었던 경우에 이를 삭제하는 등의 적절한 조치를 취하여야 할 의무가 있다고 한 부분에 대해서는 그 타당성에 관하여 논란이 되었다.

그 후 대판 2003. 6. 27, 2002다72194(공 2003, 1613)는 인터넷 홈페이지에 게재된 명예훼손적인 글에 대하여 관리자의 책임이 발생하는 요건을 분명하게 제시하고 있다. 즉, "온라인 서비스 제공자인 인터넷상의 홈페이지 운영자가 자신이 관리하는 전자게시판에 타인의 명예를 훼손하는 내용이 게재된 것을 방치하였을 때 명예훼손으로 인한 손해배상책임을 지게 하기 위하여는 그 운영자에게 그 게시물을 삭제할 의무가 있음에도 정당한 사유 없이 이를 이행하지 아니한 경우여야 하고, 그의 삭제의무가 있는지는 게시의 목적, 내용, 게시기간과 방법, 그로 인한 피해의 정도, 게시자와 피해자의 관계, 반론 또는 삭제 요구의 유무 등 게시에 관련한 쌍방의 대응태도, 당해 사이트의 성격 및 규모·영리 목적의 유무, 개방정도, 운영자가 게시물의 내용을 알았거나 알 수 있었던 시점, 삭제의 기술적·경제적 난이도 등을 종합하여 판단하여야 할 것으로서, 특별한 사정이 없다면 단지 홈페이지 운영자가 제공하는 게시판에 다른 사람에 의하여 제 3 자의 명예를 훼손하는 글이 게시되고 그 운영자가 이를 알았거나 알 수 있었다는 사정만으로 항상 운영자가 그 글을 즉시 삭제할 의무를 지게 된다고 단정할 수는 없다." 이 사건에서 문제된 게시판은 "비영리 군정(郡政) 홍보사이트의 게시판"으로서, 상업적인 목적으로 운영되는 인터넷서비스와는 다르다. 그러나 이 판결은 홈페이지 운영자가 홈페이지 게시판에 제3자의 명예를 훼손하는 글이 게시된 것을 알았거나 알 수 있었다는 이유로 그 글을 즉시 삭제할 의무는 없다고 한 점에서 위 2001년 판결과는 다른 견해를 밝힌 것이다. 일반적인 명예훼손의 경우와는 달리 홈페이지 운영자가 게시판에 제3자의 명예를 훼손하는 글이 게시된 것을 안 경우에 한하여 명예훼손으로 인한 불법행위책임이 있다고 본 것이다. 이 사건에서 원고가 피고측에게 그 게시물의 삭제를 공식 요청하자 즉시 피고측 담당자가 이를 삭제하였기 때문에, 피고의 불법행위책임을 부정한 결론은 정당하다고 볼 수 있다.[68]

3. 이번 전원합의체 판결은 인터넷 종합 정보제공 사업자의 책임에 관하여 기존의 대법원 판결에서 나타난 혼란을 정리하여 새로운 법리를 제시하고 있다. 특히 언론매체의 뉴스 기사를 선별하여 게시한 부분과 이용자가 댓글 등을 게시한 부분을 구분하여 세밀한 기준을 밝히고 있다.

(1) 뉴스기사 선별 부분

먼저 이 사건에서 인터넷 종합 정보제공 사업자가 "보도매체로부터 기사를 전송받아 자신의 자료저장 컴퓨터 설비에 보관하면서 스스로 그

---

68) 필자는 인터넷서비스제공자가 게시판에 직접 타인의 인격권을 침해하는 내용을 올리지도 않았는데도, 불법행위를 저지른 사람과 동일한 법리로 책임을 진다고 볼 수는 없다고 보고, 인터넷서비스제공자가 인격권을 침해하는 내용을 알고 이를 삭제할 것이 기대되는데도 이를 이행하지 않는 경우에 불법행위책임을 진다고 하였다. 金載亨, "인터넷에 의한 人格權 侵害," 二十一世紀 韓國民事法學의 課題와 展望(宋相現先生華甲紀念), 2002, 300면. 또한 金載亨, "人格權에 관한 判例의 動向," 民事法學 제27호(2005. 3), 385-387면도 참조.

기사 가운데 일부를 선별하여 자신이 직접 관리하는 뉴스 게시공간에 게재"한 것이 문제되었다. 대법원은 이러한 경우를 "인터넷 종합 정보제공 사업자가 보도매체의 특정한 명예훼손적 기사 내용을 인식하고 이를 적극적으로 선택하여 전파한 행위"로 파악하고 위 사업자는 "명예훼손적 기사를 보도한 보도매체와 마찬가지로" 피해자에게 불법행위로 인한 손해배상책임을 진다고 판단하였다. 그러나 인터넷 종합 정보제공 사업자가 "보도매체가 작성·보관하는 기사에 대한 인터넷 이용자의 검색·접근에 관한 창구 역할"을 한 경우에는 이와 달리 보아야 한다고 하였다.[69]

인터넷 종합 정보제공 사업자가 언론매체에 해당하는지 논란이 되고 있다. 이 문제는 '이른바 포털은 언론인가'라는 문제로 논의되고 있다.[70] 언론피해구제법(제2조 제1호, 제18호)에서 인터넷뉴스서비스를 언론으로 규율하고 있지는 않다. 그러나 대법원은 포털이 언론인지 여부에 대하여 명시적으로 판단하지는 않고 인터넷 종합 정보제공 사업자가 언론기관과 동일한 책임을 진다고 판단하고 있을 뿐이다. 인터넷 종합 정보제공 사업자가 명예훼손책임을 지는지 여부는 포털의 언론성과 직접적인 관련성은 없다. 포털을 언론으로 볼 수 없다는 이유만으로 포털의 명예훼손책임을 부정할 수는 없다. 인터넷 종합 정보제공 사업자가 기사를 선별하여 게시하였으면 그에 상응하는 책임을 져야 한다. 인터넷 종합 정보제공 사업자가 선별한 기사가 타인의 명예를 훼손하는 것이라면 언론매체의 행위와 유사한 표현행위를 한 것으로 볼 수 있기 때문에, 언론매체와 동일한 책임을 져야 할 것이다.

(2) 기사 댓글 부분

이 사건에서 또 하나의 중요한 쟁점은 인터넷 포털사이트에서 기사

---

69) 인터넷 종합 정보제공 사업자가 정보를 제공하는 양태는 매우 다양하다. 이에 따라 책임의 발생요건이나 기준이 달라질 것이다.

70) 이에 관해서는 문재완(주 62), 66면.

를 선별한 부분이 아니라 타인의 명예를 훼손하는 댓글 등[71])이 올라와 있는 경우에 인터넷 종합 정보제공 사업자가 어떠한 요건 하에서 책임을 지는가이다. 이와 같은 댓글 등에 대해서는 사업자가 기사를 선별한 경우와는 달리 언론매체와 동일한 책임을 진다고 볼 수 없다. 이에 대한 다수의견과 별개의견은 이와 같은 댓글 등에 대해서 사업자가 언론매체와 동일한 책임을 지지는 않는다는 점에는 견해가 일치하고, 다만 어느 정도로 엄격한 요건이 필요한지에 대해서만 의견이 나뉘고 있다.

다수의견은 먼저 ① 인터넷 종합 정보제공 사업자가 제공하는 인터넷 게시공간에 게시된 명예훼손적 게시물의 불법성이 명백하고, ② 위 사업자가 그 게시물이 게시된 사정을 구체적으로 인식하고 있었거나 그 게시물의 존재를 인식할 수 있었음이 외관상 명백히 드러나며, ③ 기술적·경제적으로 그 게시물에 대한 관리·통제가 가능한 경우에 위 사업자가 그 게시물을 삭제하고 향후 같은 인터넷 게시공간에 유사한 내용의 게시물이 게시되지 않도록 차단할 주의의무(이를 편의상 '삭제·차단의무'라고 한다)가 발생한다고 한다. 나아가 대법원은 위 사업자에게 그 게시물을 삭제하고 이와 유사한 내용의 게시물이 게시되지 않도록 차단할 주의의무가 있는데도, 그 게시물 삭제 등의 처리를 위하여 필요한 상당한 기간이 지나도록 그 처리를 하지 아니함으로써 타인에게 손해가 발생된 경우에는 부작위에 의한 불법행위책임이 성립된다고 한다.

위 ②와 관련하여 피해자의 삭제 및 차단 요구가 있어야 하는지 문제된다. 즉, 사업자가 위와 같은 게시물로 인하여 명예를 훼손당한 피해자로부터 구체적·개별적인 게시물의 삭제 및 차단 요구를 받은 경우에 한하여 삭제·차단의무가 발생하는가? 다수의견은 피해자가 위와 같은 삭제 및 차단 요구를 한 경우는 물론, 피해자로부터 직접적인 요구를 받지 않은 경우라 하더라도 그 게시물이 게시된 사정을 구체적

71) 기사 댓글, 지식검색란에서의 답변들, 사적(私的) 인터넷 게시공간 등의 게시공간에 게시된 글을 가리킨다.

으로 인식하고 있었거나 그 게시물의 존재를 인식할 수 있었음이 외관상 명백히 드러난 경우에는 삭제·차단의무가 성립한다고 하였다. 그러나 별개의견에서는 피해자로부터 명예훼손의 내용이 담긴 게시물을 '구체적·개별적으로 특정'하여 '삭제하여 달라는 요구'를 받지 않았으면 예외적인 경우를 제외하고는 삭제의무가 발생하지 않는다고 하였다. 다수의견과 별개의견은 결국 위 사업자의 불법행위책임이 성립하는 기준, 특히 피해자의 삭제 및 차단 요구가 있는 경우에 한하여 불법행위책임이 발생하는지 여부에 관하여 논박을 하고 있다.

사업자가 피해자로부터 구체적인 삭제 및 차단 요구를 받지 않은 경우에도 삭제·차단의무가 발생할 수 있다는 다수의견이 타당하다. 피해자가 구체적인 삭제 및 차단 요구를 한 경우에는 쉽게 사업자의 불법행위책임을 인정할 수 있겠지만, 그와 같은 요구가 없는 경우에도 삭제 및 차단의무를 부정할 수는 없다. 인터넷을 이용하기 어려운 사람도 있고, 인터넷을 이용할 수 있는 사람에게도 인터넷게시물에 대한 삭제 및 차단 요구를 하는 것이 쉽지 않다. 사업자가 명예훼손에 해당하는 게시물을 알고 있거나 이를 쉽게 알 수 있는 경우에는 사업자에게 삭제·차단의무를 긍정하더라도 불합리하지 않다. 따라서 인터넷 종합 정보제공 사업자가 제공하는 인터넷 게시공간에 게시된 명예훼손적 게시물의 불법성이 명백하고 사업자가 이를 알고 있으며 기술적·경제적으로 삭제할 수 있는 경우에는 삭제의무가 있다고 보아야 할 것이다.

다수의견은 삭제 및 차단의무를 도출하면서 "위 사업자가 그 게시물이 게시된 사정을 구체적으로 인식하고 있었거나 그 게시물의 존재를 인식할 수 있었음이 외관상 명백히 드러나"는 경우를 들고 있다. 그 게시물의 존재를 인식할 수 있었음이 외관상 명백히 드러나는 경우가 무엇을 의미하는지 문제되는데, 이는 사업자가 그 게시물이 게시된 사정을 구체적으로 인식하지 못한 경우에도 피해자를 구제하기 위하여 사업자의 불법행위책임을 다소 넓게 인정한 것이다.

이 판결의 사안은 명예훼손의 불법성이 명백하다고 볼 수 있는 경우이다. 이와 같은 경우에 사업자가 위와 같은 게시물을 구체적으로 인식하지 못한 경우에도 사업자의 명예훼손책임을 긍정하였다고 볼 수 있다. 그러나 명예훼손에 해당하는 게시물의 불법성이 명백하지 않은 경우에도 사업자가 이를 알고 있다면 불법행위책임을 인정해야 할 것이다. 명예훼손의 불법성이 명백한 경우에는 사업자의 구체적인 인식의 수준이 낮아도 명예훼손책임이 인정될 수 있고, 불법성이 명백하지 않은 경우에는 사업자의 구체적인 인식의 수준이 높아야만 명예훼손책임이 인정될 수 있을 것이다.

XII. 결 론

여기에서 살펴본 판결 이외에도 중요한 판결들이 적지 않지만, 여기에 소개한 판결만을 보더라도 2009년은 그 어느 때보다 중요한 대법원 판결이 많이 나왔던 해로 기억될 것이다. 여러 판결이 사회의 이목을 끌기도 하였고, 몇몇 판결에 관해서는 그 사이에 이미 여러 평석이 나오기도 하였다. 우리 사회에서 발생하는 새로운 문제들이 법관의 판단을 기다리고 있다는 점만으로 이와 같은 판결이 나온 이유를 설명할 수는 없을 것이다. 위와 같은 판결들은 우리 사회를 이끌어가는 법리를 선언하려는 의지의 산물이라고 생각한다. 그리고 이와 같은 의지를 뒷받침하는 법적 논리를 찾아내었기 때문에, 그와 같은 판결이 가능했을 것이다. 이를 통하여 판례가 한 걸음씩 발전하고 있다고 말할 수 있다.

(民事裁判의 諸問題 제19권, 민사실무연구회, 2010, 3-57면 所載)

판례색인

[대 법 원]

[헌법재판소]

[하 급 심]

사항색인

著者略歷

서울대학교 법과대학 졸업
법학박사(서울대학교)
서울지방법원 판사 등 역임
독일 뮌헨대학교와 미국 콜럼비아 로스쿨에서 법학연구
現 서울대학교 법과대학·법학대학원 교수

主要著書

根抵當權研究(2000)
民法論 Ⅰ·Ⅱ(2004, 중판 2010)
民法論 Ⅲ(2007)
民法注解(ⅩⅥ)(1997)(共著)
계약법[민법Ⅰ](2010)(공저)
기업회생을 위한 제도개선방향(2001)
金融去來法講義 Ⅱ(2001)(共編)
倒産法講義(2005)(共編)
統合倒産法(2006)(共編)
한국법과 세계화(2006)(共編)

民 法 論 Ⅳ

2011년 8월 5일 초판인쇄
2011년 8월 10일 초판발행

저 자 金 載 亨
발행인 안 종 만
발행처 (주) 박영사
서울특별시 종로구 평동 13-31번지
전화 (733)6771 FAX (736)4818
등록 1959. 3. 11. 제300-1959-1호(倫)

www.pakyoungsa.co.kr e-mail: pys@pakyoungsa.co.kr

정 가 32,000원 ISBN 978-89-6454-744-1
978-89-6454-613-0(세트)